Στη μνήμη της θείας μου
Στεφανίας

Κατασκευή Εξωφύλλου: Εκδόσεις Μέθεξις - Μόσχος Γκουτζιούδης
Επιμ. Έκδοσης: Εκδόσεις Μέθεξις
Εικόνα εξωφύλλου: Ο Θεός δημιουργεί τα πουλιά και τα ψάρια, Martin de Vos,
1600-1602. Musée des Beaux-Arts de Strasbourg.

© Copyright Εκδόσεις Μέθεξις 2013
Κεραμοπουλου 5, Θεσσαλονίκη ΤΚ 546 22
Τηλ. - Fax: 2310-278301
e-mail: info@metheksis.gr
www.metheksis.gr

ISBN: 978-960-6796-49-4

Απαγορεύεται η ολική, μερική ή περιληπτική αναδημοσίευση, αναπαραγωγή ή διασκευή του περιεχομένου του παρόντος βιβλίου με οποιονδήποτε τρόπο χωρίς γραπτή άδεια του εκδότη.

Αριθμός Έκδοσης: 53

Μόσχος Γκουτζιούδης

Φύσις Θηρίων

Η χρήση της ζωικής ποικιλότητας στην Καινή Διαθήκη και στο περιβάλλον της

Θεσσαλονίκη 2013

Περιεχόμενα
Πρόλογος 9
Συντομογραφίες 11

ΕΙΣΑΓΩΓΗ 15
1. Περιγραφή του θέματος 15
2. Ιστορία της έρευνας 18
3. Μεθοδολογία 28
4. Πορεία εργασίας 32

ΜΕΡΟΣ ΠΡΩΤΟ 37
Η ΧΡΗΣΗ ΤΗΣ ΖΩΙΚΗΣ ΠΟΙΚΙΛΟΤΗΤΑΣ ΣΤΗΝ ΚΑΙΝΗ ΔΙΑΘΗΚΗ 37
1. Η σχετική με τα ζώα ορολογία και τα προβλήματά της 39
2. Τα σχετικά με τα ζώα μεταφραστικά προβλήματα 47
3. Στατιστική αποτύπωση των ειδών της ζωικής ποικιλότητας στην Καινή Διαθήκη 52
4. Η ταξινόμηση της ζωικής ποικιλότητας και η χρήση της στην Καινή Διαθήκη 60
5. Σύγκριση των δεδομένων της Καινής με εκείνα της Παλαιάς Διαθήκης 64

ΜΕΡΟΣ ΔΕΥΤΕΡΟ 71
Η ΖΩΙΚΗ ΠΟΙΚΙΛΟΤΗΤΑ ΚΑΙ Η ΠΟΛΙΤΙΣΜΙΚΗ ΤΗΣ ΛΕΙΤΟΥΡΓΙΑ ΣΤΗΝ ΚΑΙΝΗ ΔΙΑΘΗΚΗ ΚΑΙ ΤΟ ΠΕΡΙΒΑΛΛΟΝ ΤΗΣ 71

1. Καθαρά και ακάθαρτα ζώα. Το όραμα του Πέτρου στις Πράξεις και οι κατάλογοι με τα ζώα των Λευ. 11 και Δτ. 14   73
2. Λογικά όντα και άλογα ζώα. Η θέση της Κ.Δ. και η φιλοσοφική σκέψη της εποχής της   115
3. Τα ζώα και οι θυσίες. Από την ανελέητη σφαγή στην οριστική κατάργηση   143
4. Θεάματα και θηρία. Η περίπτωση του Α΄ Κορ. 15:32   171
5. Αετός, λύκος, οχιά. Η περιγραφή της συμπεριφοράς τους στην Κ.Δ. και στις φυσικές ιστορίες της αρχαιότητας   196

ΜΕΡΟΣ ΤΡΙΤΟ 223
Ο ΣΥΜΒΟΛΙΣΜΟΣ ΔΙΑΦΟΡΩΝ ΕΙΔΩΝ ΤΗΣ ΖΩΙΚΗΣ ΠΟΙΚΙΛΟΤΗΤΑΣ ΣΤΙΣ ΚΟΙΝΩΝΙΕΣ ΚΑΙ ΤΟΥΣ ΠΟΛΙΤΙΣΜΟΥΣ ΤΗΣ ΕΠΟΧΗΣ ΤΗΣ ΚΑΙΝΗΣ ΔΙΑΘΗΚΗΣ 223

1. Η αποχή από την κρεοφαγία κατά την εποχή της Καινής Διαθήκης   225
2. Σκύλος και χοίρος τα δύο απεχθέστερα είδη της ζωικής ποικιλότητας κατά το Β΄ Πε. 2:22   251
3. «καὶ ἦν μετὰ τῶν θηρίων», Μκ. 1:13. Ειρηνική συνύπαρξη ή επιθετική απειλή;   274
4. Η αμφισημία του φιδιού. Δύο ενδεικτικά παραδείγματα σε λόγια του Ιησού   296
5. Το πρόβατο των ευαγγελίων, ο καλός ποιμένας και ο αμνός του Θεού   325

ΣΥΜΠΕΡΑΣΜΑΤΑ 351
Η ζωική ποικιλότητα και η στάση του χριστιανισμού κατά την
  Καινή Διαθήκη 353

Βιβλιογραφία 365
Ευρετήριο θεμάτων 407
Ευρετήριο ονομάτων 415
Ευρετήριο χωρίων 419

ΠΡΟΛΟΓΟΣ

«πᾶσα γὰρ φύσις θηρίων τε καὶ πετεινῶν, ἑρπετῶν τε καὶ ἐναλίων δαμάζεται καὶ δεδάμασται τῇ φύσει τῇ ἀνθρωπίνῃ»
(Ιακ. 3:7)

Η παραπάνω φράση από την καθολική επιστολή του Ιακώβου αποτελεί μια σταθερή αντίληψη του αρχαίου κόσμου για την παρουσία των διαφόρων ειδών της ζωικής ποικιλότητας και τη σχέση τους με τον άνθρωπο. Ασφαλώς τα άλογα ζώα είναι κατώτερα από τον προικισμένο με λογική άνθρωπο. Την αντίληψη αυτή θα συναντήσουμε εκτός της Κ.Δ. στην ιουδαϊκή παράδοση, την ελληνορωμαϊκή σκέψη αλλά και στο σύνολο σχεδόν της μεταγενέστερης πατερικής γραμματείας. Πρόκειται για αντίληψη, την οποία τα βιβλικά κείμενα υιοθετούν από το θρησκευτικό και φιλοσοφικό τους περιβάλλον και δεν τη δημιουργούν τα ίδια με σκοπό να εστιάσουν το ενδιαφέρον τους στη σωτηρία αποκλειστικά του ανθρώπου από τον Θεό.

Η έκφραση «πᾶσα φύσις» στο Ιακ. 3:7 δηλώνει κάθε είδους ζώα και των τεσσάρων κατηγοριών με βάση την ταξινόμηση της συγκεκριμένης εποχής. Η μελέτη αυτή λοιπόν, δανείστηκε τη

Πρόλογος

φράση «φύσις θηρίων» για τον τίτλο της, καθώς το θέμα της είναι η χρήση της ζωικής ποικιλότητας στην Κ.Δ. αλλά και στο περιβάλλον της. Τα θηρία (τα ζώα της ξηράς και ειδικότερα τα θηλαστικά) όμως, μας απασχόλησαν κατά κύριο λόγο, επειδή αυτά χρησιμοποιούνται συχνότερα στην Κ.Δ. Από τα πετεινά το ενδιαφέρον μας εστιάστηκε στον αετό, ενώ γίνεται λόγος και για το περιστέρι. Φυσικά από τα ἑρπετά δεν θα μπορούσαμε να μην εξετάσουμε την περίπτωση του φιδιού γενικά και της οχιάς ειδικότερα, καθώς η συγκεκριμένη κατηγορία είναι εξαιρετικά φορτισμένη με μια μεγάλη ποικιλία συμβολισμών. Για τα ἑνάλια όντα (υδρόβια) γίνεται λόγος στο πρώτο μέρος της μελέτης, καθώς χρησιμοποιούνται στην Κ.Δ. μόνο με τη μορφή της γενικής κατηγορίας των ψαριών (με μία μόνο εξαίρεση). Το ίδιο ακολουθήθηκε και για τα έντομα. Το κοινό που έχουν όλα τα είδη των παραπάνω κατηγοριών είναι ότι με εξαίρεση το πρόβατο, όλα τα υπόλοιπα αντιμετωπίζονται εχθρικά στην Κ.Δ. Αυτή η ποικιλόμορφη αλλά πάντα σταθερά εχθρική αντιμετώπιση της ζωικής ποικιλότητας από τους συγγραφείς των βιβλίων της Κ.Δ. αποτελεί το αντικείμενο της παρούσας εργασίας.

 Στον δάσκαλό μου, ομότιμο σήμερα καθηγητή του Τμήματος Θεολογίας του Α.Π.Θ. κ. Πέτρο Βασιλειάδη εκφράζω και πάλι την ευγνωμοσύνη μου για τις πολύτιμες παρατηρήσεις του, καθώς διάβασε και αυτή την εργασία. Τον φίλο και εκδότη κ. Γιάννη Καραδέδο ευχαριστώ εγκάρδια που δέχτηκε εξαρχής να εκδώσει με χαρά την παρούσα μελέτη μου.

Σεπτέμβριος 2013
Μ. Γκουτζιούδης

ΣΥΝΤΟΜΟΓΡΑΦΙΕΣ

AB	The Anchor Bible
ABD	The Anchor Bible Dictionary, έκδ. D. N. Freedman, τ. 6, New York, Doubleday, 1992
ACCS.NT	Ancient Christian Commentary on Scripture. New Testament
ACCS.OT	Ancient Christian Commentary on Scripture. Old Testament
AJA	American Journal of Archaeology
ANRW	*Aufstieg und Niedergang der römischen Welt: Geschichte und Kultur Roms im Spiegel der neueren Forschung*, έκδ. H. Temporini-W. Haase, Berlin, 1972–
APOT	*The Apocrypha and Pseudepigrapha of the Old Testament*, έκδ. R. H. Charles, τ. 2, Oxford, 1913
BA	Biblical Archaeologist
BAR	Biblical Archaeology Review
BB	Βιβλική Βιβλιοθήκη
BBR	Bulletin for Biblical Research
Bib	Biblica

Συντομογραφίες

BIOSCS	Bulletin of the International Organization for Septuagint and Cognate Studies
BZ	Biblische Zeitschrift
BZNW	Beihefte zur Zeitschrift für die Neutestamentliche Wissenschaft
CBQ	Catholic Biblical Quarterly
CIS	Corpus Inscriptionum Semiticarum
CTQ	Concordia Theological Quarterly
CurBS	Currents in Research: Biblical Studies
ΔΒΜ	Δελτίο Βιβλικών Μελετών
DSD	Dead Sea Discoveries
ΕΒΕ	Ελληνική Βιβλική Εταιρία
ΕΕΘΣΑ	Επιστημονική Επετηρίδα Θεολογικής Σχολής Αθηνών
ΕΚΔ	Ερμηνεία Καινής Διαθήκης
Εκκλ Α	Εκκλησιαστική Αλήθεια
EncJud	*Encyclopaedia Judaica*, τ. 16, έκδ. C. Roth, Jerusalem, Keter, 1972
ExpTim	Expository Times
GCS	Die Griechische Christliche Schriftsteller der ersten [drei] Jahrhunderte
GOTR	Greek Orthodox Theological Review
ΓρΠαλ	Γρηγόριος Παλαμάς
Hermeneia	Hermeneia-A Critical and Historical Commentary on the Bible
HvTSt	Hervormde Teologiese Studies
HeyJ	Heythrop Journal
HTR	Harvard Theological Review
ICC	International Critical Commentary
JBL	Journal of Biblical Literature
JCPS	Jewish and Christian Perspectives Series
JETS	Journal of the Evangelical Theological Society

JHS	Journal of Hellenic Studies
JQR	Jewish Quarterly Review
JSNT	Journal for the Study of the New Testament
JSOT	Journal for the Study of the Old Testament
JSOTSup	Journal for the Study of the Old Testament: Supplement Series
JTS	Journal of Theological Studies
JTSA	Journal of Theology for Southern Africa
KTU	Die Keilalphabetischen Texte aus Ugarit, έκδ. M. Dietrich-O. Loretz-J. Sanmartín, AOAT 24/1, Neukirchen-Vluyn, 1976.
Neot	Neotestamentica
NovT	Novum Testamentum
NRTh	La Nouvelle Revue Théologique
NTS	New Testament Studies
Numen	Numen: International Review for the History of Religions
OTP	Old Testament Pseudepigrapha, έκδ. J. H. Charlesworth, τ. 2, New York, 1983
PEQ	Palestine Exploration Quarterly
PG	Patrologia Graeca [=Patrologiae Cursus Completus: Series Graeca], έκδ. J.-P. Migne, τ. 162, Paris, 1857-1886
PL	Patrologia Latina [=Patrologiae Cursus Completus: Series Latina], έκδ. J.-P. Migne, τ. 217, Paris, 1844-1864
PVTG	Pseudepigrapha Veteris Testamenti Graece
ΣΑΧ	Σπουδές στον Αρχέγονο Χριστιανισμό
SBL	Society of Biblical Literature

Συντομογραφίες

SBS	Stuttgarter Bibelstudien
SC	Sources Chrétiennes, Paris, Cerf, 1943–
Scr	Scripture
TaS	Texts and Studies
TDNT	*Theological Dictionary of the New Testament*, ἐκδ. G. Kittel-G. Friedrich, (μτφρ. G. W. Bromiley), τ. 10, Grand Rapids, 1964-1976
TECC	Textos y Estudios «Cardenal Cisneros» de la Biblia Políglota Matritense
Θεολ	Θεολογία
TynB	Tyndale Bulletin
TZ	Theologische Zeitschrift
VT	Vetus Testamentum
WBC	Word Biblical Commentary
WUNT	Wissenschaftliche Untersuchungen zum Neuen Testament
ZAW	Zeitschrift für die Alttestamentliche Wissenschaft
ZNW	Zeitschrift für die Neutestamentliche Wissenschaft und die Kunde der älteren Kirche

ΕΙΣΑΓΩΓΗ

1. Περιγραφή του θέματος

Ίσως ηχεί παράδοξα μια βιβλική μελέτη να καταπιάνεται με τη χρήση των ζώων και των συνηθειών τους στα πρώτα κείμενα του χριστιανισμού και όχι με τα ίδια τα μέλη του και τις αντιλήψεις τους. Το γεγονός όμως ότι πρόκειται για ένα παραμελημμένο ζήτημα ίσως μας δώσει τη δυνατότητα να φέρουμε στο φως άγνωστες πτυχές του ενδιαφέροντος των συγγραφέων των βιβλίων της Κ.Δ. ή το μέτρο των γνώσεων που αυτοί είχαν όχι μόνο για τον κόσμο τους αλλά και για τα ζώα που μοιράζονταν τον ίδιο κόσμο μαζί τους. Σε τελική ανάλυση, ακόμη και αν τα είδη της βιοποικιλότητας απλώς διανθίζουν τις ευαγγελικές κυρίως διηγήσεις, έχει ιδιαίτερη σημασία να δούμε ποια από αυτά και γιατί επιλέγονται και σε ποιο βαθμό αξιοποιούνται σε σύνδεση με τους θρησκευτικούς στόχους του κάθε κειμένου της Κ.Δ. Σκοπός της παρούσας μελέτης είναι αρχικά να καταγράψει το σύνολο των ειδών της ζωικής ποικιλότητας που χρησιμοποιείται στην Κ.Δ. και στη συνέχεια να προχωρήσει στον τρόπο χρήσης των διαφόρων ειδών, είτε πρόκειται για οικόσιτα, είτε για άγρια ζώα. Το ενδιαφέρον μας περιορίζεται μόνο στα πραγματικά ζώα και όχι στα μυθικά, έστω και αν τα δεύτερα είναι δυστυχώς δημοφιλέστερα στους χριστιανούς αναγνώστες των βιβλικών κειμένων. Είναι ιδιαίτερα σημαντικό να εξετάσουμε γιατί σχεδόν όλα τα ζώα πλην δυο εξαιρέσεων μόνο, αντιμετωπίζονται από τους συγγραφείς των θρησκευτικών κειμένων του Ιουδαϊσμού αλλά και του χριστιανισμού συμβολικά ως εκφάνσεις του κακού στον κόσμο. Είναι γεγονός ότι κατά την αρχαιότητα τα οικόσιτα ζώα αντιμετωπίζονταν ως εργαλεία απ' όλους τους ανθρώπους ανεξαιρέτως πολιτισμικής ή θρησκευτικής ταυτότητας, ενώ παρατηρείται ένα αμείωτο ενδιαφέρον να εξοντωθεί η άγρια πανίδα ως μόνιμη απειλή για την ανθρωπότητα ή απλά να απομονωθεί από τον πολιτισμένο κόσμο. Τα καλύτερα ζώα είναι σφαγμένα. Αυτή η πικρή διαπίστωση θα μπορούσε να είναι το κυρίαρχο πιστεύω του συνόλου του αρχαίου μεσογειακού κόσμου. Από την άλλη, είναι θεολογικά παράδοξο το γεγονός ότι ενώ η σωτηρία, όπως τουλάχιστον διακηρύσσεται στα βιβλικά κείμενα, θα περιλαμβάνει το σύνολο της κτιστής δημιουργίας[1] και όχι μόνο και αποκλειστικά τον άνθρωπο, τα ζώα θεωρήθηκαν κατώτερα του ανθρώπου και αποκλεισμένα από τη σωτηρία στη μεταγενέστερη χριστιανική γραμματεία.

Δεν μπορεί εδώ να παραβλέψει κανείς τη στροφή της Ορθόδοξης Εκκλησίας κατά τα τελευταία χρόνια στην οικολο-

---

[1] Βλ. τα σχόλια του Π. Βασιλειάδη, «Οι Κοσμικές Διαστάσεις της Σωτηρίας (Σχόλιο στο Κολ. 1:19-20)», στο *Επίκαιρα Αγιογραφικά Θέματα. Αγία Γραφή και Ευχαριστία*, ΒΒ 15, Θεσσαλονίκη 2000, 125 και 130 αλλά και τη μελέτη του ίδιου, «Εσχατολογία, Εκκλησία και Κοινωνία», στο *Εκκλησία και Εσχατολογία*, (εποπτεία-συντονισμός ύλης Π. Καλαϊτζίδης), Αθήνα 2003, 47-62.

γική ερμηνεία χωρίων της Αγίας Γραφής. Σε πολλά από αυτά γίνεται λόγος για αποκατάσταση και της βιοποικιλότητας. Το ενδιαφέρον του Οικουμενικού Πατριάρχη κ. Βαρθολομαίου για το περιβάλλον έχει επηρεάσει πολλούς ιεράρχες αλλά και εκκλησίες να επαναθεωρήσουν θεολογικά τη σχέση του ανθρώπου με την υπόλοιπη κτίση και να συμβάλλουν δραστικά στην προστασία των ειδών της βιοποικιλότητας[2].

Η παρούσα μελέτη θα εξετάσει αρχικά ορισμένα γενικά χαρακτηριστικά γνωρίσματα των ζώων και πως αυτά αντιμετωπίζονται από τους συγγραφείς των βιβλίων της Κ.Δ. και τους συγχρόνους τους Ιουδαίους και εθνικούς κατά τα πρώτα χρόνια της Εκκλησίας. Στη συνέχεια θα προβούμε σε μια πιο ειδική ανάλυση επιλεγμένων περικοπών, στις οποίες ορισμένα είδη ζώων έχουν έναν κυρίαρχο συμβολισμό, συνδέονται με τη λατρεία και την εργασία, τη διατροφή και την υγιεινή αλλά κυρίως με ποιο τρόπο λειτουργούν συμβολικά ως όχημα για τις εχθρικές δυνάμεις και έτσι αποφεύγεται οποιαδήποτε επαφή μαζί τους. Ευτυχώς στην περίπτωση του προβάτου εντοπίζεται και η μοναδική σταθερή θετική χρήση και αξιοποίηση των ιδιαίτερων χαρακτηριστικών του για θεολογικούς στόχους αλλά και για τη σύνδεση με το έργο και κυρίως τη μοναδική θυσία του Χριστού. Συνεπώς δεν είναι όλα αρνητικά σχετικά με τη χρήση των ζώων στην Κ.Δ.

2 Μπορεί κανείς να διαβάσει στην εκκλησιαστική ειδησεογραφία το μήνυμα του Οικουμενικού Πατριάρχη κατά την επίσκεψή του στο περιβαλλοντικό κέντρο του Αρκτούρου στο Νυμφαίο της Φλώρινας (http://www.amen.gr/article9784) στις 2 Ιουλίου του 2012 ή τα όσα λέχθηκαν κατά την περιήγησή του στον σπάνιο υδροβιότοπο της Κερκίνης στο νομό Σερρών στις 24 Οκτωβρίου του 2012 (http://imverias.blogspot.gr/2012/10/blog-post_1692.html).

Εισαγωγή

2. Ιστορία της έρευνας

Στο σημείο αυτό είναι σκόπιμο να κάνουμε μια σύντομη αναφορά στην ιστορία της έρευνας σχετικά με τα ζώα και τη χρήση τους στα κείμενα της Κ.Δ. Εκκίνηση δεν μπορεί παρά να αποτελούν μελέτες και καταγραφές παρατηρητών, οι οποίοι περιηγήθηκαν στις περιοχές που σχετίζονται με τα βιβλικά κείμενα και ήταν σε θέση να αναγνωρίζουν τα διάφορα είδη της ζωικής ποικιλότητας. Πριν τη νεότερη εποχή λοιπόν, δύο φυσιοδίφες ταξίδεψαν στη γη του Ισραήλ και τις γειτονικές χώρες και οι άκρως ενδιαφέρουσες παρατηρήσεις τους για τα είδη της βιοποικιλότητας που συνάντησαν δημοσιεύτηκαν αργότερα. Οι δύο αυτές εργασίες είναι εξαιρετικά σημαντικές γιατί επιβεβαιώνουν την παρουσία συγκεκριμένων ειδών της ζωικής ποικιλότητας, τα οποία αναφέρονται στην Αγία Γραφή και παρατηρήθηκαν από τους ειδικούς πριν εξαφανιστούν κατά τη σύγχρονη εποχή από τις παρεμβάσεις του ανθρώπου. Ο Σουηδός φυσιοδίφης Fredrick Hasselquist, μαθητής του περιβόητου Λινναίου, ταξίδεψε για τέσσερα χρόνια στη Μέση Ανατολή καταγράφοντας τα φυτά και τα ζώα που συναντούσε στη διαδρομή του. Ο Hasselquist δυστυχώς πέθανε κατά την επιστροφή του και αργότερα ο Λινναίος δημοσίευσε τις αναλυτικές σημειώσεις της έρευνάς του[3].

Έναν αιώνα αργότερα ο Βρετανός ιερέας και φυσιοδίφης Henry Tristram ταξίδεψε στην ευρύτερη περιοχή του Ισραήλ από το 1858 ως το 1881 συνοδευόμενος από βοτανολόγους και ζωολόγους. Ο Tristram δημοσίευσε την έρευνα[4] αυτής της ομά-

---

3 F. Hasselquist, *Iter Palaestinum eller Resa til Heliga Landet,* Förättad från år 1749 till 1752. Utgiven av Carl Linnaeus 1757.

4 H. B. Tristram, *The Natural History of the Bible: Being a Review of the Phys-*

δας και έτσι επηρέασε στη συνέχεια όλους τους ερευνητές των βιβλικών κειμένων που ασχολήθηκαν με τη χλωρίδα και την πανίδα των γεωγραφικών περιοχών που συνδέονται με τα βιβλικά κείμενα. Αρκετοί πιστεύουν[5] ότι κατά την εποχή του η βιοποικιλότητα των συγκεκριμένων περιοχών είχε ελάχιστα διαταραχθεί από την εποχή των τελευταίων χρονικά κειμένων της Βίβλου, ενώ είχαν εξαφανιστεί μέχρι τότε ελάχιστα μόνο είδη.

Η πρώτη επιστημονική εργασία, η οποία ήταν το αποτέλεσμα μιας εκτεταμένης έρευνας σχετικά με την παρουσία των ζώων στη ζωή και την τέχνη των Ρωμαίων δημοσιεύτηκε το 1973[6]. Στην εικονογραφημένη εργασία της Toynbee τα διάφορα ζώα που χρησιμοποιούνται στη ρωμαϊκή γραμματεία και τέχνη ταξινομούνται κατά είδος. Από την εργασία απουσιάζουν τα έντομα, ενώ τα ψάρια δεν απασχολούν σοβαρά τη συγγραφέα. Συνήθως στην εργασία της Toynbee καταλογίζεται από τους νεότερους ερευνητές ως αδυναμία η επιφανειακή μόνο παρουσίαση των ζώων που χρησιμοποιούνταν στη φαρμακευτική κατά την αρχαιότητα. Η συγγραφέας καταφεύγει συχνά στις πληροφορίες του Πλίνιου του πρεσβύτερου αλλά δεν κάνει το ίδιο και για τον Γαληνό. Στο ίδιο πλαίσιο κινήθηκαν και δύο άλλες εργασίες[7] που εξέτασαν το ρόλο των ζώων στην τέχνη, την κτηνιατρική και την αρένα.

---

ical Geography, Geology, and Meteorology of the Holy Land, with a Description of Every Animal and Plant Mentioned in Holy Scripture, London, New York, Society for Promoting Christian Knowledge, Pott, Young & Co., [6]1880.

5 Ένας από αυτούς είναι ο M. Bright, *Beasts of the Field: The Revealing Natural History of Animals in the Bible*, London, Robson, 2006, xvii.

6 J. M. C. Toynbee, *Animals in Roman Life and Art*, London, Thames and Hudson, 1973.

7 Οι εργασίες των U. Dierauer, *Tier Und Mensch Im Denken Der Antike*:

Εισαγωγή

Μία από τις πρώτες εργασίες που ασχολήθηκε σοβαρά με τα ζώα στην Π.Δ. είναι η μονογραφία του W. Houston[8], η οποία επικεντρώθηκε στον κατάλογο με τα καθαρά και ακάθαρτα ζώα των Λευ. 11 και Δτ. 14. Στην εργασία αυτή εξετάζονται όλες οι μέχρι πρόσφατα διατυπωμένες από θεολόγους και ανθρωπολόγους θεωρίες περί καθαρών και ακαθάρτων ζώων στον Ιουδαϊσμό. Η συμβολή του Houston παρατηρείται στην προβολή της έννοιας της καθαρότητας, η οποία από την εποχή των Μακκαβαίων και έπειτα έγινε πρωταρχικός παράγοντας στη ζωή των Ιουδαίων και στη θεολογική ιδέα του απόλυτου μονοθεϊσμού του Ιουδαϊσμού.

Με την παρουσία των ζώων στον Ιουδαϊσμό και τον χριστιανισμό ασχολήθηκε διεξοδικά ο A. Linzey σε μια σειρά από εργασίες[9], στις οποίες σημειώνεται ο αποκλεισμός των ζώων από τη θεολογία της εκκλησίας, αν και η βιβλική θεολογία συμπεριλαμβάνει τη ζωική ποικιλότητα στην αναδημιουργία του κόσμου κατά τα έσχατα.

Studien Zur Tierpsychologie, Anthropologie Und Ethik, Studien Zur Antiken Philosophie, Amsterdam, Grüner, 1977 και R. Sorabji, *Animal Minds and Human Morals: The Origins of the Western Debate*, Cornell Studies in Classical Philology, Ithaca, New York, Cornell University Press, 1993 χρησιμοποίησαν αρκετά κείμενα του ελληνορωμαϊκού κόσμου, στα οποία αναφέρονται διάφορες θέσεις της εποχής για το ρόλο και τη θέση των ζώων στην κοινωνία.

8 W. Houston, *Purity and Monotheism: Clean and Unclean Animals in Biblical Law*, JSOTSup 140, Sheffield, JSOT Press, 1993.

9 A. Linzey, *Animal Gospel: Christian Faith as Though Animals Mattered*, London, Hodder & Stoughton, 1998· του ίδιου, *Animal Theology*, London, SCM Press, 1994· του ίδιου, *Creatures of the Same God: Explorations in Animal Theology*, Winchester, Winchester University Press, 2007· του ίδιου, *Why Animal Suffering Matters: Philosophy, Theology, and Practical Ethics*, Oxford, Oxford University Press, 2009.

Ο Linzey έδειξε ότι η παρουσία των ζώων στα βιβλικά κείμενα δεν είναι ανύπαρκτη. Ιδιαίτερο ενδιαφέρον έχει ένας συλλογικός τόμος με μελέτες, οι οποίες αφορούν όλες τα ζώα και εκδόθηκε με επιμέλεια των A. Linzey και D. Yamamoto[10]. Σε αυτόν υπάρχουν μελέτες, οι οποίες ασχολούνται με το ρόλο των ζώων στα βιβλικά κείμενα, στα συγγράμματα των εκκλησιαστικών συγγραφέων σε Ανατολή και Δύση και στις διάφορες θεολογικές συζητήσεις με αφορμή διάφορα ηθικής και κυρίως δογματικής φύσεως ζητήματα που αφορούν και τη ζωική ποικιλότητα.

Στη συνέχεια ο R. M. Grant εξέτασε την παρουσία των ζώων στην Αγία Γραφή και κυρίως στη μεταγενέστερη χριστιανική γραμματεία[11]. Ο Grant διακρίνει στην εργασία του τρεις κατηγορίες ζώων: τα πραγματικά, τα ασυνήθιστα και τα μυθικά ζώα, αλλά ως ειδικός στην πατερική γραμματεία προσπερνά τα βιβλικά χωρία και εξετάζει αναλυτικά μόνο τις αναφορές των εκκλησιαστικών συγγραφέων στα είδη της ζωικής ποικιλότητας. Η εργασία του επικεντρώθηκε σε τρία κυρίως κείμενα. Ο Grant ασχολήθηκε αρχικά με το αλεξανδρινής προέλευσης έργο *Φυσιολόγος*[12]. Στη συνέχεια εξέτασε την περίπτωση του Μ. Βασιλείου (*Επιστολή* 188), ο οποίος επιχείρησε και μια ταξινόμηση των ζώων κατά τον 4º αι. μ.Χ. Τέλος, από την χριστιανική γραμματεία της Δύσης επιλέχθη-

---

10 A. Linzey-D. Yamamoto (εκδ.), *Animals on the Agenda: Questions about Animals for Theology and Ethics*, London, SCM, 1998.

11 R. M. Grant, *Early Christians and Animals*, London, New York, Routledge, 1999.

12 Πρόκειται για μια ανθολογία, η οποία ανάγεται στον 2º αι. μ.Χ. στην οποία αναφέρονται πολλά ζώα. Σκοπός του *Φυσιολόγου* είναι από τη συμπεριφορά των ζώων να εξαχθούν θεολογικά συμπεράσματα ή να φωτιστούν εκείνα τα κείμενα της Αγίας Γραφής στα οποία αναφέρονται διάφορα ζώα.

κε το εγκυκλοπαιδικό έργο *Etymologiae* του Ισιδώρου Σεβίλλης, το οποίο ανάγεται στον 7º αι. μ.Χ. Ο Ισίδωρος ασχολείται με τη ζωολογία στα βιβλία 11 και 12 των ετυμολογιών του. Το υλικό που υπάρχει στην Κ.Δ. όμως δεν έτυχε ιδιαίτερης προσοχής στην παραπάνω εργασία.

Την επόμενη χρονιά δημοσιεύτηκε από τον J. R. Hyland[13] μία μελέτη, η οποία εστίαζε το ενδιαφέρον της αρχικά στις περισσότερο γνωστές αναφορές της Αγίας Γραφής στα ζώα και στη συνέχεια στις νεότερες συζητήσεις σχετικά με σημαντικές θεολογικές ιδέες, κυρίως της Π.Δ. με τις οποίες συνδέονταν και τα ζώα. Ο εξιλασμός, ο δεκάλογος, η θυσία και η κυριαρχία του ανθρώπου στην κτίση είναι μερικές από αυτές. Στη μικρή αυτή εργασία δόθηκε ιδιαίτερη βαρύτητα σε κείμενα της προαιχμαλωσιακής περιόδου του Ιουδαϊσμού και από τον χώρο της Κ.Δ. μελετήθηκαν (όχι αναλυτικά) κάποιες αναφορές των ευαγγελίων σε οικόσιτα κυρίως ζώα και φυσικά η χρήση των ζώων στην Αποκάλυψη. Στη δεύτερη περίπτωση πρόκειται για μυθικά ζώα.

Αξίζει εδώ να γίνει μια αναφορά στην εργασία του S. Baker[14] μολονότι δεν είναι βιβλική. Η εργασία αυτή εξέτασε τις νεότερες απεικονίσεις των ζώων προκειμένου να εξηγηθεί η σημασία τους για τους ανθρώπους. Ιδιαίτερης σημασίας είναι οι παρατηρήσεις του ότι: α) οι σκηνές με παραστάσεις ζώων αποκαλύπτουν έμμεσα τον τρόπο με τον οποίο ένα πολιτιστικό σύστημα θεωρεί και αντιμετωπίζει τα αληθινά ζώα,

---

13 J. R. Hyland, *God's Covenant with Animals: A Biblical Basis for the Humane Treatment of All Creatures*, New York, Lantern Books, 2000.

14 S. Baker, *Picturing the Beast: Animals, Identity, and Representation*, Urbana, University of Illinois Press, 2001.

β) παρατηρείται πάντα μια διαφοροποίηση μεταξύ των παραστάσεων και της πραγματικότητας και γ) υπάρχει μια τάση να αρνούμαστε τα ζώα. Στις διάφορες διηγήσεις αλλά και στα σύγχρονα κινούμενα σχέδια τα ζώα αντιμετωπίζονται ως άνθρωποι. Κάτι αντίστοιχο παρατηρείται και στα χριστιανικά κείμενα, στα οποία οι αναφορές σε ορισμένες συμπεριφορές των ζώων ερμηνεύονται σαν να μην αφορούν στην πραγματικότητα ζώα.

Μια ολότελα διαφορετική εργασία, αλλά η μόνη που προσεγγίζει τα ζώα της Αγίας Γραφής με τις γνώσεις ενός ειδικού βιολόγου δημοσιεύτηκε από τον παραγωγό ντοκιμαντέρ άγριας ζωής του BBC M. Bright[15]. Πρόκειται για μια εντυπωσιακή εργασία, αν και δεν προέρχεται από θεολόγο, στην οποία ένας ειδικός και εξαιρετικά έμπειρος βιολόγος διαβάζει τα σχετικά κείμενα της Αγίας Γραφής και επιχειρεί να αναγνωρίσει τα ζώα που αναφέρονται. Στην εργασία του ο Bright αναγνωρίζει πολλά από τα θηλαστικά και τα πτηνά που αναφέρονται με διάφορες ονομασίες στις διάφορες ξενόγλωσσες μεταφράσεις της Αγίας Γραφής και διορθώνει με βάση τις συμπεριφορές και τα χαρακτηριστικά που αναφέρονται ακόμη και τις μεταφραστικές προτιμήσεις του κειμένου των Ο΄. Αυτό μπορεί να γίνει με επιτυχία μόνο από κάποιον ειδικό επιστήμονα, όπως ο Bright, ο οποίος έχει περάσει ατελείωτες ώρες παρατήρησης και κινηματογράφησης σε διάφορες περιοχές και γνωρίζει άριστα τις συμπεριφορές των περισσότερων ειδών. Ένα άλλο εντυπωσιακό στοιχείο είναι ότι συχνά στην εργασία του καταφεύγει στις παρατηρήσεις των

---

15 M. Bright, *Beasts of the Field: The Revealing Natural History of Animals in the Bible*, London, Robson, 2006.

Εισαγωγή

γνωστότερων περιηγητών[16] του 17ου και 19ου αι. στη Συρία και το Ισραήλ σχετικά με τα είδη της ζωικής ποικιλότητας που συνάντησαν κατά την εκεί διαμονή τους.

Τη μετάβαση από την ελληνική και τη ρωμαϊκή θρησκεία στο χριστιανισμό και την επίδραση αυτής της μετάβασης στην αντίληψη για τα ζώα εξέτασε ο I. S. Gilhus[17]. Η σημαντικότερη ορατή αλλαγή είναι αναμφισβήτητα η κατάργηση των ζωοθυσιών. Ο Gilhus ασχολήθηκε με τις αλλαγές που επήλθαν μετά τη μετάβαση από ένα μη χριστιανικό πολιτιστικό περιβάλλον σε ένα καθαρά χριστιανικό. Σκοπός της εργασίας του ήταν να φανερώσει τον τρόπο με τον οποίο οι άνθρωποι στον ελληνορωμαϊκό κόσμο φαντάζονταν και κατανοούσαν τη ζωική ποικιλότητα και κυρίως πως συνδέονταν μαζί της. Για το σκοπό αυτό εξετάστηκαν διάφορα κείμενα, από φιλοσοφικές πραγματείες και βιογραφίες σημαντικών προσωπικοτήτων μέχρι φυσικές ιστορίες, η Καινή Διαθήκη, γνωστικά έργα αλλά και συναξάρια αγίων.

---

16 Ο Βρετανός E. Topsell et al., *The History of Four-Footed Beasts and Serpents and Insects*, 3 τ., New York, Da Capo Press, 1967 έζησε κατά τα τέλη του 16ου και τις αρχές του 17ου αι. ήταν κληρικός και συνέταξε μια εντυπωσιακή για την εποχή πραγματεία ζωολογίας. Ένας άλλος Βρετανός κληρικός, ο H. B. Tristram, *The Natural History of the Bible: Being a Review of the Physical Geography, Geology, and Meteorology of the Holy Land, with a Description of Every Animal and Plant Mentioned in Holy Scripture*, London New York, Society for Promoting Christian Knowledge, Pott, Young & Co., [6]1880 στον οποίο αναφερθήκαμε νωρίτερα ήταν γεννημένος φυσιοδίφης. Αναγνώρισε και ταξινόμησε χιλιάδες είδη του ζωικού βασιλείου με ιδιαίτερο ενδιαφέρον στα πουλιά, ενώ η φυσική του ιστορία είναι μνημειώδης.

17 I. S. Gilhus, *Animals, Gods and Humans: Changing Attitudes to Animals in Greek, Roman, and Early Christian Thought*, London, New York, Routledge, 2005.

Σημαντική για τη σύγχρονη έρευνα σχετικά με τα ζώα στα βιβλικά κείμενα είναι επίσης η διατριβή της J. Ε. Spittler, η οποία υποβλήθηκε στο Πανεπιστήμιο του Σικάγο[18]. Δημοσιεύτηκε ένα χρόνο μετά στην Τυβίγγη και αποτελεί μέχρι σήμερα την καλύτερη προσπάθεια να εξηγηθεί η χρήση των ζώων στα απόκρυφα κείμενα της Κ.Δ. Στην εργασία της η Spittler εξετάζει όλα τα περιστατικά των ζώων (με συμβολική, μεταφορική, αλληγορική και μετωνυμική χρήση) στις απόκρυφες πράξεις ξεκινώντας από τις διάφορες θέσεις για τη ζωική ποικιλότητα στην ελληνορωμαϊκή σκέψη. Ειδικότερα εξετάστηκαν τα επεισόδια με τα ζώα στις *Πράξεις Ανδρέα, Ιωάννου, Παύλου, Πέτρου και Θωμά*, τα οποία νωρίτερα δεν είχαν προκαλέσει το ενδιαφέρον των ερευνητών. Οι διηγήσεις αυτές επιπλέον, συγκρίνονται με παρόμοιες του ελληνορωμαϊκού κόσμου (μυθιστορήματα, βιογραφίες αλλά και τις φυσικές ιστορίες και αποσπάσματα από τους πατέρες της Εκκλησίας). Έτσι φανερώθηκε η περίπλοκη και συχνά διαφορετική εικόνα που είχε ο αρχαίος κόσμος για τη ζωική ποικιλότητα. Επιπλέον, αποδείχτηκε ότι μία αυστηρή ασκητική τάση πίσω από τις απόκρυφες πράξεις ευθύνεται για την αρνητική στάση των διηγήσεων αυτών απέναντι στα ζώα.

Η πλέον πρόσφατη εργασία[19] αφορά το σύνολο της ζωικής ποικιλότητας στην Αγία Γραφή και είναι μια συστηματική ταξινόμηση όλων των αναφορών σε θηλαστικά, πουλιά, ερ-

---

18 J. E. Spittler, *Animals in the Apocryphal Acts of the Apostles: The Wild Kingdom of Early Christian Literature*, WUNT 247, Tübingen, Mohr Siebeck, 2008.
19 L. A. E. Harris, *All of the Animals in the Bible: A Topical Index of All of the Animals in the Bible*, Longwood, Advantage Books, 2009.

Εισαγωγή

πετά, ψάρια και έντομα. Η L. A. E. Harris δημιούργησε καταλόγους στηριζόμενη στο εβραϊκό κείμενο της Π.Δ. και τη μετάφραση των Ο΄. Η εργασία της όμως βασίζεται κυρίως στην *Exhaustive Concordance* του Strong[20] και τις διάφορες αγγλικές μεταφράσεις της Αγίας Γραφής. Το αποτέλεσμα είναι να υπάρχουν αρκετά λάθη, ενώ πολλές φορές κάποια είδη που απαντούν με διαφορετική ονομασία δεν συμπεριλαμβάνονται στην καταμέτρηση. Περιττό δε να σημειώσουμε ότι η Harris περιορίστηκε μόνο στο παραπάνω έργο και δεν προχώρησε σε καμία ανάλυση της χρήσης των ζώων στα βιβλικά κείμενα.

Ιδιαίτερα σημαντική είναι η εργασία του S. T. Newmyer για τα ζώα στη σκέψη των φιλοσόφων του ελληνορωμαϊκού κόσμου[21]. Σε αυτή ο Newmyer συγκέντρωσε ένα μεγάλο αριθμό αποσπασμάτων από φιλοσοφικά κείμενα στα οποία υπάρχει ιδιαίτερη αναφορά στα ζώα. Η εργασία κάνει αναφορές σε πολύ σημαντικά ζητήματα που απασχολούσαν τον κόσμο της αρχαιότητας όπως: η συγγένεια μεταξύ ανθρώπων και ζώων, οι διανοητικές ικανότητες των ζώων, η ύπαρξη λογικού στα ζώα, το ζήτημα της ηθικής σε σχέση με τα ζώα και η εκμετάλλευση των ζώων από τον άνθρωπο. Δυστυχώς όλα τα παραπάνω ζητήματα αναφέρονται με σύντομο τρόπο ως εισαγωγικές σημειώσεις πριν την παράθεση των σχετικών αποσπασμάτων από τα έργα των φιλοσόφων που ακολουθούν. Είναι εξαιρετικά βοηθητικό το

---

20 Μπορεί να χρησιμοποιηθεί ελεύθερα στην ιστοσελίδα http://www.eliyah.com/lexicon.html Βλ. και James Strong, *New Strong's Guide to Bible Words*, ψηφιακή έκδοση, LDLS 3.0g.

21 S. T. Newmyer, *Animals in Greek and Roman Thought: A Sourcebook*, London, Routledge, 2011. Βλ. Επίσης και την παλαιότερη εργασία του ίδιου, *Animals, Rights, and Reason in Plutarch and Modern Ethics*, New York, Routledge, 2006.

γεγονός ότι ο Newmyer κατόρθωσε να συγκεντρώσει το υλικό αυτό και να το κατηγοριοποιήσει στις αντίστοιχες θεματικές.

Είναι γεγονός ότι με τα ζώα και τη χρήση τους στα βιβλικά κείμενα ασχολήθηκε σχεδόν αποκλειστικά ο αγγλόφωνος κόσμος, ενώ το θέμα αυτό δεν φαίνεται να ενδιέφερε ποτέ τους υπόλοιπους βιβλικούς ερευνητές. Στην εργασία μας αποφασίσαμε να ασχοληθούμε αναλυτικά με τη χρήση της ζωικής ποικιλότητας στην Κ.Δ. Επιλέξαμε κάποια γενικά αρχικά θέματα, τα οποία αφορούν όλα τα ζώα ανεξαιρέτως και στη συνέχεια εστιάσαμε το ενδιαφέρον μας σε κάποια συγκεκριμένα είδη, τα οποία χρησιμοποιούνται συχνότερα, καθώς ο συμβολισμός τους είναι πολύ σημαντικός για τα κείμενα του Ιουδαϊσμού και του Χριστιανισμού. Μπορεί τα ζώα να μην παίζουν πρωταρχικό ρόλο στα θρησκευτικά κείμενα, ωστόσο η παρουσία τους στην Κ.Δ είναι πολύ συχνότερη από εκείνη που ίσως υπολογίζει ο ανυποψίαστος αναγνώστης της. Για το σκοπό αυτό καταγράψαμε όλα τα είδη της ζωικής ποικιλότητας που αναφέρονται στην Κ.Δ. και σημειώσαμε τα όποια προβλήματα στην ορολογία και στη μετάφρασή τους στα νέα ελληνικά. Ακόμη και αυτή η προσπάθεια δεν είχε επιχειρηθεί μέχρι σήμερα[22]. Η παρούσα μελέτη κατέφυγε πολλές φορές σε σύγκριση των

---

22 Δεν θα πρέπει να αγνοήσει κανείς και τη σχετική ελληνική, αν και όχι αμιγώς επιστημονική, μελέτη του Α. Τίγκα, *Η Φυτο-ζωολογία της Αγίας Γραφής*, Αθήνα 1977, για τη χλωρίδα και την πανίδα της Αγίας Γραφής. Σε πολλά είδη της ζωικής ποικιλότητας ο Τίγκας αναφέρει τα σχόλια των πατέρων της εκκλησίας και όχι τις παρατηρήσεις των συγγραφέων των φυσικών ιστοριών της αρχαιότητας, οι οποίοι ήταν και οι ειδικοί της εποχής. Πολλές επίσης από τις ονομασίες των ζώων που χρησιμοποιούνται στην Αγία Γραφή έχουν εσφαλμένα αποδοθεί σε συγκεκριμένα είδη. Βλ. ενδεικτικά σσ. 71, 84, 98, 148, 152, 189.

πληροφοριών, ειδικά για την άγρια ζωή που έχουν οι συγγραφείς των βιβλίων της Κ.Δ. με εκείνων των φυσικών ιστοριών της εποχής τους, στοιχείο που απουσίαζε προκλητικά στην προγενέστερη έρευνα του θέματος.

3. Μεθοδολογία

Η έρευνα περιορίστηκε μόνο στην Κ.Δ., αν και πολλές φορές χρειάστηκε να καταφύγουμε σε κείμενα της Π.Δ. από τα οποία οι συγγραφείς της Κ.Δ. αντλούσαν υλικό ή παρέθεταν στίχους. Ήταν επομένως αδύνατον να αποφευχθεί να μελετηθούν για παράδειγμα οι κατάλογοι με τα καθαρά και ακάθαρτα ζώα των Λευ. 11 και Δτ. 14. Στα δύο αυτά κείμενα στηρίζεται η αντιμετώπιση των ζώων στο σύνολο της Αγίας Γραφής. Μπορεί να μην μελετήθηκαν οι πληγές του Φαραώ στο βιβλίο της Εξόδου[23] ή η διήγηση του κατακλυσμού με τον Νώε και τα ζώα στην κιβωτό, αλλά κείμενα, όπως ο Ψλ. 103 (Ο΄) που αποτελεί έναν ύμνο στη δημιουργία και τη ζωική ποικιλότητα ή χωρία από τα βιβλία του Ησαΐα και του Ιώβ (38:39-39:30 και 40:15-41:26), τα οποία περιέχουν και παρατηρήσεις της συμπεριφοράς των ζώων στη φύση είναι καθοριστικής σημασίας για την ορθή κατανόηση συγκεκριμένων κειμένων της Κ.Δ. και ειδικότερα ευαγγελικών περικοπών στις οποίες αναφέρονται διάφορα είδη ζώων.

Μια τέτοια προσπάθεια απαιτεί πολλαπλές αναζητήσεις στα κείμενα και κάτι τέτοιο έγινε εφικτό σε μικρό χρονικό

---

23 Για την ιστορία της σύνταξης της διήγησης των πληγών βλ. σχετικά Ι. Μούρτζιου, *Η Παράδοση της Εξόδου στους Προφήτες της Παλαιάς Διαθήκης. Ιστορικο-θεολογική Μελέτη*, ΒΒ 22, Θεσσαλονίκη 2002, 52-61.

Φύσις Θηρίων

διάστημα με το λογισμικό Libronix Digital Library System 3.0g (LDLS). Λόγω ορισμένων περιορισμών του Bibleworks στις αναζητήσεις το συγκεκριμένο λογισμικό χρησιμοποιήθηκε μόνο συνεπικουρικά. Από το Libronix χρησιμοποιήθηκε το εργαλείο αναζήτησης SESB Lemma Search, το οποίο με λημματική αναζήτηση συγκέντρωνε όλες τις αναφορές ανεξαρτήτως αριθμού ή πτώσης του ουσιαστικού που κάθε φορά οριζόταν. Αρκεί φυσικά να εντοπιζόταν ο σωστός όρος που χρησιμοποιούνταν στα κείμενα. Μία άλλη δυνατότητα του συγκεκριμένου λογισμικού ήταν ο περιορισμός των αναζητήσεων σε κατηγορίες κειμένων. Για παράδειγμα μπορούσε άμεσα να συγκεντρωθεί έτσι ο ακριβής αριθμός των χρήσεων μόνο στα συνοπτικά ή μόνο στις επιστολές του Παύλου ή στο σύνολο της Αγίας Γραφής. Με τον τρόπο αυτό είχαμε άμεσα εικόνα της κατάστασης στα κείμενα που χρειαζόμασταν.

Με το λογισμικό αυτό ήταν εύκολο επίσης να παρακολουθείται ταυτόχρονα το πρωτότυπο κείμενο και οι ξένες μεταφράσεις του, καθώς εντοπίζονταν έτσι το πρόβλημα στην ορολογία και οι διαφορετικές αποδόσεις συγκεκριμένων ειδών ζώων στη Βουλγάτα για παράδειγμα ή στις νεότερες αγγλικές μεταφράσεις. Το γεγονός αυτό έφερε προβληματισμούς σχετικά με λάθη των μεταφραστών ή και με αδυναμίες αναγνώρισης ορισμένων ειδών της άγριας πανίδας που ήταν άγνωστα στους βιβλικούς συγγραφείς. Έτσι εντοπιζόταν κάθε φορά η περιπλοκότητα του προβλήματος της έλλειψης μιας κοινής αποδεκτής ονομασίας των ειδών μεταξύ των λαών της αρχαιότητας και οι συνέπειες για τους σύγχρονους αναγνώστες.

Από την έρευνα εξαιρέθηκαν τα μυθικά ζώα (της Αποκάλυψης για παράδειγμα) γιατί δεν πρόκειται για πραγματικά

Εισαγωγή

αλλά για φανταστικά θηρία, τα οποία χρησιμοποιούνται από τους συγγραφείς προκειμένου να δραματοποιήσουν ακόμη περισσότερο τα όσα φοβερά θα συμβούν στα έσχατα. Αυτές οι περιπτώσεις λαμβάνουν χώρα σε οράματα και συνδέονται με το τέλος του κόσμου, το κακό, την κρίση και την απονομή δικαιοσύνης. Κάτι τέτοιο όμως δεν είχε θέση στα ενδιαφέροντά μας για τα πραγματικά είδη της ζωικής ποικιλότητας.

Πέρα από το ψηφιακό λογισμικό, ιδιαίτερα βοηθητικό για να ελεγχθεί η πληθώρα των ειδών στα βιβλικά κείμενα και να μην απουσιάζουν κάποια είδη, επειδή ίσως δεν εντοπίζονταν με ψηφιακή αναζήτηση ή τη συνδρομή της σχετικής βιβλιογραφίας, χρησιμοποιήθηκε το λεξικό των εβραϊκών και ελληνικών όρων του J. Strong[24]. Η αρίθμησή του υιοθετήθηκε και στον κατάλογο της Harris στον οποίον συμπεριλαμβάνονται όλα τα ζώα της Αγίας Γραφής[25]. Στον κατάλογο αυτόν υπάρχουν όλα τα ζώα με τις αντίστοιχες εβραϊκές και ελληνικές τους ονομασίες σε αλφαβητική σειρά στην αγγλική και τα αντίστοιχα χωρία από την αγγλική μετάφραση. Ο κατάλογος αυτός ήταν βοηθητικός αλλά σε καμία περίπτωση δεν ήταν δυνατό να περιοριστούμε μόνο σε αυτόν εξαιτίας των μεταφραστικών προβλημάτων (από τα εβραϊκά στα ελληνικά και μέσω των λατινικών στις περισσότερες ευρωπαϊκές γλώσσες) και της περιπλοκότητας των κατηγοριών και των διαφορετικών ονομασιών των ζώων στην αρχαία ελληνική γλώσσα.

Εκτός της Αγίας Γραφής μελετήθηκαν οι αναφορές ορισμένων εκκλησιαστικών συγγραφέων, οι οποίοι ασχολήθηκαν με

---

24 J. Strong, *The New Strong's Dictionary of Hebrew and Greek Words*, Nashville, Thomas Nelson, 1997.
25 Βλ. L. A. E. Harris, *All of the Animals in the Bible*, 2009.

Φύσις Θηρίων

τις σχετικές βιβλικές διηγήσεις περισσότερο από ότι οι υπόλοιποι, είτε γιατί είχαν συγκεκριμένους στόχους, είτε γιατί είχαν ειδικές γνώσεις για τα είδη της βιοποικιλότητας της εποχής τους. Ο Μέγας Βασίλειος και ο Ισίδωρος Σεβίλλης είναι ξεχωριστές περιπτώσεις[26]. Ήταν επόμενο να παρακολουθήσουμε με ενδιαφέρον την πρόσληψη των βιβλικών κειμένων από την πατερική γραμματεία και την ιστορία της επίδρασης τους στη ζωή των Χριστιανών μετά την καθιέρωση του χριστιανισμού ως επίσημης θρησκείας του κράτους.

Ως ερμηνευτική μέθοδο προσέγγισης των κειμένων της Κ.Δ. χρησιμοποιήσαμε την ιστορικο-κριτική. Με τη διακειμενική δε προσέγγιση ήταν εφικτό να παρακολουθήσουμε και να συγκρίνουμε ορισμένες ιδέες που χρησιμοποιούνταν στα διάφορα θρησκευτικά κείμενα και συνδέονταν με τη ζωική ποικιλότητα. Τέλος, σε μερικές μόνο περιπτώσεις υιοθετήθηκε συνεπικουρικά και η ιστορία της επιδράσεως του κειμένου (*Wirkungsgeschichte*), καθώς αυτή κρίθηκε απαραίτητο εργαλείο για την καλύτερη κατανόηση της εξέλιξης των συμβολι-

---

26 Ο Βασίλειος αναφέρεται σε πολλά ζώα με λεπτομέρειες στις τρεις τελευταίες από τις εννέα ομιλίες του *εἰς τήν Ἑξαήμερον*. Από αυτές η έβδομη ασχολείται με τα ερπετά (*περὶ ἑρπετῶν*), η όγδοη με τα πουλιά και τα θαλάσσια είδη (*περὶ πτηνῶν καὶ ἐνύδρων*) και η ένατη με τα ζώα της ξηράς (*περὶ χερσαίων*). Ο Ισίδωρος Σεβίλλης έγραψε στη λατινική το εγκυκλοπαιδικό έργο *Ετυμολογίες* (*Etymologiae*, PL 82, 73-728) κατά τον 7° αι. μ.Χ., στο οποίο χρησιμοποίησε κυρίως τον Φυσιολόγο, τον Αμβρόσιο, τον Ιερώνυμο και τον Αυγουστίνο. Στηρίχθηκε επίσης στις παρατηρήσεις προγενέστερων Λατίνων συγγραφέων με ειδικές γνώσεις για την πανίδα, κυρίως του Πλινίου του πρεσβύτερου (*Naturalis Historia*) και του Γάιου Ιούλιου Σολίνου (*Collectanea rerum Memorabilium*. Το έργο είναι γνωστότερο με τον τίτλο: *Polyhistor*, καθώς αναθεωρήθηκε το αρχικό κείμενο του 3^{ου} αι. και επανεκδόθηκε κατά τον 6° και 7° αι. μ.Χ.).

σμών ορισμένων ζώων από την ιουδαϊκή κοινωνία της αρχαιότητας μέχρι το σύγχρονο χριστιανικό κόσμο.

4. Πορεία εργασίας

Η εργασία περιλαμβάνει τρία μέρη. Στο πρώτο και συντομότερο σε σχέση με τα δύο άλλα μέρη εξετάζεται η χρήση των ζώων γενικά στην Κ.Δ. Εδώ έχουν τοποθετηθεί τα πορίσματα της έρευνάς μας στο κείμενο της Κ.Δ. σχετικά με την ορολογία και τις δυσκολίες της και τα σχετικά με τα ζώα μεταφραστικά προβλήματα. Κατόπιν προχωρήσαμε σε μια στατιστική αποτύπωση των ειδών της ζωικής ποικιλότητας, τα οποία αναφέρονται στην Κ.Δ. Το εγχείρημα αυτό απουσιάζει από όλες τις προηγούμενες εργασίες όπως και η διερεύνηση της ταξινομικής κατηγοριοποίησης της ζωικής ποικιλότητας με όποιον τρόπο ή τρόπους αυτή χρησιμοποιείται στην Κ. Δ. Το μέρος αυτό κλείνει με μια σύγκριση των δεδομένων της Κ.Δ. σχετικά πάντα με τα ζώα και τον τρόπο χρήσης τους στα βιβλικά κείμενα με τα αντίστοιχα της Π.Δ.

Το δεύτερο μέρος διερευνά τις ζωολογικές γνώσεις του αρχαίου κόσμου και την κατανόησή τους στην Κ.Δ. και το περιβάλλον της. Τα ζητήματα που συνδέονται με τα ζώα και παρουσιάζονται εδώ είναι καθοριστικά για τον σχηματισμό μιας ολιστικής εικόνας του τρόπου με τον οποίο τα οικόσιτα αλλά και τα άγρια ζώα αντιμετωπίζονταν από τους Ιουδαίους και το εθνικό περιβάλλον τους. Σημείο εκκίνησης αποτελεί η διάκριση καθαρών και ακαθάρτων ζώων στον Ιουδαϊσμό προκειμένου να κατανοηθεί γιατί στο όραμα του Πέτρου στο βιβλίο των Πράξεων το άνοιγμα της Εκκλησίας στους εθνικούς παρουσιάζεται με μια τέτοια εικόνα. Στη συνέχεια ακολουθεί το ζήτημα που εξακολουθεί ακόμη να απασχολεί τις φιλοσοφικές συζητήσεις για τον αν υπάρχει λογικό στα ζώα ενώ αμέσως παρακάτω τα ζώα εξετάζονται σε σύνδεση με τη θυσιαστική τελετουργία μέχρι την οριστική της κατάργηση. Η άγρια πανίδα και κυρίως τα μεγάλα θηλαστικά γίνονταν συχνά αντικείμενο εντυπωσιακών θεαμάτων στις ρωμαϊκές αρένες. Με αφορμή τα όσα γνωρίζουμε από τα κείμενα και τα αρχαιολογικά ευρήματα εξετάζουμε την περίπτωση του Α΄ Κορ. 15:32 σε σύνδεση με τις θηριομαχίες του ρωμαϊκού κόσμου. Τέλος, επιλέξαμε να παρουσιάσουμε και να συγκρίνουμε τον τρόπο με τον οποίο περιγράφονται τα ζώα και οι συνήθειές τους στην Κ.Δ. και στις φυσικές ιστορίες της αρχαιότητας. Ενδεικτικά επιλέξαμε τις τρεις συχνότερες περιπτώσεις κατά την Κ.Δ. Από την κατηγορία των πουλιών επιλέξαμε τον αετό, από τα θηλαστικά την περίπτωση του λύκου και από τα ερπετά την οχιά. Για τα ψάρια και γενικά την υδρόβια ζωή δεν έχουμε πουθενά πληροφορίες στην Κ.Δ. ενώ για τα έντομα οι αναφορές είναι επίσης εξαιρετικά περιορισμένες. Δεν πρέπει να ξεχνάμε ότι η υδρόβια ζωή και ο μικρόκοσμος δεν μπορούσαν να μελετηθούν στην αρχαιότητα χωρίς τη συνδρομή της μεταγενέστερης τεχνολογίας.

Στο τρίτο μέρος ασχοληθήκαμε με πιο ειδικά θέματα σε σχέση με τα είδη της ζωικής ποικιλότητας. Κυρίαρχο στοιχείο εδώ είναι ο συμβολισμός των ζώων για τις κοινωνίες και τους πολιτισμούς της εποχής της Κ.Δ. Η αποχή από την κρεοφαγία κατά την εποχή της Καινής Διαθήκης εξετάζεται σε σύνδεση με τις περιγραφές των ευαγγελίων για τη διατροφή του Ιωάννη του Βαπτιστή αλλά και τις διατροφικές επιλογές των χορτοφάγων του Ρωμ. 14:2. Το ζήτημα της χορτοφαγίας ως επιλογή προκειμένου να μην φονευθούν ζώα ήταν ζωτικό για πολλές θρησκευτικές και φιλοσοφικές ομάδες της εποχής που μας ενδιαφέρει. Στη συνέχεια παρουσιάζεται αναλυτικά το ζήτημα των κατεξοχήν ζώων ταμπού. Ο σκύλος και ο χοίρος θεωρούνταν τα δύο απεχθέστερα είδη της ζωικής ποικιλότητας όχι μόνο στην Π.Δ. αλλά και στην Κ.Δ. Έχει εξαιρετικό ενδιαφέρον να διερευνηθούν ποιοι λόγοι οδήγησαν τον Ιουδαϊσμό σε μια τέτοια στάση απέναντι στα δύο συγκεκριμένα οικόσιτα ζώα. Στο μέρος αυτό η άγρια ζωή εξετάζεται και πάλι σε σχέση αυτή τη φορά με την παραμονή του Ιησού στην έρημο (Μκ. 1:13). Εδώ προσπαθούμε να δούμε αν το ενδιαφέρον του ευαγγελιστή είναι να κάνει λόγο για ειρηνική συνύπαρξη και συνεπώς έχουμε αναφορά στην εσχατολογική επαναφορά της προαδαμικής κατάστασης ή διατηρείται σταθερά η αντίληψη ότι η άγρια πανίδα αποτελεί μόνιμη επιθετική απειλή για τον πολιτισμένο άνθρωπο.

Στη συνέχεια εξετάζουμε το πιο χαρακτηριστικό παράδειγμα αμφισημίας στη συμβολική κατανόηση των ζώων. Η περίπτωση του φιδιού παρουσιάζεται αναλυτικά με αφορμή δύο ενδεικτικά παραδείγματα σε λόγια του Ιησού στα συνοπτικά ευαγγέλια αλλά και σε σχέση με το πιο γνωστό περιστατικό του φιδιού του Γεν. 3. Έχει σημασία να δούμε αν στην Κ.Δ. το φίδι, παρόλο που είχε ταυτιστεί νωρίτερα με το κακό και τον ίδιο τον διάβολο, χρησιμοποιείται και με θετικό συμβολισμό. Η τελευταία ενότητα του τρίτου μέρους ασχολείται με το πρόβατο και το συμβολισμό του. Είναι σκόπιμο να εξετάσουμε γιατί το πιο δημοφιλές ζώο-σύμβολο του χριστιανισμού συνδέθηκε με την ιδέα του καλού ποιμένα αλλά και εκείνη του αμνού του Θεού. Είναι το μόνο ζώο απ' όσα αναφέρονται στην εργασία, το οποίο λειτουργεί πάντα θετικά, σε όποιο κείμενο της Κ.Δ. και αν χρησιμοποιείται και αυτό δεν μπορεί να είναι τυχαίο. Η εργασία κλείνει με τα συμπεράσματα που μπορούν να εξαχθούν. Αυτά αφορούν γενικά αλλά και ειδικά τη ζωική ποικιλότητα και κυρίως τη στάση του χριστιανισμού ως προς τα διάφορα είδη της σύμφωνα πάντα με την Κ.Δ.

ΜΕΡΟΣ ΠΡΩΤΟ

Η ΧΡΗΣΗ ΤΗΣ ΖΩΙΚΗΣ ΠΟΙΚΙΛΟΤΗΤΑΣ ΣΤΗΝ ΚΑΙΝΗ ΔΙΑΘΗΚΗ

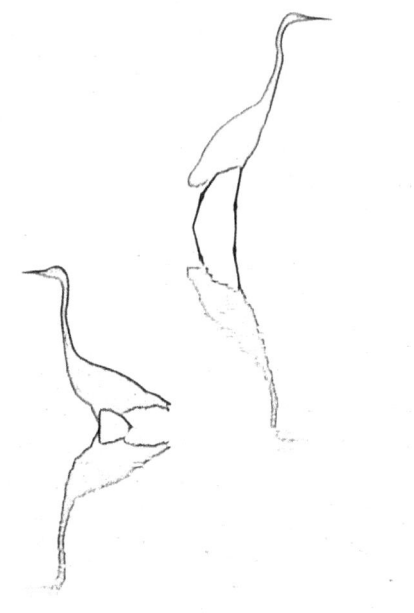

1. *Η σχετική με τα ζώα ορολογία και τα προβλήματά της*

Εδώ θα αναφερθούμε στις δυσκολίες που εντοπίζονται στα διάφορα κείμενα της Κ.Δ. σχετικά με τις ονομασίες των ζώων. Η πηγή που ακολουθούμε πάντα είναι η έκδοση των K. Aland-J. Karavidopoulos-C. M. Martini-B. M. Metzger, *Novum Testamentum Graece*, Stuttgart ²⁷1998. Προτιμήσαμε για καθαρά μεθοδολογικούς λόγους να ταξινομήσουμε τα ζώα με βάση τις κατηγορίες στις οποίες αυτά ανήκουν, ενώ δεν διακρίνουμε εδώ μεταξύ των οικόσιτων και των άγριων ζώων.

Θηλαστικά

Στο Μτ. 21:5 υπάρχει η φράση «*ἐπὶ ὄνον καὶ ἐπὶ πῶλον υἱὸν ὑποζυγίου*». Ο Ιησούς εισέρχεται στην πόλη της Ιερουσαλήμ πάνω σε ένα γαϊδουράκι. Στο στίχο παρατίθεται το Ζαχ. 9:9 (*... ἐπὶ ὑποζύγιον καὶ πῶλον νέον*). Στο εβραϊκό κείμενο αναφέρεται ένα ζώο. Στο κείμενο των Ο΄ όμως, δίνεται η εντύπωση ότι πρόκειται για δύο ζώα. Ο Ματθαίος φαίνεται ότι μεταφρά-

Μέρος πρώτο

ζει εδώ το εβραϊκό κείμενο[27] του Ζαχαρία αλλά υιοθετεί την ορολογία του κειμένου των Ο΄. Αν και η διήγηση υπάρχει σε όλους τους ευαγγελιστές (Μκ. 11:1-11//Λκ. 19:28-38//Ιω. 12:12-19) μόνο ο Ματθαίος (21:5) και ο Ιωάννης (12:15) χρησιμοποιούν το χωρίο από τον Ζαχαρία.

Στο κατά Ματθαίον, όπως και αλλού, οι λέξεις «ὄνος» και «ὑποζύγιον» χρησιμοποιούνται παντού στην Κ.Δ. για το γαϊδούρι. Η φράση «ἐπὶ ὄνον καὶ ἐπὶ πῶλον υἱὸν ὑποζυγίου» του Ματθαίου (στο Ιω. 12:15 υπάρχει «ἐπὶ πῶλον ὄνου» (ένα ζώο) δεν εννοεί δύο ζώα, όπως πολλοί ερευνητές δέχονταν παλιότερα, αλλά ένα. Νωρίτερα όμως στο Μτ. 21:2 τα ζώα είναι ξεκάθαρα δύο: ένα θηλυκό γαϊδούρι και το πουλάρι του. Στη συνέχεια αυτό επιβεβαιώνεται από το στίχο 7 «ἤγαγον τὴν ὄνον καὶ τὸν πῶλον καὶ ἐπέθηκαν ἐπ᾽ αὐτῶν τὰ ἱμάτια, καὶ ἐπεκάθισεν ἐπάνω αὐτῶν». Το άναρθρο «ὄνον» του 21:5 μπορεί να αναφέρεται είτε σε θηλυκό, είτε σε αρσενικό γαϊδούρι αλλά στα 21:2 και 7 φαίνεται ξεκάθαρα ότι πρόκειται για θηλυκό. Στο 21:5 έχουμε δύο ονομασίες «ὄνον» και «πῶλον» αλλά ένα ζώο. Το «καὶ» που χρησιμοποιείται στο στίχο δεν είναι αντιθετικό αλλά επεξηγηματικό. Σύμφωνα με μια άλλη πρόταση στο στίχο έχουμε το σχήμα ἓν διὰ δυοῖν[28]. Η δεύτερη περιγραφή δηλώνει το νεαρό της ηλικίας του ζώου. Αυτό φαίνεται και από τη μετάφραση της ΕΒΕ. Κάποιοι ερευνητές έβλεπαν εδώ μια παράδοση προερχόμενη από το Μκ. 11:2,

---

27 Βλ. W. C. Allen, *A Critical and Exegetical Commentary on the Gospel according to S. Matthew*, ICC 26, New York 1907, 219.

28 Σύμφωνα με αυτό μια έννοια εκφράζεται με δύο λέξεις, οι οποίες συνδέονται μεταξύ τους με το και ή τε- και, ενώ σύμφωνα με το νόημα η μία από αυτές αποτελεί προσδιορισμό της άλλης.

όπου λέγεται «πῶλον δεδεμένον ἐφ᾽ ὃν οὐδεὶς οὔπω ἀνθρώπων ἐκάθισεν» ως την αιτία της φαινομενικής παρουσίας δύο ζώων στο κατά Ματθαίον. Στο Ιω. 12:15 υπάρχει η έκφραση «ἐπὶ πῶλον ὄνου», η οποία αποδίδεται στη μετάφραση της ΕΒΕ ως «γαϊδουράκι». Στον προηγούμενο στίχο (12:14) απαντά και η λέξη «ὀνάριον», άπαξ λεγόμενο στην Κ.Δ., η οποία και αυτή μεταφράζεται ως «γαϊδουράκι».

Η λέξη «πῶλος» χρησιμοποιείται δώδεκα φορές στην Κ.Δ. και μία υπονοείται. Από αυτές μόνο σε τέσσερις περιπτώσεις αναφέρεται ρητά ότι πρόκειται για πουλάρι γαϊδουριού (Μτ. 21:2, 5, 7. Ιω. 12:15). Το Μτ. 21:5 παραλαμβάνει το πρόβλημα από το κείμενο των Ο΄ και με τη φράση «ἐπὶ ὄνον καὶ ἐπὶ πῶλον υἱὸν ὑποζυγίου», η οποία αποδίδεται στη μετάφραση της ΕΒΕ ως «καβάλα πάνω σε γαϊδούρι, πάνω σε πουλάρι, γέννημα υποζυγίου»[29] δημιούργησε ένα μεγαλύτερο πρόβλημα στην τέχνη. Οι αγιογράφοι αλλά και οι ζωγράφοι που διάβαζαν το συγκεκριμένο χωρίο σε όποια έκδοση ή μετάφραση της Κ.Δ. είχαν δυσκολεύονταν να αποδώσουν εικονικά τη διήγηση με τις δύο παραλλαγές της. Έτσι σε ορισμένους καλλιτέχνες η σκηνή της εισόδου του Ιησού στην Ιερουσαλήμ παρουσιάζει τον Ιησού άλλοτε να κάθεται σε ένα γαϊδουράκι, άλλοτε να κά-

---

29 Το 1967 ο Β. Βέλλας απέδωσε τον στίχο ως εξής: «*καθισμένος επάνω σε ένα πουλάρι που είναι γέννημα ενός υποζυγίου ζώου*». Βλ. σχετικά J. Karavidopoulos, «Citation de Zacharie dans le Nouveau Testament», *ΔΒΜ* 13 (1994) 51. Τα πουλάρι και γέννημα υποζυγίου έχουν την ίδια σημασία και προσδιορίζουν την ηλικία του ζώου. Πρβλ. επίσης Χ. Οικονόμου, «Η Χρήση της Παλαιάς Διαθήκης από τον Ματθαίο και η Μετάφραση Παλαιοδιαθηκικών Χωρίων του Ευαγγελίου του», στο *Βιβλικές Μελέτες για τον Αρχέγονο Χριστιανισμό*, ΒΒ 11, Θεσσαλονίκη 1998, 376-383.

Μέρος πρώτο

θεται σε ένα θηλυκό γαϊδούρι και να ακολουθεί και το πουλάρι του, ακόμη και σε σπανιότερες περιπτώσεις να κάθεται πραγματικά πάνω σε δύο ζώα[30].

Για το γουρούνι χρησιμοποιείται μία μόνο φορά ο όρος «*ὗς*» στην Κ.Δ., ενώ σε όλες τις υπόλοιπες προτιμάται η λέξη «*χοίρος*» στον ενικό ή τον πληθυντικό αριθμό.
Για το κατσίκι στο κείμενο της Κ.Δ. χρησιμοποιούνται τα «*ἔριφος*» και «*ἐρίφιον*», ενώ σε μία μόνο περίπτωση στο Εβρ. 11:37 υπάρχει το επίθετο «*αἴγειος*» στη μορφή «*ἐν αἰγείοις δέρμασιν*». Η φράση αυτή στη μετάφραση της ΕΒΕ αποδίδεται ως «*κατσικίσια δέρματα*».
Το πρόβατο στην Κ.Δ. δηλώνεται με τέσσερις όρους: «*πρόβατο, ἀρνίο, ἀμνὸς, ἀρήν*». Στο βιβλίο της Αποκάλυψης χρησιμοποιείται μόνο ο όρος «*ἀρνίο*». Έκπληξη προκαλεί το γεγονός ότι στο Πραξ. 8:32 στη φράση «*ὡς πρόβατον ἐπὶ σφαγὴν ἤχθη καὶ ὡς ἀμνὸς ἐναντίον τοῦ κείραντος αὐτὸν ἄφωνος*» χρησιμοποιούνται δύο διαφορετικοί όροι για το πρόβατο. Σχεδόν πάντα όπου γίνεται λόγος για κοπάδι στην Κ.Δ. πρόκειται για κοπάδι προβάτων. Στο Α΄ Κορ. 9:7 το κείμενο έχει «*ἢ τίς ποιμαίνει ποίμνην καὶ ἐκ τοῦ γάλακτος τῆς ποίμνης οὐκ ἐσθίει;*». Εδώ το κοπάδι κατανοείται ως κοπάδι προβάτων. Ακόμη και στο ενδεχόμενο, αυτό να ήταν μικτό από πρόβατα και κατσίκια δίνεται η εντύπωση ότι πρόκειται για κοπάδι προβάτων.

---

30 Βλ. για παράδειγμα τη σχετική σκηνή σε νωπογραφία του Pietro Lorenzetti στη βασιλική του Αγίου Φραγκίσκου στην Ασίζη (1320). Ακόμη πιο εμφανές είναι το πρόβλημα στο έργο του Master of San Baudelio de Berlanga σε νωπογραφία του 1125 στο μοναστήρι Baudelio de Berlanga.

Για το σκύλο χρησιμοποιούνται δύο όροι: «*κύων*» και «*κυνάριον*». Και οι δύο μεταφράζονται παντού ως σκύλος, ενώ δεν γίνεται κάποια διάκριση σε οικόσιτο ή αδέσποτο σκύλο. Εντύπωση προκαλεί ότι και οι δύο όροι χρησιμοποιούνται πάντα στον πληθυντικό, ενώ στον ενικό απαντάται μόνο μία φορά η λέξη «*κύων*» στο Β΄ Πε. 2:22.

Στο Εβρ. 9:19 διαβάζουμε «*μετὰ ὕδατος καὶ ἐρίου κοκκίνου καὶ ὑσσώπου*...». Στη μετάφραση αποδίδεται ως «*... ράντισε με κόκκινο μαλλί και ύσσωπο...*». Αυτό το κόκκινο μαλλί παραπέμπει στο τρίχωμα της κόκκινης δαμάλας. Εδώ έχουμε υλικά, τα οποία προέρχονται από διάφορες τελετουργίες και όχι από την εορτή της Ημέρας του Εξιλασμού που είναι και το βασικό μοτίβο του συγκεκριμένου κεφαλαίου της προς Εβραίους επιστολής. Νερό και ύσσωπος χρησιμοποιούνταν στην τελετουργία του κόκκινου δαμαλιού (Αρ. 19:1-10), ενώ και τα τρία υλικά του στίχου χρησιμοποιούνταν στην τελετουργία για τον καθαρισμό ενός λεπρού (Λευ. 14:4-6).

Στα Πραξ. 9:36 και 39 απαντά η λέξη «*Δορκάς*» ως ελληνική απόδοση του αραμαϊκού ονόματος Ταβιθά. Η Ταβιθά ήταν χριστιανή στην Ιόππη, την οποία ανέστησε ο Πέτρος (Πραξ. 9:36-40). Εδώ πρόκειται για κύριο όνομα και γι' αυτό το λόγο δεν συμπεριλήφθηκε η λέξη «*δορκάς*» στα θηλαστικά. Η δορκάδα είναι κάποιο είδος γαζέλας ή ελαφιού. Στην Ευρώπη πρόκειται για το ζαρκάδι. Απαντά στην ελληνική γραμματεία και ως «*ζορκάς*». Στην Π.Δ. η λέξη «*δορκάς*» χρησιμοποιείται 14 φορές και στη μετάφραση της ΕΒΕ αποδίδεται τις περισσότερες φορές ως «*ζαρκάδι*» (το Β΄ Σαμ. 2:18 έχει «*άγρια ελαφίνα*», ενώ το Α΄ Χρ. 12:9 έχει «*ελάφια*»).

Μέρος πρώτο

Πουλιά

Στο Μκ. 13:35 δεν υπάρχει ο πετεινός αλλά το «*ἀλεκτοροφωνία*». Με τον όρο αυτόν καθοριζόταν κατά τη ρωμαϊκή συνήθεια της εποχής το τρίτο από τα τέσσερα χρονικά διαστήματα της νύχτας, όταν άρχιζαν να λαλούν οι πετεινοί. Στα Μτ. 23:37//Λκ. 13:34 χρησιμοποιείται μια παρομοίωση από τον Ιησού. Αυτή παραπέμπει στον τρόπο με τον οποίο η κλώσα μαζεύει τα κλωσόπουλα. Οι αντίστοιχοι όροι εδώ είναι «*ὄρνις*» και «*νοσσία*». Στο Λκ. 13:34 αντί για το «*νοσσία*» προτιμάται το «*νοσσιὰν*». Στο Λκ. 2:24 το «*νοσσός*» χρησιμοποιείται στον πληθυντικό αριθμό για τους νεοσσούς των περιστεριών.

Ερπετά

Για την οχιά χρησιμοποιείται η ονομασία «*ἔχιδνα*», όπως για παράδειγμα στο Πραξ. 28:3 ή το Μτ. 23:33, ενώ στο Ρωμ. 3:13 το «*ἀσπίς*». Πιθανώς πρόκειται για το ίδιο είδος φιδιού κατά την Κ.Δ. Στην πραγματικότητα οι δύο ονομασίες είναι επίσης δυνατό να αφορούν δύο διαφορετικά είδη ιοβόλων φιδιών. Είναι πιθανόν η ονομασία «*ἀσπίς*» να συνδέεται με κάποιο είδος κόμπρας.

Στο Απ. 12:9 με τη φράση «*ὁ δράκων ὁ μέγας, ὁ ὄφις ὁ ἀρχαῖος, ὁ καλούμενος Διάβολος καὶ ὁ Σατανᾶς*» και στο 20:2 με την παρόμοια σχεδόν φράση «*τὸν δράκοντα, ὁ ὄφις ὁ ἀρχαῖος, ὅς ἐστιν Διάβολος καὶ ὁ Σατανᾶς*» έχουμε ταύτιση του μυθικού δράκοντα με το φίδι (του Γεν. 3) και τον σατανά. Πουθενά αλλού στην Κ.Δ. ο δράκος δεν ταυτίζεται με κάποιο πραγματικό ζώο ή τον ίδιο τον σατανά.

Έντομα

Η σχετική με τα έντομα ορολογία δεν μας δημιουργεί κανένα πρόβλημα, αφού κάθε έντομο χρησιμοποιείται παντού και πάντα με έναν μόνο όρο.

Ψάρια

Για τα ψάρια στην Κ.Δ. χρησιμοποιούνται δύο όροι: το «*ἰχθὺς*» συχνότερα και τα «*ἰχθύδιον*» και «*ὀψάριον*» σπανιότερα. Ο τύπος «*ὀψάριον*» χρησιμοποιείται μόνο στο κατά Ιωάννην ευαγγέλιο. Μόνο στο Μτ. 12:40 απαντά ο όρος «*κήτος*» στη γενική. Αυτός αναφέρεται στο γνωστό περιστατικό με τον Ιωνά στην Π.Δ. και προφανώς με αυτόν εννοείται κάποιο είδος φάλαινας.

Δεν θα πρέπει να ξεχνάμε ότι στην αρχαιότητα δεν υπάρχει μια κοινή ορολογία για τα είδη της χλωρίδας και της πανίδας. Ένα συγκεκριμένο είδος μπορεί να είναι γνωστό σε διάφορες περιοχές με διαφορετικές ονομασίες. Αυτό εξάλλου εξακολουθεί να συμβαίνει μέχρι σήμερα σε διάφορες περιοχές της ίδιας χώρας. Τι πρόβλημα έχουμε λοιπόν εδώ; Η ονομασία ενός ζώου σε ένα κείμενο μπορεί να μη σήμαινε τίποτα απολύτως για κάποιον αναγνώστη που γνώριζε μεν το συγκεκριμένο είδος που αναφερόταν στο κείμενο, αλλά στην περιοχή του αυτό ήταν γνωστό με μια άλλη ονομασία. Συνεπώς υπάρχει ένα ζήτημα αναγνώρισης των διαφόρων ειδών της ζωικής ποικιλότητας, τουλάχιστον της άγριας. Για τα οικόσιτα ζώα δεν θα υπήρχε πρόβλημα. Η καθιερωμένη επιστημονική ονομασία των ειδών επινοήθηκε και καθιερώθηκε τον 18ο αιώνα από τον Σουηδό βοτανολόγο Κάρολο Λινναίο εξαιτίας των μεγάλων δυσκολιών που είχαν οι επιστήμονες μέχρι τότε στη μελέτη και περιγραφή των ειδών σε παγκόσμιο επίπεδο. Έτσι δημιουργήθηκε ένα παγκοσμίως αποδεκτό ταξινομικό σύστημα με τη συνδρομή του οποίου οι φυσιοδίφες οποιασδήποτε προέλευσης (όποια γλώσσα κι αν αυτοί μιλούσαν) μπορούσαν να συζητούν και ν' ανταλλάσσουν πληροφορίες για ένα είδος ζώου και να ξέρουν με απόλυτη ακρίβεια για ποιο συγκεκριμένο είδος πρόκειται κάθε φορά.

Η αγγλική μετάφραση του βασιλιά Ιακώβου (KJV, γνωστή και ως AV) για παράδειγμα, έγινε το 1611. Η μετάφραση αυτή είχε χρησιμοποιήσει το εβραϊκό κείμενο της Π.Δ., το ελληνικό αλλά και τη λατινική μετάφραση. Γίνεται αντιληπτό συνεπώς το γεγονός ότι στην περίπτωση των ειδών της ζωικής ποικιλότητας υπάρχουν πολλά λάθη και επομένως προβλήματα στην αναγνώρισή τους.

2. Τα σχετικά με τα ζώα μεταφραστικά προβλήματα

Παρακάτω θα αναφερθούμε στα προβλήματα και τις δυσκολίες που εντοπίζονται στη μετάφραση των κειμένων στα οποία απαντούν οι ονομασίες των ζώων. Η σύγκριση γίνεται πάντα μεταξύ του πρωτοτύπου κειμένου της Κ.Δ. (έκδ. K. Aland-J. Karavidopoulos-C. M. Martini-B. M. Metzger, *Novum Testamentum Graece*, Stuttgart ^{27}1998) και της μετάφρασης της Βιβλικής Εταιρίας *(Αγία Γραφή,* έκδ. ΕΒΕ, Αθήνα 1997). Προτιμήσαμε για καθαρά μεθοδολογικούς λόγους να ταξινομήσουμε τα ζώα με βάση τις κατηγορίες στις οποίες αυτά ανήκουν, ενώ δεν διακρίνουμε επίσης μεταξύ των οικόσιτων και των άγριων ζώων.

Θηλαστικά

Ο στίχος Λκ. 19:32 έχει «*ἀπελθόντες δὲ οἱ ἀπεσταλμένοι εὗρον καθὼς εἶπεν αὐτοῖς*». Η μετάφραση της ΕΒΕ έχει «*Πήγαν λοιπόν οι μαθητές και βρήκαν το πουλάρι να στέκεται όπως τους είχε πει ο Ιησούς*». Στο κείμενο της μετάφρασης εννοείται η λέξη «πουλάρι» αλλά στο πρωτότυπο δεν υπάρχει. Στο Ιω. 12:14 απαντά η λέξη «*ὀνάριον*» και στο 12:15 η έκφραση «*ἐπὶ πῶλον ὄνου*». Και τα δύο αποδίδονται στη μετάφραση της ΕΒΕ ως «*γαϊδουράκι*». Το επίθετο «*ὀνικὸς*» χρησιμοποιείται επίσης δύο φορές στα Μκ. 9:42//Μτ. 18:6. Η φράση «*μύλος ὀνικὸς περὶ τὸν τράχηλον*» στη μετάφραση της ΕΒΕ αποδίδεται ως «*μια μυλόπετρα στο λαιμό του*». Έτσι η αναφορά στο συγκεκριμένο οικόσιτο ζώο στη μετάφραση δεν υπάρχει, έστω κι αν υπονοείται, αφού αυτή κινούνταν με τη συνδρομή ενός γαϊδουριού.

Μέρος πρώτο

Το πρόβατο δημιουργεί αρκετές δυσκολίες. Όπου χρησιμοποιείται ο όρος «ἀμνὸς» αυτός διατηρείται με συνέπεια και στη μετάφραση της ΕΒΕ. Η μόνη εξαίρεση είναι το Πραξ. 8:32, στο οποίο αποδίδεται ως «αρνί». Στο Λουκά 10:3 το «ἄρνας» πληθυντικός του «ἀρήν» αποδίδεται στη μετάφραση ως «πρόβατα». Στο Απ. 5:7 δεν υπάρχει το «αρνίο» της μετάφρασης, αλλά εννοείται, όπως και στα Απ. 6:3, 5, 7, 9, 12· 8:1. Όπου στο πρωτότυπο υπάρχει «αρνίο» αποδίδεται πάντα ως «αρνί» στη μετάφραση και ποτέ ως πρόβατο.

Στο Λκ. 17:7 η μετοχή «ποιμαίνοντα» του πρωτοτύπου μεταφράζεται «να βόσκει τα πρόβατα». Το ποίμνιο δηλώνει στην Κ.Δ. κοπάδι προβάτων και όχι κατσικιών ή χοίρων. Στο Α΄ Κορ. 9:7 το κείμενο έχει «ἢ τίς ποιμαίνει ποίμνην καὶ ἐκ τοῦ γάλακτος τῆς ποίμνης οὐκ ἐσθίει;». Η μετάφραση της ΕΒΕ έχει «ἢ ποιος βόσκει πρόβατα και δεν τρώει από το γάλα του κοπαδιού;».

Στο Ιω. 10:10 διαβάζουμε τη φράση «ἐγὼ ἦλθον ἵνα ζωὴν ἔχωσιν καὶ περισσὸν ἔχωσιν». Στη μετάφρασή της ΕΒΕ το υποκείμενο που εννοείται στο «ἔχωσιν» της 27[ης] εκδ. των Nestle-Alland είναι «τα πρόβατά μου». Κατά τον ίδιο τρόπο στο Ιω. 10:14-15 στη φράση «...τὰ ἐμὰ καὶ γινώσκουσί με τὰ ἐμά», η μετάφραση της ΕΒΕ έχει «τα δικά μου πρόβατα ... για χάρη των προβάτων».

Στα Μκ. 14:12 «ὅτε τὸ πάσχα ἔθυον» και στο παράλληλο του Λκ. 22:7 «ἡ ἡμέρα τῶν ἀζύμων, [ἐν] ᾗ ἔδει θύεσθαι τὸ πάσχα» στο πρωτότυπο δεν υπάρχει η λέξη «αμνός» της μετάφρασης. Αυτή όμως εννοείται εύκολα λόγω του τυπικού της εορτής που μας είναι γνωστό ότι περιλάμβανε θυσία αμνού. Στο Μτ. 10:6 η φράση «πρὸς τὰ πρόβατα τὰ ἀπολωλότα οἴκου

Ἰσραήλ» στη μετάφραση της ΕΒΕ αποδίδεται ως «να πάτε στους Ισραηλίτες που έχουν πλανηθεί» και έτσι δεν υπάρχει αναφορά σε πρόβατα. Στο Εβρ. 11:37 η έκφραση «ἐν μηλωταῖς» μεταφράζεται ως «ντυμένοι με προβιές». Η μηλωτή αναφέρεται στο δέρμα του προβάτου στο κείμενο.

Στο Β΄ Πε. 2:22 ενώ το πρωτότυπο κείμενο έχει «ὗς», το οποίο ακολουθεί το θηλυκό επίθετο «λουσαμένη» και έτσι πρόκειται για τη γουρούνα, στη μετάφραση της ΕΒΕ προτιμήθηκε το ουδέτερο «γουρούνι». Εδώ είναι επίσης η μόνη περίπτωση, στην οποία χρησιμοποιείται η λέξη «γουρούνι». Σε όλα τα άλλα χωρία υπάρχει το «χοίρος» σε ενικό ή πληθυντικό αριθμό.

Στο Μτ. 22:4 η φράση «τὰ σιτιστὰ» αποδίδεται ως «τα θρεφτάρια».

Στο Εβρ. 11:33 η γενική «λεόντων» στη μετάφραση της ΕΒΕ παραμένει έτσι, ενώ οπουδήποτε αλλού (π.χ. Απ. 9:8) αποδίδεται ως «λιονταριών».

Στο Πραξ. 7:41 διαβάζουμε «καὶ ἐμοσχοποίησαν...». Η έκφραση αυτή αποδίδεται στη μετάφραση της ΕΒΕ ως «κατασκεύασαν ένα μοσχάρι...».

Στο Απ. 22:15, το οποίο αποτελεί *crux interpretum*, το «οἱ κύνες» αποδίδεται στη μετάφραση της ΕΒΕ με τη φράση «όσοι είναι αδιάντροποι σαν τα σκυλιά». Στη μετάφραση δεν πρόκειται για ζώα αλλά για ανθρώπους που έχουν την ανήθικη συμπεριφορά των σκύλων.

Στο Εβρ. 9:12 διαβάζουμε «οὐδὲ δι' αἵματος τράγων καὶ μόσχων διὰ δὲ τοῦ ἰδίου αἵματος...». Στη μετάφραση ο στίχος αποδίδεται ως «Ο Χριστός μπήκε μια για πάντα στα άγια των αγίων, για να προσφέρει αίμα όχι ταύρων και μοσχαριών...». Εντύπωση προκαλεί το γεγονός ότι αντί τράγων διαβάζουμε ταύρων. Σύμφωνα με το Λευ. 16:6-9 στο τελετουργικό του οποίου αναφέρεται ο συγκεκριμένος στίχος της προς Εβραίους, ως θυσία εξιλέωσης προσφέρονταν ένας ταύρος για τον οίκο του αρχιερέα και ο ένας από τους δύο τράγους μετά την κλήρωση για το λαό του Ισραήλ. Στο ίδιο κείμενο στο 9:13 στη μετάφραση της φράσης «*τράγων καὶ ταύρων*» αλλάζει η σειρά των ζώων, ενώ στο 10:4 και μεταφράζεται σωστά και τηρείται η κανονική σειρά των θυσιαζόμενων ζώων σε σχέση με το πρωτότυπο κείμενο.

Πουλιά

Στα Μτ. 24:28//Λκ. 17:37 το «*ἀετοί*» αποδόθηκε στη μετάφραση της ΕΒΕ με το «*όρνεα*». Με την επιλογή αυτή όμως αλλάζει και το είδος των πουλιών μεταξύ των δύο κειμένων. Το όρνεο είναι το πιο κοινό είδος γύπα.

Στα Μτ. 23:37//Λκ. 13:34 χρησιμοποιείται μια παρομοίωση από τον Ιησού. Αυτή παραπέμπει στον τρόπο με τον οποίο η κλώσα μαζεύει τα κλωσόπουλα. Οι αντίστοιχοι όροι εδώ είναι «*ὄρνις*» και «*νοσσία*». Στο Λκ. 13:34 αντί για το «*νοσσία*» προτιμάται το «*νοσσιὰν*».

Στο Λκ. 2:24 εκτός από το «*ζεῦγος τρυγόνων*» αναφέρεται και το «*δύο νοσσούς περιστερῶν*» ως εναλλακτική δυνατότητα για την προσφορά κάποιου. Το δεύτερο ζεύγος μεταφράζεται στο κείμενο της ΕΒΕ ως «*μικρά περιστέρια*». Το «*μικρά*» αναφέρεται στην ηλικία των πουλιών.

Ερπετά

Στο Ρωμ. 3:13 απαντά η φράση «*ἰὸς ἀσπίδων*» στον πληθυντικό αλλά στη μετάφραση της ΕΒΕ αποδίδεται σε ενικό αριθμό «*φαρμάκι οχιάς*».

Φύσις Θηρίων

Όπου στην Κ.Δ. υπάρχει η ονομασία «ἔχιδνα», αυτή μεταφράζεται ως «*οχιά*». Στο Μτ. 23:33 η φράση «*γεννήματα ἐχιδνῶν*», στο κείμενο της ΕΒΕ αποδίδεται στον ενικό αριθμό ως «*γεννήματα οχιάς*».

Έντομα

Στα Μτ. 3:4//Μκ. 1:6 το κείμενο της 27^{ης} έκδοσης των Nestle-Aland έχει «*μέλι ἄγριον*», ενώ στη μετάφραση της ΕΒΕ και στα δύο χωρία η φράση αποδίδεται ως «*μέλι από αγριομέλισσες*». Κατά συνέπεια προστίθεται στη μετάφραση άλλο ένα είδος στην κατηγορία των εντόμων.
Τα Μκ. 9:44 και 46 στη μετάφραση της ΕΒΕ έχουν «*Εκεί το σκουλήκι που θα τους τρώει δεν πεθαίνει και η φωτιά δε σβήνει*». Οι δύο παραπάνω στίχοι δεν υπάρχουν όμως στο κείμενο των Nestle-Aland, αλλά η συγκεκριμένη φράση απαντά στο Μκ. 9:48. Στο Πραξ. 12:23 υπάρχει η σύνθετη λέξη «*σκωληκόβρωτος*». Η ΕΒΕ μεταφράζει με τη φράση «*γέμισε σκουλήκια και πέθανε*».

Ψάρια

Η σχετική με τα ψάρια ορολογία δεν μας δημιουργεί κανένα πρόβλημα. Η λέξη «*ἰχθύδια*» αποδίδεται ως «*ψαράκια*», ενώ οι συνηθέστερες λέξεις «*ἰχθὺς*» και «*ὀψάριον*» αποδίδονται παντού με τη λέξη «*ψάρια*».

Μέρος πρώτο

3. Στατιστική αποτύπωση των ειδών της ζωικής ποικιλότητας στην Καινή Διαθήκη

Θηλαστικά
Άγρια

Είδος	Ορολογία	Συχνότητα
Αλεπού	ἀλώπηξ	3
Αρκούδα	ἄρκος	1
Λεοπάρδαλη	πάρδαλις	1
Λιοντάρι	λέων	9
Λύκος	λύκος	6

Στην Κ.Δ. τα άγρια θηλαστικά που αναφέρονται είναι η αλεπού, η αρκούδα, η λεοπάρδαλη, το λιοντάρι και ο λύκος. Συχνότερα χρησιμοποιείται το λιοντάρι και αμέσως μετά ο λύκος. Ακολουθεί σε συχνότητα η αλεπού και η λεοπάρδαλη με την αρκούδα χρησιμοποιούνται μόνο μια φορά στην Αποκάλυψη και μάλιστα στον ίδιο στίχο (13:2). Μια πρώτη παρατήρηση είναι ότι πρόκειται σε όλες τις περιπτώσεις για αρπακτικά και σαρκοφάγα ζώα. Κατά συνέπεια είναι και ακάθαρτα για τον Ιουδαϊσμό. Με εξαίρεση την αλεπού, όλα τα άλλα ζώα που χρησιμοποιούνται, αποτελούν μεγάλο κίνδυνο για τον άνθρωπο. Η αλεπού χρησιμοποιείται μόνο στα ευαγγέλια (Μτ. και Λκ.) και ο λύκος στα ευαγγέλια (εκτός του κατά Μάρκον) και μία φορά στις Πράξεις. Ιδιαίτερο ενδιαφέρον παρουσιάζει το λιοντάρι, το οποίο στην Π.Δ. απαντάται περίπου 150 φορές. Στην Κ.Δ. χρησιμοποιείται κυρίως στην Αποκάλυψη, απουσιάζει χαρακτηριστικά από τα ευαγγέλια, τις Πράξεις και τις πρωτοπαύλειες επιστολές, ενώ χρησιμοποιείται στη Β΄ προς Τιμόθεον, στην προς Εβραίους και στην Α΄ Πέτρου. Μια αξιοσημείωτη παρατήρηση είναι ότι τα άγρια ζώα απουσιάζουν χαρακτηριστικά από την παύλεια γραμματεία.

Οικόσιτα

Είδος	Ορολογία	Συχνότητα
Άλογο	ἵππος	17
Βόδι	βοῦς	8
Γάιδαρος	ὄνος, ὑποζύγιον, ὀνάριον, ὀνικὸς	5, 2, 1, 2
Γουρούνι	ὗς, χοῖρος	1,12
Δαμάλα	δάμαλις	1
Καμήλα	κάμηλος	6
Κατσίκι	ἔριφος, ἐρίφιον, αἴγειος	2, 1, 1
Μοσχάρι	μόσχος	6
Πουλάρι	πῶλος (4 φορές πρόκειται ρητά για γαϊδούρι)	12
Πρόβατο	πρόβατον, ἀμνὸς, ἀρνίον, ἀρήν	39,4,30,1
	μηλωτή, προβατικός	1, 1
Σκύλος	κύων, κυνάριον	5, 4
Ταύρος	ταύρος	
Τράγος	τράγος	4

Τα οικόσιτα θηλαστικά που αναφέρονται στην Κ.Δ. είναι πολύ περισσότερα από τα άγρια. Αυτό είναι όμως αναμενόμενο. Τα ζώα που χρησιμοποιούνται είναι: Άλογο, βόδι (χρησιμοποιούνται επίσης τα: μοσχάρι, ταύρος και δαμάλι), γαϊδούρι, γουρούνι, καμήλα, κατσίκι (χρησιμοποιείται επίσης το τράγος), πρόβατο και σκύλος. Το πρόβατο είναι το ζώο που απαντά με συντριπτική πλειοψηφία (73 φορές συνολικά με τρείς διαφορετικούς όρους) στην Κ.Δ. Ακολουθεί το άλογο (17), το γουρούνι (13) και ο σκύλος (9). Στη συνέχεια κατά συχνότητα απαντούν το γαϊδούρι και το βόδι (8). Εδώ υπάρχει ένα ζήτημα με την ορολογία που χρησιμοποιείται. Το επίθετο «*ὀνικὸς*» χρησιμοποιείται επίσης δύο φορές στα Μκ. 9:42// Μτ. 18:6 αλλά στην ΕΒΕ διαβάζουμε «*μυλόπετρα*». Έτσι η αναφορά στο συγκεκριμένο ζώο στη μετάφραση απουσιάζει. Η λέξη «*πῶλος*» τουλάχιστον τέσσερις φορές αναφέρεται ρητά σε γαϊδούρι ανεβάζοντας έτσι το ποσοστό συχνότητας, ενώ οι όροι «*δάμαλις, μόσχος και βοῦς*» αναφέρονται στο ίδιο πάντα ζώο, αλλά καθορίζουν, είτε το φύλο, είτε την ηλικία του. Το ποσοστό έτσι ανέρχεται σε δεκάξι αναφορές και ξεπερνά εκείνες που συνδέονται με το γουρούνι. Το κατσίκι έχει το ίδιο πρόβλημα. Η λέξη «*τράγος*» αναφέρεται στο αρσενικό φύλο του ζώου και συνολικά έχουμε 8 αναφορές. Τέλος, η καμήλα χρησιμοποιείται 6 φορές.

Το πρόβατο απαντά σε όλα τα ευαγγέλια και μία μόνο φορά στις Πράξεις (8:32). Στον Παύλο χρησιμοποιείται δύο φορές (Ρωμ. 8:36 και Α΄ Κορ. 9:7 με τον όρο «*ποίμνην*») και μία φορά στην προς Εβραίους και στην Α΄ Πέτρου. Μόνο μια φορά στην Αποκάλυψη (18:13) χρησιμοποιείται ο όρος «*πρόβατον*», ενώ στις άλλες 29 αναφορές προτιμάται ο όρος «*ἀρνίον*». Από τις 30 χρήσεις του όρου μόνο μία εντοπίζεται εκτός του βιβλίου της Αποκάλυψης στο Ιω. 21:15. Ο όρος «*ἀμνὸς*» αριθμεί έξι περιπτώσεις. Από τα ευαγγέλια απουσιάζει μόνο στο Ματθαίο και έχει δύο άλλες χρήσεις στην Κ.Δ. (Πραξ. 8:32 και Α΄ Πε. 1:19).

Φύσις Θηρίων

Πουλιά

Άγρια

Είδος	Ορολογία	Συχνότητα
Αετός	ἀετός	5
Κοράκια	κόραξ	1
Όρνεο	ὄρνεον	3
Σπουργίτι	στρουθίον	4
Τρυγόνι	τρυγών	1

Από τα άγρια πουλιά στην Κ.Δ. χρησιμοποιούνται μόνο ο αετός, το όρνεο, το κοράκι, το σπουργίτι και το τρυγόνι κατά σειρά συχνότητας. Απαντούν συνολικά δεκατέσσερις φορές. Ο φτερωτός κόσμος δεν τυγχάνει ιδιαίτερης προσοχής από τους συγγραφείς της Κ.Δ. Εκείνο που πρέπει να παρατηρηθεί εδώ είναι ότι η χρήση των πουλιών με εξαίρεση το τρυγόνι και το σπουργίτι, περιορίζεται στα αρπαχτικά και πτωματοφάγα πουλιά, τα οποία σύμφωνα με τους καταλόγους των Λευ. 11 και Δτ. 14 ήταν ακάθαρτα για τον Ιουδαίο της εποχής του Ιησού. Ο αετός χρησιμοποιείται δύο φορές στα συνοπτικά ευαγγέλια και τρεις φορές στην Αποκάλυψη. Το όρνεο χρησιμοποιείται τρεις φορές στην Αποκάλυψη και το κοράκι μια φορά στο κατά Λουκάν (στον πληθυντικό αριθμό). Το τρυγόνι χρησιμοποιείται μόνο μια φορά στο κατά Λουκάν στον πληθυντικό. Το πρόβλημα που ανακύπτει εδώ είναι ότι πρόκειται για άγριο πουλί και όχι για οικόσιτο. Το κείμενο (Λκ. 2:24) όμως παρουσιάζει το ζεύγος τρυγονιών ως οικόσιτα και μάλιστα ταυτόσημα με το ζεύγος περιστεριών και κατάλληλα για θυσία (Λευ. 5:7, 11). Σύμφωνα με τις λατρευτικές διατάξεις από τα πουλιά μόνο περιστέρια και τρυγόνια προσφέρονταν ως

Μέρος πρώτο

θυσία στο Ναό από τους φτωχούς που δεν μπορούσαν να αγοράσουν και να προσφέρουν τα συνηθισμένα ζώα (Λευ. 12:8). Όλα τα υπόλοιπα πουλιά δεν ήταν κατάλληλα για θυσία. Σπανίως επίσης προσφέρονταν ως θυσία άγρια θηράματα γενικά στην αρχαιότητα. Σύμφωνα με το Αρ. 6:10 ένα ζεύγος αποκλειστικά τρυγονιών ή μικρών περιστεριών απαιτείται ως προσφορά εξιλέωσης ενός ναζηραίου που μολύνθηκε από το θάνατο κάποιου. Το σπουργίτι χρησιμοποιείται τέσσερις φορές μόνο στα ευαγγέλια του Ματθαίου και του Λουκά. Τα κείμενα είναι παράλληλα και η λέξη «στρουθίον» απαντά μόνο στον πληθυντικό αριθμό.

Οικόσιτα

Είδος	Ορολογία	Συχνότητα
Κόκορας	ἀλέκτωρ, ἀλεκτοροφωνία	12, 1
Κότα	ὄρνις	2
Κλωσσόπουλα	νοσσίον, νοσσιὰ	1, 1
Περιστέρι	περιστερά	10

Από το οικόσιτα πουλιά χρησιμοποιούνται μόνο η κότα και το περιστέρι. Στην πρώτη περίπτωση απαντούν δώδεκα χρήσεις του αρσενικού «ἀλέκτωρ» και μία φορά το ουσιαστικό «ἀλεκτοροφωνία». Σε δύο περιπτώσεις γίνεται αναφορά στο θηλυκό «ὄρνις» και δύο ακόμη αναφορές υπάρχουν στα κλωσόπουλα με τους όρους «νοσσίον» και «νοσσιὰ». Σημαντική είναι η συχνότητα του περιστεριού, το οποίο απαντά δέκα φορές με τη μορφή «περιστερά» (θηλ.) μόνο στα ευαγγέλια. Σε όλες τις περιπτώσεις εκτός των διηγήσεων της βάπτισης του Ιησού και στο λόγιο του Μτ. 10:16 το περιστέρι αναφέρεται σε σχέση με τα θυσιαζόμενα στο Ναό ζώα.

Ερπετά

Είδος	Ορολογία	Συχνότητα
Οχιά	ἔχιδνα, ἀσπίς	5, 1
Φίδι	ὄφις, ἑρπετόν	14, 4

Στα ερπετά δεν έχουμε οικόσιτα. Η γενική κατηγορία των φιδιών απαντά με τον όρο «ὄφις» δεκατέσσερις φορές στην Κ.Δ. και τέσσερις φορές με το γενικότερο όρο «ἑρπετόν». Το μόνο είδος που αναφέρεται ρητά και μπορεί να αναγνωριστεί χωρίς αμφιβολία είναι η οχιά. Ο όρος «ἔχιδνα» χρησιμοποιείται πέντε φορές και μία φορά προτιμάται η ονομασία «ἀσπίς». Πρόκειται πιθανότατα για το ίδιο είδος. Ως «ἔχιδνα» συναντάται στα κατά Ματθαίον και κατά Λουκάν και μία φορά στις Πράξεις. Ο όρος «ἀσπίς» προτιμάται από τον Παύλο στην προς Ρωμαίους.

Αμφίβια

Είδος	Ορολογία	Συχνότητα
Βάτραχος	βάτραχος	1

Από τη νεότερη κατηγορία των αμφιβίων στην Κ.Δ. αναφέρεται μία μόνο φορά ο βάτραχος στο Απ. 16:13. Όπως είναι αναμενόμενο δεν διευκρινίζεται κάποιο συγκεκριμένο είδος βατράχου.

Ψάρια

Είδος	Ορολογία	Συχνότητα
Κήτος	κήτος	1
Ψάρι	ἰχθὺς, ἰχθύδιον, ὀψάριον, ἐνάλιος	20, 2, 5, 1, 1

Μέρος πρώτο

Τα ψάρια αναφέρονται σχεδόν αποκλειστικά ως γενική κατηγορία. Μία μόνο εξαίρεση είναι η λέξη «*κήτος*» στο Μτ. 12:40 με αναφορά στη γνωστή ιστορία του Ιωνά. Εδώ πιθανότατα πρόκειται για κάποιο είδος φάλαινας, αλλά με τον όρο αυτό προσδιορίζεται μερικώς και η γενική κατηγορία των μεγάλων ψαριών. Η λέξη «*ἰχθὺς*» προτιμάται από τους συγγραφείς της Κ.Δ. και χρησιμοποιείται είκοσι φορές, ενώ οι όροι «*ἰχθύδιον*» και «*ὀψάριον*» απαντούν δύο και πέντε φορές αντιστοίχως. Στο Ιακ. 3:7 τα είδη της ζωικής ποικιλότητας διακρίνονται σε τέσσερις κατηγορίες. Η τελευταία, τα ψάρια κατονομάζεται με το επίθετο «*ἐνάλιος*» στον πληθυντικό. Ο όρος «*ὀψάριον*» χρησιμοποιείται μόνο στο κατά Ιωάννην. Ο όρος «*ἰχθύδιον*» από την άλλη, χρησιμοποιείται μόνο στον πληθυντικό στα ευαγγέλια του Μάρκου και του Ματθαίου (Μκ. 8:7, Μτ. 15:34). Εκτός ευαγγελίων το «*ἰχθὺς*» χρησιμοποιείται μία μόνο φορά από τον Παύλο στο Α΄ Κορ. 15:39, όταν μιλά για τη ζωική ποικιλότητα γενικά και διακρίνει το σώμα των ανθρώπων από εκείνο των ζώων. Εδώ η ζωική ποικιλότητα διακρίνεται σε τρεις κατηγορίες: κτήνη, πτηνά και ψάρια.

Έντομα		
Είδος	Ορολογία	Συχνότητα
Ακρίδα	ἀκρίς	4
Κουνούπι	κώνωψ	1
Σκόρος	σής	6
Σκορπιός	σκορπίος	5
Σκουλήκι	σκώληξ, σκωληκόβρωτος	1, 1
Αγριομέλισσες	(μόνο ΕΒΕ)	2

Σε αυτή την κατηγορία η συχνότητα χρήσης δεν ήταν αναμενόμενη, καθώς ένα από τα πλέον ασήμαντα έντομα, ο σκόρος αναφέρεται έξι φορές στην Κ.Δ. Ακολουθούν ο σκορπιός (πέντε φορές) και η ακρίδα (τέσσερις φορές). Το κουνούπι και το σκουλήκι αναφέρονται μία φορά. Στην περίπτωση του σκουληκιού μπορεί να συνυπολογιστεί και η χρήση του επιθέτου «*σκωληκόβρωτος*» σχετικά με τον θάνατο του Ηρώδη Αγρίππα Α΄ στο Πραξ. 12:23 και έτσι έχουμε στην πράξη δύο αναφορές. Οι αγριομέλισσες υπάρχουν μόνο στη μετάφραση της ΕΒΕ (Μκ. 1:6//Μτ. 3:4) ενώ το πρωτότυπο κείμενο έχει και στις δύο περιπτώσεις «*μέλι ἄγριον*».

Εντύπωση προκαλεί ότι τα ερπετά, ακόμη και τα έντομα διακρίνονται σε είδη, ενώ τα ψάρια όχι. Αυτό πιθανώς συμβαίνει διότι κατά την αρχαιότητα ήταν ελάχιστα γνωστά για την υποθαλάσσια ζωή. Μόνο εκείνα τα είδη των ψαριών που έπεφταν συχνότερα στα δίχτυα των ψαράδων ήταν γνωστά και διακριτά στον περισσότερο κόσμο.

Αφήσαμε εκτός έρευνας και κατηγοριών τη λέξη «*δράκων*», αν και χρησιμοποιείται δεκατρείς φορές στην Κ.Δ. και μάλιστα μόνο στην Αποκάλυψη. Ο λόγος είναι ότι πρόκειται για μυθικό ζώο ή απροσδιόριστο πλάσμα και όχι για πραγματικό ζώο.

Μέρος πρώτο

4. Η ταξινόμηση της ζωικής ποικιλότητας και η χρήση της στην Καινή Διαθήκη

Την εποχή της Κ.Δ. οι συγγραφείς της και οι φυσιοδίφες δεν γνώριζαν το ταξινομικό σύστημα των ζώων, το οποίο επινοήθηκε κατά τον 18ο αι. από τον Σουηδό βοτανολόγο Κάρολο Λινναίο. Η ορολογία που χρησιμοποιείται στην Κ.Δ. για τα ζώα είναι: *θηρίον* (46), *τετράπους* (3), *κτῆνος* (4), *ζῷον* (23), *θρέμμα* (1) και *ψυχὴ ζωῆς* (1). Οι λέξεις *θηρίον* και *ζῷον* απαντούν συχνότερα από κάθε άλλη. Στην Αγία Γραφή τα ζώα διακρίνονται σε θηλαστικά, πουλιά, ερπετά και ψάρια. Απουσιάζουν τα έντομα και τα αμφίβια σαν κατηγορίες. Τα έντομα θεωρούνται ως «*πάντα τὰ ἑρπετὰ τῶν πετεινῶν*» (Λευ. 11:20 και Δτ. 14:19) στο Ο΄, ενώ η μετάφραση της ΕΒΕ αποδίδει τη φράση ως «*όλα τα πτερωτά ζωύφια που βαδίζουν με τα τέσσερα*». Τα αμφίβια από την άλλη, δεν τα διέκριναν από τα ερπετά. Η ταξινόμηση των Λευ. 11 και Δτ. 14 αποτελεί και τη μόνη συστηματική για την εποχή παρουσίαση των ζώων στη γραμματεία της Συρίας και του Ισραήλ[31]. Δεν υπάρχει φυσικά στην αρχαιότητα ένα κοινώς αποδεκτό ταξινομικό σύστημα, με αποτέλεσμα η ταξινόμηση των ζώων να γίνεται με διαφορετικά κριτήρια στους διάφορους συγγραφείς. Ο Πλάτωνας για παράδειγμα, στον Τίμαιο, το μοναδικό έργο του με αντικείμενο τον φυσικό κόσμο, αναφέρει τρεις κατηγορίες ζώων και το ταξινομικό

---

31 Βλ. O. Borowski, «Animals in the Literatures of Syria-Palestine», στο *A History of the Animal World in the Ancient near East*, έκδ. B. J. Collins, Leiden, Brill, 2002, 289-290. Το ίδιο ισχύει και για τα Λευ. 1-6 και Αρ. 7:87-88, όπου έχουμε τις οδηγίες για τις θυσίες. Από την Ουγαρίτ για παράδειγμα δεν έχει διασωθεί κάποιος παρόμοιος συστηματικός κατάλογος, ο οποίος να ταξινομεί τα ζώα και να περιγράφει τα χαρακτηριστικά τους.

κριτήριο που χρησιμοποιεί είναι το περιβάλλον που αυτά ζουν[32].

Ο Αριστοτέλης διατηρεί επίσης τρεις κατηγορίες αλλά με άλλες ονομασίες[33] και ταξινομικό κριτήριο τον τρόπο με τον οποία τα ζώα κινούνται. Η φράση «τὰ πετεινὰ τοῦ οὐρανοῦ» (Ιεζ. 38:20) αποτελεί ήδη στην Π.Δ. μια προσπάθεια ταξινόμησης των πουλιών σε ξεχωριστή κατηγορία από τα υπόλοιπα ζώα.

Ο Λινναίος θεμελίωσε το μοντέλο ταξινομίας των ζώων και των φυτών σύμφωνα με τη διωνυμική ονοματολογία. Το μεγαλύτερο μέρος της ταξινόμησής του έχει αλλάξει, αλλά οι βασικές αρχές του συστήματός του ακολουθούνται ακόμη. Στην αρχαιότητα για παράδειγμα γνώριζαν ότι οι νυχτερίδες ήταν ζώα που πετούν, αλλά τις τοποθετούσαν στην κατηγορία των πουλιών[34]. Το ίδιο συνέβαινε και με συγκεκριμένα έντομα, όπως οι πεταλούδες. Για τους Ιουδαίους όλα αυτά ήταν φτερωτά όντα[35]. Οι νυχτερίδες αναφέρονται στην Π.Δ. και φαίνεται ότι συγχέονται με τα πουλιά, εφόσον περιλαμβάνονται στα ακάθαρτα είδη των πουλιών (Λευ. 11:19 και Δτ. 14:18).

Ο Λινναίος αρχικά χρησιμοποίησε τις ακόλουθες πέντε βαθμίδες (με φθίνουσα σειρά): βασίλειο, ομοταξία (κλάση),

---

32 Την πρώτη κατηγορία αποτελούν τα πτηνά, τη δεύτερη τα ένυδρα και την τρίτη τα χερσαία. Βλ. Πλάτωνα, *Τίμαιος*, 39e, 10-40a, 2.

33 «*πεζὰ καὶ πτηνὰ καὶ πλωτά*», Αριστοτέλη, *Τῶν περὶ τὰ Ζῷα Ἱστοριῶν*, 488a, 1.

34 Χαρακτηριστική είναι η περιγραφή του Αριστοτέλη «*καὶ αἱ νυκτερίδες ὡς μὲν πτηνὰ ἔχουσι πόδας, ὡς δὲ τετράποδα οὐκ ἔχουσι, καὶ οὔτε κέρκον ἔχουσιν οὔτ' οὐροπύγιον, διὰ μὲν τὸ πτηνὰ εἶναι κέρκον· διὰ δὲ τὸ πεζὰ οὐροπύγιον. Συμβέβηκε δ' αὐταῖς τοῦτ' ἐξ ἀνάγκης*», στο *Περὶ Ζῴων Μορίων*, 697b, 7-10.

35 M. Bright, *Beasts of the Field: The Revealing Natural History of Animals in the Bible*, London, Robson, 2006, 189.

τάξη, γένος και είδος. Ταξινόμησε στις ίδιες κατηγορίες τα ζώα με βάση τη φυσιολογία, την ανατομία και τη συμπεριφορά τους. Η ιεραρχία των ταξινομικών βαθμίδων έχει επεκταθεί σημαντικά από την εποχή του Λινναίου και στις μέρες μας περιλαμβάνει πλέον επτά υποχρεωτικές βαθμίδες για τη ζωική ποικιλότητα: βασίλειο, συνομοταξία (φύλο) ομοταξία (κλάση), τάξη, οικογένεια, γένος και είδος. Σήμερα όλοι οι οργανισμοί πρέπει να τοποθετηθούν στις παραπάνω επτά τουλάχιστον ταξινομικές βαθμίδες. Σε πολύπλοκους οργανισμούς όμως, όπως τα έντομα, οι ταξινομικές βαθμίδες μπορούν να υποδιαιρεθούν σε άλλες μικρότερες και να φτάσουν μέχρι τις τριάντα.

Ο Λινναίος εισήγαγε το 1735 τη διωνυμική ονοματολογία με το έργο του *Systema Naturae*. Σύμφωνα με αυτή την επινόηση κάθε είδος φυτού ή ζώου έχει ένα λατινικό όνομα που αποτελείται από δύο λέξεις. Η πρώτη λέξη είναι το όνομα του γένους και η δεύτερη λέξη είναι το ειδικό επίθετο. Το όνομα του γένους είναι πάντα ουσιαστικό, ενώ το όνομα του είδους είναι συνήθως επίθετο. Το ειδικό επίθετο δεν αναφέρεται ποτέ μόνο του. Για τον καθορισμό του είδους είναι απαραίτητη η αναφορά όλου του διωνύμου. Το ειδικό επίθετο μπορεί να χρησιμοποιηθεί σε διαφορετικά και μη συγγενικά γένη, ενώ το όνομα του γένους μπορεί να δοθεί μόνο σε μία ομάδα οργανισμών. Στη ζωολογία αυτό επικράτησε από το 1758 και έτσι όλοι οι οργανισμοί κατέστησαν πλέον διώνυμοι. Σήμερα έχουν αναγνωριστεί και οργανισμοί, οι οποίοι έχουν τριωνυμική ονοματολογία. Αυτό συμβαίνει στις περιπτώσεις εκείνες στις οποίες ένα είδος υποδιαιρείται σε υποείδη. Αυτό όμως δεν συνηθίζεται στη ζωολογία γιατί τα όρια ανάμεσα στα υποείδη σπάνια είναι διακριτά αλλά είναι συχνό φαινόμενο στη βοτανική.

Φύσις Θηρίων

Οι συγγραφείς των βιβλίων της Κ.Δ. αφενός δεν γνωρίζουν πολλές φορές τα είδη της ζωικής ποικιλότητας, στα οποία αναφέρονται χωρίς ιδιαίτερο ενδιαφέρον και αφετέρου δεν τους απασχολεί η ακρίβεια στην αναγνώριση κάθε είδους ή στην περιγραφή του, όπως γίνεται για παράδειγμα στις φυσικές ιστορίες της εποχής. Τις περισσότερες φορές οι συγγραφείς της Κ.Δ. χρησιμοποιούν μια γενική ταξινόμηση. Στην περίπτωση των φιδιών και των ψαριών αυτό είναι χαρακτηριστικότερο. Από την πρώτη κατηγορία εξαίρεση αποτελεί μόνο η αναφορά σε ένα συγκεκριμένο είδος, την οχιά. Στα ψάρια η μόνη εξαίρεση είναι η αναφορά σε κάποιο κήτος. Και στις δύο περιπτώσεις όμως και πάλι μιλάμε για συγκεκριμένες οικογένειες οργανισμών και όχι για είδη. Το ίδιο συμβαίνει στην περίπτωση των πτηνών με τους αετούς και τα όρνεα, στην περίπτωση των αμφιβίων με τα βατράχια[36] και στην περίπτωση των εντόμων με τις ακρίδες. Στα βιβλία της Π.Δ. το πρόβλημα είναι ακόμη πιο περίπλοκο, καθώς οι οικογένειες των ειδών της ζωικής ποικιλότητας είναι πολύ περισσότερες. Στα οικόσιτα ζώα δεν παρατηρείται τέτοιο φαινόμενο. Εδώ τα είδη αναγνωρίζονται εύκολα λόγω της καθημερινής επαφής και εξοικείωσης μαζί τους.

---

36 Τα αμφίβια στην αρχαιότητα δεν αποτελούσαν ξεχωριστή κατηγορία αλλά περιλαμβάνονταν στα ερπετά.

5. Σύγκριση των δεδομένων της Κ.Δ. με εκείνα της Π.Δ.

Η γη του Ισραήλ αποτελεί σταυροδρόμι μεταξύ Ευρώπης, Ασίας και Αφρικής για τα ζώα και ιδιαίτερα για τα πουλιά, καθώς αυτά μεταναστεύουν από και προς τις συγκεκριμένες ηπείρους[37]. Συνεπώς σε όλη τη διάρκεια του χρόνου στη γη της Βίβλου παρατηρείται ένας μεγάλος αριθμός διαφόρων ειδών της πανίδας αλλά ειδικότερα το φθινόπωρο και την άνοιξη το φαινόμενο είναι αισθητά πιο έντονο. Τα πουλιά ασφαλώς κυριαρχούν ποσοτικά έναντι των άλλων ειδών[38]. Πολλά από τα ζώα που ζουν στη γη του Ισραήλ αναφέρονται στη Βίβλο με ονομασίες που αφορούν την οικογένεια ή το γένος (κατά την αρχαιότητα οι πληθυσμοί των διαφόρων ειδών θα ήταν σίγουρα μεγαλύτεροι) και συχνά από τις περιγραφές τους δεν μπορεί να αναγνωριστεί για ποιο συγκεκριμένο είδος γίνεται λόγος. Σήμερα υπάρχουν εξειδικευμένοι οδηγοί αναγνώρισης των ειδών της ζωικής ποικιλότητας αλλά οι αρχαίοι συγγραφείς στηρίζονταν μόνο σε όσα τους ήταν γνωστά από πρακτικές παρατηρήσεις ή αν είχαν πρόσβαση στις φυσικές ιστορίες της εποχής τους μπορούσαν να χρησιμοποιήσουν τις σημειώσεις των παρατηρητών της άγριας ζωής.

Τα βιβλία της Αγίας Γραφής δεν έχουν ιδιαίτερο ενδιαφέρον για τα ζώα και έτσι σε αυτά δεν εντοπίζεται υλικό σαν εκείνο των φυσικών ιστοριών της αρχαιότητας. Οι συγγραφείς των βιβλι-

---

37 Τετρακόσια είδη έχουν καταγραφεί σύμφωνα με τον M. Bright, *Beasts of the Field*, 204. Ο ίδιος αριθμός έχει καταγραφεί για τη Μεγάλη Βρετανία, μία γεωγραφική περιοχή όμως δέκα φορές μεγαλύτερη από τη γη του Ισραήλ.

38 Βλ. αναλυτικά την κατανομή των ειδών ανάλογα με το φυσικό περιβάλλον στη γη του Ισραήλ στην εργασία του M. Bright, *στο ίδιο*, x-xi.

κών κειμένων δεν ήταν φυσιοδίφες και πιθανότατα δεν γνώριζαν τίποτα παραπάνω για τα ζώα από εκείνα που ήταν γνωστά στους μη ειδικούς. Ήταν αδύνατο όμως να μην έχουν έρθει σε επαφή με κάποια από αυτά, τουλάχιστον τα πιο οικεία στον άνθρωπο. Γνώριζαν όμως διηγήσεις ταξιδιωτών και μύθους που σχετίζονταν με τον τρόπο ζωής των γνωστότερων ζώων. Τα βιβλικά κείμενα προσεγγίζουν τα ζώα συχνότερα με συμβολικό τρόπο παρά με ρεαλιστικό. Τα χρησιμοποιούν σε μεταφορές και παραβολές για να προσθέσουν δραματικό τόνο ή να χρωματίσουν μια διήγηση.

Στην Π.Δ. αναφέρονται και ζώα τα οποία δεν ζούσαν στη γη του Ισραήλ αλλά εισήχθησαν επί Σολομώντα. Οι πίθηκοι αποτελούν χαρακτηριστική περίπτωση (Α΄ Βασ. 10:22· Β΄ Χρ. 9:21) με προέλευση από την Αφρική. Οι ελέφαντες και τα παγώνια από την άλλη, προέρχονταν από την Ινδία. Και ενώ ο ελέφαντας αναφέρεται μόνο στο Α΄ Μακκαβαίων (1:17· 6:28-47 και 8:6) με αφορμή τις πολεμικές εκστρατείες, αλλού αναφέρεται μόνο το ελεφαντόδοντο (Α΄ Βασ. 10:18· 22:39· Αμ. 3:15· Ιεζ. 27:6) ως υλικό. Στην περίπτωση του κόκορα και της κότας έχουμε αρκετές αναφορές, αλλά όλες βρίσκονται στην Κ.Δ. Αυτό προξενεί εντύπωση, αφού πρόκειται για οικόσιτο είδος που δεν έλειπε σίγουρα από κανέναν αγροτικό πληθυσμό. Ακόμη πιο παράξενο είναι το γεγονός ότι από το σύνολο των βιβλίων της Αγίας Γραφής μόνο στην Επιστολή Ιερεμία βρίσκουμε μία αναφορά στη γάτα με τον όρο «αἴλουρος»[39].

---

39 Στο στίχο 21 διαβάζουμε «ἐπὶ τὸ σῶμα αὐτῶν καὶ ἐπὶ τὴν κεφαλὴν ἐφίπτανται νυκτερίδες χελιδόνες καὶ τὰ ὄρνεα ὡσαύτως δὲ καὶ οἱ αἴλουροι». Η ίδια ονομασία απαντά στους μύθους του Αισώπου, ενώ λιγότερο συχνός είναι ο όρος «αἰέλουρος». Στα απόκρυφα της Π.Δ. βρίσκουμε επίσης δύο

Μέρος πρώτο

Γνωρίζουμε ότι αυτή είχε εξημερωθεί από τους Αιγύπτιους ήδη από τη δεύτερη χιλιετία π.Χ. και εξαιτίας της σχέσης του Ισραήλ με την Αίγυπτο θα έπρεπε λογικά να υπάρχουν περισσότερες αναφορές. Είναι αδύνατον να μην υπήρχαν γάτες σε κάποιες από τις οικίες των Ιουδαίων.

Εκτός από αναφορές των βιβλικών κειμένων στην αιχμαλώτιση διαφόρων ειδών της πανίδας και της εμπορικής εκμετάλλευσής τους, υπάρχει και έκδηλο ενδιαφέρον για τη διατήρηση της άγριας ζωής. Μία από τις διατάξεις του Δευτερονομίου (22:6-7) απαγορεύει στους Ιουδαίους να παίρνουν από μια φωλιά τους νεοσσούς και τη μητέρα τους. Το κείμενο επιτρέπει την αιχμαλώτιση των νεοσσών ή τη λήψη των αυγών αλλά ορίζει να αφεθεί ελεύθερη η μητέρα προκειμένου να διατηρηθεί το συγκεκριμένο είδος στη φύση. Αυτό με σημερινή ορολογία θα λεγόταν ορθή διαχείριση της ζωικής ποικιλότητας.

Στη Π.Δ. βρίσκουμε επίσης κείμενα που ασχολούνται σε σημαντικό βαθμό με τα ζώα. Εκτός από τους καταλόγους με τα καθαρά και ακάθαρτα των Λευ. 11 και Δτ. 14 ο Ψλ. 103 και τα Ιώβ 39-40 περιέχουν περιγραφές σε διάφορες συμπεριφορές των ζώων. Στην Αγία Γραφή γενικά βρίσκουμε ποικίλες ερμηνείες σχετικά με τη χρήση των ζώων. Άλλοτε οι βιβλικοί συγγραφείς αναφέρονται στα διάφορα είδη της ζωικής ποικιλότητας κυριολεκτικά και άλλοτε μεταφορικά. Από τη φυσιοκρατική ερμηνεία συχνά μεταβαίνουμε στην αλληγορική με

αναφορές στη γάτα στο *Σιββυλικοί Χρησμοί*, 3:30 και 23:27 και άλλη μία στα *Αποσπάσματα του Αρτάπανου* 3:4. Το τελευταίο έργο μπορεί κανείς να βρει στις ψηφιακές πηγές. Στο BibleWorks 9 το κείμενο υπάρχει στην έκδοση των αποκρύφων της Π.Δ. του Charles με τον τίτλο *Fragments of Artapanus*, ενώ στο TLG στον Αλέξανδρο τον Πολυίστορα (14:21).

μηνύματα ηθικής συμπεριφοράς. Αρκετές φορές η χρήση των ζώων απλά διακοσμεί τη διήγηση και σε κάποιες άλλες περιπτώσεις ο ρόλος των ζώων είναι πιο σημαντικός. Η παρατήρηση ότι μεγάλο μέρος του υλικού της Κ.Δ. στο οποίο αναφέρονται διάφορα ζώα προέρχεται από την αρχαιότερη πηγή της ευαγγελικής παράδοσης, την Πηγή των Λογίων, ίσως δείχνει την αγροτική προέλευση της χριστιανικής κοινότητας στην οποία αυτή απευθυνόταν. Η διαπίστωση αυτή όμως θα πρέπει να διατηρηθεί με επιφύλαξη, καθώς αυτό μπορεί να είναι αποτέλεσμα διαφόρων άλλων παραγόντων[40].

Στην Αγία Γραφή υπάρχουν επίσης μυθικά ή φανταστικά ζώα. Παρόλα αυτά δεν υπάρχουν τα δημοφιλή τέρατα της αρχαιότητας, όπως η χίμαιρα ή ο κέρβερος ή μυθικά ζώα, όπως κένταυροι ή φοίνικες. Το μυθικό πουλί φοίνικας, αν και απαντάται στην πατερική γραμματεία ως σύμβολο της ανάστασης του Χριστού, απουσιάζει από την Αγία Γραφή, τον Φίλωνα και τον Ιώσηπο[41]. Εντύπωση προκαλεί το γεγονός ότι ο μονόκερος μνημονεύεται αρκετές φορές στην Π.Δ., αν και δεν του αποδίδονται τα γνωστά χαρακτηριστικά του μυθικού ζώου. Στα Δτ. 23:22 και 33:17 υπάρχει η λέξη «*μονοκέρωτος*», την οποία η μετάφραση της ΕΒΕ αποδίδει ως «*αγριόταυρος*». Στις αγγλικές μεταφράσεις της Π.Δ. «*οἱ ἁδροὶ*» του Ησ. 34:7 κατανοούνται ως «*μονόκεροι*» με τον όρο «*unicorn*» από το λατινικό «*unicornis*»,

---

40 Βλ. σχετικά με τα εισαγωγικά της Πηγής των Λογίων στο Π. Βασιλειάδη, *Τα Λόγια του Ιησού. Το Αρχαιότερο Ευαγγέλιο*, Αθήνα, 2005, 77-90.
41 Βλ. τη σχετική συζήτηση στο R. M. Grant, *Early Christians and Animals*, London, New York, Routledge, 1999, 39-41.

ενώ στο κείμενο της ΕΒΕ προτιμάται το «*βούβαλοι*». Στο Ιώβ 39:9 το «*μονόκερως*» αποδίδεται με το «*άγριο βουβάλι*» και έτσι δεν πρόκειται για αγριόταυρο εδώ. Με την αλλαγή της ορολογίας έχουμε και αλλαγή του είδους του ζώου για το οποίο γίνεται λόγος. Το πρόβλημα οξύνεται στην περίπτωση του Ψλ. 21:22 (Ο΄) όπου η φράση «*ἀπὸ κεράτων μονοκερώτων*» στη μετάφραση της ΕΒΕ αποδίδεται ως «*απ' του αγριοβούβαλου τα κέρατα*». Εδώ η λέξη κέρατα βρίσκεται στον πληθυντικό αλλά η αντίστοιχη εβραϊκή είναι στον ενικό αριθμό. Το λάθος των μεταφραστών στην αρχαιότητα παρέσυρε όλους τους νεότερους μεταφραστές σε όλες τις γλώσσες⁴². Στην περίπτωση του Ησ. 34:7 στην αγγλική μετάφραση της Βίβλου (Authorized Version) δίπλα στο συγκεκριμένο χωρίο μια σημείωση στο περιθώριο αναφέρει ότι οι μεταφραστές κατανοούσαν ότι πρόκειται για ρινόκερο. Η Βουλγάτα τέλος, έχει «*rhinoceros*» αντί για «*unicornis*». Στο Δν. 8:5 γίνεται λόγος για έναν τράγο («*τράγος αἰγῶν*» στο κείμενο των Ο΄) «*που είχε ένα εντυπωσιακό κέρατο ανάμεσα στα μάτια του*» σύμφωνα με τη μετάφραση της ΕΒΕ. Όλες οι παραπάνω αναφορές σε όποιο ζώο και αν αναφέρονται τελικά, αυτό είναι φανταστικό και όχι πραγματικό.

Ακόμη πιο περίεργη στην Π.Δ. είναι η αναφορά πιθανότατα σε κάποια άλλα μυθικά όντα αντίστοιχα των σατύρων στην ελληνική μυθολογία. Στο Ησ. 13:21 γίνεται λόγος για «*σειρῆνες καὶ δαιμόνια*». Στη μετάφραση της ΕΒΕ το πρώτο αποδίδεται ως «*στρουθοκάμηλοι*» και το δεύτερο ως «*δαίμονες τραγόμορφοι*». Με τον τελευταίο όρο αποδίδεται και το

---

42 Βλ. αναλυτικά Μ. Bright, *στο ίδιο*, 5-6.

«ὀνοκένταυροι» του Ησ. 34:14. Ας σημειωθεί επίσης ότι στο Β΄ Χρ. 11:15 στο κείμενο της μετάφρασης υπάρχει η φράση «τραγόμορφους και μοσχόμορφους θεούς» χωρίς να λέγεται κάτι περισσότερο.

Αν και τα παραπάνω μυθικά ζώα δεν αναφέρονται στην Κ.Δ. κοινή είναι στην Αγία Γραφή από την άλλη, η περίπτωση του δράκοντα. Με την έννοια «δράκων» συνήθως γίνεται αντιληπτό ένα μυθικό τέρας που τις περισσότερες φορές πρόκειται για κάποιο ερπετό ή το φίδι του Γεν. 3 και όχι το γνωστό από τις διηγήσεις του μεσαίωνα φτερωτό δράκο της Δυτικής Ευρώπης. Στο Ησ. 30:6[43] αυτός ο δράκος χαρακτηρίζεται «φτερωτός» στη μετάφραση της ΕΒΕ. Στην ελληνική γραμματεία (π.χ. Όμηρος, Πλίνιος, Διόδωρος ο Σικελιώτης) ο δράκων είναι πάντα ένα τεράστιο φίδι[44].

Άφησα για το τέλος δύο άλλα μυθικά τέρατα που ταυτίζονται με τις δυνάμεις του χάους, τον Βεχεμώθ και τον Λεβιάθαν[45]. Στη μετάφραση της ΕΒΕ Στο Ιώβ 40:23 διαβάζουμε «ιπποπόταμος» για τον Βεχεμώθ, ενώ στο κείμενο των Ο΄ αναφέρεται ως «θηρίο» στο Ιώβ 40:15. Σύμφωνα με την φυσιοκρατική ερμηνεία ο Λεβιάθαν θα πρέπει να κατανοούνταν ως κροκόδειλος. Στο Ησ. 27:1 υπάρχει η λέξη «δράκοντα» αλλά στο κείμενο της ΕΒΕ διαβάζουμε «Λεβιάθαν»[46] και στο Ιώβ

---

43 Στο κείμενο των Ο΄ διαβάζουμε «ἔκγονα ἀσπίδων πετομένων».

44 Το κείμενο που ακολουθεί από τον Διόδωρο τον Σικελιώτη είναι χαρακτηριστικό «Μετὰ δὲ ταῦτα ἡ μὲν Ἥρα δύο δράκοντας ἀπέστειλε τοὺς ἀναλώσοντας τὸ βρέφος, ὁ δὲ παῖς οὐ καταπλαγεὶς ἑκατέρᾳ τῶν χειρῶν τὸν αὐχένα σφίγξας ἀπέπνιξε τοὺς δράκοντας», Βιβλιοθήκη Ἱστορική, 4, 10, 1-4.

45 Βλ. Α΄ Ἐνὼχ 60:7-9 και Δ΄ Ἔσδρα 6:47.

46 Και στο Ψλ. 73:14 (Ο΄) γίνεται το ίδιο. Το εβραϊκό κείμενο έχει «Λεβιάθαν». Βλ. Δ. Καϊμάκη, Σύντομο Υπόμνημα στους Ψαλμούς, Αθήνα 2010,

41:1 «*κροκόδειλο*». Ιπποπόταμοι ζούσαν στην Αίγυπτο, ενώ κροκόδειλοι υπήρχαν και στο βόρειο τμήμα του Ισραήλ μέχρι και τον 19° αι[47]. Από τις περιγραφές των παραπάνω κειμένων δυστυχώς δεν μπορεί να εξαχθεί κάποιο ασφαλές συμπέρασμα για ποια ζώα πρόκειται με βεβαιότητα, καθώς η φυσική συμπεριφορά με τη φανταστική διήγηση συγχέονται.

263.
47 M. Bright, *στο ίδιο*, 35.

ΜΕΡΟΣ ΔΕΥΤΕΡΟ

Η ΖΩΙΚΗ ΠΟΙΚΙΛΟΤΗΤΑ ΚΑΙ Η ΠΟΛΙΤΙΣΜΙΚΗ ΤΗΣ ΛΕΙΤΟΥΡΓΙΑ ΣΤΗΝ ΚΑΙΝΗ ΔΙΑΘΗΚΗ ΚΑΙ ΤΟ ΠΕΡΙΒΑΛΛΟΝ ΤΗΣ

1. Καθαρά και ακάθαρτα ζώα. Το όραμα του Πέτρου στις Πράξεις και οι κατάλογοι με τα ζώα των Λευ. 11 και Δτ. 14

Η διήγηση του οράματος του Πέτρου στις Πράξεις στο περιστατικό με τη μεταστροφή του Κορνήλιου στο χριστιανισμό αναφέρεται δύο φορές (10:10-16 και 11:5-10) από το Λουκά. Στόχος της διήγησης είναι να δείξει ότι η κατάργηση του διαχωρισμού των ειδών της ζωικής ποικιλότητας σε καθαρά και ακάθαρτα, είναι αντίστοιχη της κατάργησης των διαφορών μεταξύ Ιουδαίων και εθνικών εντός της Εκκλησίας. Έτσι η Εκκλησία βγαίνει από τα στενά ιουδαϊκά όρια και ανοίγεται στον εθνικό κόσμο[48]. Το όραμα με απλό τρόπο δίνει μια επίλυση στο πρόβλημα της ενσωμάτωσης των εθνι-

---

48 Βλ. Χ. Οικονόμου, *Οι Απαρχές της Οικουμενικότητας της Εκκλησίας*, ΣΑΧ 1, Θεσσαλονίκη 1997, 199-200 και του ίδιου, «Η Συμβολή των Ελληνιστών στη Διάδοση του Ευαγγελίου στα Έθνη», στο *Θεολογία της Καινής Διαθήκης και Πατερική Ερμηνευτική*, ΒΒ 21, Θεσσαλονίκη 2005, 148-151.

κών στην Εκκλησία. Η διήγηση προφανώς χρησιμοποιείται για να φανερώσει επιπλέον το γεγονός ότι οι χριστιανοί δεν χρειάζεται να διακρίνουν τα τρόφιμα σε καθαρά και ακάθαρτα και συνεπώς δεν απορρίπτουν τίποτα, αλλά ίσως και για να συνδέσει πλέον τις θυσίες των ζώων αποκλειστικά με τον εθνικό κόσμο[49].

Για να κατανοήσουμε την άρνηση του Πέτρου να σφάξει και να φάει από την ποικιλία των ζώων του οράματός του πρέπει να ανατρέξουμε στην Π.Δ.[50] και να μελετήσουμε τον κατάλογο με τα καθαρά και ακάθαρτα ζώα των Λευ. 11 και Δτ. 14. Οι ερμηνευτές των Πράξεων δεν προβαίνουν σε μια τέτοια ανάλυση αλλά αντίθετα προτιμούν να ασχοληθούν μόνο με το Λευ. 20:25, το οποίο απλά διακρίνει μεταξύ των καθαρών και ακαθάρτων ζώων. Αυτή όμως προϋποθέτει την ταξινόμηση των διαφόρων ειδών στα Λευ. 11 και Δτ. 14. Η ταξινόμηση αυτή είναι βασική προϋπόθεση για τη χρήση κάθε ζώου στα κείμενα όχι μόνο της Παλαιάς αλλά και της Καινής Διαθήκης.

Ο Λουκάς παρουσιάζει τον Πέτρο να είναι απρόθυμος να καταναλώσει απαγορευμένη τροφή και αυτό αντικατοπτρίζει την απροθυμία των ιουδαιοχριστιανών της Εκκλησίας να δεχθούν στην κοινότητά τους εθνικούς ως μέλη. Η διήγηση εδώ

---

49 Αυτό φαίνεται και στα Μτ. 15:11-19 Α´ Κορ. 8:8 Α´ Τιμ. 4:4. Βλ. I. S. Gilhus, *Animals, Gods and Humans: Changing Attitudes to Animals in Greek, Roman, and Early Christian Thought*, London, Routledge, 2005, 166. Για την ιστορία σύνταξης της διήγησης και την αυθεντικότητά της βλ. C. K. Barrett, *A Critical and Exegetical Commentary on the Acts of the Apostles. Volume 1: Preliminary Introduction and Commentary on Acts I–XIV*, ICC, T&T Clark, Illinois 2004, 495-496.

50 J. D. M. Derrett, «Clean and Unclean Animals (Acts 10-15, 11-9)-Peter Pronouncing Power Observed», *HeyJ* 29 (1988) 205-221.

Φύσις Θηρίων

δείχνει τι επιτρέπεται να φαγωθεί και όχι με ποιον μπορεί κανείς να παρακάθεται στο τραπέζι για φαγητό. Η πεποίθηση ότι οι εθνικοί εξαιτίας της σχέσης τους με την ειδωλολατρία θεωρούνταν από τους Ιουδαίους κατά την εποχή της Κ.Δ. ακάθαρτοι ήταν ευρέως διαδεδομένη. Η συνέπεια ήταν να αποφεύγουν τις οποιεσδήποτε σχέσεις (Πραξ. 10:28) μεταξύ τους και κυρίως τα κοινά γεύματα.

Στην ορολογία που χρησιμοποιείται στη διήγηση του Πραξ. 10 αλλά και στην αντίστοιχη του 11:8-9 για τη διάκριση των ζώων υιοθετούνται τρεις κατηγορίες ταξινόμησης των ειδών. Στην πρώτη εντάσσονται «*ἃ ὁ θεὸς ἐκαθάρισεν*», δηλαδή τα καθαρά, στη δεύτερη οτιδήποτε αποτελεί «*κοινὸν*» και στην τρίτη ό,τι θεωρείται «*ἀκάθαρτον*». Η πρώτη και η δεύτερη κατηγορία ορίζεται από τον κατάλογο των απαγορευμένων και επιτρεπόμενων προς βρώση ζώων των Λευ. 11 και Δτ. 14. Η δεύτερη κατηγορία δεν μας είναι γνωστή από κάποιο κείμενο. Η λέξη «*κοινὸν*»[51] χρησιμοποιείται με τον ίδιο τρόπο στα Α΄ Μακ. 1:47, 62. Πιθανότατα η κατηγορία αυτή να αναφέρεται σε καθαρά ζώα, των οποίων όμως η βρώση καθιστούσε τους Ιουδαίους ακάθαρτους[52]. Τα σημαντικότερα ζώα πάντως στα βιβλικά κείμενα είναι εκείνα τα οποία χρησιμοποιούνται για τροφή και θυσίες. Η διαβεβαίωση του Πραξ. 10:15, η οποία

---

51 Βλ. ανάλυση στο C. K. Barrett, *στο ίδιο*, 508. Πρβλ. επίσης την προβληματική γύρω από τα τρόφιμα στην πρώτη εκκλησία στο άρθρο του Ι. Καραβιδόπουλου, «"*Καθαρίζων πάντα τὰ βρώματα*" ή "*καθαρίζον πάντα τὰ βρώματα*"· Κριτικά και Ερμηνευτικά Σχόλια στο Στίχο *Μρ* 7,19», στο *Βιβλικές Μελέτες Δ΄*, ΒΒ 40, Θεσσαλονίκη 2007, 196-198.

52 Βλ. C. Wahlen, «Peter's Vision and Conflicting Definitions of Purity», *NTS* 51 (2005) 512. Ο Αντίοχος Δ΄ ο Επιφανής επέβαλε στους Ιουδαίους «*θύειν ὕεια καὶ κτήνη κοινά*» κατά το Α΄ Μακ. 1:47.

75

τοποθετείται από τον Λουκά στα χείλη του Θεού, συμφωνεί με τα λόγια του Ιησού στο Μκ. 7:15-19 ότι δεν υπάρχουν ακάθαρτα τρόφιμα.

Στο βιβλίο της Γένεσης υπάρχει μια αντίφαση. Ενώ στο 1:25 λέγεται ότι όλα τα ζώα είναι καλά, στη συνέχεια στα 7:2, 8· 8:20 δηλώνεται ότι μόνο κάποια από αυτά είναι καθαρά. Ας σημειωθεί επίσης ότι η ορολογία της ταξινομικής διάκρισης του Πραξ. 11:6 προκύπτει από τις διηγήσεις της δημιουργίας (Γεν. 1:24-25) και του κατακλυσμού (Γεν. 6:20· 7:8)[53]. Ο νόμος απαγόρευε στους Ιουδαίους τη βρώση α) κρέατος από το πτώμα ενός ζώου που θεωρούνταν καθαρό (Δτ. 14:21), β) κρέας καθαρού ζώου, το οποίο είχαν σκοτώσει άγρια ζώα (Εξ. 22:30) και γ) κρέας ακάθαρτου ζώου (Λευ. 11 και Δτ. 14). Στην περίπτωση του οράματος του Πέτρου οι δύο πρώτες περιπτώσεις πρέπει να αποκλειστούν και συνεπώς τα ζώα που περιέχονταν θα πρέπει να ήταν ακάθαρτα.

Οι διατροφικοί κανόνες (kashrut) του Ιουδαϊσμού καθόριζαν ποια είδη των οικόσιτων και άγριων θηλαστικών, πουλιών, ψαριών, ακόμη και εντόμων επιτρέπονταν για βρώση. Τα επιτρεπόμενα είδη θεωρούνταν καθαρά (tahor) και τα απαγορευμένα ακάθαρτα (tame). Ο διαχωρισμός αυτός μαρτυρείται από το πρώτο βιβλίο της Π.Δ. στις οδηγίες που δίνονται στο Νώε (Γεν. 7:2)[54]. Οι διατροφικοί κανόνες με το πέρασμα του χρόνου

---

53 Πρβλ. Ρωμ. 1:23. Βλ. σχόλια στο Ι. Γαλάνη, *Άνθρωπος και Κτίση στη Βιβλική Παράδοση*, ΒΒ 44, Θεσσαλονίκη 2009, 99.

54 Κατά την περίοδο του δεύτερου Ναού γίνονται αναφορές στα Α΄ Μακ. 1:62-63· Β΄ Μακ. 6:18· 7:2· Ιδθ. 12:2· Τωβ. 1:10-11. Στην προφητική γραμματεία βρίσκουμε επίσης κάποιες αναφορές. Βλ. για παράδειγμα Ησ. 66:17· Ιεζ. 4:14· Δν. 1:8.

Φύσις Θηρίων

έγιναν εξαιρετικά περίπλοκοι προκειμένου να καλύψουν όλες τις περιπτώσεις που θα αντιμετώπιζε ο πιστός Ιουδαίος και έτσι ένα μεγάλο μέρος του Ταλμούδ αφιερώνεται σε αυτούς. Τα ζώα που αναφέρονται στους καταλόγους του Λευ. 11 και του Δτ. 14 ταξινομούνται με βάση το περιβάλλον τους. Εκτός από καθαρά και ακάθαρτα, τα ζώα διακρίνονται σε τρεις κατηγορίες. Σε αυτά της ξηράς (Λευ. 11:2-8, 24-28, 29-38, 39-40, 41-44)[55], της θάλασσας (11:9-12) και του αέρα (11:13-19). Ανάμεσα στα φτερωτά, τα φτερωτά έντομα προβάλλουν ως υποκατηγορία (11:20-23). Υπάρχει όμως και μια τέταρτη κατηγορία, «*πᾶν ἑρπετόν ὃ ἕρπει ἐπὶ τῆς γῆς*» στο Λευ. 11:41, η οποία διακρίνεται από «*πάντα ὅσα οὐκ ἔστιν αὐτοῖς πτερύγια οὐδὲ λεπίδες ἐν τῷ ὕδατι*» του 11:10[56]. Τα ερπετά διακρίνονται από τα ψάρια και η ταξινόμηση αυτή μαρτυρείται επίσης στα Δτ. 4:17-18 και Ιεζ. 38:20, αν και στο Δτ. 5:8 υπάρχουν τρεις κατηγορίες ζώων[57]. Το περίεργο είναι ότι μερικά μικρά θηλαστικά, όπως το κουνάβι, ο ποντικός, ο σκαντζόχοιρος και άλλα, τα οποία αναφέρονται στο Λευ. 11:29 κατατάσσονται στα ερπετά μαζί με τις σαύρες και τα φίδια. Από το σύνολο αυτών των ζώων τα καθαρά επιτρέπονται προς βρώση, ενώ τα ακάθαρτα απαγορεύονται. Ασφαλώς η ταξινόμηση των ζώων στο Λευ. 11 και Δτ. 14

---

55 Θα περίμενε κανείς στα ζώα της ξηράς να περιλαμβάνονται όλα τα ζώα, αλλά δεν συμβαίνει αυτό.

56 Η ταξινόμηση του Αριστοτέλη επηρέασε όλες τις φυσικές ιστορίες της αρχαιότητας και του μεσαίωνα.

57 Τα ερπετά απουσιάζουν από την ταξινόμηση του Ψλ. 8:9. Εδώ χρησιμοποιούνται τρεις βασικές κατηγορίες και υποκατηγορίες. Βλ. την ανάλυση του R. Whitekettle, «Taming the Shrew, Shrike, and Shrimp: The Form and Function of Zoological Classification in Psalm 8», JBL 125 (2006) 752 και 762.

Μέρος δεύτερο

διαφέρει από οποιαδήποτε σύγχρονη επιστημονική ταξινόμηση χρησιμοποιούν οι βιολόγοι. Παντού στην Π.Δ. επιχειρείται μια προσπάθεια να ταξινομηθούν τα καθαρά ζώα σε ομάδες σύμφωνα με κριτήρια μορφολογίας και συμπεριφοράς, χωρίς αυτά να συνδέονται με κάποιους ανατομικούς ή γενετικούς δεσμούς. Ας σημειωθεί επίσης ότι η αναγνώριση των ειδών που αναφέρονται στους δύο καταλόγους προκαλούν αρκετά προβλήματα στους ερευνητές και η αναγνώριση τους από το σύγχρονο αναγνώστη καθίσταται δύσκολη. Το γεγονός αυτό επιδεινώνει και η χρήση διαφορετικών ονομασιών μεταξύ του εβραϊκού κειμένου και της μετάφρασης των Ο' με αποτέλεσμα σε ορισμένες περιπτώσεις να έχουμε διαφορετικά είδη ζώων.

Ο κατάλογος με τα ακάθαρτα ζώα επιλέγεται ως βασική διάταξη του νόμου στο Λευ. 20:24-26, η οποία διαχωρίζει τον Ισραήλ από τους άλλους λαούς[58]. Οι ξένες συνήθειες και ειδικά οι διατροφικές συνήθειες των ξένων λαών αποτελούν εμπόδιο στη σχέση του Ισραήλ με το Θεό του. Έτσι εξηγείται ο τρόμος του Πέτρου στη διήγηση των Πράξεων (10:9-16). Το να καταναλώσει ακάθαρτη τροφή σήμαινε να ξεπεράσει τα όρια που διαχώριζαν τους Ιουδαίους και συνεπώς τον ίδιο από τους εθνικούς. Σύμφωνα με τη διήγηση όμως, αυτό είναι που επιθυμεί ο Θεός, όπως φαίνεται από το Πραξ. 10:28. Οι εθνικοί δεν πρέπει να αντιμετωπίζονται πλέον ως ακάθαρτοι.

Ας επιστρέψουμε και πάλι στον κατάλογο του Λευιτικού. Από τα ζώα της ξηράς τέσσερα συγκεκριμένα είδη αποκλείο-

---

58 Οι πυθαγόρειοι απείχαν επίσης από συγκεκριμένες τροφές. Οι απαγορεύσεις αυτού του είδους απαιτούσαν διευκρινήσεις και προσαρμογές καθώς οι περιστάσεις άλλαζαν με το πέρασμα του χρόνου. Βλ. R. M. Grant, *Early Christians and Animals*, London, New York, Routledge, 1999, 13.

νται ως ακάθαρτα. Κριτήριο αποτελεί αυτό που ορίζεται στο Λευ. 11:3. *Επιτρέπονται όλα τα τετράποδα που έχουν σχισμένη την οπλή, εντελώς χωρισμένη σε δύο νύχια και είναι μηρυκαστικά*. Οι ζωολόγοι διακρίνουν σήμερα τα αρτιοδάκτυλα από τα περισσοδάκτυλα οπληφόρα θηλαστικά ως τάξεις με το ίδιο κριτήριο που χρησιμοποιεί το βιβλικό κείμενο, έστω και αν παρατηρούνται εξαιρέσεις, όπως η καμήλα. Από τα υδρόβια ως καθαρά χαρακτηρίζονται όσα έχουν λέπια και πτερύγια, ενώ δεν αναφέρονται καθόλου κάποια ακάθαρτα είδη. Από τα πουλιά αποκλείονται ως ακάθαρτα είκοσι είδη, ενώ δεν καθορίζεται κάποιο κριτήριο ακαθαρσίας, όπως συμβαίνει στις δύο πρώτες κατηγορίες. Η παράλειψη αυτή έκανε αργότερα τους ραβίνους να ορίσουν κάποια κριτήρια φυσιολογίας για τα πουλιά τα οποία θεωρούνται καθαρά στο Ταλμούδ[59].

Εδώ μπορούμε να σημειώσουμε ότι οι παρατηρήσεις του νομοθέτη σφάλλουν σε πολλές περιπτώσεις. Για παράδειγμα αυτός θεωρεί το κουνέλι και το λαγό μηρυκαστικά, ενώ δεν είναι. Προφανώς αυτό προέκυψε από την παρατήρηση του τρόπου που τα συγκεκριμένα ζώα κουνούν τα σαγόνια τους. Η απέχθεια προς τον χοίρο δεν οφείλεται φυσικά στο

---

[59] Βλ. αναλυτικά τα πέντε κριτήρια στο άρθρο του R. K. Yerkes, «The Unclean Animals of Leviticus 11 and Deuteronomy 14», *JQR* 14 (1923) 1. Ήδη μια ανάλογη προσπάθεια επιχειρείται στην *Επιστολή Αριστέα* και επαναλαμβάνεται στη Μισνά. Το κείμενο από το *Επιστολή Αριστέα*, 146 αναφέρει «*περὶ ὧν δὲ ἀπηγόρευται πτηνῶν, εὑρήσεις ἄγριά τε καὶ σαρκοφάγα καὶ καταδυναστεύοντα τῇ περὶ ἑαυτὰ δυνάμει τὰ λοιπά, καὶ τὴν τροφὴν ἔχοντα δαπάνησιν τῶν προειρημένων ἡμερῶν μετὰ ἀδικίας· οὐ μόνον δὲ ταῦτα, ἀλλὰ καὶ τοὺς ἄρνας καὶ ἐρίφους ἀναρπάζουσι, καὶ τοὺς ἀνθρώπους δὲ ἀδικοῦσι νεκρούς τε καὶ ζῶντας*».

γεγονός ότι αυτός δεν είναι μηρυκαστικό. Οι μελετητές θεωρούν ότι οι διατάξεις αυτές είναι πολύ παλιές και αργότερα τροποποιήθηκαν και προστέθηκαν κάποιες διευκρινήσεις. Από το κείμενο του Λευ. 11 φαίνεται ότι έγιναν αργότερα προσθήκες, αν αυτό συγκριθεί με εκείνο του Δτ. 14. Ίσως υπήρχε ένας αρχικός κατάλογος με απαγορευμένα είδη θηλαστικών, όπως αυτός των πουλιών, ενώ τα κριτήρια καθορίστηκαν αργότερα.

Στα οικόσιτα ζώα προστίθενται και άγρια, τα οποία δεν είναι προσιτά στον άνθρωπο σε καθημερινή βάση (Δτ. 14:4-5). Ο κατάλογος βέβαια δεν είναι εξαντλητικός, ούτε περιλαμβάνει όσα είδη ήταν γνωστά στο νομοθέτη. Μια προσπάθεια διεύρυνσης διακρίνεται στο κείμενο του Δευτερονομίου. Οι προσθήκες στα Λευ. 11:3 και Δτ. 14:6 τοποθετήθηκαν προκειμένου να αποτελέσουν ένα κριτήριο αναγνώρισης των καθαρών ειδών[60] χωρίς να χρειάζεται να αναφερθούν αυτά ονομαστικά.

---

60 «πᾶν κτῆνος διχηλοῦν ὁπλὴν καὶ ὀνυχιστῆρας ὀνυχίζον δύο χηλῶν καὶ ἀνάγον μηρυκισμὸν ἐν τοῖς κτήνεσιν ταῦτα φάγεσθε». Οι αναλύσεις των οστών των ζώων που έχουν ανακαλυφθεί σε διάφορους αρχαιολογικούς χώρους στη γη του Ισραήλ έδειξαν ότι κατά την εποχή του χαλκού και του σιδήρου τα θηλαστικά που τρώγονταν από τον άνθρωπο ήταν κυρίως αιγοπρόβατα και βοειδή, καθώς και ένας μικρός αριθμός ελαφοειδών. Βλ. Σχετικά W. Houston, «What was the Meaning of Classifying Animals as Clean or Unclean», στο Animals on the Agenda, έκδ. A. Linzey-D. Yamamoto, London, SCM Press, 1998, 20-21. Η περίπτωση του χοίρου έχει περισσότερο ενδιαφέρον. Κατά την εποχή του χαλκού παρατηρείται ένας μικρός αριθμός οστών, αλλά κατά την εποχή του σιδήρου το ποσοστό μειώνεται δραματικά σε μηδενικό σχεδόν ποσοστό, ακόμη και σε μη ιουδαϊκά εδάφη. Ασφαλώς αυτό οφειλόταν στο γεγονός ότι σε άνυδρα εδάφη είναι εξαιρετικά δύσκολο να εκτραφούν χοίροι, αφού χρειάζονται νερό και δροσερό περιβάλλον.

Τα Λευ. 11:4-7 και Δτ. 14:7-8 απαγορεύουν τη βρώση τεσσάρων θηλαστικών: την καμήλα, το κουνέλι, το λαγό και τον χοίρο (*τὸν κάμηλον, τὸν δασύποδα, τὸν χοιρογρύλλιον, τὸν ὗν*)⁶¹. Στη μετάφραση της ΕΒΕ στο Δτ. 14:7 υπάρχει και πέμπτο ακάθαρτο ζώο, ο ποντικός. Το Δτ. 14:4-5 αναφέρει επίσης τα επιτρεπόμενα προς βρώση θηλαστικά, τα οποία δεν απαντούν στο Λευ. 11⁶². Αυτά είναι δέκα συνολικά οικόσιτα και άγρια ζώα: το βόδι, το πρόβατο, το κατσίκι, το ελάφι, το ζαρκάδι, το πλατώνι, το αγριοκάτσικο, η αντιλόπη, η γαζέλα και το αγριοπρόβατο⁶³.

---

61 Μια αποστροφή στο χοιρινό κρέας δεν είναι μόνο ιουδαϊκή ή μουσουλμανική συνήθεια αλλά παρατηρείται πολύ πριν τις διατάξεις του ιουδαϊκού νόμου. Στις οδηγίες για τις θυσίες των κειμένων από την Ουγαρίτ του 13ᵒᵘ αι. π.Χ. οι χοίροι δεν αναφέρονται πουθενά. Το ίδιο συμβαίνει σε αντίστοιχα κείμενα του 3ᵒᵘ αι. π.Χ. από την Καρχηδόνα. Ακόμη πιθανολογείται ότι κατά την εποχή του χαλκού η κατανάλωση χοιρινού κρέατος αποφευγόταν στα αστικά κέντρα. Κατά την χριστιανική εποχή αργότερα, ο Πορφύριος μας πληροφορεί πως ούτε οι Φοίνικες έτρωγαν χοιρινό κρέας. Βλ. *Περὶ Ἀποχῆς Ἐμψύχων*, 1, 14, 20. Οι Φοίνικες επηρέασαν και τους Κύπριους και έτσι αυτοί δεν θυσίαζαν χοίρους.

62 Σωστά συμπεραίνει ο J. Milgrom, *Leviticus 1-16. A New Translation with Introduction and Commentary*, AB 3, Doubleday, New York 1991, 647 ότι τα καθαρά ζώα δεν αναφέρονται στο κείμενο του Λευ. 11, διότι θεωρούνται δεδομένα για το νομοθέτη. Έτσι αυτός περιορίζεται στα άγρια θηλαστικά, τα οποία θέλει να ταξινομήσει επειδή είναι μη θυσιαζόμενα.

63 «*ταῦτα τὰ κτήνη ἃ φάγεσθε μόσχον ἐκ βοῶν καὶ ἀμνὸν ἐκ προβάτων καὶ χίμαρον ἐξ αἰγῶν ἔλαφον καὶ δορκάδα καὶ βούβαλον καὶ τραγέλαφον καὶ πύγαργον ὄρυγα καὶ καμηλοπάρδαλιν*». Εδώ φαίνεται η διαφορετική ονομασία μεταξύ του εβραϊκού κειμένου και της μετάφρασης των Ο΄. Πολύ χαρακτηριστική είναι η περίπτωση του βούβαλου και της καμηλοπάρδαλης (Ο΄) με το πλατώνι και το αγριοπρόβατο που έχει αντίστοιχα η μετάφραση της ΕΒΕ ως απόδοση του εβραϊκού κειμένου. Κάποια από τα άγρια θηλαστικά ήταν ζώα, τα οποία προσφέρονταν ως θυσίες στην Ουγαρίτ. Οστά ελαφιών έχουν ανακαλυφθεί και σε χανανιτικά ιερά αλλά ακόμη και σε ιουδαϊκά του

Μέρος δεύτερο

Τα τρία οικόσιτα προσφέρονταν ως θυσιαζόμενα ζώα στο Ναό. Αυτονόητο είναι ότι το άλογο ή το γαϊδούρι που δεν έχουν χωρισμένες οπλές είναι ακάθαρτα. Εδώ υπάρχουν δυσκολίες στην αναγνώριση των ειδών και στη μετάφραση των όρων. Το κείμενο των Ο΄ έχει για παράδειγμα στο Δτ. 14:5 «*βούβαλον*» και «*καμηλοπάρδαλιν*», ενώ στη μετάφραση της ΕΒΕ απαντούν αντίστοιχα τα «*πλατώνι*» και «*αγριοπρόβατο*», τα οποία αφορούν εντελώς διαφορετικά είδη. Ένα άλλο πρόβλημα παρόμοιο με εκείνο του κουνελιού και του λαγού είναι στο Δτ 14:5 ο *ὄρυγας*[64] που δεν είναι μηρυκαστικό, αλλά δίνει αυτήν την εντύπωση. Η ΕΒΕ όμως αναφέρεται σε αγριοκάτσικο, το οποίο είναι μηρυκαστικό ζώο, αλλά πρόκειται για άλλο είδος. Η καμήλα δημιουργεί επίσης πρόβλημα, καθώς έχει χωρισμένη την οπλή, αλλά αυτή κρύβεται σε ένα στρώμα από τρίχες και έτσι το ζώο δεν περπατά ακουμπώντας στην οπλή. Έτσι από την πρόχειρη παρατήρηση δημιουργείται λάθος εντύπωση. Οι σύγχρονοι βιολόγοι κατατάσσουν την καμήλα στην τάξη των αρτιοδακτύλων, αλλά στην υποκατηγορία τυλόποδα και έτσι τη διακρίνουν από τα περισσοδάκτυλα. Η αραβική καμήλα είναι αυτή που ζούσε στην Παλαιστίνη και τη Μεσοποταμία. Στην αρχαιότητα δεν γνώριζαν επίσης ότι η μορφολογία των ποδιών του χοίρου

βορείου Ισραήλ. Βλ. επίσης B. Clark, «The Biblical Oryx: A New Name for an Ancient Animal», *BAR* 10 (1984) 66-70.

64 Πρόκειται για αφρικανικό είδος, το οποίο υπάρχει σήμερα μόνο σε προστατευόμενες περιοχές. Σχετικά με το κριτήριο του Λευ. 11:26 βλ. πληροφορίες στο R. Whitekettle, «One if by and: Conjunctions, Taxonomic Development, and the Animals of Leviticus 11,26», *ZAW* 121 (2009) 481-497. Εξαιρετικές είναι οι πληροφορίες για τα άγρια αυτά θηλαστικά στο M. Bright, *Beasts of the Field: The Revealing Natural History of Animals in the Bible*, London, Robson, 2006, 177-183.

Λευιτικού περιλαμβάνονται 21 ακάθαρτα είδη, ενώ σε εκείνο του Δευτερονομίου 20 με διαφορετική σειρά[70]. Οι ραβίνοι αργότερα στη Μισνά καθόρισαν τα ακάθαρτα πουλιά σε 24 και έθεσαν κριτήρια καθαρότητας[71]. Η «γλαῦκα» αναφέρεται δύο φορές στο Λευιτικό και πιθανότατα αυτό δηλώνει δύο διαφορετικά είδη κουκουβάγιας. Στις διάφορες μεταφράσεις του εβραϊκού κειμένου ο αριθμός αυτός μεταβάλλεται[72], όπως και

Στην κορυφή βρίσκονται τα μεγάλα αρπακτικά αλλά παρακάτω το μέγεθος δεν παίζει ρόλο όπως ίσως σε έναν κατάλογο που θα καταρτιζόταν από έναν ορνιθολόγο. Μεγάλα πουλιά εμφανίζονται και πάλι στο τέλος του καταλόγου με τα ακάθαρτα είδη. Σε αντίθεση με τα θηλαστικά από τα οποία στον κατάλογο του Δευτερονομίου πρώτα αναφέρονται τα καθαρά οικόσιτα και μετά τα άγρια είδη, στην περίπτωση των πουλιών, πρώτα αναφέρονται τα πιο απομακρυσμένα και έπειτα όσα βρίσκονται πλησιέστερα στις κατοικίες των ανθρώπων.

70 Σύμφωνα με το κείμενο των Ο΄. Βλ. τον πίνακα με τις ονομασίες των πουλιών από τα κείμενα της εβραϊκής βίβλου, των Ο΄ και της Βουλγάτας στο W. Houston, *Purity and Monotheism: Clean and Unclean Animals in Biblical Law*, JSOTSup 140, Sheffield, JSOT Press, 1993, 44-45. Πρβλ. S. R. Driver, «Birds in the Old Testament», *PEQ* 87 (1955) 5-20, 129-140. Βλ. επίσης τα σχόλια του J. E. Hartley, *Leviticus*, WBC 4, Dallas, Word Books, 2002, 159-160.

71 Βλ. H. Rabinowicz, «Dietary Laws», *EncJud* 5, 650. Στη σημερινές ιουδαϊκές κοινότητες της διασποράς παρατηρούνται διαφορετικές πρακτικές. Για ορισμένες ιουδαϊκές κοινότητες κάποια είδη οικόσιτων πουλιών (π.χ. γαλοπούλα ή φασιανός) είναι καθαρά, ενώ για κάποιες άλλες όχι. Αυτονόητο ήταν για τους ραβίνους ότι τα παράγωγα των ακάθαρτων ειδών ήταν και αυτά ακάθαρτα. Τα αυγά για παράδειγμα των ακάθαρτων πουλιών θεωρούνται και αυτά ακατάλληλα για βρώση. Για τα κριτήρια καθαρότητας των πουλιών βλ. *Hullin* 3:6c.

72 R. K. Yerkes, «The Unclean Animals of Leviticus 11 and Deuteronomy 14», *JQR* 14 (1923) 7-8. Η Βουλγάτα διαφοροποιείται σε πολλές ονομασίες πουλιών από το κείμενο των Ο΄. Στην περίπτωση των υδρόβιων πουλιών ενδεχομένως η αναγνώριση των ειδών είναι λανθασμένη, αφού αλλού στην Π.Δ. εμφανίζονται αυτά σε ερημικές τοποθεσίες. Η ίβις και ο

Μέρος δεύτερο

οι ονομασίες των ειδών με αποτέλεσμα να γίνεται λόγος για διαφορετικά πουλιά. Η περίπλοκη αυτή κατάσταση οφείλεται σε σημαντικές διαφορές στο κείμενο του Λευιτικού και του Δευτερονομίου κυρίως στον Αλεξανδρινό και Βατικανό Κώδικα αλλά και σε άλλα χειρόγραφα. Τα τελευταία δέκα πουλιά σε όλα τα χειρόγραφα εμφανίζονται με διαφορετική σειρά. Στο παρακάτω πίνακα αυτό φαίνεται ξεκάθαρα αν τοποθετήσουμε παράλληλα τα Λευ 11:13-19 και Δτ. 14:12-18.

τὸν ἀετὸν καὶ τὸν γρύπα καὶ τὸν ἁλιαίετον καὶ τὸν γύπα καὶ ἰκτῖνα καὶ τὰ ὅμοια αὐτῷ	τὸν ἀετὸν καὶ τὸν γρύπα καὶ τὸν ἁλιαίετον καὶ τὸν γύπα καὶ τὸν ἰκτῖνα καὶ τὰ ὅμοια αὐτῷ
καὶ κόρακα καὶ τὰ ὅμοια αὐτῷ καὶ στρουθὸν καὶ γλαῦκα καὶ λάρον καὶ τὰ ὅμοια αὐτῷ καὶ ἱέρακα καὶ τὰ ὅμοια αὐτῷ καὶ νυκτικόρακα καὶ καταρράκτην καὶ ἶβιν	καὶ πάντα κόρακα καὶ τὰ ὅμοια αὐτῷ καὶ στρουθὸν καὶ γλαῦκα καὶ λάρον καὶ ἐρωδιὸν καὶ κύκνον καὶ ἶβιν καὶ καταράκτην καὶ ἱέρακα καὶ τὰ ὅμοια αὐτῷ
καὶ πορφυρίωνα καὶ πελεκᾶνα καὶ κύκνον καὶ γλαῦκα καὶ ἐρωδιὸν καὶ χαραδριὸν καὶ τὰ ὅμοια αὐτῷ καὶ ἔποπα καὶ νυκτερίδα	καὶ ἔποπα καὶ νυκτικόρακα καὶ πελεκᾶνα καὶ χαραδριὸν καὶ τὰ ὅμοια αὐτῷ καὶ πορφυρίωνα καὶ νυκτερίδα

πελεκάνος αποτελούν χαρακτηριστικά παραδείγματα. Βλ. Ησ. 34:11· Σολ. 2:14· Ψλ. 101:7. Βλ. αναλυτικές πληροφορίες για τα είδη κουκουβάγιας και τις δεκατέσσερις διαφορετικές ονομασίες τους στην Π.Δ. στο I. Aharoni, «On Some Animals Mentioned in the Bible», *Osiris* 5 (1938) 469-471, σύμφωνα με τον οποίο έχουν καταγραφεί δεκαπέντε είδη κουκουβάγιας στην ευρύτερη περιοχής της Συρίας και της Παλαιστίνης.

Φύσις Θηρίων

Ο γρύπας των Λευ. 11:13 και Δτ. 14:12 είναι το μόνο μυθικό πουλί του καταλόγου[73]. Στην περίπτωση αυτή ίσως οι εβδομήκοντα δεν γνώριζαν καθόλου κάποιο αετόμορφο πουλί, το οποίο αναφερόταν στο εβραϊκό κείμενο και το απέδωσαν με τον μυθικό γρύπα. Το κείμενο των δύο καταλόγων άλλοτε αναφέρεται σε συγκεκριμένα είδη, όπως στην περίπτωση του θαλασσαετού και άλλοτε σε γένη ή οικογένειες στις οποίες ανήκουν τα διάφορα είδη, όπως αετός, κόρακας[74] ή γύπας. Στις ξένες μεταφράσεις τα ονόματα των ειδών συχνά συγχέονται και αποδίδονται με διαφορετικό τρόπο με συνέπεια να αναφέρονται διαφορετικά είδη στις διάφορες εκδόσεις και να μην παρατηρείται συμφωνία μεταξύ τους.

Η λέξη «*στρουθὸν*» αποδίδεται στην ΕΒΕ με το «*στρουθοκάμηλος*» και έτσι δεν πρόκειται για το σπουργίτι (το «*στρουθίον*» των ευαγγελίων). Είναι το μόνο πουλί του καταλόγου με τα ακάθαρτα είδη, το οποίο είναι σήμερα βρώσιμο στον χριστιανικό κόσμο. Όλα τα υπόλοιπα είναι μη βρώσιμα και για τους χριστιανούς. Ας σημειωθεί επίσης ότι στρουθοκά-

---

73 Ο Αιλιανός δίνει την χαρακτηριστικότερη περιγραφή: «*Τὸν γρῦπα ἀκούω τὸ ζῷον τὸ Ἰνδικὸν τετράπουν εἶναι κατὰ τοὺς λέοντας, καὶ ἔχειν ὄνυχας καρτεροὺς ὡς ὅτι μάλιστα, καὶ τούτους μέντοι τοῖς τῶν λεόντων παραπλησίους· κατάπτερον δὲ εἶναι, καὶ τῶν μὲν νωτιαίων πτερῶν τὴν χρόαν μέλαιναν ᾄδουσι, τὰ δὲ πρόσθια ἐρυθρά φασι, τάς γε μὴν πτέρυγας αὐτὰς οὐκέτι τοιαύτας, ἀλλὰ λευκάς. τὴν δέρην δὲ αὐτῶν κυανοῖς διηνθίσθαι τοῖς πτεροῖς Κτησίας ἱστορεῖ, στόμα δὲ ἔχειν ἀετῶδες καὶ τὴν κεφαλὴν ὁποίαν οἱ χειρουργοῦντες γράφουσί τε καὶ πλάττουσι. φλογώδεις δὲ τοὺς ὀφθαλμούς φησιν αὐτοῦ. νεοττιὰς δὲ ἐπὶ τῶν ὀρῶν ποιεῖται, καὶ τέλειον μὲν λαβεῖν ἀδύνατόν ἐστι, νεοττοὺς δὲ αἱροῦσι*», Περὶ Ζῴων Ἰδιότητος, 4, 27, 1-13.

74 Βλ. σχετικά R. Whitekettle, «The Raven as Kind and Kinds of Ravens: A Study in the Zoological Nomenclature of Leviticus 11,2-23», ZAW 117 (2005) 509-528.

Μέρος δεύτερο

μηλοι έχουν παρατηρηθεί στο νοτιότερο τμήμα του Ισραήλ[75]. Το γεγονός ότι η στρουθοκάμηλος δεν πετά αλλά τρέχει με μεγάλη ταχύτητα, ή ότι έχει μόνο δύο δάχτυλα, ίσως τη διαφοροποιούσε από τα υπόλοιπα πουλιά στη σκέψη των Ιουδαίων. Η «γλαῦκα» δεν αναφέρεται πουθενά αλλού στην Αγία Γραφή εκτός από τους δύο καταλόγους με τα ακάθαρτα είδη. Με αυτή τη λέξη ο νομοθέτης δηλώνει όλα τα είδη της κουκουβάγιας. Υπάρχουν πέντε είδη κουκουβάγιας στη γη του Ισραήλ, τρία από τα οποία αναφέρονται στον κατάλογο με τα ακάθαρτα πουλιά. Το επόμενο στη σειρά πουλί, ο «*λάρος*» αποδίδεται ως γλάρος, ενώ σε πολλές ξενόγλωσσες μεταφράσεις προτιμήθηκε ο κούκος.

Στο Λευ. 11:16 παρατηρείται η πρώτη αλλαγή στη σειρά των ειδών με το Δευτερονόμιο. Το Λευιτικό έχει εδώ «*ἱέρακα*», ενώ το Δτ. 14:16 «*ἐρωδιὸν*». Και οι δυο όροι είναι γενικοί και περιλαμβάνουν έναν μεγάλο αριθμό πουλιών[76]. Ο νυχτοκόρακας δεν δημιουργεί προβλήματα, αλλά ο «*καταρράκτης*» σε όλες τις αγγλικές μεταφράσεις αποδίδεται ως κορμοράνος. Στο κείμενο της ΕΒΕ υπάρχει φαλακροκόρακας και όχι νυχτοκόρακας. Το πρώτο αποτελεί το επιστημονικό όνομα του γένους στο οποίο ανήκει ο κορμοράνος[77] (*Phalacrocorax*

---

[75] Οι παρατηρήσεις στη φύση προέρχονται από το έργο του H. B. Tristram, *The Natural History of the Bible: Being a Review of the Physical Geography, Geology, and Meteorology of the Holy Land, with a Description of Every Animal and Plant Mentioned in Holy Scripture*, London, New York, Society for Promoting Christian Knowledge, Pott, Young & Co., [6]1880.

[76] Οι ονομασίες «ἰκτῖνα, κόρακα, ἱέρακα, ἐρωδιὸν» αφορούν ολόκληρες οικογένειες πουλιών και όχι κάποιο συγκεκριμένο είδος.

[77] Εξαιτίας της μεγάλης ποσότητας ψαριών που καταναλώνει ο κορμοράνος ημερησίως, το σώμα του από κοντά μυρίζει άσχημα. Το στοιχείο

carbo). Ο νυχτοκόρακας είναι ερωδιός και ανήκει σε διαφορετική τάξη και οικογένεια από τον κορμοράνο.

Στη συνέχεια αναφέρεται άλλο είδος. Η ίβις ήταν ιερό πουλί για τους Αιγύπτιους[78]. Δεν αναφέρεται πουθενά αλλού στην Αγία Γραφή. Στη μετάφραση της ΕΒΕ δεν υπάρχει. Προτιμήθηκε να αποδοθεί με άλλο είδος πουλιού. Ο «*πορφυρίων*» δημιουργεί προβλήματα στην αναγνώριση του είδους, καθώς από κάποιους ερευνητές υποστηρίζεται ότι πρόκειται για νερόκοτα, ενώ από κάποιους άλλους ότι είναι κάποιο από τα είδη της οικογένειας των ερωδιών. Ο πελεκάνος δεν δημιουργεί προβλήματα στην αναγνώριση αλλά ο κύκνος κάνει τους ειδικούς να αμφισβητούν την ορθή μετάφραση του σχετικού εβραϊκού όρου. Ορισμένοι ερευνητές υποστηρίζουν ότι πρόκειται για κάποιο αρπαχτικό πουλί και όχι υδρόβιο. Ο κύκνος δεν απαντάται πουθενά αλλού στην Αγία Γραφή.

Πρόβλημα παρατηρείται επίσης με την επιλογή της ονομασίας «*ἐρωδιὸν*» του Λευ. 11:19 και Δτ. 14:16. Οι ειδικοί συγκρίνουν άλλα χωρία στην Π.Δ. στα οποία χρησιμοποιείται ο σχετικός εβραϊκός όρος και υποστηρίζουν ότι πρόκειται για τον πελαργό. Τότε ο «*χαραδριός*» που ακολουθεί αμέσως στο Λευ. 11:19 και υπάρχει νωρίτερα στο Δτ. 14:18 αφορά κάποιο είδος ερωδιού. Εδώ οι συμπεριφορές και τα μορφολογικά χαρακτηριστικά των πουλιών αυτών, τα οποία ανήκουν στα πελαργόμορφα, προκαλούσαν σύγχυση στους αρχαίους συγ-

---

αυτό προφανώς είχαν παρατηρήσει οι ψαράδες της Παλαιστίνης. Πιθανώς στην περίπτωση του και αυτή ακόμη η λεπτομέρεια θα ήταν εμπόδιο να θεωρηθεί καθαρό είδος.

78 Στον Ηρόδοτο βρίσκουμε τους λόγους και πλήρη περιγραφή του πουλιού. Βλ. *Ἱστορίαι*, 2, 75-76. Εδώ διακρίνεται η ιερή ίβις από τη λευκή.

Μέρος δεύτερο

γραφείς αλλά και στους μεταφραστές, καθώς δεν μπορούσαν να τα διακρίνουν, αφού δεν ήταν ειδικοί. Ο «ἔποψ» μεταφράζεται ως τσαλαπετεινός, ενώ δεν υπάρχει και εδώ συμφωνία στις ξενόγλωσσες μεταφράσεις για το είδος του πουλιού. Δεν είναι φυσικά τυχαίο το γεγονός ότι το επιστημονικό όνομα του τσαλαπετεινού είναι *Upapa epops*. Ο τσαλαπετεινός προκαλεί έκπληξη να εμφανίζεται στον κατάλογο σε σύγκριση με τα υπόλοιπα είδη. Η νυχτερίδα τέλος, είναι το μόνο θηλαστικό που υπάρχει στο κατάλογο με τα ακάθαρτα πουλιά. Αυτό προφανώς συμβαίνει διότι αν και οι Ιουδαίοι γνώριζαν ότι δεν πρόκειται για πουλί δεν ήξεραν που να την κατατάξουν λόγω της αλλόκοτης μορφής της[79].

Τώρα μπορούμε να σχολιάσουμε ορισμένες δυσκολίες σχετικά με τους δύο καταλόγους με τα καθαρά και τα ακάθαρτα είδη της ζωικής ποικιλότητας. Οι ερευνητές έχουν παρατηρήσει ότι στους δύο καταλόγους μπορούν να διακριθούν δύο ομάδες των απαγορευμένων προς βρώση πουλιών. Η πρώτη περιλαμβάνει τα πρώτα οκτώ πουλιά, τα οποία έχουν την ίδια ονομασία και σειρά στα δύο κείμενα. Η δεύτερη ομάδα περιλαμβάνει έντεκα πουλιά, των οποίων οι ονομασίες και η σειρά είναι διαφορετική στα Λευ. 11 και Δτ. 14. Οφείλουμε να αναγνωρίσουμε ότι τα είδη αυτής της ομάδας δεν ήταν οικεία στον απλό παρατηρητή και η αναγνώρισή τους ήταν σίγουρα δύσκολη. Το γεγονός αυτό αποκαλύπτει ότι το κείμενο δέ-

---

[79] Έχουν καταγραφεί περισσότερα από δώδεκα είδη νυχτερίδας στη Μέση Ανατολή. Σύμφωνα με τα κριτήρια του καταλόγου η νυχτερίδα είναι τετράποδο φτερωτό ερπετό. Βλ. L. A. E. Harris, *All of the Animals in the Bible: A Topical Index of All of the Animals in the Bible*, Longwood, Advantage Books, 2009, 15-16. Η νυχτερίδα αναφέρεται και πάλι στο Ησ. 2:20.

χθηκε στην πάροδο του χρόνου επεξεργασία και πιθανότατα ένας αρχικός κατάλογος εμπλουτίστηκε με περισσότερα είδη πουλιών[80]. Το ελληνικό κείμενο του καταλόγου με τα πουλιά της δεύτερης ομάδας του Δευτερονομίου συχνά θεωρείται η αρχαιότερη μορφή του[81]. Πιθανά αντιγραφικά λάθη στο κείμενο θα πρέπει να ληφθούν υπόψη προκειμένου να κατανοηθούν τα προβλήματα σχετικά με τα ονόματα και τη σειρά των πουλιών. Η αριθμητική συμμετρία φαίνεται πως παίζει ρόλο στο κείμενο. Υπάρχουν τέσσερα ακάθαρτα θηλαστικά (11:4-8), τέσσερα καθαρά έντομα (11:22) και οκτώ ακάθαρτα ερπετά της γης (11:29-30). Σίγουρα αυτό δεν είναι τυχαίο. Στο Λευ 11:20-23 ο νομοθέτης έχει τοποθετήσει τα φτερωτά έντομα. Στο Δτ. 14:19-20 δεν υπάρχει το κριτήριο διαχωρισμού των καθαρών και ακάθαρτων εντόμων, ούτε κατονομάζονται κάποια είδη, όπως στο Λευιτικό[82]. Οι ραβίνοι αργότερα θα καθορίσουν και σε αυτή την περίπτωση, όπως σε εκείνη των πουλιών, ορισμένα κριτήρια[83]. Η δομή στην ενότητα αυτή του Λευιτικού είναι απλή. Το Λευ. 11:20 κάνει λόγο για φτερωτά έντομα με τέσσερα πόδια, ενώ το παράλληλό του στο Δτ. 14:19 δεν αναφέρει αριθμό ποδιών, διότι

---

80 R. Bulmer, «The Uncleanness of the Birds of Leviticus and Deuteronomy», *Man* 24 (1989) 306. Βλ. και τον πίνακα στη σελ. 307.

81 R. K. Yerkes, «The Unclean Animals of Leviticus 11 and Deuteronomy 14», *JQR* 14 (1923) 23-25.

82 Η μορφή του νόμου στην έκδοση του Δευτερονομίου είναι αρχαιότερη από εκείνη του Λευιτικού. Βλ. αναλυτικά W. Houston, *Purity and Monotheism*, 63-65.

83 Βλ. *Hullin* 3:7. Στα χειρόγραφα του Κουμράν συναντούμε στα επιτρεπόμενα έντομα και τον γρύλλο. Βλ. το σχετικό κείμενο στο χειρόγραφο του Ναού (*11Q19* 48:3-5).

Μέρος δεύτερο

υπάρχουν φτερωτά έντομα με περισσότερα πόδια. Ίσως εδώ διακρίνεται μια διόρθωση στην αρχαιότερη μορφή του Λευ. 11:20, η οποία αποτελεί προσπάθεια γενίκευσης. Ο γενικός κανόνας εδώ είναι ότι όλα τα φτερωτά έντομα είναι ακάθαρτα κατά τον ιουδαϊκό νόμο[84]. Μόνο τέσσερα έντομα αναφέρονται ονομαστικά ως καθαρά στο Λευ. 11:20-22 και αφορούν όλα τους είδη ακρίδας. Η κοινή ακρίδα, η καταστρεπτική ακρίδα, η ακρίδα που πετάει και η ακρίδα που πηδάει[85]. Πιθανόν αυτά τα τέσσερα είδη να αποτελούν εξαίρεση, διότι υπήρχε η συνήθεια να τρώγονται[86]. Στην Π.Δ. χρησιμοποιούνται συνολικά δέκα διαφορετικές ονομασίες για τις ακρίδες. Η βρώση των ακρίδων ως συνήθεια θα πρέπει να προέρχεται από την περίοδο της παραμονής του Ισραήλ στην έρημο. Οι βεδουίνοι του Σινά και της αραβικής χερσονήσου μέχρι σήμερα τρέφονται περιστασιακά με αυτές.

Το Λευ. 11:24-40 ασχολείται και με την επαφή των πτωμάτων των ακάθαρτων ζώων. Εδώ αναφέρονται μόνο ζώα της ξηράς. Από τα ζώα που σέρνονται, ακάθαρτα θεωρούνται το κουνάβι, ο ποντικός και όλα τα είδη της σαύρας, ο σκαντζόχοιρος, το σαμιαμίδι, ο τυφλοπόντικας, ο χαμαιλέων και ο

---

84 Βλ. πληροφορίες σχετικά με αυτή την κατηγορία στον πίνακα με τα ασπόνδυλα στο H. Rabinowicz, «Dietary Laws», *EncJud* 5, 655.

85 Ορισμένοι ερευνητές θεωρούν ότι στο Ιλ. 2:25 οι τέσσερις ονομασίες (από τις οποίες οι δύο αναφέρονται στο Λευ. 11:22) δεν αφορούν διαφορετικά είδη ακρίδας αλλά τα διάφορα στάδια της ανάπτυξής της. Βλ. σχετικά J. Milgrom, *στο ίδιο*, 665-666. Στο Ιλ. 1:4 αναφέρονται με διαφορετική σειρά.

86 Βλ. W. Houston, «What was the Meaning of Classifying Animals as Clean or Unclean», στο *Animals on the Agenda*, έκδ. A. Linzey-D. Yamamoto, London, SCM Press, 1998, 20. Όλα τα είδη της ακρίδας ανήκουν στην τάξη των ορθόπτερων. Βλ. πληροφορίες στο M. Bright, *Beasts of the Field*, 288-291.

βασιλίσκος[87]. Εδώ υπάρχει μια σύγχυση, καθώς όλα τα παραπάνω είδη της ζωικής ποικιλότητας παρουσιάζονται σαν ν' ανήκουν στην ίδια κατηγορία. Από τη μία, μικρά θηλαστικά τα οποία έχουν κοντά πόδια και δίνουν την εντύπωση ότι η κοιλιά τους ακουμπά στο έδαφος και από την άλλη, πραγματικά ερπετά[88]. Αυτά μεταφέρουν την ακαθαρσία τους όχι μόνο στα πρόσωπα που θα έρθουν σε επαφή μαζί τους αλλά και σε αντικείμενα (11:32-40). Η λογική της ενότητας αυτής είναι ότι εδώ έχουμε να κάνουμε με ζώα, τα οποία κυκλοφορούσαν σε αποθήκες τροφίμων ή σιτηρών και κατά συνέπεια μπορούσαν να έρθουν σε επαφή με τους ανθρώπους εύκολα και συχνά. Αν και εδώ παρατηρείται διαφωνία μεταξύ των ερευνητών ως προς τις ονομασίες και την αναγνώριση των συγκεκριμένων ειδών, η πλειοψηφία τους προτείνει ότι τα περισσότερα από τα ζώα αυτά ανήκουν στα ερπετά. Εδώ θα πρέπει να σημειωθεί ότι σύμφωνα με το κείμενο, το πτώμα των συγκεκριμένων ζώων είναι αυτό που μολύνει τους Ιουδαίους. Η επαφή με το πτώμα κάποιου ζώου σύμφωνα με το Λευ. 11:24-28 καθιστούσε κάποιον ακάθαρτο μέχρι το βράδυ της ίδιας μέρας, ενώ αν αυτό συνέβαινε στην περίπτωση ενός νεκρού ανθρώπου, τότε η ακαθαρσία σύμφωνα με το Αρ. 19:11-13 παρέμενε για επτά ημέρες. Θα πρέπει να σημειωθεί επίσης ότι υπάρχει ένα τελε-

---

[87] Κατά το κείμενο των Ο ́ «*ἡ γαλῆ καὶ ὁ μῦς καὶ ὁ κροκόδειλος ὁ χερσαῖος, μυγαλῆ καὶ χαμαιλέων καὶ καλαβώτης καὶ σαύρα καὶ ἀσπάλαξ*». Για την αναγνώριση αυτών των ζώων βλ. I. Aharoni, «On Some Animals Mentioned in the Bible», *Osiris* 5 (1938) 463-464.

[88] Βλ. σχετικά R. Whitekettle, «Rats Are Like Snakes, and Hares Are Like Goats: A Study in Israelite Land Animal Taxonomy», *Bib* 82 (2001) 345-362· του ίδιου, «Of Mice and Wren: Terminal Level Taxa in Israelite Zoological Thought», *SJOT* 17 (2003) 163-182.

Μέρος δεύτερο

τουργικό ενδιαφέρον στην ενότητα αυτή του Λευιτικού, το οποίο δεν θα πρέπει να συγχέεται με το σημαντικότερο ζήτημα της καθημερινής διατροφής. Ασφαλώς όμως απαγορεύεται και η βρώση όλων των ειδών των ερπετών (11:41-42)[89]. Το ενδιαφέρον του νομοθέτη για καθαρότητα δεν σταματά στα παραπάνω. Τα πτώματα των καθαρών και συνεπώς βρώσιμων ζώων μολύνουν επίσης. Εδώ έχουμε να κάνουμε με το θάνατο που προκαλείται στα ζώα αυτά χωρίς την κανονική σφαγή τους. Για παράδειγμα ατυχήματα ή ασθένειες. Ο νόμος λοιπόν καλύπτει όλες τις περιπτώσεις επαφής του ανθρώπου με τα πτώματα των νεκρών ζώων, ακαθάρτων αλλά και καθαρών[90]. Η επαφή με ένα τέτοιο νεκρό ζώο ή η βρώση του μολύνει επίσης τον Ιουδαίο. Άρα μπορεί να φαγωθεί, αλλά καθιστά τελετουργικά ακάθαρτο τον πιστό. Η περίπτωση αυτή συναντάται και στο Λευ. 17:15-16, ένα κείμενο το οποίο ανήκει στο Νόμο της Αγιότητας και διαπραγματεύεται την περίπτωση ενός ζώου που θανατώθηκε από άγρια ζώα. Στο Δτ. 14:21 παρατηρούνται κάποιες αλλαγές στον προγενέστερο νόμο και υπάρχει διαφορά με

---

89 Ο W. Houston, *Purity and Monotheism*, 51-52 υποστηρίζει ότι η συγκεκριμένη απαγόρευση αφορούσε στην πράξη μόνο τους ιερείς και όσες θρησκευτικές ομάδες της περιόδου του δεύτερου Ναού απασχολούσε σοβαρά το ζήτημα της τελετουργικής καθαρότητας. Αυτό αποδεικνύεται από την απουσία της συγκεκριμένης ενότητας από το Δτ. 14. Βλ. και Ν. S. Meshel, «Food for Thought: Systems of Categorization in "Leviticus 11"», *HTR* 101 (2008) 212-213.

90 Ο Ν. S. Meshel, *στο ίδιο*, 220, δέχεται ότι ο νόμος ήταν αδύνατο να εφαρμοστεί στην πράξη στην ιουδαϊκή κοινωνία. Ούτε φυσικά θα ζητούσε ένας Ιουδαίος αγρότης από έναν εθνικό να του απομακρύνει το νεκρό οικόσιτο ζώο από την αυλή του. Θα τακτοποιούσε το πρόβλημα μόνος του. Επομένως οι σχετικές διατάξεις εφαρμόζονταν τυπικά μόνο από το ιερατείο.

εκείνον του Ιερατικού Κώδικα[91]. Οι ιερείς που συνέταξαν το κείμενο του Λευιτικού θεωρούν τη βρώση ενός ζώου που δεν σφαγιάστηκε κανονικά ως απειλή της τελετουργικής καθαρότητας και έτσι απαγορεύουν τη βρώση του σε Ιουδαίους και ξένους. Για το Δευτερονομιστή που δεν τον ενδιαφέρει η τελετουργική καθαρότητα, αλλά η αγιότητα του λαού, επιτρέπεται το νεκρό ζώο να καταναλωθεί από τους ξένους (Δτ. 14:21), διότι αυτοί δεν αποτελούν μέλη του λαού του Θεού. Στο Λευ. 11:41-42 γίνεται αναφορά στα ερπετά, τα οποία θεωρούνται όλα τους χωρίς καμία εξαίρεση ακάθαρτα. Το πρόβλημα εδώ είναι ότι η κατηγορία αυτή απουσιάζει από το κείμενο του Δευτερονομίου. Όποιο ζώο σέρνεται στο έδαφος με την κοιλιά ή αν αυτό έχει τέσσερα ή περισσότερα πόδια είναι ακάθαρτο. Τα οκτώ ζώα που αναφέρονται στο Λευ. 11:29-30 ανήκουν όλα σε αυτή την κατηγορία[92]. Το περίεργο εδώ είναι ότι τα είδη αυτά αναφέρονται στο κείμενο πριν το γενικό κανόνα. Η κατηγορία των ερπετών αναφέρεται ξανά στο Λευ. 20:25 μαζί με τις άλλες τρεις κατηγορίες. Ο περίεργος τρόπος με τον οποίο κινούνται σίγουρα τα καθιστούσε αλλόκοτα ζώα και συνεπώς ακάθαρτα. Για τους ανθρώπους της αρχαιότητας τα ερπετά δεν ήταν θηλαστικά, ούτε ψάρια, ούτε πουλιά, ενώ η συμπεριφορά τους να κρύβονται στο έδαφος τα συνέδεε με τον

---

91 Βλ. αναλυτικά τα στάδια σύνταξης στο J. Milgrom, *στο ίδιο*, 691-698. Δεν παρατηρείται ομοφωνία μεταξύ των ερευνητών σχετικά με την ιστορία της σύνταξης των σχετικών διατάξεων, ούτε και για τη σχέση του Λευ. 11 με το Δτ. 14:4-21.

92 Ο H. P. Smith, «Animal Sources of Pollution», *JBL* 30 (1911) 55-60, υποστηρίζει ότι τα οκτώ αυτά είδη θεωρούνται ακάθαρτα επειδή συνδέονταν με τελετουργίες των εθνικών και ειδικότερα με νεκρικές ή με τα πνεύματα των νεκρών.

Μέρος δεύτερο

κάτω κόσμο στον εθνικό κόσμο και έτσι ίσως δικαιολογείται η γενικότερη απέχθεια προς όλα τα είδη.

Το κείμενο των διατάξεων κλείνει με τη βασική θεολογική ιδέα όλων αυτών των απαγορεύσεων που δεν είναι άλλη από τη διαβεβαίωση «*Εγώ ο Κύριος είμαι ο Θεός σας. Αγιάστε τους εαυτούς σας γιατί εγώ είμαι άγιος*» στο Λευ. 11:44 και την επανάληψη «*Εγώ είμαι ο Κύριος, που σας έβγαλα από την Αίγυπτο, για να είμαι ο Θεός σας. Πρέπει λοιπόν να είστε άγιοι, επειδή εγώ είμαι άγιος*» στο 11:45. Η κεντρική θεολογική ιδέα είναι επομένως η αγιότητα. Αυτή δεν είναι άσχετη με την τελετουργική καθαρότητα. Με τη διάκριση λοιπόν των ζώων σε καθαρά και ακάθαρτα προωθείται κοινωνικά ένας διαχωρισμός σε εθνικό επίπεδο και αυτό πραγματοποιείται με τη διατήρηση της ιδέας της αγιότητας.

Ύστερα απ' όσα προηγήθηκαν μπορούν να γίνουν τώρα κάποιες παρατηρήσεις. Ο κατάλογος με τα ακάθαρτα είδη είναι πιο λιτός στο Δτ. 14 και δεν περιέχει τις επαναλήψεις του Λευ. 11. Οι τρεις ενότητες του Δτ. 14 ακολουθούν την ίδια δομή. Πρώτα καθορίζεται τι επιτρέπεται και στη συνέχεια αναφέρονται τα απαγορευμένα είδη, ενώ στο Λευ. 11 η τρίτη ενότητα αρχίζει με τα ζώα που απαγορεύονται. Οι ανατομικές διαφοροποιήσεις δεν αποτελούσαν το πραγματικό κριτήριο της ακαθαρσίας των ζώων, αλλά αυτό είναι μια μεταγενέστερη προσπάθεια γενίκευσης. Η ακαθαρσία των υδρόβιων οργανισμών καθορίζεται με πολύ απλό τρόπο σε σχέση με τις άλλες κατηγορίες των ζώων. Η γενικότερη αποστροφή του ανθρώπου προς τα ερπετά καθιστούσε τα φίδια ακατάλληλα για βρώση. Από την άλλη, αρκετά από τα υδρόβια ζώα θα προβλημάτιζαν σχετικά με την ταξινόμησή τους. Θεωρούνταν ερπετά

Φύσις Θηρίων

ή ψάρια; Το Δτ. 14:9-10 αποτελεί σίγουρα το κριτήριο της καθαρότητας για τα ψάρια και την προσπάθεια του νομοθέτη να δώσει λύση σε όποιες απορίες ενδεχομένως παρέμεναν με απλό και πρακτικό τρόπο. Αυτό που θέλει ο νομοθέτης να διευκρινίσει είναι ποια είδη είναι καθαρά και βρώσιμα και όχι να παρουσιάσει ποια συγκεκριμένα είναι τα ακάθαρτα. Το δεύτερο δεν τον ενδιαφέρει. Τα κριτήρια είναι σε όλες τις περιπτώσεις πρωτίστως μορφολογικά. Στην περίπτωση των πουλιών το κριτήριο απουσιάζει[93], αλλά είναι εύκολο να το φανταστεί κανείς. Από το τραπέζι του Ιουδαίου αποκλείονται τα πουλιά[94] που τρώνε σάρκα. Εδώ περιλαμβάνονται και όσα τρέφονται με ψάρια. Ας προστεθεί εδώ ότι η βιολογία δεν θεωρούσε ποτέ τα εντομοφάγα πουλιά σαρκοφάγα. Αρπακτικά, υδρόβια και παρυδάτια είναι όλα ακάθαρτα για τον ιουδαϊκό νόμο[95]. Εξαί-

---

93 Οι ραβίνοι πρόσεξαν την απουσία και αργότερα στη Μισνά καθορίζουν κάποια κριτήρια. Βλ. *Hullin* 3:6c. Αυτονόητο είναι ότι τα αυγά των ακάθαρτων πουλιών θεωρούνταν από τους ραβίνους ακάθαρτα και αυτά. Βλ. *Bekhorot* 1:2h. Ο κανόνας είναι εδώ ξεκάθαρος. Οτιδήποτε προέρχεται από ένα ακάθαρτο ζώο είναι και αυτό ακάθαρτο.

94 Ενώ στο Γεν. 7:2 στις οδηγίες που δίνονται στο Νώε γίνεται διάκριση μεταξύ καθαρών και ακαθάρτων θηλαστικών στο 7:3, για τα πουλιά δεν γίνεται το ίδιο. Ο στίχος έρχεται έτσι σε αντίθεση με τα Λευ. 11 και Δτ. 14 αλλά και με το Γεν. 8:20. Βλ. σχετικά με τις προσπάθειες επίλυσης του προβλήματος W. Houston, *Purity and Monotheism*, 145-147.

95 Βλ. τις διάφορες υποθέσεις του R. Bulmer, «The Uncleanness of the Birds of Leviticus and Deuteronomy», *Man* 24 (1989) 311-312, προκειμένου να δικαιολογηθεί γιατί τα είδη που αναφέρονται είναι ακάθαρτα. Κάποια είδη πουλιών τρέφονται με μικρά ζώα, κάποια άλλα έχουν βρώμικες συμπεριφορές, κάποια ζουν σε εχθρικές τοποθεσίες για τον άνθρωπο, ενώ μερικά λατρεύονταν ως ιερά από τους γειτονικούς λαούς. Όλα τα παραπάνω μπορεί να αποτελούν πιθανά κριτήρια αποκλεισμού.

ρεση αποτελεί ο κύκνος και ο τσαλαπετεινός. Ίσως καθαρά και συνεπώς βρώσιμα θεωρούνταν μόνο τα σποροφάγα πουλιά, αλλά ακόμη και αυτά, σε πολλές περιπτώσεις δεν περιορίζονται μόνο σε σπόρους. Περίεργη είναι η απουσία μνείας στα κοτόπουλα. Γνωρίζουμε από τα πορίσματα της ζωοαρχαιολογίας ότι οι Ιουδαίοι είχαν κότες, όπως άλλωστε προκύπτει από την Κ.Δ., αλλά στην Π.Δ. δεν υπάρχει καμία απολύτως αναφορά. Στον κατάλογο του Δτ. 14 απουσιάζει η αναφορά στις ακρίδες ως καθαρά είδη εντόμων, η οποία υπάρχει στον αντίστοιχο του Λευ. 11. Το στοιχείο αυτό δηλώνει τη μεταγενέστερη προσθήκη του στο κείμενο του Λευ. 11 και έτσι ο νόμος όπως διασώζεται στο Δτ. 14:3-21 βρίσκεται στην αρχαιότερη μορφή του.

Από τα θηλαστικά η κυριότερη αποστροφή εκδηλώνεται στην περίπτωση του χοίρου, ο οποίος αποτελούσε ζώο ταμπού για όλους τους σημιτικούς λαούς[96]. Η ειρωνεία είναι ότι ο χοίρος ήταν πιθανότατα από τα πρώτα ζώα που εξημερώθηκαν από τον άνθρωπο[97]. Ο χοίρος είναι το μόνο από τα τέσσερα ακάθαρτα τετράποδα, το οποίο έχει χωρισμένη την οπλή, αλλά δεν είναι μηρυκαστικό[98]. Περίεργη είναι η απαγόρευση για το

---

[96] Βλ. σχετικές αναφορές από μια σειρά κειμένων στο υπόμνημα του J. Milgrom, *στο ίδιο*, 650.

[97] Οστά χοίρων τα οποία ανακαλύφθηκαν στην ανατολική Τουρκία σε μια περιοχή με αρκετά ευρήματα από τη νεολιθική εποχή αποδείχθηκε ότι ήταν ηλικίας περίπου 10.000 ετών. Βλ. M. Bright, *στο ίδιο*, 133.

[98] Προφανώς ο χοίρος δημιουργούσε αρκετά προβλήματα. Μερικά από αυτά είναι: η δυσκολία στην ταξινόμησή του κατά την αρχαιότητα στην κατηγορία των οπληφόρων θηλαστικών, η συμπεριφορά να τρέφεται ακόμη και με νεκρά ζώα, η μη προσαρμογή του στο νομαδικό τρόπο ζωής, η ανταγωνιστικότητα με τον άνθρωπο, καθώς στη διατροφή του χοίρου περιλαμβάνονται καρποί και φρούτα που καταναλώνονται και από τους

κουνέλι και το λαγό. Το κρέας τους στην αρχαιότητα το εκτιμούσαν όλοι οι άλλοι λαοί και κυρίως οι Ρωμαίοι. Πιθανόν στον Ιουδαϊσμό τα δύο αυτά είδη να κατατάσσονταν στα τρωκτικά ή να προβλημάτιζε η μορφολογία των ποδιών τους που μοιάζει με τα αιλουροειδή και έτσι να μην επιτρεπόταν η βρώση τους[99].

Απορία εγείρεται επίσης για την καμήλα, η οποία προσφέρεται ως θυσιαζόμενο ζώο και καταναλώνεται από τους Άραβες μέχρι σήμερα[100]. Ένας γενικός κανόνας ήταν ότι τα θυσιαζόμενα ζώα ήταν πάντα βρώσιμα.

Δυσκολίες και έκπληξη προκαλεί αυτό που λέγεται στο Λευ. 11:8 σχετικά με την απαγόρευση επαφής με το νεκρό σώμα ενός ακάθαρτου ζώου. Πρακτικά αυτό θα ήταν αδύνατο στην περίπτωση των οικόσιτων ζώων και όχι μόνο. Με ποιον τρόπο δηλαδή θα απομάκρυνε κάποιος ένα νεκρό ποντίκι από την οικία του; Η λύση που συχνά προτείνεται ότι αυτό ίσχυε μόνο κατά την περίοδο εορτών δεν είναι πειστική[101]. Ούτε πάλι φαίνεται πιθανή η πρόταση της προσπάθειας του νόμου να μην επιτρέψει σε καμία περίπτωση ούτε τον πειρασμό της βρώσης αυτών των ζώων ή το ενδεχόμενο της τυχαίας βρώσης τους.

ανθρώπους και η εκτροφή του από τους εθνικούς. Τα στοιχεία αυτά είχε παρατηρήσει και η ανθρωπολόγος M. Douglas, *Purity and Danger: An Analysis of Concepts of Pollution and Taboo*, London, Routledge, 1966 και έτσι δικαιολογούσε την ένταξη του χοίρου στα ακάθαρτα ζώα.

99 Κατά τον M. Bright, *στο ίδιο*, 191 δεν γίνεται λόγος στο κείμενο για το κοινό κουνέλι αλλά για ένα άλλο τρωκτικό, τον συριακό ύρακα (*procavia apensis syriaca*).

100 Πιθανώς η χρησιμότητα του ζώου ως σημαντικότατο μέσο μεταφοράς να ήταν ανασταλτικός παράγοντας για τη σφαγή και τη βρώση του. Το ίδιο ισχύει και για το γαϊδούρι. Βλ. *Πορφυρίου, Περὶ Ἀποχῆς Ἐμψύχων* 2, 25.

101 W. Houston, *Purity and Monotheism*, 40.

Το σύστημα ταξινόμησης των ζώων σε καθαρά και ακάθαρτα περιέχει αδυναμίες. Ο νομοθέτης είχε κάποιες στοιχειώδεις γνώσεις ζωολογίας αλλά σε αρκετές περιπτώσεις υπάρχουν λανθασμένες παρατηρήσεις, ενώ ο κατάλογος δεν είναι σίγουρα εξαντλητικός. Ο νόμος παρέλαβε κάποιες ιδέες ταμπού από το περιβάλλον του Ισραήλ και τους γειτονικούς λαούς και πρόσθεσε σε αυτές τις καθιερωμένες διατροφικές συνήθειες των Ιουδαίων για να του δώσει τη μορφή στην οποία μας διασώθηκε. Η θεολογική σκέψη στη συνέχεια έλαβε ως δεδομένη τη διάκριση των ζώων σε καθαρά και ακάθαρτα και χρησιμοποίησε αυτό το μοντέλο για να ερμηνεύσει σε πολλές περιπτώσεις όσα συμβαίνουν στις σχέσεις των πιστών με το Θεό τους και τους άλλους ανθρώπους.

Οι ερευνητές προσπαθούν εδώ και πολλά χρόνια να εξηγήσουν τις διατάξεις για τα ακάθαρτα ζώα αντιμετωπίζοντας αρκετές δυσκολίες και υιοθετώντας διάφορες προσεγγίσεις[102]. Ο κατάλογος με τα καθαρά και ακάθαρτα ζώα των Λευ. 11 και Δτ. 14:3-20 δεν είναι το προϊόν μιας πρωτόγονης

---

102 Οι προσπάθειες να απαντηθεί το πρόβλημα είναι σχεδόν όσες και οι ερευνητές που τις υποστηρίζουν. Βλ. σχετικά J. Milgrom, *στο ίδιο*, 718-736. Ένας Τσέχος αντβεντιστής ερευνητής ασχολήθηκε στη διατριβή του και σε ένα άρθρο αργότερα με τα καθαρά και ακάθαρτα ζώα, παρά το γεγονός ότι η θρησκευτική ομάδα στην οποία ανήκει, τηρεί τις συγκεκριμένες διατάξεις. Βλ. J. Moskala, *The Laws of Clean and Unclean Animals of Leviticus 11: Their Nature, Theology, and Rationale*, an Intertextual Study, Adventist Theological Society Dissertation Series, Berrien Springs 2000 και του ίδιου, «Categorization and Evaluation of Different Kinds of Interpretation of the Laws of Clean and Unclean Animals in Leviticus 11», *Biblical Research* 46 (2001) 5-41. Η προσέγγισή του είναι η πλέον συντηρητική, ενώ δέχεται ότι οι διατάξεις έχουν γενική ισχύ και αφορούν όλα τα έθνη.

κοινωνίας, αλλά ενός μορφωμένου Ιουδαίου. Η προσπάθεια ταξινόμησης σε αυτόν δείχνει, έστω και μερικώς, τις ζωολογικές γνώσεις της εποχής. Θα πρέπει όμως πάντα να έχουμε υπόψη μας ότι τα κείμενα αυτά έχουν συνταχθεί για να καθοδηγήσουν τα μέλη μιας θρησκευτικής κοινότητας στον τρόπο ζωής τους και κυρίως σε τελετουργικά ζητήματα[103]. Η μοναδικότητα του Ισραήλ κατά την αρχαιότητα ήταν ότι μόνο αυτός συνέδεε τις διατροφικές απαγορεύσεις αποκλειστικά με τη λατρεία του Θεού του[104]. Στο ερώτημα γιατί να υπάρχει ένας τέτοιος κατάλογος με καθαρά και ακάθαρτα είδη ζώων έχουν δοθεί διάφορες απαντήσεις. Κάποιες από αυτές είναι πειστικότερες, ενώ κάποιες άλλες σήμερα πλέον δεν μπορούν να ισχύουν. Οι διάφορες προσπάθειες κατανόησης της ύπαρξης ενός τέτοιου καταλόγου καθαρών και ακαθάρτων ζώων στο Ισραήλ θα μπορούσαν να συνοψιστούν σε πέντε κατηγορίες. Στην πρώτη θα μπορούσαμε να κατατάξουμε όσες προσεγγίσεις[105] εστιάζουν το ενδιαφέρον τους στην υγιεινή. Σύμφωνα με αρκετούς ερευνητές η βρώση των ακάθαρτων ζώων προκαλεί στον ανθρώπινο οργανισμό ενδεχόμενες ασθένειες. Συχνά υποστηρίζεται ότι η βρώση του χοίρου, αν δεν μαγειρευτεί σωστά, προκαλεί ειδικά σε περιβάλλον με θερμό

---

103 Βλ. σχετικά Κ.-Κ. Chan, «You Shall Not Eat These Abominable Things: An Examination of Different Interpretations on Deuteronomy 14:3-20», *EAJT* 3 (1985) 88-106· E. Otto, «The Laws of Clean and Unclean Animals in 'Leviticus', Chapter-11. Their Nature, Theology and Rationale. An Intertextual Study», *BZ* 48(2004) 303-304· P. M. Venter, «The Dietary Regulations in Deuteronomy 14 within Its Literary Context», *HvTSt* 58 (2002) 1240-1262.
104 W. Houston, *Purity and Monotheism*, 33.
105 Βλ. J. E. Hartley, *Leviticus*, 142.

Μέρος δεύτερο

κλίμα τριχίνωση (γνωστή και ως νόσο των χοίρων) καθώς τα ζώα αυτά μεταφέρουν κάποια παράσιτα, τα οποία μεταδίδονται στον άνθρωπο. Επιπλέον, τα τρωκτικά ευθύνονται επίσης για την τουλαραιμία. Ακόμη και τα ψάρια χωρίς λέπια είναι συχνά φορείς διαφόρων ασθενειών, εξαιτίας του τρόπου ζωής τους σε σκοτεινά και λασπώδη νερά. Η αδυναμία αυτής της προσέγγισης είναι ότι δεν ήταν δυνατό να ήταν γνωστά κατά την αρχαιότητα τα συμπτώματα μιας τέτοιας βρώσης[106] και γνωρίζουμε ότι οι γειτονικοί λαοί του Ισραήλ κατανάλωναν χοιρινό κρέας χωρίς προβλήματα. Επιπλέον, και στο σώμα άλλων ειδών υπάρχουν παράσιτα που μπορούν να προκαλέσουν προβλήματα στην υγεία του ανθρώπου αλλά αυτά ανήκουν στα καθαρά ζώα. Πράγματι στη μορφή που ο νόμος για τα καθαρά και τα ακάθαρτα ζώα διασώθηκε, έχει έναν ηθικό σκοπό και μάλιστα σημαντικότερο στο Λευιτικό από ότι στο Δευτερονόμιο. Ο λαός του Θεού πρέπει να έχει πειθαρχημένο διαιτολόγιο και να απουσιάζει η βιαιότητα από αυτόν, προκειμένου ο Γιαχβέ να κάνει διαρκή την παρουσία του. Μία άλλη αδυναμία αυτής της προσέγγισης έγκειται στο γεγονός ότι αν αυτός ήταν ο στόχος, τότε θα έπρεπε να ενδιέφερε και η ποσότητα των καθαρών ζώων που μπορούσε να καταναλωθεί και όχι μόνο ο καθορισμός των ειδών[107]. Επιπρόσθετα, η καμήλα, η οποία αποκλείεται από το τραπέζι του Ιουδαίου δεν έχει κατηγορηθεί ποτέ ως φορέας ασθενειών και εκτιμάται για το κρέας της από τους Άραβες μέχρι σήμερα. Αν το ζήτημα της καλής διατροφής ήταν ο μόνος λόγος τότε θα έπρεπε να απαγορεύονται και κάποια επικίνδυνα φυτά.

---

106 Στα μέσα του 19^{ου} αι. οι έρευνες των μικροβιολόγων απέδειξαν την παρουσία στο αίμα των χοίρων του παρασίτου τριχινέλλα (*trichinella spiralis*).
107 Βλ. περισσότερα στο W. Houston, *Purity and Monotheism*, 77.

Φύσις Θηρίων

Μια άλλη ομάδα ερευνητών έχει ασχοληθεί με το πρόβλημα από την πλευρά της αισθητικής. Σύμφωνα με τις προσεγγίσεις αυτής της κατηγορίας, ζώα με περίεργες ή «βρώμικες» συμπεριφορές αποκλείονται από το τραπέζι του ανθρώπου. Τα πτωματοφάγα πουλιά για παράδειγμα δεν τα καταναλώνει κανείς στον κόσμο, διότι όλοι γνωρίζουν ότι τρέφονται με νεκρά ζώα. Σύμφωνα με αυτή την προσέγγιση η φυσική συμπεριφορά του χοίρου να κυλιέται στη λάσπη ερμηνεύεται ως βρώμικη συμπεριφορά, η οποία καθιστά το ζώο ακατάλληλο για βρώση από τους ανθρώπους. Έτσι παραβλέπεται το γεγονός ότι το συγκεκριμένο ζώο δεν ιδρώνει και για να ελέγξει τη θερμοκρασία του σώματός του χρειάζεται νερό και σκιά. Είναι λοιπόν ζήτημα φυσιολογίας. Όσοι υιοθετούν μια τέτοια προσέγγιση δεν τη χρησιμοποιούν ως τη βασική τους προσπάθεια εξήγησης του φαινομένου, καθώς το διαιτολόγιο και οι συμπεριφορές πολλών ζώων, οικόσιτων και άγριων, δεν μπορούν να ληφθούν ως κριτήριο ταξινόμησης σε καθαρά και ακάθαρτα. Μια τέτοια προσέγγιση δεν μπορεί να εξηγήσει γιατί αποκλείεται το σαλιγκάρι για παράδειγμα από τη διατροφή του Ιουδαίου, ενώ επιτρέπεται το κατσίκι που τρώει σχεδόν τα πάντα.

Η τρίτη κατηγορία των προσεγγίσεων επιμένει στο συμβολικό-*ηθικό* νόημα αυτών των απαγορεύσεων. Εδώ αναγνωρίζεται μια σχέση αλληλεπίδρασης μεταξύ ανθρώπων και ζώων. Η βρώση των αρπακτικών ζώων για παράδειγμα απαγορεύεται για να μη μεταδοθεί και στον άνθρωπο αυτή η επιθυμία. Συχνά το Ιεζ. 33:25 αναγνωρίζεται ως μια πρώτη απόπειρα να αποδοθεί στις σχετικές διατάξεις ηθικό περιεχόμενο[108]. Μια τέτοια προσπάθεια αναλυτικής ηθικής ερμηνείας των σχετικών διατάξεων

---
108 Βλ. H. Rabinowicz, «Dietary Laws», *EncJud* 5, 656.

Μέρος δεύτερο

αρχίζει με την *Επιστολή Αριστέα*[109] και συνεχίζεται με τον Φίλωνα[110], ο οποίος χρησιμοποιεί και σε αυτή την περίπτωση την αλληγορική μέθοδο, όπως το ίδιο κάνει και η *Επιστολή Βαρνάβα*[111]. Δεν συμβαίνει όμως το ίδιο στην κοινότητα του Κουμράν. Στο χειρόγραφο του Ναού (*11Q19* 50:20-53:6) γίνεται λόγος για κάποια από τα ακάθαρτα ζώα των δύο καταλόγων της Π.Δ., ενώ έχουν προστεθεί και μερικά είδη στην κατηγορία των ερπετών, όπως για παράδειγμα η σαλαμάνδρα. Αργότερα οι εκκλησιαστικοί συγγραφείς θα ακολουθήσουν και θα κάνουν εντονότερη αυτή την ηθική κατανόηση με την αλληγορική ερμηνεία. Ενδεικτική είναι η αλληγορική ερμηνεία του Αμβροσίου με ηθικό τόνο σχετικά με τα καθαρά θηλαστικά. Το γεγονός ότι έχουν κέρατα ερμηνεύεται ως τρόπος άμυνας στο κακό[112].

Σε αυτή την κατηγορία ανήκουν και δύο διαφορετικές ηθικές προσεγγίσεις στο πρόβλημα των ακάθαρτων ζώων

---

[109] Βλ. 149-169. Εδώ τα ακάθαρτα ζώα, οι παράνομες ερωτικές σχέσεις και η αποστασία συνδέονται όλα μεταξύ τους.

[110] *Περὶ τῶν Ἀναφερομένων ἐν Εἴδει Νόμων*, 4, 95-104. Για παράδειγμα επειδή ο χοίρος και τα υδρόβια είναι ιδιαίτερα νόστιμα ο Μωυσής απαγόρευση τα βρώση τους για να καταπολεμηθεί η λαιμαργία.

[111] Βλ. κεφ. 10. Χαρακτηριστική είναι η ερμηνεία του τρόπου τροφοληψίας των αρπακτικών πουλιών στο 10:4 «*Οὐδὲ φάγῃ φησίν τὸν ἀετὸν οὐδὲ τὸν ὀξύπτερον οὐδὲ τὸν ἰκτῖνα οὐδὲ τὸν κόρακα οὐ μή φησίν κολληθήσῃ οὐδὲ ὁμοιωθήσῃ ἀνθρώποις τοιούτοις οἵτινες οὐκ οἴδασιν διὰ κόπου καὶ ἱδρῶτος ἑαυτοῖς πορίζειν τὴν τροφήν ἀλλὰ ἁρπάζουσιν τὰ ἀλλότρια ἐν ἀνομίᾳ αὐτῶν καὶ ἐπιτηροῦσιν ὡς ἐν ἀκεραιοσύνῃ περιπατοῦντες καὶ περιβλέπονται τίνα ἐκδύσωσιν διὰ τὴν πλεονεξίαν ὡς καὶ τὰ ὄρνεα ταῦτα μόνα ἑαυτοῖς οὐ πορίζει τὴν τροφήν ἀλλὰ ἀργὰ καθήμενα ἐκζητεῖ πῶς ἀλλοτρίας σάρκας καταφάγῃ ὄντα λοιμὰ τῇ πονηρίᾳ αὐτῶν*».

[112] Βλ. σχετικά J. T. Lienhard-R. J. Rombs, *Exodus, Leviticus, Numbers, Deuteronomy*, ACCS.OT 3, Downers Grove, InterVarsity Press, 2001, 298.

δύο σπουδαίων παλαιοδιαθηκολόγων, του Jacob Milgrom και του Baruch Levine, οι οποίες εξακολουθούν να απασχολούν την έρευνα γύρω από αυτό το ζήτημα. Σύμφωνα με τον Milgrom[113] ο κατάλογος των καθαρών και ακαθάρτων ζώων επινοήθηκε και αποτέλεσε νομική διάταξη για να προστατέψει τον άνθρωπο από την άσκοπη σφαγή ζώων. Να περιορίσει δηλαδή την εκμετάλλευση της πανίδας από τον Ιουδαίο θέτοντας κάποια όρια. Η θέση αυτή στηρίζεται στο γεγονός ότι επιτρεπόταν στους Ιουδαίους το κυνήγι για τροφή αλλά όχι οι κυνηγετικοί αγώνες για διασκέδαση που συνέβαιναν στον εθνικό κόσμο. Οι απαγορεύσεις αυτές δήλωναν τον σεβασμό σε κάθε έμβιο ον. Ο Levine από την άλλη, πιστεύει ότι οι Ιουδαίοι θεωρούσαν την ακαθαρσία ως μία ενεργή δαιμονική δύναμη, η οποία αποτελούσε απειλή για την κοινότητα, το θυσιαστήριο και τον Θεό[114.] Σύμφωνα με αυτή τη θέση οι αιματηρές θυσίες έχουν αποτρεπτικό χαρακτήρα, ενώ συχνά συγκρίνεται το τελετουργικό των γειτονικών λαών του Ισραήλ. Η αδυναμία σε αυτή την προσπάθεια είναι ότι πουθενά στα βιβλικά κείμενα η ακαθαρσία δεν αναφέρεται ως δαιμονική δύναμη.

Μια τέταρτη κατηγορία περικλείει όλες τις προσεγγίσεις που έχουν στόχο να αναδείξουν το λατρευτικό στοιχείο που υπάρχει πίσω από τις διατάξεις αυτές. Σύμφωνα με τη προσέγγιση αυτού του είδους τα ακάθαρτα ζώα είναι ασύμβατα με

---

113 J. Milgrom, *Studies in Cultic Theology and Terminology*, Brill, 1983, 104-118. Πρβλ. του ίδιου, *Leviticus 1-16*, 733. Το Λευ. 17:3-7 μπορεί να θεωρηθεί με αυτή την υπόθεση αλλά εδώ το αντικείμενο του ενδιαφέροντος είναι τα οικόσιτα ζώα.

114 Β. Α. Levine, *In the Presence of the Lord: A Study of Cult and Some Cultic Terms in Ancient Israel*, Leiden, Brill, 1974, 55-91.

τον έναν ή τον άλλον τρόπο με τη λατρεία του Γιαχβέ. Αυτό συμβαίνει είτε γιατί χρησιμοποιούνταν στις λατρείες των εθνικών[115] (π.χ. χανανιτικές ή αιγυπτιακές τελετουργίες), είτε γιατί συνδέονταν με το βασίλειο του θανάτου (χθόνιος χαρακτήρας). Μαρτυρία για αυτό ίσως αποτελούν οι αποτρεπτικές θυσίες που αναφέρονται στα Ησ. 65-66 ή στο Ιεζ. 8:10. Σε πολλές αιγυπτιακές λατρείες η θεότητα εκπροσωπούνταν με ένα ζώο ή παριστάνονταν ζωομορφικά. Αντίθετα όμως με τα προσδοκώμενα αυτής της κατηγορίας, η πλειοψηφία των καθαρών ζώων είναι εκείνα που χρησιμοποιούνταν από τους εθνικούς στις διάφορες θυσιαστήριες τελετουργίες. Αυτό βέβαια δεν σημαίνει ότι μπορούμε να αρνηθούμε ότι τα αρπακτικά ζώα ή όσα ζουν κάτω από το έδαφος θεωρήθηκαν ακάθαρτα για αυτές ακριβώς τις συμπεριφορές. Το πρόβλημα εδώ είναι ότι οι Χαναναίοι θυσίαζαν τα ίδια ζώα με τους Ιουδαίους και συνεπώς σύμφωνα με τη θεωρία αυτής της κατηγορίας αυτά θα έπρεπε να θεωρούνται ακάθαρτα.

Στην τελευταία κατηγορία εντάσσονται οι εργασίες των ανθρωπολόγων, οι οποίοι αναζήτησαν από τις αρχές του προηγούμενου αιώνα μια περιεκτική απάντηση στις τελετουργικές διατάξεις του Λευιτικού και του Δευτερονομίου. Οι ερευνητές, οι οποίοι επιχείρησαν να εξετάσουν τις διατάξεις με τα καθαρά και ακάθαρτα ζώα, θεώρησαν όλοι ότι πρόκειται για ένα συμβολικό σύστημα ή προτιμότερα μια συγκεκριμένη έκφραση ενός συμβολικού συστήματος, το οποίο διαμορφώθηκε από μια ολόκληρη κοινωνία[116]. Η Mary Douglas στην

---
115 J. E. Hartley, *στο ίδιο*, 163.
116 Βλ. αναλυτικά τις διάφορες προσπάθειες των σημαντικότερων ανθρωπολόγων και την κριτική τους θεώρηση στα W. Houston, *Purity and*

εργασία[117] της με τη συνδρομή της κοινωνικής ανθρωπολογίας έδειξε ότι οι διατάξεις για τα καθαρά και τα ακάθαρτα ζώα είναι ευρύτερες κατηγοριοποιήσεις μιας κοινωνίας, η οποία με αυτόν τον τρόπο οικοδομεί τον κόσμο της. Στη μεθοδολογία που ακολούθησε όλα κατανοούνται με βάση ένα πρίσμα δύο μεταβλητών (ομάδα-πλέγμα)[118]. Για τους Ιουδαίους η καθαρότητα εκφράζει την αγιότητα και την τελειότητα. Για το λόγο αυτό τα ζώα που θυσιάζονταν δεν έπρεπε να έχουν σωματικά ελαττώματα. Τα ζώα αποτελούν τη φύση, ενώ οι άνθρωποι τον πολιτισμό. Τα ζώα εκείνα που εισβάλλουν στον πολιτισμό γίνο-

---

Monotheism, 80-122· J. Milgrom, Leviticus 1-16, 649-650· N. S. Meshel, στο ίδιο, 203-206.

117 Βλ. M. Douglas, *Purity and Danger*, 51-57. Το βιβλίο της μεταφράστηκε στα ελληνικά ως: *Καθαρότητα και Κίνδυνος: Μια Ανάλυση των Εννοιών της Μιαρότητας και του Ταμπού*, (μτφρ. Α. Χατζούλη), Αθήνα 2006. Αίσθηση έκαναν και τα έργα της ίδιας, *Natural Symbols: Explorations in Cosmology*, New York 1973 και *Implicit Meanings, Essays in Anthropology*, London, Routledge, 1975. Βλ. επίσης τις πιο πρόσφατες εργασίες της ίδιας, «The Forbidden Animals in Leviticus», *JSOT* 59 (1993) 3-23· της ίδιας, «Impurity of Land Animals», στο *Purity and Holiness*, έκδ. M. J. H. M. Poorthuis-J. Schwartz, JCPS 2, Leiden, Brill, 2000, 33-45· της ίδιας, «The Compassionate God of Leviticus and His Animal Creation», στο *Borders, Boundaries and the Bible*, έκδ. M. O'kane, JSOTSup 313, London, Sheffield Academic Press, 2002, 61-73. Βλ. την κριτική στην πρώτη εργασία της, καθώς και τις λανθασμένες αναγνώσεις κάποιων χωρίων του Λευιτικού στο J. Milgrom, *Leviticus 1-16*, 720-722.

118 Βλ. περισσότερα για αυτό στο Μ. Γκουτζιούδη, *Το Βιβλικό Κείμενο στο Πέρασμα του Χρόνου: Η Περίπτωση της προς Εβραίους Επιστολής*, Μέθεξις, Θεσσαλονίκη 2008, 185-189. Πρώτη αναφορά στο έργο της Douglas στον ελληνικό βιβλικό χώρο κάνει ο D. C. Passakos, «Clean and Unclean in the New Testament: Implications for Contemporary Liturgical Practices», *GOTR* 47 (2002) 278-280.

νται ταμπού, ενώ ο χώρος που δρουν παίζει επίσης ρόλο, καθώς κυριαρχούν στα τρία στοιχεία του κόσμου: τη γη, το νερό και τον αέρα. Τα περισσότερα ακάθαρτα ζώα είναι σαρκοφάγα θηλαστικά, αρπακτικά πουλιά και αλλόκοτα ερπετά. Ακάθαρτα κατά τους ανθρωπολόγους είναι και όσα συνδέονταν με απαγορευμένες τελετουργίες, για παράδειγμα μαγεία, ή νεκρομαντεία. Η Douglas προχώρησε σε σύγκριση των δεδομένων του μωσαϊκού νόμου σχετικά με τα ζώα με αντίστοιχες ταξινομήσεις άλλων πολιτισμών. Συμπερασματικά οτιδήποτε είναι καθαρό συνδέεται με τη ζωή, την υγεία και την αγιότητα, ενώ αντίθετα ότι είναι ακάθαρτο με τον θάνατο, την αρρώστια και τη μόλυνση. Η προσέγγιση αυτή είναι από τις ικανοποιητικότερες μέχρι σήμερα και επηρέασε τους βιβλικούς ερευνητές, ειδικά στον αγγλόφωνο κόσμο. Το πρόβλημα που παραμένει εδώ είναι τα απαγορευμένα είδη, τα οποία δεν μπορούν να ερμηνευτούν σύμφωνα με τα κριτήρια της Douglas, ούτε να δικαιολογηθεί ο χαρακτηρισμός τους ως ακάθαρτα από τον ιουδαϊκό νόμο αν ακολουθηθεί η μεθοδολογία της.

Όλες οι παραπάνω κατηγορίες προσεγγίσεων παρουσιάζουν κάποιες αδυναμίες, όπως σημειώθηκε νωρίτερα. Καμία δεν παρουσιάζεται ως απόλυτα ικανοποιητική να απαντήσει στο πρόβλημα. Την ίδια στιγμή όλες προσφέρουν πολύτιμα στοιχεία για την επίλυση του ερμηνευτικού γρίφου. Από την άλλη, δεν μπορεί να αγνοηθεί και το περιβάλλον του αρχαίου Ισραήλ και ειδικά οι τελετουργικές του συνήθειες, καθώς αυτό το στοιχείο δημιουργούσε την ένταση μεταξύ Ιουδαίων και εθνικού περίγυρου. Πιθανότατα η ταξινόμηση των καθαρών και ακάθαρτων ζώων προέκυψε ως ανάγκη για να διαφυλαχθεί η τελετουργική καθαρότητα των πιστών του Γιαχβέ, ενώ παράλληλα στηρίχθηκε σε εκείνα τα ζώα, τα οποία ήταν κατάλληλα για θυσία. Επομένως στο υπόβαθρο μπορεί κανείς να διακρίνει και μια οικονομία, η οποία έχει ισχυρά κτηνοτροφικά στοιχεία. Κατά τον Houston η καθαρότητα έγινε επίσης ο φύλακας του μονοθεϊσμού[119].

Ένα ερώτημα που αναδύεται στο σημείο αυτό είναι αν έχουμε αντίστοιχους καταλόγους με απαγορευμένα είδη στους γειτονικούς λαούς του Ισραήλ. Πέρα από τους δύο καταλόγους στα Λευ. 11 και Δτ. 14 οποιαδήποτε τελετουργική ταξινόμηση των ειδών της ζωικής ποικιλότητας σύμφωνα με την ιουδαϊκή θρησκεία είναι πενιχρή στον εθνικό κόσμο. Κάποιες αναφορές σε ορισμένα είδη βρίσκουμε σποραδικά σε διάφορα ιστορικά και προφητικά βιβλία της Π.Δ. από διαφορετικές περιόδους. Σχετικά με τα θηλαστικά που αναφέρονται στα κείμενα οι περιγραφές συμφωνούν με τα ευρήματα της ζωοαρχαιολογίας[120] και από τις χανανιτικές πόλεις αλλά και την Ουγαρίτ. Τα στοιχεία όμως είναι ανεπαρκή για τα πουλιά και τα ψάρια. Ίσως τα μόνα παράλληλα θα μπορούσαν να εντοπιστούν στα λατρευτικά κείμενα από την Ουγαρίτ[121] και τον λεγόμενο τιμοκατάλογο της Μασσαλίας[122]. Τα πρώτα είναι κείμενα με περιγραφές των θυσιών και το δεύτερο μια επιγραφή, η οποία καθορίζει

---

119 W. Houston, *Purity and Monotheism*, 123.
120 Βλ. Z. Amar et al., «The Contribution of Archaeozoology to the Identification of the Ritually Clean Ungulates Mentioned in the Hebrew Bible», *JHS* 10 (2010) 2-24. Τα περισσότερα ευρήματα προέρχονται από τον 12ο-7ο αι. π.Χ. Στο παραπάνω άρθρο παρουσιάζονται και τα δεδομένα της αρχαιολογικής έρευνας σχετικά με τα καθαρά άγρια ζώα του Δτ. 14:5.
121 Βλ. ενδεικτικά *KTU* 1, 106:30· 1, 40:26· 1, 119:16.
122 *CIS* I, 165. Βλ. αναλυτικά το περιεχόμενο αυτών των κειμένων στην ανάλυση του W. Houston, *Purity and Monotheism*, 150-152.

Μέρος δεύτερο

τις τιμές για τις θυσίες και προέρχεται από την Καρχηδόνα. Ο τιμοκατάλογος της Μασσαλίας είναι γραμμένο σε καρχηδονιακή γραφή και ανακαλύφθηκε στο λιμάνι της Μασσαλίας, έχει ομοιότητες με πολλές φοινικικές επιγραφές και ανάγεται στον 3º αι. π.Χ. Στα κείμενα από την Ουγαρίτ εκτός από τα συνηθισμένα οικόσιτα θυσιαζόμενα ζώα αναφέρονται χήνες να προσφέρονται σε χθόνιες θεότητες και γάιδαροι στον Βάαλ σε μια καθορισμένη ημέρα. Εδώ όμως δεν γίνεται ρητή αναφορά σε διάκριση μεταξύ καθαρών και ακαθάρτων ζώων. Η συχνότητα των θυσιαζόμενων ζώων ταιριάζει με εκείνη του Ισραήλ και ο χοίρος αποφεύγεται όχι μόνο ως θυσιαζόμενο ζώο αλλά και ως τροφή κατά την εποχή του χαλκού, καθώς απουσιάζει από το σύνολο αυτών των κειμένων[123]. Ο τιμοκατάλογος της Μασσαλίας, αν και παρουσιάζει αρκετές δυσκολίες στην αναγνώριση των ειδών των ζώων που αναφέρονται λόγω της γλώσσας που χρησιμοποιείται, κάνει ξεκάθαρο ότι θυσιάζονταν μόνο αρσενικά ζώα. Η πληροφορία αυτή συμφωνεί με εκείνη του Πορφυρίου ότι οι Αιγύπτιοι και οι Φοίνικες δεν θυσίαζαν ή δεν έτρωγαν θηλυκά ζώα[124]. Μια τέτοια διάκριση δεν υπάρχει πουθενά στην Π.Δ. Παρόμοια συνήθεια υπήρχε και στους Σαβαίους της Μεσοποταμίας, οι οποίοι απαγόρευαν τη βρώση του χοίρου, του σκύλου, της καμήλας, του γαϊδουριού αλλά και

---

[123] Οι ερευνητές δέχονται πως η ιδέα ότι ο χοίρος είναι ακάθαρτο ζώο για τον Ιουδαϊσμό θα πρέπει να διαμορφώθηκε οριστικά κατά την αιχμαλωσιακή εποχή. Βλ. W. Houston, *Purity and Monotheism*, 176.

[124] *Πορφυρίου, Περὶ Ἀποχῆς Ἐμψύχων* 2, 11, 5-10. Πρβλ. επίσης όσα καταγράφονται από τον Πορφύριο στην ενότητα 4, 6-7 σχετικά με τα είδη των τροφών από τα οποία απέχουν οι Αιγύπτιοι ιερείς και προέρχονται από παρατηρήσεις του Χαιρήμονα του στωικού, ο οποίος ζει τον 1º αι. μ.Χ.

Φύσις Θηρίων

του περιστεριού. Με εξαίρεση το περιστέρι, εδώ παρατηρείται ομοιότητα με τον ιουδαϊκό νόμο αλλά και με τα κριτήρια που καθορίζονται αργότερα στο Ταλμούδ[125]. Στην επιγραφή του Βαλαάμ από το Tell Deir Alla εντοπίζονται επίσης κάποια κοινά σημεία με τους καταλόγους των καθαρών και ακαθάρτων ζώων της Π.Δ. Το πρόβλημα εδώ είναι ότι το αραμαϊκό κείμενο της επιγραφής είναι ιδιαίτερα αποσπασματικό[126]. Τρία από τα ζώα που αναφέρονται στην επιγραφή θεωρούνται ακάθαρτα, όπως και στην Π.Δ. Συμπερασματικά θα λέγαμε ότι στη Συρία και τη Χαναάν η κοινή πρακτική ήταν τα θυσιαζόμενα ζώα να ήταν κυρίως πρόβατα, κατσίκια και βόδια. Παντού ο χοίρος και ο σκύλος απαγορεύονταν, ενώ κατά περιοχές επιτρεπόταν με μικρή συχνότητα η θυσία περιστεριών, ελαφιών αλλά και γαϊδάρων[127]. Μόνο στη Βαβυλώνα φαίνεται ότι ο χοίρος καταναλώνονταν χωρίς περιορισμούς.

Εντυπωσιακό είναι το γεγονός ότι ο Πορφύριος αναφέρει περιορισμούς στη διατροφή των Αιγυπτίων ιερέων χωρίς να λέγεται όμως για ποια λατρεία πρόκειται[128]. Προφανώς λόγω της πολυμορφίας των λατρειών και των περιορισμών στη διατροφή των ιερέων στην Αίγυπτο, το κείμενο δεν αναφέρεται

---

125 Βλ. περισσότερα για αυτό στο W. Houston, *Purity and Monotheism*, 154.

126 Βλ. τα ονόματα των ειδών των ζώων που αναφέρονται στο W. Houston, *Purity and Monotheism*, 194-197.

127 Ο γάιδαρος προσφερόταν μόνο στην Ουγαρίτ, χωρίς να τρώγεται.

128 «τῶν μὲν οὖν ἐκτὸς Αἰγύπτου γιγνομένων βρωμάτων τε καὶ ποτῶν οὐ θέμις ἦν ἅπτεσθαι. πολύς τις οὕτως τρυφῆς ἀπεκέκλειστο πόρος. τῶν δὲ κατ᾽ αὐτὴν τὴν Αἴγυπτον ἰχθύων τε ἀπείχοντο πάντων καὶ τετραπόδων ὅσα μώνυχα ἢ πολυσχιδῆ ἢ μὴ κερασφόρα· πτηνῶν δὲ ὅσα σαρκοφάγα», Περὶ Ἀποχῆς Ἐμψύχων 4, 7, 4-7.

σε όλους γενικά τους ιερείς. Η ομοιότητα εδώ με το κριτήριο του Λευ. 11:3 είναι εντυπωσιακή. Αν ληφθούν υπόψη τα παραπάνω στοιχεία σε συνδυασμό με τα τελευταία δεδομένα της ζωοαρχαιολογίας, τότε επιβεβαιώνεται η παλαιότερη θέση του De Vaux με βάση τις δικές τους έρευνες ότι η αποχή από το χοιρινό κρέας ήταν διαδεδομένη συνήθεια σε όλους τους σημιτικούς λαούς με εξαίρεση του Βαβυλώνιους[129]. Στην Ελλάδα και την Αίγυπτο χοιρίδια προσφέρονταν ως θυσίες συχνά σε χθόνιες θεότητες ή συνδέονταν με δαίμονες[130].

Αναφορά σε καθαρά και ακάθαρτα είδη γίνεται και στη διήγηση του κατακλυσμού στα Γεν. 7:2, 8· 8:20, τα οποία ανήκουν στο Γιαχβιστή. Η παραδοσιακή όμως διάκριση των ειδών, εκτός των δύο καταλόγων, απαντάται στο Λευ. 20:25, ένα κείμενο το οποίο ανήκει στο Νόμο της Αγιότητας. Ο χριστιανισμός θα δείξει λιγότερο ενδιαφέρον για τα ζώα από τον Ιουδαϊσμό και μπορεί να μην υιοθέτησε τις διατάξεις περί καθαρών και ακαθάρτων ζώων[131], ασπάστηκε όμως και συνέχισε τις ιουδαϊκές αντιλήψεις σχετικά με τα ζώα και τη στάση των ανθρώπων απέναντι σε αυτά. Είναι σημαντικό το γεγονός ότι

---

129 R. De Vaux, «Les Sacrifices de Porcs en Palestine et dans l'Ancient Orient», στο *Bible et Orient*, Paris 1967, 499-516 και σε αγγλική μτφρ. «The Sacrifice of Pigs in Palestine and in the Ancient near East», στο *The Bible and the Ancient near East*, New York, Doubleday, 1971, 250-265.

130 Βλ. την αντίδραση του Γιαχβέ στο βιβλίο του Ησαΐα για τελετουργίες που είναι ασύμβατες με τον Ιουδαϊσμό (65:3-5 και 66:3, 17).

131 Βλ. Ι. Γαλάνη, στο ίδιο, 140, όπου λέγεται ότι ο χαρακτηρισμός του βέβηλου που αποδίδεται στο φυτικό και ζωικό κόσμο προέρχεται από τον άνθρωπο και όχι το Θεό. Η διάκριση καθαρών και ακαθάρτων φανερώνει τη διαταραχή της σχέσης του ανθρώπου με την κτίση και για αυτό ευθύνεται ο άνθρωπος. Πρβ. Ρωμ. 14:14, 20· Α΄ Τιμ. 4:4· Τιτ. 1:15.

Φύσις Θηρίων

οι διατροφικές διατάξεις αποτέλεσαν ένα πολύ σοβαρό ζήτημα στη σχέση μεταξύ των δύο θρησκειών. Το χαρακτηριστικότερο παράδειγμα αυτής της σχέσης στην Κ.Δ. αποτελεί η διήγηση με το όραμα του Πέτρου (Πραξ. 10:10-16 και 11:5-10). Για να επιστρέψουμε τώρα στην Κ.Δ. στη διδασκαλία του Ιησού και της πρώτης Εκκλησίας φαίνεται ότι ο κατάλογος με τα καθαρά και ακάθαρτα ζώα απορρίφθηκε. Το Πραξ. 10:15 μας το βεβαιώνει αυτό «*καὶ φωνὴ πάλιν ἐκ δευτέρου πρὸς αὐτόν· ἃ ὁ θεὸς ἐκαθάρισεν, σὺ μὴ κοίνου*». Αυτό όμως δεν επικράτησε εύκολα, καθώς υπήρχαν δυσκολίες στην αποδοχή των εθνικών ως μέλη της Εκκλησίας από ζηλωτές ιουδαιοχριστιανούς. Χαρακτηριστικό παράδειγμα αποτελεί το επεισόδιο με τον Πέτρο και τον Παύλο στην Αντιόχεια με αφορμή τα κοινά δείπνα (Γαλ. 2:11-14)[132]. Το Α΄ Τιμ. 4:4 φανερώνει όμως ότι τελικά επικράτησε η θέση «*ὅτι πᾶν κτίσμα θεοῦ καλὸν καὶ οὐδὲν ἀπόβλητον μετὰ εὐχαριστίας λαμβανόμενον*».

Ο διαχωρισμός σε καθαρά και ακάθαρτα ζώα παρουσιάζει και συμβολίζει την αντίθεση μεταξύ άγριου και ήμερου, πολιτισμού και ερήμου, υπακοή και ανυπακοή, θεϊκού και δαιμονικού στοιχείου, λαού του Θεού και εθνών. Ο αρχέγονος χριστιανισμός τα πρώτα χρόνια αντιμετώπισε το διπολισμό αυτό προκειμένου να τον υπερβεί. Αυτό σίγουρα δεν έγινε άμεσα. Με τη συμβολή του Παύλου και την οικουμενική του αποστολή ο διπολισμός αυτός εγκαταλείφθηκε. Το όραμα του Πέτρου με την

---

132 Βλ. Δ. Πασσάκου, «"*μετὰ τῶν ἐθνῶν συνήσθιεν*" (Γαλ. 2, 12): Ο Συμβολισμός της Τροφής στην Ιουδαϊκή και στην Πρωτοχριστιανική Παράδοση. Η συνδρομή της Πολιτιστικής Ανθρωπολογίας», στις *Εισηγήσεις Η΄ Συνάξεως Ορθοδόξων Βιβλικών Θεολόγων*, Θεσσαλονίκη 1997, 285-305.

χρήση των καθαρών και ακάθαρτων ζώων παραπέμπει με συμβολικό τρόπο σε μια χριστιανική κοινωνία, η οποία αποτελείται και από εθνικούς και από Ιουδαίους. Αυτό ακριβώς είναι το στοιχείο του οράματος που ο Λουκάς επέλεξε να χρησιμοποιήσει προκειμένου να ακυρώσει κυριολεκτικά το συμβολισμό του Λευ. 20:25[133]. Δεν είναι τυχαίο ότι η απόφαση της Αποστολικής Συνόδου δεν κάνει λόγο για καθαρά και ακάθαρτα ζώα παρά μόνο για ειδωλόθυτα (Πραξ. 15:29).

---

[133] «καὶ ἀφοριεῖτε αὐτοὺς ἀνὰ μέσον τῶν κτηνῶν τῶν καθαρῶν καὶ ἀνὰ μέσον τῶν κτηνῶν τῶν ἀκαθάρτων καὶ ἀνὰ μέσον τῶν πετεινῶν τῶν καθαρῶν καὶ τῶν ἀκαθάρτων καὶ οὐ βδελύξετε τὰς ψυχὰς ὑμῶν ἐν τοῖς κτήνεσιν καὶ ἐν τοῖς πετεινοῖς καὶ ἐν πᾶσιν τοῖς ἑρπετοῖς τῆς γῆς ἃ ἐγὼ ἀφώρισα ὑμῖν ἐν ἀκαθαρσίᾳ».

2. Λογικά όντα και άλογα ζώα. Η θέση της Κ.Δ. και η φιλοσοφική σκέψη της εποχής της

Στην καθολική επιστολή του Ιούδα οι αιρετικοί ψευδοδιδάσκαλοι χαρακτηρίζονται στο στίχο 10 ως «ἄλογα ζῷα». Το παράλληλο του στίχου στο Β´ Πέτρου 2:12 επιδεινώνει κι άλλο την κατάσταση των ζώων, έστω και αν πρόκειται για παρομοίωση σημειώνοντας «ὡς ἄλογα ζῷα γεγεννημένα φυσικὰ εἰς ἅλωσιν καὶ φθορὰν». Και τα δύο χωρία από τις καθολικές επιστολές φανερώνουν τη βασική φιλοσοφική θέση ότι τα ζώα είναι άλογα. Οι συγγραφείς της Κ.Δ. επιλέγουν αυτή τη θέση προκειμένου να δείξουν την ανωτερότητα του ανθρώπου[134], αν και στην αρχαιότητα η συζήτηση γύρω από το ζήτημα αν τα ζώα είναι άλογα ή λογικά διατηρήθηκε για αιώνες. Η ανωτερότητα του ανθρώπου σύμφωνα με την καθολική επιστολή του Ιακώβου (Ιακ. 3:3, 7) επιβεβαιώνεται από το γεγονός ότι τα περισσότερα ζώα δαμάζονται από αυτόν. Το Β´ Πε. 2:12 φανερώνει όμως και μία άλλη αρνητική για τα ζώα αντίληψη της αρχαιότητας[135].

---

134 Το ίδιο ισχύει και στην Π.Δ. (Σολ. 11:15· Δ´ Μακ. 14:14, 18). Βλ. σχετικά Ι. Μούρτζιου, «Ο Αδάμ στην Καινή Διαθήκη», στο *Ερμηνεία και Θεολογία Βιβλικών Κειμένων*, ΒΒ 50, Θεσσαλονίκη 2011, 222-223 και Μ. Κωνσταντίνου, «Η Δημιουργία του Κόσμου (Γεν α´-β´)», στο *Ρήμα Κυρίου Κραταιόν. Αφηγηματικά Κείμενα από την Παλαιά Διαθήκη*, Θεσσαλονίκη 1990, 86-88.

135 Βλ. για την εθνική καταγωγή των χριστιανών αντιπάλων του συγγραφέα της Β´ Πέτρου στο Χ. Ατματζίδη, *Η Εσχατολογία στη Β´ Επιστολή Πέτρου*, ΒΒ 33, Θεσσαλονίκη 2005, 53 και υποσ. 71. Βλ. επίσης του ίδιου, «Η Παραινετική Χρήση των Στοιχείων της Φύσης στη Β´ Πέτρου ως Παράδειγμα Συνάντησης του Χριστιανισμού με την Ελληνική Σκέψη», στο *Κριτικές Αναγνώσεις των Βιβλικών Κειμένων. Ερευνητικές Επισκέψεις σε Βιβλικά Τοπία*, τ. Β´, ΒΒ 47, Θεσσαλονίκη 2010, 15-59.

Μέρος δεύτερο

Η σφαγή τους θεωρείται εντελώς φυσική χωρίς να αποτελεί σε καμία περίπτωση ηθικό παράπτωμα του ανθρώπου. Αυτή είναι η τύχη των ζώων, ιδέα η οποία φαίνεται πως δεν υπήρχε στη σκέψη του συγγραφέα της επιστολής του Ιούδα. Η φράση «*φυσικῶς ἐπίστανται*» του Ιουδα 10, η οποία δεν υπάρχει στο Β΄ Πε. 2:12, δηλώνει τον τρόπο ζωής των ζώων με βάση τα ένστικτά τους. Δεν χρειάζεται ασφαλώς να ειπωθεί πόσο υποτιμητικό ήταν να ταυτιστεί κανείς με το επίπεδο των άγριων ζώων και την τύχη τους. Οι ψευδοδιδάσκαλοι παρουσιάζονται με τα δύο κυριότερα αρνητικά χαρακτηριστικά των ζώων. Δεν έχουν λογικό και είναι προορισμένοι να καταστραφούν[136]. Στον ελληνορωμαϊκό κόσμο αποτελούσε συχνό φαινόμενο να χρησιμοποιούνται κάποια από τα αρνητικά ή τα θετικά χαρακτηριστικά των ζώων προκειμένου να περιγραφεί η συμπεριφορά ορισμένων ανθρώπων. Τα δύο υπό συζήτηση καινοδιαθηκικά χωρία διακηρύττουν την καθιερωμένη στην εποχή της Κ.Δ. στωική θέση ότι τα ζώα στερούνται λογικού[137]. Για να αντιληφθούμε πλήρως το υπόβαθρο της θέσης των παραπάνω δύο κειμένων της Κ.Δ. θα πρέπει να ανατρέξουμε στη συζήτηση για τις ομοιότητες και τις διαφορές μεταξύ ανθρώπων και ζώων, έτσι όπως αυτή διεξάγεται κυρίως στα φιλοσοφικά κείμενα πριν αλλά και μετά την εποχή της Κ.Δ. από τους σπουδαιότερους εκπροσώπους των φιλοσοφικών σχολών.

---

136 Για την ερμηνεία της φράσης «*ἐν τῇ φθορᾷ αὐτῶν καὶ φθαρήσονται*» βλ. R. J. Bauckham, *2 Peter, Jude*, WBC 50, Dallas, Word Books, 2002, 263.

137 Ο Πλούταρχος λίγο μετά την εποχή της Κ.Δ. συνοψίζει τις θέσεις των στωικών φιλοσόφων με τη φράση «*οἷς ἀνεπειθόμην ὑπὸ τῶν σοφιστῶν ἄλογα καὶ ἀνόητα πάντα πλὴν ἀνθρώπου νομίζειν*», *Περὶ τοῦ τὰ Ἄλογα Λόγῳ Χρῆσθαι*, 992C, 4-6.

Φύσις Θηρίων

Η συζήτηση αυτή ξεκινά με τον Πυθαγόρα κατά τον 6ο αι. π.Χ. και αργότερα με τον Εμπεδοκλή κατά τον 5ο αι. π.Χ. Ήδη όμως στον Ησίοδο (8ος-7ος αι. π.Χ.) λέγεται ότι δεν υπάρχει δικαιοσύνη ανάμεσα στα ζώα[138]. Η διαπίστωση αυτή ουσιαστικά διακρίνει τον άνθρωπο από τα ζώα σε ηθικό επίπεδο, αν και για τον Ησίοδο η δικαιοσύνη δωρίζεται από τους θεούς. Ο πρώτος Έλληνας στοχαστής ο οποίος διακρίνει τους ανθρώπους από τα ζώα σε διανοητικό επίπεδο είναι ο Αλκμαίων ο Κροτωνιάτης (5ος αι. π.Χ.). Αυτός ισχυρίζεται πρώτος ότι μόνο ο άνθρωπος από τα έμβια όντα έχει λογικό[139]. Οι ιδέες του Πυθαγόρα και του Εμπεδοκλή διασώθηκαν στα έργα συγγραφέων που έζησαν λίγο πριν και μετά την εποχή της Κ.Δ. εξαιτίας της αναθέρμανσης αυτών των απόψεων στον ελληνορωμαϊκό κόσμο και έτσι έχουμε αρκετές πληροφορίες για τη διδασκαλία τους. Η επίδραση των πυθαγορείων στους μεσοπλατωνικούς κατά την εποχή της Κ.Δ. συνέβαλε να επανέλθει η συζήτηση για τα ζώα και τη σχέση τους με τον άνθρωπο στο προσκήνιο. Αυτό φαίνεται από τα έργα του Φίλωνα και κυρίως του Πλούταρχου. Οι ορφικοί, οι πυθαγόρειοι αλλά και ο Πλάτωνας πίστευαν στην μετενσάρκωση των ψυχών. Σύμφωνα με αυτήν την ιδέα ένας άν-

---

138 «τόνδε γὰρ ἀνθρώποισι νόμον διέταξε Κρονίων, ἰχθύσι μὲν καὶ θηρσὶ καὶ οἰωνοῖς πετεηνοῖς ἔσθειν ἀλλήλους, ἐπεὶ οὐ δίκη ἐστὶ μετ' αὐτοῖς· ἀνθρώποισι δ' ἔδωκε δίκην, ἣ πολλὸν ἀρίστη γίνεται» Ησιόδου, *Ἔργα καὶ Ἡμέραι*, 276-280.

139 «Τῶν δὲ μὴ τῷ ὁμοίῳ ποιούντων τὴν αἴσθησιν Ἀλκμαίων μὲν πρῶτον ἀφορίζει τὴν πρὸς τὰ ζῷα διαφοράν. ἄνθρωπον γάρ φησι τῶν ἄλλων διαφέρειν ὅτι μόνος ξυνίησι, τὰ δ' ἄλλα αἰσθάνεται μὲν οὐ ξυνίησι δέ, ὡς ἕτερον ὂν τὸ φρονεῖν καὶ αἰσθάνεσθαι», Θεοφράστου, *Περὶ Αἰσθήσεων*, 25, 1-5.

θρωπος μπορούσε να γεννηθεί στην επόμενη ζωή του ως ζώο ή το αντίστροφο. Κατά τον Πλάτωνα το κοινό στοιχείο που έχουν οι άνθρωποι και τα ζώα είναι η ψυχή και συμμετέχουν στον κοινό κύκλο των μετενσαρκώσεων[140]. Ωστόσο υπάρχει μια ιεραρχία ανάμεσα στα έμβια όντα. Έτσι είναι ασφαλώς προτιμότερο να είναι κανείς άνθρωπος παρά ζώο. Αν η ψυχή είναι το κοινό τους στοιχείο εκείνο που διαχωρίζει τους ανθρώπους από τα ζώα είναι το λογικό (ο λόγος). Έτσι το λογικό έγινε το διαχωριστικό όριο μεταξύ τους. Ο Πλάτωνας δεχόταν την ύπαρξη διανοητικών ικανοτήτων στα ζώα αλλά σε πολύ κατώτερο βαθμό σε σύγκριση με τους ανθρώπους. Οι ειδικοί έχουν παρατηρήσει ότι η θέση του όμως δεν είναι σταθερή στο έργο του. Ενώ στο Συμπόσιο και στην Πολιτεία αρνείται την ύπαρξη λογικού στα ζώα, στους Νόμους κάνει λόγο για νου στα ζώα.

Ο Πλάτωνας είχε υποστηρίξει ότι κατά τη χρυσή εποχή δεν υπήρχε η αγριότητα στα ζώα, ούτε έτρωγε το ένα το άλλο. Ακόμη πιο προχωρημένη ήταν η θέση του ότι άνθρωποι και ζώα μοιράζονταν την ίδια γλώσσα[141]. Ο Newmyer θεωρεί ότι είναι λάθος να δεχόμαστε ότι ο Πλάτωνας δεν ενδιαφερόταν για τα ζώα. Είναι σημαντικό το γεγονός ότι επιχείρησε να κάνει και μια ταξινόμηση των διαφόρων ειδών, έστω και αν

---

140 Οι πυθαγόρειοι, ο Εμπεδοκλής και ο Πλάτωνας δέχονταν ότι η ψυχή των ζώων δεν διέφερε σε τίποτα από εκείνη των ανθρώπων. Βλ. C. Osborne, *Dumb Beasts and Dead Philosophers: Humanity and the Humane in Ancient Philosophy and Literature*, Oxford, Oxford University Press, 2009, 59.

141 Η πλατωνική αυτή ιδέα κατά τον R. M. Grant, *Early Christians and Animals*, London, New York, Routledge, 1999, 3, υποσ. 5, διατυπώνεται στον *Πολιτικό*.

τα κριτήρια που χρησιμοποίησε δεν είναι σε καμία περίπτωση αποδεκτά[142].

Πολλοί από τους φιλοσόφους του 6ου και του 5ου αι. π.Χ., όπως ο Παρμενίδης, ο Αναξαγόρας και ο Αρχέλαος για παράδειγμα, είδαν θετικότερα το ενδεχόμενο τα ζώα να έχουν διανοητικές ικανότητες. Οι στωικοί και οι επικούρειοι ήταν εκείνοι που αρνήθηκαν τελείως την ύπαρξη λογικού στα ζώα και το θεώρησαν ως αποκλειστικό στοιχείο του ανθρώπου. Όλοι όμως δέχονταν την ύπαρξη ψυχής και αισθήσεων στα ζώα. Ο Αριστοτέλης αργότερα στηριζόμενος στις παρατηρήσεις του, αρνούμενος το λογικό στα ζώα θα καθορίσει τη θέση όλων των φιλοσοφικών κειμένων που ακολούθησαν, όπως και τις φυσικές ιστορίες μέχρι και το μεσαίωνα[143]. Αξιοσημείωτο είναι το γεγονός ότι οι φυσικές ιστορίες (ελληνικές και λατινικές) δεν ασχολούνται καθόλου με τη συζήτηση σχετικά με την ύπαρξη λογικού στα ζώα, αλλά αυτό γίνεται αντίθετα στα φιλοσοφικά έργα. Ο Αριστοτέλης εξετάζει τα διάφορα είδη της ζωικής ποικιλότητας πρωτίστως ως βιολόγος. Θεωρεί ακόμη και την ψυχή ως βιολογική και όχι πνευματική οντότητα σε απόλυτη σύνδεση με το σώμα και έτσι δεν δέχεται ότι αυτή υπάρχει χωρίς αυτό. Έτσι ο Αριστοτέλης δεχόταν ότι ψυχή υπάρχει όχι μόνο στα ζώα αλλά και στα φυτά. Απέρριπτε όμως την ιδέα της μετενσάρκωσης. Η θέση ότι τα ζώα είναι

---

142 Βλ. S. T. Newmyer, *Animals in Greek and Roman Thought: A Sourcebook*, London, Routledge, 2011, 4.

143 Ο Αριστοτέλης ασχολείται διεξοδικά με τα ζώα στα: *Περί Ζώων Γενέσως, Τῶν περὶ τὰ Ζῶα Ἱστοριῶν, Περὶ ζῴων Κινήσεως, Περὶ Πορείας Ζῴων, Περὶ Ζῴων Μορίων*. Στα έργα του παντού γίνεται σύγκριση μεταξύ των ζώων και του ανθρώπου. Βασική θέση του Αριστοτέλη παραμένει σταθερά η ιδέα ότι τα ζώα είναι ατελή σε σχέση με τον άνθρωπο.

κατώτερα από τους ανθρώπους ως συνέπεια των διανοητικών περιορισμών τους δεν υπάρχει πουθενά στον Αριστοτέλη. Οι φιλόσοφοι (οι στωικοί και λιγότερο οι επικούρειοι) εξαιτίας του Αριστοτέλη και των παρατηρήσεων του αναγκάστηκαν να επανεξετάσουν το ζήτημα της ύπαρξης ψυχής στα ζώα[144]. Ο Αριστοτέλης αποτελεί καθοριστικό σημείο στη μελέτη των ζώων κατά την αρχαιότητα. Αυτός πρώτος συνέδεσε την όρθια στάση του σώματος του ανθρώπου με τη θεϊκή του φύση[145]. Παρά τη μειονεκτική θέση που αποδίδει στα ζώα ο μεγάλος φιλόσοφος δεν αρνείται ότι αρκετές από τις δυνατότητες του ανθρώπου υπάρχουν σε υποτυπώδη μορφή σε αυτά[146]. Αν και δεχόταν μια συνέχεια στη φύση δεν έβλεπε σε αυτή μια εξέλιξη. Αυτό σημαίνει ότι τα διάφορα είδη των ζώων παραμένουν πάντα διαφορετικά μεταξύ τους. Ο άνθρωπος διαχωρίζεται από τα ζώα κατά τον Αριστοτέλη επειδή έχει λογικό και γλώσσα, ενώ έχει μια ξεχωριστή θέση στη δημιουργία επειδή διαθέτει νου, ο οποίος πλησιάζει στο θείο[147]. Γεγονός πάντως είναι ότι

---

144 Βλ. τη μονογραφία του R. Sorabji, *Animal Minds and Human Morals: The Origins of the Western Debate*, Cornell Studies in Classical Philology, Ithaca, New York, Cornell University Press, 1993, 103. Πρβλ. επίσης C. Osborne, *Dumb Beasts and Dead Philosophers*, 72-73.

145 «῾Ο μὲν οὖν ἄνθρωπος ἀντὶ σκελῶν καὶ ποδῶν τῶν προσθίων βραχίονας καὶ τὰς καλουμένας ἔχει χεῖρας. ᾿Ορθὸν μὲν γάρ ἐστι μόνον τῶν ζώων διὰ τὸ τὴν φύσιν αὐτοῦ καὶ τὴν οὐσίαν εἶναι θείαν· ἔργον δὲ τοῦ θειοτάτου τὸ νοεῖν καὶ φρονεῖν», *Περὶ Ζώων Μορίων*, 686a, 25-29.

146 *Τῶν περὶ τὰ Ζῶα Ἱστοριῶν*, 588a 23-29. Εδώ συμπεραίνεται ότι τα ζώα έχουν ανάλογα χαρακτηριστικά συμπεριφοράς αλλά μόνο ο άνθρωπος έχει λογικό. Ο Αριστοτέλης είναι ξεκάθαρος ότι «Βουλευτικὸν δὲ μόνον ἄνθρωπός ἐστι τῶν ζώων». Βλ. στο ίδιο, 488b, 24-25.

147 Βλ. περισσότερα στην εργασία της I. S. Gilhus, *Animals, Gods and Humans: Changing Attitudes to Animals in Greek, Roman, and Early Chris-*

Φύσις Θηρίων

και στο έργο του Αριστοτέλη παρατηρούνται συχνά αντιφάσεις σχετικά με τη θέση του για τα ζώα. Στο έργο του τῶν περὶ τὰ Ζῶα Ἱστοριῶν, λόγου χάρη, λέγεται ότι στα ζώα υπάρχει σοφία και σύνεση και μάλιστα σε διαφορετικό βαθμό στα διάφορα είδη[148]. Ο Αριστοτέλης στο ίδιο έργο[149] αποδίδει ακόμη και τη δυνατότητα της μάθησης και της διδασκαλίας στα ζώα καταρρίπτοντας έτσι τις διαφορές με τους ανθρώπους[150]. Στο ίδιο έργο όμως πάλι[151], υπογραμμίζει αλλού και την ανοησία των ζώων και έτσι την κατωτερότητα τους σε σχέση με τον άνθρωπο. Πώς όμως θα μπορούσαν να εξηγηθούν αυτές οι αντιφάσεις; Έχει παρατηρηθεί από τους μελετητές του ότι ο μεγάλος φιλόσοφος υπερτονίζει τις ικανότητες των ζώων στις φυσικές ιστορίες, ενώ υποβιβάζει κάποιες από αυτές στα υπό-

---

tian Thought, London, Routledge, 2005, 39.

148 «ὡς γὰρ ἐν ἀνθρώπῳ τέχνη καὶ σοφία καὶ σύνεσις, οὕτως ἐνίοις τῶν ζῴων ἐστί τις ἑτέρα τοιαύτη φυσικὴ δύναμις», 588a, 29-31. Χαρακτηριστικό είναι το παράδειγμα από τις συμπεριφορές των γερανών, τους οποίους ο Αριστοτέλης θεωρεί από τα εξυπνότερα είδη. «Φρόνιμα δὲ πολλὰ καὶ περὶ τὰς γεράνους δοκεῖ συμβαίνειν· ... Ἔτι δὲ τὸ ἔχειν ἡγεμόνα τε καὶ τοὺςἐπισυρίττοντας ἐν τοῖς ἐσχάτοις, ὥστε κατακούεσθαι τὴν φωνήν. Ὅταν δὲ καθίζωνται, αἱ μὲν ἄλλαι ὑπὸ τῇ πτέρυγι τὴν κεφαλὴν ἔχουσαι καθεύδουσιν ἐπὶ ἑνὸς ποδὸς ἐναλλάξ, ὁ δ' ἡγεμὼν γυμνὴν ἔχων τὴν κεφαλὴν προορᾷ, καὶ ὅταν αἴσθηταί τι, σημαίνει βοῶν», 614b, 18-26.

149 Τῶν περὶ τὰ Ζῶα Ἱστοριῶν 608a, 17-18.

150 Ίσως έτσι εξηγείται γιατί ο Πορφύριος συγκαταλέγει τον Αριστοτέλη σε εκείνους τους φιλοσόφους, οι οποίοι αναγνώριζαν την ύπαρξη λογικού στα ζώα. Ο μαθητής του Θεόφραστος λέγεται επίσης ότι αποδεχόταν την ύπαρξη λογικού και αίσθησης στα ζώα και ότι αυτά ήταν οικεία και συγγενή με τον άνθρωπο. Βλ. Πορφυρίου, Περὶ Ἀποχῆς Ἐμψύχων, 3, 25, 24-29.

151 Τῶν περὶ τὰ Ζῶα Ἱστοριῶν, 608a· 610b, 22. Το πρόβατο για παράδειγμα το θεωρεί ως το πιο ανόητο από τα τετράποδα «τό τε γὰρ τῶν προβάτων ἦθος, ὥσπερ λέγεται, εὔηθες καὶ ἀνόητον», 622b, 22-23.

Μέρος δεύτερο

λοιπά έργα του που έχουν στο επίκεντρό τους τον άνθρωπο για να αναδείξει τη διανοητική του υπεροχή[152].

Οι στωικοί ασχολήθηκαν αρκετά με τα ζώα και το ρόλο τους από φιλοσοφικής πλευράς. Αυτοί ευθύνονται για την ηθικοποίηση της ζωολογίας του Αριστοτέλη και την καθιέρωση πλέον της θέσης ότι τα άλογα ζώα τοποθετούνται για πάντα κάτω από την κυριαρχία του λογικού ανθρώπου. Οι θέσεις τους επηρέασαν αργότερα τόσο τον Ιουδαϊσμό, όσο και τον χριστιανισμό. Το κοινό στοιχείο μεταξύ των στωικών απόψεων είναι ότι άνθρωπος και ζώα διαφέρουν ολότελα και αποτελούν δύο διαφορετικά όντα. Οι άνθρωποι συνδέονται με τους θεούς, έχουν λογικό, γλώσσα και ελευθερία δράσης. Τα ζώα είναι «ἄλογα» για αυτούς. Αντίθετα ο άνθρωπος είναι «ζῷον λογικὸν»[153]. Για τους στωικούς τα ζώα ενεργούν από φύσεως,

---

[152] Βλ. σχετικά J. E. Spittler, *Animals in the Apocryphal Acts of the Apostles: The Wild Kingdom of Early Christian Literature*, WUNT 247, Tübingen, Mohr Siebeck, 2008, 18. Βλ. επίσης τη συζήτηση σχετικά με τις θέσεις του Αριστοτέλη και του Καρτέσιου σχετικά με τη συμπεριφορά των ζώων στο C. Osborne, *Dumb Beasts and Dead Philosophers*, 75-79. Αφορμή αποτελεί η κατανόηση των όσων λέει ο Αριστοτέλης στο *Περὶ ζώων Κινήσεως*, 701b, 2-10 σχετικά με τις αυτοματοποιημένες αντιδράσεις των ζώων, έστω και αν ο μεγάλος φιλόσοφος διακρίνει τα ζώα από τα μηχανήματα. Η θέση αυτή φαίνεται να αποτελεί τη βάση της θεωρίας του Καρτέσιου, ο οποίος δεχόταν ότι τα ζώα λειτουργούν σαν μηχανές με αυτοματοποιημένες κινήσεις. Ο Καρτέσιος στηρίχθηκε στην αριστοτελική προσπάθεια εξήγησης της συμπεριφοράς των ζώων, αλλά απέκλεισε κάθε θετικό στοιχείο σε αυτή.

[153] Η φράση που ακολουθεί από τον Αιλιανό είναι κατατοπιστική «ἄνθρωπος ζῷόν ἐστι λογικὸν καὶ νοῦ καὶ λογισμοῦ χωρητικόν», *Περὶ Ζώων Ἰδιότητος*, 2, 11, 72-74. Ο Αιλιανός (2°-3° αι. μ.Χ.), αν και ήταν ρήτορας είχε ένα τρομερό ενδιαφέρον για τα ζώα. Το παραπάνω έργο του για τα ζώα αποτελείται από δεκαεπτά βιβλία, χωρίς όμως το υλικό του να προέρχεται κατά κύριο λόγο από παρατηρήσεις στη φύση. Παντού ο Αιλιανός δείχνει ότι

αφού δεν διαθέτουν λογικό. Η φύση φροντίζει γι' αυτά και έτσι δεν χρειάζεται να μάθουν κάποια πράγματα. Αυτή η φυσική εξυπνάδα κατά τους στωικούς τα βοηθά να επιβιώνουν. Οι στωικοί διέκριναν τον λόγο σε «*ενδιάθετο*» που αφορούσε τις σκέψεις και «*προφορικό*», ο οποίος εκφραζόταν με την ομιλία[154]. Η ομιλία των ανθρώπων θεωρούνταν από τους εκπροσώπους της στοάς αντανάκλαση της σκέψης, ενώ οι φωνές των ζώων ήταν κάτι ολότελα διαφορετικό. Θα πρέπει εδώ να σημειωθεί ότι για τους στωικούς η ψυχή αποτελείται από οκτώ μέρη. Τα πέντε πρώτα άλογα στοιχεία είναι οι αισθήσεις και ακολουθούν οι δυνατότητες έκφρασης και αναπαραγωγής. Το όγδοο μέρος είναι «*τὸ ἡγεμονικόν*». Στη στωική σκέψη η κατανοητή ομιλία προκύπτει από «*τὸ ἡγεμονικόν*», ένα μέρος της ψυχής τόσο των ανθρώπων, όσο και των ζώων. Η διαφορά έγκειται στο γεγονός ότι στον άνθρωπο «*τὸ ἡγεμονικόν*» είναι λογικό, ενώ στα ζώα παραμένει άλογο[155]. Τα μη ανθρώπινα όντα στερούνται έτσι ενδιάθετου λόγου. Για τους στωικούς η έλλειψη ικανότητας ομιλίας στα ζώα ήταν αποτέλεσμα της ατελούς φύσης της ψυχής τους[156].

η θεία πρόνοια φροντίζει για την επιβίωση των ζώων.

154 Ενδεικτικό είναι το απόσπασμα από τον Σέξτο τον Εμπειρικό, *Πυρρωνείων Ὑποτυπόσεων*, 1, 62-65. Ο Σέξτος δεχόταν την ύπαρξη λογικού στα ζώα.

155 Βλ. περισσότερα στο S. T. Newmyer, *Animals, Rights, and Reason in Plutarch and Modern Ethics*, New York, Routledge, 2006, 25.

156 Στον Διογένη Λαέρτιο διαβάζουμε τη διαφορά της φωνής του ζώου και του ανθρώπου «*ζῴου μέν ἐστι φωνὴ ἀὴρ ὑπὸ ὁρμῆς πεπληγμένος, ἀνθρώπου δ' ἔστιν ἔναρθρος καὶ ἀπὸ διανοίας ἐκπεμπομένη, ὡς ὁ Διογένης φησίν, ἥτις ἀπὸ δεκατεσσάρων ἐτῶν*», Βίοι καί Γνῶμαι τῶν ἐν Φιλοσοφίᾳ Εὐδοκιμησάντων καί τῶν ἑκάστῃ Αἱρέσει Ἀρεσκόντων ἐν Ἐπιτόμῳ Συναγω-

Παρά την εντελώς αρνητική εικόνα που είχαν οι στωικοί για τα ζώα δεν αρνούνταν την ύπαρξη ψυχής σε αυτά[157]. Από τις θέσεις τους για τα ζώα (οι στωικοί είχαν μια ενοποιημένη θέση σε σχέση με τις υπόλοιπες φιλοσοφικές σχολές) και την επίδρασή τους σε όλο σχεδόν τον αρχαίο κόσμο δημιουργήθηκε ένα δυαδικό σύστημα με τον άνθρωπο από τη μία και τα ζώα από την άλλη να αποτελούν τους δύο πόλους χωρίς να υπάρχει μια μέση κατηγορία. Τα φυτά υπήρχαν για να χρησιμοποιούνται από τα ζώα και τα ζώα με τη σειρά τους για να χρησιμοποιούνται από τον άνθρωπο. Αυτή η κατανόηση του κόσμου ήταν καταλυτική για τους μετέπειτα στοχαστές και αποδίδεται στον Χρύσιππο, ο οποίος δεν θεωρούσε την πραγματικότητα αυτή ως άδικη προς τα ζώα. Η ιδέα αυτή υπήρχε και πριν τους στωικούς, αλλά κατά την ελληνιστική εποχή έγινε κοινός τόπος ως αποτέλεσμα της δικής τους επίδρασης. Υιοθετήθηκε επίσης από τους Ιουδαίους και αργότερα και από τους χριστιανούς. Έτσι στα βιβλικά κείμενα η ιδέα που κυριαρχεί σχετικά με τα ζώα και τη σχέση τους με τον άνθρωπο είναι ότι αυτά υπάρχουν προς εξυπηρέτηση των ανθρώπινων αναγκών. Αυτή ακριβώς η θέση συναντάται στο Β΄ Πε 2:12. Ο Κικέρωνας, ο Πλίνιος ο πρεσβύτερος, ο Σενέκας, ο Επίκτητος και ο Χρύσιππος θεωρούσαν ακόμη ότι συγκεκριμένα είδη ζώων προορίζονται για συγκεκριμένες μόνο χρήσεις[158].

γῆ, 7, 55, 4-6.

157 S. T. Newmyer, «Plutarch on Justice toward Animals: Ancient Insights on a Modern Debate», *Scholia: Studies in Classical Antiquity* 1 (1992) 49.

158 Βλ. λόγου χάρη Επίκτητου, *Διατριβαί*, 1, 6, 18-19.

Φύσις Θηρίων

Ο Sorabji παρατηρεί ότι η πλειοψηφία των προσωκρατικών φιλοσόφων δεν ενδιαφέρονταν ιδιαίτερα να ασχοληθούν με την απόδοση ή την άρνηση διανοητικών ικανοτήτων στα ζώα διότι δεν διέκριναν μεταξύ σκέψης, αντίληψης, εξυπνάδας και άλλων αντίστοιχων εννοιών[159]. Ο Πρωταγόρας και ο Αναξαγόρας διέκριναν κατά τον 5º αι. π.Χ. τον άνθρωπο από τα ζώα ισχυριζόμενοι ότι η τέχνη ασκείται μόνο από τον άνθρωπο. Το ζήτημα αν τα ζώα έχουν λογικό και αν υπάρχουν ηθικά ζητήματα στη σχέση τους με τους ανθρώπους δεν έκλεισε ποτέ. Συνεχίζεται μέχρι σήμερα στους σύγχρονους φιλοσοφικούς κύκλους. Κατά τους πρώτους χριστιανικούς αιώνες οι κυριότεροι υπερασπιστές των ζώων υπήρξαν ο Πλούταρχος, ο Πορφύριος και ο Κέλσος. Πυθαγόρειες και πλατωνικές ιδέες συναντώνται στα έργα τους, στα οποία βρίσκουμε όχι μόνο επιχειρήματα υπέρ των ζώων αλλά και τις θέσεις των στωικών, τις οποίες επιχειρούν να ανασκευάσουν. Το επιχείρημα τώρα ήταν ότι και αν ακόμη τα ζώα στερούνται λογικού, έχουν αισθήσεις και συναισθήματα και ο άνθρωπος πρέπει να τα μεταχειρίζεται με συμπόνια. Η αρχή αυτή βρίσκεται και στη βιογραφία του Φιλόστρατου για τον Απολλώνιο τον Τυανέα.

Η θέση του μεσοπλατωνικού Πλούταρχου ότι «*μετέχειν ἀμωσγέπως πάντα τὰ ζῷα διανοίας καὶ λογισμοῦ*»[160] είναι ξε-

---

159 R. Sorabji, *Animal Minds and Human Morals*, 8-9.
160 Πλουτάρχου, *Πότερα τῶν Ζώων Φρονιμότερα, τὰ Χερσαία ἢ τὰ Ἔνυδρα*, 960A, 6-8. Παρακάτω στο ίδιο έργο σημειώνεται ότι τα ζώα διαθέτουν αρκετά χαρακτηριστικά ηθικής φύσης «*ἐπεὶ δι' ὧν οἱ φιλόσοφοι δεικνύουσι τὸ [τε] μετέχειν λόγον τὰ ζῷα, προθέσεις εἰσὶ καὶ παρασκευαὶ καὶ μνῆμαι καὶ πάθη καὶ τέκνων ἐπιμέλειαι καὶ χάριτες εὖ παθόντων καὶ μνησικακίαι πρὸς τὸ λυπῆσαν, ἔτι δ' εὑρέσεις τῶν ἀναγκαίων, ἐμφάσεις ἀρετῆς, οἷον ἀνδρείας κοινωνίας ἐγκρατείας μεγαλοφροσύνης*», 966B, 3-8.

Μέρος δεύτερο

κάθαρη. Δέχεται την ύπαρξη λογικού σε όλα ανεξαιρέτως τα ζώα και τη συγγένεια τους με τον άνθρωπο. Ο κυριότερος υπερασπιστής των ζώων στην αρχαιότητα στο έργο του περὶ τοῦ τὰ Ἄλογα Λόγῳ Χρῆσθαι χρησιμοποιεί τον Γρύλλο, έναν από τους συντρόφους του Οδυσσέα, τους οποίους η Κίρκη μετέτρεψε σε χοίρους (εδώ πρόκειται για φιλόσοφο με τη μορφή χοίρου) να υπερασπίζεται την ύπαρξη λογικού στα ζώα. Ο Γρύλλος, ο οποίος αρνείται στο έργο να ξαναγίνει άνθρωπος, διότι τα ζώα ζουν κατά τη γνώμη του περισσότερο κατά φύσιν, πάει τη σχετική φιλοσοφική συζήτηση ένα βήμα παραπέρα υποστηρίζοντας ότι τα ζώα έχουν λογικό και διαθέτουν περισσότερες αρετές από τον άνθρωπο[161]. Η υπεροχή των ζώων δίνεται από τη φύση, ενώ στην περίπτωση του ανθρώπου αυτή αναπτύσσεται στη διάρκεια της ζωής του.

Αυτό που έκανε εντύπωση στους αρχαίους στοχαστές ήταν οι ειδικές ικανότητες ορισμένων ζώων, τι οποίες φυσικά κατανοούσαν ως αποτέλεσμα της ύπαρξης λογικού σε αυτά. Για παράδειγμα η τέλεια κατασκευή των ιστών από τις αράχνες ή των κυψελών από τις μέλισσες με αλάνθαστη συμμετρία αποτελεί συχνά σημείο αναφοράς. Η περίπτωση των πελαργών που ταΐζουν τους ηλικιωμένους γονείς τους, οι οποίοι δεν μπορούν να αναζητήσουν μόνοι τους τροφή αποτελούσε κλασικό παράδειγμα της εξυπνάδας και της ηθικής συμπεριφοράς των ζώων κατά την αρχαιότητα[162]. Οι παρατηρήσεις αυτές οδηγούσαν

---

[161] Βλ. 991C-992C.
[162] Η περίπτωση είναι χαρακτηριστικότερη στον Αριστοτέλη, «Περὶ μὲν οὖν τῶν πελαργῶν, ὅτι ἀντεκτρέφονται, θρυλεῖται παρὰ πολλοῖς· φασὶ δέ τινες καὶ τοὺς μέροπας ταὐτὸ τοῦτο ποιεῖν, καὶ ἀντεκτρέφεσθαι ὑπὸ τῶν ἐκγόνων οὐ μόνον γηράσκοντας ἀλλὰ καὶ εὐθύς, ὅταν οἷοί τ' ὦσιν· τὸν δὲ πατέρα καὶ τὴν

Φύσις Θηρίων

ορισμένους από τους φιλοσόφους στο συμπέρασμα ότι κάποια ζώα είναι εξυπνότερα από κάποια άλλα. Για τον Σενέκα αυτές οι ικανότητες δεν μαθαίνονται από τα ζώα, αλλά αυτά γεννιούνται με αυτές[163]. Στα μυρμήγκια αρκετοί θεωρούσαν ότι υπάρχει νους, αισθήσεις, λογικό και μνήμη[164]. Ο μεσοπλατωνικός

μητέρα μένειν ἔνδον», *Τῶν περὶ τὰ Ζῶα Ἱστοριῶν*, 615b, 23-24. Αναφέρεται επίσης από τον Φίλωνα (*De Animalibus*, 61), τον Αιλιανό (*Περὶ Ζώων Ἰδιότητος*, 3, 23, 1-2) και από τον Πλούταρχο (*Πότερα τῶν Ζώων Φρονιμότερα*, 962Ε, 1-3). Οι πελαργοί έχουν το χαρακτηριστικό να γενούν τα αυγά τους κάθε χρόνο στην αρχική τους φωλιά, αν αυτή δεν έχει καταστραφεί. Ως μεταναστευτικά πουλιά επιστρέφουν κάθε φορά στην ίδια περιοχή και στην ίδια φωλιά. Περιοχές, οι οποίες στην αρχαιότητα πλήττονταν από ερπετά είναι φυσικό οι κάτοικοί τους να εκτιμούσαν απεριόριστα την παρουσία αυτών των πουλιών. Ο Αριστοτέλης μας πληροφορεί για μια περιοχή στη Θεσσαλία στην οποία κάποτε αυξήθηκαν τα φίδια επικίνδυνα και οι κάτοικοι δεν μπορούσαν να εργαστούν στα χωράφια τους. Η μαζική όμως εμφάνιση των πελαργών εξαφάνισε σε μικρό διάστημα τα φίδια και έτσι οι κάτοικοι της περιοχής για να δείξουν την ευγνωμοσύνη τους στα πουλιά με ψηφίσματα εκτελούσαν οποιονδήποτε τα έβλαπτε. Βλ. Αριστοτέλη, *Περὶ Θαυμασίων Ἀκουσμάτων*, 832a, 14-18.

163 *Ad Lucilium Epistulae Morales*, 121, 23. Οι περισσότερες θέσεις του Σενέκα για τα ζώα βρίσκονται σε αυτές τις επιστολές. Ως στωικός φιλόσοφος δεν μπορούσε φυσικά να δεχτεί τις ξεχωριστές ικανότητες των ζώων ως απόδειξη της ύπαρξης λογικού, όπως έκαναν άλλοι. Ο Σενέκας, αν και ήταν οπαδός ενός ηπιότερου στωικισμού και στηριζόταν στη διδασκαλία κυρίως του Ποσειδώνιου, για το ζήτημα των ζώων όμως και τη σχέση τους με τον άνθρωπο υιοθετεί τη σκληρότερη θέση του Χρύσιππου.

164 Ένας από αυτούς ήταν ο Κικέρωνας. Βλ. R. M. Grant, *Early Christians and Animals*, 10. Ο Αιλιανός είχε παρατηρήσει ότι τα μυρμήγκια χρησιμοποιούν και ημερολόγιο, αφού δεν εργάζονται κατά την πρώτη ημέρα κάθε μήνα. Βλ. *Περὶ Ζώων Ἰδιότητος*, 1, 22, 2-7. Αυτή τους η ικανότητα δεν μπορούσε να εξηγηθεί και αποδιδόταν σε φυσικό ένστικτο.

Μέρος δεύτερο

Κέλσος κατά τον 2° αι. μ.Χ. χρησιμοποιεί τις μέλισσες και τα μυρμήγκια ως απόδειξη της ύπαρξης λογικού στα ζώα εξαιτίας των οργανωμένων κοινωνιών τους[165]. Ο Ωριγένης θα του απαντήσει ότι όλα αυτά είναι ενστικτώδεις ενέργειες και όχι λογικές αντιδράσεις.

Ο Πλούταρχος στην προσπάθειά του να υπερασπιστεί τα ζώα συζητά θέματα όπως η σκέψη των ζώων, η από πλευράς τους χρήση εργαλείων, οι ομιλητικές τους δυνατότητες, αλλά και τη συμπεριφορά αλτρουισμού ή συνεργασίας μεταξύ τους[166]. Αυτό που στόχευε να πετύχει ο Πλούταρχος ήταν μια δίκαιη μεταχείριση των ζώων από την πλευρά των ανθρώπων, δηλαδή καλύτερες συνθήκες διαβίωσης για τα ζώα που μοιρά-

---

165 «οὐδ' ὅση βλάβη κωλυτικὴ γίνεται εὐσεβείας ἐκ τοῦ παραδέξασθαι ὅτι οὐδὲν μυρμήκων ἢ μελισσῶν διαφέρει ὁ ἄνθρωπος παρὰ τῷ θεῷ, φησὶν ὅτι, εἰ διὰ τοῦθ' οἱ ἄνθρωποι διαφέρειν δοκοῦσι τῶν ἀλόγων, ἐπεὶ πόλεις ᾤκισαν καὶ χρῶνται πολιτείᾳ καὶ ἀρχαῖς καὶ ἡγεμονίαις, τοῦτ' οὐδὲν πρὸς ἔπος ἐστί, καὶ γὰρ οἱ μύρμηκες καὶ αἱ μέλισσαι», Ωριγένη, *Πρὸς τὸν Ἐπιγεγραμμένον Κέλσου Ἀληθῆ Λόγον*, 4, 81, 5-10.

166 Αναφέρω δύο από τα χαρακτηριστικότερα κατά τη γνώμη μου παραδείγματα από το *Πότερα τῶν Ζώων Φρονιμότερα, τὰ Χερσαῖα ἢ τὰ Ἔνυδρα*. Το πρώτο κατά τον Πλούταρχο αποδεικνύει την ευφυΐα των κορακιών στη χρήση εργαλείων («ὥσπερ ἡμῖν ἐδόκει τὸ τῶν ἐν Λιβύῃ κοράκων, οἳ ποτοῦ δεόμενοι καὶ λίθους ἐμβάλλουσιν ἀναπληροῦντες καὶ ἀνάγοντες τὸ ὕδωρ, μέχρι ἂν ἐν ἐφικτῷ γένηται», 967A, 3-6) και το δεύτερο την έμπρακτη εκδήλωση βοήθειας προς ένα μέλος μιας ομάδας ελεφάντων που είχε αιχμαλωτιστεί αλλά και συνεργασία μεταξύ των μελών της ομάδας («Τό γε μὴν κοινωνικὸν μετὰ τοῦ συνετοῦ τοὺς ἐλέφαντας ἀποδείκνυσθαί φησιν ὁ Ἰόβας. ὀρύγματα γὰρ αὐτοῖς οἱ θηρεύοντες ὑπεργασάμενοι λεπτοῖς φρυγάνοις καὶ φορυτῷ κούφῳ κατερέφουσιν· ὅταν οὖν εἷς τις εἰσολίσθῃ πολλῶν ὁμοῦ πορευομένων, οἱ λοιποὶ φοροῦντες ὕλην καὶ λίθους ἐμβάλλουσιν, ἀναπληροῦντες τὴν κοιλότητα τοῦ ὀρύγματος, ὥστε ῥᾳδίαν ἐκείνῳ γίνεσθαι τὴν ἔκβασιν», 972B, 1-8).

ζονται με τον άνθρωπο τον ίδιο κόσμο¹⁶⁷. Εφόσον τα ζώα έχουν κατά τον Πλούταρχο λογικό, έστω και αν αυτό είναι υποδεέστερο του ανθρώπου¹⁶⁸, δεν είναι δυνατό αυτός να τους φέρεται με σκληρότητα. Κατά τον Πλούταρχο υπήρχε «οἰκείωσις» μεταξύ ανθρώπων και ζώων ακόμη και με τα υδρόβια, ενώ για τους στωικούς δεν υπήρχε καμία απολύτως συγγένεια μεταξύ τους. Ο Πλούταρχος είναι ο μοναδικός συγγραφέας της αρχαιότητας, ο οποίος θεωρούσε το κυνήγι αδίκημα από ηθικής πλευράς και επιπλέον αιτία εκδήλωσης απάνθρωπης συμπεριφοράς στο συνάνθρωπο¹⁶⁹.

Ο Πορφύριος παρόλο που είναι μεταγενέστερος της εποχής της Κ.Δ. μας προσφέρει την καλύτερη πηγή για τη συζήτηση γύρω από το ζήτημα των άλογων ή λογικών ζώων. Το έργο του *περὶ Ἀποχῆς Ἐμψύχων* έχει αναφορές σε όλους τους εκπροσώπους των φιλοσοφικών σχολών της αρχαιότητας, αλλά ο ίδιος υπερασπίζεται τα ζώα, καθώς χρησιμοποιεί κυρίως το έργο του Πλουτάρχου αλλά και τον Θεόφραστο και ακόμη περίεργως και τον Αριστοτέλη, ο οποίος αρνούνταν την ύπαρξη λογικού στα ζώα. Στο έργο του Πορφύριου οι αράχνες, οι μέλισσες και οι παπαγάλοι είναι μερικά από τα παραδείγματα που χρησιμο-

---

167 Γνωστότερο είναι ίσως το παράδειγμα που χρησιμοποιεί σχετικά με το παιχνίδι των μικρών παιδιών με τα βατράχια «*τὰ παιδάρια παίζοντα τῶν βατράχων τοῖς λίθοις ἐφίεσθαι, τοὺς δὲ βατράχους μηκέτι παίζοντας ἀλλ' ἀληθῶς ἀποθνήσκειν*», *Πότερα τῶν Ζῴων Φρονιμότερα, τὰ Χερσαῖα ἢ τὰ Ἔνυδρα*, 965B, 1-3.

168 «*οὐκοῦν ὁμοίως μηδὲ τὰ θηρία λέγωμεν, εἰ νωθρότερον φρονεῖ καὶ κάκιον διανοεῖται, μὴ διανοεῖσθαι μηδὲ φρονεῖν ὅλως μηδὲ κεκτῆσθαι λόγον, ἀσθενῆ δὲ κεκτῆσθαι καὶ θολερόν*», *Πότερα τῶν Ζῴων Φρονιμότερα, τὰ Χερσαῖα ἢ τὰ Ἔνυδρα*, 963B, 5-8.

169 Βλ. S. T. Newmyer, *Animals, Rights*, 18.

Μέρος δεύτερο

ποιούνται συχνά προκειμένου να αποδειχτούν οι ικανότητες των ζώων. Για τον ίδιο σκοπό συχνά αναφέρονται και συνεργασίες ή συμβιωτικές σχέσεις των ζώων. Πολλές από τις πληροφορίες προέρχονται πράγματι από πραγματικές παρατηρήσεις στη φύση από ειδικούς της εποχής, αλλά δεν λείπουν και μυθικά στοιχεία από τις σχετικές περιγραφές. Στο τρίτο βιβλίο του συγκεκριμένου έργου ο Πορφύριος ασχολείται διεξοδικά με το ζήτημα της ύπαρξης λογικού στα ζώα και της δίκαιης μεταχείρισής τους από τους ανθρώπους.

Αξίζει να σταθούμε λίγο περισσότερο στον Φίλωνα, καθώς επειδή είναι σύγχρονος με τους περισσότερους συγγραφείς των βιβλίων της Κ.Δ. οι ερευνητές συχνά χρησιμοποιούν τα έργα του προκειμένου να κατανοήσουν τον κόσμο και το περιβάλλον της. Ο Φίλωνας είχε αφιερώσει το έργο *De Animalibus* στα ζώα και τη συζήτηση σχετικά με το αν αυτά διαθέτουν λογικό[170]. Το πρωτότυπο ελληνικό έργο όμως χάθηκε και διασώθηκε μόνο στην αρμενική του μετάφραση ($6^{ος}$-$8^{ος}$ αι. μ.Χ.). Το έργο είναι ένας διάλογος ανάμεσα στον Φίλωνα και τον ανεψιό του, Τιβέριο Ιούλιο Αλέξανδρο, έναν Ιουδαίο αποστάτη με υψηλή θέση στη ρωμαϊκή διοίκηση.

Σκοπός του Αλέξανδρου είναι να δείξει στηριζόμενος σε πλατωνικές ιδέες ότι τα ζώα έχουν λογικό και μπορούν να

---

170 Ο ελληνικός τίτλος του έργου είναι *Αλέξανδρος*. Το έργο εκδόθηκε με αγγλική μετάφραση, σχόλια και το αρμενικό κείμενο για πρώτη φορά από τον A. Terian, *Philonis Alexandrini de Animalibus: The Armenian Text with an Introduction, Translation and Commentary*, Chico, Scholars Press, 1981. Ιδιαίτερο ενδιαφέρον παρουσιάζουν τα κεφ. 11-12, 17, 29, 44-45, 61, 64, 68, 70-71, 85, 100. Βλ. το κείμενο σε αγγλική μετάφραση από την παραπάνω έκδοση στο έργο του S. T. Newmyer, *Animals in Greek and Roman Thought*, 13-14.

ενεργούν με βάση την ηθική (κεφ. 10-71). Συνεπώς πρέπει να μεταχειρίζονται δίκαια από τους ανθρώπους. Ο Φίλωνας δεν συμφωνεί. Δέχεται ότι τα ζώα είναι κατώτερα του ανθρώπου και δεν διαθέτουν λογικό (κεφ. 77-100). Πιθανόν να δίνεται εσφαλμένη εντύπωση αλλά τα ζώα για τον Φίλωνα ενεργούν με βάση τα φυσικά τους ένστικτα[171], ενώ θεωρεί ότι τα ζώα έχουν περισσότερα κοινά με τα φυτά παρά με τους ανθρώπους. Για τον Φίλωνα η ύπαρξη λογικού στα ζώα είναι βλασφημία. Αυτό συμβαίνει διότι ο Φίλωνας θεωρεί το όλο πρόβλημα από την θρησκευτική του πλευρά. Το περίεργο εδώ είναι ότι ενώ στο υπόλοιπο έργο του ο Φίλωνας διακατέχεται από πλατωνικές ιδέες, στο ζήτημα των ζώων ακολουθεί τις στωικές αντιλήψεις. Το συμπέρασμα λοιπόν είναι ότι και αυτός δέχεται ότι τα ζώα υπάρχουν για να εξυπηρετούν τις επιθυμίες του ανθρώπου. Το άλλο παράδοξο είναι ότι δεν στηρίζει τις θέσεις του σε βιβλικά χωρία (π.χ. Γεν. 1:26-28)[172], όπως θα ήταν αναμενόμενο, πράγμα που κάνει σε άλλα έργα, αλλά υιοθετεί τις θέσεις των στωικών φιλοσόφων και αρκείται μόνο σε αυτές. Ελληνικές και ιουδαϊκές θέσεις υπάρχουν στο σύνολο του έργου του και χρησιμοποιούνται με έναν σκοπό. Να εξυψώσουν τον άνθρωπο και να μειώσουν τα ζώα. Η θέση της Π.Δ. και εκείνη των στωικών βρίσκεται σε συμφωνία ως προς αυτό το θέμα. Ο Φίλωνας

---

[171] Ακόμη και τα παραδείγματα που αναφέρει στα κεφ. 38-39 με ορισμένα ζώα, όπως τα ελάφια ή οι χελώνες, τα οποία θεράπευαν τις πληγές τους τρώγοντας συγκεκριμένα φυτά εξηγούνται λόγω των ενστίκτων τους.

[172] Βλ. τα σχόλια του Μ. Κωνσταντίνου, «Από τον Θαλή τον Μιλήσιο στον Απόστολο Παύλο. Το Οικολογικό Πρόβλημα ως Πρόβλημα Σχέσεων-Βιβλική θεώρηση», στο *Ο Απόστολος Παύλος και το Φυσικό Περιβάλλον, Πρακτικά Διεθνούς Επιστημονικού Συνεδρίου (Βέροια 25-28 Ιουνίου 1999)*, Βέροια 1999, 265.

Μέρος δεύτερο

αποτελεί μοναδική μαρτυρία για την έρευνά μας, καθώς φανερώνεται από το έργο του ότι το ζήτημα της κατωτερότητας των ζώων, τόσο σε φιλοσοφικό, όσο και σε θρησκευτικό επίπεδο πέρασε ταυτόχρονα στα διάφορα πολιτιστικά συστήματα και ρίζωσε για τα καλά.

Τον 1° αι. μ.Χ. ζει ένας περιπλανώμενος ασκητής και πυθαγόρειος φιλόσοφος, ο Απολλώνιος ο Τυανέας. Το βίο αυτής της αινιγματικής προσωπικότητας έγραψε ο Φιλόστρατος κατά τον 2° αι. μ.Χ. και έτσι είμαστε σε θέση να γνωρίζουμε αρκετά για αυτόν. Ενδιαφέρον παρουσιάζουν και οι θέσεις του Απολλώνιου για τα ζώα. Ως πυθαγόρειος ο Απολλώνιος αρνούνταν τις αιματηρές θυσίες, απείχε από την κρεοφαγία και δεν φορούσε ενδύματα, τα οποία είχαν κατασκευαστεί από ζωικά προϊόντα. Αν και η θέση του ήταν θετική για τα ζώα, των οποίων τις ικανότητες σεβόταν, αρνούνταν οποιεσδήποτε υπερφυσικές δυνατότητες σε αυτά. Δεχόταν για παράδειγμα ότι οι ελέφαντες έχουν σοφία και νου[173]. Χαρακτηριστική είναι η διήγηση για έναν νεαρό, ο οποίος εκπαίδευε πουλιά να μιλούν. Αυτό επικρίνεται από τον Απολλώνιο διότι αλλοιώνει τα φυσικά καλέσματα των πουλιών[174]. Τα ζώα κατά τον Απολλώνιο είχαν περιορισμούς από τη φύση τους, ενώ ο άνθρωπος όχι. Η ιστορία με το λιοντάρι με το οποίο ο Απολλώνιος επικοινωνεί, φανερώνει ότι πίστευε και στη μετενσάρκωση των ψυχών. Ο Απολλώνιος εκτιμούσε πολύ τον Αίσωπο, διότι με τους μύθους του έκανε τους ανθρώπους να ενδιαφέρονται για τα ζώα. Αυτό που έχει σημασία στο βίο του Απολλώνιου είναι ότι φανερώνεται η σχέση μεταξύ του

---

173 Φιλόστρατου, *Τὰ ἐς τὸν Τυανέα Ἀπολλώνιον*, 2, 15, 2-3.
174 Φιλόστρατου, *Τὰ ἐς τὸν Τυανέα Ἀπολλώνιον*, 6, 36, 1-13.

θείου και των ανθρώπων από τη μία, και οι διαφορές ανάμεσα στους ανθρώπους και τα ζώα από την άλλη.

Εντύπωση προκαλεί η ολότελα διαφορετική θέση για τα ζώα σε σχέση με τα υπόλοιπα βιβλία της Π.Δ. που διατυπώνεται στο Βιβλίο του Εκκλησιαστή (3:18-21). Μόνο εδώ στο σύνολο της ιουδαϊκής γραμματείας λέγεται ρητά ότι άνθρωποι και ζώα έχουν την ίδια μοίρα. Μια τέτοια θέση απουσιάζει επίσης στην Κ.Δ., αφού το παραπάνω απόσπασμα από τον Εκκλησιαστή δεν παρατίθεται πουθενά. Στην Κ.Δ. κάθε ζωντανή ύπαρξη παρουσιάζεται να έχει ψυχή, αλλά με αυτή εννοείται η ίδια η ύπαρξή του. Για παράδειγμα η φράση «πᾶσα ψυχὴ ζωῆς» στο Απ. 16:3 αποδίδεται ως «κάθε ζωντανή ύπαρξη». Στο Α΄ Κορ. 15:45 η έκφραση «ψυχὴν ζῶσαν» που χρησιμοποιείται για τον Αδάμ αποδίδεται ως «φυσική ζωή». Στο Μτ. 6:25 το «ψυχῇ» αποδίδεται απλά ως «ζωή».

Η συζήτηση για την ύπαρξη λογικού στα ζώα θα συνεχιστεί για αιώνες. Οι εκκλησιαστικοί συγγραφείς φυσικά για να υπερυψώσουν το κατ' εικόνα δημιούργημα του Θεού θα πάνε στο άλλο άκρο απαξιώνοντας εντελώς τα ζώα. Τις περισσότερες φορές οι αναφορές τους σε αυτά συνδέεται με το κακό και τις εχθρικές δυνάμεις που αντιμάχονται την ύπαρξη του ανθρώπου. Ίσως χαρακτηριστικό παράδειγμα αποτελεί το περιστατικό με το δαιμονισμένο νέο και τους χοίρους στα Γάδαρα (Μτ. 8:28-34//Μκ. 5:1-20//Λκ. 8:26-39) και η ερμηνεία της πράξης της αποστολής των δαιμονίων σε αυτούς. Από τον Αυγουστίνο και έπειτα το γεγονός της αποστολής των δαιμονίων στους χοίρους κατανοήθηκε με τη στωική αντίληψη ότι ο Ιησούς δεν υπολόγιζε τη ζωή των ζώων. Ο Αυγουστίνος υποστήριζε αντίθετα με τις αντιλήψεις των

Μέρος δεύτερο

Μανιχαίων, τις οποίες γνώριζε καλά αφού και ο ίδιος υπήρξε για ένα διάστημα της ζωής του μέλος τους, ότι δεν είναι κακό να σφάξει κανείς ένα ζώο γιατί και ο Ιησούς το έκανε όταν έστειλε τα δαιμόνια της διήγησης στο κοπάδι των χοίρων[175]. Πίσω από τη θέση αυτή βρίσκεται η στωική αντίληψη ότι μεταξύ λογικών και άλογων όντων δεν τίθεται ζήτημα δικαιοσύνης και αδικίας. Τα ζώα δεν έχουν λογικό και συνεπώς ούτε και δικαιώματα. Η ανωτερότητα του ανθρώπου επειδή έχει λογικό κατά τον Αυγουστίνο έγκειται στο γεγονός ότι τα ζώα δαμάζονται από τον άνθρωπο και όχι ο άνθρωπος από τα ζώα[176]. Τα ζώα υπερτερούν σε φυσική δύναμη αλλά ο άνθρωπος λόγω της διανοητικής του δύναμης καταφέρνει να τα υποτάξει. Εδώ είναι φανερή η επίδραση από τον Πλάτωνα. Τα λογικά επικρατούν στα άλογα όντα και ότι αυτές οι δύο κατηγορίες διακρίνονται εντελώς μεταξύ τους. Το γεγονός ότι στην αρχαιότητα οι φιλόσοφοι δέχονταν ότι τα ζώα έχουν ψυχή σήμαινε ότι είναι ζωντανά και έχουν αισθήσεις αλλά η ψυχή τους (ως λογικό και πνευματικό στοιχείο του οργανισμού) δεν είναι σαν εκείνη του ανθρώπου. Στις Εξομολογήσεις ο Αυγουστίνος αναφέρει ότι τα ζώα δεν μπορούν να πλησιάσουν τον Θεό επειδή ακριβώς είναι άλογα. Εντύπωση

---

175 J. Passmore, «Treatment of Animals», *Journal of the History of Ideas* 36 (1975) 197-198. Βλ. επίσης R. Bauckham, «Jesus and Animals I: What did he Teach?», στο *Animals on the Agenda. Questions about Animals for Theology and Ethics*, έκδ. A. Linzey-D. Yamamoto, SCM Press, London 1998, 47.

176 Βλ. G. Clark, «The Fathers and the Animals: The Rule of Reason?», στο *Animals on the Agenda. Questions about Animals for Theology and Ethics*, έκδ. A. Linzey-D. Yamamoto, SCM Press, London 1998, 68-69. Είδαμε ότι η θέση αυτή υπάρχει στα Ιακ. 3:3 και 7.

Φύσις Θηρίων

προκαλεί η θέση του ότι ο ρόλος των ζώων είναι να βοηθούν τον άνθρωπο στην πορεία της σωτηρίας του[177]. Από την άλλη, υπήρξαν και φωνές συμπάθειας προς τα ζώα. Ο Ιωάννης ο Χρυσόστομος δεν αναγνωρίζει λογικό σε αυτά, αλλά δέχεται ότι όλοι πρέπει να τους φέρονται με συμπάθεια[178]. Αυτή η θέση οπωσδήποτε δεν προέρχεται από τη στωική φιλοσοφία. Ριζοσπαστικότερη εμφανίζεται η θέση του Βασιλείου, ο οποίος ελπίζει ότι ο Θεός θα σώσει όχι μόνο τον άνθρωπο αλλά και τα ζώα. Ασφαλώς στηρίζεται στην προς Ρωμαίους (8:19, 22)[179]. Σίγουρα ο Βασίλειος είναι ο μοναδικός ερμηνευτής, ο οποίος κατανοεί τη σωτηρία να επεκτείνεται και στα ζώα. Ο Αμβρόσιος Μεδιολάνων από τα κηρύγματά του στην Εξαήμερο, στα οποία χρησιμοποιούσε παραδείγματα από τον κόσμο των ζώων, έδειχνε ότι τα ζώα είναι ηθικώς καλύτερα από τους ανθρώπους. Το σύνολο της ερμηνευτικής παράδοσης της Εκκλησίας κάνει λόγο μόνο για μεταμόρφωση της κτίσης αλλά όχι για σωτηρία των αλόγων ζώων, τα οποία δεν διαθέτουν αθάνατη ψυχή. Ο Φραγκίσκος της Ασίζης (12^{ος}-13^{ος} αι. μ.Χ.) είναι από την άλλη, ο γνωστότερος φυσιολάτρης άγιος. Συχνά οι σύγχρονοι μελετητές του βίου του βρίσκουν σε αυτόν την καλύτερη απόδειξη ότι ο χριστιανισμός δεν βλέπει την υπόλοιπη κτίση ως κάτι που πρέπει να κυριαρχηθεί. Οι διαφορετικές όμως θέσεις των παραπάνω επιφανών εκκλησιαστικών ανδρών δεν επηρέασαν το σύνολο του χριστιανισμού και αυτός, όπως και η στωική φιλοσοφία, δεν βλέπει μέχρι σήμερα ότι ο άνθρωπος έχει κάποιο δεσμό με τα ζώα σε επίπεδο ηθικών σχέσεων.

---

177 Βλ. S. T. Newmyer, *Animals in Greek and Roman Thought*, 21-22.
178 *Ἑρμηνείαν εἰς τὴν πρὸς Ῥωμαίους Ἐπιστολήν*, PG 60, 659, 56-59.
179 J. Passmore, *στο ίδιο*, 198.

Ας εξετάσουμε τώρα και μια άλλη περίπτωση από την Κ.Δ. όπου φαίνεται η βασική αντίληψη για τη διαφορά ανάμεσα στον άνθρωπο και τα ζώα. Ακόμη και όταν υπάρχει ενδιαφέρον για τα οικόσιτα ζώα αυτό εκδηλώνεται για το συμφέρον του ιδιοκτήτη τους. Παρά τις οποιεσδήποτε πράξεις ευσπλαχνίας προς τα ζώα η ανωτερότητα του ανθρώπου διατηρείται σταθερά και η μεταξύ τους διαφορά διατηρείται αμείωτη. Στο Α΄ Κορ. 9:9 ο Παύλος παρομοιάζει το έργο του χριστιανού αποστόλου με το βόδι που αλωνίζει. Εδώ χρησιμοποιείται το Δτ. 25:4 «*οὐ φιμώσεις βοῦν ἀλοῶντα*». Το Α΄ Κορ. 9:9 όμως έχει «*οὐ κημώσεις βοῦν ἀλοῶντα*». Το παλαιοδιαθηκικό χωρίο χρησιμοποιείται επίσης στο Α΄ Τιμ. 5:18 με διαφορετική σειρά των λέξεων «*βοῦν ἀλοῶντα οὐ φιμώσεις*». Εκτός από την αλλαγή του ρήματος το Α΄ Κορ. 9:9 προσθέτει τη φράση «*μὴ τῶν βοῶν μέλει τῷ θεῷ*», η οποία υπογραμμίζει τη βασική θέση του αρχαίου φιλοσοφικού και θεολογικού κόσμου. Ο άνθρωπος είναι ανώτερος από τα ζώα και κατά συνέπεια αυτά δεν αποτελούν αντικείμενο ενδιαφέροντος. Εξάλλου η στωική ιδέα ότι τα ζώα δημιουργήθηκαν για να τα χρησιμοποιεί ο άνθρωπος[180] όπως αυτός επιθυμεί, κυριαρχεί και στα βιβλικά κείμενα[181]. Για τους στωικούς μάλιστα όπως είδαμε παραπάνω τα ζώα δεν είχαν καμία αξία, αν δεν εξυ-

---

180 «...*τοῦ Χρυσίππου πιθανὸν ἦν, ὡς ἡμᾶς αὑτῶν καὶ ἀλλήλων οἱ θεοὶ χάριν ἐποιήσαντο, ἡμῶν δὲ τὰ ζῷα, συμπολεμεῖν μὲν ἵππους καὶ συνθηρεύειν κύνας*», Πορφυρίου, *Περὶ Ἀποχῆς Ἐμψύχων*, 3, 20, 2-4. Η θέση αυτή βρίσκεται και στον Αριστοτέλη.

181 Στο ιουδαϊκό νομικό δίκαιο υπάρχουν και διατάξεις υπέρ της προστασίας των οικόσιτων κυρίως, αλλά και των άγριων ζώων. Βλ. σχετικά H. D. Preuss, *Θεολογία της Παλαιάς Διαθήκης*, (επιμ.-μτφρ. Ι. Μούρτζιου), τ. Β΄, ΒΒ 49, Θεσσαλονίκη 2011, 895-896. Στο πλαίσιο αυτό εντάσσεται και το Δτ. 25:4.

Φύσις Θηρίων

πηρετούσαν τις ανάγκες των ανθρώπων. Η ιδέα αυτή βρίσκεται και στον Παύλο, ο οποίος ως αστός δεν είχε την επαφή με τα οικόσιτα ή τα άγρια ζώα που είχαν οι κάτοικοι της υπαίθρου και έτσι δεν βρίσκουμε αρκετές σχετικές εικόνες στις επιστολές του. Έτσι δικαιολογείται η διαφορά στη χρήση των ζώων σε σχέση με τα ευαγγέλια, στα οποία οι αναφορές στην αγροτική ζωή των χωριών της Παλαιστίνης είναι αρκετές. Στην πραγματικότητα ο Παύλος δεν είναι αρνητικός προς τα ζώα, αλλά συνήθως με αυτά εκφράζει αρνητικές καταστάσεις (π.χ. Φιλ. 3:2). Ακόμη και στο Α' Κορ. 15:39 ο Παύλος διατηρεί τη στωική θέση για την κατωτερότητα των ζώων σε σχέση με τους ανθρώπους ως προς τη μορφολογία του σώματος. Σύμφωνα με τους στωικούς τα ζώα ανήκουν στα χαμηλότερα στρώματα του κόσμου.

Ενώ το Δτ. 25:4 αποτελεί μία διάταξη για την προστασία των οικόσιτων ζώων και ενώ επίσης η Π.Δ. σε αρκετά σημεία (π.χ. Δτ. 22:6-7 και Πρμ. 12:10) περιέχει αναφορές στη φροντίδα του Θεού για τα ζώα (ομοίως και η Κ.Δ., όπως π.χ. Μτ 6:26// Λκ. 12:24), ο Παύλος εδώ δεν τονίζει αυτό το στοιχείο, αλλά αντίθετα την ιδέα του αρχαίου ελληνικού κόσμου που πέρασε και στον Ιουδαϊσμό ότι ο Θεός ασχολείται με τα λογικά όντα και όχι με τα άλογα ζώα[182]. Συνεπώς η χρήση του Δτ. 25:4 στο Α΄ Κορ. 9:9 και το συμπέρασμα του αποστόλου στο τέλος του

---

[182] Βλ. ενδεικτικά *Επιστολή Αριστέα*, 144 «*Μὴ γὰρ εἰς τὸν καταπεπτωκότα λόγον ἔλθης, ὅτι μυῶν καὶ γαλῆς ἢ τῶν τοιούτων χάριν περιεργίαν ποιούμενος ἐνομοθέτει ταῦτα Μωϋσῆς*». Στον Φίλωνα σχολιάζεται επίσης το Δτ. 25:4 ως «*οὐ γὰρ ὑπὲρ ἀλόγων ὁ νόμος, ἀλλ᾽ ὑπὲρ τῶν νοῦν καὶ λόγον ἐχόντων*», *Περὶ τῶν Ἀναφερομένων ἐν Εἴδει Νόμων*, 1, 260 με την ίδια σημασία που χρησιμοποιείται από τον Παύλο. Πρβλ. επίσης τα σχόλια του A. C. Thiselton, *The First Epistle to the Corinthians: A Commentary on the Greek Text*, Grand Rapids, Michigan, W.B. Eerdmans, 2000, 685-687.

στίχου αντιφάσκουν. Θα πρέπει εδώ να αναφέρουμε ότι δεν παρατηρείται ομοφωνία[183]. Σύμφωνα με την αλληγορική ερμηνεία πρόκειται για παροιμιακό λόγιο, στο οποίο το ενδιαφέρον δεν επικεντρώνεται στο βόδι αλλά στο γεωργό. Η τυπολογική ερμηνεία εστιάζει στον ανθρωπιστικό χαρακτήρα της συγκεκριμένης νομικής διάταξης με στόχο την προστασία του ζώου. Η αναλογική[184] τέλος, ερμηνεία δείχνει ότι το ενδιαφέρον της διάταξης επικεντρώνεται τόσο στα ζώα, όσο και στον άνθρωπο, αφού αυτή προνοεί για κάθε αδύναμο μέλος της κοινωνίας. Αν και οι περισσότεροι προτιμούν τη δεύτερη, αντί να τονίζουν το ενδιαφέρον του νομοθέτη για τα ζώα αναδεικνύουν μέσω της σύγκρισης τη μεγαλύτερη φροντίδα του Θεού για τον άνθρωπο. Αυτό έχει σαν αποτέλεσμα να μειώνουν και πάλι τα ζώα. Στόχος του Παύλου είναι βέβαια να δείξει ότι κάθε εργαζόμενος μπορεί να επωφελείται από τη δουλειά του και στη συνάφεια αυτή χρησιμοποιεί το παράδειγμα με το βόδι που αλωνίζει και μπορεί να τραφεί όσο δουλεύει από το προϊόν του αλωνίσματος[185].

---

183 Ο Σ. Αγουρίδης, *Αποστόλου Παύλου Πρώτη προς Κορινθίους Επιστολή, ΕΚΔ* 7, Θεσσαλονίκη, 2011, 154-55 επιλέγει την αλληγορική ερμηνεία χωρίς όμως να σχολιάζει το ζήτημα που μας απασχολεί. Άλλοι ερευνητές προτιμούν την τυπολογική ή την αναλογική ερμηνεία του χωρίου. Βλ. σχετικά το κατατοπιστικό άρθρο του J. L. Verbruggen, «Of Muzzles and Oxen: Deuteronomy 25:4 and 1 Corinthians 9:9», *JETS* 49 (2006) 706-711.

184 Εδώ πρόκειται για το ραβινικό ερμηνευτικό κανόνα *a minori ad majus* ή αλλιώς επιχειρήματα κατ᾽ αναλογίαν και κατά δείνωσιν (*a fortiori*).

185 Ο J. L. Verbruggen, *στο ίδιο*, 705, πιστεύει ότι αν το βόδι ήταν νοικιασμένο από τον γεωργό και όχι ιδιοκτησία του, τότε η δευτερονομιστική διάταξη γίνεται καλύτερα αντιληπτή. Και πάλι όμως έτσι το ενδιαφέρον του νομοθέτη δεν εκδηλώνεται πρωταρχικά για την κατάσταση του ζώου, αλλά για τις οικονομικές υποχρεώσεις του γεωργού που νοικιάζει το βόδι.

Φύσις Θηρίων

Αρκετοί αρχαίοι συγγραφείς σημειώνουν την ανυπολόγιστη αξία του βοδιού στη γεωργία με σημαντικότερη την πληροφορία του Αιλιανού ότι οι κάτοικοι της Φρυγίας εκτελούσαν οποιονδήποτε θανάτωνε ένα βόδι που όργωνε[186]. Ο Πλούταρχος με τις αντιστωικές του ιδέες περί ζώων δεν επέτρεπε την πώληση ενός βοδιού, το οποίο χρησιμοποιούνταν στη γεωργία επειδή είχε γεράσει. Ο Παύλος όμως, δεν φαίνεται εδώ να διακατέχεται από τέτοιες φιλοζωικές ιδέες. Δεν βλέπει κανένα δεσμό μεταξύ ανθρώπων και ζώων αλλά δεν μας εξηγεί πουθενά γιατί ο Θεός δεν ενδιαφέρεται για τα ζώα. Ούτε βρίσκουμε στις επιστολές του αναφορές ή έστω νύξεις σε λόγια του Ιησού στα οποία γίνεται μια σύγκριση του ανθρώπου με κάποια είδη της πανίδας (π.χ. Μτ. 10:31 και 12:12).

Εντυπωσιακή ομοιότητα παρατηρείται σε ένα αντίστοιχο παράδειγμα από τον Επίκτητο, αν και αυτός χρησιμοποιεί το γαϊδούρι[187]. Και εδώ δεν υπάρχει κανένα ενδιαφέρον για τα οικόσιτα ζώα παρά μόνο για τον άνθρωπο και τη σχέση του με αυτά. Για τον Επίκτητο ο άνθρωπος προηγείται λόγω της συγγένειάς του με τον Θεό[188]. Η πλειοψηφία των αρχαίων στοχαστών υποβιβάζει τα ζώα και δέχεται ότι η ύπαρξη τους δικαιολογείται

Αυτός αναλαμβάνει δηλαδή και τη σίτισή του για να μην την επιβαρυνθεί ο ιδιοκτήτης του.

186 Αιλιανού, *Περὶ Ζῴων Ἰδιότητος*, 12, 34, 3-5.

187 Επίκτητου, «*ὁ ὄνος ἐπεὶ γέγονεν μή τι προηγουμένως; οὔ· ἀλλ' ὅτι νώτου χρείαν. εἴχομεν βαστάζειν τι δυναμένου. ἀλλὰ νὴ Δία καὶ περιπατοῦντος αὐτοῦ χρείαν*», *Διατριβαί*, 2, 8, 7, 1-3.

188 «*τί οὖν; οὐκ ἔστι θεῶν ἔργα κἀκεῖνα; ἔστιν, ἀλλ' οὐ προηγούμενα οὐδὲ μέρη θεῶν. σὺ δὲ προηγούμενον εἶ, σὺ ἀπόσπασμα εἶ τοῦ θεοῦ· ἔχεις τι ἐν σεαυτῷ μέρος ἐκείνου. τί οὖν ἀγνοεῖς σου τὴν συγγένειαν;*», *Διατριβαί*, 2, 8, 10-11.

με ένα σκοπό. Αυτός είναι η χρήση τους από τον άνθρωπο. Ο Χρύσιππος για παράδειγμα υποστήριζε ότι οι χοίροι υπήρχαν μόνο για να σφάζονται και να τρώγονται από τους ανθρώπους, ενώ κατά παρόμοιο τρόπο ο Κικέρωνας αναφέρει ότι το πρόβατο περιμένει απλά πότε θα μετατραπεί σε μαλλί για ενδύματα[189]. Ο τελευταίος αναφέρεται και στην περίπτωση των βοδιών και μάλιστα γίνεται συζήτηση για τα βόδια που αξιοποιούνται στις γεωργικές εργασίες, καθώς δέχεται ότι το σώμα τους είναι φτιαγμένο για να ανταποκρίνεται σε αυτές. Ο Θεός όμως ενδιαφέρεται για τα ζώα, όπως δηλώνεται περίτρανα σε ορισμένους Ψαλμούς της Π.Δ. (Ψλ. 103:21· 146:9).

Στον δυτικό χριστιανισμό ήταν αργότερα ο Θωμάς ο Ακινάτης εκείνος, του οποίου οι απόψεις για τα ζώα και κυρίως η διάκριση των λογικών όντων από τα άλογα ζώα επηρέασαν όσο τίποτα άλλο τη θεολογική σκέψη των εκπροσώπων της Ρωμαιοκαθολικής Εκκλησίας. Δεν είναι τυχαίο ότι προκειμένου ο Ακινάτης να αποδείξει την κατωτερότητα των ζώων χρησιμοποιεί το Α΄ Κορ. 9:9, το οποίο ερμηνεύει υπό τη σκέψη του Ψλ. 8:7-9[190]. Η φράση «πάντα ὑπέταξας ὑποκάτω τῶν ποδῶν αὐτοῦ πρόβατα καὶ βόας πάσας ἔτι δὲ καὶ τὰ κτήνη τοῦ πεδίου τὰ πετεινὰ τοῦ οὐρανοῦ καὶ τοὺς ἰχθύας τῆς θαλάσσης» είναι καταλυτική για τη θέση του ανθρώπου στον κόσμο και τη στάση του απέναντι στη ζωική ποικιλότητα[191]. Κατά τον Ακι-

---

189 Βλ. S. T. Newmyer, *Animals in Greek and Roman Thought*, 75-77, όπου και κείμενο σε αγγλική μετάφραση.
190 Για την ερμηνεία του Ψλ. 8:7 βλ. Ι. Γαλάνη, *Άνθρωπος και Κτίση στη Βιβλική Παράδοση*, ΒΒ 44, Θεσσαλονίκη 2009, 56-57. Βλ. επίσης Θ. Ιωαννίδη, *Άνθρωπος και Κόσμος κατά τον Απόστολο Παύλο*, ΒΒ 41, Θεσσαλονίκη, 2008, 111-112.
191 *Summa Theologiae*, 29, 1a, 2ae, 102, 6, σελ. 225. Βλ. περισσότερα

νάτη ο Θεός δεν θα κρίνει τον άνθρωπο με κριτήριο τον τρόπο με το οποίο φερόταν αυτός στα οικόσιτα ή τα άγρια ζώα. Ακόμη και η κατάσταση των συναισθημάτων διαφέρει στα ζώα σε σχέση με τους ανθρώπους. Στις θέσεις του Ακινάτη θα στηριχθεί αργότερα ο Καντ για να μιλήσει για τη σχέση ανθρώπων και ζώων σε ηθικό επίπεδο. Κανείς όμως από αυτούς δεν μπορούσε να αρνηθεί ότι τα ζώα υποφέρουν από τους ανθρώπους. Η κατάσταση αυτή συνεχίζεται μέχρι σήμερα, γεγονός που έκανε τους ακτιβιστές το 1960 να ξυπνήσουν το ενδιαφέρον του κόσμου για τα ζώα και ειδικά για τα άγρια, ορισμένα από τα οποία είχαν ήδη εξαφανιστεί για πάντα από τον πλανήτη.

Μπορούμε να δούμε ένα ακόμη κείμενο από την Κ.Δ., το οποίο φανερώνει την παραπάνω ένταση της σχέσης μεταξύ ανθρώπων και ζώων. Παρόμοια σύγκριση ζώων και ανθρώπων έχουμε και στο Μτ. 10:31, μόνο που εδώ ο άνθρωπος συγκρίνεται με τα σπουργίτια. Αυτά από την αρχαιότητα μέχρι σήμερα είναι ασήμαντα, καθώς ούτε διατροφική αξία έχουν, ούτε μπορούν να αξιοποιηθούν ως ωδικά πτηνά. Μάλλον ως ενοχλητικά θα μπορούσαν να ληφθούν υπόψη, αφού φωλιάζοντας στις ανθρώπινες κατοικίες δημιουργούν πολλά προβλήματα στις δραστηριότητες των ανθρώπων. Τα σπουργίτια αποτελούσαν μέρος της διατροφής των φτωχών, καθώς ήταν τα φτηνότερα πουλιά του εμπορίου[192]. Η εμπορική αξία ενός ζεύ-

---

στη μελέτη της D. Yamamoto, «Aquinas and Animals: Patrolling the Boundary?», στο *Animals on the Agenda. Questions about Animals for Theology and Ethics*, έκδ. A. Linzey-D. Yamamoto, SCM Press, London 1998, 83 και 85.
192 Βλ. σχετικά U. Luz, *Matthew 8-20*, (μτφρ. J. E. Crouch), Hermeneia, Minneapolis, Fortress Press, 2001, 103.

γους σπουργιτιών στο Μτ. 10:29 είναι ένα ασσάριο, ενώ στο παράλληλο Λκ. 12:6 τα πέντε σπουργίτια κοστίζουν δύο ασσάρια. Η φράση «*πολλῶν στρουθίων διαφέρετε ὑμεῖς*» του Μτ. 10:31β φανερώνει και πάλι την αξία του ανθρώπου σε σχέση με τα ζώα, έστω και αν νωρίτερα στο 10:29 αλλά και στο Λκ. 12:6 λέγεται ότι ακόμη και για τα σπουργίτια ενδιαφέρεται ο Θεός. Η εφαρμογή και εδώ της αναλογικής ερμηνείας φανερώνει την επιλογή του παραδείγματος από τον ευαγγελιστή.

Θα αναφερθούμε σε ένα τελευταίο χωρίο, στο οποίο γίνεται και πάλι σύγκριση ανθρώπων και ζώων. Στο Μτ. 12:12 διακηρύσσεται η ανωτερότητα του ανθρώπου σε σχέση με το πρόβατο. Εδώ η συνάφεια του στίχου ασχολείται με την ημέρα του Σαββάτου και τις σχετικές διατάξεις. Και ενώ ο προηγούμενος στίχος δείχνει το ενδιαφέρον του ανθρώπου αυτή τη φορά για τα οικόσιτα ζώα του, στο στίχο 12 η στωική θέση για τα ζώα έρχεται και πάλι στο προσκήνιο. Η αναλογική ερμηνεία βρίσκει και εδώ απόλυτη εφαρμογή. Ενώ τα βόδια χρησιμοποιούνταν στη γεωργία για βαριές δουλειές τα πρόβατα εκτρέφονταν για το κρέας, το γάλα και το μαλλί τους. Τα ίδια δεν είχαν καμιά αξία, αλλά αξιοποιούνταν η εργασία τους και τα παράγωγά τους. Τα βιβλία της Κ.Δ. δεν διαφοροποιούνται επομένως από τη φιλοσοφική σκέψη της εποχής της ως προς τη βασική αντίληψη για τον άνθρωπο και τα ζώα. Τα θρησκευτικά κείμενα εξάλλου έχουν και έναν επιπλέον στόχο. Εκτός από το να εξάρουν το μεγαλείο του ανθρώπου κάνουν λόγο και για τη σωτηρία του από τον Θεό. Με αυτή την ιδέα συνεχώς στο προσκήνιο, τα ζώα δεν είχαν καμία τύχη για ορθότερη αντιμετώπισή τους, ούτε από τους πρώτους χριστιανούς.

3. Τα ζώα και οι θυσίες. Από την ανελέητη σφαγή στην οριστική κατάργηση

Δεν είναι σίγουρα τυχαίο ότι οι περισσότερες αναφορές της Κ.Δ. στα οικόσιτα ζώα συνδέονται με τη θυσία τους στο πλαίσιο της ιουδαϊκής λατρείας. Είναι γεγονός ότι τα ζώα για την Κ.Δ. και το θρησκευτικό της περιβάλλον έχουν μεγαλύτερη αξία νεκρά στη διάρκεια κάποιου τελετουργικού. Μπορούμε εύκολα να φανταστούμε την τραγική εικόνα μιας ατέρμονης σε όλη τη διάρκεια της αρχαιότητας σφαγής των ζώων για θυσιαστήριους σκοπούς σε διάφορες πτυχές, τόσο του δημόσιου, όσο και του ιδιωτικού βίου των ανθρώπων, ανεξάρτητα από τη θρησκεία στην οποία αυτοί ανήκαν. Η εικόνα αυτή είναι σίγουρα απίστευτα σκληρή. Κατά τις εορτές, τις σημαντικές στιγμές της ζωής των ανθρώπων, για αποτροπή κάθε μορφής κακού, για μαντεία, αλλά και πριν ή μετά τις στρατιωτικές επιχειρήσεις γίνονταν θυσίες ζώων. Οι ερευνητές πιστεύουν ότι η θυσία των ζώων προέρχεται είτε από τις πανάρχαιες κυνηγετικές δραστηριότητες του ανθρώπου, είτε από τις αγροτικές κοινωνίες σε σύνδεση με τη γεωργία και την κτηνοτροφία[193]. Ανεξάρτητα από το ποια θεωρία είναι πειστικότερη, εμάς εδώ εκείνο που μας ενδιαφέρει είναι να εξετάσουμε τη σταδιακή εναντίωση στη συνηθισμένη πρακτική στον ιουδαϊκό αλλά και τον ελληνορωμαϊκό κόσμο προκειμένου να κατανοήσουμε τη στάση των πρώτων χριστιανών απέναντι στις θυσίες των ζώων.

---

193 Βλ. σύντομες αναφορές στις θέσεις των Burket, Girard, Smith και άλλων ερευνητών στη μελέτη της I. S. Gilhus, *Animals, Gods and Humans: Changing Attitudes to Animals in Greek, Roman, and Early Christian Thought*, London, Routledge, 2005, 121-123.

Μέρος δεύτερο

Η συνήθης λοιπόν τακτική αντιμετώπισης των ζώων κατά την εποχή της Κ.Δ. στους λαούς της μεσογειακής λεκάνης ήταν τα οικόσιτα ζώα να θυσιάζονται τελετουργικά στους βωμούς οποιασδήποτε θρησκείας με μόνη εξαίρεση τον χριστιανισμό, ενώ τα άγρια θηρία να εξοντώνονται θριαμβευτικά στις αρένες των ρωμαϊκών αμφιθεάτρων.

Δεν χρειάζεται ιδιαίτερη φαντασία για να μεταφερθεί κανείς στο χώρο σφαγής με τις κραυγές των ζώων να αντηχούν στον αέρα, το αίμα να τρέχει ποτάμι, τις μύγες να μαζεύονται κατά χιλιάδες, τις δυσάρεστες μυρωδιές και τα ευτράπελα κατά τη συγκεκριμένη διαδικασία. Η εικόνα αυτή όμως δεν υπάρχει σε καμία από τις ανάγλυφες παραστάσεις ζωοθυσιών της αρχαιότητας, διότι ο στόχος ήταν να παρουσιαστούν αυτές σε πανηγυρική ατμόσφαιρα. Αυτή τη μορφή λατρείας, η οποία κυριαρχούνταν από τον τρόμο και τη βία, καταγγέλλουν στον Ιουδαϊσμό οι προφήτες ως εσφαλμένη και άδικη και καλούν το λαό σε μετάνοια. Ο χριστιανισμός απέκλεισε εξαρχής τις θυσίες από τη λατρεία του, θέλοντας να δείξει την ανώτερη μορφή της.

Ο αριθμός των θυσιαζόμενων ζώων, των θυμάτων δηλαδή, σε όλες τις θρησκείες του αρχαίου μεσογειακού κόσμου ήταν τεράστιος σε ετήσια βάση. Θυσίες προσφέρονταν όχι μόνο στους θεούς αλλά και στους ήρωες και σε επιφανείς άνδρες μιας τοπικής περιοχής ή σε ορισμένους στρατιωτικούς αξιωματούχους. Συνεπώς ο αριθμός των θυσιαζόμενων ζώων δεν μπορεί σε καμία περίπτωση να υπολογιστεί ούτε κατά προσέγγιση σε ετήσια βάση, αλλά να εκτιμηθεί τουλάχιστον ότι θα ήταν εξαιρετικά μεγάλος. Αρκεί κανείς να αναλογιστεί την καθημερινή υποχρέωση του Ισραήλ να θυσιάζει δύο αρνιά[194] στο Ναό σύμ-

---

194 Βλ. Κ. Ζάρρα, *Ιστορία της Εποχής της Καινής Διαθήκης*, Αθήνα,

Φύσις Θηρίων

φωνα με το Εξ. 29:38-39. Στην υποχρέωση αυτή προστίθεται και η θυσία άλλων δύο αρνιών κατά το Σάββατο. Κατά την πρώτη ημέρα κάθε μήνα επίσης θυσιάζονταν δύο μοσχάρια, ένα κριάρι και επτά αρνιά (Αρ. 28:11). Κατά τον έβδομο μήνα του έτους τέλος, θυσιάζονταν ο απίστευτος αριθμός των 73 μοσχαριών και 119 αρνιών μαζί με μια ποσότητα κριαριών και κατσικιών (Αρ. 29)[195]. Μάλιστα κατά τη ρωμαϊκή κατοχή σύμφωνα με τον Ιώσηπο οι Ιουδαίοι υποχρεώνονταν να θυσιάζουν υπέρ του αυτοκράτορα και των Ρωμαίων δυο φορές ημερησίως με δική τους επιβάρυνση[196]. Συμπερασματικά έχουμε να κάνουμε με έναν πολύ μεγάλο αριθμό αν υπολογιστεί αθροιστικά ο συνολικός ετήσιος αριθμός των ζώων που σφάζονταν και όσων ενδεχομένως, αφού είχαν σφαγεί, αντικαθίσταντο από άλλα, επειδή οι ιερείς ανακάλυπταν κάποιο ελάττωμα στα εσωτερικά τους όργανα.

Και αν αυτή η γενική διαπίστωση δεν τρομάζει ίσως κάποιον απομακρυσμένο από την εποχή και την ατμόσφαιρα σύγχρονο μελετητή θα μπορούσαμε να φανταστούμε με πιο

2005, 239, όπου αναφέρεται η περίπτωση της πολιορκίας της Ιερουσαλήμ από τους Ρωμαίους το 70 μ.Χ. Παρόλο που ο λαός λιμοκτονούσε οι καθημερινές θυσίες στο Ναό προσφέρονταν κανονικά μέχρι να εξαντληθούν όλα τα αρνιά. Βλ. σχετικά Ιωσήπου, *Ιουδαϊκή Αρχαιολογία*, 14, 65-68. Το ιερατείο μάλιστα συνέχιζε το έργο του και όταν ο Πομπήιος κατέλαβε το Ναό σαν να μη συνέβαινε τίποτα γι' αυτό και σφαγιάστηκαν καθώς επιτελούσαν το έργο τους. Βλ. Ιωσήπου, *Ιστορία Ιουδαϊκού Πολέμου προς Ρωμαίους*, 1, 148-151.

195 Βλ. σχετικά J. W. Rogerson, «What was the Meaning of Animal Sacrifice», στο *Animals on the Agenda. Questions about Animals for Theology and Ethics*, έκδ. A. Linzey-D. Yamamoto, SCM Press, London 1998, 15.

196 *Ιστορία Ιουδαϊκού Πολέμου προς Ρωμαίους*, 2, 197. Αυτές οι θυσίες σταμάτησαν με την έναρξη της πρώτης ιουδαϊκής εξέγερσης (2, 409-410).

ρεαλιστικό τρόπο στην περίπτωση του Ιουδαϊσμού όσα συνέβαιναν κατά την εορτή του Πάσχα. Κατά τη 14ῃ Νισάν ο αριθμός των αμνών που σφάζονταν στο Ναό της Ιερουσαλήμ θα διαρκούσε από την ανατολή ως τη δύση του ήλιου και υπολογίζεται από τους ειδικούς κατά προσέγγιση σε 18.000 περίπου κατά την εποχή του Χριστού[197]. Αν τώρα λάβουμε υπόψη μας και τη διήγηση από το *Πρωτευαγγέλιο Ιακώβου*, (ανάγεται στο 2ο αι. μ.Χ.), η οποία ακολουθεί την ανακοίνωση ότι η γυναίκα του Ιωακείμ θα αποκτήσει παιδί, τότε σε κάθε σημαντική στιγμή κάθε ευσεβής πιστός πρόσφερε θυσία ανάλογη με την οικονομική του δυνατότητα. Στο κείμενο ο Ιωακείμ θυσιάζει δέκα προβατίνες στον Κύριο και προσφέρει δώδεκα μοσχάρια στους ιερείς και εκατό κατσίκια για όλο το λαό[198]. Ασφαλώς πολύ πιο άσχημη ήταν η κατάσταση για τα ζώα στον ελληνορωμαϊκό κό-

---

197 Βλ. J. R. Hyland, *God's Covenant with Animals: A Biblical Basis for the Humane Treatment of All Creatures*, New York, Lantern Books, 2000, 50-51. Ο μεγάλος αριθμός των θυσιών ζώων στο Ναό της Ιερουσαλήμ τον είχε καταστήσει ισχυρότατο μαγνήτη για το ζωεμπόριο.

198 «Καὶ εὐθέως κατέβη Ἰωακεὶμ καὶ ἐκάλεσεν τοὺς ποιμένας λέγων αὐτοῖς· «Φέρετέ μοι ὧδε δέκα ἀμνάδας ἀσπίλους καὶ ἀμώμους, καὶ ἔσονται αἱ δέκα ἀμνάδες Κυρίῳ τῷ Θεῷ· καὶ φέρετέ μοι δώδεκα μόσχους ἁπαλούς, καὶ ἔσονται οἱ δώδεκα μόσχοι τοῖς ἱερεῦσιν καὶ τῇ γερουσίᾳ· καὶ ῥ' χιμάρους, καὶ ἔσονται οἱ ῥ' χίμαροι παντὶ τῷ λαῷ», 8:12-9:6. Βλ. μετάφραση στο Καραβιδόπουλου Ι. (εκδ.), *Απόκρυφα Χριστιανικά Κείμενα Α'. Απόκρυφα Ευαγγέλια*, ΒΒ 13, Θεσσαλονίκη 1999, 58 (4, 3). Εδώ μάλλον υπάρχει εξελληνισμός της θυσιαστικής συνήθειας. Στον ελληνορωμαϊκό κόσμο η συμμετοχή στις τράπεζες με τα θυσιαστήρια κρέατα ήταν ευρύτερη ενώ αντίθετα στον Ιουδαϊσμό οι συμμετέχοντες περιορίζονταν στους ανθρώπους του περιβάλλοντος των προσφερόντων. Βλ. σχετικά M.-Z. Petropoulou, *Animal Sacrifice in Ancient Greek Religion, Judaism, and Christianity, 100 BC-AD 200*, Oxford Classical Monographs, Oxford, Oxford University Press, 2008, 122.

Φύσις Θηρίων

σμο. Όσο πλουσιότερη ήταν μια πόλη, τόσο πιο πολυάριθμες ήταν οι προσφορές ζωοθυσιών κατά της δημόσιες εορτές. Το παράδειγμα του αυτοκράτορα Καλιγούλα κρίνεται ως το πλέον εξτρεμιστικό. Κατά την άνοδό του στο θρόνο θυσιάστηκαν στη Ρώμη σε διάστημα τριών μηνών 16.000 αγελάδες[199]. Αυτό και μόνο το παράδειγμα είναι εξωφρενικό. Το ερώτημα που εγείρεται είναι δεν υπήρξαν ποτέ και πουθενά φωνές διαμαρτυρίες στη βίαιη αυτή καθημερινότητα; Συχνά στις μέρες μας πιστεύεται ότι η διαφορετική θρησκευτική φωνή υπεράσπισης των ζώων και η αντίθεση στη θυσία τους στο πλαίσιο της λατρείας προέκυψε από τον Ινδοϊσμό και στη συνέχεια με τις προσωπικότητες του Βούδα και του Μαχαβίρα κατά τον 6° αι. π.Χ. να αποκηρύττουν τη σφαγή των θυσιαστήριων ζώων. Εδώ παρατηρείται μια βασική θρησκειολογική αρχή που δεν μπορούμε να παραβλέψουμε. Καθώς οι θρησκείες εξελίσσονται η ιδέα της αποφυγής της βίας εναντίον του ανθρώπου αλλά και των ζώων ενισχύεται. Η Ινδία δεν αποτέλεσε την πρώτη χρονικά τουλάχιστον περιοχή, όπου άρχισαν να εμφανίζονται εναντιώσεις στη θυσιαστήρια σφαγή των ζώων. Η κατανόηση ότι ο πόνος και η θανάτωση των ζώων ήταν ασύμβατη με την ιδέα του δημιουργού Θεού εκδηλώθηκε στον Ιουδαϊσμό πολύ πριν την ινδοϊστική σκέψη[200]. Ο Ινδοϊσμός όμως είναι αντίθετος με οποιαδήποτε σφαγή ζώου, διότι μία από τις βασικές του διδασκαλίες είναι η αποφυγή πρόκλησης βλάβης στα ζώα λόγω της πίστης στη μετενσάρκωση. Ο χριστιανισμός ήταν εξαρχής αντίθετος στη θυσία των ζώων αλλά δεν εναντιώθηκε ποτέ στη μη τελετουργική τους σφαγή. Το προφητικό κίνημα του Ιουδα-

---

[199] Suetonius, *De Vita Caesarum*, 14, 1.
[200] J. R. Hyland, *στο ίδιο*, 5.

Μέρος δεύτερο

ϊσμού με πρωτεργάτη τον Ησαΐα εναντιώθηκε γύρω στο 750 π.Χ. στην τελετουργική σφαγή των ζώων στο Ναό. Η διαφορά όμως με τον Ινδοϊσμό είναι ότι αυτές ήταν μεμονωμένες φωνές διαμαρτυρίας και δεν κυριάρχησαν ποτέ στον Ιουδαϊσμό. Δεν ξέρουμε επίσης αν υπήρξε κάποιος ιδιαίτερος λόγος, ο οποίος προκάλεσε την αντίδραση αυτή εντός του Ιουδαϊσμού, την εποχή μάλιστα που η θυσιαστική λατρεία στο Ναό της Ιερουσαλήμ βρισκόταν στο ζενίθ της.
Η θυσία σε όλους τους μεσογειακούς λαούς είχε κοινά χαρακτηριστικά. Υπήρχαν διαφορές, αλλά η επιλογή του κατάλληλου ζώου, η τελετουργική του σφαγή, η εξέταση των εσωτερικών του οργάνων και η ιερή βρώση του[201] είναι βασικά κοινά σημεία στο θυσιαστικό σύστημα των Ελλήνων των Ιουδαίων και των Ρωμαίων κατά την εποχή της Κ.Δ. Ωστόσο πρέπει να έχουμε πάντα υπόψη ότι τα είδη των ζώων που θυσιάζονταν, η μέθοδος σφαγής και οι συνήθειες της βρώσης των θυσιαστήριων κρεάτων γνώριζαν διάφορες παραλλαγές ανάλογα με την περιοχή. Αυτό δεν ίσχυε μόνο στην περίπτωση του Ισραήλ, διότι υπήρχε ένας μόνο Ναός και αποκλειστικά μία λατρεία για όλο το λαό σε εθνικό επίπεδο[202]. Θα πρέπει εδώ να σημειώσου-

---

201 Βλ. σχετικά J. Klawans, «Pure Violence: Sacrifice and Defilement in Ancient Israel», *HTR* 94 (2001) 147-148. Το άρθρο αυτό αποτελεί μια εξαιρετική παρουσίαση της ιστορίας των διαφόρων προσεγγίσεων στη θυσία και την κατανόησή της γενικά, και στη θυσία στον Ιουδαϊσμό ειδικότερα. Η τυπική περιγραφή μιας ζωοθυσίας την εποχή που μας ενδιαφέρει (λίγο αργότερα κατά τον 2ο αι. μ.Χ.) προέρχεται από έναν επικριτή του θυσιαστικού συστήματος τον Λουκιανό, ο οποίος σατιρίζει την όλη διαδικασία. Βλ. *Περί Θυσιών*, 12, 1-13, 10.
202 Με τη μεταρρύθμιση του Ιωσία το διάστημα 639-609 π.Χ. η λατρεία των Ιουδαίων περιορίστηκε μόνο στην Ιερουσαλήμ. Τα τοπικά ιερά καταρ-

με ποια ζώα θυσιάζονταν, καθώς αυτό είναι σημαντικό για την παρούσα μελέτη. Τα προσφερόμενα ζώα ήταν σχεδόν πάντα οικόσιτα και όχι άγρια θηλαστικά ή πτηνά, ούτε επίσης ψάρια. Υπήρχαν περιπτώσεις στον εθνικό κόσμο στις οποίες προσφέρονταν και άγρια ζώα, όπως για παράδειγμα στη λατρεία της Άρτεμης, αλλά αυτή είναι μάλλον εξαίρεση λόγω της ιδιότητάς της ως θεά του κυνηγιού. Από την άλλη, και στον Ποσειδώνα ακόμη, αν και θεός της θάλασσας, δεν προσφέρονταν ψάρια. Οι αιματηρές θυσίες περιλάμβαναν κυρίως αρνιά, μοσχάρια και με εξαίρεση τον Ισραήλ χοιρίδια. Από τα πτηνά προσφέρονταν κυρίως περιστέρια[203] και τρυγόνια (Λευ. 1:14). Από τις θυσίες αυτές ένα μέρος των προσφερόμενων ζώων σύμφωνα με τα Λευ. 7:32-33 και Δτ. 18:3 αποτελούσε την αμοιβή των ιερέων[204]. Οι Ρωμαίοι αυτοκράτορες πρόσφεραν σπανίως και εξωτικά ζώα στις διάφορες θεότητες προκείμενου να δείξουν την ισχύ τους. Οι Ρωμαίοι προτιμούσαν να θυσιάζουν συγκεκριμένα ζώα σε συγκεκριμένες θεότητες ή ακόμη αρσενικά ζώα στις ανδρικές και θηλυκά στις γυναικείες θεότητες. Στις χθόνιες θεότητες ήταν προτιμότερο τα ζώα να είναι μαύρου χρώματος και συνήθως προσφέρονταν βράδυ[205] με το κεφάλι

γήθηκαν και οι θυσίες προσφέρονταν αποκλειστικά και μόνο στο Ναό της Ιερουσαλήμ. Βλ. σχετικά J. W. Rogerson, *στο ίδιο*, 9.

203 Βλ. O. Borowski, «Animals in the Religions of Syria-Palestine», στο *A History of the Animal World in the Ancient near East*, εκδ. B. J. Collins, Leiden, Brill, 2002, 412-413.

204 Βλ. πληροφορίες στο Μ. Κωνσταντίνου, *Θυσία Ειρηνική. Ιστορικοθεολογική Μελέτη*, Θεσσαλονίκη 1988, 106-109. Οι ειρηνικές θυσίες ήταν οι μόνες στις οποίες οι προσφέροντες συμμετείχαν στη βρώση του θύματος στον Ισραήλ. Βλ. Σχετικά O. Borowski, *στο ίδιο*, 413.

205 Βλ. πληροφορίες στη μελέτη της Μ.-Ζ. Petropoulou, *στο ίδιο*, 35-36.

τους να πιέζεται προς τα κάτω και το αίμα τους να χύνεται στο έδαφος. Ασφαλώς υπήρχαν και περιορισμοί ή απαγορεύσεις. Στην Επίδαυρο λόγου χάρη, δεν θυσιάζονταν κατσίκια στον Ασκληπιό, διότι αυτός ήταν ο θεός της υγείας και το κατσίκι έχει μονίμως υψηλή σωματική θερμοκρασία[206].

Διάχυτη ήταν η αντίληψη ότι οι θεότητες ευχαριστιούνταν από τον καπνό και την οσμή του κρέατος στο θυσιαστήριο και η συνήθεια αυτή είχε γίνει καθιερωμένη πρακτική. Αν η θυσία δεν ήταν ολοκαύτωμα, τότε καίγονταν τα εσωτερικά όργανα, τα κόκκαλα και το λίπος στο θυσιαστήριο και έτσι οι θεότητες τρέφονταν με αυτά, ενώ το κρέας του ζώου καταναλώνονταν από τους ανθρώπους. Με τον τρόπο αυτό όσοι πρόσφεραν θυσίες πετύχαιναν τον εκάστοτε στόχο τους, αλλά δυστυχώς τα ζώα ήταν νεκρά και η διαδικασία δαπανηρή.

Η κατάσταση αυτή και η προσφορά μεγάλου μέρους από τα θυσιαστήρια ζώα στις κρεαταγορές των πόλεων του ελληνορωμαϊκού κόσμου έφερνε σε δύσκολη θέση τα μέλη των χριστιανικών κοινοτήτων. Η περίπτωση των χριστιανών της Κορίνθου αποτελεί ισχυρή απόδειξη (Α΄ Κορ. 8-10). Το πρόβλημα για τους χριστιανούς ήταν να διακρίνουν στην αγορά ποια κρέατα δεν ήταν ειδωλόθυτα προκειμένου να μην αγοράσουν και καταναλώσουν κρέας, το οποίο νωρίτερα είχε προσφερθεί από τους εθνικούς γείτονές τους στις διάφορες θεότητες. Η αναζήτηση αυτή είχε πολλές δυσκολίες, αφού στην Ελλάδα σχεδόν όλα τα προς πώληση κρέατα προέρχονταν από θυσίες.

Για να επιστρέψουμε στα ζώα και πάλι πριν αυτά προσφερθούν ως θυσία, οφείλουμε να δούμε και άλλα σχετικά προβλή-

---

206 Βλ. J. Fotopoulos, *Τα Θυσιαστήρια Δείπνα στη Ρωμαϊκή Κόρινθο*, (μτφρ. Μ. Γκουτζιούδη), ΒΒ 37, Θεσσαλονίκη 2006, 130 και υποσ. 71.

Φύσις Θηρίων

ματα. Μπορούμε να αναλογιστούμε τις τελετουργικές δυσκολίες της αιματηρής θυσίας. Στην περίπτωση των μικρών ζώων οι ιερείς και οι βοηθοί τους προφανώς τα κατάφερναν εύκολα. Τι γινόταν όμως στην περίπτωση των μεγάλων ζώων; Πόσο εύκολα ή δύσκολα θα πραγματοποιούνταν η θυσία ενός μεγάλου βοδιού για παράδειγμα; Σε μια τέτοια περίπτωση οι εμπλεκόμενοι ήταν ασφαλώς περισσότεροι, όπως αυτό επιβεβαιώνεται και από την αρχαιολογική μαρτυρία. Διάφορα ρωμαϊκά ανάγλυφα συχνά εικονίζουν σχετικές σκηνές με πολλά πρόσωπα (*victimarii*) να συγκρατούν, να δένουν και να προσπαθούν με χτυπήματα μιας βαριοπούλας να ζαλίσουν αρχικά το ζώο και έπειτα να το θανατώσουν με μαχαίρι. Στην αρχαία Ελλάδα ένα ειδικό πρόσωπο ο «*μάγειρος*» καθοδηγούσε την όλη διαδικασία[207]. Οι Ρωμαίοι ήταν περισσότερο προσεκτικοί με την τελετουργική διαδικασία σε σχέση με τους Έλληνες εξαιτίας της πρόληψης ότι αν η διαδικασία δεν γίνει ακριβώς όπως ορίζεται σε κάθε λεπτομέρεια, τότε η έκβαση των πραγμάτων θα είναι καταστροφική. Μπορεί κανείς να φανταστεί τις επαναλήψεις των θυσιών κατά τις ατυχείς στιγμές μέχρι να γίνουν όλα όπως πρέπει. Αυτό βέβαια σήμαινε άμεση διαθεσιμότητα και σφαγή περισσότερων ζώων.

Αξίζει να σημειωθεί ακόμη μία λεπτομέρεια της σχετικής αρχαιολογικής μαρτυρίας. Στις ελληνικές και τις ρωμαϊκές παραστάσεις των θυσιών, στις οποίες εικονίζονται ζώα κατά τη θυσία τους, αυτά παρουσιάζονται πάντα ζωντανά πριν το κρίσιμο σημείο της σφαγής και σπανιότερα μετά νεκρά. Δυστυχώς δεν έχουν διασωθεί αντίστοιχες σκηνές από τη λατρεία των Ιουδαίων στο Ναό της Ιερουσαλήμ. Πουθενά όμως, δεν

---
207 I. S. Gilhus, *Animals, Gods and Humans*, 146.

υπάρχει μια παράσταση με τη στιγμή της τελετουργικής σφαγής ή του τεμαχισμού των θυσιαζόμενων ζώων. Προφανώς δεν ήθελαν να εικονίσουν τα ζώα με κομμένο το λαιμό εξαιτίας της αποκρουστικότητας του θεάματος. Στις παραστάσεις που μας έχουν διασωθεί τα θυσιαζόμενα ζώα εμφανίζονται όμορφα και υγιέστατα να συμμετέχουν σε μια χαρμόσυνη ατμόσφαιρα, στολισμένα με λουλούδια και ανάμεσα στους συμμετέχοντες. Δεν πρέπει επίσης να ξεχνά κανείς ότι μόνο τα ζώα χωρίς κάποια ελαττώματα γίνονταν αποδεκτά από τις θεότητες ως θυσία στις διάφορες λατρείες. Τα ζώα θυσιάζονταν στο θυσιαστήριο, αλλά εκτός του ιερού. Νωρίτερα της τελετουργικής σφαγής στον ελληνορωμαϊκό κόσμο στα ζώα ρίχνονταν αλεύρι ή αλάτι ή ραντίζονταν με νερό. Δύο ήταν τα σημαντικότερα σημεία της ζωοθυσίας. Η αφιέρωση του ζώου στη θεότητα πριν τη σφαγή του και το άνοιγμα του σφάγιου έπειτα για να ελεγχθεί η κατάσταση των εσωτερικών του οργάνων. Με τη δεύτερη ενέργεια εξεταζόταν αν η θυσία έγινε αποδεκτή (οιωνοσκοπία). Οι Ετρούσκοι και οι στωικοί φιλόσοφοι πίστευαν ότι το συκώτι ενός οργανισμού ήταν ο μικρόκοσμος του σύμπαντος[208]. Το σώμα λοιπόν του ζώου μεσολαβούσε στη σχέση

---

208 Οι Ετρούσκοι είχαν ειδικότητα στην οιωνοσκοπία με βάση τα εσωτερικά όργανα των θυσιαζόμενων ζώων και επηρέασαν τους Ρωμαίους. Βλ. I. S. Gilhus, στο ίδιο, 119. Δεν είναι λίγα τα παραδείγματα από τις θυσίες των αυτοκρατόρων πριν τις μάχες, στις οποίες ένα ατυχές συμβάν σε σχέση πάντα με τα ζώα ερμηνεύτηκε αργότερα ότι ήταν οιωνός για όσα καταστροφικά γεγονότα ακολούθησαν. Επομένως οι προλήψεις σχετικά με την τελειότητα της τελετουργικής θυσίας ήταν δεδομένες. Όταν για παράδειγμα δεν βρέθηκε η καρδιά σε ένα από τα θυσιαζόμενα ζώα του Ιούλιου Καίσαρα, ενώ και το συκώτι ενός άλλου ζώου ήταν προβληματικό, αυτό θεωρήθηκε ως θεϊκή πρόρρηση του θανάτου του. Η μη παρουσία κάποιου από τα εσωτερικά όργα-

του Θεού με τους πιστούς του. Πάνω ακριβώς σε αυτό το μοτίβο ερμηνεύτηκε με θυσιαστήρια ορολογία ο θάνατος του Χριστού στο σταυρό από την πρώτη χριστιανική κοινότητα. Στο ευαγγέλιο του Ιωάννη για παράδειγμα, ο Χριστός είναι ο πασχάλιος αμνός (Ιω. 1:29, 36) ενώ στην επιστολή προς Εφεσίους αυτός κατανοείται ως προσφορά και θυσία που τη δέχεται ευχάριστα ο Θεός (5:2). Από τα παραπάνω προκύπτει ότι τα ζώα αντιμετωπίζονταν ως αντικείμενα χωρίς καμία απολύτως αξία. Αυτά ήταν σημαντικότερα νεκρά παρά ζωντανά, καθώς έτσι πίστευαν ότι είχε αποτελεσματικότητα η τελετουργική διαδικασία με τον άνθρωπο και πάλι να επωφελείται από αυτό. Θα πρέπει επίσης να αποδεχτούμε και μία ακόμη πραγματικότητα. Πολλές φορές όσοι πρόσφεραν θυσίες δεν το έκαναν επειδή ήταν θρησκευόμενοι αλλά αντίθετα προληπτικοί.

Στην όλη διαδικασία, ειδικά στο ρωμαϊκό κόσμο, υπήρχαν απίστευτες τραγικές καταστάσεις πριν την τελετουργική σφαγή των ζώων. Έλληνες και Ρωμαίοι συχνά ήθελαν να παρουσιάσουν τα ζώα να προσφέρονται εθελοντικά ως θυσία στις θεότητες. Έτσι δεν είναι σπάνιο ανάγλυφες παραστάσεις της αρχαιότητας να παριστάνουν συνήθως μεγάλα ζώα να συγκρατούνται με σχοινιά από τους συμμετέχοντες ή αυτά να υποχρεώνονται (κυρίως βόδια) να γονατίζουν πριν τη σφαγή τους ως ένδειξη εθελοντικής προσφοράς. Αν κάτι πήγαινε στραβά στην όλη διαδικασία ή στην ακόμη χειρότερη περίπτωση που το ζώο δραπέτευε, έπρεπε να αιχμαλωτιστεί το γρηγορότερο

να του ζώου θεωρούνταν ότι οφειλόταν σε παρέμβαση των θεοτήτων αμέσως μετά τη σφαγή του ζώου. Ο νεοπλατωνικός φιλόσοφος Ιάμβλιχος αργότερα (3ος-4ος αι. μ.Χ.), αποδίδει το γεγονός σε άλλους παράγοντες. Βλ. ενδεικτικά το *Περί τῶν Αἰγυπτίων Μυστηρίων*, 3, 16.

Μέρος δεύτερο

και να θανατωθεί άμεσα εξαιτίας των προλήψεων για πιθανή μεταστροφή του σε εχθρική δύναμη που μπορεί να πλήξει τους ανθρώπους.

Παρακάτω θα αναφερθούμε στην αντίθεση που εκδηλώνονταν κατά καιρούς στη θυσιαστική τελετουργία εντός του Ιουδαϊσμού. Στην Π.Δ. αλλά και στη μεσοδιαθηκική γραμματεία μαρτυρείται εκτός της επικρατούσας θυσιαστικής ατμόσφαιρας της αφέσεως των αμαρτιών και συνεπώς της συμφιλίωσης με το Θεό και της σωτηρίας και μία δεύτερη, μη θυσιαστική (μη εξιλαστήρια) μορφή κατανόησης της σωτηρίας. Σε αυτή δεν απαιτείται καμία τελετουργική σφαγή ζώων, αλλά απεναντίας μόνο η ορθή διαβίωση των πιστών και η μεταξύ τους κοινωνική και αγαπητική σχέση[209]. Για το Ψλ. 50:18-19 (Ο΄) ο Θεός δεν ευφραίνεται με ολοκαυτώματα ζώων αλλά θυσία σημαίνει για αυτόν «*πνεῦμα συντετριμμένον*».

Μπορεί το Γεν. 9:2 να εκφράζει τη σχέση του ανθρώπου με τα άγρια ζώα σύμφωνα με την ιουδαϊκή εμπειρία, αλλά δεν αφορά τη σχέση του με τα οικόσιτα. Και ενώ στα Εξ. 23:12 και Δτ. 22:10 βρίσκουμε διάφορες διατάξεις για την προστασία και σωστή μεταχείριση των οικόσιτων ζώων, αυτά είναι εκείνα τα οποία προσφέρονταν ως θυσίες και όχι τα άγρια.

---

209 Βλ. ενδεικτικά «*θυσίαν καὶ προσφορὰν οὐκ ἠθέλησας ὠτία δὲ κατηρτίσω μοι ὁλοκαύτωμα καὶ περὶ ἁμαρτίας οὐκ ᾔτησας*» (Ψλ. 39:7), «*ἀρχὴ ὁδοῦ ἀγαθῆς τὸ ποιεῖν τὰ δίκαια δεκτὰ δὲ παρὰ θεῷ μᾶλλον ἢ θύειν θυσίας*» (Πρμ. 16:7), «*οὐκ εὐδοκεῖ ὁ ὕψιστος ἐν προσφοραῖς ἀσεβῶν οὐδὲ ἐν πλήθει θυσιῶν ἐξιλάσκεται ἁμαρτίας*» (Σειρ. 34:19), «*εὐδοκία κυρίου ἀποστῆναι ἀπὸ πονηρίας καὶ ἐξιλασμὸς ἀποστῆναι ἀπὸ ἀδικίας*» (Σειρ. 35:3). Βλ. επίσης Μ. Γκουτζιούδη, *Ιωβηλαίο Έτος, Μελχισεδέκ και η προς Εβραίους Επιστολή. Συμβολή στη Διαμόρφωση της Χριστιανικής Σωτηριολογίας*, ΒΒ 36, εκδόσεις Πουρναρά, Θεσσαλονίκη 2006, 39-40.

Από την άλλη το Πρμ. 27:26-27 αναφέρεται στην αξιοποίηση των ζωικών προϊόντων αλλά όχι στη βρώση των ίδιων. Οι φωνές του προφητικού κινήματος επαναλάμβαναν συνεχώς ότι ο Θεός αποστρέφεται την τελετουργική σφαγή των ζώων, ότι αυτή η ενέργεια δεν ήταν συμβατή με την ιδέα της αγιότητας και ότι απαιτούνταν μετάνοια. Από τους μεγάλους προφήτες ο Ησαΐας σημειώνει χαρακτηριστικά «*τί μοι πλῆθος τῶν θυσιῶν ὑμῶν λέγει κύριος πλήρης εἰμὶ ὁλοκαυτωμάτων κριῶν καὶ στέαρ ἀρνῶν καὶ αἷμα ταύρων καὶ τράγων οὐ βούλομαι*» (Ησ. 1:11). Κατά τον προφήτη ο Θεός δεν θέλει τις θυσίες των Ιουδαίων (Ησ. 1:13) γιατί τα χέρια τους είναι βουτηγμένα στο αίμα (στ. 15). Η κραυγή του Ιερεμία είναι επίσης αφοπλιστική (Ιερ. 7:21-23)[210].

Από τους μικρούς προφήτες, ο Αμώς αποκηρύσσει επίσης την θυσιαστήρια τελετουργία (Αμ. 5:21-22). Αυτό που απαιτεί ο Θεός λέει είναι η δικαιοσύνη και όχι οι θυσιαστήριες προσφορές[211]. Δεν είναι τυχαίο ότι η κραυγή για κοινωνική δικαιοσύνη συνδέεται με την αποκήρυξη της σφαγής των ζώων. Ο Ωσηέ αναφέρει ότι οι θυσίες αρέσουν στους Ιουδαίους γιατί έτσι τρώνε κρέας (8:13). Το σημαντικό είναι ότι και εδώ δηλώνεται ότι αυτές δεν αρέσουν στο Θεό (Ωσ. 6:6)[212]. Ορατά

---

210 Σύμφωνα με το Ιερ. 7:22 «*ὅτι οὐκ ἐλάλησα πρὸς τοὺς πατέρας ὑμῶν καὶ οὐκ ἐνετειλάμην αὐτοῖς ἐν ἡμέρᾳ ᾗ ἀνήγαγον αὐτοὺς ἐκ γῆς Αἰγύπτου περὶ ὁλοκαυτωμάτων καὶ θυσίας*» ο Θεός δεν απαίτησε ποτέ θυσίες. Πρβλ. και 14:12.

211 Βλ. σχετικά Μ. Κωνσταντίνου, *στο ίδιο*, 87-91 και του ίδιου, *Ο Προφήτης της Δικαιοσύνης. Ερμηνευτική Ανάλυση Προφητειών από το Βιβλίο του Αμώς*, Παρατηρητής, Θεσσαλονίκη 1999.

212 «*διότι ἔλεος θέλω καὶ οὐ θυσίαν καὶ ἐπίγνωσιν θεοῦ ἢ ὁλοκαυτώματα*». Βλ. επίσης Α΄ Σαμ. 15:22· Α΄ Βασ. 8:46-50· Ψλ. 49:8-14· Πρμ. 15:8· 16:7·

ίχνη αυτής της μη θυσιαστικής θεώρησης της σωτηρίας απηχούνται και στα βιβλία της Κ.Δ. Μάλιστα το παραπάνω χωρίο από το βιβλίο του Ωσηέ παρατίθεται δύο φορές στην Κ.Δ. στα Μτ. 9:13 και 12:7[213]. Στον προφήτη Μιχαία εκτός της αποκήρυξης της θυσίας των ζώων στο πλαίσιο της λατρείας, λέγεται ότι αυτό που πραγματικά επιθυμεί ο Θεός από το λαό του είναι η δικαιοσύνη και η αγάπη (Μιχ. 6:6-8). Το αίμα των μοσχαριών και των κριαριών δεν ωφελεί σε τίποτα. Είναι κοινό φαινόμενο στους μεταγενέστερος προφήτες να συνδέεται στα οράματά τους η βία προς τα ζώα με τη βία προς τους συνανθρώπους.

Ένας ειρηνικός κόσμος στον οποίο άνθρωποι και ζώα ζουν αρμονικά χωρίς αμφίπλευρες βίαιες επιθέσεις είναι το όραμα του Ησαΐα (11:6-9)[214]. Ανάλογο όραμα έχει και ο Ωσηέ (Ωσ. 2:20). Τα παραπάνω χωρία αναφέρονται στην ιδανική κατάσταση της συνύπαρξης ανθρώπων και άγριων ζώων και όχι στη μεταξύ τους ένταση που υπάρχει στον παρόντα κόσμο. Οι αρχαίοι Έλληνες φιλόσοφοι είδαμε νωρίτερα ότι θεωρούσαν στην πλειοψηφία τους ότι μεταξύ ανθρωπότητας και θηρίων υπάρχει πόλεμος. Εφόσον δεν υπάρχει καμία μεταξύ τους συγγένεια δεν μπορεί να γίνεται λόγος για δίκαιη μεταχείριση προς τα ζώα.

Σειρ. 3:3, 30· 20:28· 28:2-4· 34:18-26· 35:2-3· *Διαθήκη Ζαβουλών* 5:1· 7:2· 8:1· *Διαθήκη Γαδ* 6:3· *1QS* 11:11-14.

213 Βλ. Μ. Γκουτζιούδη, «Η Έννοια της "Δικαιοσύνης" στο κατά Ματθαίον Ευαγγέλιο. Από τη Συμβατική Εφαρμογή της στην Απαιτητικότερη Εκδοχή της», *ΔΒΜ* 25 (2007) 114-115.

214 Βλ. Ι. Γαλάνη, «Το Καινοδιαθηκικό Υπόβαθρο των Σχέσεων Ανθρώπου και Κτίσης κατά τη Λατρευτική Πράξη της Εκκλησίας», στο *Βιβλικές, Ερμηνευτικές και Θεολογικές Μελέτες*, ΒΒ 20, Θεσσαλονίκη 2001, 440.

Η σπουδαιότερη εντολή στην Κ.Δ., ενώ καταγράφεται και στα τρία συνοπτικά ευαγγέλια, στην εκδοχή του Μάρκου (12:33) τονίζεται ότι το ν' αγαπά κανείς το συνάνθρωπό του όπως τον εαυτό του, είναι σπουδαιότερο από όλα τα ολοκαυτώματα και τις θυσίες. Την ίδια ιδέα συναντάμε και στον Παύλο. Στο Φιλ. 4:18 λέγεται ότι οι καρποί της αγάπης των ανθρώπων είναι για το Θεό αποδεκτή και ευχάριστη θυσία. Ένα ακόμη περιστατικό πρέπει να σημειωθεί. Ίσως γνωστότερη σε σύγκριση με τα παραπάνω κείμενα, στα οποία γίνεται κριτική της θυσιαστικής λατρείας του Ιουδαϊσμού είναι η διήγηση της εκδίωξης των εμπόρων του Ναού από τον Ιησού. Αν και το περιστατικό διασώζεται και στους τέσσερις ευαγγελιστές (Μτ. 21:12-13· Μκ 11:15-19· Λκ 19:45-48· Ιω 2:13-22) μόνο στην εκδοχή του Ιωάννη ο Ιησούς βγάζει και τα ζώα, τα οποία πωλούνταν για τις θυσίες, έξω από τον περίβολο του Ναού (Ιω. 2:15-16).

Ο Παύλος στο Φιλ 4:18 χαρακτηρίζει τα βοηθήματα που του έστειλαν οι Φιλιππήσιοι «*προσφορά ευωδιαστή, θυσία που τη δέχεται με ευχαρίστηση ο Θεός*». Βρίσκουμε και εδώ μια διαφορετική εκδοχή στην κατανόηση της αληθινής θυσίας που γίνεται αποδεκτή από το Θεό, διότι αποδεικνύει την ευσέβεια του πιστού. Η εντονότερη κριτική στο τελετουργικό θυσιαστικό σύστημα του Ιουδαϊσμού ασκείται στην Κ.Δ. από τον συγγραφέα της προς Εβραίους (Εβρ. 9:9· 10:1, 5-6, 8, 11· 13:15-16)[215] και μάλιστα την ίδια στιγμή που χρησιμοποιεί τη σημαντικότερη θυσία του ιουδαϊκού εορτολογίου για να ερμηνεύσει το θάνατο του Ιησού στο σταυρό. Με τον τρό-

---

215 Βλ. Μ. Γκουτζιούδη, «Η Έννοια της Αμαρτίας στην προς Εβραίους Επιστολή», *ΔΒΜ* 23 (2005) 255-256.

πο αυτή φανερώνει την ανεπάρκεια του θυσιαστικού συστήματος να προσφέρει άφεση αμαρτιών. Η θέση του συγγραφέα της προς Εβραίους γίνεται ξεκάθαρη στο 13:15-16. Από τη μία ο ύμνος των χειλιών είναι θυσία, γιατί ομολογούν το μεγαλείο του Θεού και από την άλλη, ως θυσία ευχάριστη στο Θεό ο συγγραφέας της επιστολής παρουσιάζει τις καλές πράξεις και την κοινοκτημοσύνη μεταξύ των χριστιανών[216]. Στην κοινότητα που υπονοείται από το κείμενο, η τελετουργία έχει αντικατασταθεί από την προσευχή και την ενεργή συμμετοχή σε έργα φιλανθρωπίας. Αυτές είναι ενέργειες πλησιέστερες στην αυθόρμητη έκφραση παρά στην τελετουργική λατρεία. Στο Α΄ Πε. 2:5 λέγεται επίσης ότι οι πνευματικές θυσίες είναι αυτές που είναι ευπρόσδεκτες στο Θεό. Ο χριστιανισμός λοιπόν άλλοτε σιωπηλά και άλλοτε με ηχηρό τρόπο διακήρυξε ότι είναι αντίθετος στην καθιερωμένη θυσιαστική τελετουργία ως ένδειξη σεβασμού προς τον Θεό γιατί τη θεωρούσε ανώφελη και μη πνευματική ενέργεια.

Στην Ελλάδα σύμφωνα με την Petropoulou[217] οι θυσίες των ζώων σταμάτησαν κατά το τέλος του 2^{ου} αι. μ.Χ. και η αιτία

---

216 Εδώ, όπως και στο 10:4-10, τονίζεται η μη αναγκαιότητα πλέον της θυσιαστικής προσφοράς. Η μοναδική θυσία του Χριστού προσέφερε εφάπαξ τη σωτηρία σε όλους. Στην κοινότητα των πιστών, στην οποία απευθύνεται ο συγγραφέας της προς Εβραίους, η τελετουργία έχει αντικατασταθεί από τη δοξολογία, τη διακονία, την ευποιΐα και τη φιλαδελφία. Βλ. σχετικά Μ. Γκουτζιούδη, *Ιωβηλαίο Έτος, Μελχισεδέκ και η προς Εβραίους Επιστολή*, 48 και 658 και του ιδίου, *Το Βιβλικό Κείμενο στο Πέρασμα του Χρόνου: Η Περίπτωση της προς Εβραίους Επιστολής*, Θεσσαλονίκη 2008, 51-52.

217 M.-Z. Petropoulou, στο ίδιο, 40. Βλ. επίσης και σελ. 80 και 85, όπου λέγεται ότι δεν ήταν άγνωστο κατά την αρχαιότητα κάποιοι επιφανείς πολίτες των μεγάλων πόλεων να δωρίζουν μεγάλα ποσά ώστε οι δημόσιες θυσίες

Φύσις Θηρίων

ήταν οικονομική, καθώς μικρές πόλεις χωρίς οικονομική ευρωστία δεν μπορούσαν πια να διοργανώνουν δημόσιες εορτές, στις οποίες έπρεπε να περιλαμβάνεται μεγάλος αριθμός ζωοθυσιών. Δεν είναι τυχαίο ότι σε όλες τις δημόσιες θυσίες τα προσφερόμενα ζώα ήταν διάφορα βοειδή, προκειμένου οι μερίδες των γευμάτων που ακολουθούσαν τις θυσίες να είναι αρκετές για όλους τους παρευρισκόμενους. Οι προσφορές καρπών και οι σπονδές ήταν ασφαλώς οικονομικότερες. Αντίθετα στον Ιουδαϊσμό σε όλη τη διάρκεια της λειτουργίας του Ναού της Ιερουσαλήμ υπήρχαν οικονομικά αποθέματα για την πληρωμή των προσφερόμενων ζώων, αφού ο φόρος του Ναού εξασφάλιζε ένα μόνιμο ποσό για τη δημόσια λατρεία. Επιπλέον, πρέπει να σημειώσουμε ότι οι εορτές του Ιουδαϊσμού και οι θυσίες περιορίζονταν μόνο στους Ιουδαίους και δεν ήταν ανοιχτές στους ξένους, όπως συνέβαινε με τις εορτές του ελληνορωμαϊκού κόσμου.

Δεν θα ήταν σίγουρα εκτός πραγματικότητας να φανταστούμε ότι όσοι έπρεπε να θυσιάσουν για οποιοδήποτε λόγο, δεν επέλεγαν πάντα τα κατάλληλα ζώα. Εφόσον οι κτηνοτρόφοι μπορούσαν να περιορίσουν το κόστος ή τη ζημία, πρόσφεραν για παράδειγμα ανάπηρα ή άρρωστα ζώα. Στην Π.Δ. σε δύο κείμενα έχουμε τέτοιες μαρτυρίες. Στο Νε. 10:33 έχουμε μια δημόσια δέσμευση να καταβάλλεται ετησίως το ένα τρίτο του σίκλου σε χρυσάφι προκειμένου να συνεχίσει ο Ναός τη λειτουργία του. Από αυτό φαίνεται ότι η υποχρέωση αυτή είχε παραμεληθεί. Στο Μαλ. 1:8 από την άλλη, διαβάζουμε «*όταν μου προσφέρετε θυσία τυφλό ζώο, νομίζετε πως αυτό είναι σωστό; Όταν μου προσφέρετε ένα κουτσό ή άρρωστο ζώο, νομίζετε πως*

να συνεχίζονται και μετά το θάνατό τους.

Μέρος δεύτερο

αυτό είναι σωστό; Προσφέρτε το στον κυβερνήτη σας· θα ευχαριστηθεί; Θα σας δεχτεί ευνοϊκά;». Είναι ξεκάθαρο από το παραπάνω χωρίο ότι ο σκοπός μιας τέτοιας συνήθειας ήταν οικονομικός. Ένα άρρωστο ή γέρικο ζώο αποτελούσε μικρή απώλεια για τον ιδιοκτήτη του[218].

Τι γινόταν όμως στην αρχαία Ελλάδα; Υπήρχαν και εκεί αντίστοιχες διαμαρτυρίες; Οι πυθαγόρειοι και αργότερα οι νεοπλατωνικοί φιλόσοφοι ήταν αντίθετοι με την προσφορά αιματηρών θυσιών. Οι πυθαγόρειοι δίδασκαν ότι οι προσφορές δημητριακών είναι προτιμότερες για τις θεότητες επειδή ήταν αντίθετοι στη σφαγή των ζώων (όλων των εμψύχων) και τη βρώση τους[219]. Εξάλλου η ιδέα της μετενσάρκωσης, στην οποία πίστευαν οι πυθαγόρειοι, εμπόδιζε τη θυσία των οικόσιτων ζώων. Το απόσπασμα 137 από τον Εμπεδοκλή, ο οποίος πίστευε στην μετενσάρκωση είναι το πλέον χαρακτηριστικό, αφού αυτός θεωρούσε ότι το θυσιαζόμενο ζώο θα μπορούσε να είναι ακόμη και κάποιο μέλος της οικογένειας του θύτη που είχε πεθάνει στο παρελθόν[220]. Ο μαθητής του Αριστοτέλη, Θε-

---

218 Βλ για σχετικά W. Houston, *Purity and Monotheism: Clean and Unclean Animals in Biblical Law*, JSOTSup 140, Sheffield, JSOT Press, 1993, 148-149.

219 Ο Διογένης ο Λαέρτιος, *Βίοι καί Γνώμαι τῶν ἐν Φιλοσοφίᾳ Εὐδοκιμησάντων καί τῶν ἐκάστῃ Αἱρέσει Ἀρεσκόντων ἐν Ἐπιτόμῳ Συναγωγή*, 8, 20, 7-11 αναφέρει ότι ο Πυθαγόρας στην πραγματικότητα ήταν αντίθετος μόνο στη θυσία των βοδιών και των κριαριών.

220 «μορφὴν δ᾽ ἀλλάξαντα πατὴρ φίλον υἱὸν ἀείρας σφάζει ἐπευχόμενος μέγα νήπιος· οἱ δ᾽ ἀπορεῦνται λισσόμενον θύοντες· ὁ δ᾽ αὖ νήκουστος ὁμοκλέων σφάξας ἐν μεγάροισι κακὴν ἀλεγύνατο δαῖτα. ὡς δ᾽ αὔτως πατέρ᾽ υἱὸς ἑλὼν καὶ μητέρα παῖδες θυμὸν ἀπορραίσαντε φίλας κατὰ σάρκας ἔδουσιν», *Περὶ Φύσεως* (Fragmenta), 137. Την ερμηνεία αυτή του κειμένου δέχεται η C. Osborne, *Dumb Beasts and Dead Philosophers: Humanity and the Humane in Ancient*

όφραστος (370-287 π.Χ.), θεωρούσε τη θυσία των ζώων παρανομία[221] εξαιτίας ενός βαθμού ομοιότητας μεταξύ ανθρώπων και ζώων (*οἰκείωσις*). Σύμφωνα με τα ρωμαϊκά στερεότυπα οι βαρβαρικοί λαοί θεωρούνταν κυρίως κρεατοφάγοι και η γερμανική και η κελτική θρησκεία περιείχε ως αναπόσπαστο μέρος της τις ζωοθυσίες. Ο ισχυρότερος επικριτής της θυσίας των ζώων είναι σίγουρα ο Πορφύριος (4^{ος} αι. μ.Χ.). Το δεύτερο βιβλίο του έργου του *Περὶ Ἀποχῆς Ἐμψύχων* είναι αφιερωμένο στο ζήτημα των θυσιών. Αν και είναι μεταγενέστερο της εποχής της Κ.Δ. μπορούμε να ανατρέξουμε σε αυτό, καθώς χρησιμοποιεί προγενέστερο υλικό που καλύπτει μια μεγάλη περίοδο και είναι άκρως διαφωτιστικό. Ο Πορφύριος δανείζεται υλικό από τον Πλούταρχο και χρησιμοποιεί συχνά τον Θεόφραστο για να ισχυριστεί ότι ο άνθρωπος πρόσφερε αρχικά μόνο λαχανικά στις θεότητες, ενώ η θυσία των ζώων καθιερώθηκε αργότερα. Αυτή κατά τον Πορφύριο πρέπει να εφαρμόστηκε για πρώτη φορά εξαιτίας κάποιου λιμού[222]. Έτσι η προσφορά ζωοθυσιών δεν αποτελεί τον αρχικό τύπο της θυσίας.

Philosophy and Literature, Oxford, Oxford University Press, 2009, 51-52 καθώς τονίζει την τραγική ειρωνεία της πράξης. Ο πιστός θεωρεί ότι κάνει πράξη ευσέβειας αλλά αυτό που στην πραγματικότητα επιτελείται είναι φόνος και κανιβαλισμός. Ο Εμπεδοκλής εναντιώνεται στη θυσία των ζώων όχι γιατί τον ενοχλεί η σφαγή τους αλλά για το ενδεχόμενο να αποτελεί κάποιο από τα θύματα σύμφωνα με την ιδέα της μετενσάρκωσης συγγενικό πρόσωπο του ίδιου του θύτη.

221 «*ἡ γὰρ θυσία ὁσία τίς ἐστι κατὰ τοὔνομα. ὅσιος δὲ οὐδείς... πῶς γὰρ ὅσιον ἀδικουμένων τῶν ἀφαιρεθέντων;... οὐχ ὅσιον ἀφαιρουμένους τινῶν θύειν*», *Περὶ Εὐσεβείας*, 7, 14-19.
222 Βλ. Πορφύριου, *Περὶ Ἀποχῆς Ἐμψύχων*, 2, 9, 1.

Βρίσκουμε και στον ελληνικό κόσμο παρόμοια θέση με εκείνη που είδαμε στην Π.Δ. Κατά τον Θεόφραστο «*μᾶλλον τὸ δαιμόνιον πρὸς τὸ τῶν θυόντων **ἦθος** ἢ πρὸς τὸ τῶν θυομένων **πλῆθος** βλέπει*»[223]. Ο Οβίδιος επίσης αναφέρεται σε ένα μυθικό παρελθόν κατά το οποίο προσφέρονταν μόνο βότανα στους βωμούς. Αντίθετα με την υπόθεση του Πορφύριου, ο Οβίδιος δικαιολογεί την πρώτη θυσία ως ενέργεια τιμωρίας των ζώων από τους θεούς, επειδή κατέστρεψαν τα αγαπημένα τους φυτά[224]. Ο Πορφύριος, αν και αναφέρει φιλοσοφικές σχολές, θρησκευτικές ομάδες αλλά και περιπτώσεις ιδιωτών που εναντιώνονταν στο θυσιαστικό σύστημα, δεν αναφέρει πουθενά τους χριστιανούς. Κατά τον Πορφύριο είναι λάθος να σκοτώνεται ένα ζώο, το οποίο δεν βλάπτει σε τίποτα τον άνθρωπο για να προσφερθεί απλώς ως θυσία σε μια θεότητα[225]. Ο Πορφύριος υπερασπίζεται στο έργο του τα οικόσιτα ζώα, αλλά θεωρεί ότι τα άγρια θηρία έχουν κάτι εχθρικό και κακό από τη φύση τους. Εξαιρετικό ενδιαφέρον έχει η άποψη του Πορφύριου ότι η μόνη κατάλληλη λατρεία του ύψιστου θεού είναι η πνευματική θυσία[226]. Τη θέση αυτή βρίσκουμε λίγο νωρίτερα και στον Ιάμβλιχο[227]. Από διάφορες επίσης επιγραφές γνωρίζουμε ότι σε διάφορες περιοχές η κατάλληλη τελετουργική λατρεία ήταν η προσευχή και όχι η ζωοθυσία[228].

---

223 Πορφύριου, *Περὶ Ἀποχῆς Ἐμψύχων*, 2, 15, 10-12.
224 I. S. Gilhus, στο ίδιο, 138-139.
225 *Περὶ Ἀποχῆς Ἐμψύχων*, 2, 24, 14-15.
226 *Περὶ Ἀποχῆς Ἐμψύχων*, 2, 34, 11-13. Με τις άλλες θυσίες ευχαριστιούνται μόνο οι κακοί δαίμονες (2, 42, 10-43, 4).
227 *Περὶ τῶν Αἰγυπτίων Μυστηρίων*, 5, 14.
228 M.-Z. Petropoulou, στο ίδιο, 86.

Φύσις Θηρίων

Ο Φίλωνας αναφέρει επίσης τα απαράδεκτα φαινόμενα που συνόδευαν τις τελετουργικές θυσίες κατά τις εορτές[229]. Η όποια ατέλεια στο σώμα των θυσιαζόμενων ζώων αποδίδεται κατά τον Φίλωνα στην ατέλεια της ψυχής των πιστών[230]. Και οι δύο παραπάνω αναφορές του αφορούν τις θυσίες του εθνικού κόσμου και όχι των Ιουδαίων. Ο ίδιος όμως, αν και δεν απέρριπτε την επίσημη λατρεία στο Ναό της Ιερουσαλήμ, θεωρούσε ως καταλληλότερη θυσία την αυτοπροσφορά του ανθρώπου[231]. Αυτό στην Κ.Δ. εκφράζεται αμεσότερα στο Ρωμ. 12:1, όπου λέγεται ότι «*τὰ σώματα ὑμῶν θυσίαν ζῶσαν ἁγίαν εὐάρεστον τῷ θεῷ, τὴν λογικὴν λατρείαν ὑμῶν*». Ο Παύλος αποδίδει εδώ στο ανθρώπινο σώμα το ρόλο του θυσιαστήριου θύματος. Μόνο που για να ξεπεράσει το γεγονός ότι το ζώο κατά τη θυσία ήταν νεκρό χρησιμοποιεί την έκφραση «*θυσίαν ζῶσαν*».

Από τα παραπάνω φανερώθηκε ότι δεν έβλεπαν όλοι στον ελληνορωμαϊκό κόσμο τις ζωοθυσίες θετικά. Ας δούμε και την περίπτωση του Λουκιανού. Ο Λουκιανός διακωμωδεί το φαινόμενο της θυσιαστικής λατρείας λέγοντας ότι η ευλογία

---

[229] «*τοιαῦται τῶν λεγομένων εὐδαιμόνων αἱ ἑορταί. καὶ μέχρι μὲν ἐν οἰκίαις ἢ χωρίοις βεβήλοις ἀσχημονοῦσιν, ἧττον ἁμαρτάνειν μοι δοκοῦσιν· ἐπειδὰν δὲ ὥσπερ χειμάρρου φορὰ πάντῃ νεμηθεῖσα καὶ ἱερῶν τοῖς ἁγιωτάτοις προσπελάσασα βιάσηται, τὰ ἐν τούτοις εὐαγῆ πάντα εὐθὺς ἔρριψεν, ὡς ἀπεργάσασθαι θυσίας ἀνιέρους, ἱερεῖα ἄθυτα, εὐχὰς ἀτελεῖς, ἀμυήτους μυήσεις, ἀνοργιάστους τελετάς, νόθον εὐσέβειαν, κεκιβδηλευμένην ὁσιότητα, ἁγνείαν ἄναγνον, κατεψευσμένην ἀλήθειαν, βωμολόχον θεραπείαν θεοῦ*», Περὶ τῶν Χερουβὶμ καὶ τῆς Φλογίνης Ῥομφαίας καὶ τοῦ Κτισθέντος Πρώτου ἐξ Ἀνθρώπου Κάιν, 94.

[230] Περὶ τῶν Χερουβὶμ καὶ τῆς Φλογίνης Ῥομφαίας καὶ τοῦ Κτισθέντος Πρώτου ἐξ Ἀνθρώπου Κάιν, 96.

[231] «*...αὐτοὺς φέροντες πλήρωμα καλοκἀγαθίας τελειότατον τὴν ἀρίστην ἀνάγουσι θυσίαν, ὕμνοις καὶ εὐχαριστίαις τὸν εὐεργέτην καὶ σωτῆρα θεὸν γεραίροντες...*», Περὶ τῶν Ἀναφερομένων ἐν Εἴδει Νόμων, 1, 272.

Μέρος δεύτερο

των θεοτήτων είναι μια αγοραπωλησία μεταξύ του ιερατείου και των πιστών[232]. Αλλού παρομοιάζει τις θεότητες με μύγες που πέφτουν πάνω στα σφάγια[233], ενώ δεν παραλείπει να δείξει την ειρωνεία ότι οι συμμετέχοντες πρέπει να είναι καθαροί την ίδια στιγμή που ο ιερέας είναι βαμμένος με αίμα από το σφάγιο της θυσίας[234]. Όλες οι βάρβαρες αυτές ενέργειες αποκτούν νομιμότητα, καθώς εκτελούνται στο όνομα της ευσέβειας. Το ερώτημα λοιπόν ύστερα από όλα αυτά είναι πώς ήταν δυνατόν να αποκτήσει κανείς πνευματικότητα και να προσεγγίσει τη θεότητα μέσω μιας βίαιης τελετουργικής σφαγής; Την απάντηση τη δίνει ο ίδιος ο Λουκιανός. Όλα όσα τραγικά συμβαίνουν κατά τη θυσιαστική λατρεία οφείλονται στην ανοησία του ανθρώπου. Θα πρέπει να ομολογήσουμε όμως, ότι η απουσία οποιασδήποτε έκφρασης συμπόνιας προς τα θύματα ήταν γεγονός σε όλο τον αρχαίο κόσμο.

Οι παραπάνω συγγραφείς ασκούσαν πολεμική στην ιδέα ότι οι θεοί απαιτούσαν τη θυσία των ζώων. Οι θυσίες θεωρούνταν πράξεις θεραπείας των διαφόρων εκδοχών του κακού. Στη ρω-

232 «Οὕτως οὐδέν, ὡς ἔοικεν, ἀμισθὶ ποιοῦσιν ὧν ποιοῦσιν, ἀλλὰ πωλοῦσιν τοῖς ἀνθρώποις τἀγαθά, καὶ ἔνεστι πρίασθαι παρ' αὐτῶν τὸ μὲν ὑγιαίνειν, εἰ τύχοι, βοϊδίου, τὸ δὲ πλουτεῖν βοῶν τεττάρων, τὸ δὲ βασιλεύειν ἑκατόμβης, τὸ δὲ σῶον ἐπανελθεῖν ἐξ Ἰλίου εἰς Πύλον ταύρων ἐννέα», Λουκιανού, Περὶ Θυσιῶν, 2, 6-11.

233 Λουκιανού, Περὶ Θυσιῶν, 2, 5-9.

234 «καὶ τὸ μὲν πρόγραμμά φησι μὴ παριέναι εἰς τὸ εἴσω τῶν περιρραντηρίων ὅστις μὴ καθαρός ἐστιν τὰς χεῖρας· ὁ δὲ ἱερεὺς αὐτὸς ἔστηκεν ἡμαγμένος καὶ ὥσπερ ὁ Κύκλωψ ἐκεῖνος ἀνατέμνων καὶ τὰ ἔγκατα ἐξαιρῶν καὶ καρδιουλκῶν καὶ τὸ αἷμα τῷ βωμῷ περιχέων καὶ τί γὰρ οὐκ εὐσεβὲς ἐπιτελῶν;», Λουκιανού, Περὶ Θυσιῶν, 13, 1-7. Πρβλ. επίσης την πληροφορία του Παυσανία «μόνοις δὲ Ἑλλήνων Λακεδαιμονίοις καθέστηκεν Ἥραν ἐπονομάζειν **Αἰγοφάγον** καὶ αἶγας τῇ θεῷ θύειν», Ἑλλάδος Περιήγησις, 3, 15, 9, 1-2.

Φύσις Θηρίων

μαϊκή αυτοκρατορία οι αντιλήψεις αυτού του είδους συνδέθηκαν με το πρόσωπο του αυτοκράτορα και τον οίκο του από τη μία, αλλά και με ολόκληρη την αυτοκρατορία από την άλλη. Έτσι η ομαλή διεξαγωγή των θυσιών σε εθνικό επίπεδο συμβόλιζε την ενότητα της αυτοκρατορίας. Αυτήν ακριβώς την ενότητα απειλούσε η άρνηση των πρώτων χριστιανών να θυσιάσουν. Αν ληφθεί υπόψη και η περίπτωση των προλήψεων, μπορεί κανείς να αντιληφθεί την απειλή που αισθάνονταν οι Ρωμαίοι από τη στάση των Ιουδαίων και των μελών των χριστιανικών κοινοτήτων.

Για τους χριστιανούς αργότερα οι θεότητες των εθνικών θεωρήθηκαν ως κακοί δαίμονες και οι αιματηρές θυσίες κατανοήθηκαν ως τρόπος τροφής αυτών των δαιμόνων. Οι ίδιοι πνευματικοποίησαν την έννοια της θυσίας και εξ' αρχής απέκλεισαν οποιαδήποτε τέτοια θυσία στη λατρεία τους. Το σώμα των ζώων τώρα δεν έπαιζε κανένα ρόλο, αλλά το σώμα των ίδιων των χριστιανών συνδέθηκε με τη θυσία και ιδιαίτερα το σώμα του Χριστού[235]. Αυτή η εθελοντική προσφορά των χριστιανών σε αντίθεση με την παλιά θυσία των ζώων, βρήκε θεολογική στήριξη στην ιδέα του βαπτίσματος, το οποίο ερμηνεύτηκε ως θυσία με το συμβολικό θάνατο του πιστού και την εκ νέου του γέννηση.

Η Π.Δ. και ο ελληνορωμαϊκός κόσμος είχαν λοιπόν και διαφορετικές θέσεις απέναντι σε ένα κατεστημένο που συνδέονταν με τη θυσιαστήρια λατρεία. Η Κ.Δ. εκτός της αντίθεσής της στην τελετουργική σφαγή των ζώων χρησιμοποίησε τη σχετική ορολογία και την εικόνα της για να ερμηνεύσει το θάνατο του Χριστού. Αυτή η διαφορετική κατανόηση της θυσίας θα οδηγήσει αργότερα του μάρτυρες στην ταύτιση του δικού τους σώματος με το παλιότερα προσφερόμενο ζώο στο θυσια-

---
235 Ρωμ. 3:25· Α΄ Κορ. 5:7-8.

Μέρος δεύτερο

στήριο. Ο Ιγνάτιος Αντιοχείας θα κατανοήσει το μαρτύριο του ως θυσία[236]. Ο Πολύκαρπος Σμύρνης θα κάνει το ίδιο, έστω και αν δεν κατασπαράχθηκε από θηρία, όπως ο Ιγνάτιος, αλλά κάηκε ζωντανός. Αυτός ο τρόπος μαρτυρίου συνδέεται με τη θυσία ολοκαυτώματος[237]. Η ευχή από τη λειτουργία των Αποστολικών Διαταγών «*καὶ εὐδοκήσῃς ἐν αὐτοῖς εἰς τιμὴν τοῦ Χριστοῦ σου καὶ καταπέμψῃς τὸ ἅγιόν σου Πνεῦμα ἐπὶ τὴν θυσίαν ταύτην, τὸν μάρτυρα τῶν παθημάτων τοῦ Κυρίου Ἰησοῦ, ὅπως ἀποφήνῃ τὸν ἄρτον τοῦτον σῶμα τοῦ Χριστοῦ σου καὶ τὸ ποτήριον τοῦτο αἷμα τοῦ Χριστοῦ σου*»[238] είναι επίσης διαφωτιστική της αλλαγής στην θεώρηση της θυσίας στον χριστιανισμό.

Οι θυσίες των ζώων απασχόλησαν και τους απολογητές, προκειμένου να απαντήσουν στις κατηγορίες των εθνικών ότι οι χριστιανοί είναι άθεοι, αφού δεν πρόσφεραν θυσίες. Σύμφωνα με τον Ιουστίνο ο Θεός δεν χρειάζεται καμία απολύτως προσφορά (*θεὸς ἀνενδεής*)[239]. Ο Τατιανός έχει ενδιαφέρον κατά το 2ο αι.

---

236 «*μᾶλλον κολακεύσατε τὰ θηρία ἵνα μοι τάφος γένωνται... ἵνα διὰ τῶν ὀργάνων τούτων θυσία εὑρεθῶ*», Προς Ρωμαίους, 4:2. Βλ. γενικά για την αγιότητα του αίματος στη μετακαινοδιαθηκική γραμματεία τη μελέτη του Π. Υφαντή, «Η Αγιότητα του Αίματος. Το Μαρτύριο ως Εκκλησιαστική Μαρτυρία και Εκκλησιολογική Πρόκληση», στο *Η Αγιότητα του Μαρτυρίου και η Μαρτυρία της Αγιότητας*. Θεολογικά Μελετήματα, Θεσσαλονίκη 2009, 31-32.

237 «*Οἱ δὲ οὐ καθήλωσαν μέν προσέδησαν δὲ αὐτόν ὁ δὲ ὀπίσω τὰς χεῖρας ποιήσας καὶ προσδεθεὶς ὥσπερ κριὸς ἐπίσημος ἐκ μεγάλου ποιμνίου εἰς προσφορὰν ὁλοκαύτωμα δεκτὸν τῷ θεῷ*», Μαρτύριον τοῦ Ἁγίου Πολυκάρπου, 14:1.

238 *Διαταγαὶ τῶν Ἁγίων Ἀποστόλων διὰ Κλήμεντος*, 8, 12, 261-264. Βλ. επίσης στο ίδιο κείμενο «*εὐαρεστεῖν δέ σοι ἐν πραότητι καὶ καθαρᾷ καρδίᾳ, ἀτρέπτως, ἀμέμπτως, ἀνεγκλήτως προσφέροντά σοι καθαρὰν καὶ ἀναίμακτον θυσίαν, ἣν διὰ Χριστοῦ διετάξω, τὸ μυστήριον τῆς καινῆς διαθήκης, εἰς ὀσμὴν εὐωδίας διὰ τοῦ ἁγίου Παιδός σου Ἰησοῦ Χριστοῦ τοῦ Θεοῦ καὶ σωτῆρος ἡμῶν*», 8, 5, 39-43.

239 Ιουστίνου, *Πρὸς Τρύφωνα Ἰουδαῖον Διάλογος* 22, 1, 2-3.

Φύσις Θηρίων

μ.Χ., διότι κάνει μια εντυπωσιακή ταύτιση των ζωοθυσιών με την εκτέλεση των μονομάχων στην αρένα. Όπως οι ζωοθυσίες αποτελούσαν τη δικαιολόγηση της κρεοφαγίας κατά τον ίδιο τρόπο οι μονομάχοι υποχρεώνονταν να σκοτώνονται μεταξύ τους για να απολαύσουν οι πολίτες αιματηρά θεάματα[240]. Κατά τον Τατιανό δεν υπάρχει τίποτα το ευσεβές σε μια ζωοθυσία.

Από την άλλη, οφείλουμε να παραδεχτούμε ότι και η πολεμική των χριστιανών κατά της θυσίας των ζώων στις λατρείες των εθνικών δεν γινόταν εξαιτίας της συμπόνιας στα ζώα και συνεπώς ούτε λόγω χορτοφαγικής επιλογής, αλλά εναντίον της προσφοράς σε είδωλα και ανύπαρκτες θεότητες. Εξαίρεση σε αυτή τη γενική στάση αποτελεί ο Αρνόβιος[241] κατά τον 4º αι. μ.Χ. Αυτός έχει επηρεαστεί από τις νεοπλατωνικές ιδέες του Πλούταρχου και του Πορφύριου. Κατά τον Αρνόβιο οι θυσίες των ζώων προϋποθέτουν θεότητες με ανθρωπομορφικά χαρακτηριστικά και ομοίως με τον Λουκιανό επικρίνει την ιδέα ότι οι θεότητες ευχαριστιούνται με το θυσιαστικό σύστημα και τη σφαγή των ζώων. Οι εκκλησιαστικοί συγγραφείς κατά τους πρώτους αιώνες δεν δείχνουν συμπάθεια για τα ζώα, αλλά αντίθετα επιθυμούν να τα αποκλείσουν από τα θρησκευτικά δρώμενα ως ξένα προς το σωτηριολογικό σκοπό του ανθρώπου και του κόσμου[242].

---

240 «θύετε ζῷα διὰ τὴν κρεωφαγίαν καὶ ἀνθρώπους ὠνεῖσθε τῇ ψυχῇ [διὰ] τὴν ἀνθρωποσφαγίαν παρεχόμενοι, τρέφοντες αὐτὴν αἱματεκχυσίαις ἀθεωτάταις. ὁ μὲν οὖν ληστεύων φονεύει χάριν τοῦ λαβεῖν, ὁ δὲ πλουτῶν μονομάχους ὠνεῖται χάριν τοῦ φονεῦσαι», *Πρὸς Ἕλληνας*, 23, 2, 7-11.

241 Βλ. σχετικά I. S. Gilhus, στο ίδιο, 151-154. Ο Αρνόβιος γράφει εναντίον των εθνικών κατά το διωγμό του Διοκλητιανού, όταν οι χριστιανοί σφαγιάζονταν σαν τα θυσιαστήρια ζώα.

242 I. S. Gilhus, *Animals, Gods and Humans*, 149.

167

Μέρος δεύτερο

Το γνωστικό *Ευαγγέλιο Φιλίππου* ανάγεται στον 3° αι. μ.Χ. και είναι το μόνο απόκρυφο κείμενο το οποίο συγκρίνει τις θυσίες των εθνικών και των χριστιανών. Οι στωικές ιδέες για τα ζώα στο κείμενο είναι εμφανείς. Η λέξη «*θηρίον*» χρησιμοποιείται παντού στο κείμενο μεταφορικά με αρνητική πάντα σημασία. Όταν ένας άνθρωπος χαρακτηρίζεται με αυτόν τον όρο σημαίνει ότι αυτός είναι εθνικός ή δεν έχει καμία πνευματική γνώση. Κατά τον συντάκτη του συγκεκριμένου αποκρύφου οι θυσίες δημιουργήθηκαν για να υποδουλώσουν τον άνθρωπο και να τον κάνουν να λατρεύει δυνάμεις που δεν είναι θεότητες[243]. Η γνωστική διδασκαλία ότι οποιαδήποτε ενέργεια συνδέεται με την ύλη είναι απαραίτητα εκδήλωση του κακού, διαφαίνεται εδώ ολοφάνερα. Το *Ευαγγέλιο Φιλίππου* όμως, σημειώνει με μοναδικό τρόπο την αλλαγή από τη θυσία των ζώων στη συμβολική θυσία των χριστιανών. Σε ένα σημείο διαβάζουμε «*Ο Θεός είναι ανθρωποφάγος. Γι' αυτό οι άνθρωποι θυσιάζονται σ' αυτόν. Πριν τους ανθρώπους ως θύματα θυσιάζονταν ζώα, γιατί αυτοί στους οποίους θυσιάζονταν δεν ήταν θεοί*»[244]. Ο συντάκτης του κειμένου πάντως, όπως και οι περισσότεροι συγγραφείς στους οποίους ανατρέξαμε προηγουμένως, δεν δείχνει και αυτός επίσης κανένα ενδιαφέρον για τα αληθινά ζώα.

Με το πέρασμα του χρόνου η Εκκλησία ενισχύθηκε, ο αριθμός των μελών της αυξήθηκε σημαντικά και οι θυσίες, τουλάχιστον οι δημόσιες, είχαν ήδη αρχίσει να περιορίζονται.

---

243 Το κείμενο περιέχεται στην έκδοση του Σ. Αγουρίδη, *Χριστιανικός Γνωστικισμός: Τα Κοπτικά Κείμενα του Nag Hammadi στην Αίγυπτο*, Αθήνα, 2004, 97-123. Βλ. 55, 1-2 και 63, 5.

244 62, 35-63, 5.

Φύσις Θηρίων

Ο ιουδαϊκός κόσμος είχε χάσει το Ναό του και δεν υπήρχε πλέον καμία θυσιαστική δραστηριότητα σε αυτόν. Ο Μέγας Κωνσταντίνος με διάταγμα το 321 μ.Χ. απαγόρευσε τις θυσίες των εθνικών και αυτό δεν ήταν παρά η πρόγευση αυτού που θα ακολουθούσε λίγο αργότερα. Το 381 μ.Χ. η προσφορά ζωοθυσιών σταμάτησε οριστικά στην αυτοκρατορία με τον θεοδοσιανό κώδικα[245]. Ο λόγος και πάλι δεν ήταν η ευαισθησία των χριστιανών απέναντι στα ζώα, αλλά η ιδέα ότι η τελετουργική σφαγή των ζώων συνδεόταν με το ειδωλολατρικό παρελθόν και έπρεπε να εξαφανιστεί ως πρακτική από μια αυτοκρατορία που ήταν τώρα χριστιανική. Οι ζωοθυσίες επανήλθαν στο προσκήνιο για λίγο στις ημέρες του Ιουλιανού για να εξαφανιστούν και πάλι μετά το θάνατό του.

Ύστερα απ' όσα προηγήθηκαν συμπεραίνουμε τώρα ότι όλες οι διαφορετικές φωνές που ήταν επικριτικές στις θυσίες των ζώων χρησιμοποιούσαν τα ίδια σχεδόν επιχειρήματα. Στις αρχαιότερες κοινωνίες η αγροτική οικονομία, η εκτροφή των οικόσιτων ζώων και η λατρεία είχαν μια περίπλοκη σύνδεση μεταξύ τους. Στο ερώτημα αν ήταν ο χριστιανισμός η αιτία της οριστικής παύσης των θυσιών η απάντηση είναι καταφατική, αν ληφθεί υπόψη ότι το διάταγμα του Θεοδοσίου του Α΄ κατέστησε κάθε αιματηρή θυσιαστική πράξη παράνομη στην αυτοκρατορία. Οι πολιτικές και οικονομικές όμως αλλαγές επηρέασαν επίσης το φαινόμενο. Η διάκριση μεταξύ των βαρβαρικών

---

245 Ο Θεοδόσιος ο Α΄ απαγόρευσε οποιαδήποτε θυσία και μαντεία με την απειλή του θανάτου και της δήμευσης της περιουσίας των παραβατών (21 Δεκεμβρίου 381 μ.Χ.). Ο Θεοδόσιος ο Β΄ εξέδωσε το θεοδοσιανό κώδικα το 438 μ.Χ. Βλ. 16, 10, 7 (Ο κώδικας σε ψηφιακή μορφή στη λατινική: http://ancientrome.ru/ius/library/codex/theod/liber16.htm#10).

Μέρος δεύτερο

φύλων του Βορρά και των Ρωμαίων με κριτήριο το θυσιαστικό σύστημα και τη βρώση του κρέατος εκτιμάται ότι έπαιξε και αυτή κάποιο ρόλο. Ο χριστιανισμός ως νέα θρησκεία, στην οποία δεν υπήρχε καμία ζωοθυσία, έγινε σταδιακά η επικρατέστερη θρησκεία της αυτοκρατορίας. Έτσι ίσως εξηγείται η απότομη διακοπή της λατρείας του αυτοκράτορα από τον Μέγα Κωνσταντίνο. Ο χριστιανισμός εμφανίστηκε κατά συνέπεια για την αυτοκρατορία ως η καταλληλότερη θρησκεία, απαλλαγμένη από τις ζωοθυσίες και το υπέρογκο κόστος τους. Η μόνη θυσία της Εκκλησίας ήταν η ευχαριστία, ήταν αναίμακτη και συμβόλιζε το θάνατο του Χριστού[246]. Για την τέλεσή της δεν απαιτούνταν καμία αντιπροσωπευτική ζωοθυσία.

---

246 Για την «ευχαριστιακή» ή «διαθηκική» ερμηνεία του θανάτου του Ιησού βλ. Π. Βασιλειάδη, *Παύλος. Τομές στη Θεολογία του*, ΒΒ 31, Θεσσαλονίκη 2004, 87-91.

4. Θεάματα και θηρία. Η περίπτωση του Α΄ Κορ. 15:32

Στο μέρος αυτό της μελέτης μετά την τελετουργική σφαγή των οικόσιτων ζώων θα ασχοληθούμε με τη δημόσια χρήση των άγριων ζώων στο ρωμαϊκό κόσμο προκειμένου να προσφερθεί αιματηρό θέαμα. Στο Α΄ Κορ. 15:32 ο Παύλος αναφέρεται σε κάποια θηριομαχία, έστω και αν δεν πήρε μέρος στην πραγματικότητα σε μια τέτοια κατάσταση. Η φράση του Παύλου «*εἰ κατὰ ἄνθρωπον ἐθηριομάχησα ἐν Ἐφέσῳ*» εξακολουθεί μέχρι σήμερα να προκαλεί τους ερευνητές να διαπιστώσουν αν αυτή χρησιμοποιείται με μεταφορική ή κυριολεκτική σημασία. Όπως και να 'χει η παραπάνω φράση φανερώνει μια διαφορετική αντιμετώπιση των ζώων κατά την εποχή του απ. Παύλου στο ρωμαϊκό κόσμο ως μέρος των δημόσιων θεαμάτων στα αμφιθέατρα. Το Α΄ Κορ. 15:32 αποτελεί τη μοναδική αναφορά σε κάποια πάλη του Παύλου με θηρία. Πουθενά αλλού στις αδιαμφισβήτητες ή στις δευτεροπαύλειες επιστολές ή ακόμη στις Πράξεις δεν αναφέρεται κάποιο σχετικό περιστατικό. Συχνά σημειώνεται από τους ερμηνευτές του Παύλου ότι η αναφορά σε κάποια θηριομαχία στην Έφεσο θα πρέπει να ληφθεί με μεταφορική σημασία[247], αναφερόμενη στους κινδύνους και τις δυσκολίες που αντιμετώπισε στην Έφεσο, αφού στη λίστα με τα παθήματα του αποστόλου, τα οποία αναφέρονται στο Β΄ Κορ. 11:23–29 δεν γίνεται καμία μνεία θηριομαχίας[248]. Μόνο

---
247 Βλ. σχετικά G. Williams, «An Apocalyptic and Magical Interpretation of Paul's 'Beast Fight' in Ephesus (1 Corinthians 15:32)», *JTS* 57 (2006) 42-43· R. M. Grant, *Early Christians and Animals*, London, New York, Routledge, 1999, 16.
248 Βλ. Σ. Αγουρίδη, *Αποστόλου Παύλου Πρώτη προς Κορινθίους Επι-*

Μέρος δεύτερο

μια νύξη σε κάποιο μεγάλο κίνδυνο, μοναδικό στο είδος του, λέγεται ότι πέρασε ο Παύλος στην Έφεσο στο Β΄ Κορ. 1:8. Ίσως και τα γενικά λόγια που συναντάμε στο Β΄ Κορ. 6:9 να αποτελούν κάποια σχετική ένδειξη. Τίποτα όμως δεν μπορεί να υποστηριχθεί με βεβαιότητα.

Το ρήμα «*θηριομαχέω*» δηλώνει πάλη με άγρια ζώα (*θηρία* στα ελληνικά, *bestia* στα λατινικά). Τις περισσότερες φορές η θηριομαχία αυτή κατανοείται ως η πάλη ενός ανθρώπου με κάποιο άγριο θηλαστικό σε δημόσιο θέαμα στην αρένα. Ως θηριομαχία όμως, κατανοείται επίσης και η ποικιλότροπη αντιμετώπιση των μεγάλων αρπακτικών θηλαστικών από τους κτηνοτρόφους προκειμένου να διασώσουν τα κοπάδια των ζώων τους[249]. Το «*θηριομάχης*» ή «*θηριομάχος*» είναι το αντίστοιχο του λατινικού «*bestiarius*» και αφορά πάντα αυτόν που μάχεται με τα θηρία στην αρένα ενός σταδίου. Στην Κ.Δ. το ρήμα χρησιμοποιείται μόνο εδώ, αλλά απαντάται στις επιστολές του Ιγνατίου Αντιοχείας[250] και στο *Μαρτύριο Πολυ-*

στολή, ΕΚΔ 7, Θεσσαλονίκη, 2011, 268 και H. Conzelmann, *1 Corinthians: A Commentary on the First Epistle to the Corinthians*, (μτφρ. J. W. Leitch), Hermeneia, Philadelphia, Fortress Press, 1975, 277. Λόγω της ιδιότητας του Ρωμαίου πολίτη που είχε ο Παύλος δεν θα μπορούσε να ριχτεί στα θηρία, εκτός αν την είχε χάσει. Υπάρχουν όμως και περιστατικά, στα οποία Ρωμαίοι πολίτες ρίχνονται στα θηρία. Βλ. σχετικά C. R. Bowen, «I Fought with Beasts at Ephesus», *JBL* 42 (1923) 64.

249 Βλ. χαρακτηριστικά Διόδωρου Σικελιώτη, *Βιβλιοθήκη Ἱστορικὴ*, 3, 43, 7.

250 Βλ. ενδεικτικά «... *τοῦ κοινοῦ ὀνόματος καὶ ἐλπίδος, ἐλπίζοντα τῇ προσευχῇ ὑμῶν ἐπιτυχεῖν ἐν Ῥώμῃ* **θηριομαχῆσαι**», Πρὸς Ἐφεσίους, 1:2 «... *τί δὲ καὶ εὔχομαι* **θηριομαχῆσαι**; *δωρεὰν οὖν ἀποθνήσκω. ἄρα οὖν καταψεύδομαι τοῦ κυρίου*», Πρὸς Τραλλιανοῖς, 10:1. Αν και ο Ιγνάτιος ρίχτηκε στα λιοντάρια, η φράση «*Ἀπὸ Συρίας μέχρι Ῥώμης* **θηριομαχῶ**, *διὰ γῆς καὶ θαλάσ-*

Φύσις Θηρίων

*κάρπου*²⁵¹. Σύμφωνα με σχετική αναζήτηση στο Θησαυρό της Ελληνικής Γλώσσας (TLG) ο τύπος «*ἐθηριομάχησα*» απαντάται μόνο σε μεταγενέστερα χριστιανικά κείμενα εκκλησιαστικών συγγραφέων, τα οποία όλα παραθέτουν τη φράση του Παύλου. Ο τύπος «*ἐθηριομάχησε*» χρησιμοποιείται από τον Αρτεμίδωρο το 2° αι. μ.Χ. όταν αυτός αναφέρεται σε κάποιον κατάδικο, ο οποίος δέθηκε σε έναν πάσσαλο για να φαγωθεί από μια αρκούδα²⁵². Ο τεχνικός αυτός όρος αποδίδεται και στην Θέκλα τρεις φορές στο απόκρυφο κείμενο *Πράξεις Παύλου και Θέκλας* και αποτελεί έτσι τη μοναδική περίπτωση που αυτός συνδέεται με γυναίκα²⁵³.

Η φράση «*κατὰ ἄνθρωπον*» που προηγείται δυσκολεύει ακόμη περισσότερο την ερμηνεία του Α΄ Κορ. 15:32 αλλά και τη μετάφραση. Η έκδοση της ΕΒΕ έχει αποδώσει το πρώτο μισό του στίχου ως «*αν ήταν ανθρώπινα τα κίνητρα της πάλης μου με τα θηρία στην Έφεσο, ποιο ήταν το κέρδος μου;*». Εδώ θα πρέπει να σημειώσουμε ότι οι ερμηνευτές πατέρες βρήκαν

σης, νυκτὸς καὶ ἡμέρας, ἐνδεδεμένος δέκα λεοπάρδοις» *Πρὸς Ῥωμαίους*, 5:1 δεν έχει κυριολεκτική σημασία.

251 Στο 3:1 διαβάζουμε «*... ἐπερρώννυεν αὐτῶν τὴν δειλίαν διὰ τῆς ἐν αὐτῷ ὑπομονῆς· ὃς καὶ ἐπισήμως* **ἐθηριομάχησεν***»*.

252 «*Ἔδοξέ τις μεταμορφωθεὶς ἀρκτόχειρ γεγονέναι. καταδικασθεὶς τὴν ἐπὶ θανάτῳ ἐθηριομάχησε καὶ προσδεθεὶς ξύλῳ ἐβρώθη ὑπὸ ἄρκτου*», *Ὀνειροκριτικά*, 5, 49, 1-3.

253 Βλ. 30, 3· 35, 6· 36, 5. Σωστά η J. E. Spittler, *Animals in the Apocryphal Acts of the Apostles: The Wild Kingdom of Early Christian Literature*, WUNT 247, Tübingen, Mohr Siebeck, 2008, 179 σημειώνει ότι αν και άλλες γυναίκες και μάλιστα χριστιανές ρίχτηκαν στα λιοντάρια και συνεπώς θηριομάχησαν, ο όρος «*θηριομάχος*» αποδίδεται μόνο στη Θέκλα. Στην πραγματικότητα όμως τα θηρία δεν άγγιξαν την Θέκλα και έτσι δεν θηριομάχησε αλλά προβλήθηκε ως νικήτρια.

πιο ενδιαφέρουσα τη φράση του «*φάγωμεν καὶ πίωμεν, αὔριον γὰρ ἀποθνήσκομεν*», η οποία παραπέμπεται πιθανότατα από το Ησ. 22:13 στο Α΄ Κορ. 15:32β από το «*εἰ κατὰ ἄνθρωπον ἐθηριομάχησα ἐν Ἐφέσῳ*» και έτσι δεν σχολιάζουν την περίπτωση της θηριομαχίας του Παύλου.

Από την άλλη, ο MacDonald θεωρεί ότι για τη δυσκολία στην απόδοση και ερμηνεία των στίχων 15:31-32 ευθύνεται η φράση «*ἣν ἔχω ἐν Χριστῷ Ἰησοῦ τῷ κυρίῳ ἡμῶν*» στο 15:31γ, την οποία θεωρεί παρεμβολή[254]. Η παρεμβολή έγινε για να εναρμονιστεί η πληροφορία του στίχου 32α, την οποία αποδίδει σε κάποιον θρύλο, γνωστό στους Κορίνθιους με το Β΄ Τιμ. 4:17. Χωρίς το 15:31γ δίνεται η εντύπωση ότι οι Κορίνθιοι είναι εκείνοι που ισχυρίζονται ότι ο απόστολος θηριομάχησε στην Έφεσο. Αν όμως ο Παύλος είχε στην πραγματικότητα θηριομαχήσει στην αρένα το σίγουρο είναι ότι δεν θα είχε επιζήσει για να διηγηθεί το περιστατικό. Εκτός αν δεν ήταν ο ίδιος το θύμα, αλλά ένας επαγγελματίας εκτελεστής των θηρίων στην αρένα (*bestiarius*) σύμφωνα με τη ρωμαϊκή συνήθεια να ανατίθεται σε ειδικούς η θεαματική εξολόθρευση των άγριων ζώων στην αρένα των αμφιθεάτρων.

Αν ο Παύλος είχε κυριολεκτικά παλέψει με θηρία ως θύμα που ρίχτηκε σε αυτά θα υπήρχε περίπτωση να γλυτώσει και να βγει από την αρένα ζωντανός; Ο Ιγνάτιος φαίνεται πως γνωρίζει περιπτώσεις, στις οποίες τα θηρία αρνούνταν για διάφορους λόγους να επιτεθούν στα θύματα (*Προς Ρωμαίους*, 5:2), αν και μπορεί να αναφέρεται στην περίπτωση του

---

254 D. R. MacDonald, «A Conjectural Emendation of 1 Cor 15:31-32: Or the Case of the Misplaced Lion Fight», *HTR* 73 (1980) 265, 267 και 272.

Δανιήλ ή του Διονύσου. Πιθανότερο όμως είναι να πρόκειται για προφορική διάδοση σχετικών περιστατικών της εποχής του, στα οποία τα θύματα ήταν και χριστιανοί. Αργότερα στις *Πράξεις Παύλου και Θέκλας* έχουμε παρόμοια περίπτωση. Η Θέκλα ρίχνεται στα θηρία και μάλιστα σε πολλά και διαφόρων ειδών, αφού δεν κομματιάζεται από αυτά. Μέχρι και φώκιες αναφέρονται στη διήγηση, αν και κάτι τέτοιο δεν μαρτυρείται σε άλλα κείμενα. Πιθανώς ο συντάκτης του συγκεκριμένου αποκρύφου να μην είχε δει ποτέ φώκιες και να τις θεωρούσε επιθετικές. Οι φώκιες δεν είναι επιθετικά ζώα και έτσι δεν χρησιμοποιούνταν στην αρένα παρά μόνο για να προσφέρουν μαχητικά θεάματα με άλλα ζώα. Γνωρίζουμε ότι το 57 μ.Χ. ο Νέρωνας πρόσφερε θεάματα με ζώα, στα οποία περιλαμβάνονταν και φώκιες να αντιμετωπίζουν πολικές αρκούδες[255]. Ίσως αυτό να ήταν μοναδική περίπτωση.

Το Α΄ Κορ. 15:32 θα πρέπει να κατανοηθεί ως υποθετική διατύπωση χωρίς να αποκοπεί από τη συνάφειά του. Στόχος του Παύλου εδώ είναι να αποδείξει την ύπαρξη της αληθινής ζωής και όχι της πρόσκαιρης, καθώς το θέμα της ενότητας είναι η ανάσταση. Ο Παύλος δεν υπήρξε θηριομάχος (*bestiarius* ή *venator*) στην κυριολεξία. Το Α΄ Κορ. 15:32 όμως εξακολουθεί ν' αποτελεί *crux interpretum* για τους ερμηνευτές της επιστολής. Και ενώ η μεταφορική του κατανόηση προτιμάται από τους περισσότερους ερμηνευτές σε σύνδεση με το περιστατικό του αργυροχόου Δημητρίου στο Πραξ. 19:24-41, δεν λείπουν και εκείνοι που προτιμούν μία κυριολεκτική ερμηνεία[256], συν-

---

255 J. E. Spittler, *Animals in the Apocryphal Acts of the Apostles*, 181.
256 Βλ. C. R. Bowen, στο ίδιο, 66-67. Κατά τον Bowen και το Α΄ Κορ. 4:9 μπορεί να αποτελεί νύξη στο περιστατικό της θηριομαχίας. Πρβλ. R. E.

δέοντας μάλιστα συχνά το Α΄ Κορ. 15:32 με την πληροφορία του Β΄ Τιμ. 4:17 «καὶ ἐρρύσθην ἐκ στόματος λέοντος». Μερικοί από τους αρχαίους εκκλησιαστικούς συγγραφείς, ήδη από τον 2º αι. μ.Χ., προτιμούν επίσης μια κυριολεκτική ερμηνεία[257]. Ωστόσο το παραπάνω χωρίο επικαλούνται συχνά όσοι ερμηνευτές προτιμούν τη μεταφορική χρήση της φράσης «εἰ κατὰ ἄνθρωπον ἐθηριομάχησα ἐν Ἐφέσῳ» από τον Παύλο. Ο Ιγνάτιος Αντιοχείας για παράδειγμα στην *Προς Ρωμαίους* (5:1) φαίνεται ότι χρησιμοποιεί την ίδια γλώσσα με μεταφορική σημασία, όπως προδίδει η ενεστωτική χρήση του ρήματος, αφού παρουσιάζει το στρατιωτικό τάγμα για το οποίο κάνει λόγο σαν να πρόκειται για δέκα λεοπαρδάλεις. Προφανώς έχει υπόψη του το συγκεκριμένο στίχο από την Α΄ Κορινθίους. Ο Τερτυλλιανός από την άλλη, δέχεται τη μεταφορική χρήση της φράσης και θεωρεί ότι με τη μεταφορά αυτή ο Παύλος αναφέρεται στους χειρότερους και πιο επικίνδυνους εχθρούς του κατά τη διαμονή του στην Έφεσο. Η εικόνα της θηριομαχίας λειτουργεί έτσι με μεγάλη επιτυχία, αφού εκφράζει το μέγεθος του κινδύνου που αντιμετωπίζει οποιοσδήποτε θ' αντιμετώπιζε ένα σαρκοφάγο θηλαστικό.

Στο σημείο αυτό θα πρέπει να εξετάσουμε το υπόβαθρο του Α΄ Κορ. 15:32 εκτενέστερα και να δούμε ποια περίπτωση δημόσιας θηριομαχίας ταιριάζει με τη συνάφεια του στίχου. Τα άγρια ζώα χρησιμοποιούνταν από τους Ρωμαίους με δύο τρόπους στην αρένα. Τα άγρια θηλαστικά και όχι μόνο[258], αφού

Osborne, «Paul and the Wild Beasts», *JBL* 85 (1966) 225.

257 Ο Ιππόλυτος, ο Αμβροσιαστής, ο Θεοδώρητος Κύρου και αργότερα ο Έρασμος, ο Λούθηρος και ο Καλβίνος αποτελούν ενδεικτικές περιπτώσεις.

258 Στα θεάματα αυτά χρησιμοποιούνταν ακόμη και κροκόδειλοι ή με-

συλλαμβάνονταν από ειδικούς κυνηγούς μεταφέρονταν στην πρωτεύουσα της αυτοκρατορίας, καθώς και σε άλλες μεγαλουπόλεις[259] και στη συνέχεια είτε εξοντώνονταν μαζικά στην αρένα (*venationes*), είτε χρησιμοποιούνταν για να επιτεθούν και να κατασπαράξουν τους κατάδικους (*damnatio ad bestias*). Κατά την εποχή της Κ.Δ. στη Ρώμη άγρια ζώα εκτίθενται σε δημόσια θεάματα στην αρένα και σκοτώνονται σε μεγάλους αριθμούς. Κατά τα εγκαίνια του Κολοσσαίου στη Ρώμη το 81 μ.Χ. τα θεάματα διαρκούσαν για εκατό ημέρες. Κατά τη διάρκειά τους εκτελέστηκαν εννέα χιλιάδες άγρια ζώα. Μπορεί βέβαια αυτή η περίπτωση να αποτελεί εξαίρεση, αλλά ο συνολικός αριθμός των ζώων που εισάγονταν για το σκοπό αυτό και εξολοθρεύονταν σε δημόσια θέα σε ετήσια βάση είναι τρομακτικός. Ο ερώτημα τώρα είναι γιατί αυτό το μένος απέναντι στην άγρια και εξωτική κυρίως ζωή; Αυτή η δημόσια εκτέλεση των άγριων θηρίων στηρίζεται σε μια κοινή στον αρχαίο κόσμο αντίληψη: Τα ζώα φέρονται εχθρικά το ένα στο άλλο και απέναντι στον άνθρωπο. Συνεπώς αποτελούν απειλή που πρέπει να εξαφανιστεί. Ο Πλούταρχος αλλά και ο Πορφύριος, αν και είναι υπερασπιστές των ζώων, δέχονται ότι τα άλογα ζώα που είναι από τη φύση τους άδικα και σατανικά πρέπει να εξοντώνονται[260]. Η θέση αυτή βέβαια αφορά τα άγρια και όχι τα οικόσιτα ζώα. Δικαιοσύνη απέναντι στα ζώα σημαίνει να τους

γάλα φίδια και γι' αυτό έχουμε σχετικές παραστάσεις σε μωσαϊκά δάπεδα. Περίεργο είναι ότι οι λύκοι δεν συνηθίζονταν.
259 K. Jazdzewska, «Not an «Innocent Spectacle»: Hunting and Venationes in Plutarch's De Sollertia Animalium», *Ploutarchos* 7 (2009-2010) 39.
260 Πορφυρίου, *Περὶ Ἀποχῆς Ἐμψύχων*, 2, 22, 11-20.

φέρεται ο άνθρωπος ακριβώς όπως φέρονται εκείνα σε αυτόν. Αυτονόητο είναι ότι όποιος κατόρθωνε να εξοντώνει άγρια ζώα (όσο μεγαλύτερα ή περισσότερα τόσο καλύτερα) η φήμη του λειτουργούσε ως πρότυπο ισχύος. Ας δούμε ένα παράδειγμα. Το γεγονός ότι οι λέαινες ήταν άφοβες και μάχονταν με τρομερή δύναμη ήταν γνωστό στην αρχαιότητα. Όποιος λοιπόν κατόρθωνε να τις αιχμαλωτίσει ή να τις σκοτώσει κέρδιζε τον θαυμασμό. Ο Αιλιανός αναφέρει ένα περιστατικό, στο οποίο ο βασιλιάς της Μακεδονίας Περδίκκας κατόρθωσε να κλέψει τα μικρά από τη φωλιά μιας λέαινας και έτσι αναγνωρίστηκε ως ιδιαίτερα γενναίος[261]. Στο ίδιο σημείο του κειμένου αναφέρεται και η βασίλισσα των Ασσυρίων Σεμίραμις, η οποία δεν θεωρήθηκε σπουδαία όταν αιχμαλώτισε ένα λιοντάρι, ούτε όταν σκότωσε έναν πάνθηρα, αλλά όταν σκότωσε μια λέαινα. Δεν είναι τυχαίο ότι από τον Δομιτιανό και έπειτα, οι αυτοκράτορες άρχισαν να παρουσιάζονται τόσο στα κείμενα, όσο και στην τέχνη ως ικανότατοι και τολμηροί κυνηγοί. Νωρίτερα πολλοί αυτοκράτορες με τον Καρακάλλα να υπερέχει σε αυτό, διατηρούσαν εξημερωμένα λιοντάρια ως ένδειξη ισχύος.

Τα θεάματα αυτά διαμορφώθηκαν κατά τη διάρκεια της ρωμαϊκής αυτοκρατορίας, καθώς άγρια και εξωτικά ζώα μεταφέρονταν από τις επαρχίες στην πρωτεύουσα. Το επιγραφικό υλικό που έχει διασωθεί μαρτυρεί ότι η σύλληψη και η μεταφορά των άγριων ζώων για την αρένα εκτείνονταν από τη Βρετανία μέχρι την περιοχή του Ευφράτη. Ήδη το 186 π.Χ. μαρτυρείται ένα τέτοιο θέαμα με λιοντάρια και πάνθηρες[262]. Τα ζώα συλλαμ-

---

261 Βλ. *Ποικίλη Ιστορία*, 12, 39.
262 Βλ. I. S. Gilhus, *Animals, Gods and Humans: Changing Attitudes to Animals in Greek, Roman, and Early Christian Thought*, London, Rout-

βάνονταν με διάφορα μέσα από ειδικούς κυνηγούς, οι οποίοι ανήκαν στο ρωμαϊκό στρατό και είχαν αυτήν την αρμοδιότητα (*venatores imunnes*), όπως προκύπτει από το επιγραφικό και παπυρικό υλικό που έχει διασωθεί[263] και όχι από εμπόρους ζώων. Οι στρατιώτες αυτοί απαλλάσσονταν από άλλα καθήκοντα και εξειδικεύονταν στο κυνήγι των άγριων ζώων[264]. Νωρίτερα οι διοικητές διαφόρων περιοχών είχαν την ευθύνη να προμηθεύσουν τους αυτοκράτορες με εξωτικά άγρια ζώα για τα θεάματα αυτά. Ο Ιούλιος ο Αφρικανός, αν και γράφει κατά το πρώτο μισό του 3ου αι. μ.Χ. και συνεπώς είναι μεταγενέστερος της εποχής της Κ.Δ., μας πληροφορεί για τον τρόπο που συλλαμβάνονταν τα λιοντάρια από τους στρατιώτες ως άσκηση με λεπτομέρειες[265]. Σίγουρα όμως η συγκεκριμένη στρατηγική σύλληψης των μεγάλων σαρκοφάγων θηλαστικών θα εφαρμοζόταν και νωρίτερα. Στους παπύρους που έχουν διασω-

---

ledge, 2005, 31. Η χρήση των ζώων για ψυχαγωγία βέβαια μπορεί να αναχθεί στο 1500 π.Χ. με τα ακροβατικά αθλήματα και τους ταύρους στην Κρήτη.

263 Βλ. την εξαιρετική εργασία του C. Epplett, «The Capture of Animals by the Roman Military», *Greece & Rome* 48 (2001) 210-222.

264 Δύο επιγραφές που έχουν ανακαλυφθεί στη Βουλγαρία και ανάγονται στο 2° αι. μ.Χ. αναφέρουν ονομαστικά τους *venatores imunnes* μιας λεγεώνας, οι οποίοι προμήθευαν με αρκούδες και ευρωπαϊκούς βίσωνες τους Ρωμαίους αυτοκράτορες. Βλ. σχετικά C. Epplett, *στο ίδιο*, 212-213.

265 *Cesti*, 1, 14. Εδώ αναφέρονται και ιχνηλάτες στρατιώτες (*οἱ τῶν ἀλκίμων θηρίων ἰχνευταί*), οι οποίοι οδηγούσαν τους υπόλοιπους στο ζώο ή τη φωλιά του. Ο αντίστοιχος λατινικός όρος για τον ιχνηλάτη ή ανιχνευτή ήταν *vestigiator*. Σε επιγραφές συναντούμε ονομασίες όπως *φιλοκύνηγος*, *βενεφικιάριος*, κ.α. Όσοι από αυτούς τους κυνηγούς είχαν ειδικότητα σε συγκεκριμένα ζώα είχαν ειδικές ονομασίες. Για παράδειγμα οι κυνηγοί των αρκούδων ονομάζονταν *ursarii*. Συχνά συναντάμε την έκφραση *ad leones* σε σύνδεση με όσους εμπλέκονταν στο κυνήγι λιονταριών.

θεί από την Αίγυπτο λέγεται ότι από την ευρύτερη περιοχή της εξάγονταν χιλιάδες άγρια ζώα για τις ρωμαϊκές αρένες[266].

Ενδιαφέρον έχει ότι κατά την εποχή του Αυγούστου τα θεάματα αυτά ακολουθούσαν τις εκτελέσεις των εγκληματιών που άρχιζαν από το πρωί και προηγούνταν των μονομαχιών που γίνονταν κατά το απόγευμα. Για τις θηριομαχίες χρησιμοποιούνταν κυρίως άγρια ζώα (*bestiae*) αλλά και οικόσιτα, όπως για παράδειγμα ταύροι, τα οποία εκτελούνταν από ειδικούς επαγγελματίες μονομάχους ή ακριβέστερα θηριομάχους (*bestiarii*). Στους Ρωμαίους χρεώνεται αναμφισβήτητα ο μαζικός σφαγιασμός χιλιάδων ζώων στην αρένα με σκοπό να καταδειχθεί η υπεροχή του ανθρώπινου πολιτισμού έναντι της άγριας ζωής. Οι Ρωμαίοι ευθύνονται, όσο και αν αυτό ακούγεται απίστευτο, για την εξαφάνιση ορισμένων ειδών από τη Βόρειο Αφρική εξαιτίας αυτής της παράνοιας, αφού ελέφαντες, ρινόκεροι και ζέβρες εξαφανίστηκαν ήδη από την αρχαιότητα. Μία αναφορά του Σουητώνιου αρκεί για να αντιληφθούμε την κατάσταση, αφού σε μία μόνο μέρα εκτελέστηκαν πέντε χιλιάδες μεγάλα ζώα στο Κολοσσαίο[267].

Ασφαλώς θα υπήρχαν και εδώ φωνές διαμαρτυρίας, οι οποίες θα έβλεπαν στα θεάματα αυτά την ωμότητα της βαρβαρότητας και όχι κάποια ψυχαγωγία. Ο Κικέρωνας στις επιστολές του ασκεί κριτική στα δημόσια αυτά θεάματα, καθώς αναρωτιέται τι είδους διασκέδαση προσφέρει η θέα ενός αν-

---

266 C. Epplett, στο ίδιο, 211-212. Κλουβιά ή περιφραγμένοι χώροι (*vivaria*) και δίχτυα συχνά αναφέρονται ως μέσα αιχμαλώτισης και διατήρησης των ζώων μέχρι να φορτωθούν στα πλοία και να μεταφερθούν στη Ρώμη.
267 Βλ. S. T. Newmyer, *Animals in Greek and Roman Thought: A Sourcebook*, London, Routledge, 2011, 93.

θρώπου να κατασπαράζεται από άγρια θηλαστικά ή ενός υπέροχου ζώου που έχει διατρυπηθεί από τα ακόντια των κυνηγών στην αρένα[268]. Οι υπόλοιποι όμως συγγραφείς υποστήριζαν τέτοιες μορφές ψυχαγωγίας. Ο Δίων Χρυσόστομος αναφέρει ότι το πλήθος δεν ικανοποιούνταν με τις συνηθισμένες μορφές ψυχαγωγίας και ήθελε εντυπωσιακότερα θεάματα[269]. Εδώ θα πρέπει να σημειώσουμε και μία άλλη παράμετρο. Το κρέας των νεκρών ζώων διαμοιράζονταν στον πληθυσμό της Ρώμης και πιθανόν και το δέρμα τους αξιοποιούνταν ανάλογα[270]. Ο Πλούταρχος ήταν αντίθετος στην αδικαιολόγητη εξόντωση των ζώων στην αρένα[271]. Ο Πορφύριος αργότερα, χρησιμοποιώντας τον Πλούταρχο, θα καταγγείλει αυτή τη μορφή αντιμετώπισης των άγριων ζώων[272]. Η Κόρινθος λόγω του ρωμαϊκού

---

268 «Reliquae sunt venationes binae per dies quinque, magnificae, nemo negat; sed quae potest homini esse polito delectatio cum aut homo imbecillus a valentissima bestia laniatur aut praeclara bestia venabulo transverberatur?». Βλ. Cicero, *Epistulae ad Familiares*, 7, 1, 3, 10-13.

269 «τοιοῦτος μὲν γὰρ οὐδεὶς πώποτε τῶν ὀψοφάγων γέγονεν, ὅστις ἐπεθύμησε λέοντος ἀγρίου ἢ ταύρων ἑκατόν· οἱ δὲ τοῖς πολλοῖς ἀρέσκειν ἐθέλοντες οὐ μόνον τούτων ἐπιθυμοῦσιν, ἀλλ' ὅσων οὐδὲ εἰπεῖν ἔστιν». Βλ. Δίωνα Χρυσοστόμου, *Λόγοι*, 66, 9, 1-4.

270 C. Epplett, στο ίδιο, 216.

271 Βλ. «μηδ' ἁλόντες ἐν θεάτροις μηδὲ παίζοντες ἐν θήραις τὰ μὲν ἀναγκάζωσι τολμᾶν ἄκοντα καὶ μάχεσθαι, τὰ δὲ μηδ' ἀμύνεσθαι πεφυκότα διαφθείρωσι», *Πότερα τῶν Ζώων Φρονιμότερα, τὰ Χερσαῖα ἢ τὰ Ἔνυδρα*, 965A, 6-9. Σωστά παρατηρεί η K. Jazdzewska, στο ίδιο, 42, ότι η έκφραση «ἐν θεάτροις» φανερώνει την εξόντωση των ζώων (venationes) στα αμφιθέατρα του ρωμαϊκού κόσμου.

272 «ἡμεῖς δὲ ὕβρει καὶ τρυφῆς ἕνεκα παίζοντες πολλάκις ἐν θεάτροις καὶ κυνηγεσίοις τὰ πλεῖστα τῶν ζώων φονεύομεν. ἐξ ὧν δὴ καὶ τὸ μὲν φονικὸν καὶ θηριῶδες ἡμῶν ἐπερρώσθη καὶ τὸ πρὸς οἶκτον ἀπαθές», *Περὶ Ἀποχῆς Ἐμψύχων*, 3, 20, 45-48. Πρβλ. και την κριτική του Πλούταρχου στην «καλή Ρώμη» με

Μέρος δεύτερο

της πληθυσμού την εποχή του Παύλου είχε γίνει το κέντρο τέτοιων θεαμάτων στην Ελλάδα. Η εξόντωση των άγριων ζώων στην αρένα πρόσφερε αιματηρό θέαμα ικανοποιώντας έτσι τα άγρια ένστικτα του πλήθους από τη μία, και από την άλλη σκοτώνονταν ζώα και όχι άνθρωποι. Η απώλεια των νεκρών ζώων δεν ενοχλούσε κανέναν και τίποτα δεν μπορούσε να σταματήσει τα θεάματα αυτά. Δεν υπήρχαν στην αρχαιότητα οι σημερινές οικολογικές ανησυχίες για τη διατήρηση της ισορροπίας στη φύση και ο φόβος της εξαφάνισης κάποιων ειδών της πανίδας.

Παρά το γεγονός ότι το πλήθος ζητούσε τα αιματηρά αυτά θεάματα σε βαθμό παραλογισμού, ωστόσο υπήρξαν και εξαιρέσεις σύμφωνα με μαρτυρίες των αρχαίων συγγραφέων, στις οποίες το πλήθος δεν ήταν σύμφωνο με τη μαζική σφαγή των ζώων που παρακολουθούσε να πρωταγωνιστούν στα θεάματα αυτά. Ίσως η πιο χαρακτηριστική περίπτωση είναι εκείνη του αυτοκράτορα Πομπήιου το 55 π.Χ. Το περιστατικό συνέβη στη Ρώμη στη διάρκεια εκδηλώσεων, στις οποίες περιλαμβάνονταν και θηριομαχίες. Μια ομάδα δεκαοχτώ ελεφάντων μάχονταν θαρραλέα με τους εκτελεστές τους, οι οποίοι σε αυτήν την περίπτωση δεν ήταν επαγγελματίες αλλά κατάδικοι. Κάποια στιγμή όμως τα ζώα αντιλήφθηκαν ότι δεν γλυτώνουν και άλλαξαν την εξέλιξη του θεάματος. Με τις σπαρακτικές κραυγές και τις αγωνιώδεις κινήσεις τους κέρδισαν τη συμπάθεια των

όσα λέγονται στο *Πότερα τῶν Ζῴων Φρονιμότερα, τὰ Χερσαία ἢ τὰ Ἔνυδρα*, 963C, 1-5 «οὐκ ἂν ἀπεσχόμην σου μυρία μὲν εὐμαθείας μυρία δ᾽ εὐφυΐας παραδείγματα θηρίων διηγούμενος, ὧν ἄμαις καὶ σκάφαις ἡμῖν ἐκ τῶν βασιλικῶν ἀρύσασθαι θεάτρων ἡ καλὴ ʻΡώμη παρέσχηκε».

θεατών, οι οποίοι λυπήθηκαν τα ζώα και στράφηκαν εναντίον του Πομπήιου²⁷³. Μπορούμε τώρα να επιστρέψουμε στην περίπτωση της θηριομαχίας του Παύλου. Το γεγονός ότι ένα περιστατικό, στο οποίο πρωταγωνιστούν ο Παύλος και ένα λιοντάρι, περιγράφεται στο απόκρυφο κείμενο του 2ου αι. μ.Χ. *Πράξεις Παύλου* να λαμβάνει χώρα στην Έφεσο, αποτελεί ασφαλώς επίδραση του Α΄ Κορ. 15:32²⁷⁴. Η θρυλική αυτή ιστορία έχει ως εξής: Στη διάρκεια μιας περιοδείας του Παύλου στην Παλαιστίνη ένα λιοντάρι πλησίασε τον απόστολο καθώς προσευχόταν, ξάπλωσε στα πόδια του και ζήτησε να βαπτιστεί. Αργότερα ο Παύλος συλλαμβάνεται στην Έφεσο και αποφασίζεται από την τοπική αρχή να ριχτεί στα θηρία. Το λιοντάρι που αντιμετωπίζει είναι εκείνο της Παλαιστίνης, το οποίο είχε πρόσφατα συλληφθεί και αναγνωρίζοντας τον απόστολο αρνείται να του επιτεθεί. Στο τέλος με θαυμαστό τρόπο το λιοντάρι και ο Παύλος σώζονται και βγαίνουν από την αρένα²⁷⁵. Αξίζει να αναφέρουμε τώρα ότι λίγο αργότερα ο Ιππόλυτος κατά τον 3º αι. μ.Χ. αναφέρεται στη θαυματουργική

---

273 Πλίνιου του πρεσβύτερου, *Naturalis Historia*, 8, 7, 20-21. Το περιστατικό αναφέρει επίσης ο Σενέκας, *Dialogi*, 10, 13, 6-7 με μεγαλύτερη συμπάθεια στα ζώα. Βλ. περισσότερα στο S. T. Newmyer, *Animals, Rights, and Reason in Plutarch and Modern Ethics*, New York, Routledge, 2006, 19.

274 Το γεγονός αναφέρεται και από τον Τερτυλλιανό (*De Baptismo*, 17, 5). Βλ. περισσότερα για τις μαρτυρίες του κειμένου στην εργασία της J. E. Spittler, *στο ίδιο*, 156-160.

275 Για το κείμενο βλ. *Πράξεις Παύλου*, αποσπ. 4, 27-5, 14. Βλ. επίσης τη μετάφραση (7, 7-26) στο Ι. Καραβιδόπουλου (εκδ.), *Απόκρυφα Χριστιανικά Κείμενα Α΄. Απόκρυφα Ευαγγέλια*, ΒΒ 13, Θεσσαλονίκη 1999, 174-181.

διάσωση του Παύλου από ένα λιοντάρι στην Έφεσο[276]. Αυτό γίνεται βέβαια, καθώς σχολιάζει το βιβλίο του Δανιήλ και αναφέρεται πιθανώς στο περιστατικό που μας είναι γνωστό από τις *Πράξεις Παύλου*. Οι *Πράξεις Τίτου* κάνουν και αυτές όμως λόγο για θηριομαχία, καθώς ο Παύλος αντιμετωπίζει ένα λιοντάρι. Δεν είναι τυχαία ασφαλώς η σύνδεση με το Δν. 6, αφού εκεί έχουμε τη μοναδική περίπτωση στην Αγία Γραφή να σώζεται κάποιος ενώ έχει ριχτεί στα λιοντάρια. Το περιστατικό με τον Παύλο και το λιοντάρι περιγράφεται εκτενέστερα από τον Νικηφόρο Κάλλιστο στην εκκλησιαστική του ιστορία[277] κατά τον 14° αι. μ.Χ. Πρόκειται όμως για φανταστικό περιστατικό και όχι για πραγματικό και συνεπώς δεν μπορούμε να στηριχτούμε στα παραπάνω κείμενα ως απόδειξη μιας παράδοσης που ήταν γνωστή στους συντάκτες των αποκρύφων πράξεων.

Στο απόκρυφο έργο *Πράξεις Παύλου και Θέκλας* περιγράφεται ένα άλλο σχετικό περιστατικό στο Ικόνιο. Στο κείμενο αυτό το περιστατικό με τη λέαινα στην αρένα μοιάζει με εκείνο του Παύλου και του λιονταριού και αποδεικνύει ότι διάφορες τέτοιες διηγήσεις, στις οποίες υπήρχε μια ιδιαίτερη σχέση κάποιου προσώπου με ένα λιοντάρι, κυκλοφορούσαν[278] κατά τον 2° και 3° αι. μ.Χ. Εδώ η Θέκλα καταδικάζεται σε

---

276 Βλ. σχετικά C. R. Bowen, *στο ίδιο*, 60-61.

277 PG 145, 821-824.

278 Πλίνιου του πρεσβύτερου, *Naturalis Historia*, 8, 56-57, όπου αναφέρονται δύο διαφορετικά περιστατικά με λιοντάρια και ανθρώπους. Τέτοιου είδους διηγήσεις, οι οποίες φανέρωναν τη φιλία μεταξύ ανθρώπου και λιονταριού δημιούργησαν άλλες, στις οποίες περιλαμβάνονταν και δράση στην αρένα. Η πιο γνωστή κατά την εποχή που μας ενδιαφέρει είναι η διήγηση με τον Ανδροκλή και το λιοντάρι. Βλ. R. M. Grant, *στο ίδιο*, 18-19.

θάνατο και μάλιστα αποφασίζεται να ριχτεί στα θηρία στην αρένα (*damnatio ad bestias*). Το γεγονός ότι δέθηκε πάνω σε μια λέαινα φανερώνει και ένα άλλο στοιχείο αυτών των θεαμάτων. Συχνά τα θύματα υποχρεώνονταν να παίξουν το ρόλο κάποιων ηρωικών προσώπων ή θεοτήτων, όπως για παράδειγμα της Κυβέλης, του Διονύσου και άλλων, προκειμένου το θέαμα να παριστάνει μια γνωστή στο πλήθος μυθολογική σκηνή. Ορισμένες φορές αυτό λάμβανε και τη μορφή παρέλασης[279]. Ιδιαίτερο ενδιαφέρον έχει μια πληροφορία του Πλίνιου του πρεσβύτερου, η οποία ασφαλώς δεν ευσταθεί αλλά ενδεχομένως να αποτελεί φυσική παρατήρηση της εποχής του. Κατά τον Πλίνιο τα λιοντάρια ήταν το μόνο είδος των ζώων, τα οποία όταν ελευθερώνονταν στην αρένα για να κατασπαράξουν τους κατάδικους έδειχναν έλεος ή για να είμαστε πιο προσγειωμένοι δεν επιτίθονταν σε γυναίκες παρά μόνο σε άνδρες[280].

Έχει ιδιαίτερο ενδιαφέρον τώρα να δούμε αν διεξάγονταν τέτοιους είδους θηριομαχίες σε χώρους της αρχαίας Κορίνθου κατά την εποχή που μας ενδιαφέρει. Η συνδρομή της αρχαιολογικής μαρτυρίας αποτελεί στην περίπτωση αυτή επιτακτική ανάγκη. Η αρχαιολογική ανασκαφή στο θέατρο της αρχαίας Κορίνθου έφερε στο φως το 1925 τοιχογραφίες με σκηνές μονομάχων από το σοβατισμένο τοίχο ύψους 1,70 μέτρων, ο οποίος χώριζε την ορχήστρα από τις κερκίδες των θεατών. Σε δύο αρκετά κατεστραμμένες τοιχογραφίες στα αριστερά και δεξιά του ανοίγματος της κεντρικής κλίμακας του κοίλου απεικονίζονται δύο πρόσωπα, πιθανότατα μονομάχοι, να αντι-

---

279 Βλ. σχετικά J. E. Spittler, *στο ίδιο*, 170.
280 *Naturalis Historia*, 8, 48.

Μέρος δεύτερο

μετωπίζουν την επίθεση ενός λιονταριού[281] στην κάθε σκηνή. Προφανώς το κίτρινο χρώμα του κάτω μέρους της σκηνής δηλώνει την άμμο της αρένας. Κάτω ακριβώς από τη μία τοιχογραφία βρέθηκε η εξής επιγραφή: *ὁ λεο[ν]το ἀναγνοὺς λείχει σωτῆρ[α τ]ὸν ὑπὸ ταῦρον*. Οι αρχαιολόγοι που ανακάλυψαν την επιγραφή θεωρούν ότι χαράχθηκε κατά τον 1° αι. μ.Χ. από κάποιον που γνώριζε τη δημοφιλή διήγηση με τον Ανδροκλή και το λιοντάρι[282], αν και θα υπήρχαν σίγουρα και άλλα παρόμοια περιστατικά[283]. Το θέατρο της Κορίνθου αναδιαμορφώθηκε από τους Ρωμαίους κατά το χρονικό διάστημα 25 π.Χ.-25 μ.Χ. για να μετατραπεί σε αμφιθέατρο. Έτσι αυξήθηκε το ύψος του τοίχου της ορχήστρας ως 3 μέτρα και εξαφανίστηκαν οι πρώτες σειρές των θεατών για να μετατραπεί η ορχήστρα σε αρένα. Αυτό έγινε για να εξασφαλιστεί πλέον η ασφάλεια των θεατών από τα άγρια ζώα κατά τις θηριομαχίες[284].

---

281 Βλ. την αναφορά του αρχαιολόγου T. L. Shear, «Excavations at Corinth in 1925», *AJA* 29 (1925) 385-386, όπου και φωτογραφίες των τοιχογραφιών. Βλ. επίσης του ίδιου, «Excavations in the Theatre District of Corinth in 1926», *AJA* 30 (1926) 451. Ανακαλύφθηκαν άλλες δύο μερικώς κατεστραμμένες σκηνές που απεικονίζουν θεάματα της αρένας. Σε αυτές εικονίζονται ακροβάτες που πηδούν πάνω από ζώα. Στην πρώτη σκηνή υπάρχει ένας ταύρος, ενώ στη δεύτερη μία λεοπάρδαλη.

282 Βλ. τη λεζάντα της φωτογραφίας του θεάτρου στο O. Broneer, «Corinth: Center of St. Paul's Missionary Work in Greece», *BA* 14 (1951) 95. Η ένδυση του ενός και η μερική απεικόνιση οπλισμού αποδεικνύουν ότι δεν πρόκειται για κατάδικους που ρίχθηκαν στα θηρία για να εκτελεστούν.

283 Αξίζει κανείς να παρατηρήσει τη γλώσσα από το περιστατικό με το λιοντάρι «ἡ δὲ λέαινα ἐπάνω καθεζομένης Θέκλης **περιέλειχεν** αὐτῆς τοὺς πόδας» στις *Πράξεις Παύλου και Θέκλας*, 28, 2-4.

284 Ο αρχαιολόγος E. Capps, «Observations on the Painted Venatio of the Theatre at Corinth and on the Arrangements of the Arena», *Hes-*

Φύσις Θηρίων

Στον παραπάνω τοίχο είχαν κατασκευαστεί επίσης τέσσερις μικροί θάλαμοι (1Χ3 μέτρα ο καθένας). Οι κατασκευές αυτές αποδεικνύουν ότι άγρια ζώα εκτελούνταν στην αρένα από ειδικούς εκτελεστές, καθώς είναι σύγχρονες με τις τοιχογραφίες. Οι αρχαιολόγοι είναι πεπεισμένοι πλέον με τη μελέτη αντίστοιχων κατασκευών και παραστάσεων σε όλο το μεσογειακό κόσμο ότι οι θάλαμοι αυτοί δεν χρησιμοποιούνταν ως κλουβιά για την προσωρινή κράτηση των ζώων, αλλά ως καταφύγια των εκτελεστών τους, αν τα πράγματα δεν εξελίσσονταν ομαλά κατά την αντιμετώπιση των άγριων ζώων στην αρένα[285].

Στο παρελθόν ο Hunkin[286] υποστήριξε με αφορμή αυτές τις τοιχογραφίες ότι ο Παύλος στο Α΄ Κορ. 15:32 χρησιμοποιεί μεταφορική γλώσσα αναφερόμενος στον εαυτό του σαν να πρόκειται για επαγγελματία θηριομάχο (*bestiarius*) που εξοντώνει τα θηρία σε δημόσια θέα. Ως θηρία παρουσιάζονται ασφαλώς οι αντίπαλοί του στην Έφεσο. Η παραπάνω επιγραφή όμως, όπως σωστά παρατηρεί ο MacDonald δεν συνδέει έναν θηριομάχο με το λιοντάρι που τον γλείφει[287]. Το λιοντάρι

---

peria Supplements 8, Commemorative Studies in Honor of Theodore Leslie Shear (1949) 64-70, 66 θεωρεί ότι θα πρέπει να είχε προστεθεί και ένα σιδερένιο κιγκλίδωμα για επιπλέον προστασία. Η υπόθεση αυτή στηρίζεται στο γεγονός ότι στο αμφιθέατρο της Πομπηίας στον τοίχο της αρένας βρέθηκαν αρκετά τμήματα από σιδερένια κάγκελα. Αν στηριχτούμε στις τοιχογραφίες στις οποίες εικονίζονται λεοπαρδάλεις στην αρένα, τότε μπορούμε να κατανοήσουμε την ανάγκη αυτών των κιγκλιδωμάτων, αφού το συγκεκριμένο αιλουροειδές είναι γνωστό για την αλτική και αναρριχητική του ικανότητα.

285 Βλ. σχετικές παραστάσεις στο E. Capps, *στο ίδιο*, 444-445.

286 J. W. Hunkin, «I Corinthians 15:32», *ExpTim* 39 (1927-1928) 281-282.

287 Βλ. D. R. MacDonald, «A Conjectural Emendation of 1 Cor 15:31-32: Or the Case of the Misplaced Lion Fight», *HTR* 73 (1980)

δεν προχωρά σε μια τέτοια ενέργεια λόγω της επικράτησης του θηριομάχου κατά τη μάχη αλλά αντίθετα γιατί αναγνωρίζει κάτι σε αυτόν.

Στο σημείο αυτό θα πρέπει ν' ανατρέξουμε στη διασημότερη διήγηση της αρχαιότητας, στην οποία πρωταγωνιστούν ένας άνδρας και ένα λιοντάρι. Η ιστορία με τον Ανδροκλή και το λιοντάρι περιέχεται στα *Αίγυπτιακά* του Απίωνα[288]. Το έργο αυτό ανάγεται στον 1° αι. μ.Χ. και λίγο αργότερα κατά τον 2° αι. τη συναντούμε και πάλι στο *Noctes Atticae* του Αύλου Γέλλιου (Aulus Gellius), ενώ στην ελληνική γραμματεία περιέχεται στο *Περί Ζώων Ιδιότητος* του Αιλιανού[289]. Ομοιότητες επίσης παρατηρούνται στην περίπτωση του λιονταριού και του ποντικιού[290] από τους μύθους του Αισώπου, έξι αιώνες πριν τη συγγραφή της Α΄ Κορινθίους. Επόμενο ήταν κάποιοι ερευνητές να δουν στο Α΄ Κορ. 15:32 κάποια επίδραση αυτής της διήγησης. Αυτή η δημοφιλής ιστορία σύμφωνα με τον MacDonald επηρέασε τη δημιουργία μιας αντίστοιχης για τον Παύλο από τους χριστιανούς της Κορίνθου, η οποία αργότερα έγινε γνωστή στο συντάκτη της Β΄ προς Τιμόθεον επιστολής, στον Ιγνάτιο και τον Ιππόλυτο[291]. Αν προχωρήσουμε λίγο παραπέρα την υπόθεση αυτή,

---

273. Η παρατήρησή του σχετικά με την επιγραφή είναι σωστή, αλλά ερμηνεύει εσφαλμένα την τοιχογραφία. Στην αρκετά κατεστραμμένη τοιχογραφία έχουμε θηριομάχους, όπως δέχονται οι αρχαιολόγοι, και όχι θύματα που ρίχνονται στα θηρία για να εκτελεστούν.

288 Βλ. το κείμενο στα λατινικά στο 5, 17-87.

289 Βλ. 7, 48, 1-55. Ο Αιλιανός αρχίζει και τελειώνει τη διήγηση της περιβόητης ιστορίας αναφέροντας την ικανότητα μνήμης που έχουν τα ζώα «*Μνήμην δὲ παρακολουθεῖν καὶ τοῖς ζῴοις ... ἴδιον δὴ τῶν ζῴων καὶ ἡ μνήμη*».

290 Αισώπου, *Μύθοι*, 155, 1-13.

291 D. R. MacDonald, στο ίδιο, 275-276.

τότε το περιστατικό με τον Παύλο και το λιοντάρι στις *Πράξεις Παύλου* δεν είναι παρά μια εκχριστιανισμένη εκδοχή της ιστορίας του Ανδροκλή με το λιοντάρι[292].

Οι ειδικοί θεωρούν ότι η σκηνή της τοιχογραφίας εικονίζει επαγγελματίες κυνηγούς ή μονομάχους (*venatores* ή *bestiarii*), οι οποίοι θηριομαχούν σε δημόσια θέα για λόγους ψυχαγωγίας[293]. Δεν πρόκειται δηλαδή για κατάδικους που ρίχνονταν στα θηρία ως θύματα. Η αρχαιολογική αυτή μαρτυρία δεν μπορεί ασφαλώς να αξιοποιηθεί, αλλά φαίνεται ότι ευνοεί τη μεταφορική χρήση του Α΄ Κορ. 15:32. Ο Παύλος δεν υπήρξε θύμα των θηρίων, αλλά χρησιμοποιεί μεταφορικά την εικόνα του επαγγελματία κυνηγού ή θηριομάχου που εξοντώνει τα άγρια θηρία στην αρένα. Με άλλα λόγια η μεταφορά εδώ είναι αντίστοιχη με εκείνη του αθλητή στο Α΄ Κορ. 9:26[294]. Μπορεί λοιπόν οι αγώνες κατά τα Ίσθμια ή οι τοιχογραφίες που υπήρχαν στα δημόσια κτήρια της αγοράς και ήταν γνωστά στα μέλη της κοινότητας της Κορίνθου να χρησιμοποιήθηκαν από τον Παύλο, προκειμένου να γίνει καλύτερα αντιληπτό το περιεχόμενο των λόγων του. Αν έτσι έχουν τα πράγματα, τότε τα θηρία με τα οποία ο Παύλος πάλεψε στην Έφεσο είναι είτε οι ιουδαΐζοντες, είτε οι αργυροχόοι ή ακόμη κάποια αυτοκρατορική διοικητική αρχή ή κάποιοι μάγοι και γητευτές.

Μπορούμε να δούμε και ένα άλλο ενδεχόμενο προκειμένου να ερμηνευτεί σωστά το Α΄ Κορ. 15:32. Οι ερευνητές έχουν επίσης παρατηρήσει ότι η ευρύτερη ενότητα Α΄ Κορ.

---

292 Βλ. την υπόθεση της J. E. Spittler, *στο ίδιο*, 184-185 και τις πιθανές εξηγήσεις του φαινομένου της ζωολαλιάς.
293 R. E. Osborne, *στο ίδιο*, 228.
294 Βλ. A. J. Malherbe, «The Beasts at Ephesus», *JBL* 87 (1968) 79.

15:29-34 έχει ομοιότητες στη μορφή με την κυνική-στωική διατριβή²⁹⁵. Ο σκοπός αυτού του φιλολογικού είδους είναι ηθικοπλαστικός. Ήδη από τον Πλάτωνα τα πάθη και οι επιθυμίες του ανθρώπου περιγράφονται ως άγρια θηρία που του επιτίθενται. Στα πατερικά συγγράμματα αργότερα, η ιδέα αυτή θα αναπτυχθεί ακόμη περισσότερο. Αν λοιπόν προτιμήσουμε μια τέτοια ερμηνεία του Α΄ Κορ. 15:32, τότε ο Παύλος θηριομαχεί εναντίον ενός φιλελεύθερου τρόπου ζωής. Αυτό ενισχύεται από την παράθεση στο υπόλοιπο του στίχου της φράσης «*φάγωμεν καὶ πίωμεν, αὔριον γὰρ ἀποθνήσκομεν*». Η ιδέα αυτή αποτελούσε και τρόπο ζωής για τους επικούρειους φιλοσόφους, οι οποίοι αρνούνταν την ύπαρξη μέλλουσας ζωής. Οι κυνικοί από την άλλη, ήταν αντίθετοι με μία τέτοια στάση ζωής έχοντας τον Ηρακλή ως πρότυπο θηριομάχου κατά του ηδονισμού. Ο Malherbe δέχεται ότι ο Παύλος μπορεί εδώ να χρησιμοποιεί μεταφορικά την εικόνα του σοφού που παλεύει με αυτά τα θηρία για να περιγράψει το βαθμό δυσκολίας της δικής του μάχης με τους αντιπάλους του στην Έφεσο²⁹⁶. Την πιθανότητα αυτή απορρίπτει ο Williams και υποστηρίζει ότι οι κίνδυνοι και η θηριομαχία της Εφέσου αφορούν τα δαιμονικά πνεύματα και το έργο των γητευτών ή μάγων της περιοχής²⁹⁷. Την υπόθεση αυτή ο παραπάνω ερευνητής τη στηρίζει στην ιουδαϊκή κατανόηση της έννοιας «*θηρίον*» με την οποία δηλώνεται μεταφορικά πάντα

---

295 A. J. Malherbe, *στο ίδιο*, 72.
296 A. J. Malherbe, *στο ίδιο*, 79-80.
297 Βλ. G. Williams, «An Apocalyptic and Magical Interpretation of Paul's 'Beast Fight' in Ephesus (1 Corinthians 15:32)», *JTS* 57 (2006) 45 και 50.

μια αντίπαλη εχθρική δύναμη[298] και στις πληροφορίες των Πράξεων (19:11-41) ότι ο Παύλος ήρθε αντιμέτωπος στην Έφεσο με την ειδωλολατρία, τους εξορκισμούς και τη μαγεία. Πιθανώς και το Εφ. 6:12 χρησιμοποιείται ως ενίσχυση, έστω και αν πρόκειται για δευτεροπαύλειο κείμενο, όπως και η ερμηνεία του Ωριγένη στην προς Εφεσίους επιστολή[299].

Ας δούμε τώρα τη δεύτερη χρήση των ζώων στην αρένα. Τα ζώα χρησιμοποιήθηκαν στην αρένα από τον 2º αι. π.Χ. και για έναν άλλο σκοπό. Να αποτελέσουν τα ίδια τους εκτελεστές των καταδίκων που ρίχνονταν σε αυτά (*damnatio ad bestias*). Σε αυτήν την περίπτωση η αντίληψη που κυριαρχούσε ήταν ότι στους χειρότερους εγκληματίες αξίζει ο χειρότερος θάνατος. Τα θεάματα αυτά ήταν πολύ συχνά στη Ρώμη και σπανιότερα στις ρωμαϊκές επαρχίες και ακολουθούσαν συχνά τις πρωινές θηριομαχίες. Τέτοια όμως θεάματα λάμβαναν χώρα και στις μεγαλουπόλεις των επαρχιών και δεν περιορίζονταν μόνο στην πρωτεύουσα[300]. Την εποχή του Παύλου δεν έχουμε

---

298 Χαρακτηριστική είναι η περίπτωση του *Ιωσήφ και Ασενέθ*, 12:9-11. Ο στίχος 10 συχνά θεωρείται ότι συνδέεται με το Β΄ Τιμ 4:17. Στο Α΄ Πε. 5:8 ο διάβολος ταυτίζεται με το λιοντάρι, ενώ στο *Αποκάλυψη Ηλία*, 2:7 ο αντίχριστος παρουσιάζεται ως λιοντάρι. Η διάκριση μεταξύ των πραγματικών αρπακτικών θηλαστικών και των υπερφυσικών ή φανταστικών θηρίων στην αποκαλυπτική γραμματεία δεν είναι τόσο εμφανής. Από τις 49 χρήσεις της λέξης «θηρίον» στην Κ.Δ. οι 39 εντοπίζονται στην Αποκάλυψη.

299 Βλ. σχετικά G. Williams, *στο ίδιο*, 55.

300 R. E. Osborne, *στο ίδιο*, 227. Ο Ευσέβιος αναφέρει αντίστοιχα περιστατικά που συνέβησαν στην Ισπανία και τη Γαλατία. Βλ. Ἐκκλησιαστικῆ Ἱστορία, 5, 1, 37, 1-4 «ὁ μὲν οὖν Μάτουρος καὶ ὁ Σάγκτος καὶ ἡ Βλανδῖνα καὶ Ἄτταλος ἤγοντο ἐπὶ τὰ θηρία εἰς τὸ δημόσιον καὶ εἰς κοινὸν τῶν ἐθνῶν τῆς ἀπανθρωπίας θέαμα». Αυτός ο Άτταλος είχε ρωμαϊκή υπηκοότητα, όπως λέγεται στο 5, 1 44, 5, αλλά αυτό δεν εμπόδισε τον αυτοκράτορα να τον ρίξει

Μέρος δεύτερο

μαρτυρίες από κείμενα ότι χριστιανοί ρίχνονταν στα θηρία. Αργότερα όμως υπάρχουν σποραδικές αναφορές[301] και κυρίως παραστάσεις με θύματα να τους επιτίθενται άγρια ζώα στην αρένα, κυρίως σε ψηφιδωτά δάπεδα από τη Β. Αφρική. Οι θεατές δεν συμπονούσαν τα θύματα, ούτε και σε αυτή την περίπτωση, αλλά απεναντίας θεωρούσαν τα θηρία ως όργανα απόδοσης δικαιοσύνης[302]. Για το κοινό τα θύματα των άγριων ζώων είχαν διαπράξει σοβαρά αδικήματα και το θέαμα

στα θηρία (5, 1, 50, 8).

301 Βλ. για παράδειγμα την αναφορά «*κεφαλοτομούμενοι γὰρ καὶ σταυρούμενοι καὶ θηρίοις παραβαλλόμενοι καὶ δεσμοῖς καὶ πυρὶ καὶ πάσαις ταῖς ἄλλαις βασάνοις*» του μάρτυρα Ιουστίνου, *Πρὸς Τρύφωνα Ἰουδαῖον Διάλογος*, 110, 4, 3-5 κατά τον 2° αι. μ.Χ. Η ίδια έκφραση «*παραβαλλομένους θηρίοις ἵνα ἀρνήσωνται τὸν κύριον καὶ μὴ νικωμένους*» χρησιμοποιείται και στην *Επιστολή προς Διόγνητον*, 7, 7. Στο *Μαρτύριον τοῦ Ἁγίου Πολυκάρπου*, 4:1 λέγεται ότι «*Εἷς δέ ὀνόματι Κόϊντος Φρὺξ προσφάτως ἐληλυθὼς ἀπὸ τῆς Φρυγίας ἰδὼν τὰ θηρία ἐδειλίασεν οὗτος δὲ ἦν ὁ παραβιασάμενος ἑαυτόν τε καί τινας προσελθεῖν ἑκόντας τοῦτον ὁ ἀνθύπατος πολλὰ ἐκλιπαρήσας ἔπεισεν ὀμόσαι καὶ ἐπιθῦσαι*». Αυτός ο Κόϊντος δείλιασε και αρνήθηκε την πίστη του εξαιτίας των θηρίων. Ο Ευσέβιος στην *Ἐκκλησιαστικὴ Ἱστορία*, 5, 1, 41, 1-3 αναφέρει ότι «*ἡ δὲ Βλανδῖνα ἐπὶ ξύλου κρεμασθεῖσα προύκειτο βορὰ τῶν εἰσβαλλομένων θηρίων· ἣ καὶ διὰ τοῦ βλέπεσθαι σταυροῦ σχήματι κρεμαμένη...*». Πρβλ. επίσης Ευσεβίου, *Ἐκκλησιαστικὴ Ἱστορία*, 7, 12, 1, 3-5 και 8, 13, 4, 1 όπου αναφέρονται περιπτώσεις κατά τις οποίες κάποιοι χριστιανοί όχι μόνο εκτελέστηκαν από άγρια ζώα στην Παλαιστίνη αλλά και κατασπαράχθηκαν από αυτά.

302 Αξίζει κανείς να σταθεί στην περιγραφή ενός τέτοιου θεάματος από τον Αρτεμίδωρο. «*Θηριομαχεῖν πένητι ἀγαθόν· πολλοὺς γὰρ ἕξει τρέφειν. καὶ γὰρ ὁ θηριομαχῶν ἀπὸ τῶν ἰδίων σαρκῶν τὰ θηρία τρέφει. ἀνδρὶ δὲ εὐπόρῳ ὑπὸ τοιούτων ἀδικίας ἐσομένας προαγορεύει, οἷα ἂν ᾖ τὰ θηρία. πολλοῖς δὲ νόσον προηγόρευσεν· ὡς γὰρ ὑπὸ θηρίων, οὕτω καὶ ὑπὸ νόσου φθείρονται αἱ σάρκες. δούλους δὲ ἐλευθεροῖ, ἐὰν ἀποθάνωσιν ὑπὸ τῶν θηρίων*», *Ὀνειροκριτικὰ*, 2, 54, 1-7.

Φύσις Θηρίων

αυτό δεν ήταν παρά η εφαρμογή της νόμιμης εκτέλεσής τους. Αυτό θα αλλάξει αργότερα στον χριστιανισμό με τα μαρτύρια. Οι χριστιανοί μάρτυρες γίνονταν συχνά τα θύματα τέτοιων θεαματικών εκτελέσεων. Οι χριστιανοί συγγραφείς, οι οποίοι διηγούνταν αυτές τις πράξεις των μαρτύρων τάσσονταν με το μέρος των αδελφών μελών των εκκλησιαστικών κοινοτήτων που μαρτυρούσαν με τέτοιον τρόπο. Τα ζώα έτσι θεωρούνταν ως προσωποποιήσεις του κακού και συνεπώς ανταγωνιστές[303]. Σύμφωνα με τον Τάκιτο οι χριστιανοί που εκτελέστηκαν την εποχή του Νέρωνα ντύνονταν με δέρματα ζώων και σκοτώνονταν από σκυλιά που τους καταδίωκαν[304]. Στα μαρτυρολόγια τα θηρία λειτουργούν ως κοσμολογικά σύμβολα. Η ιδέα ότι οι σατανικές δυνάμεις εφορμούν εναντίον τους με τη μορφή διαφόρων ζώων προέρχεται ασφαλώς από τα ιουδαϊκά και τα χριστιανικά αποκαλυπτικά κείμενα. Χαρακτηριστικές περιπτώσεις στις οποίες άγρια ζώα χρησιμοποιούνται για να εκτελεστούν οι κατάδικοι είναι τα μαρτύρια της Βλανδίνας στη Λυών[305] κατά τον 2° αι. μ.Χ. και της Περπέτουας[306] κατά

---

303 Βλ. την περιγραφή στον Ευσέβιο «ὁ μὲν οὖν Μάτουρος καὶ ὁ Σάγκτος καὶ ἡ Βλανδῖνα καὶ Ἄτταλος ἤγοντο ἐπὶ τὰ θηρία εἰς τὸ δημόσιον καὶ εἰς κοινὸν τῶν ἐθνῶν τῆς ἀπανθρωπίας θέαμα, ἐπίτηδες τῆς τῶν θηριομαχίων ἡμέρας διὰ τοὺς ἡμετέρους διδομένης», *Ἐκκλησιαστικῆ Ἱστορία*, 5, 1, 37, 1-5.

304 Tacitus, *Annales*, 15, 44, 4.

305 Για το κείμενο βλ. Ευσεβίου, *Ἐκκλησιαστικῆ Ἱστορία*, 5, 1, 1-2, 8.

306 Το *Μαρτύριο Περπέτουας* αποτελεί τη μοναδική πηγή με λεπτομερείς πληροφορίες για τον τρόπο της δημόσιας εκτέλεσης των καταδίκων από άγρια ζώα (*damnatio ad bestias*). Φυσικά αναγνωρίζουμε στο φιλολογικό είδος των μαρτυρίων τη θεολογική επεξεργασία των συγγραφέων τους, στοιχείο το οποίο ευθύνεται για την αλλαγή του ρόλου, της συμπεριφοράς και της περιγραφής των ζώων στην αρένα. Στο *Μαρτύριο Περπέτουας* αναφέρονται αρκούδες, λεοπαρδάλεις, άγριες αγελάδες και αγριόχοιροι να χρησιμοποιούνται για τις εκτε-

τις αρχές του 3ου αι. μ.Χ. στην Καρχηδόνα. Στις περιπτώσεις αυτές η εκτέλεση με τη συνδρομή των θηρίων αντιστρέφει το καθιερωμένο ιδεολογικό σκηνικό. Οι μάρτυρες τώρα δεν είναι κατάδικοι και τα ζώα δεν εκπροσωπούν το νόμο και την τάξη, αλλά οι χριστιανοί τώρα αρνούνται να προσαρμοστούν με το κοινωνικό κατεστημένο και επιδιώκουν να εξέλθουν από αυτό αντιμετωπίζοντας τη χειρότερη θηριομορφική εκδοχή του[307]. Πολλές φορές οι συγγραφείς των μαρτυρίων επινοούν και φανταστικά ζώα για να κάνουν πιο έντονη τη μάχη του μάρτυρα με το κακό. Το σίγουρο είναι ότι στη χριστιανική σκέψη δημιουργήθηκε ένα νέο πρόβλημα που φαίνεται ότι απασχολούσε τους εκκλησιαστικούς συγγραφείς κατά τον 3ο αι. μ.Χ. Αυτό σχετίζονταν με την ανάσταση των μαρτύρων που είχαν κατασπαραχθεί από τα άγρια ζώα. Το ερώτημα που απασχολούσε ήταν τι θα γίνει με το σώμα που είχε εξαφανιστεί και αν γίνεται αυτό να εμφανιστεί εκ νέου. Ένα πρακτικό πρόβλημα, το οποίο αναπόφευκτα συνδεόταν με την τύχη των σαρκοφάγων ζώων στο μέλλον, αλλά και τη συμβολική τους κατανόηση ως διαβολικά μέσα.

Μετά από όλα τα παραπάνω προτιμούμε τη μεταφορική κατανόηση του Α΄ Κορ. 15:32 αλλά με την πρώτη περίπτωση της χρήσης των θηρίων στην αρένα για να εκτελεστούν προ-

---

λέσεις των καταδίκων (κεφ. 19-21). Η αρχαιολογική έρευνα ενισχύει τα όσα λέγονται στα σχετικά κείμενα με τα ευρήματα (κυρίως ψηφιδωτά δάπεδα) καθώς τα ίδια ζώα απεικονίζονται να ρίχνονται στα θύματα. Ας σημειωθεί εδώ ότι στις σχετικές παραστάσεις υπάρχουν και σκυλιά και η χρήση τους στην αρένα αναφέρεται επίσης σε κείμενα των πρώτων χριστιανικών αιώνων. Τα σκυλιά χρησιμοποιούνταν επίσης για να αποτελειώνουν ότι απέμενε από τα σώματα των καταδίκων μετά την επίθεση των άγριων ζώων.

307 Βλ. σχετικά I. S. Gilhus, *Animals, Gods and Humans*, 187-190.

Φύσις Θηρίων

σφέροντας αγωνιστικό θέαμα και όχι για να καταβροχθίσουν τους κατάδικους που ρίχνονταν σε αυτά. Ο Παύλος λοιπόν δεν παρουσιάζει εδώ τον εαυτό του ως θύμα προς βορά των θηρίων αλλά ως ικανό θηριομάχο, ο οποίος απειλήθηκε θανάσιμα στην Έφεσο, καθώς αντιμετώπισε θηρία. Η εικόνα είναι μεταφορική αλλά κατορθώνει με τη χρήση των θηρίων να μεταφέρει στους Κορινθίους με επιτυχία το μέγεθος της εχθρικής απειλής που αντιμετώπισε ο Παύλος.

5. Αετός-λύκος-οχιά. Η περιγραφή της συμπεριφοράς τους στην Κ.Δ. και στις φυσικές ιστορίες της αρχαιότητας

Η συστηματική μελέτη των ζώων και της συμπεριφοράς τους στον ελληνορωμαϊκό κόσμο ξεκινά με τις πραγματείες του Ιπποκράτη και τις φυσικές ιστορίες του Αριστοτέλη. Ο Αριστοτέλης μάλιστα ασχολήθηκε με όλα τα είδη της ζωικής ποικιλότητας που μπορούσε να συναντήσει χωρίς να τα διακρίνει σε περισσότερο ή λιγότερο σημαντικά. Οι μαθητές του Θεόφραστος και Κλέαρχος συνέχισαν αργότερα τη μελέτη των ζώων. Ο Οππιανός ασχολήθηκε επίσης συστηματικά με τα ζώα στα Άλιευτικά και τα Κυνηγετικά του[308]. Στη λατινική γραμματεία το έργο του Αριστοτέλη αξιοποίησε και συνέχισε ο Πλίνιος ο πρεσβύτερος. Τις φυσικές παρατηρήσεις σε συνδυασμό όμως και με μυθικές διηγήσεις χρησιμοποιούν στο έργο τους ο Απίων, ο Νεπουάλιος και ο Αιλιανός.

Από τις δυο ερμηνευτικές σχολές της αρχαίας εκκλησίας η αντιοχειανή είναι εκείνη, η οποία διατήρησε λιγότερο πομπώδεις περιγραφές των ζώων που αναφέρονται στα κείμενα της Αγίας Γραφής. Η επίδραση από την ιουδαϊκή ερμηνευτική και την αριστοτέλεια φιλοσοφία είναι η αιτία για αυτό και έτσι δεν παρατηρούνται στους εκπροσώπους της οι εξωπραγματικές αλληγορικές ερμηνείες των αλεξανδρινών. Στην ενότητα αυτή επιλέγουμε τρία από τα πιο συχνά αναφερόμενα είδη της ζωικής ποικιλότητας στην Κ.Δ. για να εξετάσουμε τις ζωολογικές γνώσεις των συγγραφέων των διαφόρων βιβλίων της και να τις συγκρίνουμε με τις ειδικές παρατηρήσεις που συναντάμε στις

---

308 Αν και αποδίδεται στον ίδιο συγγραφέα, το έργο προέρχεται από κάποιον άλλον Οππιανό από τη Συρία και είναι κατώτερης αξίας από τα Άλιευτικά.

φυσικές ιστορίες της αρχαιότητας. Για το σκοπό αυτό επιλέχθηκαν ο αετός από τα πουλιά, ο λύκος από τα θηλαστικά και η οχιά από τα ερπετά.

Αετός

Στην περίπτωση του αετού θα ξεκινήσουμε με ανορθόδοξο τρόπο. Πρώτα από το βιβλίο της Αποκάλυψης και έπειτα από την αναφορά του κατά Ματθαίον. Και τα δύο κείμενα χρησιμοποιούν το βασιλιά των πουλιών σαν εικόνα με την Αποκάλυψη να μην αναφέρεται στο πραγματικό πτηνό αλλά σε ένα φανταστικό ζώο. Ο αετός της Αποκάλυψης μπορεί να μην έχει καμία σχέση με τους πραγματικούς αετούς, αλλά στα οράματα του συντάκτη της παρατηρούνται ορισμένες χαρακτηριστικές αντιδράσεις των πραγματικών πουλιών.

Στο Απ. 4:7 διαβάζουμε «*καὶ τὸ τέταρτον ζῷον ὅμοιον ἀετῷ πετομένῳ*». Πιο κάτω στο Απ. 8:13 συναντούμε κάτι παρόμοιο «*καὶ εἶδον, καὶ ἤκουσα ἑνὸς ἀετοῦ πετομένου ἐν μεσουρανήματι λέγοντος φωνῇ μεγάλῃ*». Θα πρέπει εδώ να πούμε ότι στην Κ.Δ. δεν προσδιορίζεται κάποιο συγκεκριμένο είδος αετού. Επομένως η λέξη «*ἀετός*» αφορά όλη την τάξη των γνωστών μεγαλόσωμων αρπακτικών πουλιών. Μόνο στην Π.Δ. γίνεται αναφορά σε δύο συγκεκριμένα είδη: τον γυπαετό και τον θαλασσαετό[309]. Η πρώτη εικόνα είναι η πλέον γνωστή σε όλους τους αρχαίους συγγραφείς που χρησιμοποιούν τον αετό. Σε πέντε από τους μύθους του Αισώπου ο αετός πρωταγωνιστεί. Είναι γεγονός ότι στους μύθους αυτούς, πολλές φυσικές παρατηρήσεις αξιοποιούνται κατά τη

---

309 Βλ. «*ἁλιαίετον*» για τον θαλασσαετό στον κατάλογο με τα ακάθαρτα πτηνά (Λευ 11:13 και Δτ. 14:12).

Μέρος δεύτερο

διήγηση, φανερώνοντας τη μέση γνώση των ανθρώπων για τους αετούς. Το εντυπωσιακό πέταγμα ενός αετού σίγουρα ποτέ δεν μένει απαρατήρητο. Την εικόνα αυτή χρησιμοποιεί και η Π.Δ[310]. Μάλιστα το Οβδ. 4 κάνει λόγο και για τα απρόσιτα μέρη, στα οποία φωλιάζουν οι αετοί[311]. Η φράση «*ἐν μεσουρανήματι*» προσδιορίζει ότι το πέταγμα του αετού μπορεί να παρατηρηθεί ακόμη και αν αυτός βρίσκεται πολύ ψηλά λόγω του μεγέθους του. Ακόμη ίσως και η έκφραση «*φωνῇ μεγάλῃ*» εδώ, μπορεί να συνδεθεί με την τάση του αετού να κράζει καθώς πετά. Η σύντομη αλλά διαπεραστική κραυγή όλων των αετόμορφων είναι χαρακτηριστική. Ακόμη πιο χαρακτηριστική είναι η εφόρμηση του αετού πάνω στα θύματά του. Η ταχύτατη πτήση είχε παρατηρηθεί από την αρχαιότη-

---

310 Βλ. σχετικά Πρμ. 30:19 «*ἴχνη ἀετοῦ πετομένου*», Ιωβ 9:26 «*ἦ καὶ ἔστιν ναυσὶν ἴχνος ὁδοῦ ἢ ἀετοῦ πετομένου ζητοῦντος βοράν;*», Ιωβ 39:27 «*ὑψοῦται ἀετός, γὺψ δὲ ἐπὶ νοσσιᾶς αὐτοῦ καθεσθεὶς αὐλίζεται*», Ιερ. 30:16 (Ο΄) «*ἰδοὺ ὥσπερ ἀετὸς ὄψεται καὶ ἐκτενεῖ τὰς πτέρυγας ἐπ᾽ ὀχυρώματα αὐτῆς*».
311 «*ἐὰν μετεωρισθῇς ὡς ἀετὸς καὶ ἐὰν ἀνὰ μέσον τῶν ἄστρων θῇς νοσσιάν σου*». Στη μετάφραση της ΕΒΕ παρατηρούμε στο στίχο 3 να λέει ο Κύριος στην Εδώμ, «Η φοβερή σου αλαζονεία, Εδώμ, σε παραπλάνησε. *Επειδή κατοικείς σε απρόσιτα, ψηλά, βραχώδη μέρη σκέφτεσαι: "εμένα ποιος μπορεί να με ρίξει στη γη;"*». Αμέσως στον επόμενο στίχο χρησιμοποιείται η εικόνα της απρόσιτης φωλιάς του αετού «*Ακόμα όμως κι αν χτίσεις τη φωλιά σου στα ψηλά, καθώς αετός, να μοιάζει σαν να βρίσκεται ανάμεσα στ᾽ αστέρια*». Η ίδια εικόνα χρησιμοποιείται και στο Ιερ. 30:10 (Ο΄) «*ὅτι ὕψωσεν ὥσπερ ἀετὸς νοσσιὰν αὐτοῦ, ἐκεῖθεν καθελῶ σε*». Η μετάφραση του συγκεκριμένου χωρίου από την έκδοση της ΕΒΕ είναι διαφωτιστική. Βλ. Ιερ. 49:16 «*Εσείς που κατοικείτε στις σχισμές των βράχων και κατέχετε τις βουνοκορφές, ακόμη κι αν πάτε να εγκατασταθείτε εκεί που ζει ο αετός, κι από 'κει πάνω θα σας κατεβάσω*». Ο Γαληνός διασώζει την ίδια παρατήρηση. Βλ. *Περὶ Χρείας Μορίων*, 3, 7, 9-10.

τα. Στην Π.Δ. γίνεται σχετική μνεία³¹². Στην αρχαία ελληνική γραμματεία όμως διασώζονται διάφορες περιγραφές εφόρμησης αετών σε διάφορα θύματα³¹³.

Τα μεγάλα φτερά του αετού (2-2,5 μέτρα) τον απογειώνουν σε απίστευτα ύψη, ενώ μπορεί να χαθεί από το μάτι του ανθρώπου σε μερικά δευτερόλεπτα. Στο Απ. 12:14 διαβάζουμε ότι στο όραμα δόθηκαν στη γυναίκα «*αἱ δύο πτέρυγες τοῦ ἀετοῦ τοῦ μεγάλου, ἵνα πέτηται εἰς τὴν ἔρημον*». Ασφαλώς δεν είναι τυχαία η επιλογή των φτερών του αετού εδώ. Το ζητούμενο είναι να εξαφανιστεί σε ερημικό τόπο γρήγορα και έτσι χρησιμοποιείται ο αετός με τα μεγάλα και δυνατά φτερά του. Ο Λουκιανός γράφει ότι τα φτερά του αετού και του γύπα σε άνοιγμα φτάνουν το ύψος ενός ανθρώπου³¹⁴, ενώ ο Αιλιανός σημειώνει ότι τα φτερά του αετού δεν συγκρίνονται με εκείνα των ορνέων³¹⁵. Η Π.Δ. κάνει αναφορά επίσης στα φτερά του αετού³¹⁶ αλλά και στο δεύτερο όπλο του τα νύχια³¹⁷. Στα γαμψά νύχια των τεσσάρων δακτύλων

---

312 Βλ. Δτ. 28:49 «*ὡσεὶ ὅρμημα ἀετοῦ*», Β΄ Σαμ. 1:23 «*ὑπὲρ ἀετοὺς κοῦφοι*», Ιερ. 4:13 «*κουφότεροι ἀετῶν οἱ ἵπποι αὐτοῦ*», Αβ. 1:8 «*καὶ πετασθήσονται ὡς ἀετὸς πρόθυμος εἰς τὸ φαγεῖν*», Θρ. 4:19 «*Κοῦφοι ἐγένοντο οἱ διώκοντες ἡμᾶς ὑπὲρ ἀετοὺς οὐρανοῦ, ἐπὶ τῶν ὀρέων ἐξήφθησαν*». Βλ. και την απόδοση του Ωσ. 8:1 στη μετάφραση της ΕΒΕ.
313 Ξενοφώντος, *Κύρου Παιδείας*, 2, 4, 19, 3-6.
314 «*εἰ δὲ γυπὸς ἢ ἀετοῦ περιθείμην πτερά - ταῦτα γὰρ μόνα ἂν διαρκέσαι πρὸς μέγεθος ἀνθρωπίνου σώματος*», *Ἰκαρομένιππος ἢ Ὑπερνέφελος*, 10, 18-20.
315 Βλ. *Περὶ Ζῴων Ἰδιότητος*, 9, 2. Εδώ λέγεται επίσης ότι ο αετός είναι ο βασιλιάς των πτηνών και ότι τον φοβούνται όλα τα ζώα όταν τον βλέπουν να πετά.
316 Εξ. 19:4 «*ὡσεὶ ἐπὶ πτερύγων ἀετῶν*», Πρμ. 23:5 «*κατεσκεύασται γὰρ αὐτῷ πτέρυγες ὥσπερ ἀετοῦ*», Ησ. 40:31 «*πτεροφυήσουσιν ὡς ἀετοί*».
317 Ιεζ. 17:3 «*Ὁ ἀετὸς ὁ μέγας ὁ μεγαλοπτέρυγος ὁ μακρὸς τῇ ἐκτάσει πλήρης ὀνύχων*», Ιεζ. 17:7 «*καὶ ἐγένετο ἀετὸς ἕτερος μέγας μεγαλοπτέρυγος*

Μέρος δεύτερο

του αναφέρεται ο Αριστοτέλης κατατάσσοντας τον αετό στα γαμψώνυχα πουλιά[318]. Εντύπωση προκαλούν οι εξαιρετικές γνώσεις του Αριστοτέλη σχετικά με την αναπαραγωγή των αετών, οι οποίες αποτελούν όλες φυσικές παρατηρήσεις[319]. Το περίεργο είναι πως ο μεγάλος φιλόσοφος κατόρθωσε να παρατηρήσει πουλιά, τα οποία φωλιάζουν σε σχεδόν απρόσιτα σημεία των δασών και των γκρεμών και να έχει δει νεοσσούς στη φωλιά, να γνωρίζει με ακρίβεια τον χρόνο εκκόλαψης των αυγών, το ποσοστό θνησιμότητας των μικρών, ακόμη και το λευκό χρώμα του πτερώματος των νεοσσών και άλλες σχετικές λεπτομέρειες από τη ζωή των αρπακτικών αυτών των πουλιών, τις οποίες μάλιστα συγκρίνει και μεταξύ των διαφόρων ειδών.

Άκρως εντυπωσιακό είναι ότι ο Αριστοτέλης γνωρίζει ότι από τα τρία αυγά που γεννά ο αετός εκκολάπτει τα δύο και ανατρέφει το ένα[320]. Αναφέρει επίσης ότι ο αρσενικός φθονεί

πολὺς ὄνυξιν», Δν. 4:33 «καὶ οἱ ὄνυχες αὐτοῦ ὡς ὀρνέων... καὶ αἱ τρίχες μου ἐγένοντο ὡς πτέρυγες ἀετοῦ», Δν. 7:4 «καὶ πτερὰ αὐτῇ ὡσεὶ ἀετοῦ, ἐθεώρουν ἕως οὗ ἐξετίλη τὰ πτερὰ αὐτῆς, ἔχουσα πτερὰ ὡσεὶ ἀετοῦ ... ἐθεώρουν ἕως ὅτου ἐτίλη τὰ πτερὰ αὐτῆς».
318 Τῶν περὶ τὰ Ζῶα Ἱστοριῶν, 517b, 1-2.
319 Τῶν περὶ τὰ Ζῶα Ἱστοριῶν, 563a, 17-28.
320 Τῶν περὶ τὰ Ζῶα Ἱστοριῶν, 563a 19. Εδώ το φαινόμενο δεν εξηγείται με την εχθρική συμπεριφορά του μεγαλύτερου νεοσσού προς τα αδέλφια του. Σήμερα γνωρίζουμε ότι σε πολλά είδη αετών, όπως στους χρυσαετούς, στικταετούς, κραυγαετούς κ.α., παρατηρείται το φαινόμενο του καϊνισμού (αδελφοκτονία). Ο μεγαλύτερος νεοσσός μετά από μερικές ημέρες δρα ανταγωνιστικά προς τα αδέλφια του, όχι μόνο απαιτώντας περισσότερη τροφή, αλλά τσιμπά και σπρώχνει από τη φωλιά τους υπόλοιπους, επιβιώνοντας έτσι μόνο ο ίδιος. Βλ. σχετικό ρεπορτάζ στη εφημερίδα Έθνος του Τ. Δοσούλα: http://www.ethnos.gr/entheta.asp?catid=23827&subid=2&pubid=63113217

Φύσις Θηρίων

τους νεοσσούς και τους εγκαταλείπει ή τους σκοτώνει[321]. Αυτή η πληροφορία δεν αποδεικνύεται από τις μελέτες των σύγχρονων ορνιθολόγων. Μετά από όσα προηγήθηκαν μπορούμε τώρα να εξετάσουμε την εικόνα που χρησιμοποιείται στα Μτ. 24:28//Λκ 17:37. Το Μτ. 24:28 έχει «*ὅπου ἐὰν ᾖ τὸ πτῶμα, ἐκεῖ συναχθήσονται οἱ ἀετοί*» και το παράλληλό του στο Λκ 17:37 «*ὅπου τὸ σῶμα, ἐκεῖ καὶ οἱ ἀετοὶ ἐπισυναχθήσονται*». Και στα δύο χωρία η εικόνα χρησιμοποιείται από τον ίδιο τον Ιησού. Το κείμενο της ΕΒΕ αποδίδει το στίχο ως παροιμία αναφερόμενη σε όρνεα[322]. Έτσι αλλάζει το είδος του αρπακτικού και το κάνει αυτό λόγω μια παλαιότερης άποψης που δεν ήθελε τους αετούς να τρέφονται με πτώματα ζώων. Στο Ιωβ 39:30 όμως, όπου βρίσκουμε την ίδια ακριβώς έκφραση, εκεί η μετάφραση της ΕΒΕ διατηρεί το «*αετοί*». Στην ελληνική γραμματεία η παροιμία αυτή συνδέεται με τους γύπες, ενώ στη λατινική γύπες αλλά και αετοί συνδέονται με την πτωματοφαγία[323].

---

321 Βλ. σχετικά *Τῶν περὶ τὰ Ζῷα Ἱστοριῶν*, 619b, 25-34. Την πληροφορία αυτή διασώζει και ο Αιλιανός. Πρβλ. *Περὶ Ζῴων Ἰδιότητος*, 2, 40, 7-12.

322 Πολλές ξενόγλωσσες μεταφράσεις αποδίδουν τη φράση προτιμώντας τους γύπες. Ενώ η Βουλγάτα διατηρεί τους αετούς (*aquilae*), οι περισσότερες αγγλικές μεταφράσεις για παράδειγμα έχουν *vultures*. Οι γύπες είναι η προτίμηση και του J. Topel, «What Kind of a Sign are Vultures? Luke 17:37b», *Bib* 84 (2003) 410-411.

323 Βλ. σχετικά W. D. Davies-D. C. Allison, *A Critical and Exegetical Commentary on the Gospel according to Saint Matthew*, τ. 3, London, T&T Clark International, 2004, 355. Αετοί και γύπες υπάρχουν μέχρι σήμερα στη γη του Ισραήλ, όπως παρατήρησε δύο αιώνες νωρίτερα ο H. B. Tristram, *The Natural History of the Bible: Being a Review of the Physical Geography, Geology, and Meteorology of the Holy Land, with a Description of Every Animal and Plant Mentioned in Holy Scripture*, London New York, Society for Promoting Christian Knowledge, Pott, Young & Co., [6]1880. Ο Tristram

Μέρος δεύτερο

Σήμερα έχει παρατηρηθεί και καταγραφεί η πτωματοφαγία σε πολλά είδη αετών σε όλο τον κόσμο. Πιθανόν στο πέρασμα του χρόνου η έλλειψη θηραμάτων ανάγκασε τους αετούς να τρέφονται κατ' ανάγκη και με νεκρά ζώα. Οι ειδικοί όμως θεωρούν ότι αυτό πιθανότατα να συνέβαινε και κατά το παρελθόν. Αρκετοί ερμηνευτές έχουν παρατηρήσει το πρόβλημα χωρίς να μπορούν να δώσουν μια λύση[324]. Αντίστοιχο πρόβλημα έχουμε και στην Π.Δ. με μια πληροφορία που διασώζει το Δτ. 32:11 «*ὡς ἀετὸς σκεπάσαι νοσσιὰν αὐτοῦ καὶ ἐπὶ τοῖς νεοσσοῖς αὐτοῦ ἐπεπόθησεν, διεὶς τὰς πτέρυγας αὐτοῦ ἐδέξατο αὐτοὺς καὶ ἀνέλαβεν αὐτοὺς ἐπὶ τῶν μεταφρένων αὐτοῦ*», η οποία επαναλαμβάνεται στο κείμενο των Ο΄ στο Ωδές 2:11. Η πληροφορία ότι ο αετός πετά πάνω απ' τα μικρά του και τα μαθαίνει να πετούν, ενώ απλώνει τις φτερούγες του και τα σηκώνει αν αυτά δυσκολεύονται στις πρώτες πτήσεις τους, δεν έχει παρατηρηθεί ποτέ από τους ορνιθολόγους[325]. Παλαιότερα ορισμένοι παρατηρητές αρπακτικών πίστευαν ότι ο θηλυκός αετός κουνά σκόπιμα τη φωλιά για να αναγκάσει τα αετόπουλα να ξεκινήσουν

αναγνωρίζει δεκαπέντε εβραϊκές λέξεις στην Π.Δ., οι οποίες αφορούν όλες αρπακτικά πουλιά. Βλ. σχετικά M. Bright, *Beasts of the Field: The Revealing Natural History of Animals in the Bible*, London, Robson, 2006, 248-259.

324 Έχει προταθεί ένα συγκεκριμένο είδος αετού, πιθανόν ο γυπαετός, τον οποίο ο Αριστοτέλης αποκαλεί *περκνόπτερο* και αναφέρει ότι μοιάζει με γύπα. Ο Αριστοτέλης επίσης μας πληροφορεί ότι ο αετός αυτός είναι γνωστός και ως *ὀρειπέλαργος* και *ὑπάετος*. Τη σύνδεση προκάλεσε η παρατήρηση ότι «*καὶ τὰ τεθνεῶτα φέρων, πεινῇ δ' ἀεὶ καὶ βοᾷ καὶ μινυρίζει*», *Τῶν περὶ τὰ Ζῷα Ἱστοριῶν*, 619a 2-3. Το πρόβλημα είναι ότι η ονομασία «περκνόπτερος» δεν υπάρχει πουθενά αλλού και δεν μπορούμε έτσι να καταλάβουμε για ποιο είδος αετού πρόκειται.

325 Βλ. σχετικά τη γνώμη του βιολόγου και παραγωγού ντοκιμαντέρ άγριας φύσης του BBC M. Bright, *Beasts of the Field*, 257.

Φύσις Θηρίων

τις πρώτες τους πτήσεις. Πίστευαν ακόμη ότι τα έπαιρνε και στην πλάτη του, όταν αυτά κουράζονταν. Η παρατήρηση αυτή όμως δεν επιβεβαιώνεται από κανέναν σύγχρονο παρατηρητή. Ενδεχομένως στο κείμενο του Δτ. 32:11 να υπάρχει θεολογική σκοπιμότητα. Ο Θεός είναι πάντα μαζί σου για να σε σηκώνει όταν πέφτεις[326]. Ο αετός με όλες τις παραπάνω ικανότητες αποτελούσε πάντα έμπνευση για τους δημιουργούς των μύθων.

Τα δύο ρήματα που χρησιμοποιούνται στα δύο χωρία «*συναχθήσονται*» και «*ἐπισυναχθήσονται*» φανερώνουν άλλη μια χαρακτηριστική συμπεριφορά των αετών που έχει παρατηρηθεί. Μπορεί να μην σπεύδουν στα νεκρά ζώα με την ταχύτητα εύρεσης των ορνέων, αλλά με την οξύτατη όραση που διαθέτουν βλέπουν τα πάντα όσο ψηλά και αν βρίσκονται. Αν και στην Αγία Γραφή δεν γίνεται λόγος για την οξύτατη όραση όλων των αετόμορφων, στην αρχαιότητα είχαν παρατηρήσει πολύ νωρίς την ιδιαίτερη αυτή ικανότητα των αετών. Ο Λουκιανός θεωρούσε ότι μόνο ο αετός μπορεί να αντικρίζει τον ήλιο[327], ενώ ο Αιλιανός γνώριζε ότι η οξύτατή όρασή του διατηρείται όσο ψηλά και αν πετά[328].

---

326 Βλ. Εξ. 19:4 «*αὐτοὶ ἑωράκατε ὅσα πεποίηκα τοῖς Αἰγυπτίοις καὶ ἀνέλαβον ὑμᾶς ὡσεὶ ἐπὶ πτερύγων ἀετῶν καὶ προσηγαγόμην ὑμᾶς πρὸς ἐμαυτόν*».

327 «*Ὅτι, ἦ δ' ὅς, παρὰ πολὺ τῶν ἄλλων ζῴων ἀετός ἐστιν ὀξυωπέστατος, ὥστε μόνος ἀντίον δέδορκε τῷ ἡλίῳ, καὶ τοῦτό ἐστιν ὁ γνήσιος καὶ βασιλεὺς ἀετός, ἣν ἀσκαρδαμυκτὶ πρὸς τὰς ἀκτῖνας βλέπῃ*», Ἰκαρομένιππος ἢ Ὑπερνέφελος, 14, 9-13. Ο Πλίνιος ο πρεσβύτερος, *Naturalis Historia*, 2, 146 θεωρούσε τους αετούς και τις φώκιες τα μόνα ζώα που δεν πλήττονται ποτέ από κεραυνούς. Βλ. J. E. Spittler, *Animals in the Apocryphal Acts of the Apostles: The Wild Kingdom of Early Christian Literature*, WUNT 247, Tübingen, Mohr Siebeck, 2008, 181. Το στοιχείο της υπερβολής εδώ είναι εντονότατο.

328 *Περὶ Ζῴων Ἰδιότητος*, 2, 26, 5-6.

Μέρος δεύτερο

Σχετικά με την τροφή των αετών έχουν γραφτεί πολλά από τους ειδικούς ορνιθολόγους και στον αρχαίο κόσμο όμως, είχαν συγκεντρώσει αρκετές πληροφορίες για τις διατροφικές τους επιλογές. Κατά την αρχαιότητα ο Αριστοτέλης χαρακτηρίζει τον αετό «ὠμοφάγο»[329] και γνωρίζει ότι η διατροφή του αποτελείται από φίδια[330], διάφορα πουλιά[331], μικρά αλλά και μεγάλα θηλαστικά[332]. Ο Αιλιανός αναφέρει και το συχνό φαινόμενο να σηκώνουν οι αετοί τις χερσαίες χελώνες και να τις ρίχνουν από ψηλά, προκειμένου να σπάσει το καβούκι τους για να μπορέσουν να φτάσουν στο κρέας τους[333]. Ο Αιλιανός παρατηρεί ότι ο αετός δεν εκμεταλλεύεται το θήραμα άλλων ζώων, αλλά τρώει μόνο ότι σκοτώνει ο ίδιος και ότι δεν ανέχεται άλλους αετούς[334]. Αυτό σήμερα γνωρίζουμε ότι δεν ισχύει. Η σύγχυση στα ευαγγελικά κείμενα μπορεί επίσης να προέρχεται από εσφαλμένη άποψη

---

329 *Τῶν περὶ τὰ Ζῷα Ἱστοριῶν*, 609b, 13-14. Για το λόγο αυτό ο αετός είναι εχθρικός προς όλα τα ζώα.

330 «Ἔστι δ᾽ ἀετὸς καὶ δράκων πολέμια· τροφὴν γὰρ ποιεῖται τοὺς ὄφεις ὁ ἀετός», *Τῶν περὶ τὰ Ζῷα Ἱστοριῶν*, 609a, 4-5.

331 *Τῶν περὶ τὰ Ζῷα Ἱστοριῶν*, 609b, 7-8. Βλ. και Αιλιανού, *Περὶ Ζῴων Ἰδιότητος*, 5, 33, 9 και 5, 34, 29-30. Σε πολλές περιπτώσεις ο Αιλιανός χρησιμοποιεί τις παρατηρήσεις του Αριστοτέλη.

332 Ο Αιλιανός στο *Περὶ Ζῴων Ἰδιότητος*, 2, 39, 8-19 αναφέρει τον τρόπο με τον οποίο οι αετοί εφορμούσαν σε ταύρους που βρίσκονταν κοντά σε γκρεμούς και τους ανάγκαζαν να γκρεμιστούν από τον πανικό που τους προκαλούσαν. Πριν μερικά χρόνια παρατηρητές πουλιών κατέγραψαν σε βίντεο χρυσαετούς στις Άλπεις να σκοτώνουν με κατακρήμνιση αγριόγιδα.

333 Από μια τέτοια αποτυχημένη ρίψη θανατώθηκε ο Αισχύλος. Βλ. Αιλιανού, *Περὶ Ζῴων Ἰδιότητος*, 7, 16, 1-11.

334 Βλ. «*θήρας δὲ ἀλλοτρίας οὐχ ἅπτεται κειμένης, ἀλλὰ χαίρει τοῖς ἑαυτοῦ πόνοις, κοινωνίαν τε τὴν πρὸς ἄλλον ἥκιστα ἐνδέχεται. κορεσθεὶς δὲ εἶτα τοῦ λοιποῦ πονηρὸν ἄσθμα καὶ δυσωδέστατον καταπνεύσας, ἄβρωτα τοῖς ἄλλοις τὰ λείψανα ἐᾷ*», *Περὶ Ζῴων Ἰδιότητος*, 2, 39, 19-24.

του αρχαίου κόσμου, αφού σίγουρα οι περισσότεροι δεν θα μπορούσαν να διακρίνουν τους γύπες και τα όρνεα από τους αετούς. Κατά παρόμοιο τρόπο οι περισσότεροι σήμερα δεν μπορούν να διακρίνουν τους αετούς από τα γεράκια. Οι περισσότεροι πάντως ερμηνευτές προτιμούν τους γύπες ως την ορθότερη κατανόηση της παροιμίας.

Κατά την αρχαιότητα ο αετός και ο λύκος θεωρούνταν οι δύο άρπαγες των οικόσιτων ζώων και συνεπώς μεγάλη απειλή για τους κατοίκους της υπαίθρου. Η παρουσία του αετού πάντα δήλωνε επικείμενη επίθεση σε κάποιο θύμα. Στα δύο ευαγγελικά χωρία (Μτ. 24:28//Λκ 17:37) ο αετός συνδέεται με την καταστροφή και τον θάνατο. Δεν είναι λοιπόν τυχαία η εικόνα[335], αφού τοποθετείται στη συνάφεια της συντέλειας του κόσμου (Ματθαίος) και στον ερχομό της βασιλείας του Θεού (Λουκάς). Εδώ η εικόνα των αετών να συγκεντρώνονται γύρω από το νεκρό σώμα ενός ζώου δηλώνει την αλάνθαστη παρατήρηση της επικείμενης βασιλείας του Θεού και δεν έχει αλληγορική σημασία[336], όπως της αποδόθηκε αργότερα από τους ερμηνευτές πατέρες.

Λύκος

Ο λύκος (*canis lupus*) χρησιμοποιείται ως εικόνα στην Κ.Δ. πέντε φορές. Έχει πάντα αρνητικό περιεχόμενο εξαιτίας της αρπακτικής και φονικής του ικανότητας. Όλες οι αναφορές στον λύκο στην Αγία Γραφή λειτουργούν ως μεταφορά της απλη-

---

335 Βλ. τα σχόλια στο U. Luz, *Matthew 21-28*, (μτφρ. J. E. Crouch), Hermeneia, Minneapolis, Fortress Press, 2005, 199.
336 Βλ. τις αναφορές των W. D. Davies-D. C. Allison, *A Critical and Exegetical Commentary on the Gospel according to Saint Matthew*, τ. 3, London, T&T Clark International, 2004, 355-356.

στίας, της αρπαγής και της καταστροφής[337]. Τέσσερις φορές η εικόνα του λύκου που αποτελεί απειλή για τα πρόβατα χρησιμοποιείται σε λόγια του Ιησού στα ευαγγέλια[338] και μία φορά στο λόγο του Παύλου στους πρεσβυτέρους της Εφέσου. Ένα πρώτο συμπέρασμα από τη χρήση του λύκου στην Κ.Δ., το οποίο προκύπτει άμεσα είναι ότι και στις πέντε χρήσεις του ο λύκος απαντά σε σύνδεση πάντα με τα πρόβατα[339]. Δεν απαντάται πουθενά μόνος του.

Μπορούμε τώρα να εξετάσουμε τη χρήση του λύκου στα παραπάνω χωρία της Κ.Δ. και να συγκρίνουμε τις γνώσεις του Ματθαίου, του Λουκά και του Ιωάννη σε σχέση με τις παρατηρήσεις για το λύκο στις φυσικές ιστορίες του ελληνορωμαϊκού κόσμου της εποχής τους. Στο Μτ. 7:15 διαβάζουμε «*Προσέχετε ἀπὸ τῶν ψευδοπροφητῶν, οἵτινες ἔρχονται πρὸς ὑμᾶς ἐν ἐνδύμασιν προβάτων, ἔσωθεν δέ εἰσιν λύκοι ἅρπαγες*». Όποιοι και αν είναι οι ψευδοπροφήτες για τους οποίους εδώ γίνεται λόγος, αυτοί χαρακτηρίζονται αρπακτικοί λύκοι, έστω και αν έρχονται ντυμένοι σαν πρόβατα. Η μεταφορική αυτή εικόνα παραπέμπει στο γνωστό μύθο του Αισώπου *λύκος με προβιά προβάτου* και είναι άγνωστη στην Π.Δ. Σε 27 από του μύθους του Αισώπου ο λύκος πρωταγωνιστεί αλλά έχει επίσης κυρίαρχο ρόλο γενικά στη μυθολογία και τη δεισιδαιμονία της αρχαιότητας μέχρι και το μεσαίω-

---

337 Γεν. 49:27· Πρμ. 28:15· Ησ. 11:6· Ιερ. 5:6· Σειρ. 13:17· Ιω. 10:12· Μτ. 7:15· 10:16· Λκ. 10:3· Πραξ. 20:29.

338 Το Μτ. 10:16 είναι παράλληλο του Λκ. 10:3 με τη μόνη διαφορά ως προς τα ζώα ότι το λουκάνειο χωρίο έχει τη λέξη «*ἄρνας*» αντί του συνηθέστερου «*πρόβατα*» του Ματθαίου.

339 Το Πραξ. 20:29 αντί για «*πρόβατα*» έχει «*ποίμνιον*».

να. Με αφορμή το παραπάνω κείμενο του κατά Ματθαίον οι εκκλησιαστικοί συγγραφείς παρομοίαζαν τους εκάστοτε αιρετικούς ως επικίνδυνους λύκους[340]. Η συγκεκριμένη χρήση του αδηφάγου λύκου να ταυτίζεται πάντα με τους κακούς και άδικους δεν είναι δημιουργία της Κ.Δ. αλλά ξεκινά από την ελληνική κλασική γραμματεία. Στην Π.Δ. ο λαός του Θεού χαρακτηρίζεται συχνά ως πρόβατα και ο Ματθαίος θα υιοθετήσει αυτή την εικόνα. Ιουδαίοι και χριστιανοί παρομοιάζονται συχνά με πρόβατα που ζουν ανάμεσα στους εθνικούς λύκους. Η φράση «*τί κοινωνήσει λύκος ἀμνῷ; οὕτως ἁμαρτωλὸς πρὸς εὐσεβῆ*» του Σειρ. 13:17 είναι αφοπλιστικό.

Ο Αριστοτέλης γνωρίζει αρκετά για το λύκο μέχρι και ότι τα μικρά του γεννιούνται αρχικά τυφλά, όπως τα κουτάβια των σκύλων[341]. Είναι εντυπωσιακό επίσης ότι γνωρίζει και τον αριθμό των λυκόπουλων που γεννά κατά τους θερινούς μήνες, αλλά και πόσο διαρκεί η κύηση, αφού ξέρει ότι αυτή είναι ίδια με του σκύλου[342]. Ως χαρακτηριστικό παράδειγμα αγριότητας των συγκεκριμένων αρπακτικών θηλαστικών ο Αριστοτέλης αναφέρει το λύκο[343]. Για αυτόν ο μεγάλος φιλό-

---

340 Βλ. W. D. Davies-D. C.Allison, *A Critical and Exegetical Commentary on the Gospel according to Saint Matthew*, τ. 1, London, T&T Clark International, 2004, 704 και O Böcher, «Wölfe in Schafspelzen: Zum Religionsgeschichtlichen Hintergrund von Mt 7,15», *TZ* 24 (1968) 405-426. Στον Ιγνάτιο Αντιοχείας, *Προς Φιλαδελφείς*, 3:2 οι ψευδοδιδάσκαλοι παρουσιάζονται ως λύκοι. Προφανώς εδώ έχουμε χρήση του ματθαϊκού χωρίου.
341 *Περὶ Ζῴων Γενέσως*, 742a 9-10.
342 *Τῶν περὶ τὰ Ζῷα Ἱστοριῶν*, 580a, 11-14.
343 «*τὰ δὲ γενναῖα καὶ ἄγρια καὶ ἐπίβουλα, οἷον λύκος*», *Τῶν περὶ τὰ Ζῷα Ἱστοριῶν*, 488b, 17-18. Ο Αριστοτέλης γνωρίζει επίσης ότι ο λύκος μοιάζει με το τσακάλι (θώς). Βλ. στο ίδιο, 5-7b, 17. Το τσακάλι δεν αναφέρεται που-

σοφος σημειώνει ότι είναι εχθρικός προς όλα τα άλλα είδη, οικόσιτα και άγρια, ενώ τον αποκαλεί με ειδικότερο τρόπο γαμψώνυχο και ωμοφάγο[344], ενώ ο Αιλιανός καρχαρόδοντα[345]. Ο Αιλιανός επιπλέον, θεωρεί ότι όταν πεινά ο λύκος μπορεί να επιτεθεί και σε άλλους λύκους[346]. Την ικανότητα του λύκου να αντιμετωπίζει μεγάλα θηράματα γνωρίζει ο Αιλιανός και παρουσιάζει τον τρόπο με τον οποίο επιτίθεται ακόμη και σε ταύρους[347]. Η έκφραση «*λύκοι ἅρπαγες*» του Μτ. 7:15 δηλώνει τη διαδεδομένη αντίληψη ότι ο λύκος άρπαζε οποιοδήποτε ζώο από ένα κοπάδι ξαφνικά, γρήγορα και αποτελεσματικά. Ο Αιλιανός αναφέρει την αρπαγή ενός χοίρου από λύκο[348]. Ο Αριστοφάνης ο Βυζάντιος διασώζει την πληροφορία ότι σε ορισμένες περιπτώσεις οι λύκοι άρπαζαν και ψάρια μέσα από τα δίχτυα των ψαράδων μιας λίμνης[349]. Ο Αλεξαν-

---

θενά στην Αγία Γραφή.

344 «*Λύκος δ᾿ ὄνῳ καὶ ταύρῳ καὶ ἀλώπεκι πολέμιος· ὠμοφάγος γὰρ ὢν ἐπιτίθεται τοῖς βουσὶ καὶ τοῖς ὄνοις καὶ τῇ ἀλώπεκι. Καὶ ἀλώπηξ δὲ καὶ κίρκος διὰ τὴν αὐτὴν αἰτίαν· γαμψώνυχος γὰρ ὢν καὶ ὠμοφάγος ἐπιτίθεται καὶ ἕλκη ποιεῖ κόπτων*», *Τῶν περὶ τὰ Ζῷα Ἱστοριῶν*, 609b, 1-5.

345 *Περὶ Ζῴων Ἰδιότητος*, 11, 37, 10. Τον ίδιο χαρακτηρισμό χρησιμοποιεί και ο Αριστοφάνης ο Βυζάντιος, *Τῶν Ἀριστοτέλους περὶ Ζῴων Ἐπιτομή, Ὑποτεθέντων ἑκάστῳ Ζῴῳ καὶ τῶν Αἰλιανῷ καὶ Τιμοθέῳ καὶ ἑτέροις τισὶ περὶ αὐτῶν Εἰρημένων*, 1, 6, 1.

346 *Περὶ Ζῴων Ἰδιότητος*, 7, 20. Εντυπωσιακό είναι το γεγονός ότι, αφού περιγράφει τη συμπεριφορά αυτή, ο Αιλιανός παρομοιάζει αυτούς τους λύκους με τους φιλάργυρους ανθρώπους.

347 *Περὶ Ζῴων Ἰδιότητος*, 5, 19.

348 Η εικόνα σίγουρα είχε χαραχθεί στη μνήμη του αρχαίου κόσμου. Βλ. «*ὡς οἶν ἐξ ἀγέλης λύκος ἁρπάσας*», *Περὶ Ζῴων Ἰδιότητος*, 15, 1, 22-23.

349 *Τῶν Ἀριστοτέλους περὶ Ζῴων Ἐπιτομή, Ὑποτεθέντων ἑκάστῳ Ζῴῳ καὶ τῶν Αἰλιανῷ καὶ Τιμοθέῳ καὶ ἑτέροις τισὶ περὶ αὐτῶν Εἰρημένων*, 2, 215.

Φύσις Θηρίων

δρινός αυτός γραμματικός του 2°ᵘ αι. π.Χ. έχει απίστευτες βιολογικές γνώσεις σχετικά με το λύκο και τη συμπεριφορά του και έχει εμπλουτίσει τις παρατηρήσεις του Αριστοτέλη[350]. Το Μτ. 10:16α έχει «*Ἰδοὺ ἐγὼ ἀποστέλλω ὑμᾶς ὡς πρόβατα ἐν μέσῳ λύκων*», ενώ στο παράλληλό του στο Λκ. 10:3 διαβάζουμε «*ὑπάγετε· ἰδοὺ ἀποστέλλω ὑμᾶς ὡς ἄρνας ἐν μέσῳ λύκων*»[351]. Η βία σαν θέμα έρχεται αναπόφευκτα στο νου του αναγνώστη. Εδώ δεν γίνεται λόγος για απόρριψη, όπως στο Μτ. 10:14-15, αλλά φανερώνεται μέσα από το δίπολο πρόβατα-λύκος η βία και η καταστροφή για το πρώτο από τα δύο. Η εικόνα αυτή όμως χρησιμοποιείται ήδη από τον Όμηρο[352].

Η εικόνα για τον λύκο που εφορμά στο κοπάδι των προβάτων είναι πιο παραστατική στο Ιω. 10:12 «*ὁ μισθωτὸς καὶ οὐκ ὢν ποιμήν, οὗ οὐκ ἔστιν τὰ πρόβατα ἴδια, θεωρεῖ τὸν λύκον ἐρχόμενον καὶ ἀφίησιν τὰ πρόβατα καὶ φεύγει - καὶ ὁ λύκος ἁρπάζει αὐτὰ καὶ σκορπίζει*», καθώς περιγράφεται και η στάση του μισθωτού βοσκού απέναντι στον κίνδυνο. Το ποιος μπορεί να είναι ο λύκος εδώ δεν διευκρινίζεται από τον ευαγγελιστή. Μέχρι τη νεότερη εποχή σε όλες τις χώρες της μεσογειακής λεκάνης είναι γνωστές ιστορίες για λύκους που επιτέθηκαν

---

350 Γνωρίζει ότι οι λύκοι της αγέλης συνεργάζονται όχι μόνο στο κυνήγι (*στο ίδιο*, 2, 217) και ότι ο λαιμός του λύκου είναι έτσι κατασκευασμένος που δεν μπορεί να κοιτά πίσω του, αν δεν γυρίσει και ο κορμός του (2, 226, 1-3). Η όρασή του είναι ικανότατη ακόμη και τις νύχτες που δεν υπάρχει φεγγάρι (2, 226, 3-6).

351 Πρβλ. την έκφραση «*λύκος φέρων ἄρνα ἔκ τινος ποίμνης αὐτὸν συνηρπακώς*» στο *Περὶ Ζώων Ἰδιότητος*, 12, 31, 14-15.

352 *Ἰλιάς*, 22, 263-264. Βλ. επίσης *Τὰ τῶν Χριστιανῶν Ἐπιγράμματα* (*Anthologia Graeca*), 9, 150, 3· 9, 255, 3· 12, 250, 2. Βλ. περισσότερα σχετικά κείμενα στο G. Bornkamm, «Λύκος», *TDNT* 4, 308.

Μέρος δεύτερο

σε βοσκούς ή ανυποψίαστους περαστικούς³⁵³. Στο Ιω. 10:11 ο Ιησούς θα παρουσιαστεί ως «ὁ ποιμὴν ὁ καλὸς τὴν ψυχὴν αὐτοῦ τίθησιν ὑπὲρ τῶν προβάτων». Στην Παλαιστίνη, όπως και σε όλες τις χώρες της Ευρώπης ο μεγάλος κίνδυνος των προβάτων ήταν πάντα οι λύκοι. Το Ζαχ. 11:17 κάνει λόγο για τον άχρηστο βοσκό, που εγκαταλείπει το κοπάδι σε έναν τέτοιο κίνδυνο. Προτείνει μάλιστα να του κοπεί το χέρι με το ξίφος και να του βγει το δεξί μάτι. Αρκεί κανείς να σκεφτεί πόσο σημαντικό ήταν το πρόβατο και τα παράγωγά του για την επιβίωση του πληθυσμού στην αρχαιότητα για να υπολογίσει την ενδεχόμενη καταστροφή από επιδρομή λύκων³⁵⁴. Στην *Ιστορία της Ρώμης* ο Δίων Κάσσιος αναφέρει περιπτώσεις λύκων που είτε εισήλθαν στην πόλη και έκαναν καταστροφές, είτε εισχώρησαν εντός στρατοπέδων και σκότωσαν στρατιώτες. Ο Αριστοφάνης ο Βυζάντιος γνωρίζει ότι οι λύκοι συνεργάζονται στο κυνήγι και μάλιστα ότι μοιράζονται δίκαια μετά τα θηράματα³⁵⁵. Δυστυχώς ο Αλεξανδρινός γραμματικός δεν γνώριζε ότι οι αγέλες έχουν αυστηρή ιεραρχική δομή με αρχηγό ένα κυρίαρχο αρσενικό, το οποίο διατηρεί το δικαίωμα να τρώει πάντα πρώτο, να ζευγαρώνει μόνο αυτό με τις λύκαινες της αγέλης ενώ είναι το μόνο ζώο της αγέλης που κρατά διαρκώς την ουρά ψηλά.

---

353 Τὰ τῶν Χριστιανῶν Ἐπιγράμματα, 7, 289, 3-4. Βλ. και Αριστοφάνη του Βυζαντίου, Τῶν Ἀριστοτέλους περὶ Ζῴων Ἐπιτομή, Ὑποτεθέντων ἑκάστῳ Ζῴῳ καὶ τῶν Αἰλιανῷ καὶ Τιμοθέῳ καὶ ἑτέροις τισὶ περὶ αὐτῶν Εἰρημένων, 2, 230.

354 Βλ. αντίστοιχη εικόνα στο Επίκτητου, *Διατριβαί*, 3, 22, 35.

355 Στο ίδιο, 2, 238. Ο Αριστοφάνης ο Βυζάντιος γνωρίζει επίσης ότι κάθε αγέλη μπορεί να απαρτίζεται από δώδεκα, ίσως και περισσότερους λύκους. Βλ. στο ίδιο, 2, 235.

Φύσις Θηρίων

Το Πραξ. 20:29 «*ἐγὼ οἶδα ὅτι εἰσελεύσονται μετὰ τὴν ἄφιξίν μου λύκοι βαρεῖς εἰς ὑμᾶς μὴ φειδόμενοι τοῦ ποιμνίου*» αποκαλύπτει μια πραγματικότητα που φαίνεται ότι ήταν αρκετά γνωστή ακόμη και στα μεγάλα αστικά κέντρα της ρωμαϊκής αυτοκρατορίας σχετικά με το κυνηγετικό ένστικτο του λύκου. Οι αντίπαλοι του Παύλου ψευδοδιδάσκαλοι παρομοιάζονται με άγριους λύκους που δεν λυπούνται το ποίμνιο[356]. Νωρίτερα στο στίχο 28 χρησιμοποιούνται οι λέξεις «*ποίμνιο*» και «*ποιμάνω*». Εδώ φανερώνεται η φονική και αρπακτική ικανότητα του λύκου να προκαλεί μεγάλη καταστροφή σε ένα κοπάδι[357] και να μην περιορίζεται μόνο σε ένα ή δύο πρόβατα ή κατσίκια. Ο χριστιανισμός δεν ευθύνεται για την άσχημη εικόνα του λύκου ως φοβερής απειλής αλλά αυτή η εντύπωση που ήταν ήδη διαμορφωμένη κατά την εμφάνισή του είναι υπεύθυνη για το ανελέητο κυνήγι του λύκου στη νεότερη εποχή σε όλο τον κόσμο. Οι συγγραφείς των βιβλίων της Κ.Δ. φαίνεται ότι αδιαφορούν για επιπλέον πληροφορίες σχετικά με τη συμπεριφορά των λύκων και μας δίνουν μόνο όσες τους χρειάζονται για να εικονίσουν παραστατικά όσα θέλουν να πουν για τους κινδύνους που διατρέχουν τα μέλη των κοινοτήτων τους. Η γλώσσα είναι μεταφορική στις σχετικές διηγήσεις. Αυτοί γράφουν θρησκευτικά κείμενα και όχι φυσικές ιστορίες. Πιθανόν αν οι ίδιοι προέρχονται από μεγάλα αστικά κέντρα να μην έχουν συναντήσει ποτέ οι ίδιοι λύκους αλλά να τους είναι γνωστές σχετικές διηγήσεις, τις οποίες δανείζονται και τις αποδίδουν με αρνητικό συμβολισμό πάντα εντός του θρησκευτικού πλαισίου.

---

356 Βλ. επίσης αντίστοιχη έκφραση στο Φιλόστρατου, *Τὰ ἐς τὸν Τυανέα Ἀπολλώνιον*, 8, 22, 6-7.

357 Βλ. Ιεζ. 22:27 και Σφν. 3:3

211

Μέρος δεύτερο

Οχιά

Το μόνο είδος ερπετών που αναφέρεται ρητά στην Κ.Δ. είναι η οχιά (*vipera ammodytus*). Ο όρος «*ἔχιδνα*» χρησιμοποιείται πέντε φορές (Μτ. 3:7· 12:34· 23:33· Λκ. 3:7· Πραξ. 28:3) και μία φορά προτιμάται η λέξη «*ἀσπίς*» (Ρωμ. 3:13). Αντίθετα στην Π.Δ. η λέξη «*ἔχιδνα*» δεν χρησιμοποιείται πουθενά, ενώ υπάρχουν οι όροι «*ἀσπίς*» και «*ἔχις*»[358]. Πρόκειται πιθανότατα για το ίδιο είδος[359]. Η οχιά ανήκει στην οικογένεια των βιπεριδών και συναντάται σε κάθε περιοχή της γης[360] με εξαί-

---

[358] Βλ. σχετικά το ευρετήριο χωρίων στη διατριβή της Ε. Δάφνη, שחנ - *Όφις. Γενέσεως 3 και Ησαΐου 27,1 υπό το Φως και των Α΄ Βασιλ. 22:19-23, Ιώβ 1,6-12· 2,1-7 και Ζαχ. 3,1-2. Συμβολήν εις την Έρευναν της Γλώσσης και της Θεολογίας της Παλαιάς Διαθήκης εξ απόψεως Μασωριτικού Κειμένου και Μεταφράσεως των Εβδομήκοντα*, Αθήνα 1997, 169-171. Πρβλ. L. A. E. Harris, *All of the Animals in the Bible: A Topical Index of All of the Animals in the Bible*, Longwood, Advantage Books, 2009, 131-132 και 454-455. Πολύ βοηθητικό είναι επίσης το ευρετήριο στην πρόσφατη μελέτη του J. B. Charlesworth, *The Good and Evil Serpent: How a Universal Symbol Became Christianized*, New Haven, Yale University Press, 2010, 439-440 και 446. Η λέξη «*ἀσπίς*» αναφέρεται σίγουρα σε κάποιο ιοβόλο φίδι. Πολλοί ερευνητές θεωρούν ότι πρόκειται για κάποιο είδος κόμπρας και όχι απαραίτητα οχιά. Η μετάφραση της ΕΒΕ αποδίδει τη φράση «*ἰὸς ἀσπίδων*» του Ρωμ. 3:13 ως «φαρμάκι οχιάς», ενώ στο Ψλ. 139:4 (Ο΄) από όπου η φράση προέρχεται, προτιμά «το δηλητήριο της έχιδνας». Βλ. επίσης και Ι. Παπαγιαννόπουλου, «Πληροφορίαι εκ της Π.Δ. περί δειγμάτων ιοβόλων όφεων, σκορπιών και διαφόρων εντόμων», *Εκκλ Α* 57 (1980) 53-54 και 87-88.

[359] Βλ. τις προτάσεις του M. Bright, *στο ίδιο*, 269-273 να αναγνωρίσει τα διάφορα είδη ιοβόλων φιδιών στηριζόμενος στα βιβλικά χωρία, τη σχετική ορολογία και τη σημερινή παρουσία τους στη γη του Ισραήλ και στη Νότια Ευρώπη.

[360] Ο Ηρόδοτος, *Ἱστορίαι*, 3, 109, 14 το είχε παρατηρήσει.

ρεση την Αυστραλία και τη Μαδαγασκάρη. Όλα τα είδη της οχιάς έχουν δόντια, τα οποία συνδέονται με ιοβόλους αδένες. Η οχιά αναγνωρίζεται εύκολα λόγω της σκουρόχρωμης τεθλασμένης γραμμής που έχει στη ράχη της και του τριγωνικού κεφαλιού της. Οι όροι «*ἔχιδνα*» και «*ἔχις*» απαντούν συχνότερα από άλλους στην ελληνική κλασική γραμματεία. Στην πατερική γραμματεία προτιμάται η λέξη «*ἔχιδνα*» και αυτό δεν είναι παρά επίδραση του ευαγγελίου του Ματθαίου. Παντού έχει αρνητική σημασία, αφού αποτελεί κίνδυνο για τον άνθρωπο, είτε χρησιμοποιείται κυριολεκτικά, είτε μεταφορικά[361]. Ο Αριστοτέλης ονομάζει τις νεογέννητες οχιές «*ἐχίδια*»[362].

Κατά την αρχαιότητα ο κόσμος γνώριζε ελάχιστα πράγματα για τα φίδια. Ακόμη και στις φυσικές ιστορίες υπάρχουν συχνά παρεξηγήσεις στην κατανόηση της συμπεριφοράς τους. Το γεγονός ότι ήταν άποδα θεωρούνταν ότι κάτι συνέβαλε σε αυτό ή ότι η φύση έκανε λάθος. Χρειάστηκε να εξηγήσει ο Αριστοτέλης ότι δεν είναι δυνατόν να έχουν τα φίδια πόδια σε όλο το μήκος του σώματός τους και επομένως η φύση δεν κάνει λάθη[363]. Επόμενο είναι σε θρησκευτικά κείμενα, όπως για πα-

---

361 Βλ. J. B. Charlesworth, *The Good and Evil Serpent*, 455.

362 *Τῶν περὶ τὰ Ζῶα Ἱστοριῶν*, 558a, 29.

363 «*τοῖς δ' ὄφεσιν αἴτιον τῆς ἀποδίας τό τε τὴν φύσιν μηθὲν ποιεῖν μάτην, ἀλλὰ πάντα πρὸς τὸ ἄριστον ἀποβλέπουσαν ἑκάστῳ <ἐκ> τῶν ἐνδεχομένων*», *Περὶ Πορείας Ζώων*, 708a, 9-11. Ο Αριστοτέλης εξηγεί παρακάτω ότι δεν γίνεται στα έναιμα όντα να υπάρχουν περισσότερα από τέσσερα πόδια, όπως στα έντομα για παράδειγμα. Αν είχαν τέσσερα πόδια θα ήταν αναγκαστικά βραδυκίνητα και δεν θα είχαν επιβιώσει. Το Ιωβηλαία 3:23 θεωρεί ότι το φίδι είχε πόδια αλλά του αφαιρέθηκαν ως τιμωρία επειδή εισήλθε στον κήπο της Εδέμ και έφαγε πρώτο από το απαγορευμένο δέντρο. Βλ. περισσότερα για το ζήτημα αυτό στο επόμενο μέρος της παρούσας μελέτης στην ενότητα για την αμφιση-

ράδειγμα αυτά της Αγίας Γραφής ή του Ταλμούδ, να διατηρούνται εσφαλμένες αντιλήψεις για τη συμπεριφορά των φιδιών³⁶⁴.

Η σκληρή έκφραση «*γεννήματα ἐχιδνῶν*» τοποθετείται δύο φορές στα χείλη του Ιωάννη του Βαπτιστή (Μτ. 3:7 και Λκ. 3:7) και δύο φορές επαναλαμβάνεται από τα χείλη του Ιησού (Μτ. 12:34 και 23:33). Εδώ έχει μεταφορική χρήση. Τα φίδια γενικά και η οχιά ειδικά χρησιμοποιούνταν ως σύμβολο του κακού, του πονηρού και της απειλής³⁶⁵. Ασφαλώς αφορμή γι' αυτό αποτελούσε η τάση του συγκεκριμένου ερπετού να κρύβεται με όπλο το καμουφλάζ του και να επιτίθεται ξαφνικά και κυρίως λόγω του δηλητηριώδους δαγκώματός του. Η ερμηνεία των στίχων αυτών έχει να κάνει με τα λόγια του ανθρώπου που αποτελούν την έκφραση του εσωτερικού του μέρους. Οι γραμματείς, οι φαρισαίοι και οι σαδδουκαίοι χαρακτηρίζονται ως «*γεννήματα ἐχιδνῶν*» εξαιτίας των όσων λέγουν. Η εικόνα είναι προφανής. Τα λόγια τους είναι σαν το δηλητήριο της οχιάς³⁶⁶. Οι οχιές γεννιούνται έχοντας δηλητήριο. Αυτή είναι η φύση τους.

Ο Οππιανός στα *Κυνηγετικά* του αναφέρεται στο δηλητήριο της οχιάς και στα δόντια της που αποτελούν το όπλο της

μία του φιδιού.

364 Βλ. τις πληροφορίες σχετικά με την ανάπτυξη και το δηλητήριο των φιδιών που έχει συγκεντρώσει από τον Αιλιανό και το Ταλμούδ ο J. B. Charlesworth, *στο ίδιο*, 194.

365 Συχνά οι ερμηνευτές θεωρούν τη φράση «*γεννήματα ἐχιδνῶν*» συνώνυμη με εκείνη του Ιω. 8:44 «*ὑμεῖς ἐκ τοῦ πατρὸς τοῦ διαβόλου ἐστὲ*».

366 Κατά την ερμηνεία αυτών των χωρίων κατά τον μεσαίωνα εξαιτίας του αντισημιτισμού η συναγωγή των Ιουδαίων παρομοιάζονταν με οχιά που επιχειρεί να επιτεθεί στον Χριστό. Βλ. σχετικά U. Luz, *Matthew 21-28*, 134 και υποσ. 155.

επίθεσης³⁶⁷. Ο Αίσωπος περιέχει το μύθο *ἰξευτὴς καὶ ἀσπίς*³⁶⁸. Εδώ αναφέρεται η περίπτωση πολλών ατυχημάτων που σχετίζονται με αγρότες ή κυνηγούς, οι οποίοι καθώς προχωρούν και δεν προσέχουν στο έδαφος, πατούν τυχαία κάποια οχιά με αποτέλεσμα να δαγκωθούν σε ένα από τα πόδια. Στο συγκεκριμένο μύθο ένας κυνηγός πουλιών γίνεται θύμα μιας τέτοιας τυχαίας επίθεσης οχιάς, καθώς κινείται κάτω από τα δέντρα με τις ξόβεργες παρατηρώντας μια τσίχλα.

Από τον Αιλιανό μπορούμε να χρησιμοποιήσουμε εδώ διάφορες πληροφορίες φυσικής παρατήρησης, καθώς περιγράφει την πάλη μεταξύ μιας οχιάς και μιας μαγκούστας (*ἰχνεύμων*) στην Αίγυπτο³⁶⁹. Ο Αιλιανός διασώζει την πληροφορία ότι η μαγκούστα χρησιμοποιεί ως αμυντική θωράκιση του σώματός της τη λάσπη που ξεραίνεται στο δέρμα της προκειμένου να αποφύγει το θανατηφόρο δάγκωμα της οχιάς. Το σημαντικό είναι εδώ ότι έχει παρατηρηθεί πως για να ακινητοποιηθεί η οχιά, όπως άλλωστε και κάθε φίδι πρέπει να κρατηθεί από το πίσω μέρος του κεφαλιού.

Αν και ο *Φυσιολόγος* είναι ένα κείμενο στο οποίο κυριαρχεί η αλληγορική ερμηνεία στην περιγραφή κάθε είδους της πανίδας, στην περίπτωση της οχιάς έχει μια φυσική παρατήρηση. Την θεωρεί κουφή³⁷⁰. Οι ερπετολόγοι έχουν αποδείξει σήμερα

---

367 3, 441-442.
368 Αισώπου, *Μύθοι*, 117, 1-11.
369 *Περὶ Ζῴων Ἰδιότητος*, 3, 22.
370 21, 7. Η ίδια φράση απαντά και στις *Πράξεις Φιλίππου*, 88, 4-5. Στο απόκρυφο κείμενο αναφέρεται και μια άλλη ιδιότητα των φιδιών (88, 6), έστω και αν εδώ χρησιμοποιείται μεταφορικά. Ορισμένα είδη όταν απειληθούν ή πατηθούν τυχαία από περαστικούς χτυπούν με το σώμα τους (88, 6) οτιδήποτε τα εμποδίζει να διαφύγουν. Το χαρακτη-

ότι τα φίδια, αν και δεν διαθέτουν εξωτερικά αυτιά, ούτε τύμπανα, λαμβάνουν όλες τις δονήσεις, διότι διαθέτουν όλες τις δομές του έσω ωτός, οι οποίες είναι απευθείας συνδεδεμένες με την κάτω σιαγόνα του κρανίου τους. Αυτό όμως δεν μπορούσαν να το γνωρίζουν οι φυσιοδίφες της αρχαιότητας. Το γεγονός αυτό δεν έμεινε απαρατήρητο στον αρχαίο κόσμο. Μια άλλη παρεξήγηση που προκύπτει από τις φυσικές ιστορίες του ελληνορωμαϊκού κόσμου αφορά τη χαρακτηριστική γλώσσα των φιδιών. Όλα τα φίδια διαθέτουν μια διχαλωτή γλώσσα και μέσω αυτής οσφραίνονται σε συνδυασμό με ένα όργανο που βρίσκεται στο άνω μέρος της στοματικής τους κοιλότητας και ονομάζεται «όργανο του Jacobson», ενώ αναπνέουν από τα ρουθούνια[371]. Ο Αριστοτέλης θεωρούσε ότι εξαιτίας της διχαλωτής γλώσσας τα φίδια έχουν διπλή αίσθηση της γεύσης[372]. Εδώ η υπόθεσή του είναι εντελώς φανταστική.

Ιδιαίτερα εντυπωσιακές είναι οι πληροφορίες του Γαληνού, καθώς γράφει για τα αντίδοτα των δηλητηρίων των φιδιών. Αυτός αναφέρει την έμφυτη τάση της οχιάς κατά την αναπαραγωγή της να σκοτώνει το αρσενικό κόβοντας το κεφά-

---

ριστικό αυτό έδωσε τη λανθασμένη εντύπωση σε πολλούς κατοίκους της υπαίθρου σε όλο τον κόσμο να θεωρούν ότι ορισμένα είδη φιδιών, αν απειληθούν ή πατηθούν, έχουν ως αμυντική τεχνική το μαστίγωμα με την ουρά τους.

371 Βλ. περισσότερα στην ειδική ιστοσελίδα για τα ερπετά http://www.herpetofauna.gr/index.php?module=narticle&page=read&id=26 (23/07/2013).

372 «*οἱ μὲν ὄφεις οὕτω μακρὰν ὥστ' ἐκτείνεσθαι ἐκ μικροῦ ἐπὶ πολύ,* **δικρόαν** *δὲ καὶ τὸ ἄκρον λεπτὸν καὶ τριχῶδες διὰ τὴν λιχνείαν τῆς φύσεως· διπλῆν γὰρ τὴν ἡδονὴν κτᾶται τῶν χυμῶν, ὥσπερ* **διπλῆν ἔχοντα τὴν τῆς γεύσεως αἴσθησιν**», Περὶ Ζῴων Μορίων, 660b, 7-10.

λι του. Επίσης αναφέρει το γεγονός ότι είναι ωοζωοτόκο φίδι και καθώς τα αυγά εκκολάπτονται στην κοιλιά της οχιάς για να βγουν τα μικρά φιδάκια σχίζουν την κοιλιά της μητέρας τους και έτσι αυτή θανατώνεται[373]. Περισσότερο εντυπωσιακή είναι η περιγραφή του Αριστοτέλη[374]. Ο μεγάλος φιλόσοφος αναφέρει επίσης ότι τα φίδια έχουν φολίδες και είναι όλα ωοτόκα εκτός της οχιάς[375]. Το γεγονός ότι οι νεογέννητες οχιές σκοτώνουν τη μητέρα τους για να βγουν από την κοιλιά της

---

373 Βλ. *Πρός Πίσωνα περὶ τῆς Θηριακῆς*, 14, 238, 12-239, 1. Η πρώτη λέξη της επιστημονικής ονομασίας της οχιάς (*vipera*) προέρχεται από τις λατινικές λέξεις «*vivo*» που σημαίνει ζω και «*pario*» που σημαίνει γεννώ. Όλα τα είδη της οχιάς δεν γεννούν κατευθείαν φιδάκια. Η οχιά της Κύπρου για παράδειγμα γεννά αυγά.

374 «*Τοῦ περκνοῦ ἔχεως τῇ ἐχίδνῃ συγγινομένου, ἡ ἔχιδνα ἐν τῇ συνουσίᾳ τὴν κεφαλὴν ἀποκόπτει. διὰ τοῦτο καὶ τὰ τέκνα, ὥσπερ τὸν θάνατον τοῦ πατρὸς μετερχόμενα, τὴν γαστέρα τῆς μητρὸς διαρρήγνυσιν*», *Περὶ Θαυμασίων Ἀκουσμάτων*, 846b, 18-21. Βλ επίσης και την περιγραφή του Αριστοτέλη «*Τίκτει δὲ μικρὰ ἐχίδια ἐν ὑμέσιν, οἳ περιρρήγνυνται τριταῖοι· ἐνίοτε δὲ καὶ τὰ ἔσω διαφαγόντα αὐτὰ ἐξέρχεται. Τίκτει δ' ἐν μιᾷ ἡμέρᾳ καθ' ἕν, τίκτει δὲ πλείω ἢ εἴκοσιν. Οἱ δ' ἄλλοι ὄφεις ᾠοτοκοῦσιν ἔξω*», *Τῶν περὶ τὰ Ζῶα Ἱστοριῶν*, 558a, 29. Το φαινόμενο είναι γνωστό και στον Φιλόστρατο. Στο έργο του *Τὰ ἐς τὸν Τυανέα Ἀπολλώνιον*, 2, 14, 61-62 αναφέρει ότι «*καὶ ἔχιδνα ὤφθη ποτὲ τοὺς ὄφεις, οὓς ἀπέτεκε*» και στο 64-65 «*ὡς ἀμήτορες οἱ τῶν ἐχιδνῶν τίκτονται*». Ο Αντίγονος επίσης παρατηρεί ότι καμία οχιά δεν γεννά δεύτερη φορά. Βλ. «*οὐδὲ ἔχιδνα δίς· ἐσθίει γὰρ αὐτῆς τὴν κοιλίαν τὰ ἔμβρυα*», *Ἱστοριῶν Παραδόξων Συναγωγή* 21, 4.

375 «*Ὅσα μὲν οὖν ζῳοτόκα, οὐ πάντα τρίχας ἔχει, ὅσα δ' ᾠοτόκα, φολίδας· ἔστι δ' ἡ φολὶς ὅμοιον χώρᾳ λεπίδος. Ἄπουν δὲ φύσει ἐστὶν ἔναιμον πεζὸν τὸ τῶν ὄφεων γένος· ἔστι δὲ τοῦτο φολιδωτόν. Ἀλλ' οἱ μὲν ἄλλοι ᾠοτοκοῦσιν ὄφεις, ἡ δ' ἔχιδνα μόνον ζῳοτοκεῖ*», *Τῶν περὶ τὰ Ζῶα Ἱστοριῶν*, 490b 21-25. Ο Αριστοτέλης γνώριζε επίσης τη διαφορετική προτίμηση της οχιάς σε σύγκριση με τα υπόλοιπα φίδια να φωλιάζει κάτω από πέτρες. Βλ. επίσης *Τῶν περὶ τὰ Ζῶα Ἱστοριῶν*, 599b 1-2.

κατανοήθηκε στην αρχαιότητα ως εκδίκηση των μικρών για τον θάνατο του πατέρα τους. Αργότερα η συμπεριφορά αυτή ερμηνεύτηκε συμβολικά στον χριστιανικό κόσμο. Οι περισσότεροι λόγιοι, χωρίς να έχουν γνώσεις ερπετολογίας, παραλλήλιζαν την ανθρώπινη αμαρτία που τρώει το σώμα του ανθρώπου με τον ιδιαίτερο τρόπο γέννησης της οχιάς[376].

Ως προς τη μορφολογία της οχιάς ο Γαληνός γνωρίζει ότι έχει δύο κυνόδοντες και ότι από αυτούς εκχέεται το δηλητήριο[377]. Ακόμη λέγεται ότι και αν ακόμη θανατωθούν οι οχιές, όπως και τα υπόλοιπα φίδια (το ίδιο ισχύει και για τις σαύρες), αν αποκοπούν τα νεκρά μέρη του σώματος εξακολουθούν για αρκετά λεπτά να κινούνται[378]. Ο Γαληνός ονομάζει γενικά τα φίδια «θηρία», όρος ο οποίος χρησιμοποιείται και στην Κ.Δ., ειδικά στο Πραξ. 28:3 για την οχιά. Σχετικά με τον τρόπο που το δηλητήριο αυτών των φιδιών εισερχόταν στο σώμα των θυμάτων τους η Π.Δ. και προφανώς όλοι οι μη ειδικοί συγγραφείς της αρχαιότητας θεωρούσαν ότι βρισκόταν στη γλώσσα ή κάτω από τα χείλη του φιδιού. Η θέση του Ψλ. 139:4 «*ὡσεὶ ὄφεως ἰὸς ἀσπίδων ὑπὸ τὰ χείλη αὐτῶν*» αποτελεί χαρακτηριστική περίπτωση μιας εσφαλμένης εκτίμησης.

Ο Αιλιανός αναφέρει ότι τα δύο φύλα της οχιάς διαφέρουν μεταξύ τους ακόμη και στον τρόπο δαγκώματος των

---

376 Ο Ισπανός ποιητής του 5ου αι. μ.Χ. Προυδέντιος αποτελεί χαρακτηριστική περίπτωση. Βλ. J. B. Charlesworth, *The Good and Evil Serpent*, 206.

377 *Πρός Πίσωνα περί τής Θηριακῆς*, 14, 265, 8-12. Ο Αέτιος ο Αμηδινός, *Λόγος Τρισκαιδέκατος*, 23, 8-12 ισχυρίζεται ότι το αρσενικό έχει δύο κυνόδοντες, ενώ το θηλυκό τέσσερις.

378 «*εἰ δὲ βλέποις ἐν αὐτοῖς ἀποκοπέντων τῶν μερῶν ὑπολειπομένην κίνησίν τινα καὶ τὸ ἔναιμον ἐπί τινα χρόνον ἀποσῴζειν δυνάμενα, ταῦτα ὡς ἄριστα ὄντα*», *Πρός Πίσωνα περί τῆς Θηριακῆς*, 14, 266, 2-5.

Φύσις Θηρίων

θυμάτων τους αλλά και στο δηλητήριο³⁷⁹. Για το αρσενικό χρησιμοποιείται συχνά ο όρος «ἔχις». Στον πληθυντικό αριθμό ο όρος χρησιμοποιείται στο Σειρ. 39:30. Μια πολύ σημαντική περιγραφή της οχιάς και των διαφορών μεταξύ του αρσενικού και του θηλυκού προσφέρει ο αρχίατρος της αυτοκρατορικής αυλής Αέτιος ο Αμιδηνός. Αν και το κείμενο προέρχεται από τον 6ο αι. μ.Χ., οι ειδικοί δέχονται ότι έχει χρησιμοποιήσει όχι μόνο τις θεραπευτικές μεθόδους αρχαιότερων διαπρεπών ιατρών σχετικά με το δάγκωμα των ιοβόλων φιδιών, αλλά και παρατηρήσεις φυσικών ιστοριών. Έχει ιδιαίτερο ενδιαφέρον η ενότητα *Περὶ Ἔχεως καὶ Ἐχίδνης* από τον δέκατο τρίτο λόγο του³⁸⁰. Για την περίπτωσή μας έχουν εξαιρετικό ενδιαφέρον οι παρατηρήσεις του περιβόητου βυζαντινού ιατρού για την παθολογία του δαγκώματος της οχιάς³⁸¹. Το περίεργο είναι ότι στη λεπτομερή περιγραφή της οχιάς κανείς από τους αρχαίους συγγραφείς δεν αναφέρει ότι το συγκεκριμένο ερπετό φέρει χαρακτηριστική απόφυση στην άκρη του ρύγχους.

---

379 *Περὶ Ζῴων Ἰδιότητος*, 10, 9.

380 Αυτός σωστά παρατηρεί ότι η οχιά σε μήκος δεν ξεπερνά το ένα μέτρο, ότι έχει κοντή ουρά και ότι κινείται πάντα ήρεμα. Βλ. *Λόγος Τρισκαιδέκατος*, 23, 2-7.

381 «*Εὑρίσκονται τοίνυν ἐπὶ μὲν τῶν ὑπὸ τοῦ ἄρρενος δηχθέντων κεντήματα δύο ἐπὶ τῆς πληγῆς, ἐπὶ δὲ τῶν ὑπὸ τῆς θηλείας, κεντήματα δ. αἷμα δὲ πρῶτον ἐκκρίνεται· εἶτα αἱματώδης ἰχὼρ ἢ καὶ ἐλαιοειδὴς καὶ χολώδης· ὄγκος διάπυρος, φλυκταινώδης, ὑπέρυθρος· εἶτα πελιὸς καὶ μελαινόμενος καὶ νεμόμενος· στόμα κατάξηρον· ἔγκαυσις, ἔκλυσις, φρικώδης διαδρομή· ποτὲ δὲ καὶ χολώδης ἔμετος· στρόφος, βάρος κεφαλῆς· σκοτοδινίασις, ὠχρίασις, λυγμός, πυρετός, ταχύπνοια, χρῶμα μολυβδῶδες, ἱδρὼς ψυχρός. Ὁ δὲ θάνατος ἐν ὥραις ἑπτά· τὸ δὲ μήκιστον, τρίτῃ τῶν ἡμερῶν ἐπὶ τῶν μὴ σωζομένων, καὶ μάλιστα τοῖς ὑπὸ ἐχίδνης δηχθεῖσι*», *Λόγος Τρισκαιδέκατος*, 23, 14-23.

Το ερώτημα τώρα είναι η Κ.Δ. μας δίνει πληροφορίες σχετικά με τη συμπεριφορά της οχιάς; Στο Πραξ. 28:3 μπορούμε να διακρίνουμε δύο από τις χαρακτηριστικές εικόνες της συμπεριφοράς των φιδιών. Να κρύβονται κάτω από πεσμένα κλαδιά και μέσα στα ξερά χόρτα. Επιπλέον, η θερμότητα της φωτιάς έκανε την οχιά, η οποία θα βρισκόταν προφανώς σε χειμέρια νάρκη, αφού το ταξίδι προς τη Ρώμη έγινε κατά τον Οκτώβρη[382], να ξυπνήσει και να κινηθεί. Αντίστοιχα περιστατικά είναι γνωστά από διηγήσεις ορειβατών και φυσιολατρών που διανυκτέρευσαν στην ύπαιθρο. Τα φίδια είναι ψυχρόαιμα ζώα και κατά συνέπεια η θερμοκρασία τους σώματός τους δεν εξαρτάται από τον οργανισμό τους αλλά από το περιβάλλον τους. Αναζητούν συνεχώς εστίες θερμότητας. Μπορούμε να σημειώσουμε εδώ και την ικανότητα των φιδιών να εμφανίζονται ξαφνικά από το πουθενά εξαιτίας του εξαιρετικού καμουφλάζ και της αθόρυβης κίνησης που διαθέτουν.

Η αντίληψη που διασώζεται στο Πραξ. 28:4 είναι αξιοπρόσεκτη. Οι ιθαγενείς θεώρησαν τον Παύλο φονιά, αφού, ενώ σώθηκε από το ναυάγιο, η θεία δίκη τον τιμωρεί τώρα με το δηλητηριώδες δάγκωμα της οχιάς. Οι ερμηνευτές του βιβλίου των Πράξεων συχνά αναφέρονται σε ένα αντίστοιχο περιστατικό με κάποιον ναύτη (ως το πιθανότερο παράλληλο), ο οποίος ενώ γλύτωσε από το ναυάγιο πέθανε τελικά από δάγκωμα οχιάς στη στεριά[383].

---

382 Πραξ. 27:9.

383 «*Λαῖλαπα καὶ μανίην ὁλοῆς προφυγόντα θαλάσσης ναυηγὸν Λιβυκαῖς κείμενον ἐν ψαμάθοις οὐχ ἑκὰς ἠιόνων, πυμάτῳ βεβαρημένον ὕπνῳ, γυμνόν, ἀπὸ στυγερῆς ὡς κάμε ναυφθορίης, ἔκτανε λυγρὸς* **ἔχις**. *τί μάτην πρὸς κύματ᾽ ἐμόχθει, τὴν ἐπὶ γῆς σπεύδων μοῖραν ὀφειλομένην;*», *Τὰ τῶν Χριστιανῶν Ἐπιγράμματα* (*Anthologia Graeca*), 7, 290. Βλ. ενδεικτικά C. K. Barrett, *A Critical and Exegetical Commentary on the Acts of the Apostles: Introduction and Commentary on Acts XV-XXVIII,*

Φύσις Θηρίων

Ο στίχος 6 παρακάτω μας πληροφορεί για άλλο ένα εντυπωσιακό φαινόμενο. Καθώς οι ιθαγενείς είδαν ότι αυτός δεν έπαθε τίποτα τον θεώρησαν θεϊκή πρόσωπικότητα. Το δηλητήριο της οχιάς, όπως και κάθε ιοβόλου φιδιού, έχει σαν αποτέλεσμα την παραλυσία του θύματος. Κανένα όμως ιοβόλο φίδι δεν σκοτώνει με το δηλητήριό του έναν άνθρωπο μέσα σε πολύ λίγα λεπτά. Εδώ το κείμενο έχει το στοιχείο της υπερβολής. Στο κείμενο το δάγκωμα του φιδιού θεωρήθηκε κακός οιωνός και σύμφωνα με τις αντιλήψεις της εποχής αυτό αποτελούσε σατανική ενέργεια. Αργότερα, όταν δεν επέρχεται ο θάνατος, γίνεται αντιληπτό ότι θεϊκές δυνάμεις ενεργούν στο επεισόδιο. Η εμφάνιση της *ἔχιδνας* του Πραξ. 28:3 χρησιμοποιήθηκε και ως επιχείρημα παλαιότερα, προκειμένου να προτιμηθεί η Κεφαλονιά ως η Μελίτη των Πράξεων, αφού στη Μάλτα δεν έχουν παρατηρηθεί ποτέ οχιές[384]. Πέρα από τα παραπάνω, στα βιβλία της Κ.Δ. δεν βρίσκουμε καμία άλλη πληροφορία για την οχιά. Τα ευαγγέλια του Ματθαίου και του Λουκά και οι Πράξεις γνωρίζουν μόνον ένα μέρος της συμπεριφοράς του συγκεκριμένου ερπετού ή χρησιμοποιούν μόνο αυτές στην πλοκή των διηγήσεων. Για όλα τα υπόλοιπα χαρακτηριστικά της οχιάς δεν εκδηλώνεται κανένα ενδιαφέρον. Εκείνο που πρέπει να σημειώσουμε είναι μια έκδηλη αποστροφή προς τα φίδια γενικά και ειδικότερα στα ιοβόλα, τα οποία ήταν επικίν-

---

τ. 2, ICC, T&T Clark, Illinois, 2004, 1223.

384 Η. Warnecke, *Die Tatsächliche Romfahrt des Apostels Paulus*, SBS 127, Stuttgart 1987, 108-110. Βλ. επίσης Χ. Οικονόμου, «Το Πρόβλημα της Ιστορικής Αξιοπιστίας και των Πηγών των Κεφαλαίων των Πράξεων 27-28. Ιστορικοθεολογική Τοποθέτηση πάνω σε μια Βασική Πτυχή της Θεωρίας του Dr. Heinz Warnecke», στο *Θεολογία της Καινής Διαθήκης και Πατερική Ερμηνευτική*, ΒΒ 21, Θεσσαλονίκη 2005, 237, υποσ. 12.

Μέρος δεύτερο

δυνα για τον άνθρωπο. Περισσότερα για τα φίδια θα δούμε στο επόμενο μέρος αυτής της μελέτης και θα εξετάσουμε και το φαινόμενο της αμφισημίας τους, όπως αυτό ενυπάρχει και στα βιβλία της Κ.Δ.

ΜΕΡΟΣ ΤΡΙΤΟ

Ο ΣΥΜΒΟΛΙΣΜΟΣ ΔΙΑΦΟΡΩΝ ΕΙΔΩΝ
ΤΗΣ ΖΩΙΚΗΣ ΠΟΙΚΙΛΟΤΗΤΑΣ ΣΤΙΣ ΚΟΙΝΩΝΙΕΣ
ΚΑΙ ΤΟΥΣ ΠΟΛΙΤΙΣΜΟΥΣ ΤΗΣ ΕΠΟΧΗΣ
ΤΗΣ ΚΑΙΝΗΣ ΔΙΑΘΗΚΗΣ

1. Η αποχή από την κρεοφαγία κατά την εποχή της Κ.Δ.

Στο Μκ. 1:6 γίνεται λόγος για την ενδυμασία και το διαιτολόγιο του Ιωάννη του Βαπτιστή[384]. Ο στίχος επαναλαμβάνεται σχεδόν ίδιος μόνο από τον Ματθαίο στο 3:4[385], γεγονός που σημαίνει ότι ο Ματθαίος τον δανείζεται από τον Μάρκο, ενώ ο Λουκάς δεν αναφέρει πουθενά τις πληροφορίες αυτές. Στο ευαγγέλιο του Ιωάννη από την άλλη, δεν γίνεται καμία επίσης αναφορά στον τρόπο ζωής του Βαπτιστή. Ιδιαίτερο ενδιαφέρον για εμάς έχει το διαιτολόγιο του Βαπτιστή στο τρίτο μέρος των δύο στίχων. Και αυτό γιατί όταν τα ζώα αποτελούν το αντικείμενο της συζήτησης σχετικά με το διαιτολόγιο του ανθρώπου, τότε τα πράγματα είναι αρκετά σοβαρά, καθώς αυτό αφορά ένα πρακτικό ζήτημα και όχι ένα ιδεολογικό.

---

[384] «καὶ ἦν ὁ Ἰωάννης ἐνδεδυμένος τρίχας καμήλου καὶ ζώνην δερματίνην περὶ τὴν ὀσφὺν αὐτοῦ καὶ ἐσθίων ἀκρίδας καὶ μέλι ἄγριον».

[385] «αὐτὸς δὲ ὁ Ἰωάννης εἶχεν τὸ ἔνδυμα αὐτοῦ ἀπὸ τριχῶν καμήλου καὶ ζώνην δερματίνην περὶ τὴν ὀσφὺν αὐτοῦ, ἡ δὲ τροφὴ ἦν αὐτοῦ ἀκρίδες καὶ μέλι ἄγριον».

Μέρος τρίτο

Πριν περάσουμε σε αυτό, θα κάνουμε μόνο ένα σύντομο σχόλιο στην ενδυμασία του. Τα ρούχα του Βαπτιστή ήταν φτιαγμένα από τρίχες καμήλας. Καθώς ο Ματθαίος παρουσιάζει τον Ιωάννη στα 11:14 και 17:12 ως τον Ηλία, αντιλαμβάνεται πιθανώς την ενδυμασία του ως νύξη σε εκείνη του προφήτη Ηλία στο Β΄ Βασ. 1:8. Είδαμε ότι η καμήλα ήταν ακάθαρτο ζώο για τους Ιουδαίους σύμφωνα με τις διατάξεις των Λευ. 11:4 και Δτ. 14:7. Ενώ όμως απαγορευόταν η κατανάλωση του κρέατος του συγκεκριμένου ζώου, η αξιοποίηση του δέρματος και των τριχών της δεν ήταν πρόβλημα για τον πιστό Ιουδαίο.

Στα Μκ. 1:6γ//Μτ. 3:4γ. λέγεται ότι το διαιτολόγιο του Ιωάννη αποτελείται από ακρίδες και άγριο μέλι. Η διαφορά του στίχου στην εκδοχή του Ματθαίου είναι ότι στο 3:4γ φαίνεται ότι το διαιτολόγιο του Βαπτιστή περιοριζόταν αποκλειστικά σε αυτά τα δύο είδη. Συνεπώς έχουμε δύο διαφορετικές απόψεις για το διαιτολόγιο του Βαπτιστή και όχι μία. Η ξεχωριστή εμφάνιση αλλά και το διαιτολόγιο κάνει τους δύο ευαγγελιστές να παρουσιάζουν τον Βαπτιστή ως μία ασκητική μορφή της ερήμου. Αρκετοί ερμηνευτές δεν παραλείπουν να σημειώσουν την ομοιότητα με τους βεδουίνους, αλλά αν το ευαγγέλιο του Ματθαίου συντάχθηκε στην Αντιόχεια της Συρίας, τότε η συγκεκριμένη εκκλησιαστική κοινότητα θα κατανοούσε την παραπάνω εμφάνιση ως ασκητική[386]. Στα ευαγγέλια υπάρχουν και άλλα χωρία, τα οποία αναφέρονται στο διαιτολόγιο του Βαπτιστή. Στα Μκ. 2:18//Μτ. 9:14//Λκ. 5:33 λέγεται ότι οι

---

386 Ο U. Luz, *Matthew 1-7: A Continental Commentary*, (μτφρ. W. C. Linss), Minneapolis, Fortress Press, 1989, 168, θεωρεί ότι μια τέτοια κατανόηση του Ιωάννη κυριάρχησε με την ερμηνεία του Χρυσοστόμου, την οποία αργότερα ακολούθησαν ακόμη και οι Προτεστάντες με τον Καλβίνο.

μαθητές του νηστεύουν. Επιπλέον, στο Μτ. 11:18 ο Ιωάννης δεν τρώει και δεν πίνει τίποτα σε αντίθεση με τον Ιησού που δεν έχει ασκητική διάθεση. Το ίδιο αναφέρεται και στο Λκ. 7:33-34, αλλά και στο Λκ. 1:15, στο οποίο υπάρχει η πληροφορία για αποχή από το κρασί. Το Μτ. 11:18 έρχεται σε αντίθεση με τα Μκ. 1:6γ//Μτ. 3:4γ. Εδώ θα πρέπει να σημειώσουμε ότι ο μοναχισμός δεν επηρεάστηκε στον τρόπο ενδυμασίας και διατροφής από τον Ιωάννη τον Βαπτιστή, αλλά ούτε και η ακτημοσύνη ή η παρθενία των μοναχών προέρχονται από τον δικό του τρόπο ζωής.

Για να επιστρέψουμε στο διαιτολόγιο του Βαπτιστή θα πρέπει να σημειώσουμε ότι το άγριο μέλι που υπάρχει στα δύο κείμενα των ευαγγελίων στη μετάφραση της ΕΒΕ διευκρινίζεται ότι πρόκειται για το μέλι που παράγουν οι αγριομέλισσες και όχι για το νέκταρ διαφόρων φυτών[387]. Οι μέλισσες ήταν ακάθαρτες σύμφωνα με τις σχετικές διατάξεις περί καθαρών και ακαθάρτων ζώων[388]. Το μέλι όμως στη Μισνά λέγεται ρητά ότι είναι

---
387 Βλ. την εξαντλητική μελέτη του J. A. Kelhoffer, «John the Baptist's «Wild Honey» and «Honey» in Antiquity», *Greek Roman and Byzantine Studies* 45 (2005) 59-73. Στο άρθρο του ο Kelhoffer παραθέτει μια σειρά από κείμενα της ελληνικής γραμματείας και όχι μόνο, στα οποία γίνεται λόγος για μέλι από φυτά. Η παραγωγή μελιού από μέλισσες μαρτυρείται σε μια τοιχογραφία από τον 26° αι. π.Χ. στην Αίγυπτο, ενώ οι γραπτές αναφορές προέρχονται από τη Νιππούρ (2100-2000 π.Χ.). Κατά τον Kelhoffer στα ιουδαϊκά κείμενα δεν υπάρχει καμία αναφορά στη μελισσοκομία, ενώ δεν πρέπει να είχε αναπτυχθεί στην Παλαιστίνη πριν την ελληνιστική εποχή (σ. 62). Ο Kelhoffer συμπεραίνει τελικά ότι δεν μπορούμε να ξέρουμε με βεβαιότητα για τι είδους μέλι πρόκειται στα Μκ. 1:6γ και Μτ. 3:4γ. Βλ. επίσης και στη μελέτη του ίδιου, *The Diet of John the Baptist: "Locusts and Wild Honey" in Synoptic and Patristic Interpretation*, WUNT 176, Tübingen, Mohr Siebeck, 2005, 81-98.

388 Σύμφωνα με τον O. Borowski, «Animals in the Literatures of Syria-Palestine», στο *A History of the Animal World in the Ancient near*

καθαρό και μπορεί να καταναλωθεί (*Makhshirin* 6:4). Σύμφωνα με το ίδιο κείμενο ακόμη και το άγριο μέλι των σφηκών είναι καθαρό. Οι εσσαίοι από την άλλη, κατά το Δαμασκηνό Κείμενο (*CD* 12:12) δεν έτρωγαν μέλι. Ο Kelhoffer υποστηρίζει ότι το κείμενο απαγορεύει να τρώγονται οι προνύμφες των μελισσών και όχι το μέλι που αυτές παράγουν[389]. Έτσι δικαιολογεί τη μαρτυρία του Ευσεβίου ότι οι εσσαίοι διατηρούσαν μέλισσες[390]. Η μόνη ομοιότητα του παραπάνω εσσαϊκού κειμένου με τα ευαγγελικά χωρία είναι η βρώση των ακρίδων. Επομένως το στοιχείο αυτό δεν αποδεικνύει, όπως υποστηριζόταν παλιότερα, ότι ο Ιωάννης ήταν εσσαίος. Ίσως το κοντινότερο παράλληλο να αποτελεί η αναφορά του Διόδωρου του Σικελιώτη στους Ναβαταίους βοσκούς, οι οποίοι επιβίωναν σε ερημικές τοποθεσίες με άγριο μέλι[391]. Αυτό το μέλι όμως προερχόταν από τα δέντρα και όχι από αγριομέλισσες.

Αν η ιδιαίτερη ενδυμασία του Βαπτιστή για τους χριστιανούς σήμαινε ότι αυτός ταυτιζόταν με τον προφήτη Ηλία, το διαιτολόγιό του απέδιδε σε αυτόν ένα ασκητικό τρόπο ζωής, αφού με την επιλογή αυτή δεν χρειαζόταν να στηρίζεται σε οποιαδήποτε προϊόντα, τα οποία αποτελούσαν παραγωγή ανθρώπινης δραστηριότητας. Το διαιτολόγιο του Ιωάννη στηριζόταν στην πρόνοια του Θεού και καλυπτόταν αποκλειστικά με ευκαιριακά φυσικά προϊόντα[392]. Στα Μτ. 11:18//Λκ. 7:33

East, έκδ. B. J. Collins, Leiden, Brill, 2002, 297 οι Ισραηλίτες δεν ασχολήθηκαν ποτέ με τη μελισσοκομία.
389 J. A. Kelhoffer, *στο ίδιο*, 63-64.
390 Ευσεβίου Καισαρείας, *Ευαγγελική Προπαρασκευή*, 11, 8, 9.
391 Διόδωρου Σικελιώτη, *Βιβλιοθήκη Ιστορική*, 19, 94, 10.
392 Οι ραβίνοι πίστευαν ότι υπάρχουν 800 είδη ακρίδας, ενώ γνώριζαν ότι αυτές ήταν μεταναστευτικές αλλά με μία ιδιαιτερότητα. Έχουν αδύναμα φτερά και τα σμήνη τους μεταφέρονται από τον άνεμο προς

αναφέρεται ότι ο Βαπτιστής δεν έτρωγε τίποτα απολύτως όταν βρισκόταν σε κατοικημένους τόπους. Η εκδοχή του Λουκά είναι πιο συγκεκριμένη, καθώς αναφέρεται σε αποχή μόνο από άρτο και οίνο. Η πληροφορία αυτή έκανε αρκετούς ερμηνευτές να τον θεωρήσουν Ναζηραίο[393] (Αρ. 6:3· Κρ. 13:4-5) ή ακόμη και Ρηχαβίτη (Ιερ. 35). Τα χωρία των συνοπτικών, τα οποία αναφέρονται στο διαιτολόγιο του Ιωάννη δεν συμφωνούν μεταξύ τους και δυσχεραίνουν το πρόβλημα της ταυτότητάς του. Θεωρήθηκε από τη νεότερη βιβλική έρευνα ως προφήτης, περιθωριακός κάτοικος της ερημιάς, εσσαίος ή χορτοφάγος[394].

Από την άλλη, αν ο Βαπτιστής δεν ήταν τίποτα απ' όλα αυτά, τότε θα πρέπει να κατανοηθεί ως μια ασκητική μορφή παρό-

---

διαφορετική κατεύθυνση κάθε φορά και συνεπώς χωρίς να υπάρχει συγκεκριμένη περίοδος εμφάνισης σε κάθε περιοχή. Στην Παλαιστίνη έρχονταν από την αραβική έρημο και κατέστρεφαν τις καλλιέργειες. Αυτός είναι και ο λόγος που θεωρούνταν πάντα ως οργή του Γιαχβέ. Η πληγή με τις ακρίδες από το Εξ. 10:4-6 είναι σίγουρα η γνωστότερη σχετική περίπτωση. Στα Απ. 9:3 και 7 οι ακρίδες που χρησιμοποιούνται εκεί είναι φανταστικά όντα. Στον Ιωήλ τα σμήνη των ακρίδων παρουσιάζονται ως πραγματική πληγή από έναν στρατό που εισβάλλει σε μια χώρα και την ισοπεδώνει (Ιλ. 1:4 και 2:25). Βλ. βοηθητικά P. R. Andinach, «The Locusts in the Message of Joel», *VT* 42 (1992) 433-441· E. Assis, «The Structure and Meaning of the Locust Plague Oracles in Joel 1,2-2,17», *ZAW* 122 (2010) 401-416· V. A. Hurowitz, «Joel Locust Plague in Light of Sargon-Ii 'Hymn to Nanaya'», *JBL* 112 (1993) 597-603· Δ. Καϊμάκη, Η Ημέρα Κυρίου στους Προφήτες της Παλαιάς Διαθήκης, Θεσσαλονίκη 1991, 64-70.

393 Βλ. τις αδυναμίες αυτής της υπόθεσης στο J. A. Kelhoffer, «Locusts and Wild Honey (Mk 1:6c and Mt 3:4c): The Status Quaestionis concerning the Diet of John the Baptist», *CurBS* 2 (2003) 106.

394 J. A. Kelhoffer, στο ίδιο, 108-116. Θα μπορούσε ο Βαπτιστής να είχε εναντιωθεί στην τελετουργική σφαγή των ζώων στο Ναό και έτσι ακολουθούσε ένα εντελώς διαφορετικό διαιτολόγιο. Ο Kelhoffer έδειξε ότι η βρώση των ακρίδων δεν ήταν στοιχείο διάκρισης των ιουδαϊκών θρησκευτικών ομάδων, ούτε απόδειξη ασκητικού βίου. Βλ. του ίδιου, «Locust-Eating in the Ancient Near East and at Qumran», *DSD* 11 (2004) 294–295.

Μέρος τρίτο

μοια με εκείνες του ελληνορωμαϊκού κόσμου που απείχε από την κρεοφαγία. Αυτή η επιλογή έκανε την έρευνα γύρω από το πρόσωπο και το έργο του Βαπτιστή³⁹⁵ να τον συνδέσει με αντιλήψεις και συνήθειες των στωικών, των κυνικών ή των πυθαγόρειων φιλοσόφων.

Ιδιαίτερο ενδιαφέρον έχουν οι προσπάθειες, ήδη από τους πρώτους χριστιανικούς αιώνες να κατανοηθεί ο Βαπτιστής εξαιτίας της ιδιαίτερης αυτής διαιτολογικής του επιλογής ως χορτοφάγος και να του αποδοθούν έτσι νεοπυθαγόρειες ή νεοπλατωνικές πρακτικές ή ακόμη και εσσαϊκή προέλευση. Λίγα χρόνια αργότερα, όπως μας πληροφορεί ο Ιώσηπος, κάποιος Βάννος, ο οποίος πιθανώς γνώριζε για τον Βαπτιστή, καθώς έζησε στην ίδια περιοχή, επιχείρησε να τον μιμηθεί στον τρόπο ζωής και διαιτολογίου³⁹⁶.

Είναι σημαντικό επίσης να δούμε την παρέμβαση στο ευαγγελικό κείμενο σχετικά με το διαιτολόγιο του Βαπτιστή από τους εβιωνίτες προκειμένου να το προσαρμόσουν στις δικές τους επιλογές. Στο *Ευαγγέλιο των εβιωνιτών*, οι ακρίδες από το διαιτολόγιο του Ιωάννη (Μτ. 3:4 και Μκ. 1:6) έχουν αφαιρεθεί. Αντί για «*ἀκρίς*» το κείμενο έχει «*ἐγκρίς*», το οποίο ήταν αρτοσκεύασμα με μέλι³⁹⁷. Οι εβιωνίτες ως χορτοφάγοι δεν

---

395 W. D. Davies-D. C. Allison, *A Critical and Exegetical Commentary on the Gospel according to Saint Matthew*, τ. 1, London, T&T Clark International, 2004, 296. Βλ. επίσης το άρθρο του Π. Βασιλειάδη, «Το Πρόβλημα του Βαπτιστή Ιωάννη στο Δ΄ Ευαγγέλιο», *ΔΒΜ* 4 (1976) 99-117 και στο *Ερμηνεία των Ευαγγελίων. Θεολογικές και Ιστορικο-Φιλολογικές Προϋποθέσεις καθώς και - Ερμηνευτικές Προσεγγίσεις στα Τέσσερα Ευαγγέλια*, Θεσσαλονίκη 1990, 239-267.
396 *Ιωσήπου Βίος*, 11.
397 Βλ. το στίχο στην έκδοση του Ι. Καραβιδόπουλου, *Απόκρυφα Χριστιανικά Κείμενα Α΄. Απόκρυφα Ευαγγέλια*, ΒΒ 13, Θεσσαλονίκη 1999, 32. Δεν φαίνεται επίσης πιθανό να μην πρόκειται για πραγματικές ακρίδες

Φύσις Θηρίων

ήθελαν να εμφανίζονται στο διαιτολόγιο του Ιωάννη οι ακρίδες. Θυμίζουμε ότι αυτές ήταν το μόνο είδος από τα έντομα που θεωρούνταν καθαρά για τους Ιουδαίους[398]. Το γεγονός ότι αποτελούσαν μέρος του διαιτολογίου κάποιων δεν είναι εξωπραγματικό, έστω και αν για τον σύγχρονο Ευρωπαίο ακούγεται αποκρουστικό. Διάφορα είδη ακρίδας καταναλώνονται με διάφορους τρόπους από τους βεδουίνους της Αφρικής και της Ασίας μέχρι σήμερα. Συνήθως αφαιρείται το κεφάλι, η κοιλιά, τα πόδια και τα φτερά και τρώγεται μόνο ο θώρακας. Ο Τατιανός επειδή ήταν εγκρατίτης και συνεπώς χορτοφάγος αλλάζει στο *Δια Τεσσάρων* και αυτός τις ακρίδες του κειμένου με γάλα. Η σλαβονική μετάφραση του *Ιουδαϊκού Πολέμου* του Ιωσήπου (2, 7, 2) και ο συριακός *Βίος Ιωάννου* παρουσιάζουν τον Βαπτιστή επίσης ως χορτοφάγο[399]. Γεγονός είναι ότι στα περισσότερα αρχαία υπομνήματα οι ακρίδες δεν σχολιάζονται από τους εκκλησιαστικούς συγγραφείς. Πιθανότατα και σε αυτούς να φαινόταν παράξενο.

Το κρέας συνδέθηκε με το κακό ως προϊόν ή τη βία εξαιτίας της σφαγής των ζώων και ορισμένοι ιουδαϊκοί και όχι μόνο θρησκευτικοί ή φιλοσοφικοί κύκλοι απείχαν από αυτό. Οι θεραπευτές της Αιγύπτου και οι Εβιωνίτες δεν έτρωγαν κρέας επιλέγοντας έτσι μια ασκητική ζωή. Στο *Ευαγγέλιο των Εβιωνιτών* που είδαμε νωρίτερα, όχι μόνο ο Ιωάννης ο Βαπτιστής,

---

αλλά για κάποια φυτά που χρησίμευαν ως τροφή όπως υποστηρίζουν κάποιοι ερευνητές. Βλ. σχετικά στο υπόμνημα του R. T. France, *The Gospel of Mark: A Commentary on the Greek Text*, Michigan, Paternoster Press, 2002, 69.

398 Οι ακρίδες ως τροφή αναφέρονται επίσης στον Πλίνιο τον πρεσβύτερο, *Naturalis Historia*, 6:35· 7:2 και από τα κείμενα του Κουμράν στα CD 12:14 και 11QTemple 4.

399 Στην *Ιουδαϊκή Αρχαιολογία*, 18, 116-117 δεν υπάρχει καμία αναφορά στην ενδυμασία και το διαιτολόγιό του Ιωάννη.

Μέρος τρίτο

αλλά και ο Ιησούς παρουσιάζονται ως πρότυπα ασκητικής ζωής χωρίς να πίνουν κρασί ή να τρώνε κρέας. Ο Ιησούς εμφανίζεται ν' απαντά αρνητικά στο ερώτημα των μαθητών σχετικά με τον χώρο που θέλει να του ετοιμάσουν να φάει το πασχαλινό δείπνο (Μτ. 26:17) με τη φράση από το Λκ. 22:15 αλλά και την προσθήκη της λέξης «κρέας»[400]. Η απάντηση που εννοείται είναι αρνητική. Υπήρχαν ακόμη παραδόσεις για τον Ιάκωβο τον αδελφόθεο αλλά και για τον Ματθαίο ότι απέφευγαν το κρέας[401]. Ενώ ο επίσημος χριστιανισμός δεν υιοθέτησε τέτοιες πρακτικές, στους κύκλους των μαρκιωνιτών και των μανιχαίων αποφεύγονταν επίσης το κρέας[402].

Έχει ενδιαφέρον το γεγονός ότι ενώ στην πατερική γραμματεία σχολιάζεται η ενδυμασία του Βαπτιστή, το διαιτολόγιό του σχολιάζεται από ελάχιστους εκκλησιαστικούς συγγραφείς. Ο Ωριγένης ερμηνεύει αλληγορικά τις ακρίδες ως τροφή που ταξιδεύει με τον αέρα και συμβολίζει το λόγο του Θεού, ο οποίος είναι η τροφή των αληθινών πιστών[403]. Ο αλεξανδρινός λόγιος κάνει μνεία επίσης και στο μέλι, το οποίο δεν είναι αποτέλεσμα της οργανωμένης μελισσοκομίας αλλά της χάριτος του Θεού. Ο Χρυσόστομος είναι πιο σύντομος, χωρίς να χρησιμοποιεί τη λέξη «ἀκρίδες», θεωρώντας

---

400 Βλ. το κείμενο στο Ι. Καραβιδόπουλου, *στο ίδιο*, 33-34. Πρβλ. τα σχόλια του R. Bauckham, «Jesus and Animals II: What did he Practise?», στο *Animals on the Agenda. Questions about Animals for Theology and Ethics*, έκδ. A. Linzey-D. Yamamoto, SCM Press, London 1998, 51-53.

401 Για τον πρώτο η πληροφορία προέρχεται από τον Ευσέβιο, ενώ για τον δεύτερο από τον Κλήμη τον Αλεξανδρέα. Βλ. σχετικά Ι. Καραβιδόπουλου, *Το κατά Μάρκον Ευαγγέλιο*, ΕΚΔ 2, Θεσσαλονίκη 1993, 56, υποσ. 56.

402 R. M. Grant, *Early Christians and Animals*, London, New York, Routledge, 1999, 165, υποσ. 84.

403 Ὠριγένη, *Εἰς τὸ Κατὰ Λουκᾶν*, 11, 70, 7-19.

Φύσις Θηρίων

ότι ο Βαπτιστής ζει μια αγγελική ζωή, γράφει ότι δεν εξαρτάται από το συνηθισμένο τρόπο διατροφής. Δεν χρειάζεται να δουλεύει για να τραφεί[404]. Ο Κύριλλος Ιεροσολύμων κάνει ακόμη ένα βήμα ερμηνεύοντας αλληγορικά τις ακρίδες και το μέλι. Ο Ιωάννης τρεφόταν με ακρίδες κατά τον Κύριλλο για να βγάλει η ψυχή του φτερά και με μέλι για να είναι τα λόγια του γλυκύτερα από αυτό[405]. Ασφαλώς η υπερβολή είναι ευδιάκριτη, καθώς δεν μπορούσαν να εξηγήσουν τη συγκεκριμένη πληροφορία της Κ.Δ. σχετικά με το διαιτολόγιο του Βαπτιστή.

Το ενδιαφέρον για το διαιτολόγιο του Ιωάννη αυξήθηκε στην έρευνα μετά το 1961, καθώς οι ερευνητές παρατήρησαν ότι σε πολλούς αρχαίους συγγραφείς (Ηρόδοτος, Πλίνιος ο πρεσβύτερος, Στράβωνας) αναφερόταν η βρώση ακρίδων ως συνηθισμένη φυσιολογική τροφή και μάλιστα με αρκετή δημοτικότητα στους Βαβυλωνίους. Μία σκηνή ενός βασιλικού δείπνου από το παλάτι του Ασσύριου βασιλιά Ασσουρμπανιπάλ (7ος αι. π.Χ.) απεικονίζει δύο υπηρέτες να κουβαλούν ακρίδες σε ξυλάκια για τους συνδαιτυμόνες[406]. Καθώς λοιπόν φανερώθηκε ότι σε πολλούς λαούς οι ακρίδες αποτελούσαν λιχουδιά πολυτελείας και όχι τροφή των κατώτατων κοινωνικών στρωμάτων, ο τρόπος ζωής του Βαπτιστή δεν κατανοούνταν πλέον ότι μαρτυρούσε το ιδιαίτερο διαιτολόγιο ενός ερημίτη που δεν είχε κανένα περιουσιακό στοιχείο και δεν στηριζόταν στα προϊόντα του πολιτισμένου κόσμου. Σήμερα είμαστε σε

---
404 Ιωάννη Χρυσοστόμου, *Υπόμνημα εἰς τόν ἅγιον Ματθαῖον τόν Εὐαγγελιστήν*, PG 57, 188, 26-42.
405 Κυρίλλου Ιεροσολύμων, *Κατηχήσεις*, 3, 6, 18-19.
406 Βλ φωτογραφία στο J. A. Kelhoffer, «Locust-Eating in the Ancient Near East and at Qumran», *DSD* 11 (2004) 301.

Μέρος τρίτο

θέση να γνωρίζουμε ότι πλούσιοι και φτωχοί έτρωγαν ακρίδες περιστασιακά σε οποιοδήποτε αγροτικό ή αστικό περιβάλλον της ευρύτερης Εγγύς Ανατολής κατά την αρχαιότητα.

Στην *Επιστολή Αριστέα* και στον Φίλωνα οι ακρίδες εμφανίζονται με την ονομασία «*ἀττακοὶ*»[407] και αποδεικνύεται έτσι ότι αποτελούσαν τροφή και για τους Ιουδαίους της διασποράς. Από τα κείμενα του Κουμράν τα *11QTemple* 48:3-5 και *CD* 11:14-15 αναφέρονται επίσης στη βρώση ακρίδων. Αυτά τα κείμενα μάλιστα είναι πολύ κοντά στην εποχή του Βαπτιστή. Οι αναφορές της Μισνά όμως είναι πολύ μεταγενέστερες. Τέλος, ο περίφημος κώδικας του Μαιμονίδη (12ος αι. μ.Χ.) περιέχει μια πραγματεία με τα απαγορευμένα τρόφιμα και αποδεικνύει ότι και κατά τον μεσαίωνα οι ακρίδες καταναλώνονταν ως τροφή από τους Ιουδαίους. Η διαφορά εδώ είναι ότι αυτός διακρίνει οκτώ είδη (όπως και το βαβυλωνιακό Ταλμούδ) ως καθαρά έναντι των τεσσάρων του Λευιτικού. Η βρώση των ακρίδων θα πρέπει να σημειώσουμε εδώ ότι επιτρέπεται επίσης και στο Ισλάμ[408].

Συχνά τόσο για τον Ιουδαϊσμό, όσο και για τον χριστιανισμό η πεποίθηση ότι ο άνθρωπος ήταν αρχικά χορτοφάγος στηρίζεται στο Γεν. 1:29-30 και συνδέεται με την προπτωτική κατάστασή του[409]. Κατά τον Πλάτωνα επίσης τα πρώτα χρό-

---

407 *Επιστολή Αριστέα*, 145. Οι ακρίδες εδώ περιλαμβάνονται μεταξύ μερικών χορτοφάγων πουλιών. Το χωρίο αποτελεί την αρχαιότερη γραπτή μαρτυρία του Λευ. 11:20-23, το οποίο επιτρέπει τη βρώση των ακρίδων ως τα μόνο φτερωτά ζωύφια. Πρβλ. Φίλωνα, *Νόμων Ἱερῶν Ἀλληγορίας τῶν μετὰ τήν Ἑξαήμερον*, 2, 105.
408 J. A. Kelhoffer, στο ίδιο, 313-314.
409 Κατά τον Ιερατικό Κώδικα επιτρεπόταν μόνο η φυτική διατροφή. Βλ. σχετικά H. D. Preuss, *Θεολογία της Παλαιάς Διαθήκης*, (επιμ.-μτφρ. Ι. Μούρτζιου), τ. Β΄, BB 49, Θεσσαλονίκη 2011, 894.

νια οι άνθρωποι ήταν χορτοφάγοι, ενώ ζούσαν αρμονικά με τα είδη της πανίδας⁴¹⁰. Αυτή η κατάσταση όμως δεν κράτησε πολύ, αφού στο Γεν. 9:1-4 η εντολή που δίνεται στον Νώε είναι να χρησιμοποιεί αυτός και οι απόγονοί του κάθε είδος της βιοποικιλότητας⁴¹¹ για βρώση με μόνη εξαίρεση το αίμα ενός ζώου. Το τελευταίο έκανε τους χριστιανούς να αποφεύγουν τα ειδωλόθυτα, το αίμα και τα πνικτά ζώα (Πραξ. 15:29). Η τακτική αυτή προκαλούσε ζήτημα διάκρισης των τροφών (Α' Κορ. 8-10) και για να είναι σίγουροι κάποιοι χριστιανοί ίσως κατέφευγαν στην χορτοφαγία (Ρωμ. 14:2). Το ζήτημα της χορτοφαγίας συνδέεται άμεσα με την αντιμετώπιση των ζώων από τον άνθρωπο και από τη μεταξύ τους σχέση. Έχει όμως και θρησκευτική επένδυση. Ο στωικός φιλόσοφος Σενέκας τερμάτισε τη χορτοφαγική του διατροφή «*animalium abstinentia*», καθώς ο πατέρας του δεν ήθελε να τον θεωρούν μέλος κάποιων ξένων λατρειών⁴¹². Επιπλέον, στους διάφορους θρησκευτικούς κύκλους του ελληνορωμαϊκού κόσμου την εποχή της Κ.Δ. μόνο συγκεκριμένα ζώα, συγκεκριμένα μέρη των ζώων ή συγκεκριμένα φυτά καταναλώνονταν από τα μέλη τους

---
410 Την ιδέα αυτή βρίσκουμε επίσης στον Ησίοδο και τον Οβίδιο. Βλ. Πλάτωνα, Νόμοι, 782c.
411 Βλ. Μ. Κωνσταντίνου, «Από τον Θαλή τον Μιλήσιο στον Απόστολο Παύλο. Το Οικολογικό Πρόβλημα ως Πρόβλημα Σχέσεων-Βιβλική θεώρηση», στο *Ο Απόστολος Παύλος και το Φυσικό Περιβάλλον, Πρακτικά Διεθνούς Επιστημονικού Συνεδρίου (Βέροια 25-28 Ιουνίου 1999)*, Βέροια 1999, 266.
412 Seneca, Ad Lucilium Epistulae Morales, 108, 17-23. Βλ. σχετικά I. S. Gilhus, *Animals, Gods and Humans: Changing Attitudes to Animals in Greek, Roman, and Early Christian Thought*, London, Routledge, 2005, 64. Ο δάσκαλός του Σοτίων, περιπατητικός φιλόσοφος, απείχε από την κρεοφαγία λόγω της συμπάθειας των πυθαγορείων απόψεων. Ο J. Haussleiter, *Der Vegetarismus in der Antike*, Berlin, 1935, 257-262, σημειώνει ότι η επιλογή του Σενέκα οφείλεται πρωτίστως στην αντίθεσή του στην πολυτέλεια και τις απολαύσεις παρά στην αγάπη του για τα ζώα.

Μέρος τρίτο

και αρκετά συχνά σε συγκεκριμένες περιστάσεις. Αποχή από το κρέας, περιοδική νηστεία και απαγορεύσεις μερικών τροφίμων απαντούσαν επίσης σε πολλούς από αυτούς τους κύκλους.

Το ερώτημα τώρα είναι πόσο παλιά είναι αυτή η διατροφική επιλογή και αν συνδέεται με τα ζώα και την εκμετάλλευσή τους από τον άνθρωπο. Για τους αρχαίους φιλοσόφους η χορτοφαγία ήταν έμπρακτη άσκηση δικαιοσύνης απέναντι στα ζώα. Οι ορφικοί απέφευγαν την κρεοφαγία σε όλη τη διάρκεια της ζωής τους. Δεν έτρωγαν επίσης φασόλια και αυγά. Οι ορφικοί πίστευαν ότι οι άνθρωποι μπορούσαν να ξαναγεννηθούν ως ζώα ή το αντίστροφο. Αυτό δείχνει ότι κατά τον Ορφέα άνθρωποι και ζώα ήταν όμοιες οντότητες. Κατά συνέπεια η σφαγή ενός ζώου αποτελούσε για τους ορφικούς φόνο. Οι πυθαγόρειοι ήταν και αυτοί χορτοφάγοι[413] και δικαιολογούσαν με διάφορους τρόπους τη στάση αυτή. Η χορτοφαγία γενικότερα εφαρμοζόταν κατά την αρχαιότητα για δύο κυρίως λόγους. Ο πρώτος λόγος ήταν ότι άνθρωποι και ζώα αποτελούσαν μέρος της ίδιας κοινωνίας και ο δεύτερος ότι οι άνθρωποι ήταν ανώτεροι από τα ζώα και έτσι έπρεπε να τ' αποφεύγουν, καθώς η βρώση τους αποτελούσε μολυσματική απειλή (μολυσμός). Ο Πυθαγόρας και ο Εμπεδοκλής[414], λίγο αργότερα, ασπάζονται

---

413 «καί ἀπέχεσθαι βρωτῶν θνησειδίων τε κρεῶν καί τριγλῶν καί μελανούρων καί ᾠῶν καί τῶν ᾠοτόκων ζῴων καί κυάμων καί τῶν ἄλλων ὦν παρακελεύονται», Διογένη Λαέρτιου, *Βίοι καί Γνῶμαι τῶν ἐν Φιλοσοφίᾳ Εὐδοκιμησάντων καί τῶν ἑκάστῃ Αἱρέσει Ἀρεσκόντων ἐν Ἐπιτόμῳ Συναγωγή*, 8, 33, 9-11. Βλ. επίσης 8, 37, 11 «ἔμψυχον οὐδὲν ἐσθίοντες παντελῶς» και 8, 38, 10 «ἐσθίουσί τε λάχανά τε καί πίνουσιν ἐπί τούτοις ὕδωρ».
414 Βλ. Διογένη Λαέρτιου, *Βίοι καί Γνῶμαι*, 8, 77, 5-6, όπου ο Εμπεδοκλής δεχόμενος τη μετενσάρκωση των ψυχών, ισχυρίζεται ότι ο ίδιος υπήρξε επίσης ως γυναίκα, θάμνος και ψάρι. Η αρχαιότερη μαρτυρία για τη σχετική πυθαγόρεια διδασκαλία έχει διασωθεί από τον ποιητή Ξενοφάνη που έζησε κατά τον 6° αι. π.Χ. Βλ. κείμενο και πληροφορίες στο

Φύσις Θηρίων

για παράδειγμα τον πρώτο λόγο για να δικαιολογήσουν την επιλογή της χορτοφαγικής διατροφής. Αργότερα την ιδέα αυτή συναντάμε και σε πολλά από τα έργα του Πλάτωνα. Οι στωικοί, ο Απολλώνιος ο Τυανέας και ο Πλούταρχος ανήκουν στην δεύτερη περίπτωση[415].

Ο Κλήμης ο Αλεξανδρέας αναφέρει ότι «*καλὸν μὲν οὖν τὸ μὴ φαγεῖν κρέα μηδὲ οἶνον πιεῖν*» και παραθέτει το Ρωμ. 14:21[416]. Η θέση αυτή συμφωνεί με τη στάση των πυθαγορείων φιλοσόφων, οι οποίοι θεωρούσαν το κρέας κατάλληλο για τα άγρια ζώα. Ο Κλήμης όμως θεωρεί ότι και εκείνος που τρώει κρέας δεν αμαρτάνει. Για το λόγο αυτό καταφεύγει στο Λκ. 24:42-43, όπου κατά την εμφάνιση του αναστημένου Χριστού οι δύο μαθητές του προσφέρουν ψάρι και αυτός το τρώει. Η αιτία που οι χριστιανοί μπορούν να απέχουν από την κρεοφαγία δεν ταυτίζεται κατά τον Κλήμη με τη θέση των πυθαγορείων για την μετενσάρκωση των ψυχών[417]. Πληροφορίες που υπάρχουν σε κείμενα του Ιάμβλιχου, του Ιππολύτου, του Φίλωνα και του Πορφύριου δείχνουν ότι υπήρχαν αντιπαραθέσεις μεταξύ των διαφόρων πυ-

---

C. Osborne, *Dumb Beasts and Dead Philosophers: Humanity and the Humane in Ancient Philosophy and Literature*, Oxford, Oxford University Press, 2009, 46-50.
415 Βλ. J. Haussleiter, στο ίδιο, 20-24.
416 Το ίδιο κάνουν και οι πυθαγόρειοι. Βλ. *Παιδαγωγός*, 2, 1, 11.
417 Η ιδέα της μετενσάρκωσης εναρμονίζεται με την χορτοφαγία. Δεν είναι τυχαία η περίπτωση του Ινδοϊσμού. Το απόσπασμα που ακολουθεί είναι διαφωτιστικό για την περίπτωση των πυθαγορείων «*οἱ δὲ Πυθαγόραν ἀλείπτην τινὰ τοῦτον σιτίσαι τὸν τρόπον, μὴ τοῦτον. τοῦτον γὰρ καὶ τὸ φονεύειν ἀπαγορεύειν, μὴ ὅτι γε ἅπτεσθαι τῶν ζῴων κοινὸν δίκαιον ἡμῖν ἐχόντων ψυχῆς. καὶ τόδε μὲν ἦν τὸ πρόσχημα· τὸ δ' ἀληθὲς τῶν ἐμψύχων ἀπηγόρευεν ἅπτεσθαι συνασκῶν καὶ συνεθίζων εἰς εὐκολίαν βίου τοὺς ἀνθρώπους, ὥστε εὐπορίστους αὐτοῖς εἶναι τὰς τροφὰς ἄπυρα προσφερομένοις καὶ λιτὸν ὕδωρ πίνουσιν· ἐντεῦθεν γὰρ καὶ σώματος ὑγίειαν καὶ ψυχῆς ὀξύτητα περιγίνεσθαι*», Διογένη Λαέρτιου, *Βίοι καί Γνώμαι*, 8, 13, 2-8.

Μέρος τρίτο

θαγόρειων κύκλων σχετικά με τα επιτρεπόμενα και τα απαγορευμένα τρόφιμα.

Στην αρχαιότητα ήταν γνωστό ότι οι πυθαγόρειοι δεν έτρωγαν συγκεκριμένα τρόφιμα, κυρίως ζωικής προέλευσης, ψάρια, αλλά και λαχανικά[418]. Καθαρμοί και εγκράτεια υπήρχαν στον τρόπο ζωής των μελών σε όλη τη διάρκεια της ζωής τους. Προσπαθούσαν να κρατήσουν το σώμα τους καθαρό από μιερά πράγματα και τροφές. Το γεγονός ότι απέφευγαν για παράδειγμα τα κουκιά για διάφορους λόγους, όσο ακραίοι και αν ήταν αυτοί[419], αποτελεί την πιο γνωστή τους συνήθεια. Υπερβολική φαίνεται ακόμη και η επιλογή τους να μην καταναλώνουν τα ψίχουλα από τα τραπέζια, προκειμένου να μην εξοικειώνονται με την άμετρη βρώση ή επειδή αυτά συνδέονταν με τον θάνατο ενός προσώπου[420]. Είναι επίσης γνωστό ότι δεν έπιναν κρασί, όπως και ο ίδιος ο Πυθαγόρας, αν και για τη συνήθεια αυτή οι πηγές μας δεν είναι ξεκάθαρες. Κρασί δεν έπιναν και οι κυνικοί φιλόσοφοι. Ο Φίλωνας αναφέρει ότι οι Ιουδαίοι θεραπευτές δεν έπιναν επίσης κρασί αλλά και μερικές χριστιανικές ομάδες, όπως οι μανιχαίοι. Όλοι αυτοί συνδύαζαν την αποχή από το κρασί με την χορτοφαγία. Από τον 3° αι. μ.Χ. το ίδιο μαρτυρείται και στους μοναχικούς βίους με την περίπτωση του Αντωνίου ως την πλέον γνωστή[421].

418 Βλ. σχετικά R. M. Grant, «Dietary Laws among Pythagoreans, Jews, and Christians», *HTR* 73 (1980) 300. Πολλές από τις συνήθειες τους μας είναι γνωστές από τον Αριστοτέλη και τον Διογένη Λαέρτιο.

419 Ένας από τους πιθανούς λόγους είναι και το γεγονός ότι αυτά χρησιμοποιούνταν στις πολιτικές ψηφοφορίες και αυτοί ήταν αντίθετοι με την πολιτική.

420 Διογένη Λαέρτιου, *Βίοι και Γνώμαι*, 8, 35, 1-3.

421 Βλ. περισσότερα στο J. N. Bremmer, «Symbols of Marginality from Early Pythagoreans to Late Antique Monks», *Greece & Rome* 39 (1992) 209.

Οι μανιχαίοι μάλιστα πίστευαν ότι το θεϊκό μέρος του κόσμου είχε διασκορπιστεί από το έδαφος παντού. Έτσι βρισκόταν στα φυτά, τα οποία είχαν τις ρίζες τους στο έδαφος. Ακόμη και να έκοβε κανείς φυτά ή καρπούς πλήγωνε το Θεό σύμφωνα με την ακραία αυτή πεποίθηση, όπως και με τη σφαγή των ζώων.

Οι πυθαγόρειοι απέφευγαν κάθε είδους κρέατος[422], ακόμη και των θυσιαστηρίων, αν και ο ίδιος ο Πυθαγόρας δεν ευθύνεται για την απόλυτη αποχή από την κρεοφαγία, το κίνημα των χορτοφάγων, το οποίο εμφανίστηκε κατά τον 18ο αι. ανάγει την αρχή αυτού του τρόπου διατροφής στον Πυθαγόρα.

Ένα άλλο κοινό χαρακτηριστικών των πυθαγορείων και του Ιωάννη του Βαπτιστή είναι ότι με το ιδιαίτερο διαιτολόγιό τους αυτοί ζούσαν χωρίς κοινωνική ζωή, εκτός μιας κατοικημένης περιοχής και αυτό ήταν επιλογή τους. Ορισμένες από τις συνήθειες των πυθαγορείων ταιριάζουν με τον τρόπο ζωής του Βαπτιστή, ακόμη και η επιλογή τους να έχουν μόνο μία ενδυμασία. Τα κίνητρα όμως στις δύο περιπτώσεις ήταν διαφορετικά. Ο τρόπος ζωής των πυθαγορείων αναβίωσε έντονα κατά τους πρώτους χριστιανικούς αιώνες φέρνοντας το ζήτημα της χορτοφαγίας και πάλι στο προσκήνιο. Αυτό φαίνεται από τη βιογραφία του Απολλώνιου του Τυανέα[423].

---

422 Δεν έτρωγαν επίσης ούτε ψάρια. Ο Ιάμβλιχος αναφέρει ένα περιστατικό με τον Πυθαγόρα στον Κρότωνα της Νότιας Ιταλίας να πληρώνει τους ψαράδες προκειμένου να ξαναρίξουν στο νερό τα ψάρια που είχαν πιάσει. Βλ. *Κεφάλαια τοῦ Πρώτου Λόγου περὶ τοῦ Πυθαγορικοῦ Βίου*, 8, 36, 1-15.

423 Φιλόστρατου, *Τὰ ἐς τὸν Τυανέα Ἀπολλώνιον*. Αρκετοί ερευνητές δέχονται ότι και ο Πλάτωνας υπήρξε χορτοφάγος, αφού η πληροφορία αυτή διασώζεται στη βιογραφία του από άλλους φιλοσόφους. Βλ. για παράδειγμα Διογένη Λαέρτιου, *Βίοι καί Γνώμαι*, 6, 25 όπου λέγεται ότι ο Πλάτωνας έτρωγε μόνο ελιές όταν βρισκόταν στη Σικελία, ενώ γενικά εκτιμούσε ιδιαίτερα τα σύκα. Μετά τον Πλάτωνα η χορτοφαγία προστέθηκε στα ενδιαφέροντα της

Ιδιαίτερη αποστροφή φαίνεται κατά τον Πλούταρχο ότι εκδηλωνόταν από τους πυθαγόρειους για τα ψάρια. Οι λόγοι που αυτά δεν συμπεριλαμβάνονταν στη διατροφή τους είναι διάφοροι. Μια εξήγηση είναι η απουσία ομιλίας στα ψάρια και η σιωπή ήταν θεάρεστο πράγμα γι' αυτούς. Ένας άλλος λόγος θα μπορούσε να ήταν η σύνδεση του υγρού στοιχείου με το κακό και την εχθρότητα και επομένως όσοι ζωντανοί οργανισμοί ζουν σε αυτό να θεωρούνται ακάθαρτοι για τον άνθρωπο. Αυτό ίσως αποτελούσε επίδραση από τους σοφούς της Αιγύπτου. Μία άλλη εξήγηση θέλει τους πυθαγόρειους να έτρωγαν περιστασιακά μόνο κρέας, το οποίο προέρχονταν αποκλειστικά από θυσίες. Τα ψάρια σπανίως θυσιάζονταν σε όλες τις θρησκείες του αρχαίου κόσμου και έτσι ίσως δικαιολογείται η αποχή από αυτά. Από την άλλη, το γεγονός ότι τα ψάρια δεν έβλαπταν τους ανθρώπους ίσως ήταν και αυτός ένας λόγος που οι πυθαγόρειοι τα συμπαθούσαν. Τέλος, ένας άλλος λόγος ήταν ότι ο άνθρωπος δημιουργήθηκε από τον νερό και έτσι συνδεόταν αναπόφευκτα και με τα ψάρια.

Ενώ για τους ορφικούς και τους πυθαγόρειους ο λόγος της αποχής από την κρεοφαγία ήταν η πίστη στην μετενσάρκωση για τον Πλούταρχο, ο οποίος υπερασπίζεται τα ζώα και αντιτίθεται στην κρεοφαγία, η δικαιολογία αυτή έχει δευτερεύοντα ρόλο[424]. Οι επικούρειοι από την άλλη, όπως εξηγεί ο Πορφύ-

---

Ακαδημίας. Βλ. J. Haussleiter, στο ίδιο, 204. Επιπλέον, η ιδέα της μετενσάρκωσης των ψυχών εμφανίζεται σε αρκετούς από τους διαλόγους του Πλάτωνα. Οι διατροφικές του επιλογές όμως, δεν μπορούν να υποστηριχτούν με βεβαιότητα, καθώς αλλού τάσσεται υπέρ του κυνηγιού ως αντάξια απασχόληση του ελεύθερου ανθρώπου και αλλού πάλι εμφανίζεται αντίθετος με το ψάρεμα. Σε άλλα έργα του εμφανίζει και τον Σωκράτη ως χορτοφάγο, ενώ οι πολίτες της ιδανικής πολιτείας οραματίζεται ότι έχουν χορτοφαγικό διαιτολόγιο.
424 Πλούταρχου, Περί Σαρκοφαγίας Λόγος Β', 998D, 1-3. Κατά τον S. T.

ριος, απείχαν από την κρεοφαγία, διότι θεωρούσαν ότι το κρέας όχι μόνο δεν ωφελεί σε τίποτα τον ανθρώπινο οργανισμό αλλά και ότι συχνά είναι αρνητικό για την υγεία[425]. Ο Πλούταρχος αποδίδει στον Πυθαγόρα την εμφάνιση ενός τρόπου ζωής στηριζόμενου στην χορτοφαγία. Το σημείο που έρχεται πολύ κοντά στα βιβλικά κείμενα είναι η θέση του Πλουτάρχου ότι ο άνθρωπος ήταν αρχικά αποκλειστικά χορτοφάγος. Το επιχείρημα εδώ είναι ότι το ανθρώπινο σώμα δεν είναι κατασκευασμένο για να θανατώνει ζώα χωρίς εργαλεία ή ότι δεν μπορεί να καταναλώσει ωμό κρέας. Πρέπει να το επεξεργαστεί και να το μαγειρέψει. Με το πέρασμα των χρόνων ο άνθρωπος οδηγήθηκε στην κρεοφαγία μέχρι που ο Πυθαγόρας επανέφερε την χορτοφαγία[426]. Ο Πλούταρχος βέβαια στην προσπάθεια του να υπερασπιστεί τα ζώα αναφέρει παραδείγματα για τη νοημοσύνη τους, τα οποία πολλές φορές δεν έχουν σχέση με την πραγματικότητα, και η σύγχρονη βιολογία φυσικά απορρίπτει. Αυτό όμως οφείλεται και σε λανθασμένες παρα-

---

Newmyer, *Animals, Rights, and Reason in Plutarch and Modern Ethics,* New York, Routledge, 2006, 86, ο Πλούταρχος και ο Πορφύριος είναι οι μόνοι αρχαίοι συγγραφείς, οι οποίοι υπερασπίστηκαν με τέτοιο πάθος την ανάγκη της χορτοφαγίας από ηθικής και αισθητικής πλευράς. Η πλέον αναλυτική σύγχρονη προσέγγιση της χορτοφαγικής επιλογής του Πλούταρχου έγινε από τον D. Tsekourakis, «Pythagoreanism or Platonism and Ancient Medicine? The Reasons for Vegetarianism in Plutarch's Moralia», *ANRW* 36 (1987) 366-393.
425 Πορφυρίου, *Περὶ Ἀποχῆς Ἐμψύχων,* 1, 52, 1-2. H C. Osborne, *Dumb Beasts and Dead Philosophers,* 228, θεωρεί ότι οι επικούρειοι έθεταν σε προτεραιότητα τη λιτότητα του βίου τους και έτσι η αποχή από την κρεοφαγία για αυτούς ήταν αποφυγή της πολυτέλειας και δεν σήμαινε επιλογή χορτοφαγίας από συμπάθεια προς τα ζώα.
426 Πλουτάρχου, *Πότερα τῶν Ζῴων Φρονιμότερα, τὰ Χερσαῖα ἢ τὰ Ἔνυδρα,* 964E, 7-11. Οι Ρωμαίοι φιλόσοφοι Άτταλος, Σωτίων, Μουσώνιος Ρούφος, Σενέκας και Κόιντος Σέξτιος ήταν υπέρ της χορτοφαγίας για λόγους αυτοελέγχου του ανθρώπινου σώματος.

Μέρος τρίτο

τηρήσεις των φυσικών ιστοριών της εποχής του⁴²⁷. Σημασία έχει το γεγονός ότι ο Πλούταρχος θεωρούσε τις διατροφικές συνήθειες των Ιουδαίων, των Αιγυπτίων και των πυθαγορείων παρόμοιες[428].

Ο Πλούταρχος ως ο κυριότερος υπερασπιστής των ζώων στην αρχαιότητα ήταν αντίθετος στις θέσεις των στωικών για τα ζώα. Το κύριο εμπόδιο για αυτόν ήταν η θέση των στωικών ότι τα ζώα είναι άλογα και συνεπώς δεν χρειάζεται να έχουν δίκαιη μεταχείριση από τους ανθρώπους. Η βασική θέση του στωικισμού ήταν ότι τα ζώα δημιουργήθηκαν για να χρησιμοποιούνται από τον άνθρωπο και δεν απαιτείται καμιά συμπάθεια προς αυτά. Ενώ οι στωικοί αναγνώριζαν ότι τα ζώα έχουν και αυτά ψυχή, η ατέλεια της δικής τους ψυχής είναι μια έμφυτη τάση σε αυτά να παραμένουν στα χαμηλότερα επίπεδα της διανοητικής ικανότητας. Οι στωικοί διέκριναν οκτώ μέρη στη ψυχή. Αυτά ήταν οι πέντε αισθήσεις, η δυνατότητες του λόγου και της αναπαραγωγής και ένα μυστήριο μέρος που ονόμαζαν ηγεμονικό. Αυτό δεν αναπτυσσόταν ποτέ στα ζώα σε αντίθεση με τους ανθρώπους. Τα ζώα αναζητούν όσα χρειάζονται και αποφεύγουν όσα φοβούνται. Σύμφωνα με τους στωικούς στερούνται ηθικής και δεν μοιράζονται αξίες με τους ανθρώπους. Συνεπώς ο άνθρωπος δεν έχει υποχρεώσεις απέναντί τους και έτσι δεν μπορεί να γίνεται λόγος για δικαιοσύνη προς τα ζώα. Οι στωικοί κατέληγαν στη διαπίστωση ότι εφόσον τα ζώα δεν έχουν λογική και ομιλία, αυτά, όπως και η υπόλοιπη κτίση, δημιουργήθηκαν

---

[427] S. T. Newmyer, «Plutarch on Justice toward Animals: Ancient Insights on a Modern Debate», *Scholia: Studies in Classical Antiquity* 1 (1992) 43.

[428] Βλ. σχετικά R. M. Grant, «Dietary Laws among Pythagoreans, Jews, and Christians», *HTR* 73 (1980) 302.

Φύσις Θηρίων

για να χρησιμοποιούνται από τους θεούς και τους ανθρώπους. Η θέση αυτή επαναλαμβάνεται και από τον Κικέρωνα, ενώ κυριαρχεί στους στωικούς Ζήνωνα, Χρύσιππο και Ποσειδώνιο[429]. Ας σημειωθεί εδώ ότι οι φιλόσοφοι που υιοθετούσαν τέτοιες θέσεις για τα ζώα ήταν ξεκάθαρα αντίθετοι στην χορτοφαγία, αφού η κατανάλωση του κρέατος ενός ζώου δεν αποτελούσε ηθικό ζήτημα. Πιθανότατα οι στωικοί πίστευαν ότι ήταν αδύνατο να επιβιώσει ο άνθρωπος τηρώντας σε όλη του τη ζωή ένα αποκλειστικά χορτοφαγικό διαιτολόγιο. Ο κύριος λόγος της αποστροφής της κρεοφαγίας για τον Πλούταρχο ήταν εξαιτίας του πόνου που προκαλείται στα ζώα και φυσικά της σφαγής τους κατά τις θυσίες. Αυτό κατά τη γνώμη του ήταν αφύσικο και επίπονο ακόμη και σε εκείνους που θυσίαζαν τα ζώα[430]. Ο στόχος του Πλουτάρχου ήταν να αποδείξει ότι τα ζώα διαθέτουν λογικό, διότι μόνο έτσι θα αντιμετώπιζε τις θέσεις των στωικών[431]. Αυτός αναγνώριζε ότι οι άνθρωποι δεν είναι ένοχοι επειδή σκοτώνουν τα ζώα που μπορούν να τους βλάψουν, ούτε ότι η χρήση των οικόσιτων ζώων στις καθημερινές εργασίες συνιστά αδικία, αλλά είναι άδικο να τα εκμεταλλεύονται στυγνά[432]. Συχνά στη σχετική ελληνική αλλά και στη λατινική γραμματεία γίνεται διάκριση μεταξύ ήμερων και άγριων ζώων ως προς την αποφυγή της κρεοφαγίας. Θα μπορούσε κάποιος κατά τον Πλούταρχο να φάει κρέας εξαι-

429 Διογένη Λαέρτιου, *Βίοι καί Γνώμαι*, 7, 129, 6-12.
430 «Οὐ μὴν ἀλλὰ καὶ τοῦτ' ἤδη σκεψώμεθα, τὸ μηδὲν εἶναι πρὸς τὰ ζῷα δίκαιον ἡμῖν, μήτε τεχνικῶς μήτε σοφιστικῶς, ἀλλὰ τοῖς πάθεσιν ἐμβλέψαντες τοῖς ἑαυτῶν καὶ πρὸς ἑαυτοὺς ἀνθρωπικῶς λαλήσαντες καὶ ἀνακρίναντες», *Περί Σαρκοφαγίας Λόγος Β'*, 999Β, 5-9.
431 Ο Πλούταρχος υπερασπίζεται τα ζώα σε τέσσερα κυρίως έργα. Στο *Πότερα τῶν Ζώων Φρονιμότερα, τὰ Χερσαία ἢ τὰ Ἔνυδρα*, στο *Περὶ τοῦ τὰ Ἄλογα Λόγω Χρῆσθαι*, και στα *Περί Σαρκοφαγίας Λόγος Α' και Β'*.
432 *Πότερα τῶν Ζώων Φρονιμότερα, τὰ Χερσαία ἢ τὰ Ἔνυδρα*, 964F και 965B, 5-7.

τίας της πείνας, όχι όμως για απόλαυση. Συμπερασματικά για τον Πλούταρχο η κρεοφαγία δεν ήταν κατὰ φύσιν αλλά παρά φύσιν κατάσταση.

Τις θέσεις των στωικών και των ομοίως σκεπτόμενων επιχείρησε να ανατρέψει επίσης και ο νεοπλατωνικός φιλόσοφος Πορφύριος στο έργο του *Περὶ Ἀποχῆς Ἐμψύχων*. Σε αυτό βρίσκουμε την εκτενέστερη ανάλυση των διαφόρων ηθικών θέσεων περί αντιμετώπισης των ζώων στην αρχαιότητα προς υπεράσπιση ασφαλώς της χορτοφαγίας[433]. Πολλές φορές τα επιχειρήματα του Πορφυρίου στηρίζονται στα έργα του Πλούταρχου για τα ζώα. Μια άλλη πτυχή που διακρίνεται στο έργο του Πορφυρίου είναι η απαγόρευση βρώσης ορισμένων ζώων επειδή αυτά συνδέονταν με την μαντεία. Η ιδέα αυτή είχε υιοθετηθεί από τους νεοπλατωνικούς φιλοσόφους. Οι ψυχές αυτών των ζώων κατά τον Πορφύριο εισέρχονταν στο σώμα εκείνων που έτρωγαν την καρδιά και το μυαλό τέτοιων ζώων[434].

---

[433] Ο Πορφύριος ανέπτυξε περισσότερο τη θέση του Πλούταρχου ότι τα ζώα δεν δημιουργήθηκαν για ανθρώπινη χρήση. Βλ. ενδεικτικά για παράδειγμα το απόσπασμα «καὶ μὴν εἰ πρὸς ἀνθρώπων χρῆσιν ὁ θεὸς μεμηχάνηται τὰ ζῷα, τί χρησόμεθα μυίαις, ἐμπίσι, νυκτερίσιν, κανθάροις, σκορπίοις, ἐχίδναις; ὧν τὰ μὲν ὁρᾶν εἰδεχθῆ καὶ θιγγάνειν μιαρὰ καὶ κατ' ὀδμὰς δυσανάσχετα καὶ φθέγγεται δεινὸν καὶ ἀτερπές, τὰ δ' ἄντικρυς ὀλέθρια τοῖς ἐντυγχάνουσι», *Περὶ Ἀποχῆς Ἐμψύχων*, 3, 20, 23-28. Στο τρίτο βιβλίο του παραπάνω έργου του υπερασπίζεται τα ζώα και θεωρεί άδικη τη σφαγή τους. Από την άλλη όμως, στο πρώτο βιβλίο του ίδιου έργου θωρεί το κρέας πολυτέλεια και έτσι θα πρέπει ο καθένας να την αποφεύγει για το καλό του. Η C. Osborne, *Dumb Beasts and Dead Philosophers*, 227 υποστηρίζει ότι ο Πορφύριος δεν εναντιώνεται στην πολυτέλεια για αλτρουιστικούς λόγους. Η αιτία της άρνησης της κρεοφαγίας από τον Πορφύριο θα πρέπει να αναζητηθεί σε επίπεδο υγιεινής και όχι ηθικής. Η Osborne θεωρεί εσφαλμένη την προσέγγιση της πλειοψηφίας των ερευνητών που θεωρούν ότι ο Πορφύριος έχει σαν πρωταρχική αιτία της αποχής από την κρεοφαγία την ιδέα ότι είναι άδικο να σφαγιάζονται τα ζώα για να καταναλωθούν.

[434] «*οἱ γοῦν ζῴων μαντικῶν ψυχὰς δέξασθαι βουλόμενοι εἰς ἑαυτούς, τὰ*

Φύσις Θηρίων

Ο Πορφύριος είναι επίσης αντίθετος και στη βρώση ψαριών. Θεωρεί τη θανάτωσή τους αδικία, αλλά τη διακρίνει από εκείνη των ζώων τουλάχιστον ως προς το τεχνικό μέρος[435].

Μπορούμε τώρα να επιστρέψουμε στο ιουδαϊκό περιβάλλον. Οι Ιουδαίοι θεραπευτές ήταν μια θρησκευτική ομάδα που ζούσε σε μια ερημική τοποθεσία της Αιγύπτου κατά τον 1ο αι. μ.Χ. με ασκητικό τρόπο ζωής σύμφωνα με τον Φίλωνα[436]. Οι πληροφορίες του Φίλωνα σχετικά με τον τρόπο ζωής των θεραπευτών έχουν εγείρει ερωτήματα στους ερευνητές κατά πόσο είναι ακριβείς ή φανταστικές. Έτσι για πολλές από αυτές οφείλουμε να είμαστε επιφυλακτικοί. Οι θεραπευτές ήταν αφοσιωμένοι στη θρησκευτική ζωή, δεν είχαν περιουσιακά στοιχεία γιατί θεωρούσαν ότι αυτό είναι αντίθετο με τη φύση και ζούσαν μελετώντας τις γραφές και νηστεύοντας. Ιδιαίτερο

κυριώτατα μόρια καταπιόντες, οἷον καρδίας κοράκων ἢ ἀσπαλάκων ἢ ἱεράκων, ἔχουσι παροῦσαν τὴν ψυχὴν καὶ χρηματίζουσαν ὡς θεὸν καὶ εἰσιοῦσαν εἰς αὐτοὺς ἅμα τῇ ἐνθέσει τῇ τοῦ σώματος», Περὶ Ἀποχῆς Ἐμψύχων, 2, 48, 3-7. Την ιδέα αυτή ασπαζόταν και ο Απολλώνιος. Ο Πορφύριος θεωρούσε την χορτοφαγία την κατάλληλη διατροφή για τους πραγματικούς φιλοσόφους, διότι έτσι θα αρκούνταν σε έναν τρόπο ζωής με τις ελάχιστες δυνατές απαιτήσεις χωρίς απολαύσεις. Βλ. σχετικά C. Osborne, στο ίδιο, 226-227, η οποία δέχεται ότι η αιτία της αποφυγής της κρεοφαγίας από τον Πορφύριο ήταν η υγιής σωματική κατάσταση του ανθρώπου και όχι η ηθική πλευρά της σφαγής των ζώων.

435 Βλ. Περὶ Ἀποχῆς Ἐμψύχων, 3, 19, 2. Θα φάνταζε εντελώς ανόητο για τις οικογένειες των ψαράδων να παροτρύνονται να απέχουν από τη βρώση τους ή από τους ποιμενικούς πληθυσμούς να μην καταναλώνουν το κρέας των ζώων τους. Πρέπει λοιπόν να λαμβάνουμε πάντα υπόψη το κοινό στο οποίο απευθύνονται τα έργα του Πλούταρχου και του Πορφύριου. Ιστορικές και αρχαιολογικές μελέτες έδειξαν ότι το ποσοστό εξάρτησης από το κρέας στη διατροφή ενός πληθυσμού ποικίλει από περιοχή σε περιοχή. Συνεπώς οι αναγνώστες του Πορφύριου πιθανώς θα μπορούσαν να ακολουθήσουν μια χορτοφαγική διατροφή χωρίς οικονομικές επιπτώσεις.

436 Το έργο Περὶ Βίου Θεωρητικοῦ ἢ Ἱκετῶν αναφέρεται στον τρόπο ζωής αυτής της θρησκευτικής ομάδας.

Μέρος τρίτο

ενδιαφέρον έχει η συνήθειά τους να μην τρώνε κατά τη διάρκεια της μέρας, αλλά μόνο μετά τη δύση του ηλίου, καθώς οι σωματικές ανάγκες του ανθρώπου κατά τους θεραπευτές συνδέονταν με το σκότος. Η διατροφή τους αλλά και η ενδυμασία τους ήταν πολύ απλή[437]. Από τη διατροφή τους φυσικά απουσίαζε παντελώς η κρεοφαγία.

Αφήσαμε για το τέλος τους εσσαίους. Με την κοινότητα των εσσαίων είχε συνδεθεί σύμφωνα με μια παλιότερη επιστημονική υπόθεση το ιδιαίτερο διαιτολόγιο του Βαπτιστή στην έρημο[438]. Οι ακρίδες ως τροφή είδαμε νωρίτερα ότι επιτρέπονταν στο Κουμράν. Η αδυναμία αυτής της υπόθεσης είναι ότι οι εσσαίοι έδιναν ιδιαίτερη βαρύτητα στο θέμα της καθαρότητας. Η κατανάλωση άγριου μελιού θα ήταν εντελώς αντίθετο με τις διατάξεις περί καθαρότητας σύμφωνα με το Δαμασκηνό Κείμενο (CD 12:13). Επιπρόσθετα οι εσσαίοι έπιναν κρασί και έτρωγαν ψάρι και οι συνήθειες αυτές έρχονται σε αντίθεση με όσα λέγονται για τον Ιωάννη τον Βαπτιστή στα ευαγγέλια.

Ας κάνουμε στο σημείο αυτό και μια σύντομη αναφορά στο ζήτημα της αποχής από την κρεοφαγία μετά το μεσαίωνα. Πολλές φορές για τους φιλοσόφους δεν ήταν ξεκάθαρο αν τα ζώα έχουν συναισθήματα. Ο πιο γνωστός αρνητής του συναισθηματικού κόσμου των ζώων είναι ο φιλόσοφος Καρτέσιος κατά τον 17° αι., ο οποίος θεωρούσε τα ζώα ως κινητές μηχανές που απλώς δίνουν την εντύπωση ότι έχουν συναισθήματα[439].

---

437 «σιτοῦνται δὲ πολυτελὲς οὐδέν, ἀλλὰ ἄρτον εὐτελῆ, καὶ ὄψον ἅλες, οὓς οἱ ἁβροδίαιτοι παραρτύουσιν ὑσσώπῳ, ποτὸν δὲ ὕδωρ ναματιαῖον αὐτοῖς ἐστιν», Περὶ Βίου Θεωρητικοῦ ἢ Ἱκετῶν, 37, 1-3.

438 Βλ. αναλυτικά την υπόθεση αυτή στο J. A. Kelhoffer, «Locusts and Wild Honey (Mk 1:6c and Mt 3:4c): The *Status Quaestionis* concerning the Diet of John the Baptist:», *CurBS* 2 (2003) 116-117.

439 Βλ. J. H. Franklin, *Animal Rights and Moral Philosophy*, New York,

Φύσις Θηρίων

Αυτός θεωρούσε ότι τα ζώα δεν αισθάνονται καθόλου πόνο και τον ακολούθησαν και άλλοι διανοητές αργότερα. Ως πιστός ρωμαιοκαθολικός ο Καρτέσιος δεν μπορούσε να δεχθεί ότι, αν και τα ζώα έχουν ψυχή και συναισθήματα[440], θα πάνε στον παράδεισο μαζί με τους ανθρώπους. Ο Θωμάς ο Ακινάτης όμως και ο σχολαστικισμός δέχεται ότι, παρόλο που τα ζώα έχουν ψυχές δεν θα λυτρωθούν κατά τα έσχατα, γιατί το λογικό τους είναι κατώτερο. Τα θέμα της αποχής από το κρέας και η αγάπη για τα ζώα έγιναν περίπλοκο θέμα σε θρησκευτικό επίπεδο. Ο άγιος Φραγκίσκος της Ασίζης, ο οποίος είναι ίσως ο γνωστότερος φυσιολάτρης του χριστιανισμού, σε βαθμό που κήρυττε στα πουλιά σαν να πρόκειται για τους αδελφούς του, δεν ήταν χορτοφάγος. Ο Δαρβίνος συχνά κατηγορείται από τους σύγχρονους χορτοφάγους ότι αποτελεί το πλέον χαρακτηριστικό παράδειγμα της ανθρώπινης ασυνέπειας[441] σε σχέση με τα ζώα, καθώς αυτοί εξαιτίας της θεωρίας του για την εξέλιξη των ειδών (συγγένεια μεταξύ ανθρώπων και ζώων) τον ήθελαν αποκλειστικά χορτοφάγο, αφού ήταν αντίθετος της βίας προς τα ζώα.

Στην Κ.Δ. η επιλογή της χορτοφαγίας αναφέρεται στο Ρωμ. 14:2 από τον Παύλο. Εδώ η συγκεκριμένη διατροφική επιλογή επιλέγεται από κάποια μέλη της χριστιανικής κοινότητας με ασθενή πίστη προκειμένου να μη μολύνουν τους εαυτούς

Columbia University Press, 2005, 115· S. T. Newmyer, «Plutarch on Justice toward Animals: Ancient Insights on a Modern Debate», *Scholia: Studies in Classical Antiquity* 1 (1992) 53, υποσ. 35.

440 Βλ. σχετικά με τις θέσεις του Καρτέσιου C. Osborne, *Dumb Beasts and Dead Philosophers*, 65-67.

441 S. T. Newmyer, *Animals, Rights, and Reason in Plutarch and Modern Ethics*, 87.

τους με ακάθαρτα τρόφιμα ή ειδωλόθυτα⁴⁴². Στην ιστορία της ερμηνείας του παραπάνω χωρίου υπάρχουν και ερευνητές που υποστηρίζουν ότι πρόκειται για εθνικοχριστιανούς, οι οποίοι δεν είχαν αποκοπεί από τις παλιές τους διατροφικές συνήθειες της θρησκευτικής τους ταυτότητας⁴⁴³. Προτιμότερο όμως είναι να πρόκειται για ιουδαιοχριστιανούς που έχουν κατά νου την ιουδαϊκή διάκριση περί καθαρών και ακαθάρτων ζώων. Ακόμη και η σχετική ορολογία παραπέμπει σε αυτή τη διάκριση («κοινός» στο Ρωμ. 14:14 και «καθαρός» στο 14:20). Η θέση αυτή ενισχύεται και από την αναφορά στην ακρασία στο Ρωμ. 14:21 σε συνδυασμό με την αποχή από την κρεοφαγία. Είναι εύκολο να αναλογιστεί κανείς πως μετά την εξέγερση των Μακκαβαίων οι διατροφικοί κανόνες των Ιουδαίων αποτελούσαν έναν τρόπο δοκιμασίας της αντοχής των πιστών απέναντι σε οτιδήποτε εχθρικό και μολυσματικό. Με άλλα λόγια καθόριζαν τις διαχωριστικές γραμμές μεταξύ Ιουδαίων και εθνικών. Στο Ρωμ. 14 δεν διευκρινίζεται ποια τρόφιμα είναι αυτά από τα οποία απέχουν οι συγκεκριμένοι πιστοί. Οι ιουδαϊκές διατάξεις περί καθαρών και ακαθάρτων τροφίμων δεν απαιτούσαν αποκλειστική χορτοφαγία. Γνωρίζουμε καλά ότι τα ειδωλόθυτα αποτελούσαν μεγάλο πρόβλημα για την κοινότητα της Κορίνθου (Α΄ Κορ. 8-10) και είχαν διχάσει τα μέλη της τοπικής εκκλησίας. Προφανώς εδώ ο Παύλος βλέπει στο σύνολό τους τις σχετικές ιουδαϊκές διατάξεις, ενώ στην περίπτωση του Α΄ Κορ. 8-10 το πρόβλημα συγκεκριμενοποιείται

---

442 Βλ. σχετικά με την κοινότητα της Ρώμης και τα εσωτερικά της προβλήματα Χ. Καρακόλη, Αμαρτία-Βάπτισμα-Χάρις (Ρωμ. 6:1-14). Συμβολή στην Παύλεια Σωτηριολογία, ΒΒ 25, Θεσσαλονίκη 2002, 47.

443 J. D. G. Dunn, *Romans 9-16*, WBC 38B, Dallas, Word Books, 2002, 799.

στα ειδωλόθυτα. Πιθανότατα και οι συγκεκριμένοι πιστοί της εκκλησίας της Ρώμης που είχαν καταφύγει στην χορτοφαγία το έκαναν για να εξαλείψουν την περίπτωση να φάνε ασυνείδητα κρέας, το οποίο είχε προηγουμένως θυσιαστεί στα είδωλα ή κρέας το οποίο προερχόταν από ακάθαρτα ζώα ή από ζώα που δεν είχαν σφαγιαστεί κανονικά. Αντίστοιχα θέματα αναφέρονται και στις δευτεροπαύλειες επιστολές (Κολ. 2:16 και Α΄ Τιμ. 4:3). Επομένως δεν χρειάζεται να αναζητούμε κάποια χριστιανική ομάδα με ακραίες ασκητικές τάσεις προκειμένου να κατανοήσουμε το Ρωμ. 14:2.

Ο αρχέγονος χριστιανισμός δεν υιοθέτησε χορτοφαγικές τάσεις και μαζί με άλλες ακραίες ασκητικές πρακτικές τα φαινόμενα αυτά περιορίστηκαν σε μικρές χριστιανικές ομάδες εκτός της επίσημης Εκκλησίας, όπως οι εβιωνίτες ή οι εγκρατίτες. Θα μπορούσε βέβαια να αναρωτηθεί εδώ κανείς μήπως η αποφυγή της κρεοφαγίας που επικράτησε και εντός του μοναστηριακού τυπικού (όπου σαφώς είχε και ασκητικές διαστάσεις) συνδέεται σε περιόδους πνευματικής προετοιμασίας με τη σφαγή, η οποία ήταν σε πλήρη αντίθεση με το εσχατολογικό όραμα των προφητών. Στο προφητικό κίνημα οι ιδέες της ειρήνης και της δικαιοσύνης αποτελούσαν το ιδεώδες της υπέρβασης της βίας με τη μορφή είτε του πολέμου, είτε ακόμη και της απλής σφαγής των ζώων και κατά συνέπεια κατάλυσης των σφαγίων.

Στη *Διδασκαλία*[444] του 3ου αι. μ.Χ. λέγεται ότι μόνο οι αιρετικοί διδάσκουν την πυθαγόρεια χορτοφαγία ή την αποχή της βρώσης χοιρινού κρέατος. Το ίδιο επαναλαμβάνεται και στις *Αποστολικές Διαταγές* του 4ου αι. μ.Χ. μαζί με τη ρητή διαβεβαί-

---
[444] *Didaskalia Apostolorum*, 23, 202-203.

ωση για τους χριστιανούς να τρώνε κάθε είδους κρέατος εκτός από το αίμα του[445]. Ορισμένες φορές οι χριστιανοί συγγραφείς υιοθετούν μια αντίληψη που υπήρχε στην αρχαιότητα ότι μια δαιμονική παρουσία που υπήρχε στα ζώα καθυστερούσε να φύγει από το σώμα τους μετά το θάνατό τους. Οι χριστιανοί συνέδεσαν την ιδέα αυτή με τα ειδωλόθυτα. Τρώγοντας το συγκεκριμένο κρέας φοβόντουσαν ότι η ψυχή του νεκρού ζώου θα ενσωματωνόταν στο ανθρώπινο σώμα και θα το μόλυνε[446]. Εκείνο που μπορεί να παρατηρήσει κανείς είναι ότι Ιουδαίοι, πυθαγόρειοι αλλά και χριστιανοί απείχαν από κάποια τρόφιμα δικαιολογώντας αυτή την αποχή ερμηνεύοντας αλληγορικά τα είδη της βιοποικιλότητας ή τη συμπεριφορά τους.

---

445 «*Περὶ δὲ βρωμάτων λέγει σοι ὁ Κύριος*»· «*Τὰ ἀγαθὰ τῆς γῆς φάγεσθε*». Καί· «*Πᾶν κρέας ἔδεσθε ὡς λάχανα χλόης, τὸ δὲ αἷμα ἐκχεεῖς*», 7, 20, 1-3.
446 Βλ. Πορφυρίου, *Περὶ Ἀποχῆς Ἐμψύχων*, 2, 44 και 47.

2. Σκύλος και χοίρος τα δύο απεχθέστερα είδη της ζωικής ποικιλότητας κατά το Β΄ Πε. 2:22

Αν οι πιστοί του Κυρίου που έχουν αποφύγει τη διαφθορά του κόσμου αναμειχθούν πάλι σε αυτή τότε σύμφωνα με το Β΄ Πε. 2:22 επιβεβαιώνουν την παροιμία «*το σκυλί γυρίζει πίσω στο ίδιο του το ξέρασμα*» και «*το γουρούνι, αφού λουστεί, κυλιέται πάλι στο βούρκο*» (Πρμ. 26:11). Πίσω από την παρατήρηση αυτή δεν κρύβεται μόνο μία περιφρονητική στάση της Αγίας Γραφής απέναντι στο σκύλο και το χοίρο, αλλά φανερώνονται ορισμένες χαρακτηριστικές συμπεριφορές των ζώων που αποτέλεσαν αφορμή για να συνδεθούν αυτά με το κακό, τους δαίμονες, την αμαρτία και την απώλεια. Συχνά ο σκύλος και ο χοίρος παρουσιάζονται[447] ως τα πλέον αδηφάγα ζώα που σαρώνουν το χώρο τους και καταβροχθίζουν τα πάντα. Κατά τον Ιουδαϊσμό της εποχής του Ιησού και τα δύο είδη θεωρούνταν ακάθαρτα και η επαφή του πιστού Ιουδαίου με αυτά έπρεπε να αποφεύγεται. Θα ξεκινήσουμε εδώ αρχικά με την εξέταση του τρόπου χρήσης του σκύλου στην Κ.Δ. και αμέσως μετά θα μελετήσουμε την περίπτωση του χοίρου.

Από τις σαράντα περίπου αναφορές στο σκύλο γενικά στην Αγία Γραφή σπάνια συναντάται μια περίπτωση στην οποία το συγκεκριμένο κατοικίδιο δεν αντιμετωπίζεται τουλάχιστον με περιφρόνηση. Εξαίρεση αποτελούν μόνο τα Ιωβ 30:1 και Τωβ. 11:4. Η μόνη καλή παρουσίαση του σκύλου στην Αγία Γραφή αφορά την ιδιότητα που είχε ως φύλακας των κοπαδιών. Ο σκύλος ως φύλακας των σπιτιών αναφέρεται μόνο στο Εξ. 11:7. Πουθενά δεν εντοπίζεται ούτε υπαινιγμός για την πιστότητα,

---
447 Βλ. π.χ. Β΄ Πε. 2:22 και Μτ. 7:6.

Μέρος τρίτο

την αφοσίωση ή τη βοήθεια που προσφέρει ο σκύλος στον ιδιοκτήτη του. Τα χαρακτηριστικά αυτά των σκύλων μπορεί να εγκωμιάζονται στην ελληνική και λατινική γραμματεία αλλά στην Αγία Γραφή απουσιάζουν παντελώς[448]. Ενώ σε όλη την Εγγύς Ανατολή οι σκύλοι χρησιμοποιούνταν στο κυνήγι διαφόρων θηραμάτων, ο Ισραήλ δεν κυνηγούσε με σκύλους. Αντίθετα η λέξη «*σκύλος*» έγινε ένας ακραίος υβριστικός όρος. Η ιδέα αυτή διατηρείται και στα όστρακα της Λαχίς αλλά και στις επιστολές της Αμάρνα[449]. Στο Β´ Σαμ 3:8 διαβάζουμε «*καὶ εἶπεν Αβεννηρ πρὸς αὐτόν μὴ* **κεφαλὴ κυνὸς** *ἐγώ εἰμι*»[450]. Η μετάφραση της ΕΒΕ έχει αντί για «*κεφαλή σκύλου*» *προδότης*. Χαρακτηριστικότερα ίσως το Β´ Σαμ. 9:8 έχει: *ο Μεμφιβοσθέ προσκύνησε και είπε*: «*Ποιος είμαι ο δούλος σου, για να τον φροντίζεις τόσο πολύ; Ένα ψόφιο σκυλί είμαι!*». Στην Κ.Δ. χρησιμοποιούνται για το σκύλο οι λέξεις «*κύων*» και «*κυνάριον*», ενώ στην αρχαία ελληνική γραμματεία χρησιμοποιείται επίσης και ο όρος «*κυνίδιον*». Εντύπωση προκαλεί ότι και στις δύο περιπτώσεις χρησιμοποιείται πάντα στον πληθυντικό, ενώ στον ενικό μόνο στο Β´ Πε. 2:22. Όταν η λέξη «*σκύλος*» χρησιμοποιείται από κάποιον ομιλώντα για τον ίδιο τον εαυτό του δηλώνει ταπεινότητα και κυρίως απόλυτη αποστροφή[451]. Στο Απ. 22:15 λέγεται ότι «*έξω θα μείνουν όσοι είναι αδιάντροποι σαν τα σκυλιά, οι μάγοι,*

---

448 Ο Άργος του Οδυσσέα είναι σίγουρα το γνωστότερο παράδειγμα αυτής της ιδιαίτερης σχέσης μεταξύ ενός σκύλου και του ιδιοκτήτη του. Ο Όμηρος περιγράφει με πάθος τη σκηνή κατά την οποία ο Άργος αναγνώρισε τη φωνή του αφεντικού του μετά από είκοσι χρόνια και αμέσως πεθαίνει, ενώ ο Οδυσσέας δακρύζει και μόνο που τον βλέπει. Βλ. *Οδύσσεια*, 17, 300-305.
449 Βλ. W. Houston, *Purity and Monotheism: Clean and Unclean Animals in Biblical Law*, JSOTSup 140, Sheffield, JSOT Press, 1993, 189.
450 Η μετάφραση της ΕΒΕ έχει αντί για «*κεφαλή σκύλου*» προδότης.
451 M. Bright, *Beasts of the Field: The Revealing Natural History of Animals in the Bible*, London, Robson, 2006, 113.

οι πόρνοι, οι φονιάδες, οι ειδωλολάτρες κι εκείνοι που τους αρέσει ν' αντιστρατεύονται την αλήθεια». Άγιο και σκύλος δεν πάνε μαζί. Στην επί του όρους ομιλία ο Ιησούς διακρίνει κάθε άγιο πράγμα από τους σκύλους και τα γουρούνια (Μτ. 7:6). Ενδεχομένως εδώ η λέξη «ἅγιον» να έχει λατρευτικό περιεχόμενο και να συνδέεται με το θυσιαζόμενο κρέας. Η διάκριση των καθαρών και των ακαθάρτων ζώων έρχεται πάλι στο προσκήνιο. Η οδηγία προς τους μαθητές λοιπόν είναι να μην απευθύνουν το μήνυμα του ευαγγελίου σε ακατάλληλο ακροατήριο. Είναι άκρως ενδιαφέρον ότι αργότερα η Διδαχή συνδέει το λόγιο αυτό του Κυρίου με τον αποκλεισμό από τη Θεία Ευχαριστία όσων δεν είναι βαπτισμένοι και συνεπώς κανονικά μέλη της Εκκλησίας[452]. Η παροιμία του Μτ. 7:6 χρησιμοποιείται επίσης στο λόγιο 93 στο *Γνωστικό κατά Θωμάν Ευαγγέλιον*. Το γεγονός αυτό δείχνει την άμεση επίδραση του παραπάνω ευαγγελικού χωρίου στη μεταγενέστερη χριστιανική γραμματεία.

Νωρίτερα ο Παύλος χρησιμοποίησε και αυτός την εικόνα του σκύλου φορτισμένη με αρνητικό περιεχόμενο. Στο Φιλ. 3:2 ο Παύλος συνιστά στους Φιλιππησίους να φυλάγονται από τα σκυλιά[453], εννοώντας προφανώς μια αιρετική ομάδα. Το ενδιαφέρον εδώ στρέφεται γύρω από το βέβηλο αυτών των ψευδοδιδασκάλων που απειλούν την καθαρότητα των πιστών της εκκλησίας των Φιλίππων. Αργότερα οι αιρετικοί θα παρομοιάζονται συχνά στην εκκλησιαστική γραμματεία ως σκυλιά. Οι Ιουδαίοι συνήθιζαν να χαρακτηρίζουν έτσι τους εθνικούς και οι χριστιανοί αργότερα δεν απέφυγαν τον πειρασμό να ονομάζουν

---
452 «μηδεὶς δὲ φαγέτω μηδὲ πιέτω ἀπὸ τῆς εὐχαριστίας ὑμῶν ἀλλ' οἱ βαπτισθέντες εἰς ὄνομα κυρίου καὶ γὰρ περὶ τούτου εἴρηκεν ὁ κύριος Μὴ δῶτε τὸ ἅγιον τοῖς κυσί», 9:5.
453 «Βλέπετε τοὺς κύνας».

Μέρος τρίτο

σκύλους οποιουσδήποτε εχθρούς τους. Ο Ιγνάτιος σε μία από τις επιστολές του[454] θα κηρύξει την έναρξη αυτής της επιθετικότητας προς τους αιρετικούς και συνεπώς εχθρούς της Εκκλησίας. Οι ερμηνευτές πατέρες θα κατανοήσουν τους ψευδοδιδασκάλους του Φιλ. 3:2 με όλα τα αρνητικά χαρακτηριστικά των σκύλων και κυρίως το γαύγισμα και το δάγκωμα. Συνήθως με τον όρο «κύνες» εννοούν εθνικούς αλλά συχνά και οι Ιουδαίοι αναφέρονται με τον χαρακτηρισμό αυτό[455]. Αξίζει επίσης να προσέξει κανείς την ορολογία «κύνας, κακούς, κατατομήν» του στίχου, η οποία συνδέεται με το κακό και την καταστροφή.

Η συχνότερη ιδιότητα του σκύλου που μνημονεύεται στην Αγία Γραφή είναι εκείνη του σκουπιδιάρη[456]. Του αδέσποτου σκύλου που δεν έχει αφεντικό, δεν είναι κατοικίδιο και τριγυρνά στα σκουπίδια και τρέφεται με αποφάγια. Αυτό καθιστά το σκύλο ακάθαρτο και αποκρουστικό ζώο. Έτσι Ιουδαίοι, χριστιανοί και μουσουλμάνοι διαμόρφωσαν μια άσχημη στάση απέναντι στους σκύλους εξαιτίας των παραπάνω συνηθειών τους. Συχνά παρουσιάζονται να καταβροχθίζουν μαζί με τα

---

[454] «*Εἰώθασιν γάρ τινες δόλῳ πονηρῷ τὸ ὄνομα περιφέρειν ἄλλα τινὰ πράσσοντες ἀνάξια θεοῦ οὓς δεῖ ὑμᾶς ὡς θηρία ἐκκλίνειν εἰσὶν γὰρ κύνες λυσσῶντες λαθροδῆκται οὓς δεῖ ὑμᾶς φυλάσσεσθαι ὄντας δυσθεραπεύτους*», *Πρὸς Ἐφεσίους* 7:1.

[455] Βλ. σχετικά M. J. Edwards, *Galatians, Ephesians, Philippians*, ACCS.NT 8, Downers Grove, InterVarsity Press, Illinois 1999, 266. Χαρακτηριστική είναι η περίπτωση του Θεοδώρητου Κύρου, ο οποίος σχολιάζει το Φιλ. 3:2 σε σύνδεση με τα Μκ. 7:27//Μτ. 15:26. «*῎Ιδιον τῶν κυνῶν ἡ ἀναίδεια. Ἐπειδὴ τοίνυν πολλάκις διελεγχθέντες οὗτοι, ὡς κακῶς τὸ κήρυγμα διαφθείροντες, ἐπέμενον τῇ μοχθηρίᾳ τῆς γνώμης, εἰκότως αὐτοὺς προσηγόρευσε κύνας. Ἀλλὰ τοῦτο πάλαι τῶν ἐθνῶν ἦν τὸ ὄνομα*», *Ἑρμηνεία τῶν ΙΔ΄ Ἐπιστολῶν τοῦ Ἁγίου Ἀποστόλου Παύλου*, 82, 577, 35-40.

[456] Μτ. 7:6· 15:26-27· Μκ. 7:27-28. Βλ. Σχετικά J. E. Spittler, *Animals in the Apocryphal Acts of the Apostles: The Wild Kingdom of Early Christian Literature*, WUNT 247, Tübingen, Mohr Siebeck, 2008, 141.

Φύσις Θηρίων

όρνεα τα νεκρά σώματα των σφαγιασθέντων ασεβών βασιλιάδων. Όπως λέγεται στην Π.Δ. τα νεκρά σώματα τα τρώνε τα σκυλιά στις πόλεις και τα όρνεα στις ερημιές (Α΄ Βασ. 14:11). Τα Α΄ και Β΄ Βασιλέων περιέχουν αρκετές προφητείες για άδικους μονάρχες που είχαν αυτό το τέλος. Στη δεξαμενή της Σαμάρειας κατά τα Α΄ Βασ. 22:38 τα σκυλιά έγλυφαν το αίμα του Αχαάβ και εκεί πλένονταν πόρνες[457]. Η εικόνα εδώ είναι άκρως περιφρονητική. Αιματηρά πτώματα είναι η τροφή των άγριων θηρίων και η συμπεριφορά αυτή φέρνει τους σκύλους στην ίδια κατηγορία με τους λύκους και τα τσακάλια, δηλαδή τα ζώα που δρουν εκτός των κατοικημένων περιοχών. Αιγύπτιοι, Πέρσες Έλληνες και Ρωμαίοι, χρησιμοποιούσαν τους σκύλους για διάφορους σκοπούς και για το λόγο αυτό ήταν γνωστοί εκτροφείς σκύλων στην αρχαιότητα. Πιθανότατα οι Ιουδαίοι είναι ο μόνος λαός που δεν αξιοποιούσε τις ικανότητές τους. Στην αρχαία φοινικική πόλη της Ασκαλώνας ανακαλύφθηκαν το 1980 πάνω από χίλιοι τάφοι σκύλων, το μεγαλύτερο νεκροταφείο ζώων σε όλο τον αρχαίο κόσμο, γεγονός που αποδεικνύει ένα μεγάλο ενδιαφέρον για αυτούς για έναν ανεξήγητο λόγο. Μία από τις πιθανότερες εξηγήσεις που έχουν προταθεί από τους αρχαιολόγους προκειμένου να λυθεί το μυστήριο αυτό, θέλει τους Φοίνικες να θεωρούσαν το σκύλο ιερό ζώο και να τον χρησιμοποιούσαν σε θεραπευτικές τελετουργίες. Αυτό δεν σημαίνει ότι τα νεκρά ζώα είχαν θυσιαστεί, καθώς οι

---
[457] Ασφαλώς το νερό από το οποίο πίνουν οι σκύλοι και οι χοίροι καθίσταται ακάθαρτο. Άκρως διαφωτιστική είναι η μαρτυρία του Παπύρου της Οξυρύγχου 840, όπου ένας αρχιερέας πλύθηκε με νερό στο οποίο εισέρχονταν χοίροι και σκύλοι. Βλ. 840, 32-34. Η ενέργεια αυτή ταυτίζεται παρακάτω στο κείμενο με το λούσιμο των πορνών και των αυλητριών (35-41). Βλ. το κείμενο του παπύρου και σχόλια στην ιστοσελίδα http://www.earlychristianwritings.com/poxy840-greek.html (6/02/2013).

σκελετοί του ήταν ανέπαφοι. Μπορεί πάλι απλά να φανερώνει ένα ισχυρό συναισθηματικό δέσιμο των κατοίκων με τους σκύλους εργασίας. Δείγμα μιας τέτοιας συναισθηματικής σχέσης έχουμε στον ελλαδικό χώρο και προέρχεται από την εποχή που μας ενδιαφέρει. Στην Αθήνα κατά τη διάρκεια των έργων του μετρό στο σταθμό της πλατείας Συντάγματος ανακαλύφθηκε τάφος σκύλου, προσεκτικά τοποθετημένου με γυάλινα αρωματοδοχεία, τα οποία ανάγονται στον 1°-2° αι. μ.Χ., ενώ διασώθηκε και τμήμα του κολάρου του[458].

Ένας από τους λόγους για την περιφρονητική συμπεριφορά των Ιουδαίων απέναντι στους σκύλους ήταν σίγουρα η χρήση τους στις λατρευτικές τελετές των εθνικών σε όλη την Εγγύς Ανατολή με τους Αιγύπτιους και τους Χετταίους ως χαρακτηριστικότερες περιπτώσεις[459]. Οι Αιγύπτιοι μουμιοποιούσαν σκύλους συχνά. Ένας άλλος λόγος είναι η διαδεδομένη αντίληψη ότι ο σκύλος είχε θεραπευτικές ιδιότητες και αυτό απέδιδε περισσότερο μυστήριο στην παράξενη θέση του μεταξύ του φυσικού και του υπερφυσικού κόσμου. Και ενώ πολλοί ερευνητές θεωρούν ότι ο σκύλος καταγόμενος από το λύκο εξημερώθηκε γύρω στο 10.000 π.Χ. είναι βέβαιο από τα σχετικά ευρήματα στο χώρο της Εγγύς Ανατολής ότι κατά την τέταρτη χιλιετία π.Χ. υπήρχε ως κατοικίδιο[460]. Ο σκύλος αναφέρεται στην ελληνική γραμματεία ήδη από την εποχή του Ομήρου.

458 Βλ. φωτογραφία με τα ευρήματα in situ στο L. Parlama-N. C. Stampolidis (εκδ.), The City beneath the City. Antiquities from the Metropolitan Railway Excavations, N. P. Goulandris Foundation Museum of Cycladic Art, Athens 2000, 157.
459 G. D. Miller, «Attitudes towards Dogs in the Ancient Israel: A Reassessment», JSOT 32 (2008) 495.
460 Βλ. G. D. Miller, στο ίδιο, 489.

Φύσις Θηρίων

Και ενώ με το σκύλο χαρακτηρίζεται γενικά οποιοδήποτε εχθρικό πρόσωπο (στην Κ.Δ. κυρίως οι εθνικοί) έκπληξη προκαλεί το Δτ. 23:19[461], στο οποίο αναφέρεται το Απ. 22:15. Πιθανότατα εδώ με τη λέξη «*κύνες*» εννοείται ανδρική ομοφυλοφιλία. Η μετάφραση της ΕΒΕ αποδίδει το «*ἄλλαγμα κυνὸς*» του Δτ. 23:19 ως «*χρήμα κίναιδου*». Σύμφωνα με την Αποκάλυψη έξω από την πολιτεία θα μείνουν «*όσοι είναι αδιάντροποι σαν τα σκυλιά, οι μάγοι, οι πόρνοι, οι φονιάδες, οι ειδωλολάτρες κι εκείνοι που τους αρέσει ν' αντιστρατεύονται την αλήθεια*». Κάθε χαρακτηρισμός είναι φορτισμένος με ιδιαίτερα αρνητικό τόνο εδώ. Η εικόνα του σκύλου με όλες τις άσχημες συμπεριφορές που έχει να έρχονται κατά νου, χρησιμοποιείται για το σκοπό αυτό με ιδιαίτερη επιτυχία. Όλοι όσοι αναφέρονται στον παραπάνω στίχο είναι αμαρτωλοί. Αν λοιπόν εδώ έχουμε έναν από τους πρώτους καταλόγους με αμαρτωλούς και αμαρτίες κάθε είδους, τότε είναι η πρώτη φορά που υιοθετείται ο σκύλος ως μεταφορική εικόνα για τον αμαρτωλό και τον άδικο. Ο αντίστοιχος όρος στο Απ. 21:3, όπου χρησιμοποιούνται και πάλι οι ίδιες κατηγορίες αμαρτωλών, είναι «*ἐβδελυγμένοι*».

Μπορούμε να δούμε τώρα δύο γνωστότερες διηγήσεις από την Κ.Δ. Στο Λκ. 16:21 ο φτωχός Λάζαρος τρέφεται με τα ψίχουλα που πέφτουν από το τραπέζι, όπως ακριβώς κάνουν οι σκύλοι[462]. Η εικόνα φέρνει στο νου τα λόγια της Συροφοινίκισσας στα Μκ. 7:28//Μτ. 15:27. Οι σκύλοι στη διήγηση του Λουκά γλύφουν τις πληγές του Λαζάρου, γεγο-

---

[461] «*οὐ προσοίσεις μίσθωμα πόρνης οὐδὲ ἄλλαγμα κυνὸς εἰς τὸν οἶκον κυρίου τοῦ θεοῦ σου πρὸς πᾶσαν εὐχήν ὅτι βδέλυγμα κυρίῳ τῷ θεῷ σού ἐστιν καὶ ἀμφότερα*».
[462] «*καὶ ἐπιθυμῶν χορτασθῆναι ἀπὸ τῶν πιπτόντων ἀπὸ τῆς τραπέζης τοῦ πλουσίου· ἀλλὰ καὶ οἱ κύνες ἐρχόμενοι ἐπέλειχον τὰ ἕλκη αὐτοῦ*».

νός που φανερώνει την δυσχερέστατη θέση στην οποία αυτός έχει βρεθεί, αφού έρχεται σε επαφή με ακάθαρτα ζώα. Η ερμηνεία της σκηνής δεν έχει θετικό περιεχόμενο, όπως υποστηρίζουν ορισμένοι ερμηνευτές αλλά άκρως αρνητικό, εφόσον όπου χρησιμοποιούνται οι σκύλοι στην Κ.Δ. προβάλλεται η εχθρότητα, η εξαθλίωση, η αισχρότητα και ο θάνατος. Εδώ πρόκειται για την κορύφωση της εξαθλίωσης που ζει ο Λάζαρος[463]. Η κατάσταση αυτή ερμηνεύεται ως το αποτέλεσμα της θεϊκής δικαιοσύνης. Δεν αποκλείεται επίσης η σκηνή να κατανοηθεί και με διαφορετικό τρόπο. Τα σκυλιά (είτε πρόκειται για οικόσιτα, είτε για αδέσποτα) συμπεριφέρονται προς το ζητιάνο Λάζαρο σαν να πρόκειται για νεκρό, αφού παντού και πάντοτε τα πληγωμένα ή νεκρά σώματα προσελκύουν τα σκυλιά.

Στη διήγηση της Συροφοινίκισσας κατά τον ευαγγελιστή Μάρκο ή Χαναναίας κατά τον Ματθαίο χρησιμοποιείται η εικόνα των σκύλων με τον όρο «*κυνάρια*» στα Μκ. 7:27-28// Μτ. 15:26-27, υποκοριστικό του «*κύνες*» αντί του συνηθέστερου «*κυνίδια*» που τρέφονται με οτιδήποτε τους πετάξουν ή με οτιδήποτε πέφτει από το τραπέζι. Οι σκύλοι εδώ χρησιμοποιούνται από τους δύο ευαγγελιστές για να δηλώσουν τους εθνικούς. Αυτό αποτελούσε χαρακτηριστική ιουδαϊκή συνήθεια της εποχής του Ιησού. Η λέξη «*κυνάρια*» πιστεύουν οι περισσότεροι ερμηνευτές ότι αναφέρεται στα οικόσιτα σκυλιά και όχι σε αδέσποτα, προκειμένου να μετριάσουν την ένταση του στίχου[464]. Τα πολύ σκληρά αυτά λόγια στον πρώτο από

---

463 Την ερμηνεία αυτή προτιμά και ο Αθ. Δεσπότης, *Η Παραβολή του Πλουσίου και του Λαζάρου. Συγκριτική Μελέτη της Πατερικής και της Σύγχρονης Ερμηνείας*, ΒΒ 42, Θεσσαλονίκη 2009, 179-181.
464 Βλ. ενδεικτικά τα υπομνήματα των W. D. Davies-D. C. Allison, *A*

Φύσις Θηρίων

τους δύο στίχους σε κάθε εκδοχή της διήγησης αποδίδονται στον ίδιο τον Ιησού, ο οποίος φέρεται να μιλά εντελώς υποτιμητικά εδώ για τους εθνικούς. Πολλοί ερευνητές θεωρούν ότι πρόκειται για κοινό παροιμιακό λόγιο ή γνωμικό της εποχής του και ανατρέχουν στη μεταγενέστερη ραβινική γραμματεία προκειμένου να βρουν παράλληλα[465]. Η εικόνα της ρίψης των υπολειμμάτων της τραπέζης στα σκυλιά αποτελεί κοινό τόπο στην αρχαία ελληνική γραμματεία, ενώ έχουν διασωθεί και ανάγλυφες παραστάσεις με συνδαιτυμόνες να γευματίζουν και κάτω από το τραπέζι να τρέφονται σκύλοι ή να περιμένουν υπομονετικά να ταϊστούν από τα αφεντικά τους[466].

Οι Ιουδαίοι της εποχής του Ιησού χαρακτήριζαν καθημερινά τους εθνικούς σκυλιά, αλλά η ταύτιση αυτή να τοποθετείται στα χείλη του ίδιου του Ιησού είναι αρκετά σοκαριστική για το σημερινό χριστιανό αναγνώστη[467]. Προφανώς πίσω από αυ-

---

Critical and Exegetical Commentary on the Gospel according to Saint Matthew, τ. 2, London, T&T Clark International, 2004, 553. R. A. Guelich, *Mark 1-8:26*, WBC 34A, Dallas, Word Books, 2002, 386. Ι. Καραβιδόπουλου, *Το κατά Μάρκον Ευαγγέλιο*, ΕΚΔ 2, Θεσσαλονίκη 1993, 247. Πρβλ. επίσης T. A. Burkill, «The Historical Development of the Story of Syrophoenician Woman (Mark VII: 24-31), *NovT* 9 (1967) 170-171.

465 W. D. Davies-D. C. Allison, *στο ίδιο*, 554.

466 Ο Αριστοτέλης αναφέρει ότι τα τρόφιμα ανάλογα με την ποιότητά τους, άλλα προορίζονται για τους ελεύθερους πολίτες, άλλα για τους δούλους και τα χειρότερα για τα οικόσιτα ζώα. Βλ. σχετικά «*ἐν δὲ ταῖς οἰκονομίαις τῆς γιγνομένης τροφῆς ἡ μὲν βελτίστη τέτακται τοῖς ἐλευθέροις, ἡ δὲ χείρων καὶ τὸ περίττωμα ταύτης τοῖς οἰκέταις, τὰ δὲ χείριστα καὶ τοῖς συντρεφομένοις διδόασι ζώοις*», *Περὶ Ζώων Γενέσεως*, 744b, 17-21. Πρβλ. επίσης το περιστατικό που αναφέρει ο Φλάβιος Φιλόστρατος «*ταυτὶ δὲ τὰ οὕτω μικρὰ ξυλλεγόμενον παραπλήσιόν που τοῖς κυσὶ πράττειν τοῖς σιτουμένοις τὰ ἐκπίπτοντα τῆς δαιτός, ὑπολαβὼν ὁ Δάμις*», *Τὰ ἐς τὸν Τυανέα Ἀπολλώνιον*, 1, 19, 38-41.

467 Βλ. σχετικά με την ιστορία της σύνταξης της διήγησης στον Μάρκο και τον Ματθαίο το άρθρο του T. A. Burkill, «The Historical Development of the Story of Syrophoenician Woman (Mark VII: 24-31), *NovT* 9 (1967) 175-177, σύμφωνα με τον οποίο διακρίνονται τρία στάδια.

τούς τους στίχους βρίσκεται η χριστιανική ιεραποστολή που αντιμετωπίζει προβλήματα στα πρώτα της βήματα με τον εθνικό κόσμο. Η συγκεκριμένη διήγηση έχει σημαντική θέση στην ιστορία της σωτηρίας, όπως αυτή ξεδιπλώνεται στα ευαγγέλια του Μάρκου και του Ματθαίου. Η Συροφοινίκισσα ως εθνική εκπροσωπεί στη διήγηση την πίστη κάποιων εθνικών και την επιθυμία τους να ενταχθούν στην Εκκλησία. Η αλληγορία είναι έκδηλη. Τα σκυλιά είναι οι εθνικοί, ενώ τα παιδιά οι Ιουδαίοι. Την ιδέα αυτή διατηρούν σταθερά οι περισσότεροι ερμηνευτές πατέρες των πρώτων χριστιανικών αιώνων[468]. Και οι δύο συνοπτικοί ευαγγελιστές χρησιμοποιούν την παραπάνω εικόνα με τον ίδιο σκοπό. Κατά τους ερμηνευτές η εικόνα είναι αποτελεσματική στην περίπτωση των οικόσιτων σκύλων και όχι των αδέσποτων[469]. Έτσι μόνο λειτουργεί σωστά η αντίθεση με τα παιδιά από τη μία και τα σκυλιά από την άλλη και σίγουρα δεν έχουν άδικο. Πρώτα τρέφονται τα παιδιά και έπειτα τα σκυλιά παίρνουν τα υπολείμματα. Το γεγονός ότι η γυναίκα ταυτίζει τον εαυτό της με σκυλί είναι δείγμα ταπείνωσης, αφού μια τέτοια ενέργεια ήταν άκρως υποτιμητική για εκείνη.

Ας δούμε τώρα μερικές περιπτώσεις από την ελληνική γραμματεία. Ο Φωκυλίδης πιστεύει ότι οι αυταρχικές γυναίκες είναι γεννήματα σκύλων[470], ενώ οι όμορφες αλόγων και οι εργατικές μελισσών. Στην ομηρική κοινωνία ήταν αποδεκτό να ρίχνονται στα σκυλιά άνθρωποι ως τρόπος εκτέλεσης[471] ή σώματα νεκρών που δεν άξιζαν ταφικές τιμές. Ο Θουκυδίδης

---
468 Βλ. σχετικά U. Luz, *Matthew* 8-20, (μτφρ. J. E. Crouch), Hermeneia, Minneapolis, Fortress Press, 2001, 340.
469 U. Luz, στο ίδιο, 337.
470 Φωκυλίδη, *Γνώμαι*, 2, 6.
471 *Ἰλιάς*, 15, 579.

Φύσις Θηρίων

αναφέρει ότι σε περιόδους επιδημιών οι σκύλοι εμποδίζονταν να πλησιάζουν πτώματα⁴⁷². Η λέξη «κύων» όταν απευθυνόταν σε ανθρώπους αποτελούσε προσβολή για αδικήματα όπως δειλία, απρέπεια και αλαζονεία, τα οποία εμφανίζονται στους μύθους του Αισώπου. Η ονομασία «κυνικοί» για τους φιλοσόφους μαθητές του Διογένη αποδόθηκε εξαιτίας των ιδιαίτερων χαρακτηριστικών τους, όπως απόρριψη όλων των κανόνων συμπεριφοράς, διαβίωση στηριζόμενη στη βοήθεια των άλλων και αναισχυντία. Στη μυθολογία παρατηρείται η τάση ο σκύλος να συνδέεται με το βασίλειο του Άδη. Ο Κέρβερος υποδεχόταν τις ψυχές των νεκρών στην είσοδο του Άδη. Σκύλοι προσφέρονταν ως εξιλαστήρια θυσία συχνά για την οικία και την οικογένεια, ενώ αποτελούσαν τα πλέον συνηθισμένα θύματα για τις ταφικές τελετουργίες⁴⁷³. Οι σκύλοι συνδέονταν επίσης με την Εκάτη, τους δαίμονες και τη μαντεία και τα ουρλιαχτά τους προμήνυαν την έλευση του θανάτου⁴⁷⁴. Λαγωνικά συνόδευαν τη συγκεκριμένη θεότητα και θυσιάζονταν σε αυτήν. Αυτή όμως η σχέση των σκύλων με το βασίλειο του θανάτου, τους καθιστούσε ακάθαρτα ζώα και στην ελληνική αρχαιότητα και απαγορευόταν η είσοδός τους στους ναούς της Δήλου και στην Ακρόπολη των Αθηνών. Οι Ρωμαίοι πάλι απαγόρευαν την είσοδό τους στο ναό του Ηρακλή στο Forum

---

472 Θουκυδίδη, *Ἱστορίαι*, 2, 50.

473 «σημαίνοντος· τῷ δὲ κυνὶ πάντες ὡς ἔπος εἰπεῖν Ἕλληνες ἐχρῶντο καὶ χρῶνταί γε μέχρι νῦν ἔνιοι σφαγίῳ πρὸς τοὺς καθαρμούς· καὶ τῇ Ἑκάτῃ σκυλάκια μετὰ τῶν ἄλλων καθαρσίων ἐκφέρουσι καὶ περιμάττουσι σκυλακίοις τοὺς ἁγνισμοῦ δεομένους, περισκυλακισμὸν τὸ τοιοῦτο γένος τοῦ καθαρμοῦ καλοῦντες», Πλουτάρχου, *Αἴτια Ῥωμαϊκά*, 280B, 10-280C, 4.

474 Υπάρχουν επίσης ενδείξεις ότι αρκετοί χριστιανοί κατά τους πρώτους αιώνες θεωρούσαν ότι οι δαίμονες που απειλούσαν διαρκώς τη ζωή τους έπαιρναν τη μορφή σκύλων. Βλ. D. E. Aune, *Revelation 17-22*, WBC 52C, Dallas, Word, 2002, 1223.

Μέρος τρίτο

Boarium. Στα *Ονειροκριτικά* του Αρτεμίδωρου περιγράφονται έξι περίεργες συνήθειες ορισμένων λαών. Οι Μόσσυνες στην Ποντική λέγεται ότι συνουσιάζονται δημοσίως όπως τα σκυλιά[475]. Ολόκληρος λαός εδώ διακρίνεται από τους υπόλοιπους με κριτήριο μια συμπεριφορά των σκύλων. Στις λατρείες της Αιγύπτου ο σκύλος είχε ιδιαίτερη θέση. Ο θεός του θανάτου Άνουβις παριστάνεται με κεφάλι σκύλου ή τσακαλιού και η Ίσιδα παρουσιάζεται συχνά να ιππεύει σκύλο.

Η εκτίμηση των σκύλων από τους Ιουδαίους ασφαλώς ήταν πολύ χαμηλή. Η ραβινική γραμματεία διακρίνει μεταξύ διαβολικών και καλών σκύλων[476]. Απαγορεύει επίσης τελείως την κατοχή ενός σκύλου που γαυγίζει και δαγκώνει, καθώς αποτελεί κίνδυνο για τους ξένους[477]. Επιπλέον, τρομάζει τους φτωχούς και τους εμποδίζει να πλησιάσουν τα σπίτια για να ζητήσουν ελεημοσύνη. Στις χήρες γυναίκες απαγορευόταν επίσης να έχουν κάποιο σκύλο ώστε να αποκλειστεί οποιοδήποτε ενδεχόμενο κτηνοβασίας[478]. Ακόμη οι σκύλοι ως παρέα συνδέονταν με τις πόρνες, τις μάγισσες και τους σχισματικούς[479], ενώ τα τρία πράγματα που πρέπει να αποφεύγει ο συνετός Ιουδαίος είναι τα σκυλιά, οι γυναίκες και τα φίδια[480]. Οι ραβίνοι απευθύνουν κατάρες σε οποιονδήποτε έχει σκύλο στην οικία του και τέλος η κατοχή σκύλου αποξενώνει τον Ιουδαίο από την αγάπη του Θεού.

---

475 Βλ. Αρτεμίδωρου, Ὀνειροκριτικὰ, 1, 8, 12-14 «καὶ Μόσσυνες οἱ ἐν Ποντικῇ συνουσιάζουσι δημοσίᾳ καὶ γυναιξὶ μίσγονται ὥσπερ οἱ κύνες, τοῖς δὲ ἄλλοις ἀνθρώποις ἄτιμα ταῦτα νενόμισται».
476 Βλ. σχετικά O. Michel, «Κύων, Κυνάριον», TDNT, 3, 1101.
477 *Shabbat*, 63a-b.
478 *Baba Metzia* 71a.
479 *Pesahim*, 113b.
480 *Pesahim*, 111a.

Φύσις Θηρίων

Στην ελληνική γραμματεία ο σκύλος έχει μια αμφισημία. Δεν έχει πάντα θετική εικόνα. Σαν είδος έλκει τον άνθρωπο αλλά ταυτόχρονα και απωθεί. Άλλοτε προβάλλεται ως πρότυπο πίστης και συντροφιάς και άλλοτε πάλι ως ανεξέλεγκτα επιθετικό ή αδιάντροπο ζώο. Το «*κυνοθαρσής*» είναι συνώνυμο του «*ἀναιδής*». Οι σταθεροί και άγρυπνοι άντρες συχνά συγκρίνονται με τους σκύλους, το ίδιο όμως και οι δουλοπρεπείς και οι αδιάντροποι. Ο Σέξτος ο Εμπειρικός[481] θεωρεί το σκύλο ως το χειρότερο είδος των ζώων. Ο λόγος είναι ότι ο σκύλος επιλέγει όσα επιθυμεί και αποφεύγει όλα τα άλλα. Σαφώς όμως με την εικόνα του σκύλου αυτός επιτίθεται στους κυνικούς φιλοσόφους. Παρατηρούμε λοιπόν ότι και στον ελληνικό κόσμο ο σκύλος είναι φορτισμένος με αρνητικά χαρακτηριστικά.

Στη μεταγενέστερη χριστιανική γραμματεία εκκλησιαστικοί συγγραφείς όπως ο Αυγουστίνος και ο Ισίδωρος Σεβίλλης αναφέρουν την ύπαρξη κυνοκέφαλων όντων και περιγράφουν τις συνήθειές τους. Ασφαλώς αυτά τα φανταστικά όντα συνδέονται μόνο με το κακό. Παρόμοια με την τάση να συνδέεται ο σκύλος στον εθνικό κόσμο με τον θάνατο, στον χριστιανικό αντίστοιχα ο σκύλος παρουσιάζεται στις ομιλίες των πατέρων ως όργανο της τιμωρίας του Θεού ή αγγελιοφόρος της μεταθανάτιας ζωής. Στη διάρκεια του μεσαίωνα ο σκύλος συμβόλιζε την ενσάρκωση του διαβόλου αλλά και στο Ισλάμ τα πράγματα δεν ήταν καλύτερα, αφού οι σκύλοι και ειδικά οι μαύροι δεν ήταν παρά τα κακά πνεύματα.

Ας δούμε τώρα πως αντιμετωπίζονταν ο χοίρος στον Ιουδαϊσμό, αφού σίγουρα αποτελεί το δημοφιλέστερο παράδειγμα αποστροφής. Εντυπωσιακό είναι το γεγονός ότι το πλέον

---
481 *Πυρρωνείων Ὑποτυπόσεων*, 1, 63, 4-5.

ακάθαρτο από τα οικόσιτα ζώα στον Ιουδαϊσμό (Λευ. 11:7 και Δτ. 14:8) αναφέρεται με μεγαλύτερη συχνότητα στην Καινή[482] παρά στην Παλαιά Διαθήκη. Η λέξη «χοῖρος» δεν χρησιμοποιείται στην Π.Δ. αλλά προτιμάται ο όρος «ῦς». Ο αγριόχοιρος από την άλλη αναφέρεται μόνο μια φορά στο Ψλ. 79:14 (Ο´) με τον όρο «σῦς». Η απέχθεια του Ιουδαϊσμού απέναντι στο συγκεκριμένο ζώο[483] μέχρι σήμερα παραμένει σταθερή και αποτέλεσε ήδη από τα πρώτα χρόνια μία από τις διαχωριστικές γραμμές με τα υπόλοιπα έθνη. Οι Ιουδαίοι δεν διατηρούσαν χοίρους, δεν έτρωγαν το κρέας τους και φυσικά χοιρίδια δεν προσφέρονταν ποτέ ως θυσία στο Ναό. Στο Β´ Μακ. 6:18-20 αναφέρεται ότι ένας ηλικιωμένος άντρας από τους πρώτους γραμματείς, που ονομαζόταν Ελεάζαρος υποχρεώθηκε να φάει χοιρινό κρέας (*ΰειον κρέας*) κρατώντας του βίαια το στόμα ανοιχτό. Προτίμησε όμως να πεθάνει έντιμος παρά να ζει ντροπιασμένος. Έφτυσε λοιπόν το κρέας και προχώρησε με τη θέλησή του προς τα βασανιστήρια. Το παραπάνω παράδειγμα από την Π.Δ. είναι αποκαλυπτικό.

Συχνά οι επιστήμονες προκειμένου να δικαιολογήσουν αυτή τη στάση των Ιουδαίων απέναντι στον χοίρο καταφεύγουν στο γεγονός ότι το δέρμα του χοίρου ευνοεί την ανάπτυξη παρασίτων και ασθενειών. Αυτό είναι πιο έντονο σε περιοχές με

---

[482] Δώδεκα φορές χρησιμοποιείται η λέξη «χοῖρος» και μία φορά μόνο η λέξη «ῦς».

[483] Παραμένει άγνωστο πότε υιοθέτησε ο Ισραήλ αυτή τη συνήθεια. Οι ερευνητές πιστεύουν ότι είναι αιχμαλωσιακής ή μεταιχμαλωσιακής προέλευσης. Επίσης σημαντική είναι η παρατήρηση ότι διατηρούνταν σε όλη την Εγγύς Ανατολή μια αποστροφή στους χοίρους σε διαφορετικό όμως βαθμό από λαό σε λαό και στις διάφορες λατρευτικές τελετουργίες. Βλ. W. Houston, *Purity and Monotheism*, 176.

θερμό κλίμα. Ο χοίρος απαιτεί δασώδη περιοχή με παρουσία νερού και λάσπης για να διατηρεί τη θερμοκρασία του σώματός του τις ζεστές ημέρες διότι δεν ιδρώνει. Αυτός όμως δεν μπορεί να ήταν ο λόγος της απέχθειας του Ιουδαϊσμού απέναντι στους χοίρους. Η ανάγκη παρουσίας νερού αποτελεί ένα σοβαρό παράγοντα για την εκτροφή χοίρων και η μη αφθονίας αυτού στη γη του Ισραήλ σίγουρα ήταν ανασταλτικός παράγοντας. Τα ευρήματα της ζωοαρχαιολογικής έρευνας επιβεβαιώνουν τον παραπάνω παράγοντα, καθώς σε περιοχές κοντά σε νερό τα οστά χοίρων είναι αρκετά, ενώ στις άνυδρες περιοχές σπανίζουν[484]. Γεγονός είναι πάντως ότι οι χοίροι δεν προσφέρονταν ως θυσία ακόμη και από τους εκτροφείς τους κατά την εποχή του χαλκού και του σιδήρου στην ευρύτερη περιοχή της Παλαιστίνης και της Συρίας που μας ενδιαφέρει[485]. Η απάντηση προφανώς στο αίνιγμα δεν βρίσκεται μόνο στους κανόνες υγιεινής, αλλά στις λατρευτικές συνήθειες των γειτονικών λαών του Ισραήλ. Παλιότερα στην έρευνα της Π.Δ. οι ερευνητές θεωρούσαν ότι τα ζώα τα οποία ήταν απαγορευμένα σύμφωνα με τις ιουδαϊκές νομικές διατάξεις, αποκλείονταν από το τραπέζι των Ιουδαίων διότι εμφάνιζαν χαρακτηριστικά εντελώς αντίθετα με τη λατρεία του Γιαχβέ[486]. Αυτό συνέβαινε είτε, διότι αυτά ήταν σημαντικά ζώα στις λατρευτικές τελετουργίες των εθνικών[487]

---

484 W. Houston, *στο ίδιο*, 137-138.
485 Βλ. W. Houston, *στο ίδιο*, 149-150 και τον πίνακα με τα συνολικά ποσοστά των σχετικών ευρημάτων των ανασκαφών στις σσ. 178-180.
486 Βλ. αναλυτικά W. Houston, *στο ίδιο*, 72 εξ.
487 Γνωρίζουμε ότι στην Κύπρο, η οποία είχε δεχτεί θρησκευτικές επιδράσεις από τη Φοινίκη, δεν θυσιάζονταν χοίροι. Ο χοίρος ήταν το ιερό ζώο της Αφροδίτης και έτσι οι κάτοικοι του νησιού δεν τους έτρωγαν. Βλ. σχετικά W. Houston, *στο ίδιο*, 162. Χοιρίδια προσφέρονταν στη θεά Δήμητρα. Βλ. σχετικά Π. Παχή, «*Δήμητρα Καρποφόρος*», *Θρησκεία και Αγροτική Οικονομία του Αρχαιοελληνικού Κόσμου*, Αθήνα

Μέρος τρίτο

(π.χ. Χαναναίοι), είτε διότι συνδέονταν με τη σφαίρα του θανάτου (χθόνιος χαρακτήρας)⁴⁸⁸. Ίσως ακόμη κυκλοφορούσαν διάφορες αντιλήψεις για τους χοίρους που τους καθιστούσαν ζώα ταμπού. Οι Αιγύπτιοι για παράδειγμα, πίστευαν ότι οι ψυχές των αδίκων μεταφέρονταν σε χοίρους και ότι η αδικία μπορούσε να μεταδοθεί με τη βρώση τους. Ότι ο χοίρος ήταν ακάθαρτο ζώο για τους Αιγυπτίους μαρτυρείται και στον Ηρόδοτο. Όποιος ερχόταν σε επαφή με χοίρους έπρεπε αμέσως να πλυθεί, ενώ στις οικογένειες των χοιροβοσκών επιβάλλονταν η ενδογαμία⁴⁸⁹. Από την άλλη όμως, η μυθολογία έχει ασκήσει και αυτή κάποια επίδραση. Ο χοίρος συνδέεται με το μύθο του Σηθ, ο οποίος επέστρεψε ως μαύρος χοίρος για να καταστρέψει το μάτι του Ώρου. Συχνά προτείνεται ότι οι λάτρεις του δαιμονοποιημένου Σηθ θα πρέπει να ήταν εκτροφείς χοίρων και οι πρώτοι κάτοικοι της Αιγύπτου, οι οποίοι κατακτήθηκαν

---

2 1998, 60-61.
488 Πολλά χρόνια πριν και μάλιστα χωρίς τα νεότερα ευρήματα και τη συνδρομή της ζωοαρχαιολογίας ο R. de Vaux, «The Sacrifice of Pigs in Palestine and in the Ancient Near East», στο του ίδιου, *The Bible and the Ancient Near East*, Garden City, New York, Doubleday, 1971, 250-265 στηριζόμενος στις ανασκαφές του, υποστήριξε ότι ο χοίρος περιοριζόταν σε ορισμένες μόνο λατρείες και μάλιστα σε όσες συνδέονταν με εξορκισμούς και μαγεία. Για τη χρήση διαφόρων ζώων σε μαγικές τελετουργίες στην ευρύτερη περιοχή της Συρίας και του Ισραήλ βλ. O. Borowski, «Animals in the Religions of Syria-Palestine», στο *A History of the Animal World in the Ancient near East*, εκδ. B. J. Collins, Leiden, Brill, 2002, 420-424, όπου και φωτογραφικό υλικό από αρχαιολογικά ευρήματα.
489 «Ὗν δὲ Αἰγύπτιοι μιαρὸν ἥγηνται θηρίον εἶναι καὶ τοῦτο μέν, ἤν τις ψαύσῃ αὐτῶν παριὼν ὑός, αὐτοῖσι τοῖσι ἱματίοισι ἀπ' ὦν ἔβαψε ἑωυτὸν βὰς ἐς τὸν ποταμόν, τοῦτο δὲ οἱ συβῶται ἐόντες Αἰγύπτιοι ἐγγενέες ἐς ἱρὸν οὐδὲν τῶν ἐν Αἰγύπτῳ ἐσέρχονται μοῦνοι πάντων, οὐδέ σφι ἐκδίδοσθαι οὐδεὶς θυγατέρα ἐθέλει οὐδ' ἄγεσθαι ἐξ αὐτῶν, ἀλλ' ἐκδίδονταί τε οἱ συβῶται καὶ ἄγονται ἐξ ἀλλήλων», Ηροδότου, Ἱστορίαι, 2, 47, 1-7.

Φύσις Θηρίων

αργότερα από τους ποιμενικούς πληθυσμούς του Ώρου[490]. Οι δεύτεροι φαίνεται πως περιφρόνησαν τον χοίρο. Μια διαπίστωση που μπορεί να γίνει εδώ είναι ότι ενώ η λέξη ποιμένας ήταν κατάλληλος τίτλος για βασιλείς και θεότητες το χοιροβοσκός δεν χρησιμοποιείται πουθενά. Συχνά θεότητες διαφόρων θρησκειών εικονίζονται ως ταύροι ή κριοί αλλά πουθενά, ούτε στην Αίγυπτο, δεν υπάρχει κάποια θεότητα που να παριστάνεται με κεφάλι χοίρου.

Ο Ωριγένης έχει μια άλλη εξήγηση. Δέχεται ότι ο Μωυσής καθόρισε ως ακάθαρτα ζώα εκείνα που χρησιμοποιούνταν από τους Αιγυπτίους στη μαντική, θεωρώντας ότι τα ζώα αυτά συνδέονταν με τους δαίμονες[491]. Τα πορίσματα της ζωοαρχαιολογίας αποδεικνύουν κατά τα τελευταία χρόνια ότι στα εδάφη του Ισραήλ ο χοίρος δεν χρησιμοποιούνταν ως θυσιαστήριο ζώο από τους κατοίκους, χωρίς όμως να απουσιάζει παντελώς. Προφανώς θυσιάζονταν σε μυστικές αποτροπιαστικές τελετουργίες σαν αυτές που μνημονεύονται στα Ησ. 65-66. Μέχρι και την εποχή της ύστερης αρχαιότητας ήταν αρκετά διαδεδομένη η αποφυγή βρώσης χοιρινού κρέατος.

Με αφορμή όσα αναφέρθηκαν παραπάνω για τη σχέση του χοίρου με τους δαίμονες, τις αποτροπιαστικές τελετουργίες και τις ψυχές των αδίκων μπορούμε να μελετήσουμε το περιστατικό με τη θεραπεία του δαιμονισμένου νέου στην περιοχή των Γερασηνών (Μτ. 8:28-34//Μκ. 5:1-20//Λκ. 8:26-39). Η εκδοχή της διήγησης στο ευαγγέλιο του Ματθαίου κάνει λόγο για δύο δαιμονισμένους. Τα δαιμόνια του νέου είναι μια

---
490 Βλ. W. Houston, *Purity and Monotheism*, 192 όπου υποστηρίζεται ότι η κατάκτηση αυτή είναι ίσως ανάλογη εκείνης των Χαναναίων από τους Ισραηλίτες.
491 Ωριγένη, *Κατά Κέλσου*, 4, 93.

ολόκληρη λεγεώνα. Οι χοίροι στη διήγηση εμφανίζονται κατά τη θεραπεία του νέου ως ο κατάλληλος χώρος υποδοχής των δαιμονίων, αφού ως ακάθαρτα ζώα μπορούν να φιλοξενήσουν τα ακάθαρτα πνεύματα. Συχνά οι Ιουδαίοι χαρακτήριζαν τους Ρωμαίους ως γουρούνια. Το φαινόμενο είναι αντίστοιχο με εκείνο του χαρακτηρισμού των εθνικών γενικά ως σκύλους. Η ορολογία και στις τρεις εκδοχές της διήγησης είναι χαρακτηριστική: *ἄνθρωπος ἐν πνεύματι ἀκαθάρτῳ* (Μκ. 5:2), *τὰ πνεύματα τὰ ἀκάθαρτα* (Μκ. 5:13), *δαιμονιζόμενοι* (Μτ. 8:28), *δαίμονες* (Μτ. 8:31), *ἀνήρ τις ἐκ τῆς πόλεως ἔχων δαιμόνια* (Λκ. 8:27), *ὑπὸ τοῦ δαιμονίου* (Λκ. 8:29). Το γεγονός ότι το θαύμα λαμβάνει χώρα σε περιοχή που κατοικούσαν κυρίως εθνικοί[492] και η επιλογή του κοπαδιού των χοίρων δεν είναι τυχαία φυσικά, ειδικά αν συνδυαστούν αυτά με τον ή τους δαιμονιζόμενους νέους[493]. Προφανώς στο υπόβαθρο της διήγησης υπάρχει η αντίληψη που θέλει τον χοίρο, όχι μόνο να αποτελεί ακάθαρτο ζώο εξαιτίας των συνηθειών του, αλλά και να συνδέεται το συγκεκριμένο ζώο με το κακό, το θάνατο και τους δαίμονες. Αυτή η τελευταία ιδέα έχει διαμορφωθεί στον Ιουδαϊσμό από τη χρήση του χοίρου στους γειτονικούς

---

492 Βλ. Ι. Καραβιδόπουλου, *Το κατά Μάρκον Ευαγγέλιο*, 184 και 190. Για την απαγόρευση εκτροφής χοίρων από Ιουδαίους στις μεταγενέστερες ραβινικές πηγές βλ. W. D. Davies-D. C.Allison, *στο ίδιο*, 82.

493 Ο R. de Vaux, *στο ίδιο*, 265 υποστήριξε ότι ο χοίρος συνδέθηκε με τα δαιμόνια ή τις χθόνιες θεότητες και έτσι προσφερόταν ως θυσία σε ανάλογες τελετουργίες. Ο ίδιος ανακάλυψε στην Tell el-Farah έναν υπόγειο θάλαμο στον οποίο βρέθηκαν αρκετά οστά χοίρων. Τα ευρήματα αυτά ερμηνεύθηκαν ως προϊόντα θυσιών κατά τη μέση εποχή του χαλκού. Αξίζει επίσης να σημειωθεί ότι η μοναδική άλλη περίπτωση που τα χοιρινά οστά προέρχονταν από προσφορές σε τελετουργίες στην περιοχή της Παλαιστίνης βρέθηκαν και πάλι σε έναν υπόγειο θάλαμο στη Γεζέρ. Βλ. επίσης W. Houston, *Purity and Monotheism*, 161.

Φύσις Θηρίων

λαούς και την αντιμετώπιση του σε θρησκευτικό πλαίσιο. Εδώ πρέπει να σημειωθεί ότι η επιλογή των ευαγγελιστών να παρουσιάσουν τα δαιμόνια να ζητούν τα ίδια να εισέλθουν στα σώματα των χοίρων που βρίσκονταν εκεί κοντά (Μτ. 8:31// Μκ. 5:12//Λκ. 8:32) τοποθετεί συνειδητά τους χοίρους στη σφαίρα του βέβηλου. Υπάρχουν παρόμοια περιστατικά εκτός του Ισραήλ. Σε μια βαβυλωνιακή εξορκιστική ρήση προτείνεται να χρησιμοποιηθεί το σώμα ενός χοίρου για την μετοίκηση των δαιμονίων[494]. Ασφαλώς ο Ιησούς ως τυπικός Ιουδαίους παρουσιάζεται στη διήγηση να συμφωνεί με την μετοίκηση των δαιμόνων στους χοίρους. Τα ακάθαρτα πνεύματα μπορούν να πάνε στα ακάθαρτα ζώα. Αν και μετά από αυτό τα ζώα κατακρημνίζονται για τους πιστούς Ιουδαίους δεν υπάρχει καμία απολύτως απώλεια[495]. Ο αριθμός των γουρουνιών σε 2000 στο Μκ. 5:13 ως πλήρης αντιστοιχία του αριθμού των δαιμονίων απουσιάζει από τους δύο άλλους συνοπτικούς αλλά πρόκειται για υπερβολή λόγω του Μκ. 5:9. Η βίαιη αυτή θανάτωση των χοίρων δηλώνει την καταστροφική δύναμη των δαιμονίων. Το υγρό στοιχείο συνδέεται επίσης με τα δαιμόνια στις ιουδαϊκές

---

494 R. T. France, *The Gospel of Mark: A Commentary on the Greek Text*, Michigan, Paternoster Press, 2002, 230.

495 Οι ερμηνευτές πατέρες προσπερνούν αυτήν την απώλεια (ακόμη και ο Χρυσόστομος) χωρίς να τη σχολιάζουν, καθώς οι ζωές των χοίρων δεν είχαν καμία αξία. Για τα θεωρούμενα ακάθαρτα ζώα δεν ενδιαφέρεται κανείς. Για ορισμένους εκκλησιαστικούς συγγραφείς της Δύσης οι χοίροι συμβολίζουν τους άπιστους και ακάθαρτους ανθρώπους που ζουν με αμαρτωλό τρόπο. Ακόμη και οι χοιροβοσκοί θεωρούνται ένοχοι. Βλ. M. Simonetti, *Matthew 1-13*, ACCS.NT 1a, Downers Grove, Illinois, InterVarsity Press, 2001, 171. Ο Αμβρόσιος θεωρεί το σώμα των χοίρων το φυσικό χώρο των δαιμονίων. Ο ίδιος τολμά να ισχυριστεί ότι ο δαιμονιζόμενος νέος της λουκάνειας διήγησης ζούσε σαν χοίρος γι' αυτό έπειτα το κοπάδι των χοίρων δέχτηκε τα δαιμόνιά του. Βλ. A. A. Just, *Luke*, ACCS.NT 3, Downers Grove, Illinois, InterVarsity Press, 2005, 138-140.

αντιλήψεις ως τόπος κατοικίας τους. Συχνά στα ερμηνευτικά υπομνήματα εγείρεται το ερώτημα αν ο Ιησούς με την επιλογή αυτή ευθύνεται για τη θανάτωση των αθώων ζώων. Όπως και να 'χει όμως, εδώ φανερώνεται η ιδέα της ανωτερότητας του ανθρώπου έναντι των ζώων[496]. Η ζωή των ζώων δεν φαίνεται να απασχολεί τους ευαγγελιστές. Διατηρούν και αυτοί την σταθερή αντίληψη του ελληνορωμαϊκού κόσμου ότι τα οικόσιτα ζώα είναι προορισμένα για την εξυπηρέτηση των αναγκών του ανθρώπου. Από τον Αυγουστίνο και έπειτα οι εκκλησιαστικοί συγγραφείς με αφορμή το παραπάνω περιστατικό θα στηρίξουν μια τέτοια θέση. Ο ίδιος ο Αυγουστίνος υποστήριζε καταπολεμώντας τις ιδέες των Μανιχαίων ότι δεν είναι κακό η σφαγή των ζώων, αφού και ο Ιησούς το έκανε με τη μετοίκηση των δαιμονίων στους χοίρους[497]. Εδώ παρατηρείται η στωική αντίληψη ότι άνθρωποι (λογικά όντα) και ζώα (άλογα όντα) δεν έχουν την ίδια φύση και έτσι δεν τίθεται ζήτημα δίκαιης συμπεριφοράς μεταξύ τους.

Η ιδέα της ακαθαρσίας είναι διάχυτη στη διήγηση. Ο δαιμονιζόμενος νέος θεωρείται ακάθαρτος, αφού δεν είναι φυσιολογικός και κατοικεί σε μνήματα νεκρών ή σε έρημους τόπους. Η σύνδεση με τους ακάθαρτους χοίρους δεν είναι τυχαία. Η διήγηση μαρτυρεί τη σταθερή αντίληψη του Ιουδαϊσμού ότι πρόκειται για το πλέον ακάθαρτο ζώο, το οποίο βαρύνεται με χαρακτηριστικά τα οποία ερμηνεύονταν σε ηθικό επίπεδο ως βδελυρά. Ο χοίρος στο αρχαίο Ισραήλ έγινε

---

[496] Βλ. Μτ. 12:12.
[497] Βλ. R. Bauckham, «Jesus and Animals I: What did he Teach?», στο *Animals on the Agenda. Questions about Animals for Theology and Ethics*, έκδ. A. Linzey-D. Yamamoto, SCM Press, London 1998, 47.

Φύσις Θηρίων

ζώο ταμπού, σύμβολο της ακαθαρσίας των εθνικών εξαιτίας των συνηθειών του.

Μπορούμε τώρα να δούμε και τη δεύτερη διήγηση της Κ.Δ. στην οποία οι χοίροι εμφανίζονται σε σύνδεση με την αμαρτία και το κακό. Στην παραβολή του ασώτου, η οποία διασώζεται μόνο στο ευαγγέλιο του Λουκά, οι χοίροι αποτελούν την κορύφωση της αθλιότητας του ασώτου γιου (Λκ. 15:15-16)[498]. Αυτός αναγκάζεται να δουλεύει για εθνικούς και να έρχεται σε επαφή με ακάθαρτα ζώα κατά τις διατάξεις του ιουδαϊκού νόμου. Ο άσωτος προσπαθεί μάλιστα να τραφεί με ότι τρέφονται και οι χοίροι. Στο Πραξ 10:28[499] ο Πέτρος παρουσιάζει την παραδοσιακή θεώρηση του πιστού Ιουδαίου να μη συναναστρέφεται με έναν εθνικό. Αν κρατήσουμε αυτό στο μυαλό μας μπορούμε να φανταστούμε πόσο οδυνηρό ήταν να αναγκαστεί ένας Ιουδαίος να φτάσει στο επίπεδο του ασώτου να περνά τη μέρα του ανάμεσα σε χοίρους[500]. Αυτό ήταν το χειρότερο που μπορούσε να συμβεί σε έναν Ιουδαίο προκειμένου να επιβιώσει. Με το να επιθυμεί να τραφεί και με την τροφή[501] των

---

498 Βλ. ερμηνευτικά σχόλια στο Ι. Καραβιδόπουλου, «Ο Εύσπλαχνος Πατέρας. Σχόλια στην Παραβολή του Λκ. 15:11-32», στο *Βιβλικές Μελέτες*, ΒΒ 9, Θεσσαλονίκη 1995, 340-344.

499 «ὑμεῖς ἐπίστασθε ὡς ἀθέμιτόν ἐστιν ἀνδρὶ Ἰουδαίῳ κολλᾶσθαι ἢ προσέρχεσθαι ἀλλοφύλῳ».

500 Οι ερευνητές συχνά παραθέτουν την απαγόρευση από το πολύ μεταγενέστερο βαβυλωνιακό Ταλμούδ (*Baba Qamma* 82b) που θεωρεί καταραμένο όποιον εκτρέφει χοίρους. Βλ. ενδεικτικά J. A. Fitzmyer, *The Gospel according to Luke X-XXIV*, AB 28A, Garden City, New York, Doubleday, 1985, 1088.

501 Τα ξυλοκέρατα για τα οποία γίνεται λόγος εδώ, οι ερευνητές πιστεύουν ότι πρόκειται για τους καρπούς της χαρουπιάς (*ceratonia siliqua*). Βλ. σχετικά J. Nolland, Luke 9:21-18:34, WBC 35B, Dallas, Word Books, 2002, 783. Βλ. επίσης και τα σχόλια του Χ. Καρακόλη, «Η Παραβολή του Ασώτου Υιού. Μια Αλληγορική Προσέγγιση της Ιστορίας της Σωτηρίας;»,

ακάθαρτων ζώων ο άσωτος αγγίζει το ναδίρ του εξευτελισμού του. Όπως και στο Λκ. 16:21 στο οποίο ο Λάζαρος προσπαθεί να τραφεί (*καὶ ἐπιθυμῶν χορτασθῆναι*) με τα ψίχουλα της τραπέζης που προορίζονταν για τους σκύλους, έτσι και στο Λκ. 15:16 (*ἐπεθύμει χορτασθῆναι*) ο ευαγγελιστής χρησιμοποιεί δύο εικόνες στις οποίες συμμετέχουν δύο ακάθαρτα είδη οικόσιτων ζώων προκειμένου να τονιστεί η ανθρώπινη εξαθλίωση.

Το γεγονός ότι ο άσωτος γιος αναγκάστηκε να κάνει το χοιροβοσκό δεν μένει ασχολίαστο από τους ερμηνευτές πατέρες, οι οποίοι με τα χειρότερα σχόλια αναφέρονται σε αυτό. Ο Αμβρόσιος για παράδειγμα ταυτίζει την ενέργεια αυτή, όπως και την προσπάθειά του να τραφεί με τα ξυλοκέρατα των χοίρων, με άκρως διαβολική πράξη[502].

Οι σκύλοι και οι χοίροι χρησιμοποιήθηκαν από τους Ιουδαίους αλλά και από τους χριστιανούς αργότερα ως συμβολική οριοθέτηση των ταυτοτήτων και των συνηθειών των άλλων. Οι διαφορετικοί, οι επικίνδυνοι και οι εχθροί χαρακτηρίζονταν πάντα ως σκυλιά ή γουρούνια. Ο Επιφάνιος μας πληροφορεί ότι ο Βασιλείδης έλεγε ότι «*ἡμεῖς, φησίν, ἐσμὲν οἱ ἄνθρωποι, οἱ δὲ ἄλλοι πάντες ὕες καὶ κύνες*»[503]. Οι συμπεριφορές των δύο ζώων ηθικοποιούνταν και έτσι τα ζώα αδίκως θεωρούνταν πρόστυχα. Η *Επιστολή Βαρνάβα* με την αλληγορική της ερμηνεία παρουσιάζει τη λαιμαργία του χοίρου ως αντίστοιχο της πλεονεξίας των ανθρώπων με σαφείς κοινωνικές προεκτάσεις[504]. Ο

στο *Θέματα Ερμηνείας και Θεολογίας της Καινής Διαθήκης*, ΒΒ 24, Θεσσαλονίκη 2002, 138-139.
502 Βλ. σχετικά A. A. Just, *Luke*, 247.
503 Βλ. *Πανάριον*, 1, 262, 8. Στη συνέχεια ο Επιφάνιος παραθέτει το Μτ. 7:6.
504 «*Τὸ οὖν χοιρίον πρὸς τοῦτο εἶπεν οὐ μὴ κολληθήσῃ φησὶν ἀνθρώποις τοιούτοις οἵτινές εἰσιν ὅμοιοι χοίροις τουτέστιν ὅταν σπαταλῶσιν ἐπιλανθάνο-*

Φύσις Θηρίων

Κλήμης ο Αλεξανδρέας θα χαρακτηρίσει όσους ασελγούν ως χοίρους και θα δικαιολογήσει εξαιτίας των συνηθειών τους τον αποκλεισμό του συγκεκριμένου ζώου από τη διατροφή των πιστών Ιουδαίων[505]. Σίγουρα η φαντασία των εκκλησιαστικών συγγραφέων με τη συνδρομή της αλληγορικής ερμηνείας δεν περιορίστηκε μόνο σε όσα αναφέρθηκαν παραπάνω. Δυστυχώς όμως ο σκύλος και ο χοίρος δεν θα τύχουν καμία απολύτως εκτιμήσεως στη μεταγενέστερη χριστιανική γραμματεία.

νται τοῦ κυρίου ὅταν δὲ ὑστερῶνται ἐπιγινώσκουσιν τὸν κύριον ὡς καὶ ὁ χοῖρος ὅταν τρώγει τὸν κύριον οὐκ οἶδεν ὅταν δὲ πεινᾷ κραυγάζει καὶ λαβὼν πάλιν σιωπᾷ», 10, 3. Για τις κοινωνικές προεκτάσεις της πλεονεξίας βλ. τα πρόσφατα άρθρα των U. Duchrow, «Θεολογία και Παγκόσμια Οικονομία», Θεολ 83 (2012) 37-54 και Π. Βασιλειάδη, «Η Βιβλική Θεώρηση της Οικονομίας», Θεολ 83 (2012) 25-36 και του ίδιου, «Οικονομία της Ζωής, Δικαιοσύνη και Ειρήνη για Όλους» Θεολ 83 (2012) 205-218.

    505 *«εὐεπίφοροι γὰρ οἱ ἀκόλαστοι πρὸς τὴν ἀσέλγειαν καθάπερ οἱ χοῖροι»*, Παιδαγωγός, 3, 4, 28, 5. Βλ. επίσης και 3, 11, 75, 3.

3. «καὶ ἦν μετὰ τῶν θηρίων», Μκ. 1:13. Ειρηνική συνύπαρξη ή επιθετική απειλή;

Στη διήγηση των πειρασμών του Ιησού στην απλούστερη εκδοχή του Μάρκου λέγεται ότι ο Ιησούς παρέμεινε στην έρημο για σαράντα ημέρες και ζούσε με τα θηρία. Ο Ματθαίος και ο Λουκάς αντίθετα δεν αναφέρουν αυτό το στοιχείο (Μτ. 4:1// Λκ. 4:1). Επιπλέον, ο σατανάς αλλά και οι άγγελοι παρουσιάζονται να ενεργούν στη διήγηση του Μκ. 1:13. Συνεπώς ο Ιησούς στην εξαιρετικά σύντομη διήγηση του Μάρκου δεν συναντά κανέναν άνθρωπο στην έρημο για σαράντα ημέρες αλλά αντίθετα έχει συναντήσεις με το σατανά, τα άγρια θηρία και τα αγγελικά όντα. Η σειρά παρουσίασης των τριών μη ανθρώπινων όντων ξεκινά από το πλέον επικίνδυνο και καταλήγει στο φιλικό και βοηθητικό ρόλο των αγγέλων. Τα θηρία βρίσκονται στο μέσο των άλλων δύο εκπροσωπώντας ασφαλώς την άγρια φύση.

Στην ιστορία της ερμηνείας του συγκεκριμένου μάρκειου χωρίου έχουν εκφραστεί δύο τάσεις μεταξύ των ερευνητών προκειμένου να κατανοηθεί η φράση «καὶ ἦν μετὰ τῶν θηρίων». Μερικά χρόνια νωρίτερα η πρώτη τάση που εξηγεί την παρουσία του Ιησού ανάμεσα στα θηρία ερμηνεύοντας εσχατολογικά το χωρίο, κέρδιζε έδαφος, καθώς κατανοούσε ότι έτσι προβάλλεται η ιδέα της ειρηνικής συνύπαρξης του ανθρώπου και των ζώων κατά τα έσχατα[506]. Σε μια τέτοια κατανό-

---

506 R. Bauckham, «Jesus and the Wild Animals (Mark 1:13): A Christological Image for an Ecological Age», στο *Jesus of Nazareth: Lord and Christ: Essays on the Historical Jesus and New Testament Christology*, έκδ. J. B. Green-M. Turner, Grand Rapids, Eerdmans, 1994, 3-21 (πρόσφατα επανεκδόθηκε ως του ίδιου, «Jesus and the Wild Animals in the Wilderness

Φύσις Θηρίων

ηση βασικό κείμενο θεωρείται το όραμα του προφήτη Ησαΐα (Ησ. 11:6-9)[507], το οποίο κάνει λόγο για ειρηνική συνύπαρξη κατά τα έσχατα της ζωικής ποικιλότητας με την ανθρωπότητα. Θηρευτές και θηράματα θα συμβιώνουν σύμφωνα με τον προ-

(Mark 1:13)», στο *Living with Other Creatures: Green Exegesis and Theology*, Waco, Baylor University Press, 2011, 111-132)· U. Mell, «Jesu Taufe durch Johannes (Markus 1,9–15)--zur Narrativen Christologie vom Neuen Adam», *BZ* 40 (1996) 161-178. Βλ. επίσης Σ. Νανάκου, *Εξηγητική Προσπάθεια των Πειρασμών του Ιησού εν τη Ερήμω ιδία βάσει των Ελλήνων Ερμηνευτών*, (Διδακτ. Διατρ.), Θεσσαλονίκη 1967, 98 όπου λέγεται ότι στο μάρκειο χωρίο έχουμε επαναφορά της εδεμικής ζωής. Την ερμηνευτική αυτή τάση είχαν υιοθετήσει κατά το παρελθόν σε μελέτες τους και ερευνητές όπως οι Bultmann, Copellt, Mahnke και Jeremias. Βλ. σχετική αναφορά στο J. W. Van Henten, «The First Testing of Jesus: A Rereading of Mark 1.12-13», *NTS* 45 (1999) 353-354· Ι. Καραβιδόπουλου, *Το κατά Μάρκον Ευαγγέλιο*, ΕΚΔ 2, Θεσσαλονίκη 1993, 68-69· R. A. Guelich, *Mark 1-8:26*, WBC 34A, Dallas, Word Books, 2002, 39. Την προτίμηση αυτή επισημαίνει και ο νυν Αρχιεπίσκοπος Αμερικής. Βλ. Δ. Τρακατέλλη, *Εξουσία και Πάθος. Χριστολογικές Απόψεις του κατά Μάρκον Ευαγγελίου*, Αθήνα 1983, 31, υποσ. 21.

507 Το συγκεκριμένο απόσπασμα από το βιβλίο του Ησαΐα καθώς ακολουθεί την προφητεία για έναν δαβιδικό μεσσία (11:1-5) έχει επίσης κατανοηθεί κατά καιρούς ότι αφορά την ειρηνική συνύπαρξη μεταξύ των εθνών και απλώς χρησιμοποιείται με αλληγορική σημασία η εικόνα της αρμονικής συμβίωσης όλων των ειδών της πανίδας. Άλλοι ερμηνευτές δέχονται ότι το όραμα αυτό αφορά μόνο το ζωικό βασίλειο και όχι την ανθρωπότητα. Δεν είναι τυχαίο ότι στο κείμενο χρησιμοποιούνται τα μικρά των ζώων αλλά και τα παιδιά των ανθρώπων προκειμένου να διαφανεί ότι αυτά είναι περισσότερο ευπαθή σε οποιαδήποτε εχθρική συμπεριφορά εναντίον τους. Τα ενήλικα άτομα έχουν τρόπους να αμυνθούν, ενώ τα ανήλικα δεν μπορούν να το κάνουν και έτσι είναι ευάλωτα. Στο ζωικό βασίλειο πάντα πρωταρχικός στόχος των σαρκοφάγων είναι τα μικρά των θηραμάτων τους και έπειτα τα τραυματισμένα, εξουθενωμένα ή ηλικιωμένα ζώα. Από θεολογικής πλευράς είναι σημαντικό ότι δεν εξαφανίζονται τα άλλα έμβια όντα της δημιουργίας του Θεού αλλά κατά τα έσχατα θα έρθουν σε καταλλαγή με τον άνθρωπο.

Μέρος τρίτο

φήτη αρμονικά και δεν θα αποτελούν πλέον απειλή τα πρώτα για τα δεύτερα⁵⁰⁸. Σε αυτή την περίπτωση ο Ιησούς προβάλλεται ως ο νέος Αδάμ που νικά τους πειρασμούς του σατανά σε αντίθεση με τον παλιό Αδάμ που έχασε την ειρηνική συνύπαρξη με τη ζωική ποικιλότητα εξαιτίας της πτώσης του και εκδιώχθηκε από τον παράδεισο. Φυσικά προϋποτίθεται η σύνδεση του Μκ. 1:13 με το Γεν. 3.

Από την άλλη, η δεύτερη τάση θεωρεί ότι στο κείμενο του Μάρκου τα θηρία δεν συνυπάρχουν ειρηνικά με τον Ιησού, αλλά αποτελούν μόνιμη απειλή για τη ζωή του, αφού αυτός βρίσκεται στο περιβάλλον τους παρουσιάζοντας έτσι τις δυσκολίες της δοκιμασίας του. Σε αυτή την περίπτωση η τυπολογία βρίσκεται ανάμεσα στον Ισραήλ που δοκιμάστηκε στην έρημο για σαράντα χρόνια και τον ίδιο που τώρα δοκιμάζεται⁵⁰⁹. Οι ερευνητές έχουν επίσης παρατηρήσει ότι η ορολογία

---

508 Βλ. επίσης Ησ. 65:25 και Ωσ. 2:20 και σχόλια στο Ι. Μούρτζιου, *Η Μεταιχμαλωσιακή Ιουδαϊκή Κοινότητα στον Τριτοησαΐα. Ιστορία-Θεολογία*, ΒΒ 51, Θεσσαλονίκη 2012, 170. Ο ρεαλισμός των βιολόγων βέβαια, τονίζει ότι είναι δυνατόν για παράδειγμα οι αρκούδες να τραφούν σε όλη τη διάρκεια της ζωής τους με φυτικά είδη και να στερηθούν παντελώς το κρέας αλλά κάτι τέτοιο είναι αδύνατο για τα λιοντάρια ή τους λύκους.

509 J. P. Heil, «Jesus with the Wild Animals in Mark 1:13», *CBQ* 68 (2006) 63-78· J. B. Gibson, «Jesus' Wilderness Temptation according to Mark», *JSNT* 53 (1994) 3-34· A. B. Caneday, «Mark's Provocative Use of Scripture in Narration: 'He Was with the Wild Animals and Angels Ministered to Him'» *BBR* 9 (1999) 19-36· J. W. Van Henten, «The First Testing of Jesus: A Rereading of Mark 1.12-13», *NTS* 45 (1999) 349-366· M. Throup, «Animals and Angels in Mark 1.13: Hints of the Divine Warrior in the wilderness?», *Oracula* 6 (2010) 28-39· R. T. France, *The Gospel of Mark: A Commentary on the Greek Text*, Michigan, Paternoster Press, 2002, 87.

που χρησιμοποιείται στο Μκ. 1:13 υπάρχει επίσης στα Εξ. 16, Δτ. 8:2-4 και Ψλ. 94:8-11, τα οποία αναφέρονται στα γεγονότα της παραμονής του Ισραήλ στην έρημο. Στη δεύτερη αυτή προσέγγιση η φράση «καὶ ἦν μετὰ τῶν θηρίων» κατανοείται με εχθρικό τόνο. Ο Ιησούς δηλαδή προβάλλεται από τον Μάρκο να περιστοιχίζεται από την άγρια ζωή της ερήμου, η οποία στο σύνολό της αποτελεί επικίνδυνη και θανάσιμη απειλή. Οι ερευνητές που τάσσονται υπέρ αυτής της ερμηνευτικής επιλογής θεωρούν ότι η τυπολογία μεταξύ Ισραήλ και Ιησού έχει ήδη παρουσιαστεί στο Μκ. 1:2-3 με τα παλαιοδιαθηκικά χωρία που υπαινίσσεται (Εξ. 23:20· Μαλ. 3:1· Ησ. 40:3) ή παραθέτει ο ευαγγελιστής. Ακόμη, η ματθαιϊκή εκδοχή της διήγησης των πειρασμών του Ιησού (Μτ. 4:1-11) απηχεί την ατμόσφαιρα του Δτ. 8. Έτσι ο Ιησούς αποτελεί τον αντίτυπο του Ισραήλ που λειτουργεί ως τύπος σε αυτή την ερμηνευτική κατανόηση. Επιπλέον, ο υπαινιγμός στο Ησ. 42:1 για το δούλο του Θεού κατά τη διήγηση της Βάπτισης του Ιησού στα Μκ. 1:10-11 ενισχύει την περίπτωση των Μκ. 1:2-3. Αυτός ο δούλος έχει αναλάβει με το πνεύμα του Θεού να ενεργεί για τη σωτηρία όλου του λαού (Ησ. 42:6· 49:5-6)[510]. Ο Θεός λοιπόν αμέσως μετά τη βάπτιση του Ιησού οδηγεί τον Ιησού στην έρημο για σαράντα ημέρες, όπως έκανε με τον Ισραήλ στην Αίγυπτο για να τον δοκιμάσει. Το κείμενο που προτείνεται εδώ ως το πιθανό υπόβαθρο του Μκ. 1:12-13 είναι το Δτ. 8:1-16. Ας σημειωθεί ότι στο Δτ. 8:15 διαβάζουμε «τοῦ ἀγαγόντος σε διὰ

---

510 Ο C. A. Gieschen, «Why was Jesus with the Wild beasts (Mark 1:13)?», *CTQ* 73 (2009) 77-80 ερμηνεύει το Μκ. 1:13 υπό το φως του Ησ. 43 με τον Ιησού να παρουσιάζεται εδώ από τον ευαγγελιστή Μάρκο ακριβώς όπως ο Γιαχβέ.

Μέρος τρίτο

τῆς ἐρήμου τῆς μεγάλης καὶ τῆς φοβερᾶς ἐκείνης οὗ ὄφις δάκνων καὶ σκορπίος». Η σημαντικότερη αδυναμία της πρώτης ερμηνευτικής τάσης είναι ότι στο Μκ. 1:13 δεν λέγεται αλλά ούτε και παρατηρείται έστω κάποιος υπαινιγμός ότι ο Ιησούς νικά το σατανά και στη συνέχεια καθιερώνει μια ειρηνική συνύπαρξη με τα άγρια θηρία. Έτσι οποιαδήποτε σύνδεση με το όραμα του Ησαΐα παραμένει εξαιρετικά αμυδρό. Το Ψλ. 90:11-13 έχει επίσης προταθεί ως πιθανό υπόβαθρο του χωρίου που μας ενδιαφέρει. Στο ψαλμικό χωρίο θα πρέπει να σημειώσουμε εδώ ότι αναφέρεται η παροχή προστασίας των αγγελικών όντων, ενώ μνημονεύονται επίσης λιοντάρια, φίδια και δράκοντες. Ο ρόλος των αγγέλων είναι ξεκάθαρα προστατευτικός, ενώ των θηρίων αντίθετα απειλητικός. Πιθανώς το παραπάνω απόσπασμα από τον Ψλ. 90 να έχει επηρεάσει το κείμενο της *Διαθήκης Νεφθαλί* (8:4 και 6)[511]. Στο Μκ. 1:13 όμως, ο ρόλος του σατανά είναι διαφορετικός από εκείνον του διαβόλου στο *Διαθήκη Νεφθαλί* 8:4 και το στοιχείο αυτό δεν μπορούμε να το προσπεράσουμε.

---

511 «ἐὰν ἐργάσησθε τὸ καλόν, τέκνα μου, εὐλογήσουσιν ὑμᾶς καὶ οἱ ἄνθρωποι καὶ οἱ ἄγγελοι· καὶ θεὸς δοξασθήσεται δι᾽ ὑμῶν ἐν τοῖς ἔθνεσι, <u>καὶ ὁ διάβολος φεύξεται ἀφ᾽ ὑμῶν</u>, <u>καὶ τὰ θηρία φοβηθήσονται ὑμᾶς</u>, καὶ ὁ κύριος ἀγαπήσει ὑμᾶς, <u>καὶ οἱ ἄγγελοι ἀνθέξονται ὑμῶν</u>», *Διαθήκη Νεφθαλί* 8:4. Για τον J. B. Gibson, «Jesus' Wilderness Temptation according to Mark», *JSNT* 53 (1994) 22 η οποία παραλληλότητα των κειμένων εδώ δεν μπορεί να είναι σύμπτωση. Αντίθετα στο *Διαθήκη Νεφθαλί* 8:6 όποιος διαπράττει το κακό τον περιμένει η τιμωρία: «*τὸν δὲ μὴ ποιοῦντα τὸ καλόν, καταράσονται οἱ ἄνθρωποι καὶ οἱ ἄγγελοι, καὶ ὁ θεὸς ἀδοξήσει ἐν τοῖς ἔθνεσι δι᾽ αὐτοῦ, καὶ ὁ διάβολος οἰκειοῦται αὐτὸν ὡς ἴδιον σκεῦος, καὶ πᾶν θηρίον κατακυριεύσει αὐτοῦ, καὶ ὁ κύριος μισήσει αὐτόν*». Πιθανότατα το *Διαθήκη Νεφθαλί* 8:4 να προέρχεται από χριστιανό συγγραφέα και συνεπώς είναι μεταγενέστερο του Μκ. 1:13.

Φύσις Θηρίων

Τα θηρία του ευαγγελιστή Μάρκου όμως είναι αληθινά ζώα και φορτίζονται με αρνητικά στοιχεία. Αποτελούν μέρος του μοτίβου της ερήμου ως επικίνδυνου τόπου διαμονής. Αρκεί να λάβει κανείς υπόψη του την απλή φυσική παρατήρηση ότι το σύνολο της πανίδας της ερήμου αποφεύγει τις υψηλές θερμοκρασίες της ημέρας αναζητώντας σκιά, ενώ δραστηριοποιείται κυρίως το βράδυ διαθέτοντας εξαιρετική όραση για να αντιληφθεί ότι η παρουσία του ανθρώπου σε ένα τέτοιο εχθρικό για την επιβίωσή του περιβάλλον, τον τοποθετεί σε μειονεκτική θέση έναντι των ζώων της περιοχής. Αυτός είναι ο λόγος που προτιμούμε την δεύτερη ερμηνευτική πρόταση. Η πρώτη αντιμετωπίζει σοβαρές δυσκολίες. Θα πρέπει να τονιστεί αρχικά ότι ο Ιησούς δεν βρίσκεται σε ένα ιδανικό περιβάλλον, όπως ο Αδάμ, αλλά σε ένα απόλυτα εχθρικό για την επιβίωσή του. Τα «*θηρία*» του Μκ. 1:13 έχουν αρνητική πάντα φόρτιση και συνδέονται με το κακό, όπως θα δούμε παρακάτω, και δεν φανερώνουν μια ιδανική συμβίωση. Από το κείμενο επίσης φανερώνεται ότι τα θηρία βρίσκονται σε μια αντιπαράθεση με τους αγγέλους που υπηρετούν τον Ιησού στη διάρκεια της παραμονής του στην έρημο[512]. Το μοτίβο αυτό δεν υπάρχει πουθενά στη διήγηση για τον Αδάμ στον παράδεισο. Ούτε επίσης ο Ιησούς παρουσιάζεται πουθενά στο ευαγγέλιο του Μάρκου ως ο νέος Αδάμ. Το επιχείρημα αυτής της ερμηνευτικής κατανόησης του χωρίου είναι ότι η πρόθεση «*μετὰ*» δηλώνει την

---

512 Η χιαστική δομή του Μκ. 1:12-13 προτείνει η φράση «*πειραζόμενος ὑπὸ τοῦ σατανα*» του 13α να αποτελεί παράλληλο μέρος με τη φράση που ακολουθεί «*καὶ ἦν μετὰ τῶν θηρίων*» στο 13β. Βλ. σχηματική διάταξη στο J. P. Heil, «Jesus with the Wild Animals in Mark 1:13», *CBQ* 68 (2006) 65.

Μέρος τρίτο

κυριαρχία του Ιησού και την υποταγή των θηρίων σε αυτόν ή τη φιλική συνύπαρξη, όπως στα Μκ. 3:14 και 5:18[513]. Οι ερευνητές αυτής της τάσης καταφεύγουν συχνά στην *Αποκάλυψη Μωυσή* (10-12) επειδή εκεί λέγεται ότι οι άνθρωποι έχασαν την εξουσία τους επί της ζωικής ποικιλότητας εξαιτίας της πτώσης. Μάλιστα στη λατινική μετάφραση αυτού του απόκρυφου έργου παρουσιάζεται ένας άλλος Αδάμ μετά την πτώση να μετανοεί και να νηστεύει για σαράντα ημέρες στην έρημο, καθώς πειράζεται από το σατανά[514]. Η *Αποκάλυψη Μωυσή* όμως, παρουσιάζει πολλές δυσκολίες στη χρονολόγησή της και κυρίως η προσεκτικότερη μελέτη των κεφ. 10-12 έδειξε ότι το θηρίο της διήγησης είναι εκεί ολοφάνερα επιθετικό. Στη λατινική μετάφραση του έργου μάλιστα ταυτίζεται με το σατανά[515]. Όσο για τη ραβινική γραμματεία, αφού είναι κατά πολύ μεταγενέστερη του κατά Μάρκον δεν μπορεί να στηριχθεί σε αυτή κάποιο ενδεχόμενο παραλληλότητας[516]. Η περίπτωση να

---

513 Πρβλ. επίσης Μκ. 4:36 και 14:67. Το ίδιο ισχύει και στην περίπτωση του Νώε και των ζώων στην κιβωτό (Γεν. 7:23· 8:1, 17· 9:12). Από την άλλη, στο Ωσ. 2:20 δεν έχει θετικό περιεχόμενο.

514 Βλ. περισσότερα στο M. Throup, στο ίδιο, 30. Ο Αγουρίδης στην έκδοση των αποκρύφων βιβλίων της Π.Δ. περιέχει το έργο με τον ορθότερο τίτλο: *Διήγησις και Πολιτεία Αδάμ και Εύας*, ενώ ο Δ. Καϊμάκης, *Η Ιουδαϊκή Αποκαλυπτική Γραμματεία και η Θεολογία της*, Θεσσαλονίκη, 2007, 112 προτιμά το *Βίος και Πολιτεία Αδάμ και Εύας*. Στο έργο αυτό λέγεται ακόμη ότι οι άγγελοι διακονούσαν το πρώτο ζευγάρι στον παράδεισο. Το στοιχείο αυτό υπάρχει και στο Βαβυλωνιακό Ταλμούδ. Βλ. *Sanhedrin* 59b, όπου οι άγγελοι προμηθεύουν με τροφή τον Αδάμ.

515 M. Throup, στο ίδιο, 31, υποσ. 10.

516 Βλ. J. W. Van Henten, «The First Testing of Jesus: A Rereading of Mark 1.12-13», *NTS* 45 (1999) 356. Στο *b. Sanhedrin* 59b δεν φαίνεται επίσης το φίδι να πειράζει τον Αδάμ.

ερμηνεύσουμε το Μκ. 1:12-13 ως επιστροφή στην προπτωτική κατάσταση του ανθρώπου έχει και μία άλλη δυσκολία. Ο Ιησούς σε αντίθεση με τον Αδάμ οδηγείται στην έρημο πριν τους πειρασμούς του σατανά και όχι μετά. Ας σημειωθεί επίσης ότι το ρήμα «*πειράζω*» δεν χρησιμοποιείται πουθενά και σε καμία απολύτως μορφή στο Γεν 3. Υπάρχει μόνο το «*ἀπατάω*» στο 3:13 στη φράση της Εύας «*ὁ ὄφις ἠπάτησέν με*». Καμία επίσης φράση του Μκ. 1:13 δεν χρησιμοποιείται επίσης στα τρία πρώτα κεφάλαια της Γένεσης. Πάνω απ' όλα όμως, πιστεύουμε ότι η παρουσία και ο ρόλος του σατανά στο Μκ. 1:13 δεν ταιριάζει με την ιδέα της εσχατολογικής αποκατάστασης του συνόλου της δημιουργίας. Αν ο Μάρκος είχε κατά νου μια τέτοια ιδέα δεν θα τοποθετούσε στον στίχο την παρουσία του σατανά.

Η εξέταση του όρου «*θηρία*» είναι σίγουρα βοηθητική στην ορθή κατανόηση του συγκεκριμένου στίχου. Με την ονομασία «*θηρία*» εννοούνται τα άγρια ζώα, κυρίως τα σαρκοφάγα σε αντίθεση με τα οικόσιτα[517]. Συχνά όμως ακόμη και κάποια από τα οικόσιτα ζώα, όπως για παράδειγμα ο σκύλος, χαρακτηρίζονται ορισμένες φορές ως «*θηρία*». Στην Κ.Δ. η λέξη αναφέρεται επίσης και στα ερπετά, όπως στο Πραξ. 28:4-5 για την οχιά. Στην ελληνική γραμματεία ο όρος «*θηρίον*» επεκτείνεται στα πουλιά, τα ψάρια, ακόμη και στα έντομα[518].

---

517 Βλ. σχετικά W. Foerster, «Θηρίον», *TDNT* 3, 133.

518 Χαρακτηριστική περίπτωση αποτελεί η αράχνη στον Αριστοτέλη, *Τῶν περὶ τὰ Ζῶα Ἱστοριῶν*, 623a, 27. Για τα ψάρια βλ. στο ίδιο, 598b, 1. Ο συγκεκριμένος όρος αποδίδεται σε όσα ζώα διαθέτουν δηλητήριο (π.χ. Πραξ. 28:4-5) ακόμη και σε μυθικά όντα. Βλ. επίσης H. G. Liddell-R. Scott, *A Greek-English Lexicon: With a Revised Supplement*, εκδ. H. S. Jones-R. McKenzie, Oxford, Clarendon, [9]1996 (ψηφιακή έκδοση), BibleWorks 9.

Μέρος τρίτο

Προφανώς η επιθετικότητα είναι το κριτήριο για να χαρακτηριστεί ένα ζώο ως τέτοιο. Στην Π.Δ. όμως (Ο΄), ο όρος περιορίζεται μόνο στα χερσαία άγρια θηλαστικά και διακρίνεται από τα ψάρια, τα πουλιά και τα ερπετά[519]. Από την άλλη, πρέπει να σημειώσουμε το εξής. Ενώ η λέξη «ζῷον» χρησιμοποιείται γενικά για οποιονδήποτε ζωντανό οργανισμό συμπεριλαμβανομένου και του ανθρώπου, η λέξη «θηρίον» περιορίζεται μόνο στη ζωική ποικιλότητα και διακρίνεται πάντα από τον άνθρωπο. Τα άγρια ένστικτα των σαρκοφάγων άγριων θηλαστικών αποτέλεσαν την αφορμή για να συνδεθούν αυτά με τις δαιμονικές δυνάμεις και να χρησιμοποιούνται παντού στα ιουδαϊκά και τα χριστιανικά κείμενα ως επικίνδυνη απειλή για τους ανθρώπους[520]. Τα θηρία του Μκ. 1:13 εκφράζουν την αγριότητα της ερήμου και δεν βρίσκονται σε καμία περίπτωση υπό τον έλεγχο του ανθρώπου.

Στην Π.Δ. το Ησ. 13:21-22 αναφέρει μια σειρά από θηρία και δαιμονικά όντα (*θηρία, σειρῆνες, δαιμόνια, ὀνοκένταυροι, ἐχῖνοι*), τα οποία κατοικούν στην έρημο. Η ίδια εικόνα επαναλαμβάνεται στο Ησ. 34:13-14. Η μετάφραση της ΕΒΕ αποδίδει το «*ὀνοκένταυροι*» με «*τραγόμορφοι δαίμονες*». Στις Διαθήκες των Δώδεκα Πατριαρχών έχουμε παρουσία στην έρημο

---

519 Βλ. για παράδειγμα Γεν. 7:14 και Ωσ. 4:3. Την ταξινόμηση αυτή υιοθετεί και το Πραξ. 11:6.

520 Στο Δτ. 7:22 η έρημος συνδέεται με επιθετικά θηρία και στο Ιεζ. 34:5 ο Θεός υπόσχεται να τα καταστρέψει προκειμένου ο Ισραήλ να ζει χωρίς φόβο. Πρβλ. επίσης Σολ. 2:13-14· Ησ. 13:21-22· 34:13-14. Από την άλλη, αυτά γίνονται επίσης τα όργανα της τιμωρίας των απίστων Ιουδαίων. Για παράδειγμα στο Ησ. 5:29-30 οι Ασσύριοι παρομοιάζονται με λέοντες. Βλ. σχετικά Ι. Μούρτζιου, «Η Οργή Γιαχβέ στην Προφητική Παράδοση», στο *Ερμηνεία και Θεολογία Βιβλικών Κειμένων*, ΒΒ 50, Θεσσαλονίκη 2011, 364.

ζωομορφικών δαιμονίων. Στο *Διαθήκη Σολομώντα* 11-12 τα δαιμόνια έχουν μορφή σκύλου και λιονταριού. Η επιθετικότητα και η αγριότητα των ζώων που επιλέγονται προφανώς δεν είναι τυχαία. Θα πρέπει επίσης να ληφθεί υπόψη η ιουδαϊκή αντίληψη ότι η έρημος ήταν άκρως εχθρικός τόπος για τον άνθρωπο, ειδικά το βράδυ, αλλά και η μυθολογική σύνδεσή της με τις δαιμονικές δυνάμεις. Οποιαδήποτε μακράς διάρκειας παραμονή στην έρημο σήμαινε αδυναμία επιβίωσης και επιστροφής στον πολιτισμένο κόσμο.

Στο Μκ. 1:13 δεν είναι όλα αρνητικά αλλά υπάρχει και θετικό στοιχείο. Η φράση «*καὶ οἱ ἄγγελοι διηκόνουν αὐτῷ*» με την οποία κλείνει η συντομότατη διήγηση των πειρασμών του Ιησού στην έρημο σύμφωνα με την εκδοχή του Μάρκου, δηλώνει ότι τα αγγελικά όντα τον προμήθευαν με τροφή (Βλ. Ψλ. 77:19, 24-25. Σολ. 16:20) καθώς βρισκόταν σε άνυδρο και εξαιρετικά φτωχό περιβάλλον τροφοληψίας ή τον υπηρετούσαν γενικά (Ψλ. 90:11-13) όσο παρέμενε στο εχθρικό αυτό προσωρινό του ενδιαίτημα. Ασφαλώς το ενδιαφέρον του ευαγγελιστή είναι να δείξει ότι χωρίς τη θεϊκή βοήθεια κανείς δεν επιβιώνει σε ερημικούς τόπους.

Η παραμονή του Ιησού στην έρημο για σαράντα μέρες κατανοήθηκε πολύ νωρίς αλληγορικά ότι αποτελούσε μνεία της σαραντάχρονης παραμονής του Ισραήλ στην έρημο μετά την έξοδο από την Αίγυπτο. Υπήρξαν αργότερα όμως και ερμηνευτές, οι οποίοι θεώρησαν το στοιχείο αυτό ως έναν υπαινιγμό στην παραμονή του Μωυσή στο όρος Χωρήβ για σαράντα ημέρες (Εξ. 24:18 και 34:28). Η έρημος παρέμεινε πάντα στη μνήμη των Ιουδαίων ως ο τόπος της δοκιμασίας του Ισραήλ από τον Θεό. Στο Δτ. 33:8 ο Θεός πειράζει τον

Μωυσή ως ηγέτη του λαού. Η σκηνή αυτή μπορεί επίσης να θεωρηθεί τυπολογικά με τον Ιησού και πάλι ως αντίτυπο ως αρχηγό του νέου λαού του Θεού.

Η εικόνα του άγριου θηρίου αποδίδονταν συχνά από τους διάφορους συγγραφείς μεταφορικά σε πρόσωπα, κυρίως βασιλείς, διότι το κοινωνικό σύνολο βίωνε την επιθετικότητά τους με διάφορες μορφές. Ως θηρία αποκαλούνταν συχνά αιμοδιψείς αυτοκράτορες, όπως ο Νέρωνας[521] ή ο Δομιτιανός[522]. Στην αποκαλυπτική γραμματεία τα θηρία έχουν την τιμητική τους, καθώς χρησιμοποιούνται ευρέως σε σύνδεση με την καταστροφή και το κακό. Εκεί όμως δεν πρόκειται για πραγματικά, αλλά για εντελώς φανταστικά ζώα, τα οποία συνδυάζουν χαρακτηριστικά διαφόρων πραγματικών ζώων και παρουσιάζονται όσο πιο εχθρικά γίνεται. Η Αποκάλυψη του Ιωάννη αποτελεί σίγουρα την πιο γνωστή περίπτωση (κεφ. 11, 13, 15, 16)[523]. Στο Τιτ. 1:12 οι Κρητικοί αναφέρονται ως ψεύτες και «κακὰ θηρία». Ο όρος «θηρίον» λοιπόν αποδιδόταν όχι μόνο στους φορείς οποιασδήποτε εξουσιαστικής δύναμης αλλά και σε κάθε άνθρωπο που εκδήλωνε άγρια και επιθετική συμπεριφορά προς τους άλλους. Στο βιβλίο του Δανιήλ η φράση «μετὰ τῶν θηρίων» χρησιμοποιείται τρεις φορές (4:15, 17, 33) και συνδέεται με το βασιλιά Ναβουχοδονόσορα, ο οποίος εγκατέλειψε το παλάτι του και ζούσε στα βουνά για κάποιο διάστημα προκειμένου να καταλάβει τον Θεό των Ιουδαίων. Εδώ δεν

---

521 Βλ. Φιλόστρατου, *Τὰ ἐς τὸν Τυανέα Ἀπολλώνιον*, 4, 38 και *Σιβυλλικοί Χρησμοί* 8, 157.

522 W. Foerster, στο ίδιο, 134.

523 Από τις 46 χρήσεις του όρου «*θηρίον*» στην Κ.Δ. οι 39 βρίσκονται στην Αποκάλυψη.

έχει να κάνει με τον ίδιο αλλά τα θηρία δηλώνουν το εχθρικό περιβάλλον της υπαίθρου για τον άνθρωπο από τη μία, και από την άλλη μπορεί αυτή η ερημιά να αποτελέσει τον κατάλληλο χώρο για να επικοινωνήσει κανείς με τον Θεό. Ιησούς και θηρία δεν βρίσκονται σε μια ιδανική συμβίωση στην έρημο αλλά σε μια εχθρική σχέση. Δεν φαίνεται επίσης τα θηρία εδώ να αποτελούν φανταστικά ζώα ή δαιμονοποιημένες δυνάμεις. Αυτό θα γίνει αργότερα στη χριστιανική γραμματεία. Ο ευαγγελιστής χρησιμοποιεί εδώ τα θηρία για να εκμεταλλευτεί την έμφυτη αγριότητά τους προκειμένου να τονίσει την εχθρικότητα του περιβάλλοντος που βρίσκεται εκτός του πολιτισμένου κόσμου. Ο Ιησούς έχει εισέλθει στον χώρο άγριων θηρίων και όπως θα έλεγαν σήμερα οι βιολόγοι αυτό και μόνο αποτελεί απειλή για τα θηρία, καθώς λειτουργούν ανταγωνιστικά και από φόβο προς τον άνθρωπο αμύνονται χωρίς να αποτελεί αυτός μέρος της διατροφής τους. Ασχέτως αν πρόκειται για σαρκοφάγα θηλαστικά ή δηλητηριώδη έντομα και ερπετά ο Ιησούς για τον αναγνώστη του ευαγγελίου του Μάρκου σίγουρα κινδυνεύει. Δεν χρειάζεται απαραίτητα να κατανοήσουμε το Μκ. 1:12-13 με το μοτίβο του θείου πολεμιστή στην έρημο[524]. Ο στίχος 13 αναδύει την ένταση της σκηνής από μόνος του με την αναφορά στην παρουσία των θηρίων. Δεν αποκλείεται η σύνδεση του σατανά στα Απ. 12:9, 14-15

---

524 Βλ. σχετικά M. Throup, στο ίδιο, 35-38. Η πρόταση αυτή συνδέει το Μκ. 1:12-13 με τα Μκ. 4:35-41 (η κατάπαυση της τρικυμίας) και 6:45-52 (ο Ιησούς περπατά πάνω στη λίμνη), όπου ο Ιησούς αντιμετωπίζει τα φυσικά στοιχεία και τα υποτάσσει. Γενικότερα στην Εγγύς Ανατολή ο μύθος της ερήμου και της πάλης με τις δυνάμεις του χάους παρατηρείται παντού να επηρεάζει τα θρησκευτικά κείμενα.

με το φίδι του Γεν. 3 να ενίσχυσε αργότερα την κατανόηση του Μκ. 1:13 σε σύνδεση και με το Δτ. 8[525].

Πέρα από τα παραπάνω, θα πρέπει να σημειώσουμε εδώ ότι οι ειδικοί ερευνητές που ασχολήθηκαν με την πανίδα του Ισραήλ[526] και οι σημειώσεις των περιηγητών[527] μερικούς αιώνες πριν, επιβεβαιώνουν την παρουσία άγριων ζώων στην κοιλάδα του Ιορδάνη. Μάλιστα μεταξύ των διαφόρων ειδών της περιοχής έχουν παρατηρηθεί λεοπαρδάλεις, αγριόχοιροι, ύαινες, αλεπούδες, τσακάλια, λύγκες, αγριόγατες και προφανώς κατά την αρχαιότητα και μέχρι την εποχή των σταυροφοριών υπήρχαν και ασιατικά λιοντάρια[528].

Πολύ νωρίτερα στην ελληνική σκέψη υπήρχε επίσης η ιδέα του απειλητικού θηρίου, ακόμη και σαν μεταφορική ιδέα σε σύνδεση με την ηθική, που αποτελεί μόνιμο κίνδυνο για τον άνθρωπο. Αιώνες πριν στην ελληνική φιλοσοφική σκέψη με την τριμερή διάκριση της ψυχής του ανθρώπου από τον Πλάτωνα θα διαμορφωθεί η αντίληψη ότι εντός του ανθρώπου υπάρχουν εσωτερικά θηρία που δεν είναι άλλα από τις

---

525 Βλ. J. W. Van Henten, στο ίδιο, 362, υποσ. 59.

526 Ενδεικτικά M. Bright, *Beasts of the Field: The Revealing Natural History of Animals in the Bible*, London, Robson, 2006, 105, 108, 127· D. Hillel, *The Natural History of the Bible: An Environmental Exploration of the Hebrew Scriptures*, New York, Columbia University Press, 2006, 123. Βλ. επίσης το ειδικό άρθρο του I. Aharoni, «On Some Animals Mentioned in the Bible», *Osiris* 5 (1938), 469-471.

527 H. B. Tristram, *The Natural History of the Bible: Being a Review of the Physical Geography, Geology, and Meteorology of the Holy Land, with a Description of Every Animal and Plant Mentioned in Holy Scripture*, London New York, Society for Promoting Christian Knowledge, Pott, Young & Co., [6]1880, 270.

528 M. Bright, *Beasts of the Field*, 96.

επιθυμίες[529]. Σύμφωνα με τον Πλάτωνα στο εσωτερικό του ανθρώπου υπάρχουν ήμερα και άγρια ζώα, τα οποία ελέγχει το πολυκέφαλο θηρίο (η ψυχή). Ο δίκαιος άνθρωπος έτσι, τρέφει τα ήρεμα και ελέγχει την ανάπτυξη των αγρίων, ενώ ο άδικος αντίθετα έχει χάσει τον έλεγχο του εαυτού του και έτσι καθοδηγείται από τα άγρια[530]. Η ιδέα αυτή επηρέασε τη φιλοσοφική αλλά και τη θρησκευτική σκέψη του αρχαίου ελληνικού κόσμου με αποτέλεσμα ήρωες, όπως ο Ηρακλής και ο Ορφέας, να παρουσιάζονται αργότερα να αντιμετωπίζουν τα ζώα με πνευματικοποιημένη μορφή. Έτσι οι δύο αυτοί ήρωες του παρελθόντος αντιμετώπιζαν τώρα τα πάθη και προβλήθηκαν ως πρότυπα του ενάρετου βίου. Ειδικά ο Ηρακλής έγινε έτσι ο προστάτης των κυνικών φιλοσόφων, καθώς αυτοί αποστρέφονταν όλες τις απολαύσεις. Οι ερευνητές συχνά συνδέουν την παραπάνω αντίληψη με την ανακάλυψη στην Αντιόχεια ενός ψηφιδωτού δαπέδου, στο οποίο εικονίζεται στο κέντρο με γυναικεία μορφή η μεγαλοψυχία, ενώ της επιτίθενται άγρια ζώα από όλες τις πλευρές[531]. Τη σκηνή αυτή περιβάλλουν διάφορες άλλες σκηνές στις οποίες παριστάνονται κυνηγοί να εκτελούν ζώα. Η παράσταση αυτή, η οποία ανάγεται στον 4° αι. μ.Χ. έχει εντοπιστεί και σε άλλα έργα διαφόρων περιοχών. Η εικονιζόμενη μορφή έχει κυριαρχήσει στα πάθη, τα οποία εικονίζονται ζωομορφικά.

---

529 Πλάτωνα, *Πολιτεία*, 588c, 7-10 και 589b, 1-6. Βλ. σχετικά I. S. Gilhus, *Animals, Gods and Humans: Changing Attitudes to Animals in Greek, Roman, and Early Christian Thought*, London, Routledge, 2005, 205.
530 Βλ. Πλάτωνα, *Πολιτεία*, 589b.
531 I. S. Gilhus, *στο ίδιο*, 205.

Μέρος τρίτο

Αυτό ακριβώς είναι το ηθικό μήνυμα το οποίο προβάλλεται στο συγκεκριμένο ψηφιδωτό δάπεδο.

Όταν τελείωσε η περίοδος των διωγμών της Εκκλησίας και δεν υπήρχαν πια μάρτυρες, εμφανίστηκαν στο προσκήνιο οι ασκητές. Αυτοί αντιμετώπιζαν όλες τις δυσκολίες του ανθρώπινου βίου σε ερημικούς και αφιλόξενους τόπους. Τα θηρία τώρα κατανοήθηκαν ότι αποτελούν όργανα του σατανά, ο οποίος πείραζε διαρκώς τους ασκητές. Το Μκ. 1:13 ασφαλώς επηρέασε τέτοιες αντιλήψεις. Έχει ιδιαίτερο ενδιαφέρον να παρακολουθήσουμε την ιστορία της επιδράσεως του συγκεκριμένου κειμένου στη μεταγενέστερη χριστιανική γραμματεία και κυρίως στα πρώιμα ασκητικά έργα. Τα άγρια ζώα τώρα κατανοούνταν ως οι ανταγωνιστές των ασκητών στην έρημο. Παράλληλα, με την επίδραση του πλατωνισμού επικράτησε και μια άλλη αντίληψη ότι τα πάθη της ψυχής κατανοούνται θηριομορφικά. Δεν αποτελεί σίγουρα συγκυρία το γεγονός ότι οι αλεξανδρινοί εκκλησιαστικοί συγγραφείς ερμήνευσαν με την παραπάνω προοπτική το Μκ. 1:13. Ο Κλήμης ο Αλεξανδρέας σχολιάζοντας το Μκ. 1:13 αναφέρει ρητά ότι τα θηρία ανήκαν στο σατανά[532]. Αυτό σημαίνει ότι αυτά ενεργούσαν ως όργανά του. Ο Μέγας Αθανάσιος σχολιάζοντας τους Ψαλμούς αναφέρεται στη δοκιμασία του Ισραήλ στην έρημο. Ανάμεσα στις δοκιμασίες μνημονεύει την εχθρική παρουσία των θηρίων[533]. Η σύνδεση των θηρίων με το σατανά ή τα κακά πνεύματα υπάρχει επίσης και στα *Διαθήκη Ισαχάρ* 7:7 και *Διαθήκη Βενιαμίν* 5:2, χωρία τα οποία δεν αναφέρονται στα

---

532 Κλήμη Αλεξανδρέα, Ἐκ τῶν Θεοδότου καί τῆς Ἀνατολικῆς Καλουμένης Διδασκαλίας κατά τούς Οὐαλεντίνου Χρόνους Ἐπιτομαί, 4, 85, 1-3.

533 Ἀθανασίου Ἀλεξανδρείας, Ἐξήγησις εἰς τούς Ψαλμούς, PG 27, 528, 2.

ειδικά άρθρα εξαιτίας της διαφορετικής ορολογίας, παρά μόνο στο υπόμνημα του France[534] στο κατά Μάρκον. Αν τώρα δεχτούμε το *Διαθήκη Νεφθαλί* 8:4 ως χριστιανική παρεμβολή στο κείμενο και συνεπώς μεταγενέστερο του Μκ. 1:13, έχει σημασία το γεγονός ότι κάποιος αναγνώστης ερμήνευσε τη μάρκεια εκδοχή των πειρασμών του Ιησού με τα θηρία να ταυτίζονται με τις αντίθετες δυνάμεις ή με άλλα λόγια το Μκ. 1:13 κατανοήθηκε πολύ νωρίς με τον παραπάνω τρόπο από τις πρώτες χριστιανικές κοινότητες.

Ο Θεόφιλος Αντιοχείας ερμηνεύει τα τετράποδα και τα άγρια θηρία ως τύπο των ανθρώπων εκείνων που έχουν άγνοια του Θεού, είναι ασεβείς, στηρίζονται μόνο στα επίγεια πράγματα και είναι αμετανόητοι[535]. Εκείνο που έχει σημασία είναι η παρατήρηση ότι τα ζώα ήταν αρχικά καλά, αλλά η αμαρτία του ανθρώπου κατέστησε κάποια από αυτά δηλητηριώδη ή επικίνδυνα. Όταν ο άνθρωπος αποκατασταθεί κατά τα έσχατα, τότε και τα ζώα θα επιστρέψουν στην αρχική τους ημερότητα. Η αντίληψη αυτή επηρέασε τη μεταγενέστερη χριστιανική γραμματεία και ιδιαίτερα την ασκητική. Πολύ χαρακτηριστικό είναι ένα απόσπασμα του Ευάγριου του Ποντικού[536], το οποίο

---

534 Βλ. R. T. France, *The Gospel of Mark: A Commentary on the Greek Text*, Michigan, Paternoster Press, 2002, 86.

535 Βλ. ενδεικτικά *Πρὸς Αὐτόλυκον*, 2, 16 « ' Ἀλλὰ καὶ τὰ κήτη καὶ τὰ πετεινὰ τὰ σαρκοβόρα ἐν ὁμοιώματι τυγχάνει τῶν πλεονεκτῶν καὶ παραβατῶν».

536 «Τῶν ἀκαθάρτων δαιμόνων, οἱ μὲν τὸν ἄνθρωπον, ὡς ἄνθρωπον ἐκπειράζουσιν, οἱ δὲ τὸν ἄνθρωπον, ὡς ζῶον ἄλογον ἐκταράσσουσι, καὶ οἱ μὲν πρῶτοι παραβάλλοντες, κενοδοξίας, ἢ ὑπερηφανίας ἢ φθόνου, ἢ κατηγορίας ἡμῖν ἐμβάλλουσι νοήματα, ἅπερ οὐδενὸς ἅπτεται τῶν ἀλόγων· οἱ δὲ δεύτεροι, προσεγγίζοντες, θυμὸν, ἢ ἐπιθυμίαν παρὰ φύσιν κινοῦσι. Ταῦτα γὰρ τὰ πάθη κοινὰ ἡμῶν, καὶ τῶν ἀλόγων ζώων τυγχάνουσιν, ὑπὸ τῆς λογικῆς καλυπτόμενα φύσεως», *Περὶ Διαφόρων Πο-*

φανερώνει την αρνητική αντίληψη των χριστιανών για την άγρια ζωή κατά τον 4° αι. μ.Χ. Στο κείμενο ο Ευάγριος ταυτίζει τα ακάθαρτα δαιμόνια που πειράζουν τους ανθρώπους με τα άλογα ζώα. Παρόμοια θέση βρίσκουμε και στον Ωριγένη, ο οποίος θεωρούσε ότι τα δαιμόνια έχουν μεγαλύτερη επιρροή στα άγρια ζώα απ' ότι στα ήμερα, καθώς τα πρώτα έχουν από τη φύση τους κάτι δαιμονικό[537].

Στα ασκητικά κείμενα τα ζώα χρησιμοποιούνται με ακόμη αρνητικότερο τρόπο, είτε πρόκειται για πραγματικά, είτε για φανταστικά. Άλλοτε πρόκειται για εξωτερικές και άλλοτε για εσωτερικές ανταγωνιστικές δυνάμεις. Γεγονός είναι ότι πολύ συχνά όλα τα εμπόδια του ασκητικού βίου κατανοούνται θηριομορφικά. Στον *Βίο Αντωνίου* που αποτελεί ίσως το πιο χαρακτηριστικό παράδειγμα, ο Αθανάσιος παρουσιάζει τους δαίμονες να προτιμούν συγκεκριμένα ζώα, διότι τα σωματικά τους χαρακτηριστικά ευνοούν τις επιθέσεις τους στον ασκητή της ερήμου. Λιοντάρια, αρκούδες, λεοπαρδάλεις, ταύροι, φίδια, σκορπιοί και λύκοι χρησιμοποιούνται για το σκοπό αυτό[538]. Με εξαίρεση τον ταύρο, όλα τα άλλα ζώα ανήκουν στα ακάθαρτα του καταλόγου των Λευ. 11 και Δτ. 14. Πίσω λοιπόν από το κείμενο, παρόλο που είναι χριστιανικό και όχι ιουδαϊκό διατηρείται η αντίληψη ότι τα ακάθαρτα ζώα συμβολίζουν τις δαιμονικές δυνάμεις. Εκτός από τα πραγματικά ζώα, στον Αντώνιο επιτίθενται και φανταστικά, τα οποία δεν είναι άλλα

νηρῶν Λογισμῶν, PG 79, 1224, 24-32.

537 Βλ. Ωριγένη, *Πρὸς τὸν Ἐπιγεγραμμένον Κέλσου Ἀληθῆ Λόγον*, 4, 92, 17-22.

538 Αθανασίου Αλεξανδρείας, *Βίος καὶ Πολιτεία τοῦ Ὁσίου Πατρὸς ἡμῶν Ἀντωνίου*, PG 26, 857, 3-9.

Φύσις Θηρίων

από τα θηριομορφικά δαιμόνια[539]. Ακόμη και τα πραγματικά ζώα που υπάρχουν στις διηγήσεις, με εξαιρέσεις πάντα να υπάρχουν, χαρακτηρίζονται άδικα και παρουσιάζονται να υπηρετούν τον διάβολο[540]. Οι ύαινες για παράδειγμα που στέλνει ο διάβολος στον Αντώνιο είναι πραγματικά ζώα και όχι συμβολικά[541]. Το εντυπωσιακό στοιχείο εδώ είναι ότι ο Αντώνιος εξημερώνει την άγρια φύση αυτών των ζώων και συνυπάρχει μαζί τους χωρίς αυτό να σημαίνει ότι τα μετατρέπει σε κατοικίδια. Μια σειρά από κείμενα χρησιμοποιούνται στον *Βίο Αντωνίου* για να φανερωθεί η πάλη του ασκητή με όλα αυτά τα εχθρικά στοιχεία. Το Εφ 6:12 αλλά και το Γεν. 3:1 συμπληρώνουν το σκηνικό, το οποίο φυσικά διαμορφώνεται από το Μκ. 1:13[542].

Η συμβίωση του Αντωνίου στην έρημο με τα άγρια ζώα, ακόμη και όταν αυτά δεν τον πειράζουν, δεν είναι ειρηνική, ούτε

---

539 Πολύ ενδιαφέρον για τη θηριομορφική κατανόηση του διαβόλου ως αποτέλεσμα συγκερασμού διαφόρων παραδόσεων είναι το πρόσφατο άρθρο του A. Kulik, «How the Devil Got His Hooves and Horns: The Origin of the Motif and the Implied Demonology of 3 Baruch 1», *Numen* 60 (2013) 195-229.

540 Βλ. περισσότερα στην εισαγωγή της διατριβής της J. E. Spittler, *Animals in the Apocryphal Acts of the Apostles: The Wild Kingdom of Early Christian Literature*, WUNT 247, Tübingen, Mohr Siebeck, 2008, 46-47.

541 *Βίος καὶ Πολιτεία τοῦ Ὁσίου Πατρὸς ἡμῶν Ἀντωνίου*, PG 26, 917, 34-920, 3.

542 Χαρακτηριστικό είναι το απόσπασμα που ακολουθεί «*προσευχόμενος τῷ Κυρίῳ. Καὶ ἦν ἀληθῶς θαύματος ἄξιον, ὅτι, μόνος ἐν τοιαύτῃ ἐρήμῳ ὢν, οὔτε δαιμόνων ἐφισταμένων ἐπτοεῖτο, οὔτε, τοσούτων ὄντων ἐκεῖ θηρίων τετραπόδων καὶ ἑρπετῶν, ἐφοβεῖτο τούτων τὴν ἀγριότητα· ἀλλ' ἀληθῶς, κατὰ τὸ γεγραμμένον, πεποιθὼς ἦν ἐπὶ Κύριον ὡς ὄρος Σιών, ἀσάλευτον ἔχων καὶ ἀκύμαντον τὸν νοῦν· ὥστε μᾶλλον τοὺς δαίμονας φεύγειν, καὶ τὰ θηρία τὰ ἄγρια, ὡς γέγραπται, εἰρηνεύειν πρὸς αὐτόν*», *Βίος καὶ Πολιτεία τοῦ Ὁσίου Πατρὸς ἡμῶν Ἀντωνίου*, PG 26, 917, 22-29.

μπορεί να θεωρηθεί ως πραγματοποίηση της προπτωτικής κατάστασης, όπως θεωρούσε η πρώτη ερμηνευτική τάση για τον Ιησού και τα θηρία στο Μκ. 1:13. Μπορεί τα ζώα να τον υπακούν αλλά αυτός δεν τα θέλει. Αυτά αποτελούν ενόχληση στον ασκητικό του βίο. Ο Αντώνιος δεν προβάλλεται πουθενά στο κείμενο με νεοαδαμική απόχρωση. Στον δικό του παράδεισο δεν έχουν καμία θέση τα ζώα.

Παρόμοια χρήση των ζώων έχουμε και σε ορισμένα από τα κείμενα του Nag Hammadi[543]. Ο Κλήμης ο Αλεξανδρέας αναφέρει ότι οι Βασιλειδιανοί γνωστικοί πίστευαν ότι τα πάθη της ψυχής έπαιρναν τη μορφή διαφόρων θηρίων[544]. Ασφαλώς ο Βασιλείδης στηριζόταν στη σχετική πλατωνική ιδέα. Στα διάφορα γνωστικά συστήματα ο κακός δημιουργός θεός συχνά γίνονταν θηριόμορφα κατανοητός. Στο Απόκρυφο Ιωάννου για παράδειγμα, ο Ιαλνταμπαώθ είναι λεοντοκέφαλος[545]. Τα θηρία στον γνωστικισμό, όπως και στην Π.Δ., παρουσιάζονται ως δαίμονες που καταδιώκουν και εκτελούν τους δίκαιους ή συμβολίζουν τη δαιμονική φύση του εγκόσμιου βίου[546]. Δεν θα πρέπει να ξεχνάμε ότι στις αντιλήψεις

---

543 Βλ. περισσότερα στο J. E. Spittler, στο ίδιο, 47.

544 «Οἱ δ' ἀμφὶ τὸν Βασιλείδην προσαρτήματα τὰ πάθη καλεῖν εἰώθασι, πνεύματά <τέ> τινα ταῦτα κατ' οὐσίαν ὑπάρχειν προσηρτημένα τῇ λογικῇ ψυχῇ κατά τινα τάραχον καὶ σύγχυσιν ἀρχικὴν ἄλλας τε αὖ πνευμάτων νόθους καὶ ἑτερογενεῖς φύσεις προσεπιφύεσθαι ταύταις οἷον **λύκου, πιθήκου, λέοντος, τράγου**, ὧν τὰ ἰδιώματα περὶ τὴν ψυχὴν φανταζόμενα τὰς ἐπιθυμίας τῆς ψυχῆς τοῖς ζῴοις ἐμφερῶς ἐξομοιοῦν λέγουσιν», Τῶν κατὰ τὴν Ἀληθῆ Φιλοσοφίαν Γνωστικῶν Ὑπομνημάτων Στρωματέων, 2, 20, 112.

545 NHC II 5, 100. Βλ. και στην έκδοση του Σ. Αγουρίδη, Χριστιανικός Γνωστικισμός. Τα Κοπτικά Κείμενα του Nag Hammadi στην Αίγυπτο, Αθήνα 1989, 66-68.

546 Βλ. σχετικά I. S. Gilhus, στο ίδιο, 208-212.

της αρχαιότητας κυριαρχούσε η αρχή ότι ο άνθρωπος ενεργεί με δικαιοσύνη, ενώ τα ζώα δεν μπορούν να το κάνουν αυτό. Το ένα τρώει το άλλο. Συνεπώς κατανοούνταν σαν να έχουν κάτι κακό και εχθρικό από την ίδια τη φύση τους. Ένα άλλο στοιχείο που εμφανίζεται στα κείμενα του Nag Hammadi είναι η σύνδεση των θηρίων με τις επιθυμίες και το στοιχείο αυτό φέρνει τα άγρια ζώα σε αντιπαράθεση με τον βίο της εγκράτειας. Τα εσωτερικά θηρία συνδέονται με αρνητικές πάντα ορέξεις. Στον γνωστικισμό ήταν φυσικό το ζωώδες ένστικτο να συνδεθεί με τη σεξουαλικότητα και να βρίσκεται σε αντίθεση με την πνευματική γνώση. Το στοιχείο αυτό δεν λείπει και από την πατερική γραμματεία, όπου πολλές από τις συμπεριφορές των άγριων ζώων συνδέονται με την ανηθικότητα και συνεπώς με τον διάβολο[547].

Η επίδραση του Μκ. 1:13 απηχείται σε πολλές διηγήσεις από τους βίους των μοναχών της ερήμου. Η επαφή με άγρια ζώα, κυρίως λιοντάρια[548], η ερμηνεία της συμπεριφοράς των θηρίων ως αμαρτωλής και η προσπάθεια να μεταστραφεί αυτή από τους αββάδες της ερήμου είναι στοιχεία, τα οποία ηχούν σήμερα παράδοξα[549], αλλά στα συναξάρια όλα αυτά προβλή-

---

547 Βλ. χαρακτηριστικά την περίπτωση της πέρδικας στον Ωριγένη. Ενώ ο αλεξανδρινός λόγιος χρησιμοποιεί τις παρατηρήσεις του Αριστοτέλη για το συγκεκριμένο πτηνό, οι οποίες έχουν επίσης αρνητικά σχόλια για το χαρακτήρα του (…κακοηθέστατον καὶ δόλιον καὶ πανοῦργον, καὶ ἀπατᾶν βουλόμενον), προχωρεί ακόμη παραπέρα χρησιμοποιώντας την εικόνα της πέρδικας για να περιγράψει τα τεχνάσματα του διαβόλου, ενώ την ταυτίζει με διάφορους αιρετικούς. Βλ. Ωριγένη, Ὁμιλίαι εἰς Ἱερεμίαν, 17, 2, 1-4.

548 C. Osborne, *Dumb Beasts and Dead Philosophers: Humanity and the Humane in Ancient Philosophy and Literature,* Oxford, Oxford University Press, 2009, 150-161.

549 Πολλές φορές τα άγρια ζώα παρουσιάζονται να διακονούν τους ασκητές,

Μέρος τρίτο

θηκαν ως δείγμα της πνευματικότητας των ασκητών. Οι ενέργειες αυτές στηρίζονταν στο πρότυπο της διαμονής του Ιησού στην έρημο με τα θηρία σε συνδυασμό με τους πειρασμούς του σατανά. Στα ασκητικά κείμενα όλες οι ενέργειες των ειδών της άγριας πανίδας φαίνεται ότι αποτελούσαν για τους ερημίτες του 4ου αι. μ.Χ. και έπειτα πειρασμούς που έπρεπε να αντιμετωπίσουν. Δυστυχώς ακόμη και η φυσιολογική συμπεριφορά ορισμένων ειδών, για παράδειγμα του λύκου που κλέβει το φαγητό, της ύαινας που σκοτώνει θηλαστικά για να τραφεί και πολλά άλλα παρόμοια περιστατικά, δεν έχουν θέση στον κόσμο της ασκήσεως και της αγιότητας. Στην ασκητική γραμματεία δεν έχουμε μια ρεαλιστική και φυσιοκρατική ερμηνεία των άγριων ζώων και των συνηθειών τους αλλά αντίθετα εισέρχεται στην κατανόηση της συμπεριφοράς τους το ηθικό στοιχείο. Τα ζώα σύμφωνα με τους ασκητές δεν θα πρέπει να ζουν με βάση τα άγρια ένστικτά τους. Η συγκεκριμένη θεολογική τάση βρίσκεται επίσης και στην πατερική γραμματεία, στην οποία με τη συνδρομή της αλληγορικής ερμηνείας πολλά ζώα, αν όχι

όπως στην ιστορία του αββά Γερασίμου (βλ. Κυρίλλου Σκυθοπολίτη, *Βίος καὶ Ἄσκησις τοῦ ἐν ἁγίοις Πατρὸς ἡμῶν καὶ Θεοφόρου Γερασίμου*, 180, 19-182, 16). Η ιστορία στηρίζεται επίσης στη γνωστή διήγηση με τον Ανδροκλή και το λιοντάρι. Συχνά στα ασκητικά κείμενα τα θηρία εμφανίζονται να έχουν μεγαλύτερο αυτοέλεγχο από τους ασκητές. Βλ. επίσης την ιστορία με την ύαινα και τον αββά Μακάριο στο Παλλάδιου, *Λαυσιακόν*, 18, 27-28. Ο πειρασμός εδώ είναι το δέρμα του προβάτου που φέρνει η ύαινα στον Μακάριο. Αυτό θεωρείται πολυτέλεια για τον ασκητή και συνεπώς κάτι τέτοιο είναι ασύμβατο με τον τρόπο ζωής του. Η ιστορία με τον αββά Βη και τον ιπποπόταμο έχει ένα ακόμη στοιχείο: την παρέμβαση ενός αγγελικού όντος στην ιστορία προκειμένου να απαλλαγεί μια ολόκληρη περιοχή από την καταστροφική για τη γεωργία επιδρομή ενός ιπποπόταμου. Βλ. σχετικά *Ἡ κατ' Αἴγυπτον τῶν Μοναχῶν Ἱστορία*, 4, 10-16.

Φύσις Θηρίων

σχεδόν όλα, κατανοήθηκαν ως εχθρικά και επικίνδυνα όχι μόνο για τη ζωή των πιστών αλλά και για την πνευματική τους προκοπή. Δυστυχώς όμως έτσι η παρατήρηση του Αριστοτέλη ότι «*ἐν πᾶσι γὰρ τοῖς φυσικοῖς ἔνεστί τι θαυμαστόν*»[550] παρόλο που σημειώνεται και σε ελάχιστες πατερικές φωνές, έμεινε στο περιθώριο της μεταγενέστερης χριστιανικής γραμματείας.

---

550 *Περὶ Ζῴων Μορίων*, 645a, 16-17.

4. Η αμφισημία του φιδιού. Δύο ενδεικτικά παραδείγματα σε λόγια του Ιησού

Η χρήση του φιδιού ως συμβόλου δεν περιορίζεται μόνο στον ελληνορωμαϊκό πολιτισμό, αλλά διευρύνεται στο σύνολο του αρχαίου κόσμου. Το φίδι είναι αναμφισβήτητα ο βασιλιάς της αμφισημίας. Το φίδι συμβολίζει τόσο τον θάνατο και το κακό, όσο και τη ζωή, το καλό, την υγεία, την θεραπεία και την αναζωογόνηση. Στα κείμενα του Ιουδαϊσμού όμως και του χριστιανισμού αργότερα δεν είχε καμία τύχη ως θετικό σύμβολο. Και ενώ η χρήση του με θετική σημασία υπάρχει ακόμη και στην Κ.Δ., η ταύτιση του με τον διάβολο εξαιτίας του περιστατικού με τους πρωτόπλαστους στο Γεν. 3, ήταν καταλυτική στην ερμηνεία του ρόλου του[551]. Ο χριστιανός αναγνώστης της Βίβλου παρατηρεί -ασχέτως αν αυτό συμβαίνει πραγματικά στα κείμενα ή όχι- ότι από το πρώτο βιβλίο της (Γεν. 3:1) μέχρι το τελευταίο (Απ. 20:2) υπάρχει μια έκδηλη προτίμηση ο διάβολος να παρουσιάζεται ως φίδι. Η σύνδεση του φιδιού με τον αρχηγό του κακού επισκίασε οποιαδήποτε άλλη χρήση του στα βιβλικά και αργότερα στα πατερικά κείμενα με αποτέλεσμα να συνδέεται αυτό πάντα με αρνητικά στοιχεία. Το κακό, η εχθρότητα, ο πειρασμός, η πανουργία, το ψεύδος, η απόλαυση είναι μόνο μερικά από αυτά. Η σύνδεσή του φιδιού με χθόνιες ιδιότητες και τη μαντική, καθώς και η ποικιλόμορφη λατρεία του σε διάφορους πολιτισμούς και θρησκείες με κυρίαρχο ρόλο στη ζωή των Αιγυπτίων, αλλά και η σύνδεσή του με συγκεκριμένες θεότητες ήταν

---

[551] Στα Β΄ Κορ. 11:3· Απ. 12:9, 14· 20:2 το φίδι ταυτίζεται με τον διάβολο.

Φύσις Θηρίων

διάσπαρτη σε όλο τον αρχαίο κόσμο[552]. Τα φίδια εμφανίζονται επίσης συχνά στους διάφορους μύθους, στις φυσικές ιστορίες και στις ιατρικές πραγματείες.

Πριν περάσουμε στην Κ.Δ. οφείλουμε να εξετάσουμε πότε και γιατί έγινε αυτή η ισχυρότατη σύνδεση του αρχηγού του κακού με το φίδι. Δεν είναι δύσκολο να μαντέψει κανείς ότι η ενοχοποίηση του φιδιού ξεκινά με το ρόλο που αυτό διαδραματίζει στο Γεν. 3. Γεγονός αποτελεί ότι για την αρχαία εκκλησία ὄφις και διάβολος είναι το ίδιο ον. Στα ίδια τα κείμενα της Π.Δ. μπορεί επίσης να ανιχνευθεί μια τέτοια ταύτιση και έτσι φανερώνεται ότι δεν ευθύνονται οι εκκλησιαστικοί συγγραφείς για το γεγονός αυτό. Το Σολ. 2:23-24 είναι το κείμενο που κατονομάζει το φίδι του Γεν. 3 ως διάβολο, αφού συνδέει τη δημιουργία του ανθρώπου, την πτώση του και την έλευση του θανάτου με το ρόλο του φιδιού στο Γεν. 3. Η έκφραση «*θηρία πονηρὰ*» του κειμένου των Ο΄, την οποία η μετάφραση της ΕΒΕ αποδίδει στα μεν Ιεζ. 5:17· 14:15 και 34:25 ως «*άγρια θηρία*», στο δε Λευ. 26:6 ως «*καταστρεπτικά ζώα*» μπορεί κατά την Ευαγγελία Δάφνη να εκληφθεί ως μεταγενέστερες προσπάθειες να εξηγηθεί η προέλευση

---

552 Στην αρχαιότητα τιμούσαν τα φίδια, ιδιαίτερα στην Περσία και την Αίγυπτο. Αυτά είχαν ενεργό ρόλο στα ελευσίνια μυστήρια, στη λατρεία του Σάραπι και του Μίθρα, ενώ από τις γνωστότερες θεότητες με τις οποίες συνδέονταν ήταν ο Δίας, ο Απόλλων και η Αθηνά. Ο Ασκληπιός και η σύνδεση του φιδιού με τη θεραπεία αποτελεί σίγουρα τη δημοφιλέστερη περίπτωση στον ελληνορωμαϊκό κόσμο. Βλ. σχετικά J. Fotopoulos, *Τα Θυσιαστήρια Δείπνα στη Ρωμαϊκή Κόρινθο*, (μτφρ. Μ. Γκουτζιούδη), ΒΒ 37, Θεσσαλονίκη 2006, 85-87 και Μ. Καζαμία-Τσέρνου, «"Ἰάματα" Ἀσκληπιοῦ καὶ "Σημεῖα" Ἰησοῦ Χριστοῦ», *ΓρΠαλ* 759 (1995) 615-618.

Μέρος τρίτο

του κακού στον κόσμο από τον ὄφι ως του πονηρού⁵⁵³. Ο απ. Παύλος με τη φράση «ὡς ὁ ὄφις ἐξηπάτησεν Εὕαν ἐν τῇ πανουργίᾳ αὑτοῦ» στο Β΄ Κορ. 11:3 θα κάνει αργότερα τους πατέρες της Εκκλησίας να ταυτίσουν το φίδι με την πανουργία, το φθόνο, το ψέμα, την εξαπάτηση, αλλά να μη διστάσουν ακόμη και να μειώσουν το γυναικείο φύλο εξαιτίας της εξαπάτησης στη διήγηση του Γεν. 3 και των συνεπειών της⁵⁵⁴.

Ένα απόσπασμα από τον Κλήμη τον Αλεξανδρέα, το οποίο ασκεί έντονη κριτική στις γυναίκες που συνηθίζουν να φορούν κοσμήματα σε σχήμα φιδιών, είναι διαφωτιστικό της κατάστασης που πρέπει να επικρατούσε⁵⁵⁵. Αυτό συμβαίνει

---

553 Βλ. σχετικά Ε. Δάφνη, שחנ - Όφις. Γενέσεως 3 και Ησαΐου 27,1 υπό το Φως και των Α΄ Βασιλ. 22:19-23, Ιώβ 1,6-12· 2,1-7 και Ζαχ. 3,1-2. Συμβολήν εις την Έρευναν της Γλώσσης και της Θεολογίας της Παλαιάς Διαθήκης εξ απόψεως Μασωριτικού Κειμένου και Μεταφράσεως των Εβδομήκοντα, (Διδακτ. Διατρ.), Αθήνα 1997, 35. Η Δάφνη εξετάζει επίσης τα Α΄ Βασ. 22:19-23· Ιώβ 1:6-12· 2:1-7· Ζαχ. 3:1-2· Σειρ. 21:27· Ησ. 27:1 προκειμένου να διαπιστώσει αν όλες αυτές οι αναφορές αφορούν πάντα το ίδιο ον, έστω και αν η ορολογία που χρησιμοποιείται, ποικίλει μεταξύ των παραπάνω κειμένων. Βλ. επίσης και το άρθρο της ίδιας, «Nhs--Ophis: Genesis 3 und Jesaja 27,1 auch im Lichte von 1 Kon 22,19-23, Hi 1,6-12; 2,1-7 und Sach 3,1-2», BIOSCS 35 (2002) 47-54.

554 Βλ. ενδεικτικά τη φράση του Ιουστίνου «παρθένος γὰρ οὖσα Εὕα καὶ ἄφθορος, τὸν λόγον τὸν ἀπὸ τοῦ ὄφεως συλλαβοῦσα, παρακοὴν καὶ θάνατον ἔτεκε», Πρὸς Τρύφωνα Ἰουδαῖον Διάλογος, 100, 5. Πρβλ. επίσης 125:4 και Απολογία Α΄ 28, 1. Βλ. περισσότερα για την κατανόηση του φιδιού και του ρόλου του στη διήγηση της πτώσης του ανθρώπου στο Μ. Κωνσταντίνου, «Η Πτώση (Γεν β΄-γ΄)», στο Ρήμα Κυρίου Κραταιόν. Αφηγηματικά Κείμενα από την Παλαιά Διαθήκη, Θεσσαλονίκη 1990, 122-124 και 127.

555 «Ἤδη δὲ **τὰ φανερώτατα τοῦ πονηροῦ σύμβολα** οὐκ αἰσχύνονται περικείμεναι. ὡς γὰρ τὴν Εὕαν ὁ ὄφις ἠπάτησεν, οὕτω δὲ καὶ τὰς ἄλλας γυναῖκας ὁ κόσμος ὁ χρυσοῦς δελέατι προσχρώμενος τοῦ ὄφεως τῷ σχήματι ἐξέμηνεν εἰς

Φύσις Θηρίων

εξαιτίας της ταύτισης ακριβώς του φιδιού με τον διάβολο στον χριστιανικό κόσμο τους πρώτους αιώνες.

Ο Ιουστίνος είναι αυτός που πρώτος στη μεταγενέστερη χριστιανική γραμματεία συνέδεσε το φίδι του παραδείσου με τον διάβολο και η σύνδεση αυτή παραμένει μέχρι σήμερα σταθερή[556]. Η τέχνη γνώρισε επίσης πολύ νωρίς αυτή τη χριστιανική ερμηνεία του ρόλου του φιδιού. Το παράδειγμα της σκηνής με τον Ορφέα και τα ζώα είναι το πλέον χαρακτηριστικό, αφού δέχτηκε την επίδραση της εντελώς αρνητικής θεώρησης του φιδιού πολύ γρήγορα. Στις σχετικές παραστάσεις του ελληνορωμαϊκού κόσμου συμπεριλαμβάνεται ανάμεσα στα ζώα και το φίδι. Όταν οι χριστιανοί υιοθέτησαν την παράσταση και αντί του Ορφέα υπήρχε τώρα ο Χριστός, συχνά απέκλειαν το φίδι, το οποίο υπήρχε στις αρχαιότερες παραστάσεις στο κάτω μέρος της σκηνής[557].

Και ενώ σύμφωνα με το Γεν. 3:1 ο ὄφις ανήκει ταξινομικά στην κατηγορία «*τῶν θηρίων τῶν ἐπὶ τῆς γῆς*» από τη συνέχεια της διήγησης προκύπτει ότι αυτός δεν φέρεται σαν κανονικό

ὕβρεις, σμυραίνας τινὰς καὶ ὄφεις ἀποπλαττομένας εἰς εὐπρέπειαν», Παιδαγωγός, 2, 12, 123.

556 «Ἡ λέοντα τὸν ὠρυόμενον ἐπ᾽ αὐτὸν ἔλεγε τὸν διάβολον, **ὃν Μωυσῆς μὲν ὄφιν καλεῖ**, ἐν δὲ τῷ Ἰὼβ καὶ τῷ Ζαχαρίᾳ διάβολος κέκληται, καὶ ὑπὸ τοῦ Ἰησοῦ σατανᾶς προσηγόρευται, ὄνομα ἀπὸ τῆς πράξεως ἧς ἔπραξε σύνθετον κτησάμενον αὐτὸν μηνύων· τὸ γὰρ σατὰν τῇ Ἰουδαίων καὶ Σύρων φωνῇ ἀποστάτης ἐστί, **τὸ δὲ νὰς ὄνομα ἐξ οὗ ἡ ἑρμηνεία ὄφις ἐκλήθη**· ἐξ ὧν ἀμφοτέρων τῶν εἰρημένων ἓν ὄνομα γίνεται σατανᾶς», Πρὸς Τρύφωνα Ἰουδαῖον Διάλογος, 103, 5.

557 Βλ. σχετικά J. B. Charlesworth, *The Good and Evil Serpent: How a Universal Symbol Became Christianized*, New Haven, Yale University Press, 2010, 186.

Μέρος τρίτο

ζώο. Ας σημειώσουμε εδώ ότι είναι το ένα από τα δύο ζώα που εμφανίζονται να μιλούν στην Π.Δ.[558] Η συνέπεια της ενέργειας του όφεως είναι η τιμωρία του από το Θεό, όπως δηλώνεται στο Γεν. 3:14-15. Η τιμωρία είναι πολύ σκληρή. Με αυτήν ο ὄφις διακρίνεται πλέον από τα υπόλοιπα ζώα (*ἐπικατάρατος σὺ ἀπὸ πάντων τῶν κτηνῶν καὶ ἀπὸ πάντων τῶν θηρίων τῆς γῆς*), ενώ η έχθρα με τον άνθρωπο θα είναι πλέον μόνιμη (*καὶ ἔχθραν θήσω ἀνὰ μέσον σου καὶ ἀνὰ μέσον τῆς γυναικὸς ... αὐτός σου τηρήσει κεφαλὴν καὶ σὺ τηρήσεις αὐτοῦ πτέρναν*). Το περίεργο εδώ είναι ότι ο τρόπος κίνησης του φιδιού (*ἐπὶ τῷ στήθει σου καὶ τῇ κοιλίᾳ πορεύσῃ*) εμφανίζεται σαν να εγκαινιάζεται αυτή τη στιγμή. Το εύλογο ερώτημα είναι πριν δηλαδή τα ερπετά[559] είχαν πόδια; Τα υπόλοιπα βιβλία της Π.Δ. δεν κάνουν λόγο για την κατάρα αυτή, αλλά στο *Ιωβηλαία* 3:23 βρίσκουμε την πληροφορία ότι «*ὁ ὄφις ἀπὸ κτήνους ἑρπετὸν ἐγένετο, χεῖράς τε καὶ πόδας ἐκέκτητο. ἀφῃρέθη δὲ ταῦτα διὰ τὸ τολμηρῶς εἰς τὸν παράδεισον εἰσελθεῖν, καὶ διὰ τὸ πρῶτος ἀπὸ τοῦ ξύλου λαβεῖν καὶ φαγεῖν*». Προφανώς εδώ η ρήση αυτή δικαιολογεί σε σύνδεση με τον παραπάνω μύθο τον αλλόκοτο τρόπο κίνησης των φιδιών. Πάντως και ο Ιώσηπος διατηρεί αυτήν την κατανόηση και μάλιστα έτσι δικαιολογεί την απουσία φωνής στα φίδια[560].

---

558 Το άλλο είναι ο γάιδαρος του Βαλαάμ στο Αρ. 22:28-30. Βλ. σχετική μελέτη του Π. Σιμωτά, «Αἱ Διηγήσεις τῆς Παλαιᾶς Διαθήκης διὰ Ζῷα Ὁμιλήσαντα», Θεολ 63 (1992) 611-647.

559 Η εικονογραφία από διάφορες περιοχές της Εγγύς Ανατολής μαρτυρεί περιπτώσεις στις οποίες οφιόμορφα όντα έχουν πόδια. Βλ. χαρακτηριστική σκηνή εικονογραφημένου παπύρου από την Αίγυπτο των Πτολεμαίων στο J. B. Charlesworth, *The Good and Evil Serpent*, 87.

560 Ασφαλώς εδώ υπάρχει άγνοια, αφού μερικά από τα φίδια μπορούν και σφυρίζουν δυνατά.

Φύσις Θηρίων

Επομένως αυτό αποδεικνύει πως υπήρχε στον Ιουδαϊσμό κάποια διαμορφωμένη παράδοση σχετικά με την τιμωρία του φιδιού από τον Θεό[561].

Οι ερευνητές απέδιδαν παλαιότερα την αιτία της χείριστης αντιμετώπισης των φιδιών στα θρησκευτικά κείμενα του Ιουδαϊσμού και του χριστιανισμού στο ρόλο του οφιόμορφου διαβόλου στο Γεν. 3. Πιστεύουμε ότι δεν είναι μόνο αυτή η αιτία. Η σχεδόν υστερική αποστροφή και ο αδικαιολόγητος πολλές φορές φόβος έχει να κάνει με ορισμένες εντυπωσιακές δυνατότητες των φιδιών γενικά, μερικές από τις οποίες ήταν ήδη γνωστές από την αρχαιότητα. Στον ελληνορωμαϊκό κόσμο επίσης το φίδι, αν και λειτουργεί και ως θετικό σύμβολο, όταν θεωρείται με αρνητική σημασία, η αποστροφή είναι και εκεί εξαιρετικά έντονη.

Οι φυσικές ιστορίες προσφέρουν πολλές πληροφορίες. Ο Αριστοτέλης ταξινομεί τα φίδια και τις σαύρες με βάση το περιβάλλον τους στα τρωγλοδυτικά είδη[562]. Το γεγονός ότι τα φίδια μπορούσαν να καταπιούν και να χωνέψουν θηράματα αρκετά μεγάλα σε σχέση με το μέγεθός τους έχει να κάνει με την ιδιαίτερη ανατομική τους κατασκευή[563]. Οι άνθρωποι της

---

561 «ἀφείλετο δὲ καὶ τὸν ὄφιν τὴν φωνὴν ὀργισθεὶς ἐπὶ τῇ κακοηθείᾳ τῇ πρὸς τὸν Ἄδαμον καὶ ἰὸν ἐντίθησιν ὑπὸ τὴν γλῶτταν αὐτῷ πολέμιον ἀποδείξας ἀνθρώποις καὶ ὑποθέμενος κατὰ τῆς κεφαλῆς φέρειν τὰς πληγὰς ὡς ἐν ἐκείνῃ τοῦ τε κακοῦ τοῦ πρὸς ἀνθρώπους κειμένου καὶ τῆς τελευτῆς ῥᾴστης τοῖς ἀμυνομένοις ἐσομένης ποδῶν τε αὐτὸν ἀποστερήσας σύρεσθαι κατὰ τῆς γῆς ἰλυσπώμενον ἐποίησε», Ἰουδαϊκή Ἀρχαιολογία, 1, 50.
562 Βλ. Αριστοτέλη, Τῶν περὶ τὰ Ζῷα Ἱστοριῶν, 488a, 23-24. Στην κατηγορία αυτή ο μεγάλος φιλόσοφος εντάσσει και την αλεπού. Βλ. στο ίδιο, 610a, 12.
563 «Τὴν δὲ κοιλίαν ὁ ὄφις ἔχει οἷον ἔντερον εὐρυχωρέστερον, ὁμοίαν τῇ

Μέρος τρίτο

αρχαιότητας είχαν παρατηρήσει προφανώς ότι τα φίδια δεν τεμαχίζουν την τροφή τους αλλά την καταπίνουν[564]. Ακόμη και το γεγονός ότι μπορούν και αντικαθιστούν την ουρά τους, αν αποκοπεί, θα τους είχε κυριολεκτικά πείσει ότι είναι εξωπραγματικά ζώα[565]. Οι πληροφορίες του Αιλιανού και του Στράβωνα για τεράστια σε μήκος φίδια μπορεί να περιέχουν το στοιχείο της υπερβολής, αλλά σίγουρα έχουν ιστορική βάση[566]. Όταν ο Στράβωνας για παράδειγμα, κάνει λόγο για «*σφηνοκεφάλους ὄφεις τε καὶ βοῦς καὶ ἐλάφους σὺν κέρασι καταπίνοντας*»[567] αναφερόμενος στην Ινδία, γνωρίζουμε σήμερα από το γεγονός ότι έχουν βιντεοσκοπηθεί αρκετές τέτοιες περιπτώσεις σε όλο τον κόσμο ότι δεν μπορεί να είναι υπερβολή. Οι μύθοι και οι οποιεσδήποτε θρυλικές δοξασίες δεν απουσιάζουν επίσης. Ο Αιλιανός μας πληροφορεί ότι τα φίδια δημιουργούνταν από το μυελό των οστών των αδίκων ανθρώπων, όταν αυτοί πέθαιναν

τοῦ κυνός· εἶτα τὸ ἔντερον μακρὸν καὶ λεπτὸν καὶ μέχρι τοῦ τέλους ἕν», Αριστοτέλη, *Τῶν περὶ τὰ Ζῶα Ἱστοριῶν*, 508a, 27-30.

564 «*Λαμβάνει μὲν οὖν ὁ ὄφις ὅθεν ἂν τύχῃ τὸ διδόμενον (ἐσθίει γὰρ καὶ ὀρνίθια καὶ θηρία, καὶ ᾠὰ καταπίνει), λαβὼν δ' ἐπανάγει, ἕως ἂν ἐπὶ τὸ ἄκρον ἐλθὼν εἰς εὐθὺ καταστήσῃ, κἄπειθ' οὕτω συνάγει αὐτὸν καὶ συστέλλει εἰς μικρὸν ὥστ' ἐκταθέντος κάτω γίνεσθαι τὸ καταποθέν. Ταῦτα δὲ ποιεῖ διὰ τὸ τὸν στόμαχον εἶναι λεπτὸν καὶ μακρόν*», Αριστοτέλη, *Τῶν περὶ τὰ Ζῶα Ἱστοριῶν*, 594a, 16-21.

565 «*Λέγουσι δέ τινες συμβαίνειν περὶ τοὺς ὄφεις τὸ αὐτὸ ὅπερ καὶ περὶ τοὺς νεοττοὺς τῶν χελιδόνων· ἐὰν γάρ τις ἐκκεντήσῃ τὰ ὄμματα τῶν ὄφεων, φασὶ φύεσθαι πάλιν. Καὶ αἱ κέρκοι δὲ ἀποτεμνόμεναι τῶν τε σαύρων καὶ τῶν ὄφεων φύονται*», Αριστοτέλη, *Τῶν περὶ τὰ Ζῶα Ἱστοριῶν*, 508b, 4-8.

566 Βλ. ενδεικτικά την περιγραφή του Αιλιανού «*Ἀλέξανδρος ἐν τῷ περίπλῳ τῆς Ἐρυθρᾶς θαλάττης λέγει ὄφεις ἑορακέναι τετταράκοντα πήχεων τὸ μῆκος*», *Περὶ Ζῴων Ἰδιότητος*, 17, 1, 1-3.

567 *Γεωγραφικά*, 2, 1, 9, 13-14.

και θάβονταν[568] και η εντύπωση αυτή διασώζεται επίσης και στον Πλούταρχο, στον Οβίδιο και στον Πλίνιο τον πρεσβύτερο. Εξάλλου τα φίδια έχουν τη συμπεριφορά να συχνάζουν σε σπήλαια ακόμη και σε τάφους και όχι μόνο οι αρχαίοι Έλληνες αλλά και άλλοι λαοί είχαν συνδέσει το φίδι με την ψυχή του νεκρού[569]. Ο χθόνιος χαρακτήρας του φιδιού που μπορεί και εξαφανίζεται μέσα στο έδαφος, ασφαλώς είχε μεγάλη σπουδαιότητα στη διαμόρφωση τέτοιων δοξασιών. Από τα παραπάνω συνάγεται ότι στην αρχαιότητα υπήρχε άγνοια για τα φίδια και τις συνήθειές τους και έτσι δικαιολογούνται σε κάποιο βαθμό οι εξωπραγματικές ιδιότητες που απέδιδαν σε αυτά. Στην πρόσφατη μονογραφία του[570] ο Charlesworth συγκεντρώνει 16 συμβολικά χαρακτηριστικά των φιδιών με αρνητικό περιεχόμενο μετά από μελέτη διαφόρων θρησκευτικών και πολιτιστικών παραδόσεων. Αυτά είναι: θάνατος, καταστροφή, χάος, φορέας καταστρεπτικής γνώσης, διαρχία, ψεύδος, πειρασμός, αυτοδημιουργία, έλλειψη φιλίας, μάχη ή εχθρότητα, ανταγωνιστικότητα απέναντι στο θείο, κακό, διάβολος, κακό μάτι, φόβος και κακή σεξουαλικότητα. Τα περισσότερα από τα παραπάνω χαρακτηριστικά ήταν πολύ βασικά στην καθημερινή ζωή των αρχαίων λαών και έτσι μπορεί κανείς να αντιληφθεί γιατί το φίδι εμφανίζεται με έντονη παρουσία και στα θρησκευτικά κείμενα.

Από την άλλη, υπάρχει και η θετική συμβολική κατανόηση του φιδιού και των συνηθειών του. Ο Charlesworth σε αυτή την περίπτωση συγκέντρωσε 29 τέτοια χαρακτηριστικά που

---

568 Βλ. *Περὶ Ζῴων Ἰδιότητος*, 1, 51.
569 Πλίνιου του πρεσβύτερου, *Naturalis Historia*, 7, 172.
570 J. B. Charlesworth, *στο ίδιο*, 198-218.

Μέρος τρίτο

μπορούμε ν' ανιχνεύσουμε στον αρχαίο κόσμο[571]. Αν και δεν συμφωνούμε με όλα από αυτά που ο αμερικανός ερευνητής καταγράφει, για τα περισσότερα έχει δίκαιο και το αποδεικνύει, όχι μόνο με κειμενικές μαρτυρίες αλλά και με αρχαιολογικά ευρήματα[572]. Ως θετικό σύμβολο το φίδι συνδέεται λοιπόν με τα παρακάτω θέματα: καρποφορία, καλή σεξουαλικότητα, δύναμη, ωραιότητα, καλοσύνη, περιφρούρηση, δημιουργία, κόσμος, χρόνος, βασιλεία, θεϊκή φύση, ενότητα, μαγεία, αναζήτηση, σοφία, θεϊκή διαμεσολάβηση, ζωή, νερό, ψυχή, υγεία, εξαγνισμός, αναζωογόνηση, υπερβατικότητα, πλούτος, μετενσάρκωση και αθανασία.

Στο ερώτημα γιατί το φίδι, το οποίο εμφανίζει τόσο έντονη αμφισημία, έκανε πολλούς να το θεωρούν ως θετικό σύμβολο μπορούμε ν' αναγνωρίσουμε ορισμένα χαρακτηριστικά του, τα οποία είναι αξιοζήλευτα[573]. Όλα τα φίδια έχουν το προνόμιο ν' αλλάζουν δέρμα σχεδόν μια φορά το χρόνο. Αυτό ουσιαστικά αποτελεί αναζωογόνηση, καθώς το ερπετό αποβάλλει το παλαιό δέρμα και με το νέο εμφανίζεται πάντα σφριγηλό, υγιές και νεανικό. Δεν μπορούμε να καταλάβουμε εξωτερικά την ηλικία ενός φιδιού. Έτσι τίποτα στο σώμα του εκτός από το διαφορετικό χρωματισμό σε ορισμένα είδη δεν

---

571 J. B. Charlesworth, στο ίδιο, 250.

572 Η κατανόηση της παράστασης με τη μορφή που κρατά ένα φίδι από τη Μονή Βατοπαιδίου ασφαλώς είναι εσφαλμένη. Δεν πρόκειται για τον Χριστό, όπως πιστεύει ο Charlesworth, στο ίδιο, 374 αλλά είναι μέρος της ευρύτερης σκηνής της τελικής κρίσης και πρόκειται για προσωποποίηση της γης.

573 Ο J. B. Charlesworth, στο ίδιο, 264-265 σημειώνει 15 τέτοια χαρακτηριστικά. Με κάποια από αυτά δεν συμφωνούμε, ενώ προσθέτουμε εδώ μερικές άλλες ιδιότητες των φιδιών, οι οποίες εκτιμώνται θετικότατα και μάλιστα όχι μόνο από τους ερπετολόγους.

αποκαλύπτει αν πρόκειται για νεαρό ή ηλικιωμένο ζώο. Το σχήμα και ο χρωματισμός των διαφόρων ειδών φιδιών αρκετούς σίγουρα τους γοητεύει. Αυτός είναι και ο λόγος που εκτρέφεται ως κατοικίδιο. Τα φίδια δεν αποβάλλουν μυρωδιές και ούρα, ούτε χρειάζονται καθαρισμό και περιποίηση. Σπανίως υποφέρουν από παράσιτα, αλλά και όταν ακόμη έχουν κάποια ασθένεια δεν τη μεταδίδουν στον άνθρωπο. Τα φίδια έχουν χαρακτηριστεί ωφέλιμα για τη γεωργία, καθώς κυνηγούν και τρέφονται με τρωκτικά, τα οποία ως γνωστόν αποτελούν πληγή για τις καλλιέργειες. Διεισδύουν επίσης εκεί που δεν μπορεί να το φανταστεί κανείς με το λεπτό τους σώμα. Το δηλητήριο πολλών ειδών χρησιμοποιήθηκε από την αρχαιότητα στη φαρμακευτική. Το δέρμα τους αλλά και το κρέας τους σήμερα είναι εμπορεύσιμα σε κάποιες χώρες, αλλά αυτό στην αρχαιότητα στις περιοχές που συνδέονται με τα βιβλικά κείμενα δεν θα πρέπει να συνέβαινε. Τα φίδια δεν έχουν βλέφαρα. Συνεπώς δεν κλείνουν ποτέ τα μάτια τους και έτσι η ιδέα ότι είναι ιδανικοί φύλακες δεν μπορεί παρά να επηρεάστηκε από αυτό το χαρακτηριστικό τους. Ασφαλώς η αθόρυβη κίνηση και η αστραπιαία εξαφάνιση μπορεί να ενίσχυσε την αντίληψη ότι τα φίδια είναι σατανικά όντα, αλλά αν αντίθετα θεωρήσουμε αυτά τα δύο χαρακτηριστικά ψύχραιμα, τότε μάλλον ως θετικό και όχι ως αρνητικό στοιχείο θα το εκτιμούσαμε. Το μεγάλο πλεονέκτημα που διαθέτουν τα φίδια όμως, είναι αναμφισβήτητα η ικανότητα για επιβίωση σε κάθε μέρος της γης. Οι απαιτήσεις τους σε τροφή και νερό είναι ελάχιστες. Τα φίδια μπορούν να ζήσουν για μήνες χωρίς να φάνε τίποτα απολύτως, ενώ μερικές σταγόνες νερού από τα φύλλα είναι υπεραρκετές για να συντηρηθούν. Άλλωστε με τόσους εχθρούς που έχουν όλα γενικά τα φίδια πώς αλλιώς θα κατάφερναν να επιβιώνουν;

Μπορούμε εδώ να παρουσιάσουμε ορισμένες από τις παρερμηνείες του Γεν. 3 αλλά και μερικά ερωτήματα που εγείρονται για το ρόλο του φιδιού εκεί. Στην εντυπωσιακή και πολυσέλιδη μονογραφία του ο Charlesworth σωστά παρατηρεί ορισμένες παρερμηνείες[574] του ρόλου του ὄφεως με αφορμή το περιστατικό του Γεν. 3. Τόσο η χριστιανική, όσο και η ιουδαϊκή παράδοση νωρίτερα είχαν παρερμηνεύσει πολλές από τις λεπτομέρειες της διήγησης του Γεν. 3 χρωματίζοντας με αρνητικά στοιχεία όσα κάνει ο ὄφις εκεί, παραβλέποντας το ίδιο το κείμενο. Ας δούμε πολύ σύντομα τις σημαντικότερες από αυτές τις παρερμηνείες που έχουν επικρατήσει στη συνείδηση του ιουδαϊκού και του χριστιανικού κόσμου. Πρώτα απ᾽ όλα ο ὄφις του Γεν. 3 είναι ο διάβολος. Προφανώς παίρνει τη μορφή του φιδιού[575]. Αυτός ο ὄφις ψεύδεται. Έτσι ο διάβολος ως φίδι εμφανίζεται να αποτελεί την αντίθεη δύναμη που αντιστρατεύεται το καλό. Ο ὄφις εξαπατά τη γυναίκα στη διήγηση. Από μόνη της δεν θα έκανε κάτι τέτοιο. Ο ὄφις ευθύνεται για κάθε κακό που υπάρχει στον κόσμο. Επιπλέον, αξίζει να σημειωθεί ότι επειδή το φίδι δεν συγκαταλέγεται ανάμεσα στα ζώα που ο Θεός δημιουργεί στα Γεν. 1-2 θεωρήθηκε ότι δεν πλάστηκε από αυτόν. Πώς θα μπορούσε κάτι τόσο σατανικό να αποτε-

---

574 Βλ. σχετικά B. Charlesworth, *The Good and Evil Serpent*, 278-279.

575 Έτσι κατανοεί το περιστατικό η Αποκάλυψη Μωυσή. Βλ. χαρακτηριστικά το διάλογο που διαδραματίζεται μεταξύ του φιδιού και του διαβόλου στο 16:1-5. Ο τελευταίος στίχος είναι διαφωτιστικός: «*λέγει αὐτῷ ὁ διάβολος· μὴ φοβοῦ· μόνον γενοῦ μοι σκεῦος, κἀγὼ λαλήσω διὰ στόματός σου ῥῆμα ἐν ᾧ δυνήσῃ ἐξαπατῆσαι αὐτόν*».

λεί δημιούργημα του Θεού; Ο όφις θεωρήθηκε επίσης άσχημο και απεχθές ζώο. Η τέχνη υπηρέτησε πιστά αυτή την ερμηνεία για πολλούς αιώνες. Όσο περίεργη και αν ακούγεται η εντύπωση ότι ο *ὄφις* είναι αρσενικό ζώο, αυτή δόθηκε εξαιτίας: α) της σύνδεσης με τη γυναικεία μορφή του Γεν. 3, β) το γεγονός ότι το φίδι συχνά εμφανίζεται ως φαλλικό σύμβολο, αλλά και γ) της σύνδεσης του συχνά με γυναικείες θεότητες του αρχαίου κόσμου. Ασφαλώς ο *ὄφις* είναι αυτός που διατάραξε την ειρηνική συνύπαρξη του ανθρώπου με την υπόλοιπη κτιστή δημιουργία. Τέλος, ο *ὄφις* ευθύνεται για την είσοδο της αμαρτίας στον κόσμο. Ως συνέπεια της ενέργειας του *ὄφεως* τα μεταγενέστερα ιουδαϊκά κείμενα αντιλαμβάνονταν τα παράξενα και ιδιαίτερα χαρακτηριστικά των φιδιών ως τιμωρία του Θεού. Ακόμη και ο Ιώσηπος διασώζει την πληροφορία ότι οι Ιουδαίοι θεωρούσαν πως εξαιτίας του ρόλου του *ὄφεως* στο Γεν. 3 τα φίδια έχασαν την ικανότητα ομιλίας και τα πόδια τους αλλά και ότι απέκτησαν δηλητήριο στη γλώσσα τους[576].

Το πόσο προβληματική μπορεί να αποδειχθεί η κυριότερη διήγηση για το φίδι στον Ιουδαϊσμό φαίνεται από το γεγονός ότι ο Charlesworth καταγράφει 57 ερωτήματα, τα οποία εγείρονται μετά από ψύχραιμη και ανεπηρέαστη εξέταση του Γεν. 3. Είναι σίγουρο ότι οι περισσότεροι σύγχρονοι ερμηνευτές δεν θα είχαν αναρωτηθεί για πολλά από αυτά, καθώς δουλεύοντας

---

576 «ἀφείλετο δὲ καὶ τὸν ὄφιν τὴν φωνὴν ὀργισθεὶς ἐπὶ τῇ κακοηθείᾳ τῇ πρὸς τὸν Ἄδαμον καὶ ἰὸν ἐντίθησιν ὑπὸ τὴν γλῶτταν αὐτῷ πολέμιον ἀποδείξας ἀνθρώποις καὶ ὑποθέμενος κατὰ τῆς κεφαλῆς φέρειν τὰς πληγάς ὡς ἐν ἐκείνῃ τοῦ τε κακοῦ τοῦ πρὸς ἀνθρώπους κειμένου καὶ τῆς τελευτῆς ῥάστης τοῖς ἀμυνομένοις ἐσομένης ποδῶν τε αὐτὸν ἀποστερήσας σύρεσθαι κατὰ τῆς γῆς ἰλυσπώμενον ἐποίησε», *Ιουδαϊκή Ἀρχαιολογία*, 1:50.

Μέρος τρίτο

εντός της χριστιανικής παράδοσης έχουμε όλοι διαποτιστεί από τον τρόπο με τον οποίο αυτή κατανοεί την Π.Δ. και συχνά δεν αποφεύγουμε αυτή την αστοχία.

Αν διαβάσουμε προσεκτικά τη σχετική διήγηση θα παρατηρήσουμε ότι το φίδι σύμφωνα με τον Γιαχβιστή δεν απομακρύνεται ποτέ από τον κήπο της Εδέμ σε αντίθεση με τους πρωτοπλάστους. Η απαγόρευση της μη βρώσης από το δέντρο στη μέση του κήπου δεν αφορούσε το φίδι και φυσικά αυτό δεν δοκίμασε από τον καρπό του. Οι καλλιτέχνες ποτέ δεν απεικόνισαν στα έργα τους με θέμα την απομάκρυνση των πρωτοπλάστων από τον κήπο της Εδέμ και το φίδι. Ίσως ο Γιαχβιστής να άφησε στη διήγηση του Γεν. 3 τον απόηχο μιας παράδοσης που ήθελε τον ὄφι να αποτελεί θεότητα που δεν είχε εκθρονιστεί από τον Γιαχβέ[577]. Ίσως έτσι εξηγούνται σε ένα βαθμό τα όσα παράξενα συμβαίνουν στη διήγηση.

Τώρα μπορούμε να εξετάσουμε τι συμβαίνει γενικά με τη χρήση των φιδιών στην Κ.Δ. αρχίζοντας από τη σχετική ορολογία. Η λέξη «ὄφις» συναντάται 14 φορές στην Κ.Δ. Με αυτή δηλώνεται οποιοδήποτε είδους φιδιού γενικά. Τα κείμενα της Κ.Δ. προσδιορίζουν το είδος του φιδιού για το οποίο γίνεται λόγος μόνο σε δύο περιπτώσεις. Έτσι σχεδόν πάντα οι συγγραφείς των βιβλίων της Κ.Δ. αντιμετωπίζουν γενικά τα φίδια ως κατηγορία, ενώ αναγνωρίζουν μόνο την οχιά[578] και κάποιο

---

[577] J. B. Charlesworth, στο ίδιο, 315. Διάφορες παραδόσεις συνένωσαν αργότερα και οι χριστιανοί προκειμένου να απεικονίσουν τη νίκη του Χριστού. Στα ερείπια ναού από την Γαλιλαία βρέθηκε παράσταση με τον Χριστό ως Ηρακλή να σκοτώνει τον ὄφι, ενώ δίπλα και κάτω από το δέντρο εικονίζεται μόνο η Εύα. Βλ. φωτογραφία στο Charlesworth, στο ίδιο, 7.

[578] Με τον όρο «ἔχιδνα» στα Μτ. 3:7· 12:34· 23:33· Λκ. 3:7· Πραξ. 28:3 αναφέρεται η οχιά.

Φύσις Θηρίων

άλλο είδος ιοβόλου φιδιού με τον όρο «ἀσπίς»⁵⁷⁹. Επιπλέον, στην Κ.Δ. χρησιμοποιούνται και οι όροι «ἑρπετόν» και «δράκων»⁵⁸⁰. Η χρήση του φιδιού στην Κ.Δ. δεν διαφέρει από τον τρόπο με τον οποίο χρησιμοποιείται στο σύνολο σχεδόν της αρχαίας ελληνικής γραμματείας. Κατά κύριο λόγο αυτή είναι αρνητική και σπανιότερα θετική. Το φίδι λοιπόν αντιμετωπίζεται συχνότερα ως αρνητικό σύμβολο, χωρίς ν' απουσιάζει όμως και η παρουσία του ως θετικό στοιχείο. Το φίδι κινείται τόσο κυριολεκτικά, όσο και συμβολικά στη διαρχία του καλού και του κακού.

Από τις 14 περιπτώσεις στις οποίες χρησιμοποιείται γενικά το φίδι, πέντε απαντούν στην Αποκάλυψη (Απ. 9:19· 12:9, 14, 15· 20:2). Εκεί όμως πρόκειται για φανταστικό και όχι πραγματικό ζώο. Αν λοιπόν εξαιρέσουμε τα παραπάνω χωρία τότε έχουμε εννέα περιπτώσεις στις οποίες μπορούμε να επιχειρήσουμε μια ταξινόμηση με βάση την αρνητική ή θετική χρήση του φιδιού στην Κ.Δ. Εξαιρούμε επίσης εδώ τα Πραξ. 28:3-6 και Ρωμ. 3:13, τα οποία αναφέρονται σε συγκεκριμένα ιοβόλα

---

579 Βλ. σχετικά Ρωμ. 3:13. Εκτός Κ.Δ. χρησιμοποιούνται αρκετοί όροι για διάφορα είδη φιδιών στα ελληνικά. Ο J. B. Charlesworth, *The Good and Evil Serpent*, 452-461, έχει συγκεντρώσει στο παράρτημα 2 της πρόσφατης μονογραφίας του συνολικά 41 ελληνικές ονομασίες, τόσο για τα φίδια γενικά, όσο ειδικότερα και για κάθε είδος ξεχωριστά. Για τις εβραϊκές ονομασίες των φιδιών βλ. επίσης στο παραπάνω έργο το παράρτημα 1 στις σελ. 425-451. Αντίστοιχο πίνακα με την σχετική εβραϊκή και ελληνική ορολογία στην Αγία Γραφή βλ. στο Ε. Δάφνη, שחנ- Όφις, 168-171.

580 Η λέξη «ἑρπετόν» χρησιμοποιείται τέσσερις φορές (Πραξ. 10:12· 11:6· Ρωμ. 1:23· Ιακ. 3:7). Με αυτή δηλώνεται παντού ολόκληρη κατηγορία χωρίς περιορισμό στα φίδια. Η λέξη «δράκων» από την άλλη, περιορίζεται στην Κ.Δ. μόνο στο βιβλίο της Αποκάλυψης (Απ. 12:3, 4, 7, 9, 13, 16, 17·13:2, 4, 11·16:13· 20:2). Στα 12:9 και 20:2 αυτός ο δράκων ταυτίζεται με το φίδι του παραδείσου και τον διάβολο.

Μέρος τρίτο

φίδια. Η έχιδνα των Πράξεων που δαγκώνει τον Παύλο αποκαλείται από τον Λουκά δύο φορές στη διήγηση «θηρίον». Το γεγονός ότι οι οχιές διαθέτουν δηλητήριο αποκλείει το ενδεχόμενο να έχουν οποιαδήποτε θετική σημασία στο κείμενο, αφού αποτελούν μόνιμη απειλή για τον άνθρωπο. Αποκλείουμε επίσης και την φράση του Πραξ. 16:16 σε «*πνεῦμα πύθωνα*», αφού με αυτή δηλώνεται η μαντική τέχνη[581], έστω και αν αυτή παραπέμπει στο τεράστιο (οφιόμορφο) δράκοντα του μαντείου των Δελφών, τον οποίο σκότωσε ο Απόλλωνας. Στα Μτ. 7:10 23:33 Μκ. 16:18 Λκ. 10:19 11:1 Α΄ Κορ. 10:9 και Β΄ Κορ. 11:3 το φίδι έχει φορτιστεί με αρνητικό περιεχόμενο. Στα Μτ. 23:33 Μκ. 16:18 Λκ. 10:19 Α΄ Κορ. 10:9 φαίνεται από όσα λέγονται ότι πρόκειται για ιοβόλα φίδια. Οι συνοπτικοί ευαγγελιστές και ο Παύλος μπορεί να μην προσδιορίζουν ακριβώς τα είδη των φιδιών που εννοούν, με εξαίρεση το Μτ. 23:33[582], αλλά μπορεί να αναφέρονται σε οποιοδήποτε ιοβόλο φίδι. Μόνο τα Μτ. 10:16 και Ιω. 3:14 χρησιμοποιούν το φίδι με θετική προοπτική. Το Ιω. 3:14 αναφέρεται στο χάλκινο φίδι του Μωυσή και όχι σε πραγματικό ερπετό. Αυτό όμως αποτελούσε είδωλο ενός πραγματικού φιδιού και έχει μεγάλη σημασία για την χρήση του στο τέταρτο ευαγγέλιο.

Το φίδι χρησιμοποιείται επίσης τρεις φορές σε ζεύγος με κάποιο άλλο ζώο. Στα Μτ. 7:10//Λκ. 11:1 το φίδι κάνει αντιθετικό συνδυασμό με το ψάρι. Το δεύτερο εκπροσωπεί στη συνάφεια των συγκεκριμένων στίχων το καλό και το φίδι το

---

581 Η μετάφραση της ΕΒΕ αποδίδει τη φράση ως «*μαντικό πνεύμα*».
582 Η φράση του Μτ. 23:33 «*γεννήματα ἐχιδνῶν*» είναι παράλληλη με εκείνες των Μτ. 3:7//Λκ. 3:7, ενώ χρησιμοποιείται επίσης και στο Μτ. 12:34. Μόνο όμως στο Μτ. 23:33 προηγείται η λέξη «*ὄφεις*».

κακό. Τα φίδια και τα περιστέρια αποτελούν ένα άλλο ζεύγος στο Μτ. 10:16 μόνο που εδώ δεν συγκρούονται συμβολικά αλλά πρόκειται για παροιμιακό λόγιο που αξιοποιεί τα χαρακτηριστικά και των δύο ζώων. Σε αυτή την περίπτωση δεν εντοπίζεται κάτι αρνητικό σε κάποιο από τα δύο, έστω και αν προηγείται στον ίδιο στίχο το δίπολο πρόβατα-λύκοι. Στο Λκ. 10:19 έχουμε και πάλι ζεύγος με αρνητική όμως χρήση αυτή τη φορά. Τα φίδια τώρα χρησιμοποιούνται ως απειλή σε σύνδεση με τους σκορπιούς. Το χωρίο μοιάζει αρκετά ως προς το νόημα με το Μκ. 16:18[583] αλλά εκεί δεν έχουμε ζεύγος.

Ας περάσουμε τώρα σε δύο χαρακτηριστικές περιπτώσεις από τα ευαγγέλια, στις οποίες το φίδι χρησιμοποιείται σε λόγια του Ιησού. Το πρώτο παρουσιάζει το φίδι με την κοινότερη χρήση του ως αποτροπιαστικό και εχθρικό σύμβολο, ενώ το δεύτερο κάνει χρήση του φιδιού ως θετικό σύμβολο. Μάλιστα η δεύτερη αποτελεί τη μοναδική περίπτωση θετικής χρήσης του φιδιού ως πραγματικού ζώου στην Κ.Δ. Για το πρώτο λόγιο δεν χρειάζεται να επεκταθούμε γιατί αποτελεί σταθερή συνέχιση της παραδοσιακής κατανόησης του φιδιού ως επικίνδυνου ζώου, το οποίο αποτελεί μόνιμη απειλή για τη ζωή του ανθρώπου. Η ερμηνευτική γραμμή εδώ βρίσκεται σε συνέχιση με εκείνη της Π.Δ. Ιδιαίτερη σημασία έχει το δεύτερο λόγιο, καθώς προβάλλει μία άγνωστη στο μεγαλύτερο μέρος του χριστιανικού κόσμου θετική χρήση των χαρακτηριστικών του φιδιού γενικά.

---

583 Κατά την ελληνική μυθολογία ο Διόνυσος εμφανίζεται ως φίδι και δίνει στους μύστες του τη δυνατότητα να κρατούν στα χέρια τους φίδια. Βλ. σχετικά J. B. Charlesworth, *The Good and Evil Serpent*, 360.

Μέρος τρίτο

Το λόγιο «*ἰδοὺ δέδωκα ὑμῖν τὴν ἐξουσίαν τοῦ πατεῖν ἐπάνω ὄφεων καὶ σκορπίων*» του Λκ. 10:19 τοποθετείται από τον τρίτο ευαγγελιστή στα χείλη του Ιησού μετά την επιστροφή των εβδομήντα μαθητών από την αποστολή τους. Το χωρίο θυμίζει τη φράση «*ἐπ' ἀσπίδα καὶ βασιλίσκον ἐπιβήσῃ*» του Ψλ. 90:13 (Ο'). Στο *Διαθήκη Λευί* 18:12 βρίσκουμε τη φράση «*πατεῖν ἐπὶ τὰ πονηρὰ πνεύματα*», η οποία όμως έχει δεχτεί πιθανότατα χριστιανική επεξεργασία στην όλη συνάφεια με τον καινό ιερέα. Τα πονηρά πνεύματα εκεί είναι ο Βελίαρ και η συνοδεία του. Στο συγκεκριμένο χωρίο του Λουκά τα εχθρικά και κακά πνεύματα, όπως προκύπτει από τη συνάφεια του στίχου και την ορολογία που χρησιμοποιείται[584], αναφέρονται ως φίδια και σκορπιοί. Το Μκ. 16:18 προφανώς διατηρεί μια άλλη εκδοχή αυτού του λογίου, το οποίο απουσιάζει από τον Ματθαίο και τον Ιωάννη.

Το ζεύγος φίδια και σκορπιοί υπάρχει στα Δτ. 8:15 αλλά και στο Σειρ. 39:30. Στο τελευταίο το είδος των φιδιών προσδιορίζεται. Πρόκειται για οχιές (*ἔχεις*). Ίσως το Δτ. 8:15 είχε διαμορφώσει μια παράδοση στον Ιουδαϊσμό κατά την οποία το ζεύγος με τα δύο προφανώς δηλητηριώδη είδη να αποτελούσε γνωστή μεταφορική εικόνα έκφρασης του κινδύνου[585]. Η φράση «*ὡς ἀπὸ προσώπου ὄφεως φεῦγε ἀπὸ ἁμαρτίας ἐὰν γὰρ προσέλθῃς δήξεταί σε*» του Σειρ. 21:2 συνοψίζει με τον πλέον έντονο τρόπο την εικόνα που έχει μέχρι σήμερα ο κόσμος κυρίως για τα ιοβόλα ερπετά και την επιθετικότητά τους. Παρόλα

---

584 Στα Λκ. 10:17, 18, 19 και 20 απαντούν οι όροι: «*δαιμόνια, σατανᾶν, ἐχθροῦ, πνεύματα*».

585 J. Nolland, *Luke 9:21-18:34*, WBC 35B, Dallas, Word Books, 2002, 564.

αυτά πιθανότερη φαίνεται η σύνδεση του Λκ. 10:19 με το Ψλ. 90:13[586]. Η εικόνα δεν αποκλείεται επίσης να έχει αποκαλυπτικό χαρακτήρα, αφού παρουσιάζει την τελική μάχη μεταξύ των δυνάμεων του καλού και του κακού, αλλά δεν μπορεί να ισχύει η πρόταση ότι εδώ έχουμε αναφορά στο τέλος της σύγκρουσης του ανθρώπου με τον φυσικό κόσμο και την απαρχή μιας νέας δημιουργίας[587]. Το φίδι στην εκπροσώπηση του κακού κερδίζει τις προτιμήσεις σε όλα τα θρησκευτικά κείμενα. Τα δύο είδη εκπροσωπούν εδώ συμβολικά τις εχθρικές δυνάμεις που αντιστρατεύονται το έργο του Ιησού και των μαθητών του. Η υπόσχεση του Ιησού είναι ότι τίποτα δεν θα εμποδίζει τους μαθητές στο έργο τους.

Αξίζει εδώ να σημειώσουμε και τρία επιπλέον χαρακτηριστικά των φιδιών για να δικαιολογήσουμε περαιτέρω την αποκρουστική εικόνα που δημιουργούν μέχρι σήμερα στους ανθρώπους. Τα φίδια είναι ψυχρόαιμα ζώα και ως τέτοια χρειάζονται υψηλή θερμοκρασία περιβάλλοντος για να επιβιώσουν. Για το λόγο αυτό τα περισσότερα είδη πέφτουν σε χειμερία νάρκη κατά τη διάρκεια του χειμώνα και επανεμφανίζονται κατά την άνοιξη. Τα φίδια συγκεντρώνουν λοιπόν θερμότητα από τον ήλιο, καθώς λιάζονται ή από θερμές επιφάνειες. Η αίσθηση λοιπόν αυτής της ψυχρότητας κατά την αφή ενός φιδιού δεν θα είχε περάσει απαρατήρητη στους ανθρώπους της αρχαιότητας, καθώς αυτό δεν διαθέτει τη συνηθισμένη

---

586 Σε έναν κεραμικό λύχνο που ανακαλύφθηκε στη Βόρεια Αφρική και ανάγεται από τους αρχαιολόγους στον 5° αι. μ.Χ. υπάρχει στο κέντρο χαραγμένη σκηνή με τον Χριστό να λογχίζει έναν βασιλίσκο και να ποδοπατά ασπίδες. Βλ. φωτογραφία του ευρήματος στο J. B. Charlesworth, *στο ίδιο*, 34.
587 W. Foerster, «Ὄφις», TDNT 5, 579.

Μέρος τρίτο

θερμοκρασία ενός ζωντανού οργανισμού. Δεν θα ήταν εξωπραγματικό να φανταστούμε ότι η σύνδεσή του με τις χθόνιες θεότητες και τους νεκρούς ενισχύθηκε από το συγκεκριμένο χαρακτηριστικό. Μπορεί να φανταστεί κανείς την εύλογη επίσης απορία που θα είχαν οι κάτοικοι της υπαίθρου για τους χώρους όπου εξαφανίζονται κατά την περίοδο της χειμερίας νάρκης και πως είναι δυνατόν να επανεμφανίζονται στις ίδιες περιοχές την άνοιξη. Ένα άλλο αξιοπερίεργο χαρακτηριστικό των φιδιών είναι ότι τα αρσενικά διαθέτουν δύο φαλλούς. Το στοιχείο αυτό φαίνεται ότι ήταν γνωστό και στην αρχαιότητα. Προφανώς όσοι μελετούσαν την ανατομία της ζωικής ποικιλότητας το είχαν προσέξει. Ίσως έτσι μπορούμε να αντιληφθούμε καλύτερα γιατί συνδέθηκε με τη γονιμότητα αλλά και τη σεξουαλικότητα. Τέλος, ένα ακόμη χαρακτηριστικό των φιδιών είναι ότι σε πολλά είδη παρατηρείται το φαινόμενο του κανιβαλισμού. Πολλά ζώα και ειδικά τα ψάρια τρέφονται με μικρότερα είδη αλλά στην περίπτωση των φιδιών έχει παρατηρηθεί να τρέφονται αυτά και με άτομα του ίδιου είδους. Αυτή και μόνο η τελευταία συμπεριφορά δεν θα αποτελούσε αφορμή να θεωρηθούν διαβολικά όντα;

Ας δούμε τώρα ένα δεύτερο παράδειγμα χρήσης του φιδιού στην Κ.Δ. Αυτή τη φορά με θετικό συμβολισμό. Στο Μτ. 10:16 έχουμε δύο παροιμιακά λόγια. Το δεύτερο μέρος του στίχου 16 συνδέει τα φίδια με τα περιστέρια και δεν απαντάται σε κανένα από τα υπόλοιπα ευαγγέλια. Το περιστέρι βρίθει και αυτό συμβολισμών[588]. Το περιστέρι για όλο τον αρχαίο κό-

---

588 Για τη χρήση και το συμβολισμό των περιστεριών στην Εγγύς Ανατολή και ιδιαίτερα στον ιουδαϊκό και τον χριστιανικό κόσμο βλ. D. D. Resig, «The Enduring Symbolism of Doves. From Ancient Icon to

Φύσις Θηρίων

σμο συμβόλιζε την ακεραιότητα και την καθαρότητα, ενώ εκπροσωπούσε και μια πτυχή της θεϊκής πραγματικότητας. Στο Γεν. 3:1 λέγεται ότι «*ὁ δὲ ὄφις ἦν φρονιμώτατος πάντων ἐνόςῶν θηρίων ἐνόςῶν ἐπὶ ἐνόςῆς γῆς ὦν ἐποίησεν κύριος ὁ θεός*». Αξίζει να παρατηρήσουμε εδώ ότι το «*φρονιμώτατος*» αποδίδεται από τη μετάφραση της ΕΒΕ ως «*το πιο πανούργο*». Τόσο ο Πλάτωνας, όσο και ο Αριστοτέλης επιλέγουν τον όρο «*φρόνιμος*» για να περιγράψουν τα πλέον οξυδερκή κατά τη γνώμη τους ζώα⁵⁸⁹. Στο κείμενο των Ο΄ το επίθετο «*φρόνιμος*» χρησιμοποιείται σε σύνδεση με τη γνώση και τη σοφία. Οι μεταγενέστεροι του Γιαχβιστή Ιουδαίοι συγγραφείς έχοντας κατά νου τον κακό ρόλο του φιδιού στο Γεν. 3 άλλαξαν ριζικά τη σημασία της φράσης «*φρονιμώτατος πάντων τῶν θηρίων τῶν ἐπὶ τῆς γῆς*» αντικαθιστώντας τη λέξη «*φρονιμώτατος*». Οι μεταφράσεις του Θεοδοτίονα και του Ακύλα προτίμησαν τη λέξη «*πανούργος*»⁵⁹⁰. Στα ταργκουμίμ υπάρχει επίσης σύνδεση του φιδιού με τη σατανική γνώση⁵⁹¹.

Biblical Mainstay», http://www.biblicalarchaeology.org/daily/ancient-cultures/daily-life-and-practice/the-enduring-symbolism-of-doves/ (2/01/2013). Κατά την εποχή του Χριστού το περιστέρι είχε εμπλουτιστεί με συμβολισμούς. Συνδεόταν με την εξιλαστήρια θυσία, αποτελούσε συμβολικά πάντα θεϊκή ένδειξη και συμβόλιζε τον Ισραήλ, τη γονιμότητα και φυσικά το πνεύμα του Θεού.

589 Βλ. Αριστοτέλη, *Τῶν περὶ τὰ Ζῶα Ἱστοριῶν*, 488b, 15.

590 Ο Θεοδώρητος Κύρου μας πληροφορεί «*τοιγάρτοι κἀνταῦθα φρόνιμον τὸν ὄφιν ὡς πανοῦργον ὠνόμασεν· οὕτω γὰρ καὶ ὁ Ἀκύλας ἡρμήνευσεν· «καὶ ὁ ὄφις ἦν πανοῦργος ἀπὸ παντὸς ζῴου τῆς χώρας οὗ ἐποίησεν Κύριος ὁ Θεός*», *Εἰς τὰ Ἄπορα τῆς Θείας Γραφῆς κατ' Ἐκλογήν*, 33, 13-16.

591 Βλ. αναλυτικά τις διαφοροποιήσεις στη μετάφραση του Γεν. 3:1 στα Ταρκουμίμ στο J. B. Charlesworth, στο ίδιο, 292-293.

Μέρος τρίτο

Υπάρχει μόνο ένα ιουδαϊκό κείμενο που συνδέει τον φρόνιμο όφι με την ακέραιη περιστερά, αλλά και αυτό έχει τα δύο είδη ως διπολικό ζεύγος⁵⁹². Στο γνωστικό κείμενο *Διδασκαλίες του Σιλβανού* παρατηρείται το ίδιο⁵⁹³. Αν το φίδι και το περιστέρι χρησιμοποιούνταν και στο ευαγγέλιο του Ματθαίου κατ' αυτόν τον τρόπο, θα βρισκόταν σε αρμονία με το ζεύγος πρόβατα-λύκοι του 10:16α. Αυτό όμως δεν συμβαίνει και ο στίχος εξακολουθεί να ταλανίζει τους ερμηνευτές. Η ήρεμη φύση του περιστεριού μπορεί να παραλληλιστεί με την αντίστοιχη του προβάτου, αλλά η σύνδεση με το φίδι δυσκολεύει την κατανόηση του συγκεκριμένου στίχου. Το Μτ. 10:16 χρησιμοποιείται στο *Γνωστικό Ευαγγέλιο του Θωμά* στο λόγιο 39⁵⁹⁴. Αντίθετα στο *Διαθήκη Νεφθαλί* 8:10 παρατηρούμε ότι στη φράση «γίνεσθε οὖν σοφοὶ ἐν θεῷ καὶ φρόνιμοι» απουσιάζει η λέξη «ὄφεις». Το φίδι σε σύνδεση με το περιστέρι έχει παρατηρηθεί σε διάφορα αρχαιολογικά ευρήματα, κυρίως λατρευτικά αντικείμενα από τη δεύτερη χιλιετία π.Χ., τα οποία έχουν βρεθεί και στην περιοχή του Ισραήλ. Ιερά κυτία διακοσμημένα με φίδια και περιστέρια φανερώνουν κατά τους ειδικούς τη λα-

---

592 Πρόκειται για το *Μιδράς* στο *Άσμα Ασμάτων*. Βλ. U. Luz, *Matthew 8-20*, (μτφρ. J. E. Crouch), Hermeneia, Minneapolis, Fortress Press, 2001, 88 και υποσ. 28.

593 95, 7-11. Βλ. W. D. Davies-D. C. Allison, *A Critical and Exegetical Commentary on the Gospel according to Saint Matthew*, τ. 2, London, T&T Clark International, 2004, 180, υποσ. 58. Οι δύο ερμηνευτές δέχονται ότι το Ρωμ. 16:16 αποδεικνύει ότι ο Παύλος γνώριζε το παροιμιακό χαρακτήρα των λογίων του Μτ. 10:16 αλλά όχι την παράδοση με τα λόγια στα χείλη του Ιησού.

594 Βλ. μτφρ. στο Ι. Καραβιδόπουλου (έκδ.), *Απόκρυφα Χριστιανικά Κείμενα Α'*. *Απόκρυφα Ευαγγέλια*, ΒΒ 13, Θεσσαλονίκη 1999, 312.

τρεία κάποιας προ-ισραηλιτικής θεότητας της γονιμότητας και τον εορτασμό της άνοιξης ή την επαναφορά της βλάστησης[595]. Δεν θα ήταν υπερβολή να δεχτούμε λόγω της παρουσίας του περιστεριού σε αυτές τις αρχαιότητες ότι συμβολίζεται έτσι η μεταφορά του φιδιού από τη γήινη σφαίρα στην ουράνια, όπου πιστευόταν ότι κατοικούσε η σοφία. Ίσως συμβολίζεται ακόμη μια αναγέννηση. Ακόμη και ο αγαθοδαίμων, το ιερό φίδι που προστάτευε τα σπίτια, η τιμή προς το οποίο ήταν διαδεδομένη στο σύνολο του ελληνορωμαϊκού κόσμου (ιδιαίτερα στην Πομπηία και την Αλεξάνδρεια), ορισμένες φορές παριστάνεται σε νωπογραφίες με τη μορφή φιλοσόφου[596]. Η ιδέα της σοφίας και της γνώσης σε σύνδεση με το φίδι σε αυτήν την περίπτωση είναι συμβολικά ολοφάνερη.

Εδώ θα πρέπει να σημειώσουμε ότι τα τελευταία χρόνια τα ευρήματα της αρχαιολογικής έρευνας φώτισαν τον θετικό αλλά παραγκωνισμένο συμβολισμό του φιδιού όχι μόνο στον ελληνορωμαϊκό κόσμο αλλά και εντός του Ιουδαϊσμού. Ένας μεγάλος αριθμός αγγείων αλλά και λατρευτικών αντικειμένων από τους προϊστορικούς χρόνους μέχρι και τον 2° αι. μ.Χ. είναι διακοσμημένος με φίδια κάθε είδους και το εκπληκτικό είναι ότι ανακαλύφθηκαν στην ευρύτερη περιοχή του Ισραήλ, ακόμη και στην Ιερουσαλήμ και φυσικά συνδέονται με τον ιουδαϊκό πληθυσμό[597]. Σίγουρα εξίσου σημαντική είναι η παρουσία

---

595 J. B. Charlesworth, *στο ίδιο*, 75-76. Βλ. επίσης σ. 117, όπου σημειώνεται ότι το περιστέρι στην περίπτωση που εικονίζεται μαζί με το φίδι λειτουργεί βοηθητικά, απομακρύνοντας τον όποιο αρνητικό συμβολισμό του φιδιού και συνεπώς αυξάνοντας τη φιλικότητα προς τους ανθρώπους.
596 J. B. Charlesworth, *στο ίδιο*, 142 και 452.
597 Βλ. φωτογραφίες και σχετικές αναφορές στο J. B. Charlesworth, *στο ίδιο*, 60-83. Αρκετά ευρήματα, τα οποία προέρχονται από την Ιερουσαλήμ,

Μέρος τρίτο

ενός Ασκληπιείου στην Ιερουσαλήμ, όπως έχει επιβεβαιωθεί σήμερα κοντά στην κολυμβήθρα της Βηθεσδά. Οι αρχαιολόγοι εκτιμούν ότι η λατρεία του Ασκληπιού λάμβανε χώρα πριν το 70 μ.Χ. στην πόλη. Ακόμη και η πληροφορία του Ιωσήπου[598] για κάποια «*κολυμβήθρα των όφεων*» φαίνεται πως μαρτυρεί την παραπάνω λατρεία. Η σύνδεση του Ασκληπιού με το φίδι είναι ίσως η γνωστότερη περίπτωση θετικής χρήσης του συγκεκριμένου ερπετού στον ελληνορωμαϊκό κόσμο, αφού ο συμβολισμός της θεραπείας και της υγείας καθιερώθηκε πολύ γρήγορα[599]. Ο Πλίνιος ο πρεσβύτερος μάλιστα μας πληροφορεί ότι όταν η λατρεία του Ασκληπιού μεταφέρθηκε στη Ρώμη συνηθιζόταν να διατηρείται κάποιο είδος φιδιού ακόμη και στις ιδιωτικές οικίες[600]. Οι ερπετολόγοι πιστεύουν ότι το ιερό

ανάγονται πριν την μεταρρύθμιση του Εζεκία και άλλα πριν το 70 μ.Χ. Πρβλ. την πληροφορία στα Β΄ Βασ. 18:4 και 22 για το χάλκινο φίδι που είχε ονομαστεί Νεχουσθάν και είχε γίνει αντικείμενο λατρείας. Επίσης πολλά κοσμήματα σε σχήμα φιδιού αποδεικνύουν την επίδραση του εθνικού κόσμου στον χώρο του Ισραήλ και ανάγονται στο διάστημα 100 π.Χ.-100 μ.Χ. Βλ. τον πίνακα στο J. B. Charlesworth, *στο ίδιο*, 105.

598 «... *τὸν τόπον ἀπὸ τοῦ Σκοποῦ μέχρι τῶν Ἡρώδου μνημείων ἃ προσέχει τῇ τῶν ὄφεων ἐπικαλουμένῃ κολυμβήθρᾳ*», *Ἱστορία Ἰουδαϊκοῦ Πολέμου πρὸς Ῥωμαίους*, 5, 108.

599 Οι ασθενείς κοιμόντουσαν στο άβατο των Ασκληπιείων και ο Ασκληπιός τους επισκεπτόταν στο όνειρό τους με τη μορφή φιδιού ή και σκύλου αγγίζοντας το μέλος του σώματος που υπέφερε ή δίνοντας κάποια θεραπευτική αγωγή. Βλ. σχετικά L. H. Martin, *Οι Θρησκείες της Ελληνιστικής Εποχής*, (μτφρ. Δ. Ξυγαλατά-επιμέλεια Π. Παχή), Θεσσαλονίκη 2004, 179.

600 *Naturalis Historia*, 29, 4. Σύμφωνα με τον Πλίνιο τον πρεσβύτερο αρκετοί Έλληνες αλλά και Ρωμαίοι διατηρούσαν φίδια στις οικίες τους ως κατοικίδια, γεγονός που δείχνει ασφαλώς τη φιλικότητα και τη συμπάθεια κάποιων προς συγκεκριμένα είδη φιδιών. Βλ. *Naturalis Historia*, 29, 22. Σίγουρα και η προστασία από τα τρωκτικά ειδικά στις αποθήκες τους θα είχε

Φύσις Θηρίων

φίδι του Ασκληπιού ήταν ένα είδος που σήμερα είναι γνωστό ως λαφίτης του Ασκληπιού[601] γι' αυτό και σε ορισμένες περιοχές το αποκαλούν γιατρόφιδο.

Πέρα όμως από τα όποια θετικά μπορούμε να εντοπίσουμε στα φίδια, η αρνητική του εικόνα και κυρίως ο συμβολισμός του κακού δεν έχει ανατραπεί μέχρι σήμερα. Η προτροπή λοιπόν του Μτ. 10:16β «*γίνεσθε οὖν φρόνιμοι ὡς οἱ ὄφεις*» δημιούργησε δυσκολίες στους ερμηνευτές πατέρες, οι οποίοι είχαν από την εποχή του Ιουστίνου ταυτίσει το φίδι με τον διάβολο, το κακό, την αμαρτία, την εχθρότητα και τον κίνδυνο γενικά. Πώς να αποδεχτούν ένα τέτοιο λόγιο τη στιγμή που στο ευαγγέλιο του Ματθαίου τοποθετείται στα χείλη του ίδιου του Χριστού; Έτσι προτίμησαν να ερμηνεύσουν αλληγορικά το περιστέρι και να συνδέσουν το φίδι με διάφορες γνωστικές ομάδες[602]. Ο Κλήμης ο Αλεξανδρέας συστήνει στους πιστούς να χρησιμοποιούν ως χριστιανικά σύμβολα για να προσδιορίζουν την ταυτότητά τους μόνο το περιστέρι και το ψάρι από τα είδη της βιοποικιλότητας[603]. Ο Ιγνάτιος χρησιμοποιεί το λόγιο από τον Ματθαίο αλ-

ληφθεί υπόψη.

601 Πρόκειται για μεγάλο φίδι (*Zamenis longissimus*), το οποίο μπορεί να φτάσει τα δύο μέτρα αλλά είναι ακίνδυνο, καθώς δεν διαθέτει δηλητήριο. Βλ. πληροφορίες στην ειδική ιστοσελίδα: http://www.herpetofauna.gr/index.php?module=cats&page=read&id=165&sid=142

602 Ο Τερτυλλιανός και ο Επιφάνιος αποτελούν τις χαρακτηριστικότερες περιπτώσεις. Οι Οφίτες που συνέδεαν το φίδι με τη γνώση, ασφαλώς αποτελούσαν εμπόδιο κάθε ερμηνευτικής κατανόησης και χρήσης του Μτ. 10:16β με θετικό περιεχόμενο ως προς το φίδι. Βλ. Επιφάνιου Σαλαμίνος, *Κατά Αἱρέσεων Ὀγδοήκοντα τό Ἐπικληθέν Πανάριον εἰτ᾽ οὖν Κιβώτιος εἰς Βιβλία Τρία*, 2, 53, 13-14.

603 «*Αἱ δὲ σφραγίδες ἡμῖν ἔστων πελειὰς ἢ ἰχθὺς ἢ ναῦς οὐριοδρομοῦσα ἢ λύρα*», Παιδαγωγός, 3, 11, 59, 2. Εδώ αντί του «περιστερά» χρησιμοποιείται

λάζοντας όμως τον αριθμό από πληθυντικό σε ενικό: «φρόνιμος γίνου ὡς ὁ ὄφις ἐν ἅπασιν καὶ ἀκέραιος εἰς ἀεὶ ὡς ἡ περιστερά»⁶⁰⁴. Το ίδιο κάνει και ο Επιφάνιος χωρίς τις προσθήκες του Ιγνατίου, συνδέοντας έτσι το Μτ. 10:16 με το Γεν. 3:1.

Το Μτ. 10:16 χρησιμοποιεί και η αλεξανδρινής προέλευσης ανθολογία που είναι γνωστή με την ονομασία Φυσιολόγος. Ο Φυσιολόγος περιέχει υλικό από διάφορες περιόδους από τον 2ο αι. μ.Χ. και έπειτα και χρησιμοποιεί διάφορα είδη της ζωικής ποικιλότητας στηριζόμενος τις περισσότερες φορές σε βιβλικά χωρία. Το έργο αυτό αξιοποιεί τις συνήθειες και τα χαρακτηριστικά των ζώων προκειμένου να εξάγει ηθικά ή θεολογικά μηνύματα από τη συμπεριφορά τους⁶⁰⁵. Ασφαλώς η αλληγορική ερμηνεία βρίσκεται εδώ στο ζενίθ της. Στο κεφάλαιο 11 του παραπάνω έργου γίνεται λόγος για τέσσερις συνήθειες των φιδιών. Οι τρεις από αυτές αξιοποιούνται με θετική σημασία, ενώ μόνο σε μία από αυτές το φίδι συνδέεται με εκείνο του Γεν. 3 και συνεπώς ταυτίζεται με τον διάβολο. Ας δούμε πολύ σύντομα τις θετικές.

Η πρώτη θετική αξιοποίηση έχει να κάνει με την ιδιότητα των φιδιών να αλλάζουν περιοδικά το δέρμα τους⁶⁰⁶. Ο Φυσι-

---

το «πελειάς».
604 *Πρὸς Πολύκαρπον*, 2:2. Ο Ιγνάτιος προσθέτει επιπλέον τα «ἐν ἅπασιν» και «εἰς ἀεὶ».
605 Βλ. σχετικά R. M. Grant, *Early Christians and Animals*, London, New York, Routledge, 1999, 52.
606 «Πρώτη αὐτοῦ φύσις αὕτη· ὅταν γηράσῃ, ἐμποδίζεται τῶν ὀφθαλμῶν, καὶ ἐὰν θέλῃ νέος γενέσθαι, πολιτεύεται καὶ νηστεύει τεσσαράκοντα ἡμέρας καὶ τεσσαράκοντα νύκτας, ἕως οὗ τὸ δέρμα αὐτοῦ χαυνωθῇ· καὶ ζητεῖ πέτραν ἢ ραγάδα στενήν, καὶ ἐκεῖθεν ἑαυτὸν ἐκπιέσας, θλίβει τὸ σῶμα, καὶ ἀποβαλὼν τὸ γῆρας, πάλιν νέος γίνεται», *Φυσιολόγος*, 11, 4-8.

Φύσις Θηρίων

ολόγος εδώ συνδέει αλληγορικά τη συμπεριφορά των φιδιών κατά το διάστημα της αλλαγής του δέρματός τους να μην τρώνε με τη νηστεία. Κατά τον ίδιο τρόπο ο πιστός θα πρέπει να νηστεύει για να αποβάλλει το δέρμα του παλαιού κόσμου. Παρατηρούμε ότι εδώ ο συντάκτης του κειμένου δεν διστάζει να χρησιμοποιήσει την εικόνα του φιδιού και να τη συνδέσει με την πνευματική προετοιμασία του πιστού. Ασφαλώς ο συντάκτης αγνοεί ή απλώς δεν τον ενδιαφέρει ότι το φίδι κατά το διάστημα της αλλαγής του δέρματός του υποφέρει και γι' αυτό δεν έχει όρεξη να φάει. Αυτό που τον ενδιαφέρει είναι να κάνει την παρομοίωση όσο πιο πειστική γίνεται. Η δεύτερη περίπτωση δεν προέρχεται από φυσική παρατήρηση αλλά είναι φανταστική κατάσταση. Κατά τον Φυσιολόγο όταν ένα ιοβόλο φίδι πηγαίνει σε μια πηγή να πιει νερό δεν φέρει μαζί του το δηλητήριο, το οποίο αφήνει πίσω στη φωλιά του. Το ηθικό δίδαγμα εδώ δεν είναι άλλο από την παρότρυνση οι πιστοί πριν πιούν το αιώνιο νερό να αφήνουν πρώτα την μοχθηρία εκτός Εκκλησίας και να εισέρχονται κατόπιν σε αυτή[607]. Η τελευταία περίπτωση θετικής χρήσης του φιδιού αποτελεί φυσική παρατήρηση. Ορισμένα φίδια όταν κινδυνεύσουν από θηρευτές εκθέτουν το σώμα τους αλλά καλύπτουν με οποιονδήποτε τρόπο μόνο το πάνω μέρος και κυρίως το κεφάλι. Η συνήθεια αυτή για τους χριστιανούς αποτελεί παράδειγμα προς μίμηση κατά τον Φυσιολόγο σε περίπτωση δοκιμασίας. Μπορούν να εκθέσουν το σώμα τους σε οποιαδήποτε απειλή αλλά να προστατεύσουν οπωσδήποτε την κεφαλή τους. Αυτό σημαίνει να μην αρνηθούν τον Χριστό[608]. Από τον Ωριγένη και έπειτα η κατα-

---

607 *Φυσιολόγος*, 11, 15-18.
608 *Φυσιολόγος*, 11, 29-32.

νόηση αυτή επαναλαμβανόταν συνέχεια από τους ερμηνευτές του Ματθαίου[609].

Ακόμη και οι νεότεροι ερμηνευτές προτιμούν να κάνουν λόγο για την ικανότητα των φιδιών να επιβιώνουν όταν ερμηνεύουν τη σύνεση για την οποία γίνεται λόγος στο Μτ. 10:16β. Όσα φίδια δεν διαθέτουν δηλητήριο απλά εξαφανίζονται άμεσα προκειμένου να γλυτώσουν από τους θηρευτές τους. Τη συμπεριφορά αυτή σε σύνδεση με εκείνη των μαθητών στο Μτ. 10:23 προτιμούν αρκετοί σύγχρονοι ερμηνευτές[610]. Το στοιχείο αυτό έχει ιδιαίτερο ενδιαφέρον, αν ληφθεί υπόψη και η μεταγενέστερη συνήθεια των ραβίνων να θεωρούν την κατάσταση που βίωνε ο Ισραήλ ανάμεσα σε εθνικούς με την εικόνα των φιδιών να περιστοιχίζονται από διάφορους εχθρούς. Το νόημα της μεταφορικής αυτής εικόνας προφανώς είναι έκδηλο και στην περίπτωση της εκδίωξης της αποστολής των μαθητών του Ιησού από τους Ιουδαίους (Μτ. 10:23). Στην περίπτωση ενός ενδεχόμενου λοιπόν κινδύνου, οι μαθητές προτρέπονται να είναι συνετοί σαν τα φίδια.

Από το σύνολο της χρήσης του φιδιού στην Κ.Δ. μόνο στο παραπάνω χωρίο το φίδι χρησιμοποιείται με θετική σημασία. Υπάρχει βέβαια και η άλλη περίπτωση από το ευαγγέλιο του Ιωάννη (3:14), στο οποίο παραλληλίζεται με θετικό τρόπο ο χάλκινος όφις (Αρ. 21:8-9) με τον σταυρωμένο Ιησού. Ασφαλώς ο συμβολισμός εδώ παραπέμπει στη σύνδεση των φιδιών

---

609 U. Luz, *στο ίδιο*, 88, υποσ. 31. Βλ. χαρακτηριστικά Ιωάννη Χρυσοστόμου, *Ὑπόμνημα εἰς τὸν ἅγιον Ματθαῖον τὸν Εὐαγγελιστήν*, PG 57, 390, 9-22.

610 Βλ. ενδεικτικά W. D. Davies-D. C. Allison, *στο ίδιο*, 181 και D. A. Hagner, *Matthew 1-13*, WBC 33A, Dallas, Word Books, 2002, 277.

Φύσις Θηρίων

ή του δηλητηρίου τους με τη θεραπεία. Στην παρούσα μελέτη προτιμήθηκε να μην αποτελέσει το παραπάνω χωρίο αντικείμενο εξέτασης, καθώς πρόκειται για ομοίωμα φιδιού και όχι για πραγματικό ζώο. Έχει όμως τρομερό ενδιαφέρον να παρακολουθήσει κανείς πως παρερμηνεύτηκε το Ιω. 3:14 από το σύνολο των αρχαίων και σύγχρονων ερμηνευτών εξαιτίας του ρόλου του φιδιού στο Γεν. 3, όπως έχουμε ήδη δει. Μόλις πρόσφατα ο Charlesworth[611] ανέδειξε με υλικό που συγκέντρωνε επί μία δεκαετία την παράβλεψη των θετικών στοιχείων του φιδιού στη μελέτη των βιβλικών κειμένων και ειδικά του Ιω. 3:14. Μπορεί το σύνολο σχεδόν της πατερικής γραμματείας να απέφυγε να παρουσιάσει υπό το πρίσμα τύπος-αντίτυπος τον χάλκινο όφι και τον εσταυρωμένο Ιησού κατά την ερμηνεία του Ιω. 3:14, ωστόσο ο Κύριλλος Ιεροσολύμων, ο Εφραίμ ο Σύρος, ο Ιωάννης ο Χρυσόστομος αλλά και ο Αυγουστίνος σημειώνουν το θετικό του συμβολισμό[612]. Υπάρχουν λοιπόν και τολμηρές προσεγγίσεις, ήδη από τους αρχαίους ερμηνευτές. Ασφαλώς οι περισσότεροι εκκλησιαστικοί συγγραφείς θα θεωρούσαν εξαιρετικά προσβλητικό να παρομοιάσουν την ύψωση του ομοιώματος ενός αηδιαστικού ερπετού, το οποίο είχε ταυτιστεί με τον διάβολο, με εκείνη του Υιού του Θεού.

Παρά το γεγονός ότι το φίδι παρουσιάζεται στα κείμενα της εποχής που μας ενδιαφέρει ως ο βασιλιάς της αμφισημίας, η πρώτη εκκλησία θα μπορούσε να αξιοποιήσει ορισμένα του ίσως χαρακτηριστικά (π.χ. η αλλαγή δέρματος). Είδαμε όμως, ότι όχι μόνο δεν το έκανε, αλλά κινήθηκε στο αντίθετο άκρο. Με

---

611 Βλ. ειδικά για την εξέταση του Ιω. 3:14 στο J. B. Charlesworth, *The Good and Evil Serpent*, 360-420.
612 Βλ. αναλυτικά J. B. Charlesworth, *στο ίδιο*, 366-367.

Μέρος τρίτο

δεδομένη την ταύτιση του φιδιού με τον διάβολο εξαιτίας του Γεν. 3 θα ήταν σίγουρα προσβλητικό να παρομοιαστεί οποιαδήποτε ενέργεια του αρχηγού της νέας πίστης με κάποια από τις ιδιότητες των φιδιών. Νομίζουμε όμως ότι έτσι χάθηκε κυριολεκτικά η ευκαιρία για τους πρώτους χριστιανούς να αξιοποιήσουν ένα πολύ δυναμικό σύμβολο για την διάδοση της ιδέας της ανάστασης. Και ενώ το ψάρι αξιοποιήθηκε συμβολικά και για την φυσική του ιδιότητα να χάνει τη ζωή του εκτός νερού και να επανέρχεται κανονικά αν ξαναριχτεί έγκαιρα στο νερό, το φίδι παρέμεινε μέχρι σήμερα ανεκμετάλλευτο. Φανταστείτε τη δυναμική της εικόνας ενός φιδιού, το οποίο, ενώ έχει πέσει σε χειμερία νάρκη, μετά από μερικούς μήνες να εμφανίζεται και πάλι μέσα από το έδαφος με πλήρεις τις αισθήσεις του. Αυτή η εικόνα και σίγουρα όχι εκείνη του ψαριού θα μπορούσε να συμβολίζει με τον πλέον εμφαντικό τρόπο την κεντρικότερη ιδέα του χριστιανικού μηνύματος.

5. Το πρόβατο των ευαγγελίων, ο καλός ποιμένας και ο αμνός του Θεού

Το πρόβατο χρησιμοποιήθηκε από την πρώτη εκκλησία τόσο στην Κ.Δ. αλλά και στη μεταγενέστερη χριστιανική γραμματεία ως η καταλληλότερη μεταφορά στις διάφορες διηγήσεις και το κήρυγμα. Σχεδόν πάντα η μεταφορά αυτή έχει διδακτικό σκοπό. Το ψάρι θα μπορούσε να πει κανείς ότι ακολουθεί αμέσως μετά το πρόβατο σε συχνότητα. Και ενώ προς όλα τα ζώα παρατηρείται η σύνδεση της εχθρότητας και του κακού, το πρόβατο και το περιστέρι είναι τα μόνα, τα οποία συνδέθηκαν με το καλό. Δεν υπάρχει σε αυτά τίποτα το επικίνδυνο και σατανικό. Το πρόβατο υπερέχει όμως έναντι του περιστεριού στη χρήση του στα χριστιανικά κείμενα. Άμεση συνέπεια αυτής της χρήσης ήταν ασφαλώς να ενισχυθεί ο συμβολισμός και με τον ποιμένα των προβάτων. Ο ποιμένας δεν νοείται πουθενά χωρίς το ποίμνιο του, το οποίο αποτελείται σχεδόν πάντα από πρόβατα. Εξάλλου σε όλη την Εγγύς Ανατολή τόσο οι βασιλείς, όσο και οι δάσκαλοι θεωρούνταν ως ποιμένες των κοπαδιών τους, δηλαδή των υπηκόων ή των μαθητών τους[613]. Στην Π.Δ. ο Θεός, οι βασιλείς αλλά και οι προφήτες παρουσιάζονται μεταφορικά ως ποιμένες[614]. Είναι όμως εξαιρετικά σημαντικό να σημει-

---

613 Ακόμη και στη φιλοσοφική σκέψη οι ιδανικοί άρχοντες της πόλης παρουσιάζονται ως ποιμένες. Βλ. π.χ. Πλάτωνα, Πολιτεία, 343b, 1-6· 345c, 1-6· 440d, 6.

614 Βλ. ενδεικτικά Εξ. 13:17, 21· Ψλ. 22:1-3· Ησ. 40:11· Ιερ. 2:8· Ζαχ. 10:1-3· Μιχ. 5:5. Ακόμη και ο Κύρος χαρακτηρίζεται ως ποιμένας στο Ησ. 44:28 (μτφρ. ΕΒΕ). Από το σύνολο της Π.Δ. απουσιάζει όμως το μοτίβο του ποιμένα που πεθαίνει για να σώσει το πρόβατό του (Ιω. 10:11 και 15).

ωθεί εδώ ότι στην Κ.Δ. αντίθετα, ο Θεός πουθενά δεν αναφέρεται ως ποιμένας. Η μεταφορική εικόνα του Θεού ως καλού ποιμένα περιορίζεται μόνο στις παραβολές και δεν απαντάται πουθενά αλλού μέχρι την εποχή του Ιγνατίου[615] κατά τον 2º αι. μ.Χ. Ο Χριστός στην Κ.Δ. παρουσιάζεται τόσο ως αμνός, όσο και ως ποιμένας. Ως αμνός θυσιάζεται για τον κόσμο και ως ποιμένας τον οδηγεί στη σωτηρία. Η ιδέα του ποιμένα που είναι ο μεσίτης της αποκάλυψης, η οποία υπάρχει στον *Ποιμένα* του Ερμά[616] δεν χρησιμοποιείται πουθενά στην Κ.Δ.

Παρακάτω μπορούμε να δούμε συνοπτικά μερικές από τις χρήσεις του προβάτου στα κείμενα της Κ.Δ. Όπως συμβαίνει και με τα υπόλοιπα ζώα στην Κ.Δ., έτσι και στην περίπτωση του προβάτου, εφόσον τις περισσότερες φορές

Το χαρακτηριστικό αυτό είναι ιωάννειο, αφού δεν χρησιμοποιείται στους συνοπτικούς. Στα Μκ. 14:27//Μτ. 26:31 έχουμε τη θανάτωση του ποιμένα με αποτέλεσμα να διασκορπιστούν τα πρόβατα. Βλ. σχετικά W. Tooley, «The Shepherd and Sheep Image in the Teaching of Jesus», *NovT* 7 (1964) 16-19. C. A. Ham, *The Coming King and the Rejected Shepherd: Matthew's Reading of Zechariah's Messianic Hope*, New Testament Monographs, Sheffield, Sheffield Phoenix, 2006, 69-71 και ειδικά τις λεξιλογικές διαφορές που επισημαίνονται μεταξύ των δύο κειμένων από τον Χ. Οικονόμου, «Η Χρήση της Παλαιάς Διαθήκης από τον Ματθαίο και η Μετάφραση Παλαιοδιαθηκικών Χωρίων του Ευαγγελίου του», στο *Βιβλικές Μελέτες για τον Αρχέγονο Χριστιανισμό*, ΒΒ 11, Θεσσαλονίκη 1998, 360-363.

615 *Προς Ρωμαίους* 9:1.

616 Βλ. 5:1 «*Προσευξαμένου μου ἐν τῷ οἴκῳ καὶ καθίσαντος εἰς τὴν κλίνην εἰσῆλθεν ἀνήρ τις ἔνδοξος τῇ ὄψει σχήματι ποιμενικῷ περικείμενος δέρμα αἴγειον λευκόν καὶ πῆραν ἔχων ἐπὶ τὸν ὦμον καὶ ῥάβδον εἰς τὴν χεῖρα καὶ ἠσπάσατό με κἀγὼ ἀντησπασάμην αὐτόν*».

αυτό χρησιμοποιείται ως μεταφορική εικόνα, το ενδιαφέρον στρέφεται στους ανθρώπους και όχι στο ίδιο το ζώο. Κανένα άλλο ζώο στα βιβλικά κείμενα δεν έχει τόσο έντονο συμβολισμό, όσο το πρόβατο. Η αλληγορία και η πνευματικοποίηση των χαρακτηριστικών του συγκεκριμένου ζώου στον Ιουδαϊσμό προκάλεσε τη χρήση του από το προφητικό κίνημα στην Π.Δ. και στη συνέχεια από τις ηγετικές φυσιογνωμίες των πρώτων χριστιανικών κοινοτήτων. Στην Π.Δ. οι μορφές του Μωυσή και του Δαβίδ ως ποιμένες του λαού ερμηνεύθηκαν με ποικίλους τρόπους (κυρίως προβάλλονται ως πιστοί βοσκοί) αλλά οι Ισραηλίτες αποτελούν πάντα τα πρόβατα στο συγκεκριμένο συμβολισμό[617]. Σίγουρα η εικόνα του Ψλ. 22:13 είναι η πλέον χαρακτηριστική με τον Γιαχβέ να ποιμαίνει το λαό του και τα Μτ. 18:12-14// Λκ. 15:4-7 να έρχονται πολύ κοντά σε αυτή. Τα μέλη της Εκκλησίας, όπως ο Ισραήλ στην Π.Δ., παρουσιάζονται σε πολλά χωρία ως το ποίμνιο, το οποίο αποτελείται φυσικά από πρόβατα (Ιω. 10:26· 21:15-16· Πραξ. 20:28· Α΄ Πε. 5:2-3).

Το πρόβατο με όποιον όρο και αν χρησιμοποιείται[618], αποτελεί το πιο συχνά αναφερόμενο ζώο στην Κ.Δ. Αυτό είναι πολύ φυσικό, αφού πουθενά δεν εντοπίζεται κάτι αρνητικό σε αυτό. Το πρόβατο στην Κ.Δ. δηλώνεται με τέσσερις όρους: *πρόβατο*

---

617 Ι. Μούρτζιου, *Η Παράδοση για τον Δαβίδ στην Παλαιά Διαθήκη*, ΒΒ 38, Θεσσαλονίκη 2006, 143-144.

618 Βλ. για την ορολογία με την οποία χρησιμοποιείται τόσο στην Παλαιά, όσο και στην Καινή Διαθήκη στο L. A. E. Harris, *All of the Animals in the Bible: A Topical Index of All of the Animals in the Bible*, Longwood, Advantage Books, 2009, 87-90 και 119-124.

Μέρος τρίτο

(39 φορές)⁶¹⁹, *ἀρνίο* (30 φορές)⁶²⁰, *ἀμνὸς* (4 φορές)⁶²¹, *ἀρήν* (1 φορά)⁶²². Στο βιβλίο της Αποκάλυψης χρησιμοποιείται αποκλειστικά και μόνο ο όρος «*ἀρνίο*», ο οποίος αποδίδεται πάντα στον Χριστό. Μόνο στη φράση «*ὡς πρόβατον ἐπὶ σφαγὴν ἤχθη καὶ ὡς ἀμνὸς ἐναντίον τοῦ κείραντος αὐτὸν ἄφωνος*» του Πραξ. 8:32 χρησιμοποιούνται στον ίδιο στίχο δύο διαφορετικοί όροι για το πρόβατο. Δύο ακόμη σχετικοί όροι μπορούν να αναφερθούν εδώ προκειμένου να έχουμε μια πλήρη εικόνα της χρήσης του προβάτου. Στο Ιω. 5:2 διαβάζουμε «*ἐπὶ τῇ προβατικῇ κολυμβήθρᾳ*». Εδώ με το επίθετο *προβατικῇ* δηλώνεται ότι από αυτή την πύλη περνούσαν τα πρόβατα. Ένα ακόμη χωρίο μπορεί επίσης να σημειωθεί. Στο Εβρ. 11:37 υπάρχει το «*μηλωταῖς*» με το οποίο δηλώνονται οι προβιές. Από την άλλη, ο όρος «*ποίμνην*» (5 φορές) με τον οποίο δηλώνεται

---

619 Παντού στη μετάφραση της ΕΒΕ ο όρος δεν αλλάζει. Οι όροι «*πρόβατο*» και «*προβάτιον*» σπανίζουν στην αρχαιότερη κλασική ελληνική γραμματεία. Βλ. σχετικά H. Preisker, «πρόβατον, προβάτιον», *TDNT* 6, 689.

620 Παντού η μετάφραση της ΕΒΕ διατηρεί τον όρο ως έχει. Το εκπληκτικό εδώ είναι ότι εκτός του Ιω. 21:15 ο όρος χρησιμοποιείται αποκλειστικά (29 φορές) στην Αποκάλυψη. Μάλιστα στο Ιω. 21:16 η φράση του Ιησού επαναλαμβάνεται αυτή τη φορά με τον όρο «*πρόβατα*».

621 Ιω. 1:29, 36· Πραξ. 8:32· Α´ Πε. 1:19. Μόνο στο Πραξ. 8:32 η μετάφραση της ΕΒΕ χρησιμοποιεί τον όρο «*αρνί*». Και στις τέσσερις περιπτώσεις ως αμνός παρουσιάζεται ο Ιησούς, ο οποίος σφαγιάζεται αντιπροσωπευτικά ως αθώο θύμα. Και ενώ ο συγκεκριμένος όρος στη χριστιανική γραμματεία χρησιμοποιήθηκε εκτενώς, πάντα σε σύνδεση με το πρόσωπο του Χριστού, η χρήση του στην ελληνική γραμματεία πριν την Κ.Δ. αριθμεί ελάχιστες αναφορές σύμφωνα με σχετική αναζήτηση στον Θησαυρό της Ελληνικής Γλώσσας (TLG).

622 Χρησιμοποιείται μόνο στο Λκ. 10:3 στον πληθυντικό αριθμό και η μετάφραση της ΕΒΕ προτιμά τον όρο «*πρόβατα*». Στο παράλληλό του στο Μκ. 10:16 το κείμενο έχει «*πρόβατα*». Στο *Ψαλμοί Σολομώντος* 8:23 διαβάζουμε «*καὶ οἱ ὅσιοι τοῦ θεοῦ ὡς ἀρνία ἐν ἀκακίᾳ ἐν μέσῳ αὐτῶν*».

γενικά το κοπάδι, τις περισσότερες φορές στην Κ.Δ. με αυτόν κατανοείται κοπάδι προβάτων[623], έστω και αν δεν αποτελείται αποκλειστικά από πρόβατα. Κατά συνέπεια και με τον όρο «*ποιμήν*» (18 φορές) κατανοείται βοσκός προβάτων, ενώ και με τους διάφορους τύπους επίσης του ρήματος «*ποιμένω*» (11 φορές) γίνεται και πάλι αντιληπτό ότι το ποίμνιο αποτελείται από πρόβατα.

Μια πρώτη εκτίμηση από τη χρήση της προτίμησης του όρου «*πρόβατον*»[624] στα κείμενα της Κ.Δ. είναι ότι το κατά Ιωάννην περιέχει τις περισσότερες αναφορές (19) και ακολουθεί το κατά Ματθαίον (11)[625]. Στο κατά Μάρκον εντοπίζονται δύο χρήσεις, ενώ στο κατά Λουκάν και στις Πράξεις μόνο τρεις περιπτώσεις. Εκτός των ευαγγελίων από μία αναφορά εντοπίζεται στην προς Ρωμαίους, στην προς Εβραίους και στην Α΄ Πέτρου. Μία και μοναδική χρήση του πληθυντικού «*πρόβατα*» υπάρχει στο βιβλίο της Αποκάλυψης, το οποίο προτιμά χαρακτηριστικά τον όρο «*ἀρνίο*». Ο Ιωάννης περιέχει στο κεφάλαιο 10 την παραβολή του ποιμένα και των προβάτων (10:1-6), ενώ στο 10:7-21 ο Ιησούς παρουσιάζεται ως ο καλός ποιμένας. Από τους συ-

---

623 Παντού στη μετάφραση της ΕΒΕ προτιμάται να αποδοθεί με τη λέξη «*κοπάδι*». Μόνο στο Ιω. 10:16 βρίσκουμε τη λέξη «*ποίμνιο*», ενώ στο Α΄ Κορ. 9:7, όπου η λέξη «*ποίμνη*» υπάρχει δύο φορές, την πρώτη φορά αποδίδεται με τον όρο «*πρόβατα*».

624 Μτ. 7:15· 9:36· 10:6, 16· 12:11, 12· 15:24· 18:12· 25:32, 33· 26:31· Μκ. 6:34· 14:27· Λκ. 15:4, 6· Ιω. 2:14, 15· 10:1, 2, 3, 4, 7, 8, 11, 12, 13, 15, 16, 26, 27· 21:16, 17· Πραξ. 8:32· Ρωμ. 8:36· Εβρ. 13:20· Α΄ Πε. 2:25· Απ. 18:13.

625 Ο C. A. Ham, στο *ίδιο*, 79 παρατήρησε ότι το πρόβατο στο κατά Ματθαίον χρησιμοποιείται γενικά στο πλαίσιο της ιεραποστολικής δραστηριότητας ή της κρίσης και της σωτηρίας.

Μέρος τρίτο

νοπτικούς, ο Ματθαίος και ο Λουκάς περιέχουν στα ευαγγέλιά τους την παραβολή του χαμένου προβάτου (Μτ. 18:12-14// Λκ. 15:1-7)[626], η οποία όμως είναι διαφορετική από εκείνη του Ιω. 10:1-6.

Σχεδόν παντού η χρήση του προβάτου είναι μεταφορική. Εξαίρεση αποτελεί μόνο το Ιω. 2:14-15, όπου τα πρόβατα εκεί είναι εκείνα που πωλούνταν από τους εμπόρους στο Ναό της Ιερουσαλήμ. Από το σύνολο των σχετικών αναφορών, μόνο εδώ έχουμε τη μνεία πραγματικών προβάτων. Δεν πρόκειται για μεταφορική εικόνα ή όραση μιας φανταστικής σκηνής, όπως για παράδειγμα στο Απ. 18:13. Ενώ οι συνοπτικοί διασ ψζουν τη διήγηση της εκδίωξης των εμπόρων από τον ναό (Μτ 21:12-13//Μκ 11:15-17//Λκ 19:45-46) δεν κάνουν καμία αναφορά στα πρόβατα. Ο Μάρκος και ο Ματθαίος αναφέρουν μόνο τα περιστέρια, ενώ ο Λουκάς δεν αναφέρει κανένα από τα ζώα που πωλούνταν για τις θυσίες. Αντίθετα ο Ιωάννης προτιμά να σημειώσει την παρουσία των μεγάλων θηλαστικών (βόδια και πρόβατα) αλλά και των περιστεριών[627]. Το δίπολο επίσης πρόβατο/α και λύκος/οι χρησιμοποιούνταν πολύ συχνά στην αρχαία ελληνική γραμματεία. Στην Κ.Δ. το δίπολο

---

626 Ο Χ. Οικονόμου, «Η Οικουμενική Διάσταση της Αποστολής του Ιησού και των Μαθητών», στο *Εἰς Μαρτύριον τοῖς Ἔθνεσι. Τόμος Χαριστήριος Εικοσαετηρικός εἰς τόν Οἰκουμενικόν Πατριάρχην κ.κ. Βαρθολομαίον*, Θεσσαλονίκη 2011, 661 θεωρεί ότι η συγκεκριμένη παραβολή μαζί με άλλες τέσσερις από τον Ματθαίο επισημαίνει την οικουμενική διάσταση του ευαγγελίου του.

627 Βλ. σχετικά με τον χώρο της πώλησής τους Μ. Γκουτζιούδη, «Το κατά Ιωάννην Ευαγγέλιο και οι Σχετικές Αρχαιολογικές Ανακαλύψεις», στο *Καινοδιαθηκικές Μελέτες με τη Συνδρομή της Αρχαιολογίας*, Θεσσαλονίκη 2012, 112-113.

αυτό χρησιμοποιείται με τον ίδιο συμβολισμό στα Μτ. 7:15· 10:16· Λκ. 10:3· Ιω. 10:12· Πραξ. 20:29. Ο λύκος, όπου κι αν χρησιμοποιείται στην Κ.Δ., βρίσκεται πάντα σε σύνδεση με τα πρόβατα. Ασφαλώς η μεγαλύτερη απειλή για τα κοπάδια των προβάτων στις περισσότερες περιοχές του πλανήτη ήταν μέχρι πριν μερικά χρόνια οι λύκοι. Η εικόνα θα ήταν πολύ οικεία στους συγγραφείς της αρχαιότητας και φυσικά οι ευαγγελιστές δεν αποτελούσαν εξαίρεση. Οι πρώτοι χριστιανοί βρήκαν σε αυτή το συμβολισμό που ήθελαν. Τα μέλη των χριστιανικών κοινοτήτων παρουσιάζονται σαν πρόβατα, δηλαδή ακίνδυνα αλλά συνάμα και απροστάτευτα χωρίς ποιμένα στις επιθέσεις των λύκων. Ως λύκοι στη χριστιανική γραμματεία παρουσιάζονται πάντα οι αλλόθρησκοι και οι αιρετικοί.

Η χριστιανική κοινότητα υιοθέτησε στα κείμενά της την αντίστοιχη χρήση του προβάτου στην Π.Δ. από τους Ιουδαίους και μάλιστα το ίδιο σημειώνεται και στην περίπτωση του μοτίβου του ποιμένα τους. Το πρόβατο πρωταγωνιστεί σε πολλούς από τους μύθους του Αισώπου. Όταν σε αυτούς παρουσιάζεται κάποιος ποιμένας πάντα αναφέρονται και τα πρόβατά του. Αυτό το μοτίβο του ποιμένα σε σχέση με τα πρόβατά του ήταν που έλκυσε περισσότερο το ενδιαφέρον των ερευνητών στη σύγχρονη μελέτη της Κ.Δ. και όχι το ίδιο το πρόβατο, όπως φαίνεται από την ειδική βιβλιογραφία[628]. Το πρόβατο

---

628 Βλ. ενδεικτικά W. Baxter, *Israel's Only Shepherd: Matthew's Shepherd Motif and His Social Setting*, London, T & T Clark, 2012· C. A. Ham, *The Coming King and the Rejected Shepherd*· J. P. Heil, «Ezekiel-Xxxiv and the Narrative Strategy of the Shepherd and Sheep Metaphor in Matthew», *CBQ* 55 (1993) 698-708· D. W. Ulrich, «Matthew's Messianic Shepherd-King: In Search of 'the Lost Sheep of the House of Israel'», *CBQ* 71 (2009) 425-426· J. Willitts, «Matthew's Messianic Shepherd-King: In

Μέρος τρίτο

όμως τις περισσότερες φορές συνδέεται αναπόφευκτα με τον ποιμένα του και το κοπάδι στο οποίο ανήκει[629]. Στο μεταγενέστερο Ιουδαϊσμό οι ραβίνοι προβλήθηκαν ως οι ποιμένες του Ισραήλ. Η εικόνα αυτή, προέρχεται φυσικά από την Π.Δ., αφού τόσο οι κριτές αλλά και οι βασιλείς του Ισραήλ παρουσιάζονται ως ποιμένες που αποκαθιστούν κάθε φορά την πολιτική τύχη του λαού. Έτσι μια αρχικά θρησκευτική μεταφορική εικόνα ενσωμάτωσε σταδιακά στρατιωτικές και πολιτικές βλέψεις[630], όπως προκύπτει από τα Ζαχ. 11 και 13 αλλά και από τον Α΄ Ενώχ. Με το θάνατο του Χριστού όμως, προκλήθηκε μια αποφόρτιση αυτών των στοιχείων από την ιδέα του ποιμένα και ο αρχέγονος χριστιανισμός άρχισε να χρησιμοποιεί μεταφορικά το μοτίβο του καλού ποιμένα στα κείμενά του. Έτσι πολύ νωρίς στον χριστιανισμό δεν προβλήθηκε μόνο ο Χριστός ως καλός ποιμένας, αλλά και οι απόστολοι. Κατά συνέπεια πάντα τα μέλη των χριστιανικών κοινοτήτων αποτελούσαν μεταφορικά το ποίμνιο των προβάτων. Η παραβολή του καλού ποιμένα στο Ιω. 10 είχε διαδραματίσει καταλυτικό ρόλο για το συμβολισμό αυτό.

Search of "the Lost Sheep of the House of Israel"», *Hts Teologiese Studies-Theological Studies* 63 (2007) 365-382.
    629 Μτ. 9:36· 25:32· 26:31· Μκ. 6:34· 14:27· Ιω. 10:2, 11, 12, 16· Εβρ. 13:20· Α΄ Πε. 2:25·Στο Ιω. 21:16-17 αντί για αναφορά σε ποιμένα βρίσκουμε το ρηματικό τύπο *ποίμαινε/βόσκε*. Σε πολλά επιπλέον χωρία, αν και δεν αναφέρεται ρητά η λέξη «*ποιμήν*», ωστόσο η παρουσία του υπονοείται από τη συνάφεια των στίχων. Μόνο στα Μτ. 26:31//Μκ. 14:27 γίνεται λόγος για θάνατο του ποιμένα και παρατίθεται το Ζαχ. 13:7. Βλ. σχετικά J. Karavidopoulos, «Citation de Zacharie dans le Nouveau Testament», *ΔΒΜ* 13 (1994) 54.
    630 W. Tooley, *στο ίδιο*, 24.

Στην Π.Δ. ολόκληρος ο Ισραήλ ή μια μερίδα ανθρώπων παρομοιάζονται συχνά με πρόβατα. Αυτό είναι χαρακτηριστικό στους Ψαλμούς και την προφητική γραμματεία. Η γνωστή παλαιοδιαθηκική μεταφορική εικόνα του λαού, ο οποίος παρουσιάζεται σαν κοπάδι προβάτων χρησιμοποιείται και στην Κ.Δ. κατά τον ίδιο ακριβώς τρόπο σε σύνδεση τώρα είτε με τους αποστόλους, είτε με τους πρώτους χριστιανούς γενικά. Μπορούμε να δούμε την περίπτωση των Μτ. 10:6 και 15:24, όπου μια μικρή ομάδα ή ο Ισραήλ συνολικά ως έθνος χαρακτηρίζεται ως «*τὰ πρόβατα τὰ ἀπολωλότα οἴκου Ἰσραήλ*». Στα δύο ματθαιϊκά χωρία η μεταφορική εικόνα των χαμένων προβάτων παρουσιάζεται σε δύο λόγια του Ιησού. Πρόσφατα η σύγχρονη έρευνα έδειξε ότι ως πιθανότερο υπόβαθρο της παραπάνω εικόνας αποτελούν ιουδαϊκές παραδόσεις, οι οποίες προέρχονται από την Π.Δ. και συνδέονται με τον δαβιδικό ποιμένα και την ιδέα της αποκατάστασης του Ισραήλ[631]. Η μεσσιανική αυτή αποκατάσταση έχει πολιτικό και εθνικό περιεχόμενο. Το μοτίβο αυτό εκτός από την προφητική γραμματεία υπάρχει και στη μεσοδιαθηκική γραμματεία. Στο έργο *Ψαλμοί Σολομώντος* (17:26-44 και ειδικά 40-41), το οποίο ανάγεται στο τέλος του 1^{ου} αι. π.Χ., έχουμε τη πιο λεπτομερή περιγραφή αυτού του

---

631 J. Willitts, *Matthew's Messianic Shepherd-King: In Search of 'the Lost Sheep of the House of Israel'*, BZNW 147, Berlin, Walter de Gruyter, 2007, 28. Για τη μεσσιανική ιδέα ενός ερχόμενου βασιλιά, ο οποίος ως καλός ποιμένας θα οδηγήσει τον Ισραήλ στη σωτηρία βλ. Ι. Μούρτζιου, *στο ίδιο*, 108-110 και ειδικά υποσ. 310, όπου εκτιμάται ότι όλες σχεδόν οι αναφορές στον ποιμένα είναι αιχμαλωσιακής ή μεταιχμαλωσιακής προέλευσης. Οι συγγραφείς των ιστορικών βιβλίων διστάζουν να χρησιμοποιήσουν τη συγκεκριμένη μεταφορική εικόνα. Εκτός από τους προφήτες και οι Ψαλμοί κάνουν λόγο κυρίως για τον Γιαχβέ ως ποιμένα του λαού του, αλλά εντοπίζονται σε αυτούς και δύο αναφορές στον δαβιδικό ποιμένα (Ψλ. 2:9 και 77:70-72).

Μέρος τρίτο

μεσσιανικού ποιμένα[632]. Αυτή η εικόνα χρησιμοποιήθηκε αργότερα μεταφορικά και στην Κ.Δ. Και ενώ αρχικά ο Γιαχβέ παρουσιάζεται στην Π.Δ ως ποιμένας του Ισραήλ σταδιακά ο βασιλιάς παίρνει από τον ίδιο τον Θεό αυτή την ιδιότητα. Οι ειδικοί θεωρούν ότι το Β ΄ Σαμ. 5:2 είναι το αρχαιότερο παράδειγμα με τον Δαβίδ να προβάλλεται ως ποιμένας-βασιλιάς, αν και δεν χρησιμοποιείται πουθενά η ιδιότητα αυτή ως τίτλος[633]. Η αποτυχία των βασιλιάδων να οδηγήσουν το λαό στη σωτηρία και η απουσία της δικαιοσύνης έκανε την προσδοκία του μεσσιανικού ποιμένα και την εθνική αποκατάσταση πολύ έντονη ειδικά πριν την εποχή της Κ.Δ. Στα κείμενα της Νεκράς Θάλασσας παρατηρείται επαναχρησιμοποίηση αυτού του μοτίβου[634]. Αυτό «*τὸ ποίμνιον κυρίου*» σύμφωνα με το *Ψαλμοί Σολομώντος* 17:40 δεν περιλαμβάνει το σύνολο του Ισραήλ σε εθνικό επίπεδο, αλλά μια ομάδα δικαίων που θα αποκαταστήσουν πολιτικά το έθνος του Ισραήλ[635]. Ο ποιμένας-βασιλιάς του Ματθαίου έτσι δεν απέχει πολύ από εκείνον των *Ψαλμών του Σολομώντος*[636]. Ο Ματθαίος κάνει εκτεταμένη χρήση του

---

632 Βλ. εισαγωγικά για το συγκεκριμένο ψαλμό στο Δ. Καϊμάκη, *Η Ιουδαϊκή Αποκαλυπτική Γραμματεία και η Θεολογία της*, Θεσσαλονίκη, 2007, 110-112.

633 Βλ. J. Willitts, *στο ίδιο*, 53. Ο Δαβίδ εξάλλου νίκησε τον Γολιάθ με τον οπλισμό ενός ποιμένα.

634 Το Δαμασκηνό κείμενο (CD-B) 19:7-9 χρησιμοποιεί το Ζαχ 13:7. Κατά τον J. Willitts, *στο ίδιο*, 153 το φαινόμενο είναι παράλληλο με το Μτ. 26:31. Το ίδιο κείμενο χρησιμοποιείται και στην *Επιστολή Βαρνάβα* (Βλ. 5:12) αλλά εκεί δηλώνει λεξιλογική εξάρτηση από το Μτ. 26:31. Ο Ιουστίνος στο έργο του *Πρός Τρύφωνα Ἰουδαῖον Διάλογος* (53:6) κατανοεί τη σταύρωση του Χριστού και το διασκορπισμό των μαθητών ως εκπλήρωση του Ζαχ. 13:7.

635 J. Willitts, *στο ίδιο*, 53.

636 J. Willitts, *στο ίδιο*, 110-111.

Φύσις Θηρίων

μοτίβου του ποιμένα αλλά σχεδόν πάντα με μεταφορική και θεολογική σημασία (εξαίρεση αποτελεί το Μτ. 12:11-12) και έτσι εξηγείται ίσως η απουσία των ποιμένων του Λκ. 2 από την δική του εκδοχή της γέννησης του Ιησού. Ο Λουκάς χρησιμοποιεί πολύ λιγότερο το παραπάνω μοτίβο αλλά και με κυριολεκτική σημασία (Λκ. 2:8-20) εκτός της μεταφορικής (Λκ. 15:3-7//Μτ. 18:10-14). Ο Λουκάς συνεπής με τον κοινωνικό χαρακτήρα του ευαγγελίου του βάζει την παρουσία των ποιμένων στη γέννηση του Ιησού για να δείξει ότι η αναγγελία της γίνεται σε ταξικά κατώτερα και περιθωριοποιημένα μέλη της ιουδαϊκής κοινωνίας και όχι στη θρησκευτική αριστοκρατία. Ο Ματθαίος εμφανίζει στο 2:1-6 τον Ιησού ως τον δαβιδικό μεσσία, τον αναμενόμενο πολιτικό ηγέτη του Ισραήλ, ο οποίος θα συγκεντρώσει και πάλι τον διασκορπισμένο λαό και θα τον οδηγήσει στη σωτηρία.

Η φράση τα «*πρόβατα τὰ ἀπολωλότα οἴκου Ἰσραήλ*» στα Μτ. 10:6 κα 15:24 κατά την πλειοψηφία των ερευνητών πιθανότατα δεν αναφέρεται σε κάποια μικρή ομάδα εντός του Ιουδαϊσμού προς την οποία ο Ιησούς στέλνει τους μαθητές του να κηρύξουν την τελική τους αποκατάσταση, αλλά στον Ισραήλ συνολικά ως έθνος[637]. Φαίνεται ότι εδώ ο Ματθαίος επιχειρεί μια σύνδεση με το Ιερ. 27:6, όπου και εκεί χρησιμοποιείται η ίδια φράση για τους Ισραηλίτες. Στα Λκ. 15:4, 6 και 19:10 χρησιμοποιείται η εικόνα του χαμένου προβάτου στον ενικό, αλλά δεν συνδέεται με τον Ισ-

---

637 Βλ. σχετικά Χ. Οικονόμου, *Οι Απαρχές της Οικουμενικότητας της Εκκλησίας*, ΣΑΧ 1, Θεσσαλονίκη 1997, 64-65 και Β.-Κ. Yu, *Ιστορία, Θεολογία, Ιεραποστολή στο κατά Ματθαίον Ευαγγέλιο*, Θεσσαλονίκη 2007, 163-167, όπου επισκόπηση όλης της σύγχρονης έρευνας σχετικά με το συγκεκριμένο ζήτημα.

Μέρος τρίτο

ραήλ σαν σύνολο. Στο Εβρ. 13:20 ο Χριστός παρουσιάζεται ως ο μεγάλος ποιμένας των προβάτων, τον οποίο ο Θεός ανέστησε. Στο χωρίο αυτό παρατηρούμε ότι χρησιμοποιείται από τον συγγραφέα της επιστολής η ιδέα του ποιμένα και του θυσιαστικού του ρόλου για χάρη των προβάτων. Μπορεί το κείμενο να χρησιμοποιεί το Ησ. 63:11, στο οποίο ο Μωυσής αναφέρεται ως ποιμένας του ποιμνίου του, αλλά η προς Εβραίους μεταθέτει εδώ το ενδιαφέρον από έναν χαρισματικό ηγέτη του παρελθόντος σε μια διαφορετική ηγεσία της χριστιανικής κοινότητας στο παρόν.

Ένα τόσο σημαντικό θεολογικό θέμα δεν μπορούσε να μην επηρεάσει και την τέχνη του αρχέγονου χριστιανισμού. Στην χριστιανική τέχνη ο Χριστός ως καλός ποιμένας εικονίζεται πάντα ως αγένειος νεαρός, διότι υιοθετήθηκε από την πρώτη Εκκλησία μια οικεία στον ελληνορωμαϊκό κόσμο παράσταση. Έτσι επιλέχθηκε η μορφή του Ορφέα ή εκείνη του Ερμή κριοφόρου[638]. Έχει όμως παρατηρηθεί ότι η παράσταση του Ιησού ως καλού ποιμένα, ενώ είναι μία από τις πλέον κυρίαρχες κατά τους τέσσερις πρώτους χριστιανικούς αιώνες, κατά τον 5º αι. μ.Χ. εξαφανίζεται από παντού στην τέχνη της Ανατολής αλλά και της Δύσης. Οι ειδικοί θεωρούν ότι το μοτίβο του καλού ποιμένα συνδεόταν με κάποιο διδακτικό περιεχόμενο[639]. Το Ιω.

[638] G. K. Falusi, *The Shepherd/Sheep Motif in the New Testament with special Reference to John 10*, (Διδακτ. Διατρ.), ProQuest, UMI Dissertations Publishing, 1973, 10 και 117-120. Βλ. επίσης το ειδικό άρθρο του G. E. Wright, «The Good Shepherd», *BA* 2 (1939) 46. Οι αρχαιολόγοι έχουν δείξει στηριζόμενοι σε ανάγλυφες στήλες ότι πολύ νωρίτερα στη Συρία και τη Μεσοποταμία εικονίζονται ανδρικές φιγούρες με νεαρές γαζέλες ή μικρά άγρια θηλαστικά στους ώμους. Βλ. σχετική εικόνα στο G. K. Falusi, *στο ίδιο*, 13. Οι Αιγύπτιοι επίσης εικόνιζαν πολλές θεότητες ως ποιμένες ήδη από την 19η δυναστεία π.Χ.

[639] Βλ. B. O. P. Ramsey, «A Note on the Disappearance of the Good Shepherd from Early Christian Art», *HTR* 76 (1983) 375.

Φύσις Θηρίων

21:15-17 συνέβαλε σε αυτό με τον Πέτρο να εξουσιοδοτείται από τον Ιησού ως ποιμένας των προβάτων⁶⁴⁰. Η παρουσίαση λοιπόν του Χριστού από τους πρώτους χριστιανούς, άλλοτε ως του καλού ποιμένα και άλλοτε ως του σοφού δασκάλου εξελισσόταν σταθερά και παράλληλα η μία με την άλλη. Κάποια στιγμή όμως, όταν η Εκκλησία γίνεται επίσημη θρησκεία του κράτους, το μοτίβο του ποιμένα που προστατεύει και φροντίζει τα πρόβατά του έπαψε να σημαίνει κάτι για του πιστούς. Η εκκλησία είχε ταυτιστεί με το βυζαντινό κόσμο και αυτός δεν ήταν πια εχθρικός για τα μέλη της. Η αυτοκρατορία ήταν χριστιανική. Ο Ιησούς με τη λιτή ποιμενική αμφίεση και το συμβολισμό της *αγάπης*, της *συμπόνοιας* και της *σωτηρίας* αντικαταστάθηκε από τη μεγαλειώδη δόξα του παντοκράτορα⁶⁴¹. Ένα σύμβολο ηθικής δεν είχε πλέον κανένα δογματικό περιεχόμενο, όπως άλλωστε απαιτούσαν οι περιστάσεις εξαιτίας των μεγάλων αιρέσεων. Έτσι η συγκεκριμένη παράσταση εξαφανίστηκε.

Η ιδέα όμως του ποιμένα και του κοπαδιού του χρησιμοποιήθηκε και στην εσχατολογική σφαίρα. Το ενδιαφέρον τώρα μεταβιβάζεται στο ποίμνιο και αξιοποιούνται τα χαρακτηριστικά του προβάτου. Στο ευαγγέλιο του Ματθαίου διαβάζουμε

---

640 Βλ. ερμηνευτικά σχόλια στο Ι. Καραβιδόπουλου, «Ο Ρόλος του Πέτρου στην Εκκλησία της Καινής Διαθήκης. Σύγχρονη Εξηγητική Προβληματική», στο *Βιβλικές Μελέτες*, ΒΒ 9, Θεσσαλονίκη 1995, 79-81.

641 Αυτός είναι και ο σημαντικότερος κατά τη γνώμη μας λόγος από τους τέσσερις που σημειώνει ο B. O. P. Ramsey, *στο ίδιο*, 376-377, προκειμένου να εξηγήσει την εξαφάνιση της παράστασης του Ιησού ως του καλού ποιμένα. Την ίδια τύχη είχε χρονικά το παραπάνω μοτίβο και στη μεταγενέστερη χριστιανική γραμματεία. Οι πατέρες ενώ χρησιμοποιούν εκτεταμένα τα κείμενα της Κ.Δ. στα έργα τους, δεν παραθέτουν χωρία στα οποία ο Ιησούς παρουσιάζεται ως ποιμένας.

ότι ο Υιός του Ανθρώπου κατά την κρίση θα διαχωρίσει «τὰ πρόβατα ἀπὸ τῶν ἐρίφων καὶ στήσει τὰ μὲν πρόβατα ἐκ δεξιῶν αὐτοῦ, τὰ δὲ ἐρίφια ἐξ εὐωνύμων» (Μτ. 25:32-33). Το στοιχείο αυτό είναι μοναδικό στο Ματθαίο και η εικόνα με τα πρόβατα να συμβολίζουν το καλό από τη μία και τα κατσίκια το κακό και την αμαρτία από την άλλη έχει επικρατήσει αιώνες τώρα στην ερμηνεία των συγκεκριμένων στίχων. Νεότερες όμως μελέτες άλλαξαν την κατανόηση αυτή και έχουν δείξει ότι μπορεί να υπήρχε κατά την αρχαιότητα μια εμφανέστατη προτίμηση στο πρόβατο, αλλά αυτό δεν σημαίνει ότι το κατσίκι θεωρείται κακό ζώο ή ότι συνδέθηκε με αρνητικό συμβολισμό[642]. Πρόβατα και κατσίκια ήταν εξαιρετικά σημαντικά ζώα για την αγροτική οικονομία των περισσότερων λαών της αρχαιότητας. Αν ληφθεί υπόψη η απαγόρευση εκτροφής χοίρων από τους Ιουδαίους και οι άνυδρες συνθήκες της γεωγραφικής θέσης του Ισραήλ, η σημασία τους φανερώνεται εντονότερα. Και από τα δύο είδη οι κτηνοτρόφοι έπαιρναν σχεδόν τα ίδια προϊόντα[643] και φυσικά εκμεταλλεύονταν περιοχές που δεν μπορούσαν οι αγρότες. Τα στοιχεία αυτά δεν μπορούμε να τα παραβλέψουμε.

Ο διπολισμός του κειμένου μπορεί να στηρίζεται σε κάποια άλλη αντίθεση των δύο ειδών και να μη δηλώνει το καλό από τη μία και το κακό από την άλλη. Η χρήση του ρήματος «ἀφορίζω» στα Μτ. 25:32 και 13:49 επηρέασε πολλούς να

---

642 Ερευνητές διαφόρων ειδικοτήτων ασχολήθηκαν με τη μελέτη των δύο ειδών στον ελληνορωμαϊκό κόσμο, αλλά και στην ευρύτερη περιοχή της Συρίας και του Ισραήλ. Βλ. K. Weber, «The Image of Sheep and Goats in Matthew 25:31-46», *CBQ* 59 (1997) 658 και 660-667.

643 Βλ. τις πληροφορίες του ειδικού M. Bright, *Beasts of the Field: The Revealing Natural History of Animals in the Bible*, London, Robson, 2006, 141.

κατανοήσουν τα *πρόβατα και τα ἐρίφια* όπως τα *καλά και τα σαπρά ψάρια* του Μτ. 13:48 ή το δίπολο *πονηροί και δίκαιοι* του Μτ. 13:49. Μπορεί ο λαός του Θεού να παρουσιάζεται συχνά στην Π.Δ. μεταφορικά ως κοπάδι προβάτων αλλά πουθενά, οι αμαρτωλοί, οι άδικοι ή οι δαιμονικές δυνάμεις δεν προβάλλονται με την εικόνα των κατσικιών. Μελέτες επίσης με τη συνδρομή της κοινωνικής ανθρωπολογίας συνέβαλαν στην κατανόηση του ματθαϊκού κειμένου λαμβάνοντας υπόψη τη γεωγραφική περιοχή της κοινότητας του Ματθαίου με βάση τον τρόπο εκτροφής *αμνοεριφίων*, όχι μόνο κατά την αρχαιότητα, αλλά και κατά τον 20° αιώνα σε Ελλάδα και Ισραήλ. Τα πορίσματα των ανθρωπολόγων από τη μελέτη των Σαρακατσάνων μπορεί να έχουν μεγάλο ενδιαφέρον, αλλά διαφωνούμε ότι στην Ελλάδα και την Ιταλία η συνήθεια ήταν τα κοπάδια να μην αποτελούνται από δύο είδη ζώων, κάτι που ίσχυε αντίθετα στις περιοχές της Συρίας και του Ισραήλ, όπως συχνά υποστηρίζεται[644]. Ακόμη και σήμερα πολλά κοπάδια στην ελληνική ύπαιθρο είναι μικτά, ενώ τα μόνα κείμενα της ελληνικής και της λατινικής γραμματείας που χρησιμοποιήθηκαν ως απόδειξη αυτής της θέσης προέρχονται από δύο μόνο συγγραφείς[645].

Τα κατσίκια στο κόσμο γύρω από τη λεκάνη της Μεσογείου δεν έχουν ένα σταθερό και δεδομένο συμβολισμό[646]. Η αμφισημία είναι χαρακτηριστικό τους. Συχνά συνδέονται με την ανυ-

---

644 Βλ. Κ. Weber, *στο ίδιο*, 661. Έτσι η θέση ότι το κατά Ματθαίον προέρχεται από τη Συρία ενισχύεται.
645 Ο Θεόκριτος έζησε τον 4°-3° αι. π.Χ. και ο Αίλιος Δονάτος τον 4° αι. μ.Χ. Έχουμε και στις δύο περιπτώσεις διαφορετικό χρονικό πλαίσιο.
646 Βλ. Κ. Weber, *στο ίδιο*, 664.

Μέρος τρίτο

πομονησία, είναι ανεξέλεγκτα και ειδικά τα αρσενικά (τράγοι) διακρίνονται για την αχαλίνωτη σεξουαλική τους συμπεριφορά. Από την άλλη, αναγνωρίζεται η ικανότητά τους ν' αποφεύγουν τους κινδύνους, ενώ συνδέθηκαν συμβολικά και με την ιδέα της εσχατολογικής αφθονίας. Το δέρμα των κατσικιών ήταν επίσης πολύτιμο, αφού με αυτό κατασκεύαζαν τους ασκούς για διάφορα υγρά (κυρίως κρασί και νερό) αλλά και σιτηρά[647]. Παρά τη θετική παρουσία και των κατσικιών, αν συγκρίνουμε τα δύο είδη μεταξύ τους, το πρόβατο αναμφισβήτητα χαίρει γενικά υψηλότερης εκτίμησης. Ο διαφορετικός χρωματισμός μπορεί επίσης να αποτελεί κριτήριο της εικόνας του διαχωρισμού στο κατά Ματθαίον, ίσως και η οικονομική τους αξία, αλλά τα δύο αυτά κριτήρια δεν αποτελούν την επικρατέστερη λύση[648]. Στην ιουδαϊκή γραμματεία τα κατσίκια πουθενά δεν ταυτίζονται με το κακό ή την σεξουαλικότητα, ούτε στην Π.Δ., ούτε και στα αποκαλυπτικά κείμενα. Πουθενά επίσης πρόβατα και κατσίκια δεν αποτελούν δίπολο. Η παρατήρηση αυτή ισχύει επίσης για το σύνολο της μεσοδιαθηκικής και της ραβινικής γραμματείας[649]. Το Ιεζ. 34:17 δεν φαίνεται να έχει σχέση με το Μτ. 25:32-33, ενώ και η ορολογία είναι διαφορετική. Ούτε πάλι μπορεί να υπονοείται

---

647 Όταν έγδερναν το ζώο, έκοβαν το κεφάλι και τα πόδια και αφαιρούσαν το δέρμα. Στη συνέχεια έδεναν τα ανοίγματα των ποδιών και του λαιμού και έτσι είχαν γερούς ασκούς χωρίς ραφές και κινδύνους απώλειας του περιεχομένου τους.

648 Η λύση του διαφορετικού χρωματισμού προτιμάται από τους W. D. Davies-D. C. Allison, *A Critical and Exegetical Commentary on the Gospel according to Saint Matthew*, τ. 3, London, T&T Clark International, 2004, 423. Μέχρι σήμερα ακόμη τα κατσίκια των βεδουίνων είναι κατά πλειοψηφία μαύρου χρώματος.

649 Βλ. K. Weber, στο ίδιο, 671.

εδώ μια διάκριση θηλυκών και αρσενικών με σκοπό το άρμεγμα. Εδώ έχουμε ξεκάθαρα δύο διαφορετικά είδη. Η εικόνα έχει λοιπόν πολλές δυσκολίες και δεν είναι εύκολη η ορθή ερμηνευτική της κατανόηση, ασχέτως αν οι περισσότεροι υπομνηματιστές του Ματθαίου την προσπερνούν γρήγορα με τη λύση του διπόλου καλό-κακό[650]. Η πρόταση του διαχωρισμού των δύο ειδών λόγω του νυχτερινού ψύχους, εφόσον τα κατσίκια έχουν ανάγκη θερμότητας, καθώς δεν διαθέτουν το πυκνό μαλλί των προβάτων ως συνηθισμένη τακτική των κτηνοτρόφων στην Εγγύς Ανατολή, δεν επιβεβαιώνεται. Ο Luz είναι από τους λίγους ερευνητές που χρησιμοποιεί τη λεξιλογική ανάλυση του όρου «ἔριφος» στην αρχαιότητα, καθώς και την εξέλιξη στη σημασία του για να δείξει ότι εδώ ο Ματθαίος εννοεί τα μικρά αρσενικά κατσικάκια, τα οποία διακρίνονται από τα ενήλικα αρσενικά (τράγοι)[651]. Αν αυτό ισχύει, τότε ο διαχωρισμός έχει έναν και μόνο σκοπό με βάση τη χρήση του συγκεκριμένου όρου στο κείμενο των Ο΄. Επιλέγονται για σφαγή[652]. Η πρόταση αυτή όμως, μπορεί

---

650 Μία πληροφορία του Επιφανίου του Σχολαστικού είναι πολύ σημαντική γιατί αυτός κατέγραψε στη λατινική γλώσσα διάφορες πατερικές ερμηνευτικές προσεγγίσεις στο κείμενο των ευαγγελίων. Ο Επιφάνιος διασώζει την πληροφορία ότι η εικόνα του διαχωρισμού των προβάτων και των κατσικιών επιλέχθηκε για να εικονίσει μεταφορικά τους πιστούς και τους αμαρτωλούς. Ως κατσίκια παρουσιάζονται οι αμαρτωλοί, διότι τα κατσίκια είναι περήφανα ζώα, λιγότερο ανεκτικά και συχνά επιθετικά προς άλλα ζώα. Βλ. σχετικά Μ. Simonetti, *Matthew 14-28*, ACCS.NT 1b, Downers Grove, Illinois, InterVarsity Press, 2002, 231.

651 U. Luz, *Matthew 21-28*, (μτφρ. J. E. Crouch), Hermeneia, Minneapolis, Fortress Press, 2005, 276. Στην *Επιστολή Αριστέα* διαβάζουμε στον στ. 146 ότι τα σαρκοφάγα πουλιά «ἄρνας καὶ ἐρίφους ἀναρπάζουσι» και προφανώς εδώ η εικόνα αφορά τα ανήλικα ζώα.

652 Η λέξη χρησιμοποιείται άλλη μια φορά εκτός του κατά Ματθαίον

Μέρος τρίτο

να εξηγεί τη μεταφορική εικόνα αλλά δεν μπορεί να αποδειχτεί, καθώς δεν έχουμε αλλού αντίστοιχη χρήση⁶⁵³. Συνεπώς τα ἐρίφια του Ματθαίου δεν έχουν αρνητική φόρτιση στη συγκεκριμένη συνάφεια, αλλά ο συγγραφέας εκμεταλλεύεται μια οικεία εικόνα από την κτηνοτροφία, την επιλογή και το διαχωρισμό των κατάλληλων προς σφαγή ζώων για να τη συνδέσει με την τύχη των αδίκων.

Μετά απ' όσα έχουν προηγηθεί δεν υπάρχει αμφιβολία ότι το πρόβατο αποτελούσε για τους ανθρώπους της εποχής του Χριστού πολύ σημαντικό οικόσιτο ζώο και ειδικά για την οικονομία του Ισραήλ. Το κρέας, το γάλα και το μαλλί ήταν τα τρία προϊόντα που το καθιστούσαν απαραίτητο για το βιοπορισμό όχι μόνο των κτηνοτρόφων, καθώς ήταν το πλέον κατάλληλο ζώο για τις θυσίες στο Ναό της Ιερουσαλήμ. Ένα ολόκληρο δίκτυο

στο Λκ. 15:29 στην παραβολή του ασώτου με τη σημασία της σφαγής και βρώσης του συγκεκριμένου ζώου. Πρβλ. π.χ. τη φράση «ἔσφαξαν ἔριφον αἰγῶν» του Γεν. 37:31.

653 Ο Ι. Γαλάνης «Δεξιά-Αριστερά. Η Χρήση των Λέξεων στην Καινή Διαθήκη και το Περιβάλλον της», στο *Βιβλικές, Ερμηνευτικές και Θεολογικές Μελέτες*, ΒΒ 20, Θεσσαλονίκη 2001, 143-144 σημειώνει ότι το δυαρχικό σχήμα που χρησιμοποιεί εδώ ο Ματθαίος μπορεί να ήταν γνωστό στην εκκλησία του, αλλά η προέλευσή του παραμένει άγνωστη. Κατά τον Γαλάνη ο ευαγγελιστής δεν υιοθετεί τέτοιες δυαρχικές ιδέες, αλλά χρησιμοποιεί το παραπάνω σχήμα για να δείξει τη σημασία να βρεθεί κανείς στην ομάδα στα δεξιά του Υιού του Ανθρώπου. Μια συνηθισμένη διάκριση των δύο ειδών χωρίς κάτι το αρνητικό για κάποιο από τα δύο βρίσκουμε στον P.Oxy. 244, ο οποίος ανάγεται στο 23 μ.Χ. Στους στ. 8 και 10 έχουμε διάκριση των δύο ειδών με διαφορετική ορολογία: «*πρόβατα καὶ αἶγας*» από τη μία και «*ἄρνας [κ]αὶ ἐρίφους*» από την άλλη. Η δεύτερη διάκριση είναι ξεκάθαρο από το απογραφικό αυτό κείμενο ότι αφορά τα μικρά ζώα των ενήλικων της πρώτης διάκρισης του στ. 8. Για το κείμενο βλ. http://papyri.info/ddbdp/p.oxy;2;244 (10/05/2013).

Φύσις Θηρίων

ανθρώπων εκμεταλλεύονταν εμπορικά τα προϊόντα των προβάτων. Την χρησιμότητα του προβάτου στην αγροτική οικονομία τονίζει και ο Αριστοτέλης. Ο μεγάλος φιλόσοφος γνωρίζει αρκετά πράγματα για τα πρόβατα. Αρχικά αξίζει να σημειώσουμε ότι γνωρίζει καλά τη μορφολογία και την ανατομία τους. Ο Αριστοτέλης καταγράφει πόσο γάλα παράγουν τα πρόβατα, για πόσους μήνες το χρόνο, την ηλικία και το όριο αναπαραγωγής τους, αλλά και πόσο χρόνο διαρκεί η κύηση[654]. Θυμίζουμε εδώ ότι στο Γεν. 4:2 η προσφορά του Άβελ από τα πρωτότοκα πρόβατα του κοπαδιού του στο Θεό συνιστά την πρώτη θυσία που προσφέρεται στην Π.Δ. και ταυτόχρονα το πρόβατο είναι το πρώτο οικόσιτο ζώο που αναφέρεται ρητά στην Αγία Γραφή. Η προτίμηση του συγκεκριμένου οικόσιτου ζώου για τις περισσότερες θυσίες του Ιουδαϊσμού έκανε στη συνέχεια το συμβολισμό του θυσιαστήριου προβάτου να είναι περισσότερο χαρακτηριστικός στο χριστιανισμό παρά στον Ιουδαϊσμό[655]. Στα Ρωμ. 8:36 και Πραξ. 8:32, εξαιρουμένης φυσικά της Αποκάλυψης, η εικόνα του προβάτου που σφάζεται, φαίνεται πως έχει υιοθετηθεί για την κατανόηση του θανάτου, όχι μόνο του Ιησού, αλλά και των μελών των χριστιανικών κοινοτήτων.

Μπορούμε τώρα να περάσουμε στην ιδέα του αμνού του Θεού. Ο Χριστός παρουσιάζεται ως ο αμνός του Θεού στο κατά Ιωάννην (1:29 και 36), ενώ και το περιστέρι στη διήγηση της

---

654 Βλ. Αριστοτέλη, *Τῶν περὶ τὰ Ζῶα Ἱστοριῶν*, 499b, 10· 520a, 32· 523a, 5· 545a, 24· 545b, 31· 573b, 21.

655 H I. S. Gilhus, *Animals, Gods and Humans: Changing Attitudes to Animals in Greek, Roman, and Early Christian Thought*, London, Routledge, 2005, 169 πιστεύει ότι η κοινή στις δύο θρησκείες μεταφορική χρήση του προβάτου εξελίχθηκε αργότερα περισσότερο στην περίπτωση του χριστιανισμού. Βλ. επίσης *στο ίδιο*, 278, υποσ. 7.

βάπτισης του Ιησού (Βλ. Μτ. 3:16//Μκ. 1:10//Λκ. 3:22// Ιω. 1:32) συνδέεται με το Άγιο Πνεύμα. Τα ζώα εξάλλου πολύ συχνά στον αρχαίο κόσμο πριν την εμφάνιση του χριστιανισμού συνδέονταν συμβολικά με θεότητες. Ο πασχάλιος αμνός πολύ νωρίς συνδέθηκε με το σταυρικό θάνατο του Χριστού και έτσι έγινε κυρίαρχο σύμβολο στη ζωή της Εκκλησίας. Είναι πολύ σημαντικό εδώ να τονίσουμε ότι αυτό δεν συνέβη σίγουρα τυχαία. Κατά τον 4º αι. μ.Χ. ο αμνός ήταν το κατεξοχήν σύμβολο του χριστιανισμού στην τέχνη, το οποίο κατά τους ειδικούς υπερείχε ακόμη και του σταυρού[656].Τα προβλήματα όμως δεν έλειψαν ούτε και σε αυτή την περίπτωση, αφού η συνήθεια να παριστάνεται ο Ιησούς ζωομορφικά ως αμνός συνάντησε αντιδράσεις εντός της Εκκλησίας. Έτσι ο 82[ος] κανόνας της Πενθέκτης Οικουμενικής Συνόδου του 692 μ.Χ. απαγόρευσε οριστικά την απεικόνιση του Χριστού ως αμνού (με φωτοστέφανο στο κεφάλι).

Το γεγονός ότι μεταφέρθηκαν στον Χριστό τα χαρακτηριστικά γνωρίσματα και οι συμπεριφορές του προβάτου αποδεικνύει ότι μόνο αυτό από τα ζώα μπορούσε να χρησιμοποιηθεί από τους πρώτους χριστιανούς για τον αρχηγό της πίστης τους, καθώς δεν έχει τίποτα το αρνητικό. Το πρόβατο είναι άκακο ζώο, ήρεμο και το κυριότερο δεν έχει μηχανισμούς άμυνας. Είναι ευάλωτο σε κάθε επιθετικό ζώο από τη φύση του αλλά και στις καιρικές συνθήκες (Γεν. 31:39-40). Συνεπώς εξαρτάται απόλυτα από τον ποιμένα του, αφού αυτός προστατεύει το κοπάδι του και το οδηγεί στην τροφή και το νερό. Ο Αιλιανός περιγράφει πολύ χαρακτηριστικά τη φύση των προβάτων[657]. Έτσι το πρόβατο δάνεισε

---

656 Βλ. παραδείγματα στο J. R. Miles, «Lamb», *ABD* 4, 134. Ο συμβολισμός του αμνού και η χρήση του ποίκιλε στον χριστιανικό κόσμο.

657 «Εὐπειθέστατα δὲ ἄρα τῶν ζῴων τὰ πρόβατα ἦν καὶ ἄρχεσθαι φύσει πε-

Φύσις Θηρίων

στην ερμηνευτική προσπάθεια της κατανόησης του Ιησού και της θυσίας του τα περισσότερα από τα χαρακτηριστικά του[658]. Αυτό βέβαια δεν σημαίνει ότι ο συμβολισμός περιορίστηκε μόνο στη θυσιαστική του χρήση. Στην ιουδαϊκή γραμματεία δεν εντοπίζεται πουθενά η περιγραφή του αναμενόμενου μεσσία ως προβάτου. Οι ερευνητές συχνά σημειώνουν το ενδεχόμενο τα *Διαθήκη Ιωσήφ* (19:8-12)[659] και *Διαθήκη Βενιαμίν* 3:8[660], στα οποία χρησιμοποιείται ο

παιδευμένα. ὑπακούει γοῦν καὶ τῷ νομεῖ καὶ τοῖς κυσί, καὶ μέντοι καὶ ἕπεται ταῖς αἰξί. φιλεῖ δὲ καὶ ἄλληλα ἰσχυρῶς, καὶ ὑπό γε τῶν λύκων ἐπιβουλεύεται ἧττον· οὐ γὰρ πλανᾶται ἰδίᾳ ἕκαστον, οὐδὲ μὴν ἀπὸ τοῦ συννόμου σχίζεται, ὥσπερ οὖν αἱ αἶγες», Περὶ Ζῴων Ἰδιότητος, 7, 27, 1-7.

658 Εκτός από το κατά Ιωάννην, ο Ιησούς συγκρίνεται στον Παύλο (Α΄ Κορ. 5:7) αλλά και στις Πράξεις (Πραξ. 8:32) με τον πασχάλιο αμνό. Εξαιρούμε εδώ την περίπτωση της Αποκάλυψης γιατί εκεί το αρνίο είναι φανταστικό και όχι αληθινό ζώο. Στο Ρωμ. 8:36 οι χριστιανοί γενικά ταυτίζονται με τα πρόβατα που σφάζονται. Και σε αυτή την περίπτωση το σύμβολο έχει θετική σημασία. Δεν χρησιμοποιείται παντού ο ίδιος συμβολισμός, όπως παρατηρεί η I. S. Gilhus, *Animals, Gods and Humans*, 174 αλλά τα κείμενα της Κ.Δ., στα οποία χρησιμοποιείται η παραπάνω ιδέα, ταυτίζουν τον Ιησού με το πρόβατο ως το καταλληλότερο ζώο για θυσία. Θυμίζουμε ότι δύο πρόβατα ηλικίας ενός έτους προσφέρονταν καθημερινά στο Ναό της Ιερουσαλήμ (ένα το πρωί και ένα το βράδυ) σύμφωνα με τα Εξ. 29:38-42 και Αρ. 28:4.

659 Αυτός ο «*ἀμνὸς ἄμωμος*» στο στ. 8 νικά όλα τα θηρία που του επιτίθενται. Βλ. το δεύτερο μέρος του στ. 11 «*καὶ τιμᾶτε τὸν Ἰούδαν καὶ τὸν Λευί, ὅτι ἐξ αὐτῶν ἀνατελεῖ ὑμῖν* **ὁ ἀμνὸς τοῦ θεοῦ**, *χάριτι σῴζων πάντα τὰ ἔθνη καὶ τὸν Ἰσραήλ*» και το πρώτο του στ. 12 «*ἡ γὰρ βασιλεία αὐτοῦ βασιλεία αἰῶνος ἥτις οὐ παρασαλεύεται*». Το πρόβλημα είναι ότι στον παραπάνω στίχο γίνεται λόγος για αμνό και λιοντάρι. Προτιμότερο είναι όμως να δεχτούμε ότι πρόκειται για ένα ζώο (αμνό) με χαρακτηριστικά λιονταριού. Βλ. σχετικά G. R. Beasley-Murray, *John*, WBC 36, Dallas, Word Books, 2002, 24.

660 Ο στ. 8 έχει «*Πληρωθήσεται ἐν σοὶ προφητεία οὐρανοῦ περὶ τοῦ* **ἀμνοῦ τοῦ θεοῦ** *καὶ σωτῆρος τοῦ κόσμου, ὅτι ἄμωμος ὑπὲρ ἀνόμων παραδοθήσεται καὶ*

όρος «ἀμνὸς» να αποτελούν τα μοναδικά δείγματα μια τέτοιας χρήσης, αλλά και στις δύο περιπτώσεις έχουμε πιθανότατα χριστιανική παρεμβολή στο κείμενο⁶⁶¹. Η ιδέα του πάσχοντος δούλου του Ησ. 53 με την οποία ερμηνεύτηκε στην αρχέγονη χριστιανική κοινότητα ο θάνατος του Ιησού βρήκε την εικόνα του Ησ. 53:7 κατάλληλη να ενισχύσει την παραπάνω ερμηνεία. Ο συνδυασμός μάλιστα της εορτής του Πάσχα και της θυσίας του αμνού⁶⁶² με το σταυρικό θάνατο του Ιησού έκανε τη συμβολική αυτή ταύτιση να καθιερωθεί γρηγορότερα στη συνείδηση των πρώτων χριστιανών⁶⁶³. Ο Ιουστίνος μάλιστα θα

ἀναμάρτητος ὑπὲρ ἀσεβῶν ἀποθανεῖται ἐν αἵματι διαθήκης, ἐπὶ σωτηρίᾳ ἐθνῶν καὶ Ἰσραήλ, καὶ καταργήσει Βελιὰρ καὶ τοὺς ὑπηρετοῦντας αὐτῷ».

661 Βλ. J. Jeremias, «ἀμνός, ἀρήν, ἀρνίον», *TDNT* 1, 338· I. H. Marshall, «Lamb of God», στο *Dictionary of Jesus and the Gospels*, έκδ. J. B. Green et al., Downers Grove, Illinois, InterVarsity Press, 1992, 433 και το ειδικά το άρθρο του J. C. O'Neill, «The Lamb of God in the Testaments of the Twelve Patriarchs», *JSNT* 2 (1979) 2-30.

662 Σύμφωνα με τα Εξ. 22:3 και 5 στην πασχάλια θυσία μπορούσε να προσφερθεί όχι μόνο αρνί αλλά και κατσίκι, αρκεί να ήταν αρσενικό και ενός έτους.

663 Ως οιονεί χριστολογικό τίτλο (σ. 549) αναφέρει τον «ἀμνὸ τοῦ θεοῦ» ο Χ. Ατματζίδης, *Από την Βιβλική Έρευνα στην Πίστη της Εκκλησίας. Συνοπτική Θεολογία της Καινής Διαθήκης*, τ. Α΄, BB 48, Θεσσαλονίκη 2010, 549. Από τα τέσσερα πιθανά υπόβαθρα που αναφέρει ο Ατματζίδης παρουσιάζοντας την προγενέστερη έρευνα, το πρώτο με τον αποδιοπομπαίο τράγο του Λευ. 16:20-22 (σ. 550) δεν μπορεί να έχει κάποια σύνδεση, καθώς εκεί πρόκειται για άλλο είδος ζώου. Ο αμνός του Ιω. 1:29 και 36 συνδέθηκε από τους ερευνητές με το «ἀρνίο» του Απ. 5:12 και 13:8 και έτσι δηλώνεται ο σωτηριολογικός χαρακτήρας του θανάτου του Ιησού και στις δύο περιπτώσεις. Από την άλλη, πέντε πιθανά υπόβαθρα αναφέρει ο π. Ι. Σκιαδαρέσης, *Ιωάννεια Γραμματεία. Α΄ Μέρος: Κατά Ιωάννην Ευαγγέλιο. Β΄ Μέρος: Αποκάλυψη του Ιωάννη*, Θεσσαλονίκη 2013, 109-113 για τον αμνό του Θεού. Το νέο στοιχείο είναι ο αγώνας των Μακκαβαίων κατά την εποχή των οποίων, το πρόβατο θεωρήθηκε σύμβολο νι-

κατανοήσει το Ησ. 53:7 ως προφητεία που κάνει λόγο για τον Ιησού (τυπολογική ερμηνεία) και θα συνδέσει τον πασχάλιο αμνό του Εξ. 12 με τον σταυρικό του θάνατο[664].

Τα κείμενα που έχουν ελκύσει το ενδιαφέρον των ερευνητών σχετικά με τον τίτλο «*ὁ ἀμνὸς τοῦ θεοῦ*», ο οποίος αποτελεί μια μεταφορική εικόνα, είναι κυρίως δύο χωρία από το κατά Ιωάννην (Ιω. 1:29 και 36)[665]. Εκεί ο συγκεκριμένος τίτλος τοποθετείται στα χείλη του Ιωάννη του Βαπτιστή και αποδίδεται στον Ιησού. Εξαιτίας της ιδέας του πάσχοντος δούλου που υπάρχει στο Ησ. 53 ο τίτλος «*ἀμνὸς τοῦ θεοῦ*» αμφισβητήθηκε από τον Jeremias ότι αποτελεί την αυθεντική γραφή στο ευαγγέλιο του Ιωάννη. Κατά τον Jeremias[666] εδώ έχουμε λαν-

---

κης και δύναμης (σ. 89). Ο Ιούδας ο Μακκαβαίος συνδέθηκε συμβολικά με τον αμνό. Ο π. Ιωάννης Σκιαδαρέσης δέχεται την άποψη ότι σε αυτόν αναφέρονται τα *Α΄ Ενώχ* 90:37 και *Διαθήκη Ιωσήφ* 19:8. Συμπερασματικά όμως δέχεται ότι ό όρος είναι φορτισμένος με όλες τις σχετικές παλαιοδιαθηκικές παραδόσεις με κυρίαρχο το θυσιαστικό μοτίβο (σ. 113).

664 Ιουστίνου, *Πρὸς Τρύφωνα ᾿Ιουδαῖον Διάλογος*, 111, 3, 4-4, 5.

665 Βλ. ενδεικτικά εκτός της ειδικής μελέτης του Ε. Ε. May, *Ecce Agnus Dei. A Philological and Exegetical Approach to John 1:29, 36*, Studies in Sacred Theology 5, Washington, The Catholic University of America Press, 1947 τα παρακάτω άρθρα: G. Ashbey, «Lamb of God», *JTSA* 21 (1977) 63–65 και 25 (1978) 62-65· C. E. Blakeway, «Behold the Lamb of God», *ExpTim* 31 (1919-1920) 364-365· G. L. Carey, «The Lamb of God and Atonement Theories», *TynB* 32 (1981) 97-122· P. Joüon, «L'Agneau de Dieu (Jean 1, 29)», *NRTh* 67 (1940-1945) 318-321· A. Negoistsa-D. Constantin, «L' Agneau de Dieu et le Verbe de Dieu (Ad Jo i 29 et 36)», *NovT* 13 (1971) 24-37· J. H. Roberts, «The lamb of God», *Neot* 2 (1968) 41-56· E. K. Taylor, «The Lamb of God», *Clergy Review* 48 (1963) 285-292· S. Virgulin, «Recent Discussion of the Title, Lamb of God», *Scr* 13 (1961) 74-80.

666 J. Jeremias, «Ἀμνὸς τοῦ Θεοῦ-παῖς Θεοῦ (Jn 1:29, 36)», *ZNW* 34

Μέρος τρίτο

θασμένη απόδοση της αραμαϊκής λέξης «*talyā*›» με τη λέξη «*ἀμνὸς*» στα ελληνικά αντί του ορθότερου «*παῖς*». Αν αυτό ισχύει, τότε τα Ιω. 1:29 και 36 στην πραγματικότητα δεν κάνουν λόγο για αμνό του Θεού, αλλά για τον δούλο του Θεού. Η πρόταση αυτή ενισχύεται από το γεγονός ότι ο πασχάλιος αμνός δεν αφαιρούσε αμαρτίες, αλλά το αίμα του προστάτευε τα πρωτότοκα των Ισραηλιτών από τον εξολοθρευτή άγγελο. Η φράση του Ιω. 1:29 «*ὁ αἴρων τὴν ἁμαρτίαν τοῦ κόσμου*»[667] που ακολουθεί δικαιολογείται με την επιλογή της λέξης «*παῖς*». Κατά τον Jeremias το γεγονός ότι ο τίτλος «*ἀμνὸς τοῦ θεοῦ*» αποδίδεται ξεκάθαρα στον Ιησού μόνο στο κατά Ιωάννην φανερώνει την προέλευσή του από κάποιο δίγλωσσο ή ελληνόφωνο περιβάλλον. Έτσι αυτός αποτελεί προϊόν της κοινότητάς του[668]. Οι περισσότεροι ερευνητές όμως, δέχονται ότι εδώ δεν έχουμε μεταφραστικό λάθος, αλλά απηχούνται πολλές παραδόσεις[669] και συνεπώς εκτός του Ησ. 53:7[670] το χωρίο μπο-

---

(1935) 117-123 του ίδιου, «ἀμνός, ἀρήν, ἀρνίον», TDNT 1, 339.
667 Η φράση χρησιμοποιείται σε παραλλαγή στο Α΄ Ιω. 3:5. Βλ. σχόλια στο Κ. Παπαθανασίου, *Το Γεγονός της Σωτηρίας στην Ιωάννεια Θεολογία (Ευαγγέλιο-Επιστολές-Αποκάλυψη)*, ΒΒ 45, Θεσσαλονίκη 2010, 255-256.
668 Στο Ιω. 19:36 ο Ιησούς περιγράφεται ως πασχάλιος αμνός «*ὀστοῦν οὐ συντριβήσεται αὐτοῦ*».
669 Βλ. E. Haenchen et al., *John: A Commentary on the Gospel of John. Chapters 1-6*, (μτφρ. R. W. Funk), Hermeneia, Philadelphia, Fortress Press, 1984, 152.
670 Σε ένα πολύ πρόσφατο άρθρο του ο J. Schipper, «Interpreting the Lamb Imagery in Isaiah 53», *JBL* 132 (2013) 315-325 υποστηρίζει ότι το Ησ. 53:7 δεν παρουσιάζει τον πάσχοντα δούλο ως ιδανικό θυσιαστήριο ζώο, αλλά αντίθετα με βάση της ορολογία, η οποία δεν παραπέμπει στα σχετικά κείμενα της Πεντατεύχου, ως ακατάλληλο ζώο για θυσία, αν συγκριθεί με τα Μαλ 1:7, 14 Λευ. 4:3 και 5:15.

Φύσις Θηρίων

ρεί να αποτελεί νύξη του Ιερ. 11:19. Μπορούμε εδώ ν' αναφέρουμε ότι η λέξη «*ἀμνὸς*» χρησιμοποιείται στο κείμενο των Ο' 101 φορές συνολικά και τις περισσότερες από αυτές συνδέεται με το καθημερινό ολοκαύτωμα που προσφέρονταν δύο φορές ημερησίως στο Ναό[671]. Το ενδεχόμενο αυτό λοιπόν μπορεί να έχει επηρεάσει και αυτό το υπόβαθρο των Ιω. 1:29 και 36. Μια άλλη πρόταση θέλει το *ἀρνίο*, το οποίο πρωταγωνιστεί στο *Α΄ Ενώχ* 90 να έχει επηρεάσει τον συγγραφέα του τετάρτου ευαγγελίου, έστω και αν η ορολογία είναι διαφορετική[672]. Πιθανότερο όμως είναι να δεχτούμε ότι εκεί πρόκειται είτε για λανθασμένη μετάφραση ή χριστιανική παρεμβολή[673]. Αφού επίσης η παρουσία του συγκεκριμένου ζώου στο βιβλίο των οραμάτων (*Α΄ Ενώχ* 90:30) είναι φανταστική και κατά συνέπεια και όσα λαμβάνουν χώρα εκεί δεν είναι παρά μια ενόραση[674], μπορεί η παραπάνω παράσταση να αποτελεί υπόβαθρο για το *ἀρνίο* του Απ. 5:6[675], όχι όμως για τα Ιω. 1:29 και 36.

---

671 Η καταμέτρηση του I. H. Marshall, *στο ίδιο*, 433 είναι λανθασμένη, καθώς σημειώνει μόνο 77 αναφορές. Είναι όμως σημαντικό το γεγονός ότι ο Marshall σημειώνει πως το περιστατικό της αντικατάστασης του Ισαάκ με ένα πρόβατο στη θυσία του Αβραάμ μπορεί επίσης να ασκεί επίδραση στα ιωάννεια χωρία για τον αμνό του Θεού, καθώς το παλαιοδιαθηκικό αυτό μοτίβο μπορεί να ήταν καταλυτικό για τον αντιπροσωπευτικό ρόλο του προβάτου στον Ιουδαϊσμό.

672 Στο *Α΄ Ενώχ* 89:43 το ζώο αναφέρεται ως «*κριὸς*», ενώ στο στ. 45 ο συντάκτης το αποκαλεί «*ἄρνα*». Βλ. *OTP* 2, 254.

673 Βλ. σχετικά Δ. Καϊμάκη, «Α΄ Ενώχ. Περιληπτική Απόδοση-Σχόλια», στο «*Τα Ελοχίμ δεν θα Ταραχθούν εις τον Αιώνα…*». *Ζητήματα Παλαιοδιαθηκικής και Μεσοδιαθηκικής Γραμματείας*, Θεσσαλονίκη, 2006, 111.

674 Για το κείμενο του κεφ. 90 βλ. στην έκδοση του Σ. Αγουρίδη, *Τα Απόκρυφα της Παλαιάς Διαθήκης*, τ. Α΄, Αθήνα 1980, 356-359.

675 Και εδώ όμως κυριαρχεί το μοτίβο του πασχάλιου αμνού, όπως σημειώνει ο π. Ι. Σκιαδαρέσης, «Αποκάλυψη του Ιωάννη και

Μέρος τρίτο

Μετά απ' όσα αναφέρθηκαν παραπάνω μπορούμε να σημειώσουμε ότι η προτιμότερη λύση είναι ο συνδυασμός του πασχάλιου αμνού με τον πάσχοντα δούλο του Γιαχβέ, ο οποίος παρομοιάζεται με αρνί[676]. Και ενώ η ιδέα του αρνιού που σφάζεται αδιαμαρτύρητα[677] δεν αναπτύσσεται πουθενά στην ιουδαϊκή γραμματεία στην περίπτωση της Κ.Δ. αυτή εξελίσσεται στο ευαγγέλιο του Ιωάννη. Σίγουρα το θυσιαστικό μοτίβο κυριαρχεί πίσω από τον χριστολογικό τίτλο «ὁ ἀμνὸς τοῦ θεοῦ» στα Ιω. 1:29 και 36, αφού στην πρώτη περίπτωση υπάρχει ξεκάθαρη σύνδεση με την απομάκρυνση της αμαρτίας.

Πνευματικότητα», στο *Αποκαλύψεως Εξηγητικόν. Ερμηνευτικά και Θεολογικά Μελετήματα στην Αποκάλυψη του Ιωάννη*, Θεσσαλονίκη 2011, 144 και 150. Βλ. επίσης τα σχόλια του ίδιου, *Λειτουργικές Σκηνές και Ύμνοι στην Αποκάλυψη του Ιωάννη*, ΒΒ 14, Θεσσαλονίκη 1999, 176-177 και 189 σχετικά με το Απ. 15:3α, όπου στον ίδιο στίχο έχουμε τον Μωυσή ως ηγέτη του Ισραήλ και το αρνίο να ηγείται του νέου λαού του Θεού. Για τα συντακτικά προβλήματα του Απ. 5:6 βλ. του ίδιου, «Συντακτικές Ετερότητες στο Κείμενο της Αποκάλυψης του Ιωάννη και Εκλογικεύσεις τους στη Χειρόγραφη Παράδοσή του», στο *Η Αποκάλυψη του Ιωάννη. Ερμηνευτικά και Θεολογικά Μελετήματα Α΄*, ΒΒ 35, Θεσσαλονίκη 2005, 44-45.

676 Σωστά ο R. E. Brown, *The Gospel and Epistles of John: A Concise Commentary*, Liturgical Press, ⁴1988, 25 προτιμά αυτή την εκδοχή. Βλ. επίσης Χ. Καρακόλη, *Η Θεολογική Σημασία των θαυμάτων στο κατά Ιωάννην Ευαγγέλιο*, Θεσσαλονίκη 1997, 530-533, όπου παρουσιάζονται πέντε σημαντικές ενδείξεις υπέρ της κατανόησης του θανάτου του Ιησού από τον συγγραφέα του τετάρτου ευαγγελίου υπό το πρίσμα της θυσίας του πασχάλιου αμνού. Πρβλ. εκτός των Ιω. 1:29, 36 τα 11:51-55· 19:14-16, 34 και 36.

677 Ακόμη και στο Ιω. 19:9 πολλοί ερμηνευτές βλέπουν στην μη απόκριση του Ιησού στον Πιλάτο τον παραλληλισμό με το πρόβατο που σφάζεται χωρίς να αντιδρά. Βλ. J. R. Miles, *στο ίδιο*, 133.

ΣΥΜΠΕΡΑΣΜΑΤΑ

Η ζωική ποικιλότητα και η στάση του χριστιανισμού κατά την Καινή Διαθήκη

«*Γι' αυτό του δάσους θα τους φάνε τα λιοντάρια, λέει ο Κύριος, λύκοι από την έρημο θα τους κατασπαράξουν· παρδάλεις θα παραμονεύουνε στις πόλεις τους. Όποιον βγαίνει έξω απ' αυτές θα τον ξεσκίζουν, γιατί πληθύναν οι ανομίες τους κι οι αποστασίες τους αυξήθηκαν*» (Ιερ. 5:6). Το παραπάνω απόσπασμα από το βιβλίο του Ιερεμία είναι ιδιαίτερα σκληρό αλλά εκτός από την τιμωρία φανερώνει κυρίως τον τρόπο με τον οποίο η Π.Δ. αντιλαμβάνεται τη σχέση του ανθρώπου με την άγρια ζωή. Και ενώ ίσως θα περίμενε κανείς μια άλλη κατάσταση στην Κ.Δ. τα πράγματα έχουν και εκεί το ίδιο ακριβώς. Στην Αποκάλυψη διαβάζουμε «*είδα τότε να βγαίνουν από το στόμα του δράκοντα κι από το στόμα του θηρίου κι από το στόμα του ψευδοπροφήτη τρία πονηρά πνεύματα, που έμοιαζαν με βατράχια. Είναι τα δαιμονικά πνεύματα που κάνουν τερατουργίες...*» (Απ. 16:13-14). Μπορεί οι παραπάνω στίχοι να αποτελούν μια μυθική παράσταση και όχι πραγματικά ζώα αλλά με τον αφηγηματικό αυτό τρόπο δηλώνεται μια πραγματικότητα. Ο κόσμος της εποχής της Κ.Δ. είχε παραλάβει και διαμορφώσει ποικίλες ζω-

Συμπεράσματα

ομορφικές εκδοχές του κακού, όπως αυτές φανερώνονται μέσα από ένα μεγάλο αριθμό κειμένων με τα οποία ασχοληθήκαμε στην παρούσα μελέτη.

Αν τώρα θέλαμε να συνοψίσουμε τη θέση των βιβλίων της Κ.Δ. γενικά για τη ζωική ποικιλότητα θα μπορούσαμε να υποστηρίξουμε ότι σε αυτή υπάρχουν τρεις κυρίως αντιλήψεις. Η πρώτη είναι η κλασική ιουδαϊκή που θέλει τον άνθρωπο κατ᾽ εικόνα Θεού δημιούργημα και τα ζώα ως υποδεέστερα, επειδή ακριβώς δεν έχουν δημιουργηθεί κατ᾽ εικόνα[678]. Η δεύτερη αντίληψη προέρχεται από τους στωικούς φιλοσόφους και αφορά ένα ιεραρχημένο μοντέλο του κόσμου, το οποίο καθορίζουν οι διαφορές μεταξύ ανθρώπων και ζώων[679]. Τέλος, υπάρχει μια τρί-

---

[678] Βάση αυτής της αντίληψης αποτελεί η διήγηση της δημιουργίας στα Γεν. 1:20-25 και 2:19. Βλ. επίσης και Ιώβ 35:11.

[679] Κατά τους στωικούς οι άνθρωποι συνδέονται με τους θεούς. Έχουν λόγο και ελευθερία ενεργειών. Τα ζώα είναι άλογα και ενεργούν από φύσεως. Έτσι ανάλογα με τα είδη των ζώων υπάρχουν ανάλογες αντιδράσεις. Η φύση φροντίζει γι᾽ αυτά και γνωρίζουν πράγματα χωρίς να τα έχουν διδαχθεί. Οι βιολόγοι σήμερα έχουν αποδείξει ότι αυτό δεν ισχύει. Οι αρκούδες, αλλά και όλα τα μεγάλα αρπακτικά για παράδειγμα, διδάσκουν τα μικρά τους για μεγάλο χρονικό διάστημα προκειμένου να μάθουν να αναζητούν την τροφή τους. Το απόσπασμα από τον Επίκτητο είναι διαφωτιστικό για τις αντιλήψεις των στωικών για τα ζώα: «ἐκείνων ἕκαστον κατασκευάζει τὸ μὲν ὥστ᾽ ἐσθίεσθαι, τὸ δ᾽ ὥστε ὑπηρετεῖν εἰς γεωργίαν, τὸ δ᾽ ὥστε τυρὸν φέρειν, τὸ δ᾽ ἄλλο ἐπ᾽ ἄλλῃ χρείᾳ παραπλησίῳ, πρὸς ἃ τίς χρεία τοῦ παρακολουθεῖν ταῖς φαντασίαις καὶ ταύτας διακρίνειν δύνασθαι; τὸν δ᾽ ἄνθρωπον θεατὴν εἰσήγαγεν αὐτοῦ τε καὶ τῶν ἔργων τῶν αὐτοῦ, καὶ οὐ μόνον θεατήν, ἀλλὰ καὶ ἐξηγητὴν αὐτῶν. διὰ τοῦτο αἰσχρόν ἐστι τῷ ἀνθρώπῳ ἄρχεσθαι καὶ καταλήγειν ὅπου καὶ τὰ ἄλογα», *Διατριβαί*, 1, 6, 18-20. Βλ. και Γεν. 9:2-3 «καὶ ὁ τρόμος ὑμῶν καὶ ὁ φόβος ἔσται ἐπὶ πᾶσιν τοῖς θηρίοις τῆς γῆς καὶ ἐπὶ πάντα τὰ ὄρνεα τοῦ οὐρανοῦ καὶ ἐπὶ πάντα τὰ κινούμενα ἐπὶ τῆς γῆς καὶ ἐπὶ πάντας τοὺς ἰχθύας τῆς θαλάσσης ὑπὸ χεῖρας ὑμῖν δέδωκα καὶ πᾶν ἑρπετὸν ὅ ἐστιν ζῶν ὑμῖν ἔσται εἰς βρῶσιν ὡς

τη αντίληψη, η οποία έχει να κάνει με μια δυαρχική θεώρηση του κόσμου. Σύμφωνα με αυτήν τη θέση ορισμένα ζώα δαιμονοποιούνται και ταυτίζονται με το κακό[680]. Εδώ βασική αρχή αποτελεί η ιουδαϊκή διάκριση σε καθαρά και ακάθαρτα ζώα.

Ασφαλώς αν συγκρίνουμε τη χρήση των οικόσιτων και των άγριων ζώων θα διαπιστώσουμε ότι στην Κ.Δ., όπως είναι άλλωστε φυσικό, ποσοτικά το ενδιαφέρον των συγγραφέων των διαφόρων βιβλίων της στρέφεται γύρω από τα πρώτα. Αυτό είναι πολύ λογικό, αφού πολλά από τα είδη της άγριας πανίδας, είτε δεν είναι γνωστά στους συγγραφείς των βιβλίων της Κ.Δ., είτε εξαιτίας των απομακρυσμένων βιοτόπων τους ελάχιστα ήταν γνωστά για τις συνήθειές τους και έτσι αυτοί δεν μπορούσαν να τα χρησιμοποιήσουν σε θρησκευτικά κείμενα. Από τη στατιστική αποτύπωση των ειδών που χρησιμοποιούνται στην Κ.Δ. το πρόβατο αναφέρεται 73 φορές και υπερέχει κατά πολύ έναντι οποιουδήποτε άλλου ζώου. Το γεγονός αυτό δικαιολογείται, καθώς είναι το μόνο ζώο στο οποίο γενικά οι βιβλικοί συγγραφείς δεν βρίσκουν τίποτα αρνητικό και στην Κ.Δ. ειδικότερα θα ταυτιστεί συμβολικά με τον ίδιο τον Χριστό.

Είναι γεγονός ότι αρκετές φορές στα κείμενα της Κ.Δ. το κακό εκδηλώνεται με τη μορφή άγριων ή ακόμη και οικόσιτων ζώων. Παρατηρήσαμε ότι οι συγγραφείς των κειμένων αυτών παρουσιάζουν τα ζώα με εντελώς περιφρονητικό τρό-

λάχανα χόρτου δέδωκα ὑμῖν τὰ πάντα». Εδώ η θέση του ανθρώπου έναντι των ζώων ισχυροποιείται και επιτρέπεται η βρώση τους με θεϊκή εντολή. Είδαμε εξάλλου στο δεύτερο μέρος της μελέτης μας τη θέση των Ιούδα 10 και Β΄ Πε. 2:12 για τα άλογα ζώα και τη χρήση τους από τον άνθρωπο εξαιτίας της κατωτερότητάς τους.
680 Ενδεικτικά το δίπολο πρόβατο λύκος στα Μτ. 10:16//Λκ. 10:3· Ιω. 10:12.

πο. Τα ζώα, τόσο στην Παλαιά, όσο και στην Καινή Διαθήκη αποτελούν δημιουργήματα του Θεού, αλλά όχι κατ' εικόνα και συνεπώς θεωρούνται υποδεέστερα του ανθρώπου, είναι άλογα (Ιούδα 10 Β' Πε. 2:12), αντιδρούν με βάση τα ένστικτά τους, δεν έχουν ψυχή και τις περισσότερες φορές η σχέση τους με τους ανθρώπους είναι άκρως ανταγωνιστική. Έτσι κατανοείται γιατί συχνά οι διαβολικοί άνθρωποι συγκρίνονται με τα ζώα (Τιτ. 1:12 Β' Πε. 2:22). Η ανωτερότητα του ανθρώπου επιβεβαιώνεται από το γεγονός ότι τα περισσότερα ζώα δαμάζονται από αυτόν (Ιακ. 3:3, 7). Είδαμε ότι η κατάσταση δεν είναι καλύτερη για τα ζώα, ούτε στους γειτονικούς λαούς του Ισραήλ, καθώς ο ελληνορωμαϊκός κόσμος, αλλά και ο χριστιανικός αργότερα με την επίδραση των πατερικών συγγραμμάτων δεν έκανε τίποτα άλλο από το να εξάρει τη σπουδαιότητα και την ευφυΐα του ανθρώπου και να ταυτίσει τη ζωική ποικιλότητα με το κακό, την ανοησία, την ειδωλολατρία, την πονηρή διάθεση, την αισχρή συμπεριφορά και γενικότερα τα πάθη. Στην αρχαιότητα εξάλλου, η φράση «άγρια ζώα» χρησιμοποιούνταν για να περιγράψει τους βάρβαρους που θεωρούνταν ξένοι, ανταγωνιστικοί και επικίνδυνοι για τον πολιτισμένο κόσμο[681]. Ζώα και δαιμονικές δυνάμεις αλληλοδανείζονται χαρακτηριστικά και ιδιότητες στις αντιλήψεις της αρχαιότητας και συνεπώς τα βιβλικά κείμενα δεν μένουν εκτός αυτής της τάσης. Περίπλο-

---

681 Το απόσπασμα που ακολουθεί από τον Ηρόδοτο είναι χαρακτηριστικό: «*Πελειάδες δέ μοι δοκέουσι κληθῆναι πρὸς Δωδωναίων ἐπὶ τοῦδε αἱ γυναῖκες, διότι βάρβαροι ἦσαν, ἐδόκεον δέ σφι ὁμοίως ὄρνισι φθέγγεσθαι. Μετὰ δὲ χρόνον τὴν πελειάδα ἀνθρωπηίῃ φωνῇ αὐδάξασθαι λέγουσι, ἐπείτε συνετά σφι ηὔδα ἡ γυνή· ἕως δὲ ἐβαρβάριζε, ὄρνιθος τρόπον ἐδόκεέ σφι φθέγγεσθαι, ἐπεὶ τέῳ τρόπῳ ἂν πελειάς γε ἀνθρωπηίῃ φωνῇ φθέγξαιτο;*», Ἱστορίαι, 2, 57, 1-8.

κες ιδέες για τη ψυχή, το σώμα, τα ένστικτα, τις αισθήσεις, τη σωτηρία και την καταδίκη του ανθρώπου παρουσιάζονται σε πολλά κείμενα με ζωομορφικά σύμβολα και μεταφορές. Συχνά τα ζώα απεικονίζουν κυρίως τον επίγειο, υλικό και ερωτικό βίο του αμαρτωλού ανθρώπου, ο οποίος διώχθηκε από τον παράδεισο με όλα τα αρνητικά στοιχεία αυτής της ενέργειας. Δεν θα πρέπει να ξεχνάμε ότι η χρήση της ζωικής ποικιλότητας στα χριστιανικά κείμενα υιοθετείται για να περιγραφεί κυρίως η συμπεριφορά κάποιων ανθρώπων. Συνεπώς η χρήση μεταφορικών εικόνων από τον κόσμο τον ζώων παρουσιάζεται ως ιδανική περίπτωση για να διανθιστεί με πολύ χαρακτηριστικό τρόπο και φυσικά οικείο στους αναγνώστες μια ευαγγελική διήγηση. Τις περισσότερες φορές έχουμε διπολισμούς του τύπου Θεός/διάβολος, ψυχή/σώμα, χριστιανός/εθνικός, ορθοδοξία/αίρεση, πιστός/αμαρτωλός. Οι ζωομορφικές δηλαδή μεταφορές χρησιμοποιούνται σε μια πορεία συνυπολογισμού και αποκλεισμού των άλλων.

Όλα τα παραπάνω δεν περιορίζονται φυσικά μόνο στα κείμενα της Κ.Δ. Τα απόκρυφα κείμενα της Κ.Δ. αργότερα, επιδείνωσαν την αντιμετώπιση των ζώων ακόμη περισσότερο. Οι συγγραφείς τους παρουσιάζουν τα ζώα να συμπεριφέρονται στις διηγήσεις όπως ακριβώς οι άνθρωποι. Τα θηρία που ημερεύουν θεωρούνται αλληγορικά ως οι μετανοημένοι αμαρτωλοί και εθνικοί. Οι παραπάνω ιδέες συνδέονται και με τα ασκητικά πρότυπα ζωής του εγκρατιτισμού με αποτέλεσμα τα ζώα να παρουσιάζονται με εντελώς αφύσικο τρόπο[682]. Ειδικότερα στις περισσότερες απόκρυφες πράξεις για παρά-

---

[682] Στο υπόβαθρο των επεισοδίων αυτών βέβαια, τις περισσότερες φορές μπορούν να αναζητηθούν γνωστές διηγήσεις της Κ.Δ.

Συμπεράσματα

δείγμα, στόχος είναι να αλλάξει ριζικά η φύση των θηρίων. Θα πρέπει αυτά να μην συμπεριφέρονται εχθρικά προς τα υπόλοιπα είδη ή τον άνθρωπο.

Για τον χριστιανισμό, όπως ακριβώς για τον Ιουδαϊσμό, τα ζώα δημιουργήθηκαν από τον Θεό κατά την πέμπτη και έκτη ημέρα της δημιουργίας (Γεν. 1:20-25) πριν τη δημιουργία του ανθρώπου κατά την πρώτη σχετική διήγηση. Στη δεύτερη, πιο σύντομη διήγηση της δημιουργίας, ο Θεός φέρνει όλα τα ζώα στον Αδάμ για να τους δώσει ονόματα (Γεν. 2:19-20). Σε αυτή τη διήγηση τα ζώα έπονται της δημιουργίας του ανθρώπου. Η θεολογική σκέψη όμως, ερμήνευσε τη δημιουργία τους δυστυχώς με έναν και μόνο τρόπο. Κατανόησε ότι η ζωική ποικιλότητα δημιουργήθηκε για να χρησιμοποιείται από τον άνθρωπο και να καλύπτει τις ανάγκες του. Πρέπει εδώ να σημειωθεί ότι το σχετικό με τα ζώα υλικό της Αγίας Γραφής προέρχεται από ποιητικά, προφητικά, σοφιολογικά και νομικά κείμενα. Είδαμε όμως ότι και παρατηρήσεις που αφορούν τις συμπεριφορές ορισμένων ειδών της άγριας κυρίως πανίδας εντοπίζονται και στην Κ.Δ. Μπορεί αυτές να μην έχουν ακριβείς λεπτομέρειες σαν εκείνες που συναντάμε στις φυσικές ιστορίες της αρχαιότητας, αλλά δεν θα πρέπει να ξεχνάμε ότι έχουμε να κάνουμε με κείμενα θρησκευτικών κοινοτήτων που το ενδιαφέρον τους παραμένει πάντα ο άνθρωπος και τα προβλήματά του σε θρησκευτικό επίπεδο. Έτσι μόνο μπορεί να κατανοηθεί γιατί τα ακάθαρτα ζώα κατά τους Ιουδαίους της εποχής του Χριστού αποτελούν μόνιμη απειλή για την ανθρώπινη ζωή. Επιθετική συμπεριφορά που μπορεί να οδηγήσει σε τραυματισμούς και θάνατο, ηθική ακαθαρσία, εχθρικό περιβάλλον διαβίωσης, σύνδεση

Φύσις Θηρίων

με λατρευτικές πρακτικές του εθνικού κόσμου, είναι μερικά μόνο από τα στοιχεία που κάνουν τους Ιουδαίους να αποφεύγουν σταθερά οποιαδήποτε επαφή με τα περισσότερα είδη της πανίδας, προκειμένου να μην χάσουν τη δυνατότητα της σωτηρίας. Έτσι γίνεται καλύτερα αντιληπτό γιατί συχνά οι εθνικοί χαρακτηρίζονται με ονομασίες ακάθαρτων ζώων από τους Ιουδαίους της εποχής του Χριστού.

Συγκρίνοντας στη μελέτη μας τις πληροφορίες των φυσικών ιστοριών για τρία ενδεικτικά είδη της ζωικής ποικιλότητας με όσα λέγονται στην Κ.Δ. για αυτά, διαπιστώσαμε ότι οι βιβλικοί συγγραφείς γενικά γνωρίζουν ελάχιστα πράγματα σχετικά με τα διάφορα είδη της πανίδας, δεν είναι φυσιοδίφες και τα όσα αναφέρουν είναι πρόχειρες παρατηρήσεις από την καθημερινή εμπειρία. Πολλές φορές και η αναγνώριση κάποιου είδους, συνήθως από την ορνιθοπανίδα, δεν είναι εφικτή για τους σύγχρονους αναγνώστες από την ορολογία που χρησιμοποιείται. Αυτό συμβαίνει διότι οι βιβλικοί συγγραφείς σε πολλές περιπτώσεις δεν γνωρίζουν τα λιγότερο προσιτά είδη της άγριας ζωής με αποτέλεσμα να έχουμε ανακριβείς πληροφορίες στο κείμενο για τα χαρακτηριστικά του κάθε είδους. Αυτά τα χαρακτηριστικά γνωρίσματα είναι όμως που κάνουν πολλά ζώα να συνδέονται με το κακό. Χαρακτηριστικότερο ίσως παράδειγμα είναι τα φίδια[683]. Μόνο η οχιά αναγνωρίζεται ως συγκεκριμένο είδος αυτής της μεγάλης ομοταξίας των ερπετών και στην πραγματικότητα αυτή αποτελεί μία οικογένεια ιοβόλων φιδιών με περισσότερα από πέντε είδη. Στην αρχαιότητα είχε σίγουρα παρατηρηθεί ότι ορισμένα ζώα είχαν ιδιότητες που ο άνθρωπος δεν είχε. Κάποια

---

683 Στην Ελλάδα μόνο έχουμε είκοσι δύο είδη φιδιών χωρίς να συμπεριλαμβάνονται στον αριθμό αυτό τα διάφορα υποείδη.

Συμπεράσματα

είναι δυνατότερα από τον άνθρωπο, άλλα τρέχουν γρηγορότερα, κάποια άλλα ζουν στο νερό, ενώ μερικά μπορούν και πετούν ψηλά στον ουρανό και χάνονται από τα μάτια των ανθρώπων. Τα χαρακτηριστικά αυτά διαχώριζαν τα ζώα από τον άνθρωπο αλλά κυρίως προκαλούσαν φόβο και εχθρότητα. Δεν είναι σίγουρα τυχαίο επίσης ότι παραμένουν μέχρι σήμερα ονομασίες όπως διαβολόψαρο ή διάβολος της τασμανίας για συγκεκριμένα είδη της ζωικής ποικιλότητας εξαιτίας της ιδιαίτερης συμπεριφοράς τους ή των μορφολογικών τους χαρακτηριστικών. Το χριστιανικό υπόβαθρο των Ευρωπαίων επιστημόνων κατά το παρελθόν ήταν καταλυτικό ακόμη και στο έργο της ονομασίας των νέων ειδών που ανακάλυπταν.

Θα πρέπει εδώ να σημειώσουμε πως η αντίληψη ότι τα ζώα δημιουργήθηκαν για να υπηρετούν αποκλειστικά τον άνθρωπο δεν είναι βιβλική, αλλά προέρχεται από τον Αριστοτέλη, τον οποίον ακολουθούν όλοι οι μεταγενέστεροι συγγραφείς της ελληνικής και της λατινικής γραμματείας. Από τους στωικούς η ιδέα αυτή πέρασε αργότερα και στη ραβινική γραμματεία. Ο Ιησούς πουθενά στα ευαγγέλια δεν χρησιμοποιεί την ανωτερότητα του ανθρώπου σε βάρος των ζώων. Δεν υπάρχει πουθενά η μεταγενέστερη θεολογική θέση ότι επειδή τα ζώα είναι κατώτερα του ανθρώπου, αυτός δεν έχει καμία ηθική ευθύνη για αυτά. Η αρνητική όμως αντιμετώπιση των ζώων συνεχίστηκε κατά τους χριστιανικούς αιώνες και θεολόγοι, όπως ο Τερτυλλιανός, ο Ωριγένης και ο Αυγουστίνος, θα διατηρήσουν με συνέπεια στα συγγράμματά τους, όχι μόνο την ιδέα περί υπεροχής του ανθρώπου έναντι των ζώων, αλλά και εκείνη της υποταγής των ζώων στον άνθρωπο και της εκμετάλλευσής τους από αυτόν.

Φύσις Θηρίων

Ο αρχέγονος χριστιανισμός όμως δεν είχε διαμορφώσει μια συγκεκριμένη στάση απέναντι στα είδη της ζωικής ποικιλότητας. Συνεπώς δεν θα βρούμε μια παγιωμένη θέση στην Κ.Δ., ούτε κάποιο από τα βιβλία της ασχολείται με τα ζώα και φυσικά απουσιάζει από αυτήν οποιαδήποτε συστηματική θεολογική διδασκαλία σχετικά με τη ζωική ποικιλότητα. Τα ζώα εμφανίζονται στην Κ.Δ. σποραδικά αλλά περιγράφονται με αρνητική διάθεση. Είναι βέβαιο ότι το υπόβαθρο των σχετικών με τα ζώα αντιλήψεων προέρχεται από το ιουδαϊκό περιβάλλον. Μετά τον κατακλυσμό η θέση του ανθρώπου απέναντι στα ζώα ισχυροποιείται. Σύμφωνα με την Αγία Γραφή τα ζώα δεν έχουν προσωπικότητα, ούτε ομιλία. Υπάρχουν όμως και δύο εξαιρέσεις. Η μία είναι το φίδι που μιλά στην Εύα (Γεν. 3:1-15) και η δεύτερη ο γάιδαρος του Βαλαάμ (Αρ. 22:21-35)[684]. Και τα δύο περιστατικά χρησιμοποιήθηκαν αργότερα στην χριστιανική παράδοση. Ας σημειωθεί ότι το φίδι δεν φέρεται σαν κανονικό ζώο στη σχετική διήγηση της Π.Δ. παρά μόνο μετά την κατάρα του Θεού (Γεν. 3:15). Έτσι θα χαρακτηριστεί αιώνιος εχθρός του ανθρώπου και στη συνέχεια θα ταυτιστεί με τον διάβολο. Η ερμηνευτική αυτή κατανόηση είδαμε στο τρίτο μέρος της μελέτης ότι ήταν καταλυτική και στάθηκε εμπόδιο να αξιοποιηθούν συμβολικά ορισμένα χαρακτηριστικά των φιδιών με θετικό τρόπο.

Το ερώτημα τώρα είναι αν τελικά, παρά τη δεδομένη αρνητική θέση του χριστιανισμού για τα ζώα, θα συμπεριληφθούν και αυτά στο σχέδιο του Θεού για τη σωτηρία και την ανακαίνιση του κόσμου κατά τα έσχατα; Τα ζώα εμφανίζονται σε ορισμένα κείμενα, τα οποία στηρίζονται κυρίως στο βιβλίο του Ησαΐα,

---
684 Αναφορά στο περιστατικό κάνει στην Κ.Δ. το Β΄ Πε. 2:15 εξ.

Συμπεράσματα

να περιλαμβάνονται και αυτά στις εσχατολογικές προσδοκίες. Η εσχατολογική ειρήνη συνεπάγεται και αρμονική συνύπαρξη των διαφόρων ειδών της πανίδας (Ησ. 11:6-9 και 65:25). Στην απόκρυφη χριστιανική γραμματεία προστίθεται και ένα άλλο στοιχείο. Σύμφωνα με τις *Πράξεις Φιλίππου* (301, 2), τα ζώα θα επανακτήσουν τη δυνατότητα ομιλίας που έχασαν μετά τη δημιουργία τους εξαιτίας της αμαρτίας του ανθρώπου. Εδώ γίνεται λόγος για αληθινά ζώα και όχι για μυθικά που απλά συμμετέχουν στα δραματικά γεγονότα των εσχάτων, όπως για παράδειγμα στα Δν. 7 και Α´ *Ενώχ* 85-90. Δυστυχώς όμως, η χριστιανική παράδοση μετέτρεψε τη ζωική ποικιλότητα σε αντικείμενο κατώτερης θρησκευτικής σημασίας.

Στην παραπάνω κατάσταση συνέβαλε και η αποκαλυπτική γραμματεία με τις αποτρόπαιες παραστάσεις καταστροφής, στις οποίες τις περισσότερες φορές συμμετέχουν ζώα, έστω και αν αυτά είναι μυθικά. Στην περίπτωση της Κ.Δ. στην Αποκάλυψη του Ιωάννη χρησιμοποιούνται φανταστικά ζώα προκειμένου να παρουσιαστούν σωματικά οι δαιμονικές δυνάμεις. Σαρκοφάγα ζώα, δηλητηριώδη έντομα και ερπετά έχουν την τιμητική τους στις καταστροφές που θα γίνουν. Εδώ κρύβεται μια βασική θέση για τις αντίθεες δυνάμεις. Ο σατανάς και η συνοδεία του παρουσιάζονται πάντα με θηριομορφικές περιγραφές. Έτσι η Αποκάλυψη μπορεί να χαρακτηριστεί ως το πρώτο δείγμα της συστηματικής χρήσης ζωομορφικών μεταφορών προκειμένου να περιγραφούν τρομερά πράγματα. Με άλλα λόγια, ενώ ο Θεός γίνεται άνθρωπος, ο σατανάς συχνά γίνεται θηρίο.

Ιουδαίοι και χριστιανοί χρησιμοποιούσαν τα ζώα ως θρησκευτικά και πολιτιστικά ορατά σύμβολα διαχωριστικών ορίων αλλά με αρνητικό τρόπο. Μπορεί ο Ωριγένης, ο Βασίλειος, ο Επιφάνιος, ο Αυγουστίνος και ο Ισίδωρος Σεβίλλης να γνώριζαν τις φυσικές ιστορίες που υπήρχαν στην εποχή τους, το σύνολο της εκκλησιαστικής γραμματείας όμως, αγνοούσε τα είδη της ζωικής ποικιλότητας και τις συνήθειές τους και απέδιδε, όπως ο *Φυσιολόγος*, μια πνευματική κατανόηση σε πολλές από τις συμπεριφορές των ζώων με ηθική σημασία.

ΒΙΒΛΙΟΓΡΑΦΙΑ
ΠΗΓΕΣ:

Αγία Γραφή,	έκδ. ΕΒΕ, Αθήνα 1997.
Αγουρίδης Σ.,	*Χριστιανικός Γνωστικισμός: Τα Κοπτικά Κείμενα του Nag Hammadi στην Αίγυπτο*, Αθήνα, 2004.
Αέτιος Αμηδινός,	*Λόγος Τρισκαιδέκατος*, έκδ. S. Zervos, Aetius. *Iatricorum Liber*, Athens 1909.
Αιλιανός Κλαύδιος,	*Περὶ Ζῴων Ἰδιότητος*, έκδ. R. Hercher, *Claudii Aeliani de Natura Animalium Libri xvii, Varia Historia, Epistolae, Fragmenta*, τ. 1, Graz, Akademische Druck-und Verlagsanstalt, 1971.
————	*Ποικίλη Ἱστορία*, έκδ. R. Hercher, *Claudii Aeliani de Natura Animalium Libri xvii, Varia Historia, Epistolae, Fragmenta*, τ. 2, Graz, Akademische Druck-und Verlagsanstalt, 1971.
Αίσωπος,	*Μύθοι*, έκδ. A. Hausrath-H. Hunger, *Corpus Fabularum Aesopicarum*, τ. 1.1 και 1.2, Leipzig, Teubner, 1.1:1970, 1.2:1959.
Αιθιοπικός Ενώχ	(*Ενώχ Α΄*), ΑΡΟΤ 2, 163-281.
————	έκδ. Σ. Αγουρίδη, *Τα Απόκρυφα της Παλαιάς Διαθήκης*, τ. Α΄, Αθήνα 1980, 263-381.
Ανάληψη Μωυσή,	ΑΡΟΤ 2, 407-424.
————	έκδ. Σ. Αγουρίδη, *Τα Απόκρυφα της Παλαιάς Διαθήκης*, τ. Β΄, Αθήνα 1985, 7-43.
Αντίγονος,	*Ἱστοριῶν Παραδόξων Συναγωγή*, έκδ. A. Giannini, *Paradoxographorum Graecorum Reliquiae*, Milan, Istituto Editoriale Italiano, 1965.

Απίων,	Αἰγυπτιακὰ (Fragmenta), ἐκδ. Κ. Mus, Oasites, 508-516, frr. 1-32.
Αποκάλυψη Αβραάμ,	OTP 1, 681-705.
Αποκάλυψη Έσδρα	(Δ' Ἔσδρας), OTP 1, 517-559.
———	ἐκδ. Σ. Αγουρίδη, Τα Απόκρυφα της Παλαιάς Διαθήκης, τ. Β', Αθήνα 1985, 205-281.
Αποκάλυψη Ηλία,	ἐκδ. OTP, (ψηφιακή έκδοση BibleWorks 9).
Αποκάλυψη Μωυσή	(Διήγησις και Πολιτεία Αδάμ και Εύας), ἐκδ. Σ. Αγουρίδη, Τα Απόκρυφα της Παλαιάς Διαθήκης, τ. Β', Αθήνα 1985, 163-201.
Αριστοφάνης ο Βυζάντιος,	Τῶν Ἀριστοτέλους περὶ Ζῴων Ἐπιτομή, Ὑποτεθέντων ἑκάστῳ Ζῴῳ καὶ τῶν Αἰλιανῷ καὶ Τιμοθέῳ καὶ ἑτέροις τισὶ περὶ αὐτῶν Εἰρημένων, ἐκδ. S. P. Lambros, Excerptorum Constantini de Natura Animalium Libri Duo. Aristophanis Historiae Animalium Epitome, Commentaria in Aristotelem Graeca, suppl. 1.1, Berlin, Reimer, 1885.
Αριστοτέλης,	Περὶ Ζῴων Γενέσως, ἐκδ. H. J. Drossaart Lulofs, Aristotelis de Generatione Animalium, Oxford, Clarendon Press, 1965 (επανεκδ. 1972).
———	Τῶν περὶ τὰ Ζῷα Ἱστοριῶν, ἐκδ. P. Louis, Aristote. Histoire des Animaux, τ. 1-3. Paris, Les Belles Lettres, 1:1964, 2:1968, 3:1969.
———	Περὶ ζῴων Κινήσεως, ἐκδ. W. Jaeger, Aristotelis de Animalium Motione et de Animalium Incessu. Ps.-Aristotelis de Spiritu Libellus, Leipzig, Teubner, 1913.

	Περὶ Πορείας Ζῴων, ἐκδ. W. Jaeger, Aristotelis de Animalium Motione et de Animalium Incessu. Ps.-Aristotelis de Spiritu Libellus, Leipzig, Teubner, 1913.
	Περὶ Ζῴων Μορίων, ἐκδ. P. Louis, Aristote. Les Parties des Animaux, Paris, Les Belles Lettres, 1956.
	Περὶ Θαυμασίων Ἀκουσμάτων (Mirabilium Auscultationes), ἐκδ. I. Bekker, Aristotelis Opera, τ. 2, Berlin, De Gruyter, 1960.
Ἀρτεμίδωρος,	Ὀνειροκριτικὰ, ἐκδ. R. A. Pack, Artemidori Daldiani Onirocriticon Libri V, Leipzig, Teubner, 1963.
Ἀθανάσιος Ἀλεξανδρείας,	Βίος καὶ Πολιτεία τοῦ Ὁσίου Πατρὸς ἡμῶν Ἀντωνίου, PG 26, 835-976b.
	Ἐξήγησις εἰς τοὺς Ψαλμούς, PG 27, 60-545, 548-589.
Αὐγουστῖνος,	Quaestionum in Pentateuchum Librii VII, PL 34, 547-824.
Biblia Hebraica Stuttgartensia,	ἐκδ. K. Elliger-W. Rudolph, Stuttgart 1990.
Charles R. H. (ἐκδ.),	The Apocrypha and Pseudepigrapha of the Old Testament, Volume Two: Pseudepigrapha (OTP), Oxford, Clarendon, 1913 (ψηφιακή ἔκδοση BibleWorks 9).
Cicero M. Tullius,	Epistulae ad Familiares, ἐκδ. D. R. Shackleton, Cicero: Epistulae ad Familiares, τ. 2, Bailey, 1977.
Διαθῆκαι τῶν XII Πατριαρχῶν,	ἐκδ. M. DeJonge, Testamenta XII Patriarcharum, PVTG 1, Leiden, Brill ²1970.
	ἐκδ. Σ. Ἀγουρίδη, Τὰ Ἀπόκρυφα τῆς

Βιβλιογραφία

                                        Παλαιάς Διαθήκης, τ. Α', Αθήνα 1980, 163-260 και του ίδιου, «Διαθήκη των Δώδεκα Πατριαρχών, Υιών Ιακώβ», *ΕΕΘΣΑ* 18 (1972) 387-484.

Διαταγαί των Αγίων Αποστόλων διά Κλήμεντος,   έκδ. M. Metzger, *Les Constitutions Apostoliques*, 3 τ., SC 320, 329, 336, Paris, Cerf, 1985-1987.

Διδαχή,   έκδ. J. B. Lightfoot, *The Apostolic Fathers* (APF), J. R. Harmer, London, Macmillan, 1898 (ψηφιακή έκδοση BibleWorks 9.0).

Didaskalia Apostolorum,   έκδ. R. Hugh Connolly, *Didascalia Apostolorum*, Oxford, Clarendon Press, 1929.

Die Keilalphabetischen Texte aus Ugarit,   έκδ. M. Dietrich-O. Loretz-J. Sanmartín, AOAT 24/1, Neukirchen-Vluyn, 1976.

Διογένης Λαέρτιος,   *Βίοι καί Γνώμαι των εν Φιλοσοφία Ευδοκιμησάντων καί των εκάστη Αιρέσει Αρεσκόντων εν Επιτόμω Συναγωγή*, έκδ. H. S. Long, *Diogenis Laertii Vitae Philosophorum*, τ. 2, Oxford, Clarendon Press, 1966.

Διόδωρος Σικελιώτης,   *Βιβλιοθήκη Ιστορική*, έκδ. F. Vogel-K. T. Fischer, *Diodori Bibliotheca Historica (lib. 1-20)*, τ. 5, Leipzing, Teubner ⁵1906.

Δίων Χρυσόστομος,   *Λόγοι*, έκδ. J. Von Arnim, *Dionis Prusaensis quem Vocant Chrysostomum quae Exstant Omnia*, τ. 2, Berlin, Weidmann, 1:1893, 2:1896 (*επανέκδ.* 1962).

Εμπεδοκλής,   *Περί Φύσεως (Fragmenta),* έκδ. H. Diels-W. Kranz, *Die Fragmente der Vorsokratiker*, τ. 1, Dublin/Zurich, 1966.

	Φύσις Θηρίων
Επίκτητος,	*Διατριβαί*, έκδ. H. Schenkl, *Epicteti Dissertationes ab Arriano Digestae*, Leipzig, Stuttgart, 1965.
Επιφάνιος Σαλαμίνος	*Κατά Αίρέσεων Όγδοήκοντα τό Έπικληθέν Πανάριον είτ' οϋν Κιβώτιος είς Βιβλία Τρία*, έκδ. K. Holl, *Epiphanius Bände 1-3: Ancoratus und Panarion*, GCS 25, 31, 37, Leipzing, Hinrichs, 1915.
Επιστολή Αριστέα,	έκδ. A. Pelletier, *Lettre d'Aristée à Philocrate*, SC 89, Paris, Cerf, 1962.
————	έκδ. Σ. Αγουρίδη, *Τα Απόκρυφα της Παλαιάς Διαθήκης*, τ. Α΄, Αθήνα 1980, 385-492.
Επιστολή Βαρνάβα,	έκδ. R. A. Kraft, *Épître de Barnabé*, SC 172, Paris, Cerf, 1971, 72-218.
Επιστολή προς Διόγνητον,	έκδ. J. B. Lightfoot, *The Apostolic Fathers* (APF), J. R. Harmer, London, Macmillan, 1898 (ψηφιακή έκδοση BibleWorks 9.0).
Ερμάς,	*Ποιμήν*, έκδ. M. Whittaker, *Die Apostolischen Väter I. Der Hirt des Hermas*, GCS 48, Berlin, Akademie-Verlag, ²1967, 1-98.
Ευάγριος Ποντικός,	*Περὶ Διαφόρων Πονηρῶν Λογισμῶν (De Malignis Cogitationibus)*, PG 79, 1200-1233.
Ευσέβιος Καισαρείας,	*Εὐαγγελικὴ Προπαρασκευή*, έκδ. K. Mras, *Eusebius Werke, Band 8: Die Praeparatio Evangelica*, GCS 43.1 & 43.2, Berlin, Akademie-Verlag, 43.1:1954, 43.2:1956.
————	*Ἐκκλησιαστικῆ Ἱστορία*, έκδ. G. Bardy, *Eusèbe de Césarée. Histoire*

Βιβλιογραφία

	Ecclésiastique, τ. 3, SC 31, 41, 55, Paris, Éditions du Cerf, 1952-1958.
Fragmentary Targums,	έκδ. M. L. Klein, *The Fragments-Targums of the Pentateuch according to their Extant Sources*, τ. 2, Roma 1980.
Freedman H.-Simon M.,	*Midrash Rabbah*, τ. 10, London ³1983.
Γαληνός,	*Περὶ Χρείας Μορίων*, έκδ. G. Helmreich, *Galeni de usu Partium Libri xvii*, Leipzig, Teubner, 1:1907, 2:1909 (επανεκδ. Amsterdam, Hakkert, 1968) 1:1-496, 2:1-451.
————	*Πρός Πίσωνα περὶ τῆς Θηριακῆς*, έκδ. C. G. Krum, *De Theriacomnia*, τ. 14, Leipzig, Knobloch, 1827 (επανέκδ. Hildesheim, Olms, 1965).
Γνωστικό Εὐαγγέλιο Θωμά,	έκδ. Ι. Καραβιδόπουλου, «Γνωστικό Ευαγγέλιο Θωμά», στο *Απόκρυφα Χριστιανικά Κείμενα Α΄. Απόκρυφα Εὐαγγέλια*, ΒΒ 13, Θεσσαλονίκη 1999, 301-326.
Ἡ κατ' Αἴγυπτον τῶν Μοναχῶν Ἱστορία,	έκδ. A.-J. Festugi, *Historia Monachorum in Aegypto*, Brussels, 1971.
Ἡρόδοτος,	*Ἱστορίαι*, έκδ. Ph.-E. Legrand, *Hérodote. Histoires*, τ. 9, Paris, Les Belles Lettres, ²1963.
Ἡσίοδος,	*Ἔργα καὶ Ἡμέραι*, έκδ. F. Solmsen, *Hesiodi Opera*, Oxford, Clarendon Press, 1970.
Ἰάμβλιχος,	*Περὶ τῶν Αἰγυπτίων Μυστηρίων*, έκδ. κειμένου και μτφρ. στα αγγλικά E. C. Clarke-J. M. Dillon-J. P. Hershbell, *Iamblichus: De Mysteriis*, SBL-Writings from the Greco-Roman World 4, Leiden, Brill, 2004.

	Φύσις Θηρίων
	Κεφάλαια τοῦ Πρώτου Λόγου περὶ τοῦ Πυθαγορικοῦ Βίου, ἔκδ. U. Klein, Iamblichi de Vita Pythagorica Liber, Stuttgart, 1975.
Ἰγνάτιος Ἀντιοχείας,	Πρὸς Φιλαδελφεῖς, ἔκδ. F. X. Funk-F. Diekamp, *Epistulae Interpolatae et Epistulae Suppositiciae*, Patres Apostolici 2, Tübingen, Laupp, ³1913.
	Πρὸς Ρωμαίους, ἔκδ. F. X. Funk-F. Diekamp, *Epistulae Interpolatae et Epistulae Suppositiciae*, Patres Apostolici 2, Tübingen, Laupp, ³1913.
	Πρὸς Ἐφεσίους, ἔκδ. F. X. Funk-F. Diekamp, *Epistulae Interpolatae et Epistulae Suppositiciae*, Patres Apostolici 2, Tübingen, Laupp, ³1913.
	Πρὸς Τραλλιανοῖς, ἔκδ. F. X. Funk-F. Diekamp, *Epistulae Interpolatae et Epistulae Suppositiciae*, Patres Apostolici 2, Tübingen, Laupp, ³1913.
	Πρὸς Πολύκαρπον, ἔκδ. J. R. Harmer, *The Apostolic Fathers (APF)*, London Macmillan, ²1898 (ψηφιακή έκδοση BibleWorks 9).
Ἱερώνυμος,	*Epistula LXXIII*, PL 22, 676-681.
	Incipit Liber Psalmorum juxta Septuaginta Interpretes, ab Hieronymo semel et iterum Einendutus atque in hac Editione Obelis et Asteriscis ab eodem Illustratus, PL 29, 123-419.
Ἰούλιος Ἀφρικανός,	*Cesti (fragmenta)*, ἔκδ. J.-R. Vieillefond, *Les "Cestes" de Julius Africanus*, Florence, Sansoni, 1970.
Ἰουστίνος Μάρτυρας,	Πρὸς Τρύφωνα Ἰουδαῖον Διάλογος, ἔκδ.

Βιβλιογραφία

	E. J. Goodspeed, *Die Ältesten Apologeten. Texte mit Kurzen Einleitungen*, Göttingen, Vandenhoeck & Ruprecht, 1915, 90-265.
―――	*Απολογία υπέρ Χριστιανών προς Αντωνίνον τον Εύσεβή (Απολογία Α'),* έκδ. E. J. Goodspeed, *Die Ältesten Apologeten. Texte mit Kurzen Einleitungen*, Göttingen, Vandenhoeck & Ruprecht, 1915, 26-77.
Ισίδωρος Σεβίλλης (Isidorus Hispalensis),	*Etymologiae,* PL 82, 73-728.
Ιωάννης Χρυσόστομος,	*Εις τήν Γένεσιν,* PG 53, 21-385.
―――	*Υπόμνημα εις τον άγιον Ματθαίον τον Ευαγγελιστήν,* PG 57, 13-472.
―――	*Ερμηνείαν εις την προς Ρωμαίους Επιστολήν,* PG 60, 391-682.
Ιωβηλαία,	έκδ. Σ. Αγουρίδη, «Ιωβηλαία (Εισαγωγικά-Απόδοσις Κειμένου)», Θεολ 43 (1972) 550-583, 44 (1973) 34-118.
Ιώσηπος Φλάβιος,	*Ιουδαϊκή Αρχαιολογία,* έκδ. Β. Niese, *Antiquitates Judaicae, Flavii Iosephi Opera,* τ. 1-4, Berlin, Weidmann [5]1955.
―――	*Ιστορία Ιουδαϊκού Πολέμου προς Ρωμαίους,* έκδ. Β. Niese, *De Bello Judaico Librii vii, Flavii Iosephi Opera,* τ. 6, Berlin, Weidmann [2]1955.
―――	*Ιωσήπου Βίος,* έκδ. Β. Niese, *Flavii Iosephi Opera,* τ. 4. Berlin, Weidmann, 1955.
Ιωσήφ και Ασενέθ,	έκδ. *OTP,* (ψηφιακή έκδοση BibleWorks 9).
Καινή Διαθήκη,	έκδ. K. Aland-J. Karavidopoulos-C. M. Martini-B. M. Metzger, *Novum Testamentum Graece,* Stuttgart [27]1998.

	Φύσις Θηρίων
Καραβιδόπουλος Ι. (έκδ.),	*Απόκρυφα Χριστιανικά Κείμενα Α΄. Απόκρυφα Ευαγγέλια,* ΒΒ 13, Θεσσαλονίκη 1999.
Κλήμης Αλεξανδρέας,	*Παιδαγωγός,* έκδ. H.-I. Marrou-M. Harl-C. Mond, *Paedagogus,* 1970.
——	*Ἐκ τῶν Θεοδότου καί τῆς Ἀνατολικῆς Καλουμένης Διδασκαλίας κατά τούς Οὐαλεντίνου Χρόνους Ἐπιτομαί,* έκδ. F. Sagnard, *Extraits de Theodoto,* Paris, Cerf, 1948.
——	*Τῶν κατὰ τὴν Ἀληθῆ Φιλοσοφίαν Γνωστικῶν Ὑπομνημάτων Στρωματέων,* έκδ. O. Stählin-L. Früchtel-U. Treu, *Clemens Alexandrinus,* τ. 2-3, GCS 52, Berlin, Akademie-Verlag, 2, ³1960, 3, ²1970.
Κύριλλος Ιεροσολύμων,	*Κατηχήσεις,* έκδ. W. C. Reischl-J. Rupp, *Cyrilli Hierosolymorum Archiepiscopi Opera quae Supersunt Omnia,* τ. 2, Hildesheim, Olms, 1967.
Κύριλλος Σκυθοπολίτης,	*Βίος καὶ Ἄσκησις τοῦ ἐν ἁγίοις Πατρὸς ἡμῶν καὶ Θεοφόρου Γερασίμου,* έκδ. A. Papadopoulos-Kerameus, *Vita Gerasimi,* τ. 4, Brussels, Culture et Civilisation, 1963, 175-184.
Λουκιανός,	*Περὶ Θυσιῶν,* έκδ. A. M. Harmon, *Lucian,* τ. 3, Cambridge, Massachusetts, Harvard University Press, 1969.
——	*Ἰκαρομένιππος ἢ Ὑπερνέφελος,* έκδ. A. M. Harmon, *Lucian,* τ. 2, Cambridge, Massachousetts, Harvard University Press, 1915 (επανέκδ. 1960).
Μαρτύριο Περπέτουας	(*Passio Perpetuae et Felicitatis*), έκδ. J. A. Robinson, *The Passion of S. Perpetua,* TaS 1.2, Cambridge, Cambridge Uni-

Βιβλιογραφία

	versity Press, 1891, επανέκδ. Nendeln, Liechtenstein, Kraus, 1967.
Μαρτύριον τοῦ Ἁγίου Πολυκάρπου,	έκδ. H. Musurillo, *The Acts of the Christian Martyrs*, Oxford, Clarendon Press, 1972, 2-20.
Μισνά,	έκδ. J. Neusner, *The Mishnah: A New Translation*, New Haven, Yale University Press, 1988.

Nag Hammadi Texts and the Bible. A Synopsis and Index, έκδ. C. A. Evans-R. L. Webb-R. L. Wiebe, Leiden, Brill, 1993.

Νικηφόρος Κάλλιστος,	Ἐκκλησιαστικὴ Ἱστορία, PG 145, 603-1327.
Ὅμηρος,	Ἰλιάς, έκδ. T. W. Allen, *Homeri Ilias*, τ. 2-3, Oxford, Clarendon Press, 1931.
_____	Ὀδύσσεια, έκδ. P. Von der Momerum, *Odyssea*, Helbing & Lichtenhahn, 1962.
Ὀππιανός,	Κυνηγετικά, έκδ. A. W. Mair, *Oppian, Colluthus, Tryphiodorus*, Cambridge, Massachousetts, Harvard University Press, 1928 (επανέκδ. 1963).
_____	Ἁλιευτικὰ, έκδ. A. W. Mair, *Oppian, Colluthus, Tryphiodorus*, Cambridge, Massachousetts, Harvard University Press, 1928 (επανέκδ. 1963).
Ὠριγένης,	Εἰς τὸ Κατὰ Λουκᾶν, έκδ. M. Rauer, *Origenes Werke*, τ. 9, GCS 49, Berlin, Akademie-Verlag, ²1959.
_____	Ὁμιλίαι εἰς Ἱερεμίαν (12-20), έκδ. E. Klostermann, *Origenes Werke*, τ. 3, GCS 6, Leipzig, Hinrichs, 1901.
_____	Πρὸς τὸν Ἐπιγεγραμμένον Κέλσου Ἀληθῆ Λόγον, έκδ. M. Borret, *Origsis*, τ. 3, 1967-1969.

Φύσις Θηρίων

Παλλάδιος,	*Λαυσιακὸν*, έκδ. G. J. M. Bartelink, *Palladio. La Storia Lausiaca*, Verona, Fondazione Lorenzo Valla, 1974.
Παλαιά Διαθήκη,	έκδ. A. Rahlfs, *Septuaginta*, Stuttgart [8]1965.
Παυσανίας,	*Ἑλλάδος Περιήγησις*, έκδ. F. Spiro, *Pausaniae Graeciae Descriptio*, 3 τ. Stuttgart, 1967.
Φιλόστρατος Φλάβιος,	*Τὰ ἐς τὸν Τυανέα Ἀπολλώνιον* (*Vita Apollonii*), έκδ. C. L. Kayser, *Flavii Philostrati Opera*, τ. 1, Hildesheim, Olms, 1964.
Φίλωνας Ιουδαίος,	*Περὶ Βίου Θεωρητικοῦ ἢ Ἱκετῶν* (*De Vita Contemplative*), έκδ. L. Cohn and S. Reiter, *Philonis Alexandrini Opera quae Supersunt*, τ. 6, Berlin, De Gruyter, 1962.
————	*Νόμων Ἱερῶν Ἀλληγορίας τῶν μετά τήν Ἑξαήμερον*, (*Legum allegoriarum libri I-III*), έκδ. L. Cohn, *Philonis Alexandrini Opera quae Supersunt*, τ. 1, Berlin, Reimer, 1896.
————	*Περὶ τῶν Χερουβίμ καὶ τῆς Φλογίνης Ῥομφαίας καὶ τοῦ Κτισθέντος Πρώτου ἐξ Ἀνθρώπου Κάιν*, (*De Cherubim*), έκδ. L. Cohn, *Philonis Alexandrini Opera quae Supersunt*, τ. 1, Berlin, Reimer, 1896.
————	*Περὶ τῶν Ἀναφερομένων ἐν Εἴδει Νόμων*, (*De Specialibus Legibus lib. i-iv*), έκδ. L. Cohn, *Philonis Alexandrini Opera quae Supersunt*, τ. 5, Berlin, Reimer, [2]1962.
Φυσιολόγος (*redactio prima*),	έκδ. F. Sbordone, *Physiologus*, Rome, Dante Alighieri-Albrighi, Segati, 1936 (επανεκδ. Hildesheim, Olms, 1976).

Βιβλιογραφία

Φωκυλίδης, Γνώμαι, έκδ. Ε. Diehl, *Anthologia Lyrica Graeca*, fasc. 1, Leipzig, Teubner, ³1949.

Πλάτωνας, Νόμοι, έκδ. J. Burnet, *Platonis Opera*, τ. 5. Oxford, Clarendon Press, 1967.

―――― Πολιτεία, έκδ. J. Burnet, *Platonis Opera*, τ. 4, Oxford, Clarendon Press, 1968.

―――― Τίμαιος, έκδ. J. Burnet, *Platonis Opera*, τ. 4, Oxford, Clarendon Press, 1968.

Plinius Gaius Secundus (Πλίνιος ο πρεσβύτερος), *Naturalis Historia*, έκδ. C. Mayhoff, *C. Plini Secundi Naturalis Historiae Libri XXXVII*, τ. 1-5, 1892-1909.

Πλούταρχος, Πότερα τῶν Ζώων Φρονιμότερα, τὰ Χερσαία ἢ τὰ Ἔνυδρα (*De Sollertia Animalium*), έκδ. C. Hubert, *Plutarchi Moralia*, τ. 6, Leipzig, Teubner, 1959.

―――― Περὶ τοῦ τὰ Ἄλογα Λόγῳ Χρῆσθαι (*Bruta Animalia Ratione uti (985d-992e)*), έκδ. C. Hubert, *Plutarchi Moralia*, τ. 6, Leipzig, Teubner, 1959.

―――― Περὶ Σαρκοφαγίας Λόγος Α΄ (*De esu Carnium I (993a-996c)*), έκδ. C. Hubert, *Plutarchi Moralia*, τ. 6, Leipzig, Teubner, 1959.

―――― Περὶ Σαρκοφαγίας Λόγος Β΄ (*De esu Carnium II (996d-999b)*), έκδ. C. Hubert, *Plutarchi Moralia*, τ. 6, Leipzig, Teubner, 1959.

―――― Αἴτια Ῥωμαϊκά, έκδ. J. B. Titchener, *Plutarchi Moralia*, τ. 2.1, Leipzig, Teubner, 1971.

Πορφύριος, Περὶ Ἀποχῆς Ἐμψύχων, (*De Abstinentia*), έκδ. A. Nauck, *Porphyrii Philosophi Platonici Opuscula Selecta*, Hildesheim, Olms, 1963.

	Φύσις Θηρίων
Πράξεις Παύλου,	έκδ. W. Schubart-C. Schmidt, *Acta Pauli*, Glückstadt, Augustin 1936.
Πράξεις Φιλίππου,	έκδ. Μ. Bonnet, *Acta Apostolorum Apocrypha*, τ. 2.2, Leipzig, Mendelssohn, 1903 (επανέκδ. Hildesheim, Olms, 1972).
Πρωτοευαγγέλιο Ιακώβου,	έκδ. des Bollandistes, *Protevangelium Jacobi*, 1961: 64-190. Textus Omnibus Testibus Communis (κεφ. 1.1-37.14, 42.7-49.17) σσ. 64-146, 172-190. Textus Z (=P. Bodmer 5) + Textus Omnibus Testibus Communis.
Ψαλμοί Σολομώντος,	έκδ. Σ. Αγουρίδη, *Τα Απόκρυφα της Παλαιάς Διαθήκης*, τ. Β΄, Αθήνα 1985, 111-159.
Robinson J. M.-Hoffmann P. H.-Kloppenborg J. S. (έκδ.), *The Critical Edition of Q. Synopsis Including the Gospels of Matthew and Luke, Mark and Thomas with English, German and French Translations of Q and Thomas*, Hermeneia, Minneapolis, Fortress, 2000.	
Seneca Lucius Annaeus,	*Ad Lucilium Epistulae Morales*, έκδ. L. D. Reynolds, *Senecae ad Lucilium Epistulae Morales*, τ. 1-2, 1965.
————	*Dialogi*, έκδ. L. D. Reynolds, *L. Annaei Senecae Dialogorum Libri Duodecim*, 1977.
Σέξτος Εμπειρικός,	*Πυρρωνείων Ὑποτυπόσεων* (*Pyrrhoniae Hypotyposes*), έκδ. H. Mutschmann, *Sexti Empirici Opera*, τ. 1, Leipzig, Teubner, 1912.
Σιβυλλικοί Χρησμοί,	έκδ. J. Geffcken, *Die Oracula Sibyllina*, GCS 8, Leipzig, Hinrichs, 1902.
————	έκδ. Σ. Αγουρίδη, *Τα Απόκρυφα της*

	Παλαιάς Διαθήκης, τ. Β΄, Αθήνα 1985, 379-440 και του ίδιου, «Σιβυλλικοί Χρησμοί (Εισαγωγικά-Απόδοσις του Κειμένου-Σχόλια)», Θεολ 55 (1984) 335-374, 628-649.
Sifra,	έκδ., J. Neusner, *Sifra: An Analytical Translation*, Brown Judaic Studies, Atlanta, Scholars Press, 1988.
Solinus Gaius Julius,	*Collectanea Rerum Memorabilium*, έκδ. T. Momsen, *C. Iulii Solini Collectanea Rervm Memorabilivm*, Apud Weidmannos, 1895.
Suetonius Gaius Tranquillus,	*De Vita Caesarum*, έκδ. M. Ihm, *C. Suetoni Tranquilli Opera*, τ. 1, 1908.
Στράβωνας,	*Γεωγραφικά*, έκδ. A. Meineke, *Strabonis Geographica*, τ. 3, Leipzing, Teubner, 1877.
Συριακή Αποκάλυψη του Βαρούχ (Βαρούχ Β΄),	APOT 2, 481-524.
_____	έκδ. Σ. Αγουρίδη, *Τα Απόκρυφα της Παλαιάς Διαθήκης*, τ. Β΄, Αθήνα 1985, 285-353.
Synopsis Quattuor Evangeliorum,	έκδ. K. Aland, Deutsche Bibelgesellschaft, Stuttgart [12]2001.
Tacitus Cornelius,	*Annales*, έκδ. C. D. Fisher, *Cornelii Taciti Annalium. Ab Excessu Divi Augusti Libri*, 1906.
Τὰ τῶν Χριστιανῶν Ἐπιγράμματα (Anthologia Graeca),	έκδ. H. Beckby, *Anthologia Graeca*, τ. 4, Munich, Heimeran, 1-2:1965, 3-4:1968.
Τα Χειρόγραφα της Νεκρής Θάλασσας: Τα Εσσαϊκά Κείμενα του Κουμράν σε Νεοελληνική Απόδοση,	έκδ. Σ. Αγουρίδη-Γ. Γρατσέα, Αθήνα, Άρτος Ζωής, 1988.
Ταλμούδ (Βαβυλωνιακό),	έκδ. I. Epstein, *Hebrew-English Edition*

	Φύσις Θηρίων of the Babylonian Talmud, μτφρ. M. Simon, London, Soncino Press, 1963.
Τατιανός,	Πρὸς Ἕλληνας (*Oratio ad Graecos*), ἐκδ. E. J. Goodspeed, *Die ältesten Apologeten. Texte mit Kurzen Einleitungen*, Göttingen, Vandenhoeck & Ruprecht, 1915.
Terian A.	(εκδ.), *Philonis Alexandrini de Animalibus: The Armenian Text with an Introduction, Translation and Commentary*, Chico, Scholars Press, 1981.

Tertullianus Quintus Septimius Florens,*De Baptismo*, ἐκδ. J. M. Lupton, *De Baptismo with Introduction and Notes*, Cambridge, 1908.

The Dead Sea Scrolls Translated. The Qumran Texts in English, ἐκδ. F. García Martínez (μτφρ. W. G. E. Watson), Leiden, Brill, ²1996.

Θεοδώρητος Κύρου,	Ἑρμηνεία τῶν ΙΔ΄ Ἐπιστολῶν τοῦ Ἁγίου Ἀποστόλου Παύλου, PG 82, 36-877.
————	Εἰς τὰ Ἄπορα τῆς Θείας Γραφῆς κατ᾿ Ἐκλογήν, ἐκδ. Marcos N. Fernández-Sáenz-Badillos A., *Theodoreti Cyrensis Quaestiones in Octateuchum, Editio Critica*, TECC 17, Madrid 1979.
Θεόφιλος Αντιοχείας,	Πρὸς Αὐτόλυκον, ἐκδ. R. M. Grant, *Theophilus of Antioch. Ad Autolycum*, Oxford, Clarendon Press, 1970.
Θεόφραστος,	Περὶ Αἰσθήσεων, ἐκδ. H. Diels, *Doxographi Graeci*, Berlin, De Gruyter, 1965.
————	Περὶ Εὐσεβείας, ἐκδ. W. Pötscher, *De Pietate*, Philosophia Antiqua 11, Leiden, Brill, 1964.

Βιβλιογραφία

Θουκυδίδης, Ἱστορίαι, ἐκδ. H. S. Jones-J. E. Powell, Thucydidis Historiae, τ. 2, Oxford, Clarendon Press, (1:²1970, 2:²1967).

Θωμάς Ακινάτης, Summa Theologiae, Πηγή: http://www.logicmuseum.com/authors/aquinas/Summa-index.htm (14/03/2013).

Τιμόθεος Γάζης, Ἱστορίαι περὶ τῶν Ζώων, ἐκδ. M. Haupt, Excerpta ex Libris de Animalibus, (e cod. Paris. gr. 2422).

Βασίλειος Καισαρείας, Ἐπιστολές, ἐκδ. Y. Courtonne, Saint Basile. Lettres, τ. 3, Paris, Les Belles Lettres, 1:1957, 2:1961, 3:1966.

――― Εἰς τήν Ἑξαήμερον, ἐκδ. S. Giet, Homélies sur l' Hexaéméron. Texte Grec, Paris, Cerf, 1968.

Ξενοφώντας, Κύρου Παιδείας, ἐκδ. E. C. Marchant, Xenophontis Opera Omnia, τ. 4, Oxford, Clarendon Press, 1910 (επανέκδ. 1970).

ΒΟΗΘΗΜΑΤΑ:

Αγουρίδης Σ., Ἀποστόλου Παύλου Πρώτη πρὸς Κορινθίους Ἐπιστολή, ΕΚΔ 7, Θεσσαλονίκη, 2011.

Aharoni I., «On Some Animals Mentioned in the Bible», Osiris 5 (1938) 461-478.

Amar Z. et al., «The Contribution of Archaeozoology to the Identification of the Ritually Clean Ungulates Mentioned in the Hebrew Bible», JHS 10 (2010) 2-24.

Andinach P. R., «The Locusts in the Message of Joel», VT 42 (1992) 433-441.

Ashbey G.,	«Lamb of God», *JTSA* 21 (1977) 63–65 & 25 (1978) 62-65.
Assis E.,	«The Structure and Meaning of the Locust Plague Oracles in Joel 1,2-2,17», *ZAW* 122 (2010) 401-416.
Ατματζίδης Χ.,	*Η Εσχατολογία στη Β΄ Επιστολή Πέτρου*, ΒΒ 33, Θεσσαλονίκη 2005.
_____	*Από την Βιβλική Έρευνα στην Πίστη της Εκκλησίας. Συνοπτική Θεολογία της Καινής Διαθήκης*, τ. Α΄, ΒΒ 48, Θεσσαλονίκη 2010.
_____	«Η Παραινετική Χρήση των Στοιχείων της Φύσης στη Β΄ Πέτρου ως Παράδειγμα Συνάντησης του Χριστιανισμού με την Ελληνική Σκέψη», στο *Κριτικές Αναγνώσεις των Βιβλικών Κειμένων. Ερευνητικές Επισκέψεις σε Βιβλικά Τοπία*, τ. Β΄, ΒΒ 47, Θεσσαλονίκη 2010, 15-59.
Aune D. E.,	*Revelation 17-22*, WBC 52C, Dallas, Word, 2002.
Barrett C. K.,	*A Critical and Exegetical Commentary on the Acts of the Apostles. Volume 1: Preliminary Introduction and Commentary on Acts I–XIV*, ICC, T&T Clark, Illinois 2004.
_____	*A Critical and Exegetical Commentary on the Acts of the Apostles: Introduction and Commentary on Acts XV-XXVIII*, τ. 2, ICC, T&T Clark, Illinois, 2004.
Bauckham R.,	«Jesus and the Wild Animals (Mark 1:13): A Christological Image for an Ecological Age», στο *Jesus of Nazareth: Lord and Christ: Essays on the Historical*

Βιβλιογραφία

                                  Jesus and New Testament Christology, εκδ. J. B. Green-M. Turner, Grand Rapids, Eerdmans, 1994, 3-21.

                                  «Jesus and Animals I: What did he Teach?», στο *Animals on the Agenda. Questions about Animals for Theology and Ethics*, εκδ. A. Linzey-D. Yamamoto, SCM Press, London 1998, 33-48.

                                  «Jesus and Animals II: What did he Practise?», στο *Animals on the Agenda. Questions about Animals for Theology and Ethics*, εκδ. A. Linzey-D. Yamamoto, SCM Press, London 1998, 49-60.

Bauckham R. J.,   *2 Peter, Jude*, WBC 50, Dallas, Word Books, 2002.

Baxter W.,   *Israel's Only Shepherd: Matthew's Shepherd Motif and His Social Setting*, London, T & T Clark, 2012.

Beasley-Murray G. R.,   *John*, WBC 36, Dallas, Word Books, 2002.

Blakeway C. E.,   «Behold the Lamb of God», *ExpTim* 31 (1919-1920) 364-365.

Böcher O.,   «Wölfe in Schafspelzen: Zum Religionsgeschichtlichen Hintergrund von Mt 7,15», *TZ* 24 (1968) 405-426.

Bornkamm G.,   «Λύκος», *TDNT* 4, 308-311.

Borowski O.,   «Animals in the Literatures of Syria-Palestine», στο *A History of the Animal World in the Ancient near East*, εκδ. B. J. Collins, Leiden, Brill, 2002, 289-306.

                                  «Animals in the Religions of Syria-Palestine», στο *A History of the Animal World in the Ancient near East*, εκδ. B. J. Collins, Leiden, Brill, 2002, 405-424.

Bowen C. R.,	«I Fought with Beasts at Ephesus», *JBL* 42 (1923) 59-68.
Bremmer J. N.,	«Symbols of Marginality from Early Pythagoreans to Late Antique Monks», *Greece & Rome* 39 (1992) 205-214.
Bright M.,	*Beasts of the Field: The Revealing Natural History of Animals in the Bible*, London, Robson, 2006.
Broneer O.,	«Corinth: Center of St. Paul's Missionary Work in Greece», *BA* 14 (1951) 77-96.
Brown R. E.,	*The Gospel and Epistles of John: A Concise Commentary*, Liturgical Press, ⁴1988.
Bulmer R.,	«The Uncleanness of the Birds of Leviticus and Deuteronomy», *Man* 24 (1989) 304-320.
Burkill T. A.,	«The Historical Development of the Story of Syrophoenician Woman (Mark VII: 24-31) *NovT* 9 (1967) 161-177.
Caneday A. B.,	«Mark's Provocative Use of Scripture in Narration: 'He Was with the Wild Animals and Angels Ministered to Him'» *BBR* 9 (1999) 19-36.
Capps E.,	«Observations on the Painted Venatio of the Theatre at Corinth and on the Arrangements of the Arena», *Hesperia Supplements 8, Commemorative Studies in Honor of Theodore Leslie Shear* (1949) 64-70, 444-445.
Carey G. L.,	«The Lamb of God and Atonement Theories», *TynB* 32 (1981) 97-122.

Βιβλιογραφία

Charlesworth J. B.,	*The Good and Evil Serpent: How a Universal Symbol Became Christianized*, New Haven, Yale University Press, 2010.
Clark B.,	«The Biblical Oryx: A New Name for an Ancient Animal», *BAR* 10 (1984) 66-70.
Clark G.,	«The Fathers and the Animals: The Rule of Reason?», στο *Animals on the Agenda. Questions about Animals for Theology and Ethics*, έκδ. A. Linzey-D. Yamamoto, SCM Press, London 1998, 67-79.
Conzelmann H.,	*1 Corinthians: A Commentary on the First Epistle to the Corinthians*, (μτφρ. J. W. Leitch), Hermeneia, Philadelphia, Fortress Press, 1975.
Δάφνη Ε.,	נחש - *Όφις. Γενέσεως 3 και Ησαΐου 27,1 υπό το Φως και των Α΄ Βασιλ. 22:19-23, Ιώβ 1,6-12· 2,1-7 και Ζαχ. 3,1-2. Συμβολήν εις την Έρευναν της Γλώσσης και της Θεολογίας της Παλαιάς Διαθήκης εξ απόψεως Μασωριτικού Κειμένου και Μεταφράσεως των Εβδομήκοντα*, (Διδακτ. Διατρ.), Αθήνα 1997.
_____	«Nhs--Ophis: Genesis 3 und Jesaja 27,1 auch im Lichte von 1 Kon 22,19-23, Hi 1,6-12; 2,1-7 und Sach 3,1-2», *BIOSCS* 35 (2002) 47-54.
Davies W. D.-Allison D. C.,	*A Critical and Exegetical Commentary on the Gospel according to Saint Matthew*, τ. 1, London, T&T Clark International, 2004.
_____	*A Critical and Exegetical Commentary on the Gospel according to Saint Matthew*, τ. 2, London, T&T Clark International, 2004.

	Φύσις Θηρίων *A Critical and Exegetical Commentary on the Gospel according to Saint Matthew*, τ. 3, London, T&T Clark International, 2004.
Derrett J. D. M.,	«Clean and Unclean Animals (Acts 10-15, 11-9)-Peter Pronouncing Power Observed», *HeyJ* 29 (1988) 205-221.
Δεσπότης Αθ.,	*Η Παραβολή του Πλουσίου και του Λαζάρου. Συγκριτική Μελέτη της Πατερικής και της Σύγχρονης Ερμηνείας*, ΒΒ 42, Θεσσαλονίκη 2009.
De Vaux R.,	«Les Sacrifices de Porcs en Palestine et dans l›Ancient Orient», στο *Bible et Orient*, Paris 1967, 499-516 και σε αγγλική μτφρ. «The Sacrifice of Pigs in Palestine and in the Ancient near East», στο *The Bible and the Ancient near East*, New York, Doubleday, 1971, 250-265.
Dierauer U.,	*Tier Und Mensch Im Denken Der Antike: Studien Zur Tierpsychologie, Anthropologie Und Ethik*, Studien Zur Antiken Philosophie, Amsterdam, Grüner, 1977.
Douglas M.,	*Purity and Danger: An Analysis of Concepts of Pollution and Taboo*, London, Routledge, 1966 (Καθαρότητα και Κίνδυνος: Μια Ανάλυση των Εννοιών της Μιαρότητας και του Ταμπού, (μτφρ. Α. Χατζούλη), Αθήνα 2006).
	Natural Symbols: Explorations in Cosmology, New York 1973.
	Implicit Meanings, Essays in Anthropology, London, Routledge, 1975.

Βιβλιογραφία

———	«The Forbidden Animals in Leviticus», *JSOT* 59 (1993) 3-23.
———	«Impurity of Land Animals», στο *Purity and Holiness*, έκδ. M. J. H. M. Poorthuis-J. Schwartz, JCPS 2, Leiden, Brill, 2000, 33-45.
———	«The Compassionate God of Leviticus and His Animal Creation», στο *Borders, Boundaries and the Bible*, έκδ. M. O´kane, JSOTSup 313, London, Sheffield Academic Press, 2002, 61-73.
Driver S. R.,	«Birds in the Old Testament», *PEQ* 87 (1955) 5-20, 129-140.
Duchrow U.,	«Θεολογία και Παγκόσμια Οικονομία», *Θεολ* 83 (2012) 37-54.
Dunn J. D. G.,	*Romans 9-16*, WBC 38B, Dallas, Word Books, 2002.
Οικονόμου Χ.,	*Οι Απαρχές της Οικουμενικότητας της Εκκλησίας*, ΣΑΧ 1, Θεσσαλονίκη 1997.
———	«Η Χρήση της Παλαιάς Διαθήκης από τον Ματθαίο και η Μετάφραση Παλαιοδιαθηκικών Χωρίων του Ευαγγελίου του», στο *Βιβλικές Μελέτες για τον Αρχέγονο Χριστιανισμό*, ΒΒ 11, Θεσσαλονίκη 1998, 329-385.
———	«Η Συμβολή των Ελληνιστών στη Διάδοση του Ευαγγελίου στα Έθνη», στο *Θεολογία της Καινής Διαθήκης και Πατερική Ερμηνευτική*, ΒΒ 21, Θεσσαλονίκη 2005, 129-158.
———	«Το Πρόβλημα της Ιστορικής Αξιοπιστίας και των Πηγών των Κεφαλαίων των Πράξεων 27-28. Ιστορικοθεολογική Τοποθέτηση πάνω σε μια Βασι-

κή Πτυχή της Θεωρίας του Dr. Heinz Warnecke», στο *Θεολογία της Καινής Διαθήκης και Πατερική Ερμηνευτική*, ΒΒ 21, Θεσσαλονίκη 2005, 231-252.

_____ «Η Οικουμενική Διάσταση της Αποστολής του Ιησού και των Μαθητών», στο *Εἰς Μαρτύριον τοῖς Ἔθνεσι. Τόμος Χαριστήριος Εικοσαετηρικός εἰς τόν Οἰκουμενικόν Πατριάρχην κ.κ. Βαρθολομαίον*, Θεσσαλονίκη 2011, 657-663.

Edwards M. J., *Galatians, Ephesians, Philippians*, ACCS.NT 8, Downers Grove, InterVarsity Press, Illinois 1999.

Epplett C., «The Capture of Animals by the Roman Military», *Greece & Rome* 48 (2001) 210-222.

Falusi G. K., *The Shepherd/Sheep Motif in the New Testament with special Reference to John 10*, (Διδακτ. Διατρ.), ProQuest, UMI Dissertations Publishing, 1973.

Fitzmyer J. A., *The Gospel according to Luke I-IX*, AB 28, Garden City, New York, Doubleday, 1981.

_____ *The Gospel according to Luke X-XXIV*, AB 28A, Garden City, New York, Doubleday, 1985.

Foerster W., «Θηρίον», *TDNT* 3 133-135.

_____ «Ὄφις», *TDNT* 5 566-582.

Fotopoulos J., *Τα Θυσιαστήρια Δείπνα στη Ρωμαϊκή Κόρινθο*, (μτφρ. Μ. Γκουτζιούδη), ΒΒ 37, Θεσσαλονίκη 2006.

France R. T., *The Gospel of Mark: A Commentary on the Greek Text*, Michigan, Paternoster Press, 2002.

Βιβλιογραφία

Franklin J. H., *Animal Rights and Moral Philosophy*, New York, Columbia University Press, 2005.

Γαλάνης Ι., *Άνθρωπος και Κτίση στη Βιβλική Παράδοση*, ΒΒ 44, Θεσσαλονίκη 2009.

―――― «Δεξιά-Αριστερά. Η Χρήση των Λέξεων στην Καινή Διαθήκη και το Περιβάλλον της», στο *Βιβλικές, Ερμηνευτικές και Θεολογικές Μελέτες*, ΒΒ 20, Θεσσαλονίκη 2001, 86-165.

―――― «Το Καινοδιαθηκικό Υπόβαθρο των Σχέσεων Ανθρώπου και Κτίσης κατά τη Λατρευτική Πράξη της Εκκλησίας», στο Βιβλικές, Ερμηνευτικές και Θεολογικές Μελέτες, ΒΒ 20, Θεσσαλονίκη 2001, 436-465.

Gibson J. B., «Jesus' Wilderness Temptation according to Mark», *JSNT* 53 (1994) 3-34.

Gieschen C. A., «Why was Jesus with the wild beasts (Mark 1:13)?», *CTQ* 73 (2009) 77-80.

Gilhus I. S., *Animals, Gods and Humans: Changing Attitudes to Animals in Greek, Roman, and Early Christian Thought*, London, Routledge, 2005.

―――― «Why is it better to be a Plant than an Animal? Cognitive Poetics and Ascetic Ideals in the Book of Thomas the Contender (Nhc II, 7)», στο *Chasing down Religion: In the Sights of History and the Cognitive Sciences. Essays in Honor of Luther H. Martin*, έκδ. P. Pachis-D. Wiebe, Thessaloniki 2010, 115-133.

Γκουτζιούδης Μ.,	*Ιωβηλαίο Έτος, Μελχισεδέκ και η προς Εβραίους Επιστολή. Συμβολή στη Διαμόρφωση της Χριστιανικής Σωτηριολογίας*, ΒΒ 36, Θεσσαλονίκη 2006.
———	*Το Βιβλικό Κείμενο στο Πέρασμα του Χρόνου: Η Περίπτωση της προς Εβραίους Επιστολής*, Θεσσαλονίκη 2008.
———	«Το κατά Ιωάννην Ευαγγέλιο και οι Σχετικές Αρχαιολογικές Ανακαλύψεις», στο *Καινοδιαθηκικές Μελέτες με τη Συνδρομή της Αρχαιολογίας*, Θεσσαλονίκη 2012.
———	«Η Έννοια της Αμαρτίας στην προς Εβραίους Επιστολή», *ΔΒΜ* 23 (2005) 249-264.
———	«Η Έννοια της "Δικαιοσύνης" στο κατά Ματθαίον Ευαγγέλιο. Από τη Συμβατική Εφαρμογή της στην Απαιτητικότερη Εκδοχή της», *ΔΒΜ* 25 (2007) 109-122.
Grant R. M.,	*Early Christians and Animals*, London, New York, Routledge, 1999.
———	«Dietary Laws among Pythagoreans, Jews, and Christians», *HTR* 73 (1980) 299-310.
Guelich R. A.,	*Mark 1-8:26*, WBC 34A, Dallas, Word Books, 2002.
Haenchen E. et al.,	*John: A Commentary on the Gospel of John. Chapters 1-6*, (μτφρ. R. W. Funk), Hermeneia, Philadelphia, Fortress Press, 1984.
Hagner D. A.,	*Matthew 1-13*, WBC 33A, Dallas, Word Books, 2002.
Ham C. A.,	*The Coming King and the Rejected Shepherd: Matthew's Reading of Zecha-*

	riah's Messianic Hope, New Testament Monographs, Sheffield, Sheffield Phoenix, 2006.
Harris L. A. E.,	All of the Animals in the Bible: A Topical Index of All of the Animals in the Bible, Longwood, Advantage Books, 2009.
Hartley J. E.,	Leviticus, WBC 4, Dallas, Word Books, 2002.
Haussleiter J.,	Der Vegetarismus in der Antike, Berlin, 1935.
Hasselquist F.,	Iter Palaestinum eller Resa til Heliga Landet, Förättad från år 1749 till 1752. Utgiven av Carl Linnaeus 1757.
Heil J. P.,	«Jesus with the Wild Animals in Mark 1:13», CBQ 68 (2006) 63-78.
————	«Ezekiel-Xxxiv and the Narrative Strategy of the Shepherd and Sheep Metaphor in Matthew», CBQ 55 (1993) 698-708.
Hillel D.,	The Natural History of the Bible: An Environmental Exploration of the Hebrew Scriptures, New York, Columbia University Press, 2006.
Houston W.,	Purity and Monotheism: Clean and Unclean Animals in Biblical Law, JSOT-Sup 140, Sheffield, JSOT Press, 1993.
————	«What was the Meaning of Classifying Animals as Clean or Unclean», στο Animals on the Agenda, εκδ. A. Linzey-D. Yamamoto, London, SCM Press, 1998, 18-24.
Hunkin J. W.,	«I Corinthians 15:32», ExpTim 39 (1927-1928) 281-282.

	Φύσις Θηρίων
Hurowitz V. A.,	«Joel Locust Plague in Light of Sargon-Ii 'Hymn to Nanaya'», *JBL* 112 (1993) 597-603.
Hyland J. R.,	*God's Covenant with Animals: A Biblical Basis for the Humane Treatment of All Creatures*, New York, Lantern Books, 2000.
Υφαντής Π.,	«Η Αγιότητα του Αίματος. Το Μαρτύριο ως Εκκλησιαστική Μαρτυρία και Εκκλησιολογική Πρόκληση», στο *Η Αγιότητα του Μαρτυρίου και η Μαρτυρία της Αγιότητας. Θεολογικά Μελετήματα*, Θεσσαλονίκη 2009, 25-51.
Ιωαννίδης Θ.,	*Άνθρωπος και Κόσμος κατά τον Απόστολο Παύλο*, ΒΒ 41, Θεσσαλονίκη, 2008.
Jazdzewska K.,	«Not an «Innocent Spectacle»: Hunting and Venationes in Plutarch's De Sollertia Animalium», *Ploutarchos* 7 (2009-2010) 35-46.
Jeremias J.,	«ἀμνός, ἀρήν, ἀρνίον», *TDNT* 1, 338-341.
———	«Ἀμνὸς τοῦ Θεοῦ-παῖς Θεοῦ (Jn 1:29, 36)», *ZNW* 34 (1935) 117-123.
Joüon P.,	«L'Agneau de Dieu (Jean 1, 29)», *NRTh* 67 (1940-1945) 318-321.
Just A. A.,	*Luke*, ACCS.NT 3, Downers Grove, Illinois, InterVarsity Press, 2005.
Καϊμάκης Δ.,	*Η Ημέρα Κυρίου στους Προφήτες της Παλαιάς Διαθήκης*, Θεσσαλονίκη 1991.
———	*Η Ιουδαϊκή Αποκαλυπτική Γραμματεία και η Θεολογία της*, Θεσσαλονίκη, 2007.
———	*Σύντομο Υπόμνημα στους Ψαλμούς*, Αθήνα 2010.
	«Α΄ Ενώχ. Περιληπτική Απόδοση-Σχό-

	λια», στο «*Τα Ελοχίμ δεν θα Ταραχθούν εις τον Αιώνα...*». *Ζητήματα Παλαιοδιαθηκικής και Μεσοδιαθηκικής Γραμματείας*, Θεσσαλονίκη, 2006, 63-118.
Καραβιδόπουλος Ι.,	*Το κατά Μάρκον Ευαγγέλιο*, ΕΚΔ 2, Θεσσαλονίκη 1993.
_____	«Ο Εύσπλαχνος Πατέρας. Σχόλια στην Παραβολή του Λκ. 15:11-32», στο *Βιβλικές Μελέτες*, ΒΒ 9, Θεσσαλονίκη 1995, 338-346.
_____	«Ο Ρόλος του Πέτρου στην Εκκλησία της Καινής Διαθήκης. Σύγχρονη Εξηγητική Προβληματική», στο *Βιβλικές Μελέτες*, ΒΒ 9, Θεσσαλονίκη 1995, 54-88.
_____	«"Καθαρίζων πάντα τὰ βρώματα" ή "καθαρίζον πάντα τὰ βρώματα"· Κριτικά και Ερμηνευτικά Σχόλια στο Στίχο Μρ 7,19», στο *Βιβλικές Μελέτες Δ΄*, ΒΒ 40, Θεσσαλονίκη 2007, 183-198.
Karavidopoulos J.,	«Citation de Zacharie dans le Nouveau Testament», *ΔΒΜ* 13 (1994) 48-55.
Καρακόλης Χ.,	*Η Θεολογική Σημασία των θαυμάτων στο κατά Ιωάννην Ευαγγέλιο*, Θεσσαλονίκη 1997.
_____	*Αμαρτία-Βάπτισμα-Χάρις* (Ρωμ. 6:1-14). *Συμβολή στην Παύλεια Σωτηριολογία*, ΒΒ 25, Θεσσαλονίκη 2002.
_____	«Η Παραβολή του Ασώτου Υιού. Μια Αλληγορική Προσέγγιση της Ιστορίας της Σωτηρίας;», στο *Θέματα Ερμηνείας και Θεολογίας της Καινής Διαθήκης*, ΒΒ 24, Θεσσαλονίκη 2002, 131-156.

Καζαμία-Τσέρνου Μ.,	«"Ἰάματα" Ἀσκληπιοῦ καί "Σημεῖα" Ἰησοῦ Χριστοῦ», *ΓρΠαλ* 759 (1995) 613-637.
Kelhoffer J. A.,	*The Diet of John the Baptist: "Locusts and Wild Honey" in Synoptic and Patristic Interpretation*, WUNT 176, Tübingen, Mohr Siebeck, 2005.
———	«Locusts and Wild Honey (Mk 1:6c and Mt 3:4c): The *Status Quaestionis* concerning the Diet of John the Baptist:», *CurBS* 2 (2003) 104-127.
———	«John the Baptist's "Wild Honey" and "Honey" in Antiquity», *Greek Roman and Byzantine Studies* 45 (2005) 59-73.
———	«Locust-Eating in the Ancient Near East and at Qumran», *DSD* 11 (2004) 293–314.
Klawans J.,	«Pure Violence: Sacrifice and Defilement in Ancient Israel», *HTR* 94 (2001) 135-157.
Κωνσταντίνου Μ.,	*Θυσία Εἰρηνική. Ἱστορικο-θεολογική Μελέτη*, Θεσσαλονίκη 1988.
———	*Ὁ Προφήτης τῆς Δικαιοσύνης. Ἑρμηνευτική Ἀνάλυση Προφητειῶν ἀπὸ τὸ Βιβλίο τοῦ Ἀμώς*, Παρατηρητής, Θεσσαλονίκη 1999.
———	«Ἡ Δημιουργία τοῦ Κόσμου (Γεν α΄-β΄)», στο *Ῥῆμα Κυρίου Κραταιόν. Ἀφηγηματικά Κείμενα ἀπὸ τὴν Παλαιά Διαθήκη*, Θεσσαλονίκη 1990, 69-107.
———	«Ἡ Πτώση (Γεν β΄-γ΄)», στο *Ῥῆμα Κυρίου Κραταιόν. Ἀφηγηματικά Κείμενα ἀπὸ τὴν Παλαιά Διαθήκη*, Θεσσαλονίκη 1990, 108-138.

Βιβλιογραφία

«Από τον Θαλή τον Μιλήσιο στον Απόστολο Παύλο. Το Οικολογικό Πρόβλημα ως Πρόβλημα Σχέσεων–Βιβλική θεώρηση», στο *Ο Απόστολος Παύλος και το Φυσικό Περιβάλλον, Πρακτικά Διεθνούς Επιστημονικού Συνεδρίου (Βέροια 25-28 Ιουνίου 1999)*, Βέροια 1999, 261-272.

Kulik A., «How the Devil Got His Hooves and Horns: The Origin of the Motif and the Implied Demonology of 3 Baruch 1», *Numen* 60 (2013) 195-229.

Levine B. A., *In the Presence of the Lord: A Study of Cult and Some Cultic Terms in Ancient Israel*, Leiden, Brill, 1974.

Liddell H. G.-Scott R., *A Greek-English Lexicon: With a Revised Supplement*, έκδ. H. S. Jones-R. McKenzie, Oxford, Clarendon, ⁹1996 (ψηφιακή έκδοση BibleWorks 9).

Lienhard J. T.-Rombs R. J., *Exodus, Leviticus, Numbers, Deuteronomy*, ACCS.OT 3, Downers Grove, InterVarsity Press, 2001.

Linzey A., *Animal Gospel: Christian Faith as Though Animals Mattered*, London, Hodder & Stoughton, 1998.

Animal Theology, London, SCM Press, 1994.

Creatures of the Same God: Explorations in Animal Theology, Winchester, Winchester University Press, 2007.

Why Animal Suffering Matters: Philosophy, Theology, and Practical Ethics, Oxford, Oxford University Press, 2009.

	Φύσις Θηρίων
Linzey A.-Yamamoto D.	(έκδ.), *Animals on the Agenda: Questions about Animals for Theology and Ethics*, London 1998.
Luz U.,	*Matthew 1-7: A Continental Commentary*, (μτφρ. W. C. Linss), Minneapolis, Fortress Press, 1989.
____	*Matthew 8-20*, (μτφρ. J. E. Crouch), Hermeneia, Minneapolis, Fortress Press, 2001.
____	*Matthew 21-28*, (μτφρ. J. E. Crouch), Hermeneia, Minneapolis, Fortress Press, 2005.
MacDonald D. R.,	«A Conjectural Emendation of 1 Cor 15:31-32: Or the Case of the Misplaced Lion Fight», *HTR* 73 (1980) 265-276.
Malherbe A. J.,	«The Beasts at Ephesus», *JBL* 87 (1968) 71-80.
Marshall I. H.,	«Lamb of God», στο *Dictionary of Jesus and the Gospels*, έκδ. J. B. Green et al., Downers Grove, Illinois, InterVarsity Press, 1992, 432-434.
Martin L. H.,	*Οι Θρησκείες της Ελληνιστικής Εποχής*, (μτφρ. Δ. Ξυγαλατά-επιμέλεια Π. Παχή), Θεσσαλονίκη 2004.
May E. E.,	*Ecce Agnus Dei. A Philological and Exegetical Approach to John 1:29, 36*, Studies in Sacred Theology 5, Washington, The Catholic University of America Press, 1947.
Mell U.,	«Jesu Taufe durch Johannes (Markus 1,9–15)--zur Narrativen Christologie vom Neuen Adam», *BZ* 40 (1996) 161-178.
Meshel N. S.,	«Food for Thought: Systems of Categorization in "Leviticus 11"», *HTR* 101 (2008) 203-229.

Βιβλιογραφία

Michel O.,	«Κύων, Κυνάριον», *TDNT* 3, 1101-1104.
Miles J. R.,	«Lamb», *ABD* 4, 131-134.
Milgrom J.,	*Studies in Cultic Theology and Terminology*, Brill, 1983.
————	*Leviticus 1-16. A New Translation with Introduction and Commentary*, AB 3, Doubleday, New York 1991.
Miller G. D.,	«Attitudes towards Dogs in the Ancient Israel: A Reassessment», *JSOT* 32 (2008) 487-500.
Moskala J.,	*The Laws of Clean and Unclean Animals of Leviticus 11: Their Nature, Theology, and Rationale*, an Intertextual Study, Adventist Theological Society Dissertation Series, Berrien Springs 2000.
————	«Categorization and Evaluation of Different Kinds of Interpretation of the Laws of Clean and Unclean Animals in Leviticus 11», *Biblical Research* 46 (2001) 5-41.
Μούρτζιος Ι.,	*Η Παράδοση της Εξόδου στους Προφήτες της Παλαιάς Διαθήκης. Ιστορικο-θεολογική Μελέτη*, ΒΒ 22, Θεσσαλονίκη 2002.
————	*Η Παράδοση για τον Δαβίδ στην Παλαιά Διαθήκη*, ΒΒ 38, Θεσσαλονίκη 2006.
————	*Η Μεταιχμαλωσιακή Ιουδαϊκή Κοινότητα στον Τριτοησαΐα. Ιστορία-Θεολογία*, ΒΒ 51, Θεσσαλονίκη 2012.
————	«Ο Άνθρωπος του Θεού και ο Προφήτης της Βαιθήλ. Έκκληση για Υπακοή και Ενότητα (Σχόλια στο Α΄ Βασ. 13)», στο *Ερμηνευτικές Μελέτες στην Παλαιά και την Καινή Διαθήκη*, Θεσσαλονίκη 2000, 109-140.

	«Ο Αδάμ στην Καινή Διαθήκη», στο *Ερμηνεία και Θεολογία Βιβλικών Κειμένων*, ΒΒ 50, Θεσσαλονίκη 2011, 215-258.
	«Η Οργή Γιαχβέ στην Προφητική Παράδοση», στο *Ερμηνεία και Θεολογία Βιβλικών κειμένων*, ΒΒ 50, Θεσσαλονίκη 2011, 345-397.
Νανάκος Σ.,	*Εξηγητική Προσπάθεια των Πειρασμών του Ιησού εν τη Ερήμω ιδία βάσει των Ελλήνων Ερμηνευτών*, (Διδακτ. Διατρ.), Θεσσαλονίκη 1967.
Negoistsa A.-Constantin D.,	«L' Agneau de Dieu et le Verbe de Dieu (Ad Jo i 29 et 36)», *NovT* 13 (1971) 24-37.
Newmyer S. T.,	*Animals, Rights, and Reason in Plutarch and Modern Ethics*, New York, Routledge, 2006.
	Animals in Greek and Roman Thought: A Sourcebook, London, Routledge, 2011.
	«Plutarch on Justice toward Animals: Ancient Insights on a Modern Debate», *Scholia: Studies in Classical Antiquity* 1 (1992) 38-54.
Nolland J.,	*Luke 9:21-18:34*, WBC 35B, Dallas, Word Books, 2002.
O'Neill J. C.,	«The Lamb of God in the Testaments of the Twelve Patriarchs», *JSNT* 2 (1979) 2-30.
Osborne C.,	*Dumb Beasts and Dead Philosophers: Humanity and the Humane in Ancient Philosophy and Literature*, Oxford, Oxford University Press, 2009.
Osborne R. E.,	«Paul and the Wild Beasts», *JBL* 85 (1966) 225-230.

Otto E.,	«The Laws of Clean and Unclean Animals in 'Leviticus', Chapter-11. Their Nature, Theology and Rationale. An Intertextual Study», BZ 48 (2004) 303-304.
Παχής Π.,	«Δήμητρα Καρποφόρος», Θρησκεία και Αγροτική Οικονομία του Αρχαιοελληνικού Κόσμου, Αθήνα ²1998.
Παπαγιαννόπουλος Ι.,	«Πληροφορίαι εκ της Π.Δ. περί δειγμάτων ιοβόλων όφεων, σκορπιών και διαφόρων εντόμων», Εκκλ Α 57 (1980) 53-54, 87-88.
Παπαθανασίου Κ.,	Το Γεγονός της Σωτηρίας στην Ιωάννεια Θεολογία (Ευαγγέλιο-Επιστολές-Αποκάλυψη), ΒΒ 45, Θεσσαλονίκη 2010.
Parlama L.-Stampolidis N. C.	(έκδ.), The City beneath the City. Antiquities from the Metropolitan Railway Excavations, N. P. Goulandris Foundation Museum of Cycladic Art, Athens 2000.
Passmore J.,	«Treatment of Animals», Journal of the History of Ideas 36 (1975) 195-218.
Πασσάκος Δ.,	«"μετὰ τῶν ἐθνῶν συνήσθιεν" (Γαλ. 2, 12): Ο Συμβολισμός της Τροφής στην Ιουδαϊκή και στην Πρωτοχριστιανική Παράδοση. Η συνδρομή της Πολιτιστικής Ανθρωπολογίας», στις Εισηγήσεις Η΄ Συνάξεως Ορθοδόξων Βιβλικών Θεολόγων, Θεσσαλονίκη 1997, 285-305.
Passakos D. C.,	«Clean and Unclean in the New Testament: Implications for Contemporary Liturgical Practices», GOTR 47 (2002) 277-293.

Petropoulou M.-Z.,	*Animal Sacrifice in Ancient Greek Religion, Judaism, and Christianity, 100 BC-AD 200*, Oxford Classical Monographs, Oxford, Oxford University Press, 2008.
Preisker H.,	«πρόβατον, προβάτιον», *TDNT* 6, 689-692.
Preuss H. D.,	*Θεολογία της Παλαιάς Διαθήκης*, (επιμ.-μτφρ. Ι. Μούρτζιου), ΒΒ 49, Θεσσαλονίκη 2011.
Rabinowicz H.,	«Dietary Laws», *EncJud* 5, 650-658.
Ramsey B. O. P.,	«A Note on the Disappearance of the Good Shepherd from Early Christian Art», *HTR* 76 (1983) 375-378.
Resig D. D.,	«The Enduring Symbolism of Doves. From Ancient Icon to Biblical Mainstay», http://www.biblicalarchaeology.org/daily/ancient-cultures/daily-life-and-practice/the-enduring-symbolism-of-doves/ (02/01/2013).
Roberts J. H.,	«The lamb of God», *Neot* 2 (1968) 41-56.
Rogerson J. W.,	«What Was the Meaning of Animal Sacrifice», στο *Animals on the Agenda. Questions about Animals for Theology and Ethics*, εκδ. A. Linzey-D. Yamamoto, SCM Press, London 1998, 8-17.
Schipper J.,	«Interpreting the Lamb Imagery in Isaiah 53», *JBL* 132 (2013) 315-325.
Shear T. L.,	«Excavations at Corinth in 1925», *AJA* 29 (1925) 381-397.
———	«Excavations in the Theatre District of Corinth in 1926», *AJA* 30 (1926) 444-463.

Βιβλιογραφία

Simonetti M.,	*Matthew 1-13*, ACCS.NT 1a, Downers Grove, Illinois, InterVarsity Press, 2001.
————	*Matthew 14-28*, ACCS.NT 1b, Downers Grove, Illinois, InterVarsity Press, 2002.
Σιμωτάς Π.,	«Αἱ Διηγήσεις τῆς Παλαιᾶς Διαθήκης διὰ Ζῷα Ὁμιλήσαντα», *Θεολ* 63 (1992) 611-647.
Σκιαδαρέσης Ι.,	*Λειτουργικές Σκηνές και Ὕμνοι στην Αποκάλυψη του Ιωάννη*, ΒΒ 14, Θεσσαλονίκη 1999.
————	*Ιωάννεια Γραμματεία. Α΄ Μέρος: Κατά Ιωάννην Ευαγγέλιο. Β΄ Μέρος: Αποκάλυψη του Ιωάννη*, Θεσσαλονίκη 2013.
————	«Συντακτικές Ετερότητες στο Κείμενο της Αποκάλυψης του Ιωάννη και Εκλογικεύσεις τους στη Χειρόγραφη Παράδοσή του», στο *Η Αποκάλυψη του Ιωάννη. Ερμηνευτικά και Θεολογικά Μελετήματα Α΄*, ΒΒ 35, Θεσσαλονίκη 2005, 9-54.
————	«Αποκάλυψη του Ιωάννη και Πνευματικότητα», στο *Αποκαλύψεως Εξηγητικόν. Ερμηνευτικά και Θεολογικά Μελετήματα στην Αποκάλυψη του Ιωάννη*, Θεσσαλονίκη 2011, 133-167.
————	«Η κοσμική Εξουσία κατά την Αποκάλυψη του Ιωάννη», στο *Βιβλικά Ανάλεκτα. Συναγωγή Μελετών Καινοδιαθηκικής Θεολογίας*, Θεσσαλονίκη 2013, 223-249.
Smith H. P.,	«Animal Sources of Pollution», *JBL* 30 (1911) 55-60.

Sorabji R.,	*Animal Minds and Human Morals: The Origins of the Western Debate*, Cornell Studies in Classical Philology, Ithaca, New York, Cornell University Press, 1993.
Spittler J. E.,	*Animals in the Apocryphal Acts of the Apostles: The Wild Kingdom of Early Christian Literature*, WUNT 247, Tübingen, Mohr Siebeck, 2008.
Taylor E. K.,	«The Lamb of God», *Clergy Review* 48 (1963) 285-292.
Thiselton A. C.,	*The First Epistle to the Corinthians: A Commentary on the Greek Text*, Grand Rapids, Michigan, W.B. Eerdmans, 2000.
Throup M.,	«Animals and Angels in Mark 1.13: Hints of the Divine Warrior in the wilderness?», *Oracula* 6 (2010) 28-39.
Τίγκας Α.,	*Η Φυτο-ζωολογία της Αγίας Γραφής*, Αθήνα 1977.
Tooley W.,	«The Shepherd and Sheep Image in the Teaching of Jesus», *NovT* 7 (1964) 15-25.
Topel J.,	«What Kind of a Sign are Vultures? Luke 17:37b», *Bib* 84 (2003) 403-411.
Topsell E. et al.,	*The History of Four-Footed Beasts and Serpents and Insects*, τ. 3, New York, Da Capo Press, 1967.
Toynbee J. M. C.,	*Animals in Roman Life and Art*, London, Thames and Hudson, 1973.
Τρακατέλλης Δ. (Αρχιεπίσκοπος Αμερικής),	*Εξουσία και Πάθος. Χριστολογικές Απόψεις του κατά Μάρκον Ευαγγελίου*, Αθήνα 1983.

Βιβλιογραφία

Tristram H. B.,	*The Natural History of the Bible: Being a Review of the Physical Geography, Geology, and Meteorology of the Holy Land, with a Description of Every Animal and Plant Mentioned in Holy Scripture*, London New York, Society for Promoting Christian Knowledge, Pott, Young & Co., ⁶1880.
Tsalampouni E.,	«Like the Birds of the Sky and the Lilies of the Fields: An Orthodox Eco-exegetical Reading of Matthew 6:25-34 in an Age of Anxiety», στο *Εἰς Μαρτύριον τοῖς Ἔθνεσι. Τόμος Χαριστήριος Εἰκοσαετηρικός εἰς τόν Οἰκουμενικόν Πατριάρχην κ.κ. Βαρθολομαῖον*, Θεσσαλονίκη 2011, 843-862.
Tsekourakis D.,	«Pythagoreanism or Platonism and Ancient Medicine? The Reasons for Vegetarianism in Plutarch's Moralia», *ANRW* 36 (1987) 366-393.
Ulrich D. W.,	«Matthew's Messianic Shepherd-King: In Search of 'the Lost Sheep of the House of Israel'», *CBQ* 71 (2009) 425-426.
Van Henten J. W.,	«The First Testing of Jesus: A Rereading of Mark 1.12–13», *NTS* 45 (1999) 349-366.
Βασιλειάδης Π.,	*Παύλος. Τομές στη Θεολογία του*, ΒΒ 31, Θεσσαλονίκη 2004.
————	*Τα Λόγια του Ιησού. Το Αρχαιότερο Ευαγγέλιο*, Αθήνα, Άρτος ζωής, 2005.
————	«Το Πρόβλημα του Βαπτιστή Ιωάννη στο Δ΄ Ευαγγέλιο», *ΔΒΜ* 4 (1976) 99-117 και στο *Ερμηνεία των Ευαγγελί-*

ων. *Θεολογικές και Ιστορικό-Φιλολογικές Προϋποθέσεις καθώς και - Ερμηνευτικές Προσεγγίσεις στα Τέσσερα Ευαγγέλια*, Θεσσαλονίκη 1990, 239-267.

«Οι Κοσμικές Διαστάσεις της Σωτηρίας (Σχόλιο στο Κολ. 1:19-20)», στο *Επίκαιρα Αγιογραφικά Θέματα. Αγία Γραφή και Ευχαριστία*, ΒΒ 15, Θεσσαλονίκη 2000, 123-130.

«Εσχατολογία, Εκκλησία και Κοινωνία», στο *Εκκλησία και Εσχατολογία*, (εποπτεία-συντονισμός ύλης Π. Καλαϊτζίδης), Αθήνα 2003, 47-62.

«Η Βιβλική Θεώρηση της Οικονομίας», *Θεολ* 83 (2012) 25-36.

«Οικονομία της Ζωής, Δικαιοσύνη και Ειρήνη για Όλους» *Θεολ* 83 (2012) 205-218.

Venter P. M., «The Dietary Regulations in Deuteronomy 14 within Its Literary Context», *HvTSt* 58 (2002) 1240-1262.

Verbruggen J. L., «Of Muzzles and Oxen: Deuteronomy 25:4 and 1 Corinthians 9:9», *JETS* 49 (2006) 699-711.

Virgulin S., «Recent Discussion of the Title, Lamb of God», *Scr* 13 (1961) 74-80.

Warnecke H., *Die Tatsächliche Romfahrt des Apostels Paulus*, SBS 127, Stuttgart 1987.

Weber K., «The Image of Sheep and Goats in Matthew 25:31-46», *CBQ* 59 (1997) 657-678.

Whitekettle R., «Rats Are Like Snakes, and Hares Are Like Goats: A Study in Israelite Land Animal Taxonomy», *Bib* 82 (2001) 345-362.

	«Of Mice and Wren: Terminal Level Taxa in Israelite Zoological Thought», *SJOT* 17 (2003) 163-182.
	«The Raven as Kind and Kinds of Ravens: A Study in the Zoological Nomenclature of Leviticus 11,2-23», *ZAW* 117 (2005) 509-528.
	«*Taming the Shrew, Shrike, and Shrimp: The Form and Function of Zoological Classification in Psalm 8*», *JBL* 125 (2006) 749-765.
	«One if by and: Conjunctions, Taxonomic Development, and the Animals of Leviticus 11,26», *ZAW* 121 (2009) 481-497.
Williams G.,	«An Apocalyptic and Magical Interpretation of Paul's 'Beast Fight' in Ephesus (1 Corinthians 15:32)», *JTS* 57 (2006) 42-56.
Willitts J.,	*Matthew's Messianic Shepherd-King: In Search of 'the Lost Sheep of the House of Israel'*, BZNW 147, Berlin, Walter de Gruyter, 2007.
	«Matthew's Messianic Shepherd-King: In Search of "the Lost Sheep of the House of Israel"», *Hts Teologiese Studies-Theological Studies* 63 (2007) 365-382.
Wright G. E.,	«The Good Shepherd», *BA* 2 (1939) 44-48.
Yamamoto D.,	«Aquinas and Animals: Patrolling the Boundary?», στο *Animals on the Agenda. Questions about Animals for Theology and Ethics*, έκδ. A. Linzey-D.

Yerkes R. K.,	Yamamoto, SCM Press, London 1998, 80-89. «The Unclean Animals of Leviticus 11 and Deuteronomy 14», *JQR* 14 (1923) 1-29.
Yu B.-K.,	*Ιστορία, Θεολογία, Ιεραποστολή στο κατά Ματθαίον Ευαγγέλιο*, Θεσσαλονίκη 2007.
Ζάρρας Κ.,	*Ιστορία της Εποχής της Καινής Διαθήκης*, Αθήνα, 2005.

Ευρετήριο Θεμάτων

αγαθοδαίμων 317
άγγελοι 274, 280
αγελάδα 147, 193
Αγία Γραφή 16, 18, 21, 25, 27, 47, 60, 66, 67, 69, 84, 88, 89, 184, 203, 205, 208, 251, 252, 254, 309, 343, 361
Άγιο Πνεύμα 344
αγιότητα 95, 96, 107, 108, 166
άγρια ζώα 16, 32, 53, 76, 81, 94, 109, 137, 141, 149, 154, 172, 176, 177, 178, 179, 180, 186, 187, 192, 193, 194, 237, 281, 287, 288, 290, 291, 293, 356
άγρια ζωή 28, 34, 277, 290, 353
αγριοκάτσικο 81, 82
αγριομέλισσες 51, 59, 227, 228
αγριοπρόβατο 81, 82
Αδάμ 84, 115, 133, 276, 279, 280, 281, 358
αετός 55, 87, 197, 198, 199, 200, 202, 203, 204, 205
Αίγυπτος 231, 240, 245, 262, 266
αίμα 49, 102, 144, 150, 155, 156, 164, 235, 250, 255, 348
αιματηρές θυσίες 105, 132, 149, 165
αιρετικοί 115, 249, 253, 331
αισθήσεις 123, 125, 127, 134, 242, 324, 357
ακαθαρσία 93, 96, 105, 358
ακάθαρτα 20, 28, 52, 55, 61, 66, 73, 74, 76, 77, 78, 79, 82, 83, 84, 85, 87, 88, 90, 91, 92, 95, 96, 97, 98, 99, 100, 101, 102, 103, 104, 105, 106, 107, 108, 111, 112, 113, 114, 197, 248, 249, 251, 258, 261, 267, 268, 269, 271, 272, 290, 355, 358
ακρίδες 63, 92, 98, 226, 229, 230, 231, 232, 233, 234, 246
αλεπού 52, 301
αλληγορική μέθοδος
άλογα ζώα 115, 122, 137, 140, 177, 290, 355
άλογο 54, 82, 123
αμαρτία 218, 251, 271, 289, 319, 338
αμνός 48, 153, 325, 326, 328, 343, 344, 346, 348
αμφιθέατρο 186, 187
αμφισημία 213, 263, 296, 304, 339
αναζωογόνηση 296, 304
Ανδροκλής 184, 186, 188, 189
ανταγωνιστικότητα 98, 303

Ευρετήριο θεμάτων

αντιλόπη 81
αποκαλυπτική γραμματεία 191, 284, 362
Αποκάλυψη 22, 52, 54, 55, 59, 191, 197, 257, 280, 284, 306, 309, 328, 346, 348, 349, 350, 353, 362
αποκατάσταση 17, 333, 334, 335
Απολλώνιος ο Τυανέας 132, 237
αρένα 19, 167, 172, 174, 175, 176, 177, 178, 180, 181, 182, 183, 184, 185, 186, 187, 189, 191, 192, 193, 194
Αριστοτέλης 61, 119, 120, 121, 122, 127, 196, 200, 202, 204, 207, 213, 216, 217, 259, 301, 315, 343
αρκούδα 52, 173
αρπαχτικό 89
αρτιοδάκτυλα 79
αρχέγονος χριστιανισμός 113, 249, 332, 361
ασκητές 288, 293, 294
ασκητική γραμματεία 294
άσωτος 271, 272
άφεση αμαρτιών 158
Βαλαάμ 111, 300, 361
βασιλίσκος 93
βάτραχος 57
βέβηλο 253

Βελίαρ 312
Βεχεμώθ 69
βιολόγος 23, 119
βιοποικιλότητα 19
βόδι 53, 54, 81, 136, 138, 139
βοτανική 62
βούβαλος 68, 81
Βουλγάτα 29, 68, 85, 201
γαζέλα 81
γαϊδούρι 40, 41, 42, 53, 54, 82, 99, 139
γατόψαρα 408
Γιαχβέ 102, 106, 108, 112, 229, 265, 277, 282, 308, 327, 333, 334, 350
Γιαχβιστής 308
γλάρος 88
Γνωστικοί 24, 168, 253, 292, 293, 316, 319
γρύπας 87
γυπαετός 202
γύπας 87
Δαβίδ 327, 334
δαίμονες 68, 112, 162, 165, 251, 261, 267, 268, 282, 290, 292
δαιμονική δύναμη 105
Δαρβίνος 247
δεισιδαιμονία 206
διατροφικοί κανόνες 76, 248
δικαιοσύνη 117, 155, 156, 242, 293

διπολισμός 113, 338
διωνυμική ονοματολογία 61, 62
δράκος 44, 69
Εβιωνίτες 231
Εγγύς Ανατολή 252, 256, 264, 285, 314, 325, 341
εγκρατίτες 249
Εδέμ 213, 308
εθνικοί 75, 78, 257, 260, 268, 357, 359
ειδωλόθυτα 114, 150, 235, 248, 249, 250
εκκλησιαστική γραμματεία 253
ελάφι 81
ελέφαντες 65, 132, 180
ενδιαίτημα 283
έντομα 19, 26, 33, 45, 59, 60, 61, 62, 77, 91, 92, 213, 231, 281, 285, 362
εξιλασμός 22
επικούρειοι 119, 120, 240, 241
ερπετό 69, 90, 219, 304, 310
ερωδιός 89
εσσαίοι 228, 246
Έφεσος 190, 206
ζαρκάδι 43, 81
ζωικό βασίλειο 275
ζωοαρχαιολογία 408
ζωοθυσία 162, 167, 170
ζωολογία 22, 27, 62
ζωολόγοι 79
Ηρακλής 190, 261, 287, 308

θαλασσαετός 87, 197
θεοδοσιανός κώδικας 169
θεραπευτές 231, 238, 245, 246
θηλαστικά 23, 25, 33, 43, 52, 53, 60, 77, 79, 80, 81, 82, 83, 85, 91, 93, 95, 98, 104, 108, 109, 149, 176, 181, 197, 204, 282, 285, 294, 336
θηράματα 56, 208, 210, 275, 301
θηρευτές 321, 322
θηρία 30, 144, 162, 166, 171, 172, 173, 174, 175, 183, 185, 186, 187, 188, 189, 190, 192, 193, 195, 218, 274, 276, 278, 279, 281, 282, 284, 285, 286, 288, 289, 292, 293, 294, 297, 345, 357
θηριομαχία 171, 172, 184, 190
θηριομάχος 172, 173, 175
θυσία 17, 22, 48, 50, 55, 56, 109, 111, 143, 145, 146, 147, 148, 150, 151, 152, 153, 154, 157, 158, 159, 160, 161, 162, 163, 164, 165, 166, 168, 169, 170, 261, 264, 265, 268, 315, 343, 345, 346, 348, 349
θυσιαζόμενα ζώα 82, 99, 110, 111, 152

Ευρετήριο θεμάτων

Θωμάς ο Ακινάτης 140, 247
ίβις 85, 89
Ιερατικός Κώδικας 95, 234
ιερείς 94, 95, 110, 112, 145,
    146, 151
ιερό ζώο 255, 265
Ιερουσαλήμ 39, 41, 84, 145,
    146, 148, 149, 151, 159,
    163, 317, 318, 330, 342,
    345
Ινδοϊσμός 147
ιοβόλο 212, 221, 310, 321
ιουδαϊκός νόμος 81, 271,
Ιωάννης ο Βαπτιστής 231
καθαρά 20, 24, 28, 39, 47, 66,
    73, 74, 75, 76, 77, 78, 79,
    81, 83, 85, 90, 91, 92, 96,
    97, 98, 100, 101, 102,
    103, 104, 106, 107, 109,
    112, 113, 114, 231, 234,
    355
καλός ποιμένας 325, 329, 332,
    333, 336
καμήλα 53, 54, 79, 81, 82, 99,
    102, 226
καμηλοπάρδαλη 81, 82
Καντ 141
Καρτέσιος 122, 246, 247
κατσίκι 42, 53, 54, 81, 103, 150,
    338, 346
κήρυγμα 325
κήτος 45, 57, 58, 63

κλώσα 44, 50
κλωσόπουλα 44, 50, 56
κοινό 50, 99, 118, 122, 156,
    192, 239, 245, 259
κόκορας 56, 65
κόμπρα 44, 212
κόρακας 87
κοράκι 55
Κόρινθος 181
κορμοράνος 88
κότα 56
κουκουβάγια 409
κουνάβι 77, 92
κουνέλι 79, 81, 99
κουνούπι 59
κρεοφαγία 33, 132, 225, 230,
    235, 236, 237, 239, 240,
    241, 244, 246, 248
κροκόδειλος 69
κτήνη 58, 75
κτηνοτροφία 143, 342
κύκνος 89, 98
κυνηγός 177, 178, 179, 181,
    189, 215
λαγός 79, 81, 82, 99,
λατρεία 17, 101, 106, 111, 144,
    148, 149, 151, 158, 159,
    162, 163, 164, 165, 169,
    265, 296, 297, 316, 318
λέαινα 178, 184, 185
Λεβιάθαν 69
Λεοπάρδαλη 52

Λινναίος 18, 61, 62
λιοντάρι 52, 132, 178, 183, 184,
    186, 187, 188, 189, 191,
    294, 345
λογικά όντα 137, 270
λογικό 33, 116, 117, 118, 119,
    120, 122, 123, 125, 126,
    127, 129, 130, 131, 134,
    135, 243, 247, 355
λύκος 52, 196, 197, 205, 206,
    207, 208, 209, 330, 331,
    355
μαγεία 108, 191, 266, 304
μαλάκια 83
μανιχαίοι 238, 239
μέλι 51, 59, 226, 227, 228, 230,
    232, 233
μεσοδιαθηκική γραμματεία 154,
    333
μεταφορική εικόνα 257, 312,
    326, 327, 330, 332, 333,
    342, 347
μετάφραση των Ο΄ 26
μετενσάρκωση 117, 132, 147,
    160, 236, 237, 240, 304
μηρυκαστικά 79, 80, 82, 83, 98
μονόκερος 67
μονομάχος 167, 180, 185, 189,
μυθικά ζώα 21, 22, 29, 67, 69
μυθολογία 68, 206, 261, 266,
    311
μύθος του Αισώπου 188, 197,

206, 215
Μωυσής 104, 267, 336
ναζηραίος 56, 229
Ναός 148, 159
νεκρομαντεία 108
νεοπλατωνικοί 160
νεοσσοί 409
νερόκοτα 89
Νόμος της Αγιότητας 409
νυχτερίδα 90
νυχτοκόρακας 88, 89
Νώε 28, 76, 97, 235, 280
οικονομία 109, 169, 338, 342,
    343
οικόσιτα 16, 22, 32, 34, 45, 53,
    55, 56, 57, 63, 80, 81, 82,
    85, 105, 110, 136, 137,
    139, 141, 142, 143, 144,
    149, 154, 162, 177, 180,
    208, 258, 259, 264, 270,
    281
ολοκαύτωμα 150, 349
ομοταξία 61, 62
οπληφόρα 79
όρνεο 50, 55
ορνιθολόγος 410
ορνιθοπανίδα 359
Ορφέας 287
Ουγαρίτ 60, 81, 109, 110, 111
όφις 322
οχιά 33, 44, 51, 57, 63, 196,
    197, 212, 213, 214, 215,

Ευρετήριο θεμάτων

217, 218, 219, 220, 221, 281, 308, 359
παγώνια 65
πανίδα 16, 19, 27, 31, 33, 34, 286
παράδεισος 247, 276, 279, 280, 292, 299, 309
παρεμβολή 174, 289, 346, 349
παροιμία 201, 251, 253
παροιμιακό λόγιο 138, 259, 311
παρυδάτια 97
Πάσχα 146, 346
πασχάλιος αμνός 153, 344, 348
πάσχων δούλος 346, 347, 348
πατέρες 25, 173, 205, 254, 260, 269, 272, 298, 319, 337
παύλεια γραμματεία 53
πελαργόμορφα 89
πελαργός 89, 126, 127
περισσοδάκτυλα 79, 82
περιστέρι 56, 111, 314, 315, 316, 317, 319, 325, 343
πίθηκοι 65
πλατώνι 81, 82
ποιμένας 267, 325, 326, 329, 331, 332, 333, 334, 336, 337
ποίμνη 329
ποντικός 77, 81, 92
πουλάρι 40, 41, 42, 47
πουλιά 24, 25, 31, 55, 56, 60, 61, 64, 79, 84, 85, 86, 88,

90, 91, 95, 97, 98, 103, 108, 109, 127, 132, 141, 197, 200, 202, 204, 247, 281, 282, 341
πρόβατο 34, 42, 48, 54, 81, 121, 140, 142, 210, 325, 327, 328, 329, 330, 331, 338, 340, 342, 343, 344, 345, 346, 349, 350, 355
πρωτόπλαστοι 296, 308
πτωματοφάγα 55, 103
Πυθαγόρας 160, 236, 238, 239, 241
πυθαγόρειοι 78, 117, 118, 160, 236, 237, 238, 239, 240, 250
ραβίνοι 85, 91, 97, 228, 262, 332
Ρώμη 147, 177, 180, 181, 182, 191, 220, 318
σαλαμάνδρα 104
σαμιαμίδι 92
σαρκοφάγα 52, 97, 108, 281, 285, 341
σατανάς 274, 362
σαύρας 92
σεξουαλικότητα 293, 303, 304, 314, 340
σκαντζόχοιρος 77, 92
σκόρος 59
σκορπιός 59
σκουλήκια 51

σκύλος 34, 43, 54, 111, 251, 252, 253, 256, 257, 261, 262, 263, 273, 281
σοφία 121, 132, 304, 315, 317
σποροφάγα 98
σπουργίτια 141, 142
σταυρός 153, 157, 344
στρουθοκάμηλος 87, 88
στωικοί 119, 120, 122, 123, 124, 152, 237, 242, 243
συμπόνοια 410
συνομοταξία 62
συνοπτικά ευαγγέλια 34, 55, 157
Συροφοινίκισσα 260
σφαγή ζώων 105, 154, 342
σφάγιο 164
σωτηρία 16, 135, 142, 158, 277, 326, 333, 334, 335, 357, 361
Ταλμούδ 77, 79, 111, 214, 234, 271, 280
ταμπού 34, 98, 100, 108, 266, 271
ταξινομικό σύστημα 46, 60
ταύρος 50, 53, 186
τελετουργική καθαρότητα 95, 96, 108
τετράποδα 79, 98, 121, 289
τράγος 53, 54
τριωνυμική ονοματολογία 62
τρυγόνι 55

τσακάλι 207
τσαλαπετεινός 90, 98
τυλόποδα 82
τυπολογία 276, 277
τυφλοπόντικας 92
υγιεινή 17, 101
υδρόβια 33, 79, 83, 84, 96, 97, 104, 129
υδρόβιο 89
Υιός του Ανθρώπου 338
φίδι 34, 44, 69, 212, 213, 215, 217, 221, 280, 286, 296, 297, 298, 299, 301, 303, 304, 306, 307, 308, 309, 310, 311, 313, 316, 317, 318, 319, 320, 321, 322, 323, 324, 361
φοίνικας 67
Φραγκίσκος της Ασίζης 135, 247
φυσικές ιστορίες 24, 25, 33, 63, 64, 77, 119, 121, 196, 197, 206, 211, 213, 216, 297, 301, 358, 363
φυσιοδίφης 18, 24
φυσιοκρατική ερμηνεία 66, 69, 294
χάλκινος όφις 322
χαμαιλέων 92
χέλια 83
χελώνα 411
χλωρίδα 19, 27

Ευρετήριο θεμάτων

χοιροβοσκός 267
χοίρος 34, 42, 49, 83, 98, 104,
　　　110, 111, 251, 263, 265,
　　　266, 267, 268, 269, 270,
　　　273
χορτοφαγία 235, 236, 237, 238,
　　　239, 241, 243, 245, 248,
　　　249
ψάρι 236, 237, 246, 310, 319,
　　　324, 325
ψυχή 118, 119, 123, 133, 134,
　　　135, 233, 242, 247, 250,
　　　287, 303, 304, 356, 357
ψυχρόαιμα 220, 313
ωδικά πτηνά 141

Ευρετήριο Ονομάτων

Αγουρίδης Σ., 138, 168
Aharoni I., 86, 93, 286
Amar Z. et al., 109
Andinach P. R., 229
Ashbey G., 347
Assis E., 229
Ατματζίδης Χ., 115, 146
Aune D. E., 261
Barrett C. K., 74, 75, 220
Bauckham R., 134, 232, 270, 274
Bauckham R. J., 116
Beasley-Murray G. R., 345
Blakeway C. E., 347
Böcher O., 207
Bornkamm G., 209
Borowski O., 60, 149, 227, 266
Bowen C. R., 172, 175, 184
Bremmer J. N., 238
Bright M., 19, 23, 61, 64, 68, 70, 82, 92, 98, 99, 202, 212, 252, 286, 338
Broneer O., 186
Brown R. E., 350
Bulmer R., 91, 97
Burkill T. A., 259
Caneday A. B., 276
Capps E., 186, 187

Carey G. L., 347
Charlesworth J. B., 13, 212, 213, 214, 218, 299, 300, 303, 304, 306, 307, 308, 309, 311, 313, 315, 317, 318, 323
Clark B., 82
Clark G., 134
Conzelmann H., 172
Δάφνη E., 212, 297, 298, 309
Davies W. D.-Allison D. C., 201, 205, 207, 230, 258, 259, 268, 316, 322, 340
Derrett J. D. M., 74
Δεσπότης Αθ., 258
De Vaux R., 112
Dierauer U., 19
Douglas M., 99, 106, 107, 108
Driver S. R., 85
Duchrow U., 273
Dunn J. D. G.,
Οικονόμου Χ., 41, 73, 221, 326, 330, 335
Edwards M. J., 254
Epplett C., 179, 180, 181
Falusi G. K., 336
Fitzmyer J. A., 271
Foerster W., 281, 284, 313
Fotopoulos J., 150, 297
France R. T., 231, 269, 176, 289

Ευρετήριο ονομάτων

Franklin J. H., 246
Γαλάνης Ι., 76, 112, 140, 156, 342
Gibson J. B., 276, 278
Gieschen C. A., 277
Gilhus I. S., 24, 74, 120, 143, 151, 152, 162, 167, 178, 194, 235, 287, 292, 343, 345
Γκουτζιούδης Μ., 107, 150, 154, 156, 157, 158, 297, 330
Grant R. M., 21, 67, 78, 118, 127, 171, 184, 232, 238, 242, 320
Guelich R. A., 259, 275
Haenchen E. et al., 348
Hagner D. A., 322
Ham C. A., 326, 329, 331
Harris L. A. E., 25, 26, 30, 90, 212, 327
Hartley J. E., 85, 101, 106
Haussleiter J., 235, 237, 240
Heil J. P., 276, 279, 331
Hillel D., 286, 414
Houston W., 20, 80, 85, 91, 92, 94, 97, 99, 101, 102, 106, 109, 110, 111, 160, 252, 264, 265, 267, 268
Hunkin J. W., 187
Hurowitz V. A., 229
Hyland J. R., 22, 146
Υφαντής Π., 166

Ιωαννίδης Θ., 140
Jazdzewska K., 177, 181
Jeremias J., 275, 346, 347, 348
Joüon P., 347
Just A. A., 269, 272
Καϊμάκης Δ., 69, 229, 280, 334, 349
Καραβιδόπουλος Ι., 75, 146, 183, 230, 232, 259, 268, 271, 275, 316, 337
Καρακόλης Χ., 248, 271, 350
Καζαμία-Τσέρνου Μ., 297
Kelhoffer J. A., 227, 228, 229, 233, 234, 246
Klawans J., 148
Κωνσταντίνου Μ., 115, 131, 149, 155, 235, 298
Kulik A., 291
Levine B. A., 105
Liddell H. G.-R. Scott, 281
Lienhard J. T.-Rombs R. J., 104
Linzey A., 20, 21, 80, 92, 134, 141, 145, 232, 270
Linzey A.-Yamamoto D., 21, 80, 92, 134, 141, 145, 232, 270,
Luz U., 141, 205, 214, 226, 260, 316, 322, 341
MacDonald D. R., 174, 187, 188
Malherbe A. J., 189, 190

Marshall I. H., 346, 349
Martin L. H., 318
May E. E., 347
Mell U., 275
Meshel N. S., 94, 107
Michel O., 262
Miles J. R., 344, 350
Milgrom J., 81, 84, 92, 95, 98, 100, 105, 107
Miller G. D., 256
Moskala J., 100
Μούρτζιος Ι., 28, 115, 136, 234, 276, 282, 327, 333
Νανάκος Σ., 275
Negoistsa A.-Constantin D., 347
Newmyer S. T., 26, 27, 118, 119, 123, 124, 129, 130, 135, 140, 180, 183, 241, 242, 247
Nolland J., 271, 312
O'Neill J. C., 346
Osborne C., 118, 120, 122, 160, 237, 241, 244, 245, 247, 293
Osborne R. E., 176, 189, 191
Otto E., 101
Παχής Π., 265, 318
Παπαγιαννόπουλος Ι., 212
Παπαθανασίου Κ., 348
Parlama L.-Stampolidis N. C., 256

Passmore J., 134, 135
Πασσάκος Δ., 113
Passakos D. C., 107
Petropoulou M.-Z., 146, 149, 158, 162
Preisker H., 328
Preuss H. D., 136, 234
Rabinowicz H., 83, 85, 92, 103
Ramsey B. O. P., 336, 337
Resig D. D., 314
Roberts J. H., 347
Rogerson J. W., 145, 149
Schipper J., 348
Shear T. L., 186, 187
Simonetti M., 269, 341
Σιμωτάς Π., 300
Σκιαδαρέσης Ι., 346, 347, 349
Smith H. P., 95, 143
Sorabji R., 20, 120, 125
Spittler J. E., 25, 122, 173, 175, 183, 185, 189, 203, 254, 291, 292
Taylor E. K., 347
Thiselton A. C., 137
Throup M., 276, 280, 285
Tooley W., 326, 332
Topel J., 201
Topsell E. et al., 24,
Toynbee J. M. C., 19

Τρακατέλλης Δ. (Αρχιεπίσκοπος Αμερικής), 275
Tristram H. B., 18, 24, 88, 201, 286
Tsekourakis D., 241
Ulrich D. W., 331
Van Henten J. W., 275, 276, 280, 286
Βασιλειάδης Π., 10, 16, 67, 170, 230, 273
Vaux R. De., 112, 266, 268
Venter P. M., 101
Verbruggen J. L., 138
Virgulin S., 347
Warnecke H., 221
Weber K., 338, 339, 340
Whitekettle R., 77, 82, 87, 93
Williams G., 171, 190, 191
Willitts J., 331, 333, 334
Wright G. E., 336
Yamamoto D., 21, 80, 92, 134, 141, 145, 232, 270
Yerkes R. K., 79, 85, 91
Yu B.-K., 335
Ζάρρας Κ., 144

ΕΥΡΕΤΗΡΙΟ ΧΩΡΙΩΝ

Εξωβιβλικά κείμενα

Ελληνική γραμματεία

Αέτιος Αμηδινός, *Λόγος Τρισκαιδέκατος*, 23, 2-7 219
23, 8-12 218
23, 14-23 219

Αιλιανός Κλαύδιος, *Περὶ Ζῴων Ἰδιότητος*, 1, 22, 2-7 127
1, 51 303
2, 11, 72-74 122
2, 26, 5-6 203
2, 39, 8-19 204
2, 39, 19-24 204
2, 40, 7-12 201
3, 22 215
3, 23, 1-2 127
4, 27, 1-13 87
5, 19 208
5, 33, 9 204
5, 34 204
7, 16, 1-11 204
7, 20 208
7, 27, 1-7 345
7, 48, 1-55 188
9, 2 199
10, 9 219
11, 37, 10 208
12, 31, 14-15 209
12, 34, 3-5 139
15, 1, 22-23 208
17, 1, 1-3 302
Ποικίλη Ἱστορία, 12, 39 178

Αἴσωπος, *Μύθοι*, 117, 1-11 215
155, 1-13 188

Ἀντίγονος, *Ἱστοριῶν Παραδόξων Συναγωγή*, 21, 4 217

Ἀπίων, *Αἰγυπτιακὰ*, 5, 17-87 188

Ἀριστοφάνης ὁ Βυζάντιος, *Τῶν Ἀριστοτέλους περὶ Ζῴων Ἐπιτομή*, 1, 6, 1 208
2, 215 208
2, 217 209
2, 226, 1-3 209
2, 226, 3-6 209
2, 230 210

Ἀριστοτέλης, *Περὶ Ζῴων Γενέσως*, 742a 9-10 207
744b, 17-21 259
Τῶν περὶ τὰ Ζῷα Ἱστοριῶν, 488a, 1 61

419

Ευρετήριο χωρίων

488a, 23-24	301	619b, 25-34	201
488b, 15	315	622b, 22-23	121
488b, 17-18	207	623a, 27	281
488b, 24-25	120	Περὶ ζῴων Κινήσε-	
490b 21-25	217	ως, 701b, 2-10	122
499b, 10	343	Περὶ Πορείας Ζῴων,	
508a, 27-30	302	708a, 9-11	213
508b, 4-8	302	Περὶ Ζῴων Μορίων,	
517b, 1-2	200	645a, 16-17	295
520a, 32	343	660b, 7-10	216
523a, 5	343	686a, 25-29	120
545a, 24	343	Περὶ Θαυμασίων	
545b, 31	343	Ἀκουσμάτων, 832a,	
558a, 29	213	14-18	127
563a, 17-28	200	846b, 18-21	217
563a 19	200		
573b, 21	343	Ἀρτεμίδωρος, Ὀνειροκριτικὰ, 1,	
580a, 11-14	207	8, 12-14	262
588a 23-29	120	2, 54, 1-7	192
588a, 29-31	217	5, 49, 1-3	173
594a, 16-21	302		
598b, 1	281	Ἀθανάσιος Ἀλεξανδρείας, Βί-	
599b 1-2	217	ος καὶ Πολιτεία τοῦ	
608a	121	Ὁσίου Πατρὸς ἡμῶν	
608a, 17-18	121	Ἀντωνίου, 857, 3-9	
609a, 4-5	204		290
609b, 1-5	208	917, 22-29	291
609b, 7-8	204	917, 34-920, 3	291
609b, 13-14	204	Ἐξήγησις εἰς τοὺς	
610a, 12	301	Ψαλμούς, 528, 2	
610b, 22	121		288
614b, 18-26	121		
615b, 23-24	127	Διαταγαὶ τῶν Ἁγίων Ἀποστόλων,	
619a 2-3	202	7, 20, 1-3	250

Διδαχή, 9:5	253	
Διογένης Λαέρτιος, Βίοι καί Γνώμαι, 6, 25	239	
7, 55, 4-6	124	
8, 13, 2-8	237	
8, 20, 7-11	160	
8, 33, 9-11	236	
8, 35, 1-3	238	
8, 37, 11	236	
8, 38, 10	236	
8, 77, 5-6	236	

Διόδωρος Σικελιώτης, Βιβλιοθήκη Ἱστορική, 3, 43, 7   172
4, 10, 1-4   69
19, 94, 10   228

Δίων Χρυσόστομος, Λόγοι, 66, 9, 1-4   181

Ἐμπεδοκλής, Περὶ Φύσεως, 137   160

Ἐπίκτητος, Διατριβαί, 1, 6, 18-19   124, 354
2, 8, 7, 1-3   139
2, 8, 10-11   139
3, 22, 35   210

Ἐπιφάνιος Σαλαμίνος, Πανάριον, 1, 262, 8   272
2, 53, 13-14   319

Φύσις Θηρίων
Ἐπιστολή Βαρνάβα, 5:12   274
10   104
10:4   104
10:3   273

Ἐπιστολή πρὸς Διόγνητον, 7, 7   192

Εὐάγριος Ποντικός, Περὶ Διαφόρων Πονηρῶν Λογισμῶν, 1224, 24-32   290

Εὐσέβιος Καισαρείας, Εὐαγγελικὴ Προπαρασκευή, 11, 8, 9   228
Ἐκκλησιαστικῆ Ἱστορία, 5, 1, 1-2, 8   193
5, 1, 37, 1-4   191
5, 1, 37, 1-5   193
5, 1, 41, 1-3   192
5, 1 44, 5   191
5, 1, 50, 8   192
7, 12, 1, 3-5   192
8, 13, 4, 1   192

Γαληνός, Περὶ Χρείας Μορίων, 3, 7, 9-10   198
Πρός Πίσωνα περὶ τῆς Θηριακῆς, 14, 238, 12-239, 1   217
14, 265, 8-12   218

Ευρετήριο χωρίων

14, 266, 2-5   218

Ἡ κατ' Αἴγυπτον
τῶν Μοναχῶν Ἱστο-
ρία, 4, 10-16   294

Ἡρόδοτος, Ἱστορίαι, 2, 47, 1-7
266
2, 75-76   89
3, 109, 14   212

Ἡσίοδος, Ἔργα καὶ Ἡμέραι, 276-
280   117

Ἰάμβλιχος, Περὶ τῶν Αἰγυπτίων
Μυστηρίων, 3, 16
153
5, 14   162
Κεφάλαια τοῦ Πρώτου
Λόγου περὶ τοῦ Πυ-
θαγορικοῦ Βίου, 8,
36, 1-15   239

Ἰγνάτιος Ἀντιοχείας, Πρὸς Ἐφεσί-
ους, 1:2   172
7:1   254
Πρὸς Φιλαδελφεῖς,
3:2   207
Πρὸς Ῥωμαίους, 4:2
166
5:1
173
5:2
174

9:1   326
Πρὸς Τραλλιανοῖς,
10:1   172
Πρὸς Πολύκαρπον,
2:2   320

Ἰουστίνος, Πρὸς Τρύφωνα Ἰου-
δαῖον Διάλογος, 22,
1, 2-3   166
53:6   334
100, 5   298
103, 5   299
110, 4, 3-5   192
111, 3, 4-4, 5   347
Ἀπολογία Α´, 28, 1
298

Ἰωάννης Χρυσόστομος, Ὑπό-
μνημα εἰς τόν ἅγιον
Ματθαῖον, 188, 26-
42   233
Ἑρμηνείαν εἰς τὴν
πρὸς Ῥωμαίους,
659, 56-59   135

Ἰώσηπος, Ἰουδαϊκή Ἀρχαιολογία,
1, 50   301, 307
14, 65-68   145
18, 116-117   231
Ἱστορία Ἰουδαϊκοῦ
Πολέμου πρὸς Ῥω-
μαίους, 1, 148-151
145
2, 197   145

422

5, 108	318	Μαρτύριο Περπέτουας, 19-21	194
Ἰωσήπου Βίος,	11		
	230		
		Μαρτύριον τοῦ Ἁγίου Πολυκάρπου, 3:1	173
Κλήμης Ἀλεξανδρέας, Παιδαγωγός, 2, 1, 11	237	4:1	192
2, 12, 123	299	14:1	166
2, 20, 112	292		
3, 4, 28, 5	273	Νικηφόρος Κάλλιστος, Ἐκκλησιαστικὴ Ἱστορία, 821-824	184
3, 11, 59, 2	319		
3, 11, 75, 3	273		
Ἐκ τῶν Θεοδότου, 4, 85, 1-3	288	Ὅμηρος, Ἰλιάς, 15, 579	260
Στρωματεῖς, 2, 20, 112	292	22, 263-264	209
		Ὀδύσσεια, 17, 300-305	252
Κύριλλος Ἱεροσολύμων, Κατηχήσεις, 3, 6, 18-19	233	Ὀππιανός, Κυνηγετικά, 3, 441-442	215
Κύριλλος Σκυθοπολίτης, Βίος καὶ Ἄσκησις τοῦ ἐν ἁγίοις Πατρὸς ἡμῶν καὶ Θεοφόρου Γερασίμου, 180, 19-182, 16	294	Ὠριγένης, Εἰς τὸ Κατὰ Λουκᾶν, 11, 70, 7-19	232
		Ὁμιλίαι εἰς Ἱερεμίαν, 17, 2, 1-4	293
Λουκιανός, Περὶ Θυσιῶν, 2, 5-9	164	Πρὸς τὸν Ἐπιγεγραμμένον Κέλσου Ἀληθῆ Λόγον, 4, 81, 5-10	128
2, 6-11	164		
12, 1-13, 10	148	4, 92, 17-22	290
13, 1-7	164	4, 93	267
Ἰκαρομένιππος ἢ Ὑπερνέφελος, 10, 18-20	199	Παλλάδιος, Λαυσιακὸν, 18, 27-28	294
14, 9-13	203		

Φύσις Θηρίων

Ευρετήριο χωρίων

Παυσανίας, Ἑλλάδος Περιήγησις,
    3, 15, 9, 1-2   164

Φιλόστρατος Φλάβιος, Τὰ ἐς τὸν
    Τυανέα Ἀπολλώνιον,
    1, 19, 38-41   259
2, 14, 61-62   217
2, 14, 64-65   217
2, 15, 2-3   132
4, 38   284
6, 36, 1-13   132
8, 22, 6-7   211

Φίλωνας Ιουδαίος, Περὶ Βίου Θε-
    ωρητικοῦ, 37, 1-3
        246
    Νόμων Ἱερῶν Ἀλλη-
    γορίας, 2, 105   234
    Περὶ τῶν Χερουβίμ,
    94   163
96   163
    Περὶ τῶν Ἀναφερο-
    μένων ἐν Εἴδει Νό-
    μων, 1, 260   137
1, 272   163
4, 95-104   104
    De Animalibus, 10-
    71   131
11-12   130
17   130
29   130
38-39   131
44-45   130
61   127, 130
64   130
68   130
70-71   130
77-100   131
85   130
100   130

Φυσιολόγος, 11, 4-8   320
11, 15-18   321
11, 29-32   321
21, 7   215

Φωκυλίδης, Γνῶμαι, 2, 6   260

Πλάτωνας, Νόμοι, 782c   235
    Πολιτεία, 343b, 1-6
        325
345c, 1-6   325
440d, 6   325
588c, 7-10   287
589b   287
589b, 1-6   287
    Τίμαιος, 39e, 10-
    40a, 2   61

Πλούταρχος, Πότερα τῶν Ζῴων
    Φρονιμότερα, 960Α,
    6-8   125
962Ε, 1-3   127
963Β, 5-8   129
963C, 1-5   182
964Ε, 7-11   241
964F   243
965Α, 6-9   181

965B, 1-3	129	4, 7, 4-7	*Φύσις Θηρίων* 111
965B, 5-7	243		
967A, 3-6	128	Σέξτος Εμπειρικός, *Πυρρωνείων Ὑποτυπόσεων*, 1,	
972B, 1-8	128		
Περὶ τοῦ τὰ Ἄλογα Λόγῳ Χρῆσθαι, 992C, 4-6	116	62-65	123
		1, 63, 4-5	263
Περὶ Σαρκοφαγίας Λόγος Β΄, 998D, 1-3	240	Στράβωνας, *Γεωγραφικά*, 2, 1, 9, 13-14	302
999B, 5-9	243	*Τὰ τῶν Χριστιανῶν Ἐπιγράμματα*,	
Αἴτια Ῥωμαϊκὰ, 280B, 10-280C, 4	261	7, 289, 3-4	210
		7, 290	220
		9, 150, 3	209
		9, 255, 3	209
Πορφύριος, *Περὶ Ἀποχῆς Ἐμψύχων*, 1, 14, 20	81	12, 250, 2	209
1, 52, 1-2	241	Τατιανός, *Πρὸς Ἕλληνας*, 23, 2, 7-11	167
2, 9, 1	161		
2, 11, 5-10	110		
2, 15, 10-12	162	Θεοδώρητου Κύρου, *Ἑρμηνεία τῶν ΙΔ΄ Ἐπιστολῶν τοῦ Ἁγίου Ἀποστόλου Παύλου*, 82, 577, 35-40	254
2, 22, 11-20	177		
2, 24, 14-15	162		
2, 25	99		
2, 34, 11-13	162		
2, 44	250	*Εἰς τὰ Ἄπορα τῆς Θείας Γραφῆς κατ' Ἐκλογήν*, 33, 13-16	315
2, 47	250		
2, 48, 3-7	245		
3, 19, 2	245		
3, 20, 2-4	136	Θεόφιλος Αντιοχείας, *Πρὸς Αὐτόλυκον*, 2, 16	289
3, 20, 23-28	244		
3, 20, 45-48	181		
3, 25, 24-29	121	Θεόφραστος, *Περὶ Αἰσθήσεων*, 25, 1-5	117
4, 6-7	110		

Ευρετήριο χωρίων

Περὶ Εὐσεβείας, 7, 14-19   161

Θουκυδίδης, Ἱστορίαι, 2, 50   261

Βασίλειος Καισαρείας, Επιστολές, 188   31
 Εἰς τήν Ἑξαήμερον, 31

Ξενοφώντας, Κύρου Παιδείας, 2, 4, 19, 3-6   199

Λατινική γραμματεία
Cicero, Epistulae ad Familiares, 7, 1, 3, 10-13   181

Ιούλιος Αφρικανός, Cesti, 1, 14   199

Ισίδωρος Σεβίλλης, Etymologiae,
11   22, 31
12   22, 31

Plinius, Naturalis Historia, 2,
146   203
6:35   231
7:2   231
7, 172   303
8, 7, 20-21   183
8, 48   185
8, 56-57   184
29, 4   318
29, 22   318
Seneca, Ad Lucilium Epistulae Morales, 108, 17-23   127
121, 23   127
Dialogi, 10, 13, 6-7   183

Solinus, Collectanea Rerum Memorabilium, 31

Suetonius, De Vita Caesarum, 14, 1   147

Tacitus, *Annales*, 15, 44, 4	193
Tertullianus, *De Baptismo*, 17, 5	183
Θωμάς Ακινάτης, *Summa Theologiae*, 29, 1a, 2ae, 102, 6, σελ. 225	140

Ιουδαϊκή αποκαλυπτική γραμματεία

Α΄ Ενώχ, 60:7-9	69
85-90	349
89:43	349
90	349
90:30	349
90:37	347
Δ΄ Έσδρας, 6:47	69
Αποκάλυψη Ηλία, 2:7	191
Αποκάλυψη Μωυσή, 10-12	280
16:1-5	306
Διαθήκη Βενιαμίν 3:8	345
5:2	288
Διαθήκη Γαδ 6:3	156
Διαθήκη Ισαχάρ 7:7	288
Διαθήκη Ιωσήφ 19:8	347
19:8-12	345, 347
Διαθήκη Λευί 18:12	312
Διαθήκη Νεφθαλί 8:4	278, 289
8:6	278

Φύσις Θηρίων

8:10	316
Διαθήκη Σολομώντα 11-12	283
Διαθήκη Ζαβουλών 5:1	156
7:2	156
8:1	156
Επιστολή Αριστέα, 144	137
145	234
146	79, 341
149-169	104
Ιωβηλαία, 3:23	213, 300
Ιωσήφ και Ασενέθ, 12:9-11	191
Ψαλμοί Σολομώντος, 8:23	328
17:26-44	333
17:40	334
17:40-41	333
Σιβυλλικοί Χρησμοί, 3:30	66
8, 157	284
23:27	66

Κείμενα του Κουμράν

CD 11:14-15	234
12:12	228
12:13	246
12:14	231
CD-B 19:7-9	334
11QTemple 4	231
48:3-5	91, 234
1QS 11:11-14	156
11Q19 48:3-5	91

Ευρετήριο χωρίων

50:20-53:6	104	**Ραβινική γραμματεία**	
		Baba Qamma 82b	271
Ουγαριτικά κείμενα			
KTU 1, 106:30	109	Baba Metzia 71a	262
1, 40:26	109		
1, 119:16	109	Bekhorot 1:2h	97
Απόκρυφα της Κ.Δ.		Hullin 3:6c	85, 97
Ευαγγέλιο Φιλίππου, 55, 1-2	168	3:7	91
62, 35-63, 5	168		
63, 5	168	Makhshirin 6:4	228
Γνωστικό Ευαγγέλιο Θωμά, 39		Shabbat 63a-b	262
	316		
93	253	Pesahim 111a	262
		113b	262
Πράξεις Παύλου, 4, 27-5, 14	183		
		Επιγραφές	
Πράξεις Παύλου και Θέκλας, 28,		CIS I, 165	109
2-4	186		
30, 3	173	**Πάπυροι**	
35, 6	173	POxy 244, 8	342
36, 5	173	10	342
		840, 32-34	255
Πράξεις Φιλίππου, 88, 4-5	215	35-41	255
88, 6	215		
301, 2	362		

Πρωτοευαγγέλιο Ιακώβου, 8:12-
9:6 146

Συριακή γραμματεία
Didaskalia Apostolorum, 23,
202-203 249

				Φύσις Θηρίων
Βιβλικά κείμενα		32:33	83
		37:31	342
ΠΑΛΑΙΑ ΔΙΑΘΗΚΗ		49:27	206
Γεν. 1:21	84		
1:24-25	76	Εξ. 10:4-6	229
1:25	76	11:7	251
1:26-28	131	12	347
1:29-30	234	13:17	325
1-2	306	13:21	325
3 34, 44, 69, 276, 286, 296, 297,		16	277
298, 301, 306, 307,		19:4	203
308, 315, 320, 323,		22:30	76
324		22:3	346
3:1	291, 296, 299, 315, 320	22:5	346
3:13	281	23:12	154
3:14-15	300	23:20	277
6:20	76	24:18	283
7:2	76, 97, 112	29:38-39	145
7:3	97	29:38-42	345
7:8	76, 112	34:28	283
7:14	282		
7:23	280	Λευ. 1-6	60
8:1	280	1:14	149
8:17	280	2:25	84
8:20	97, 112	3:17	83
9:1-4	235	4:3	348
9:2	154	5:7	55
9:12	280	5:11	55
31:39-40	344	5:15	348

Ευρετήριο χωρίων

7:23-25	83	11:32-40	93
7:32-33	149	11:39-40	77
11	20, 28, 55, 60, 66, 73, 74,	11:41	77
	75, 76, 77, 81, 83,	11:41-42	95
	90, 95, 96, 97, 98,	11:41-44	77
	100, 109, 290	11:44	96
11:2-8	77	12:8	56
11:3	79, 80, 112	14:4-6	43
11:4	226	16:6-9	50
11:4-7	81	16:20-22	346
11:4-8	91	17:3-7	105
11:7	264	17:15-16	94
11:8	99	20:24-26	78
11:9-12	83	20:25	74, 95, 112, 114
11:10-12	84	26:6	297
11:13	87		
11:13-19	84	Αρ. 6:3	229
11:16	88	6:10	56
11:19	61, 89	7:87-88	60
11:20	60, 91, 92	19:1-10	43
11:20-22	92	19:11-13	93
11:20-23	234	21:8-9	322
11:22	92	22:28-30	300
11:24-28	77, 93	28:4	345
11:24-40	92	28:11	145
11:26	82	29	145
11:29	77		
11:29-30	95	Δτ. 4:17-18	77
11:29-38	77	5:8	77

			Φύσις Θηρίων
7:22	282	23:19	257
8	277, 286	23:22	67
8:1-16	277	25:4	136, 137
8:2-4	277	28:49	199
8:15	277, 312	32:11	202, 203
14	20, 28, 55, 60, 66, 73, 74,	33:8	283
	75, 76, 77, 80, 83,	33:17	67
	90, 94, 96, 97, 98,		
	109, 197, 290	Κρ. 13:4-5	229
14:3-20	100		
14:3-21	98	Α΄ Σαμ. 15:22	155
14:4-5	80, 81		
14:4-21	95	Β΄ Σαμ. 1:23	199
14:5	82, 109	2:18	43
14:6	80	5:2	334
14:7	81, 226	3:8	252
14:7-8	81	9:8	252
14:8	264		
14:10	83	Α΄ Βασ. 8:46-50	155
14:11-20	84	10:18	65
14:12	87	10:22	65
14:12-18	86	14:11	255
14:16	88, 89	22:19-23	298
14:18	61, 89	22:38	255
14:19	60, 91	22:39	65
14:19-20	91		
14:21	76, 94, 95	Β΄ Βασ. 1:8	226
18:3	149	18:4	318
22:6-7	137	18:22	318

Ευρετήριο χωρίων

Α΄ Χρ. 12:9	43	8:7	140
		8:7-9	140
Β΄ Χρ. 9:21	65	8:9	77
11:15	69	21:22	68
		22:1-3	325
Νε. 3:3	84	22:13	327
10:33	159	39:7	154
13:16	84	49:8-14	155
		50:18-19	154
Ιδθ. 12:2	76	73:14	69
		77:19	283
Τωβ. 1:10-11	76	77:24-25	283
11:4	251	77:70-72	333
		79:14	264
Α΄ Μακ. 1:17	65	90	278
1:47	75	90:11-13	278, 283
1:62	75	90:13	312, 313
1:62-63	76	94:8-11	277
6:28-47	65	101:7	86
8:6	65	103	28, 66
		103:21	140
Β΄ Μακ. 6:18	76	139:4	212, 218
6:18-20	264	146:9	140
7:2	76		
		Ωδές 2:11	202
Δ΄ Μακ. 14:14	115		
14:18	115	Πρμ. 12:10	137
		15:8	155
Ψλ. 2:9	333	16:7	154, 156

			Φύσις Θηρίων
23:5	199	13:17	206, 207
26:11	251	20:28	156
27:26-27	155	21:2	312
28:15	206	21:27	298
30:19	198	28:2-4	156
		34:18-26	156
Ἰώβ 1:6-12	212, 298	34:19	154
2:1-7	212, 298	35:2-3	156
3:8	84	35:3	154
9:13	84	39:30	219, 312
9:26	198		
26:12	84	Ὡσ. 2:20	156, 276, 280
30:1	251	4:3	282
38:39-39:30	28	6:6	155
39:27	198	8:1	199
39:30	201	8:13	155
40:15	69		
40:15-41:26	28	Ἀμ. 3:15	65
40:23	69	5:21-22	155
41:1	70		
		Μιχ. 5:5	325
Σολ. 2:13-14	282	6:6-8	156
2:14	86		
2:23-24	297	Ἰλ. 1:4	92, 229
11:15	115	2:25	229
16:20	283		
		Ἀβ. 1:8	199
Σειρ. 3:3	156		
3:30	156	Σφν. 3:3	211

Ευρετήριο χωρίων

Ζαχ. 3:1-2	212, 298	40:11			325
9:9	39	40:31			199
10:1-3	325	42:1			277
11	332	42:6			277
11:17	210	43			277
13	332	44:28			325
13:7	332, 334	49:5-6			277
		53			346, 347
Μαλ. 1:7	348	53:7		346,	347, 348
1:8	159	63:11			336
1:14	348	65-66			106, 267
3:1	277	65:25			276, 362
		66:3			112
Ησ. 1:11	155	65:3-5			112
1:13	155	66:17			76, 112
5:29-30	282				
11:1-5	275	Ιερ. 2:8			325
11:6	206	4:13			199
11:6-9	275, 362	5:6			206, 353
13:21	68	7:21-23			155
13:21-22	282	7:22			155
22:13	174	11:19			349
27:1	69, 298	14:12			155
30:6	69	27:6			335
34:7	67, 68	30:16			198
34:11	86	35			229
34:13-14	282	49:16			198
34:14	69				
40:3	277	Θρ. 4:19			199

Φύσις Θηρίων

Ιεζ. 4:14	76	6:26	137
5:17	297	7:6	251, 253, 254, 272
8:10	106	7:10	310
14:15	297	7:15	206, 208, 329, 331
17:3	199	8:28	268
22:27	211	8:28-34	133, 267
27:6	65	8:31	268, 269
33:25	103	9:13	156
34:5	282	9:14	226
34:25	297	9:36	329, 332
38:20	61, 77	10:6	48, 329, 333, 335
		10:14-15	209
Δν. 1:8	76	10:16	56, 116, 310, 311, 314, 316, 320, 329, 331
4:15	284		
4:17	284	10:16^α	209
4:33	200, 284	10:16β	319, 322
7	362	10:29	142
7:4	200	10:31	139, 141
8:5	68	10:31β	142
		11:14	226
ΚΑΙΝΗ ΔΙΑΘΗΚΗ		11:18	227, 228
Μτ. 2:1-6	335	12:7	156
3:4	51, 59, 230	12:11	329
3:4γ	226, 227	12:11-12	335
3:7	212, 214, 308, 310	12:12	139, 142, 270, 329
3:16	344	12:34	212, 214, 308, 310
4:1	274	12:40	45, 58
4:1-11	277	13:48	339
6:25	133	13:49	338, 339

Ευρετήριο χωρίων

15:24	329, 333, 335	1:12-13	277, 279, 281, 285
15:26	254	1:13	34, 274, 276, 277, 278, 279, 281, 282, 283, 286, 288, 289, 291, 292, 293
15:26-27	254, 258		
15:27	257		
15:34	58		
17:12	226	2:18	226
18:6	47, 54	3:14	280
18:10-14	335	4:35-41	285
18:12	329	4:36	280
18:12-14	327, 330	5:1-20	133, 267
21:2	40, 41	5:2	268
21:5	39, 41	5:9	269
21:7	41	5:12	269
21:12-13	157	5:13	268, 269
22:4	49	5:18	280
23:33	44, 51, 214, 308, 310	6:34	329, 332
23:37	44, 50	6:45-52	285
24:28	50	7:15-19	76
25:32	329, 332, 338	7:27	254
25:32-33	338, 340	7:27-28	254, 258
25:33	329	7:28	257
26:17	232	8:7	58
26:31	326, 329, 332, 334	9:42	47, 54
		9:44	51
Μκ. 1:2-3	277	9:46	51
1:6	51, 59, 225, 230	9:48	51
1:6γ	226, 227	11:1-11	40
1:10	344	11:2	40
1:10-11	277	11:15-17	330

			Φύσις Θηρίων
11:15-19	157	15:4	329, 335
12:33	157	15:4-7	327
13:35	44	15:6	335
14:12	48	15:15-16	271
14:27	326, 329, 332	15:16	272
14:67	280	15:29	342
16:18	310, 311, 312	16:21	257, 272
		17:7	48
Λκ. 1:15	227	17:37	50
2	335	19:10	335
2:8-20	335	19:28-38	40
2:24	44, 50, 55	19:32	47
3:7	212, 214, 308, 310	19:45-46	330
3:22	344	19:45-48	157
4:1	274	22:7	48
5:33	226	22:15	232
7:33-34	227	24:42-43	237
8:26-39	133, 267		
8:27	268	Ιω. 1:29	153, 328, 346, 347, 348, 349, 350
8:29	268		
8:32	269	1:32	344
10:3	206, 209, 328, 331	1:36	153, 328, 346, 347, 348, 349, 350
10:18	312		
10:19	310, 311, 312, 313	2:1	84
11:1	310	2:2	84
12:6	142	2:11	84
13:34	44, 50	2:13-22	157
15:1-7	330	2:14	329
15:3-7	335	2:14-15	330

Ευρετήριο χωρίων

2:15	329	21:15-17	336
2:15-16	157	21:16	328
3:14	310, 323	21:16-17	332
8:44	214		
10	332	Πραξ. 7:41	49
10:1	329	8:32	42, 48, 54, 328, 329, 343, 345
10:1-6	330	9:36	43
10:2	329, 332	9:36-40	43
10:3	329	9:39	43
10:4	329	10	75
10:7	329	10:9-16	78
10:7-21	329	10:10-16	113
10:8	329	10:12	309
10:10	48	10:15	113
10:11	210, 325, 329, 332	10:28	75, 78
10:12	206, 209, 329, 331, 332, 355	11:5-10	113
		11:6	76, 282, 309
10:14-15	48	11:8-9	75
10:16	329, 332	12:23	51, 59
10:26	327	15:29	114, 235
11:51-55	350	16:16	310
12:12-19	40	19:11-41	191
12:14	47	19:24-41	175
12:15	40, 41	20:28	327
19:9	350	20:29	206, 211, 331
19:14-16	350	27:9	220
19:34	350	28:3	44, 212, 218, 220, 221, 308
19:36	348, 350	28:4	220
21:15	54, 328	28:3-6	309

28:4-5	281	15:32β	174
		15:39	58, 137
Ρωμ. 1:23	309	15:45	133
3:13	44, 50, 212, 309		
3:25	165	Β΄ Κορ. 1:8	172
8:19	135	6:9	172
8:36	54, 329, 343, 345	11:3	296, 298, 310
12:1	163		
14	248	Γαλ. 2:11-14	113
14:2	235, 237, 247, 249		
14:14	112, 248	Εφ. 5:2	153
14:20	248	6:12	191
14:21	248		
16:16	316	Φιλ. 3:2	137, 253, 254
		4:18	157
Α΄ Κορ. 4:9	175		
5:7	345	Κολ. 2:16	249
5:7-8	165		
8-10	150, 235, 248	Α΄ Τιμ. 4:3	249
9:7	42, 48, 54, 329	4:4	74, 112, 113
9:9	136, 137, 140	5:18	136
9:26	189		
10:9	310	Β΄ Τιμ. 4:17	174
15:29-34	189		
15:31γ	174	Τιτ. 1:12	284, 356
15:31-32	174, 187	1:15	112
15:32	6, 33, 171, 173, 175, 176, 183, 187, 188, 189, 190, 194		
		Εβρ. 9:9	157
		9:12	49

Φύσις Θηρίων

Ευρετήριο χωρίων

9:19	43	6:3	48
10:1	157	6:5	48
10:4-10	158	6:7	48
10:5-6	157	6:9	48
10:8	157	6:12	48
10:11	157	8:1	48
11:33	49	8:13	197
11:37	42, 49, 328	9:3	229
13:15-16	157	9:7	229
13:20	329, 332, 336	9:8	49
		9:19	309
Ιακ. 3:3	115, 134, 356	11	284
3:7	9, 58, 115, 309, 356	12:3	309
		12:4	309
Α΄ Πε. 1:19	54, 328	12:7	309
2:5	158	12:9	44, 285, 296, 309
2:25	329, 332	12:13	309
5:2-3	327	12:14	199, 285, 296, 309
5:8	191	12:15	285, 309
		12:16	309
Β΄ Πε. 2:12	115, 116, 355, 356	12:17	309
2:22	43, 49, 251, 252	13	284
		13:2	309
Ιούδα 10	116, 355, 356	13:4	309
		13:8	346
Απ. 4:7	197	13:11	309
5:6	349, 350	15	284
5:7	48	15:3ᵃ	350
5:12	346	16	284

Φύσις Θηρίων

16:13	57, 309
18:13	329, 330
20:2	296, 309
21:3	257
22:15	49, 252, 257

www.ingramcontent.com/pod-product-compliance
Lightning Source LLC
Chambersburg PA
CBHW071808230426
43670CB00013B/2397